本文库受到"中国社会科学院登峰战略中国哲学优势学科"经费资助

□ 王葆玹 / 著

○ 经史传统与中国哲学文库 ○

# 通论玄学

中国社会科学出版社

# 图书在版编目（CIP）数据

通论玄学 / 王葆玹著 .—北京：中国社会科学出版社，2023.4

（经史传统与中国哲学文库）

ISBN 978-7-5227-1638-1

Ⅰ.①通⋯　Ⅱ.①王⋯　Ⅲ.①玄学—研究　Ⅳ.①B235.05

中国国家版本馆 CIP 数据核字（2023）第 044646 号

| | | |
|---|---|---|
| 出 版 人 | 赵剑英 | |
| 责任编辑 | 郝玉明 | |
| 责任校对 | 谢　静 | |
| 责任印制 | 张雪娇 | |

| | | |
|---|---|---|
| 出　　版 | 中国社会科学出版社 | |
| 社　　址 | 北京鼓楼西大街甲158号 | |
| 邮　　编 | 100720 | |
| 网　　址 | http://www.csspw.cn | |
| 发 行 部 | 010-84083685 | |
| 门 市 部 | 010-84029450 | |
| 经　　销 | 新华书店及其他书店 | |
| 印刷装订 | 北京市十月印刷有限公司 | |
| 版　　次 | 2023年4月第1版 | |
| 印　　次 | 2023年4月第1次印刷 | |
| 开　　本 | 710×1000　1/16 | |
| 印　　张 | 41.25 | |
| 插　　页 | 2 | |
| 字　　数 | 635千字 | |
| 定　　价 | 248.00元 | |

凡购买中国社会科学出版社图书，如有质量问题请与本社营销中心联系调换
电话：010-84083683
**版权所有　侵权必究**

## 经史传统与中国哲学文库编辑委员会

主编：赵汀阳　张志强

委员：（按姓氏拼音为序）

　　　陈　霞　刘　丰　任蜜林　张利民　周贵华

# 经史传统与中国哲学文库总序

经史传统与中国哲学文库是中国社会科学院哲学研究所中国哲学学科集中展示本学科研究成果的平台。我们以"经史传统与中国哲学"作为本文库的主题，有三点考虑。

首先，近年来中国哲学研究的领域逐渐扩展，研究方法和研究范式日益多元，其中最为引人注目的是经学研究的兴盛。经学研究的兴盛，一方面是多年来传统复兴不断深化的结果，而另一方面更是当代中国自我意识的复杂反映。思想意识不仅仅是能动反映当下现实的产物，更是对未来不同想象的投射结果。这些都反映在经学研究的不同路径以及关于经学研究理趣的不同认识上。但不论经学研究复兴背后的思想文化肌理如何复杂，它都是由中国哲学学科自身研究的逻辑所推动的，它是中国哲学学科在适应时代需要中的一个发展领域。"经史传统与中国哲学"这样一个主题的凝练，既是我们对当前中国哲学学科发展现状的一个总结，更是对未来中国哲学研究领域扩展方向的一个预流。

其次，需要进一步阐明的是，我们用"经史传统"而不是"经学传统"来概括和总结当前中国哲学研究领域的新潮流，旨在表达我们"经史一体"的"经学观"。"六经皆史""史即新经"，这不是对"经"的地位的削弱或贬低，而是对"史"的文明价值内涵的高度肯认；六经是三代文明历史实践的产物，同时也是孔子对三代文明历史实践的价值原理化结果;"经史一体"所蕴含着的"道器合一""理事不二"的道理,旨在说明历史有道:道既在历史中创生同时又是创生历史的力量,并且也在历史的创生中不断展开自身。对历史之道的探寻构成了中国形而上学的基本形态,同时也构成了中华文明"日新日成"的根本特质。因此,"经史一体"的"经学观"必然是以中华文明的内在视野来理解中华文明道路实践的观点,而不是立足于所谓"经学"传统的教条批判中国历史的立场。也正因此,"经史传统与中国哲学"同时也意味着从一种中华文明史视野出发的中国哲学观。

最后,从中华文明史视野出发的中国哲学,是对中华文明价值的哲学自觉。经学、史学、义理学,是中华文明在适应不同历史条件中不得不然分化而出的学术形态,中国哲学也是适应历史的需要而不得不创生的学术形态。中国哲学是以理性反思、道理论证和源流互质的方式对中华文明的核心价值和历史发展进行高度理论概括的学术形态。中华文明是中国哲学的前提,中国哲学是对中华文明道路的哲学总结。中华文明的不断创生需要中国哲学的不断总结,中华文明也在中国哲学的不断总结中不断创生。因此,中国哲学史也是内在于中华文明史的,是对中华文明历史实践中不断进行的理论反思、道理总结在哲学意义上的自觉。从经、史、义理传统的整体出发,立足中华文明道路的未来发展,讲好中国哲学道理和中国哲学史,是新时代中国哲学学者的庄严使命,也是哲学研究所中国哲学学科需要自觉承担的学术责任。

哲学研究所中国哲学学科是1955年哲学所成立时最早建立的研究组之一,冯友兰先生是首任组长。在近60多年的发展中,中国哲学学科涌现出一大批国内外知名的大学者,中国哲学学科在中国哲学界具有十分特殊而且重要的地位。2017年,中国哲学学科荣获了中国社会科学院的登峰计划优势学科的支持,学科发展获得极大动力,也取得了丰硕成果。本文库的设置,就得到了登峰计划优势学科经费的资助,借此机会,感谢中国社会科学院对哲学所中国哲学学科的支持!

党的十八以来，习近平总书记高度重视中国特色社会主义与中华文明的关系，高度重视中华传统文化的创造性转化和创新性发展，高度重视中国特色哲学知识体系建设，中国哲学学科迎来前所未有的发展机遇。我们期待中国哲学学科能够不辜负时代重托、不辜负学科传统，在社会主义文化强国建设中贡献自己的力量。

张志强

2021 年 2 月 25 日

# 小 引

  著书议论玄学，这在我已是第三次了。其所以如此不厌其烦，当然是由于痴迷于玄学的魅力。据史所载，玄学的创始者之一何晏身居高位，为当时政界与学界的领袖人物，他与初入学界的年轻人王弼辩论，见王弼所言精彩绝伦，遂当众赞赏，自叹不如，使王弼一举成名，成为另一位玄学创始者。此事在中国素有官气的学术史上，显示出一种超群脱俗的风格，竟可与西方近代学界的一些盛事相媲美。关于玄学的佳话，还有很多。这些佳话出自久远的魏晋时代，时至今日为何竟还令人神往呢？究其缘由，或在于玄学之复兴当有助于纠治北宋以来传统文化的弊病，有助于当代中国的文化建设。

  说起中国传统的思想，当以宋明理学为其顶峰。理学的抽象性、体系性及说服力，无疑胜过中国历代的任何学派。但理学也有弱点，它其实是与两宋亡国的历史并行的。国之兴亡，匹夫有责，何况是主宰当时国民精神生活的理学家！当然，两宋衰亡的直接原因是重文轻武。学者常从经济与政治方面寻找宋朝衰亡的原因，在庆历新政、王安石变法等史事的研究领域取得了丰硕的成果。然而辽、金、西夏以及蒙古有何经济可言呢？当辽、金、蒙古关注经济建设时，已分别步入衰落的时期了。有些学者争辩说，两宋衰亡是由于农耕民族弱于游牧民族，但这种说法却又与农业胜过畜牧业的定论不能相容。大体上看，尽管有些关于宋代重文轻武政策的研究专著常被看成浅俗之作，却不可否认重文轻武乃宋亡的主因。而对于重文轻武的倾向，理学起到了推波助澜的作用，这一学派首次将《孟子》一书纳入经典系统，为尊孟之始。在中国古籍之中，《孟子》的正义感最为强烈，其书在汉唐遭到冷落，理由或在于书中的反战的主张。《孟子·离娄》上篇言："善战者服上刑，连诸侯者次之，辟草莱任土地者次之。"这话已不限于申诉战争的残酷性，而是步入了制度的层次。应注意孟子对于正义的战争未必是反对的，例如对于汤放桀、武王伐纣都是肯定的。而对于国与国之间的战争是否一概反对，尚有探讨的余地。而经朱熹解说，"善战者服上刑"包括"孙膑、吴起之徒"，"连诸侯者"包括苏秦、张仪之类，"任土地者"包括李悝、商鞅等，于是一切富国强兵之术竟都在反对之列了。这种彻底的反战理论一旦盛行并且制度化，"弱宋"的结局便可想而知了。

人文领域的学者，往往贬低文化中军事因素的意义，中国学者如此，西方学者也多如此。然而不容否认的是，成功的西方国家往往是全民皆兵的国家，英法德俄诸国都有军事化的传统。例如英国，不论在中世纪还是在近代，都有惊人的军事业绩。一家英国报纸曾追述，世界上一百五十余国多数遭受过英国的军事占领，仅二十余国除外。中国人往往将军事与文化视为对立物，而在西方，军事因素乃深植于文化之中，几为根本。欧洲学者多以西方古典音乐为其文化的最高成就，而这种音乐所标榜的不是东方式的宁静与和平，而是斗争与冲突之激烈，是神圣感与英雄主义，其代表者是贝多芬与瓦格纳。"二战"时贝多芬的音乐为德国军人所充分利用，英国军人也因第九交响曲而得到鼓舞。在这里，且将战争之正义与否等道德评价问题置而不论，仅就历史的客观情况而言，已可肯定军事乃西方文化的要素之一，如英国金雀花王朝的理查一世被推举为西方骑士精神的典范，此即西方一重要的文化现象。细玩西方学者的反战言论，感觉很像是军人或善战者之自嘲。而中国则不同，宋代的理学家将反战思想体系化、权威化，并与重文轻武的政治制度合为一体，使富国强兵成为难事，以致成为弱国，不免于危亡。

有趣的是，素有"误国"之嫌的魏晋清谈家与玄学家，在这方面却显得实际而清醒。魏末玄学的开创者夏侯玄与何晏，曾就古代军事家的评价问题而展开讨论，夏侯玄称赞乐毅，贬责白起，何晏则称白起不如韩信。当然，其议论的动机是为失利的骆谷之役作辩解，但其抽象意义却不在于反战，而在于强调战争应当有正义性。西晋武帝灭吴之后，"息役弭兵"，废除州郡武备，此种"偃武修文"的措施遭到反对，反对者竟是竹林七贤之一的山涛。山涛的见解是："为国者不可以忘战"，当时人称山涛不学孙、吴，而"暗与理会"，或者说，是"暗与道合"。上面提到的夏侯玄既治玄学，又曾为将。他治军成功而战绩不佳，但另一位玄学家却有战神般的声誉，这便是兼治《易》及《老子》的钟会。魏晋史上有很多玄学人物兼有军人的身份，如夏侯玄、钟会、诸葛诞、王衍、殷浩、谢安、谢玄等，或为误国的战败者，或为救国的英雄。这样看来，与理学同为形上学的魏晋玄学，在军事问题上或更具合理性。

谈论重文轻武之利弊，牵涉"王霸之辨"。此处"霸"指"霸诸侯"，在诸国并立纷争的局面之中，各国不得不实行富国强兵的政策，争为国际局势的主宰，这就是"霸"。此处"王"指"王天下"，古人出于地理知识的局限，以为中国的统一等同于世界的统一，故而统治中国与"王天下"全为一事。"霸诸侯"多靠武力，"王天下"则不然。在古人看来，一统之后，"王者无外"，即便有外敌也是无足轻重，此时要务乃是"安内"而非"攘外"，要防备的是内战而非外敌入侵，于是圣王及儒者遂高举偃武修文之旗，限制军人势力，如汉初削平异姓王，宋初"杯酒释兵权"，明初杀功臣，均属此类。朝廷尚文，民遂忘战。南北朝时，汉人因文弱而备受凌辱。唐末黄巢攻长安，官军竟不知手中兵器何处是锋刃。两宋军队面对外敌，多数不能野战，只擅城守。大致上说，王道乃是以"世界统一"为前提，在上古乃至中古的时期，多数的情况是强国林立，个别国家若是独行以"世界统一"为前提的王道，显然是不现实的。至于霸道，因在内政、经济等方面有诸多弊病，素为学者所贬斥，也非尽善尽美。在这种情况下，秦以后的统治者便选择了第三条道路，即兼行王道与霸道，令二者合一，这也就是战国秦汉文献中所常见的"霸王之道"。

如今"霸道"与"霸王"都是贬义词，而在战国秦汉却不同，当时包括儒者在内的各家学派都标榜"霸王之道""霸王之术""霸王之事"等。试想，若是既"霸诸侯"，又"王天下"，在当时人看来应是何等宏伟壮丽的图景！项羽自号"霸王"，这在后人看来是自贬，在秦汉之间却是自夸。汉宣帝说汉朝制度是"霸王道杂之"，意谓霸道与王道相融合。西汉中叶的强盛，或许正是兼行王霸的结果。而在宋明理学家所设想的道统中，却没有汉帝的位置。盖理学家所谓"王道"是狭义的，专指三代圣王之道，汉唐君主未能专行这种"王道"，未能杜绝"霸道"，故无资格进入道统之列。理学的这种专崇王道的学说，与当时重文轻武的官方政策及《孟》学的反战思想，显然是密切配合而形成体系的。其与"弱宋"的历史背景，也是可以相互印证的。而在这一方面，魏晋玄学家夏侯玄的意见竟与汉宣帝接近，他认为战国名将乐毅已是"极道德之量"，其业迹乃是"王业"，是"霸王之事"。具体言之，乐毅率燕赵韩魏等国之师伐齐，攻取齐国七十余城，此事堪称"霸"。乐毅终未攻拔莒、即墨二城，显示出乐毅所实行的不仅是"兼并"或"霸道"，还包括"至德"的"王道"。斟酌夏侯玄的这一见解，可知他的主张也是"霸王道杂之"。大致上看，单纯的王道倾向于重文轻武，而玄学家认可的"霸王之道"则兼行文武，较为全面。夏侯玄的《乐毅论》在过去很少被玄学研究者提及，其实此《论》得王羲之抄写，为王通所赞扬，受到唐太宗君臣的重视，在玄学史上当有很高的价值。今由此论而阐发的关于文、武、王、霸的见解，在玄学史上应是较重要的学说。

　　魏晋玄学家若是仅限于兼言王霸，新意便很有限。而历史上的玄学家的主要建树，却不在于申说王霸之事，而在于构建一种深刻的形上之学，这在思想史上就显得很突出了。玄学形上学的理论形式，与宋明理学有同有异。理学家以为天理即形上之理，为仁义礼智信之总名，故仁义礼智信也都在形上。这样论断的依据，主要是程颐所说的"理无形也"，或朱熹所讲的"理无形体"。这一论断其实来源于韩康伯《周易·系辞传注》："极未形之理则曰深"，而韩注乃是承袭王弼《周易注》。王弼《易》学以阐发义理著称，义理即卦爻之义，由于卦义超乎卦象，爻义超乎爻象，都可说是无形，故而韩注有"未形之理"一说，为程朱所发挥。程朱所谓"天理",数次见于东晋袁宏所撰《后汉纪》,袁宏为玄学之总结者,具《后汉纪》中"天理"与"物性"对举,称"治化本于天理",或为程朱所本。那么,我们应如何解释玄学与理学在这方面的分歧呢?其中的关键,或在于"名"这个范畴上。在中国古代名家及刑名家的多数学者看来,"名"是由"形"产生的。在现代经验论者看来,概念是由现象而生的。王弼很敏锐地注意到了这一点,遂断言"名生于形"。于是,由至理无形的命题,必然衍生出至理无名的命题。王弼于是从形上学的角度,通过阐释《老子》关于道本无形无名的旧说,构建了一种关于至理或玄理的本体之学。在这学说里,仁义礼智都属于"名"的范畴,因而都是形下的"下德"。程朱等人的创造,是从观念论的思路出发,将仁义礼智等绝对化,看成超验的,因而都是形上的天理。这样的天理,也有些像是康德所讲的综合先天命题。大致上看,玄学与理学都可以说是"道德形上学",所不同者,玄学主张道为德之本,德为道之用,由道可得德,由德可证道,道德之间为形上与形下的关系。理学则视道德性命、仁义礼智为一体,全在形上。由于这个缘故,理学家所谓道德常被今人理解为伦常或伦理的同义词,于是有了"道德先生"的俗称。

如此概括,两者显得很接近,理学像是伦理化的玄学,玄学像是超乎伦常的理学。然而一旦由此分别构建其玄学系统和理学体系,那就是天渊之别了。例如《论语》引子曰:"兴于诗,立于礼,成于乐。"朱熹以附和的语气引了程子一番悲观的议论,说当时的老师宿儒都读不懂《诗经》,故"不得兴于《诗》";又说古礼"今皆废坏",故"不得立于礼";又说古乐"今皆无之",故"不得成于乐"。对这难以"复礼"的苦衷,朱熹表示无可奈何,他指出,时至宋代,先王的诗、礼、乐皆废,"只有义理在","只得硬做些规矩",勉强"收拾"。程朱如此忠实于古乐,礼既不存,便近乎绝望。其惨淡经营的姿态,很像是宋代那些勉力救亡却又徒劳的忠臣。追究其悲观的思想原因,或是由于将仁义礼智推举到形上的范围。其中的礼虽是就礼义而言,却与孔子所维护的礼制脱不了干系。礼既是绝对的,是形上的,礼制革新便成为难以相像的。大概正是出于这样的观念，理学家多数成为王安石变法的反对者。当然，王安石变法多有弊端，或许注定失败，然而理学家的保守主张却显得消极而迂腐，明显缺乏生动性与新鲜感。在这种情况下，我们若是读一读玄学著作中的相关议论，会觉得眼前一亮，略有骤见天日的感觉。

关于孔子所说的诗、礼、乐三者，王弼以为都在形下。在王弼的体系中，诗书礼乐、仁义孝慈都是形下的范畴。既是形下的物事，便没有那么神圣或绝对，便不是不可更改的。王弼以主张"无为"而著称，其所谓"无为"不是什么都不做，而是立足于至理，因循社会的变动趋势，如同易卦中各爻须因循卦义或时义。王弼本着这样的思路，在《论语释疑》中申说一种"为政之次序"：第一步是采集民诗，以观风俗；第二步是参照民俗及民意，以订立礼制以及刑法，或对已有的制度加以损益或改革；第三步是在新制度的基础上，作乐以感化民心。在这为政次序当中，仅隐藏在背后的至理是形上的，其余的礼乐等都在形下，都无神圣可言。这里的礼制显然不是模仿古礼，而是适应新时代的新制度，是可以重新建立并随时损益的新礼。王弼《论语释疑》久佚，此处述其政论，是依据南朝梁人皇侃《论语义疏》所引的王弼《释疑》佚文。王弼撰作时仅二十岁左右，具有年轻人的冲动，他对礼乐可能还有许多革命性的创见，可惜因著作佚失而无从了解了。而在存留至今的另一部玄学著作中，可以读到关于礼的更为激进的议论，这就是郭象的《庄子注》。郭注宣称，先王的礼制只能"适时"而用，时过不弃，便成"民妖"。他又主张，"时移世异，礼亦宜变"，这话讲得如此直白，并且和王弼的政论相呼应，显示出礼制革新当是玄学政治学说的主要内容。史称曹魏正始年间何晏等人曾屡改制度，玄学代表人物之一夏侯玄也曾提出关于制度改革的书面建议，可见玄学家将礼及仁义孝慈等贬入形下之域，的确有助于制度的革新和社会的进步。

在这里，有两个问题需要澄清，即贵族的问题与民族的问题。

魏晋玄学家多是贵族出身，多数有爵位，不免令人疑惑。在现代中国人眼里，贵族已是恶名，如今国人已不容忍任何的特权，何况是权利地位之世袭！其实，这种成见未必是绝对成立的。晚清的贵族固已腐朽，然而英国的贵族却是极富作为的。英国是欧洲最成功的国家，也是最注重贵族传统的国家，其他一些国家的贵族并不是因腐败而自然消亡的，而是被英国消灭的。例如，拿破仑组建的法国贵族群体是被以英国为首的盟国消灭的，德国的容克贵族是被英国联合美俄而消灭的，奥匈帝国的贵族是因"一战"时败于英法而衰落的，日本的贵族也是由于战败而没落的。英国人致力于消灭敌国的贵族集群，却保留其自身的贵族传统，我们若是不能轻视英国人的智力水平，便不能不自省中国人关于贵族的成见。实际上，贵族制是一种军事制度，盖赏金对战死者是毫无价值的，军人所看重的奖赏只有惠及子孙的爵位。职以待能，爵以赏功，于是军功贵族因战争而生，并在和平时期处于有闲地位，从事仅与军事有关而无赢利机制的各种事业。英国贵族的多数人属于此类，而中国历朝晚期的贵族都放弃了军事方面的义务，成为无用的特权阶层，这样的贵族当然会是腐朽的代名词了。当代中国人不容忍贵族，一方面是出于对社会政治腐败的带有正义性的愤慨，另一方面却又是缺乏军事眼光的一种表现。当然，我无意支持当代中国重建贵族体制，我只是希望在史学领域减少关于贵族的成见的干扰。在中国历朝历代，两宋是贵族势力最弱的朝代，也是军力最弱的朝代，强于宋朝的辽、金、元以及后来的清却都有强悍的贵族群体。这一对比显示出对于中国古代贵族体制的评论是应当慎重些的。玄学竟在贵族阶层产生，这未必是一种消极的因素。

  我原因循学界的公论，以为玄学的流行期仅限于魏与西晋，后又增扩为魏与两晋。假如这一见解成立，便可判定玄学纯为汉族学术，与入主中原的异族全无干系。然而这一结论略有不安之处，盖东晋以后虽未出现何晏、王弼及向秀那样的极富成就与创造性的玄学家，但玄学的经典到东晋以后才形成系统，号称"三玄"；玄学的笺注形式的著作到东晋以后才立学官，成为进学者的必读书。玄学在魏晋是私学，到东晋以后才成为制度化的学科。魏晋时清谈兴盛，但在南朝谈风更盛，当时不学无术的年轻贵族人物都"自呼谈士"，"才性四本"及"声无哀乐"等玄学命题都成为"言家口实"。的确，东晋南朝许多谈玄的人物都受佛学影响，如东晋时期步入晚年的殷浩、南朝宋代支持玄学的颜延之、梁代曾疏解何晏作品的皇侃以及讲论三玄的梁武帝父子，均属此类。然而东晋时的韩康伯、张湛、李充以及南朝陈末至唐初的陆德明，在具有玄学色彩的著述中都或多或少抵制了佛学的渗透。假如断言玄学若受佛学影响便不再是真正的玄学，那么也可反过来说，即佛学若受玄学影响便不再是真正的佛学。从佛典翻译中的"格义"来看，玄学对佛学的影响竟大于佛对玄学的影响。有鉴于此，或可承认玄、佛两者是并存的，两者在相互渗透的同时，仍各自保持其基本的独立性。此种独立性在陆德明的著述当中尤为突出，陆氏"善言玄理"，在南朝陈末始撰《经典释文》，或至唐初成书。书中六艺经传以《周易》王弼注为首，《论语》以何晏《集解》为主，《论语》之后著录《老》《庄》的各家注本，其中以王弼、郭象等玄学家的注释最为显著。这正是玄学的经典系统，也正是陆氏对玄学的总结。书中罕有佛道二教影响的痕迹，竟保有魏与西晋的玄学的风格。考虑到陆德明的学术生涯一直延伸到唐初，其《经典释文》对孔颖达所代表的北方学派发生了影响，这便意味着玄学与北方胡人的文化并非全无关联。

现存史料关于南北朝学术的记载，均称南朝盛于玄风，北朝仅有汉学。然而据《魏书》及《北齐书》等史料记载，北朝其实不乏谈玄之例，如元魏献文帝及孝文帝都曾兼论《易》及《老子》，谈论老庄。东西魏诸帝也间或有类似的表现，北周武帝"尤善玄言"。诸帝以下，谈玄者更多，如元魏时有杨元慎、卢元明及王翙等，北齐时有杜弼、崔伯谦及羊烈等，北周时有崔彦穆、卢光等，诸人或"善言玄理"，或"宗致玄远"，或"探味玄宗"，或"以玄学知名"。在这里，应注意官学与私学的分别。大家说北朝人严守汉学传统，这仍是可以成立的，但这只限于北朝制度化的学官领域。而关于北朝的私学领域，则应承认有玄学流行。这官私学风不同的情况，很像魏晋的格局，盖魏晋玄风虽盛，却只是私学，到东晋以后才有制度化的玄学出现。东晋以后，南北朝分立已成定局，北朝的多数人大概不知"四学"为何物，只能沿袭分裂以前的魏与西晋的传统。魏晋时玄学风行于贵族阶层，罕有皇帝参与，而北朝玄风竟渗入皇室，可见自曹魏至元魏，玄风并未中断或衰减。东晋王导、殷浩之论"声无哀乐"及"才性四本"，南朝梁帝之讲论三玄，均为北朝多数学者所不了解。关于玄学，北朝多数学者大概只知有何晏、王弼及竹林七贤。假如北朝的玄学文献能大量流传下来，我们或许会发现其中的思想内容与何晏、王弼的学说更为接近。

至隋，刘焯与刘炫始融合南北经学，令玄学进入学官领域，并影响了孔颖达的《五经正义》。这就是说，《五经正义》的许多带有玄学色彩的内容不仅来源于南学，也与北学大有关联。孔颖达学派乃是从属于李唐的北方政治文化系统，北方自元魏始，历经东西魏的分裂、齐周的禅代及隋唐的更替，在其中处于支配地位的，一直是汉族与鲜卑族的融合体。在北方胡人当中，鲜卑之汉化最为彻底，文化较为先进。而在汉与鲜卑的融合体中，汉人所占的比例不断上升，此种民族融合体演至唐代，是否应改称汉族竟成为可以考虑的议题。不过应承认，唐初处于中坚地位的汉与鲜卑的民族融合体，完全是由北朝发展而来的，唐初朝廷所认可的"正史"，依次为魏、齐、周、隋、宋、齐、梁、陈，这一北朝在前的次序正好显示出李唐政权的性质。对于这一历史性的民族融合显然是应当肯定的，这种融合显然成就了古代开放的、进取的、博大的精神，使中国步入了一个既有文治，又有武功的伟大时代。这种融合意味着宽容，其学术宽容的表现，即形成了儒释道三教与玄学并存的局面。

在唐代，三教是各自独立的，玄学则非独行，而是掺杂于三教之中。如唐代官方五经以《周易》为首，以王弼注为权威注释。当时儒家的五经纪传以《论语》为首，以何晏《集解》为权威注释。道教典籍中，《庄子》及《列子》都升为经书，分别尊行郭象注与张湛注。佛教典籍中，《一切经音义》屡引魏晋玄学家的文字，显示出佛学与玄学的关联。不难看出，玄学是三教的联结点，正是通过玄学的调和作用，三教才能在唐代并行演进，形成统一的文化系统。凑巧的是，这种文化宽容的精神正好也是玄学的宗旨，如王弼《周易注》明确主张"包容"，提倡"包含荒秽""靡所不纳""恢弘博施""通夫大同"，看来唐代文化多元而由玄学调控，不是偶然的。文化多元又能达成一统，这绝非易事，类似的情况在历史上并不多见。这不多见的文化格局显然是以民族融合为基础，而汉与鲜卑之融合也是可遇而不可求的。南朝的汉族政权当然不能寄希望于偶然的机遇，故实行九品制度，维护族姓之纯粹及其等级，希冀由此达成血统之延续。但这又导致政治的特权与腐败，虽未灭种，却终致亡国。看来维持血统纯洁的政策，终不如北方民族融合之有生命力。而在这大融合的过程中，鲜卑人之承袭魏晋玄风是一积极的因素。

这篇小序多方列举玄学的优点，对玄学与理学作了略有倾向性的比较，或令人生出玄学更加高明的印象。但若全面考察，会看出玄学不如理学之处也许更多。而玄学与理学的共同缺陷，是今人所常讲的"内圣强而外王弱"。不过，内圣与外王的关系如同内体与外用的关系，按照体用如一的原则，不能承认用外有体，故外王既弱，便不得承认其内圣之强。或者说，"内圣强"一语其实只是道出其弱而似强的假象。如果说理学之内圣实弱，原因之一是其道德形上学过于庞杂，致使宋人争相攀登伦理的制高点，以互相攻讦，因内斗而削弱了抵抗外敌的力度。而玄学内圣之弱，那一定是由于过于看重时务，而无暇顾及内在的修养。例如王弼指出天下民物的变动极难测度，无法计量，不能控制，唯一的办法是把握卦义或时义。时义即社会政治上的形势之要，比君主诏令或天地灾异更为根本。只要得其时，或把握住时义，虽"动天下，灭君主，而不可危也"。这观念论的客观性过于强烈，将"识时务"一事看得过于重要，自然就容易忽略内在的修养工夫。玄学演至南朝，始有体系性，但这体系较之朱熹体系的规模，实在是过于渺小了。当然，由于时代较远，玄学的大量文献毁于战火，远不如理学文献之完整流传。故而理学研究的方法重在释义，玄学的研究方法则可兼重释义与考据。例如，有一节王弼佚文分见于明代王廷相《雅述》及南宋章如愚《群书考索》二书，王廷相指明此文为"王弼曰"，章氏则未举王弼名氏，似为自发议论。此节佚文论及大衍之数与天地之数的关系，内容极其重要，而要证实其为王弼所作，便要对《雅述》与《群书考索》加以考辨，这就有了深入的可能。

这部书约半数的内容是过去发表过的，其中部分发表于20世纪80年代，另一部分发表于90年代。1996年，我的《玄学通论》一书在中国台湾出版。21世纪初，我将《玄学通论》大量增补，以为学位论文，获东京大学博士学位。增补的内容，主要是将玄学的渊源上溯到马王堆帛书《易传》，理由是帛书《易传》在刘歆之前未佚，应著录于《七略》及《汉志》，可间接影响玄学的创始者。这当然包括推测的成分，不能说是完全的实证。在近十余年的研究中，我日益关注方法问题，认识到现代出土的文献与汉唐古文经传略有共同点，两者都应经过长期的、充分的研究和验证，才能成为公认可信的史料。为慎重计，今将涉及出土文献的章节暂行删除，重写"引论"和其他几章，补入近年我的一些新见，更名为《通论玄学》。

近几十年，不断有各种"通论"出现，学术专书以通论为名，有落入俗套之嫌。然而魏晋恰是"贵通"的时代，研治玄学若不能通，未免愧对古人。历数中国历代的学风，汉代今文经学讲究专经，因只专一经而不能兼通五经及诸子，而受到古文学者及王充等人的嘲笑。王充在《论衡》书中提倡"通览"，"博通"，"通书千篇以上"，"上通下达"，以为"通人"胜过儒生。《论衡》至汉末始广泛流传，致使魏晋学人都倾向于"贵通"。魏帝都"慕通达"或"慕通远"，如魏少帝齐王芳学习期间"讲《尚书》经通"，"初通《论语》"，"讲《礼记》通"。因"通"而能得其简要，故王朗、王肃父子都遍注群经，阐发义理；王弼等人则兼注《易》《老》及《论语》，阐扬玄学。今著此书，固不能上追古人，却也不得不勉力而为。虽不能真"通"，但可"强为之名"，自称"通论"。

王葆玹

2022年12月

# 目 录

**小 引** ·················································· 王葆玹

**引 论** ·························································· 1
    一　何谓玄学 ················································ 2
    二　玄学"火不热论" ········································ 12
    三　郭象"独化说"及其与向秀学说的关系 ···················· 25
    四　仁孝与忠孝之辨 ········································ 38
    五　才性论与性情论——玄学之分流 ·························· 50
    六　"研几"与"知几"——形上形下之贯通 ···················· 59
    七　玄学的经典系统与圣贤系统 ······························ 64
    八　李充与制度化的玄学 ···································· 72
    九　南朝的玄学科目及其与道教的分别 ························ 79
    十　玄学的儒道论 ·········································· 87
    十一　玄学历史的分期问题 ·································· 92

**第一章　从《论衡》之初传到玄学之兴起** ························ 103
    一　《论衡》流行迟缓的原委 ································ 104
    二　《论衡》之初传 ········································ 113
    三　王朗与《论衡》的关系 ·································· 118
    四　《论衡》与荆州学 ······································ 120
    五　《论衡》与玄学 ········································ 122

六　从《论衡》看《周易》义理之学的源流 …………… 127
　　七　《太玄》学与玄学 …………………………………… 130

**第二章　东汉魏晋之政体学说及其对正统论的影响** ……… 136
　　一　"君臣一体"和"一卿为政" ……………………… 137
　　二　"摄位"与"摄政" ………………………………… 141
　　三　关于冢宰摄政的成说 ………………………………… 146
　　四　王弼《易》学中的人事与君臣 ……………………… 149
　　五　关于诸葛亮的尊崇及正统论之提出 ………………… 152

**第三章　士庶等级与正始改制** ……………………………… 158
　　一　玄学兴起的社会背景 ………………………………… 159
　　二　正始玄学家的改制运动 ……………………………… 185

**第四章　玄学讨论形式** ……………………………………… 216
　　一　"书不尽言"的命题及其流行的情况 ……………… 216
　　二　以清谈为主、著述为辅的玄学讨论形式 …………… 220
　　三　"谈"——一种特殊的思想交流方式 ……………… 224
　　四　"清"字之义以及"清谈"一词的使用 …………… 233
　　五　清议与清谈的关系 …………………………………… 240

**第五章　玄学思想方法** ……………………………………… 247
　　一　"理"的上升和义理学的形成 ……………………… 248
　　二　名理之辨与言意之辨 ………………………………… 256
　　三　"言不尽意"——玄学言意之辨的前提 …………… 259
　　四　"微言尽意"或"清言穷理" ……………………… 262
　　五　"微言妙象尽意" …………………………………… 267
　　六　不假微言的"妙象尽意"说 ………………………… 270
　　七　东晋时期"微言""妙象"两说的争论 …………… 283
　　八　"言意兼忘"与"言意之辨"的终结 ……………… 285

九　玄言诗、山水诗及其与"言意之辨"的关系 …………… 287
　　十　王弼的"寻言寻象""忘言忘象"和"存言存象"说 … 290

第六章　正始玄学家及其著作 …………………………………………… 295
　　一　夏侯玄及其《本玄论》等著作 ……………………………… 296
　　二　何晏生平事迹与著作 ………………………………………… 316
　　三　管辂《易》学的玄学内容 …………………………………… 328
　　四　钟会生平及其著作 …………………………………………… 331
　　五　王弼生平及其《易》学、《老》学 ………………………… 337
　　六　王弼著作 ……………………………………………………… 346

第七章　竹林七贤与两晋玄学 …………………………………………… 358
　　一　竹林七贤的名称问题 ………………………………………… 359
　　二　竹林名士寓居山阳的意义 …………………………………… 362
　　三　竹林名士共有的性格特征及其出身 ………………………… 365
　　四　曹魏政局以及竹林名士集团的同步演变 …………………… 369
　　五　嵇康及其著作 ………………………………………………… 379
　　六　阮籍著作 ……………………………………………………… 385
　　七　向秀著作 ……………………………………………………… 390
　　八　山涛和王戎 …………………………………………………… 394
　　九　中朝名士 ……………………………………………………… 399
　　十　东晋玄学家 …………………………………………………… 403

第八章　从东汉哲学到玄学的转变 ……………………………………… 410
　　一　汉代宇宙论的繁琐化 ………………………………………… 410
　　二　何晏的"复用无所有"说 …………………………………… 412
　　三　王弼的"万物始原"说和"伏羲重卦"说 ………………… 414
　　四　王弼老学的万物生化图式 …………………………………… 418
　　五　王弼《易》学中的璇玑和会要 ……………………………… 421

六　道德的含义 …………………………………………… 424
　　七　两汉的《道经》《德经》和道德二元论 …………… 425
　　八　河上公、王弼《老》学的盛衰 …………………… 428
　　九　道德不分的王弼注本 ……………………………… 432
　　十　王弼"不分道德"的哲学意义 …………………… 434
　　十一　名教与自然之辨 ………………………………… 436

**第九章　王弼《周易大演论》辑本** ……………………… 441
　　一　《周易大演论》解题 ……………………………… 442
　　二　直接论述"大衍之数"及其与"天地之数"的关系的佚文 … 444
　　三　论述太极与两仪的佚文 …………………………… 450
　　四　论述圣人性情的佚文 ……………………………… 456
　　五　一些出处不能论定的佚文 ………………………… 461
　　六　从《周易大演论》佚文看汉魏数论的演变 ……… 463

**第十章　玄学的本体论** …………………………………… 468
　　一　王弼及钟会《老》学中的本末体用之学 ………… 469
　　二　王弼《易》学中的义象理事说 …………………… 473
　　三　由卦主和尊位看绝对君权的否定 ………………… 480
　　四　卦主之因循至理 …………………………………… 482
　　五　王弼《易》学的改制理论 ………………………… 486
　　六　王弼《易》学与西方哲学的比较 ………………… 488
　　七　王弼《易》学之"全释人事"及其意义 ………… 492
　　八　西晋玄学中的"贵无""崇有"之争 …………… 495
　　九　"火不热""指不至"与"声无哀乐" ………… 500

**第十一章　玄学的存在论** ………………………………… 504
　　一　向秀、郭象《庄子注》的疑案及其初步的解决 … 505
　　二　郭象《庄子注》的改编 …………………………… 513

三　关于唐代郭本《庄子》掺入向秀注文的证明 …………… 517
　四　向秀《庄子注》佚文的发掘及其与郭注的比较 …………… 519
　五　向秀思想——从本体论到存在论的过渡 …………… 526
　六　"迹"与"所以迹"及其兼忘
　　　——向秀、郭象哲学的分歧点之一 …………… 532
　七　圣人之"冥"——向秀、郭象圣人本体论的意义 ……… 536
　八　"独化于玄冥之境"与《致命由己》 …………… 541
　九　向秀、郭象存在论的政治思想及其社会意义 …………… 546

**第十二章　玄学人性论与人才论** …………… 554
　一　玄学人性论之形成 …………… 554
　二　才性之辨 …………… 574

**余　论** …………… 592
　一　玄学家所受到的诬陷 …………… 592
　二　玄学著作立学官的问题 …………… 594
　三　论"浮华" …………… 602
　四　玄学与唐代重玄学 …………… 605

**参考文献** …………… 618

# 引　论

　　如何诠释魏晋南朝的玄学，是近现代学者常关注的问题。在二十世纪四十年代，汤用彤先生连续著文，说明玄学为本体论，而汉学为宇宙论，产生了很大的影响。今在汤说的基础上，拟更进一步，说明玄学为某种特殊的本体论或形上学，用西学的语言表述则或可称之为观念论，用中学的语言表述则可称之为体用之学或性理之学。所谓性理之学，当是某种心性之学与玄理之学的混合。其理论形式与宋代程朱之学很相似，其中的差别仅在于伦常之有无，玄学的性理乃是无善无恶，超乎伦常；程朱所讲的性理则为纯善，有伦常的性格。细玩此种差别，似不能将玄学归结为纯粹的儒学，亦难归之为单纯的道家。玄学家大体上是以《周易》为经，以老庄之书为传；以经书作者及孔子为圣人，以老庄其人为上贤。评判此一经传系统及圣贤系统，显然不能局限于"非儒即道"的成见，而应视其为儒道之融合体。

　　近现代研究玄学的论著，往往要议论玄学的流派问题，多以为何晏、王弼为一派，嵇康和阮籍为一派，郭象则自成一派。如此区分，竟使历史分期与流派划分成为一件事，显得十分可疑。其实，历史上的玄学家并无宋学那样的派性。宋学及明清经学中的派性相当严格，称之为"党性"绝不为过，他们一般要设置学派的门墙，严厉排斥门外的学者。而魏晋时代的玄学家很少成群结党，其治学态度颇为自由而趋于个性化。他们或是执着于探寻玄理，或是持着猎奇心态、游戏精神，有时忽有所悟，当即变换其思想主张。例如何晏与王弼之论才性或性情大为不同，但两人全无学派的隔阂，何晏听到王弼与众不同的说辞，立即惊叹并大加赞扬。何晏注释《老子》之时，见到王弼注更为精妙，立即放弃注释工作，仅著论了事。可在大体上作一推断，玄学史上罕有严格意义上的学派，仅有或大或小的思想潮流。

此处数次提到"魏晋玄学"，是重复了学界的惯用语。很多学者以为此处的"魏晋"只限于魏与西晋，以为东晋已不是玄学流行的时期。笔者以为，玄学的时代不仅应涵盖东晋，还应包括整个南朝在内。理由很简单，魏与西晋的玄学并没有制度化，制度化的玄学大概到东晋以后才正式建成。若是将制度化的玄学排除于玄学史之外，恐是不妥的。玄学为"三玄"之学，"三玄"为"易老庄"，而魏与西晋罕有同时精通并注释三玄的学者，这样的学者在东晋以后才大量出现。在现存的"三玄"之学的著作当中，以陆德明《经典释文》一书最具代表性。这部书著录了魏晋南朝全部的"三玄"论著，以及全部的同期经学著作。其中《周易》居首，在《周易》之下，老庄其书之上，为《诗》、《书》、三《礼》、《春秋》三传、《孝经》及《论语》的众多的注本及论著。对诸经及《老》《庄》，都详加注释。这显然是关于魏晋南朝学术文化的全面的总结，这种学术文化以玄学为主导，包括全部经学。陆德明的《经典释文》完成于南朝之末，因之整个南朝都可看作玄学流行的时代，当然，玄学与佛道二教的关系，在这里是必须要考虑的。据现存的史料，可以肯定东晋南朝是玄学与佛学并行的时代，所不同者，东晋思想文化以玄学为主流，而在南朝则属佛学更为兴盛，但南朝的玄学仍在基本上保持了独立性和完整性，《经典释文》即这种独立性与完整性的标志。

## 一  何谓玄学

根据现存的史料，魏晋时期的思想家似均未使用"玄学"一词，这个词的出现，是在南朝宋文帝建立"四学"之际。将来地下史料的发掘，可能会显示出"玄学"其名的出现应早于学界的估计。但不论如何提前，都难以掩盖一个事实，即在何晏、王弼的现存著作里，论道说无的文字远多于谈玄的文字。一些学者有鉴于此，遂怀疑用"玄学"来命名何晏、王弼的学说是否贴切，觉得"新道家"等名称可能比"玄学"更精准一些。另一些学者则以为"玄学"一名系来源于扬雄之《太玄》，与玄学范畴原本无关。今按"玄学"之名已沿用一千五百余年，如此命名已成为传统，是不宜随意更换的。再说这一名称出现于玄学仍在流行的时代，它的采用一定有深刻的理由。至于扬雄《太玄》之学，无疑是玄学思想来源之一，但在玄学诸多来源当中并未占有突出的位置。现存的何晏、王弼等人的著作屡次援引《易》《老》和《庄子》，对扬雄《太玄》未置一词。考虑到这些情况，对于"玄学"之名的来由显然有必要另做解释。

推敲"玄学"之"玄"的含义，多少与道家及玄学的本体概念有关。道家和玄学家都喜欢谈论"道"，而对于"道"如何称呼却是一件困难的事。《老子》第一章说："此两者同出而异名，同谓之玄。"第二十五章说："吾不知其名，故字之曰道，强为之名曰大。"其中的"谓之"及"字之"在今人看来似无关宏旨，在古人眼里却很重要，因为"道"本是无名的，既然无名，如何指称呢？对这一难题，古人用了一个不算办法的办法，即严格区分"名之""谓之""字之"等，"道"在这里像人一样，有名、字、号的不同，王弼很敏锐地注意到了这一点，他对"同谓之玄，玄之又玄"的措辞作了精彩的注释：

> 玄者，冥也，默然无有也，始、母之所出也。不可得而名，故不可言，同名曰玄。而言"谓之玄"者[①]，取于不可得［名］而谓

---

[①] 陶鸿庆、楼宇烈于"谓"字上补"同"字，其实王弼所强调的只是"谓之曰玄"（见《老子指略例》），不必改为"同谓之玄"。

之然也①。谓之然②,则不可以定乎一玄而已。(若定乎一玄)③,则是[其]名④,则失之远矣,故曰"玄之又玄"也。

王弼很明确地指出,"名之"和"谓之"是不同的,道本无名,不可"名之",却可"谓之"。若果"谓之",则必"谓之玄"。为何定要"谓之玄"呢?因为"玄"字的本义是"深远","谓之玄"如同说"谓之深远难测",这对于原本是"无名"的"道"来说,不正是恰当的称谓吗?道"不可得名"而只可"谓之玄",这不正是"玄学"一名的来由吗?

可惜的是,问题并非如此容易解决,因为《老子》还有"字之曰道"的名言。何劭《王弼传》说王弼曾与曹爽"论道移时",曹羲也曾称赞何晏的"论道"(见《北堂书钞》卷九八),假若改称"玄学"为"道学",似乎也是顺理成章的。更何况王弼《老子指略例》还有如下的论述:

> 夫"道"也者,取乎万物之所由也;"玄"也者,取乎幽冥之所出也;"深"也者,取乎探赜而不可究也;"大"也者,取乎弥纶而不可极也,"远"也者,取乎绵邈而不可及也;"微"也者,取乎幽微而不可睹也。然则道、玄、深、大、微、远之言,各有其义,未尽其极者也。然弥纶无极,不可名细,微妙无形,不可名大。是以篇云"字之曰道""谓之曰玄",而不名也。

---

① "名"字据上文"不可得而名"校补。王弼之意,乃以为"名""谓"不同,因"不可得名",故"谓之曰玄"。"谓之"亦即"强谓之名",并非真为有名。
② "谓之然",陶鸿庆、楼宇烈改为"不可得而谓之然",其实王弼原意,是说若"名之"便等于"定乎一玄",若"谓之"便意谓"不可以定乎一玄","不可得"三字原不必加。
③ 此句系由楼宇烈先生据《道藏》中《道德真经集注》校补,今从之。
④ "其"字据《道德真经集注》校补。诸家校注者不补"其"字,且多以"则是名"三字与下文连读。其实王弼原意,是说"若定乎一玄",则是"名之",而非"谓之",故"失之远",故应于"则是其名"断句。

意思是说，对于"道""玄"，称为大、深、微、远等也都是可以的，但这些名称与"道"及"玄"两者有同样的局限，都是"未尽其极"的。那么，是否根据"谓之"或"字之"的原则，将玄学改称"深学"或"微学"呢？对这做法，王弼一定会嗤之以鼻，因为一种学问的命名，不仅要照顾到这种学问的思想实质，还必须考虑习惯与传统，《老子》书中"玄德"的用法表明"玄"可用作定语，东汉以来玄远、玄言、玄风等流行的术语都是沿袭《老子》的。在这种情况下命名何晏、王弼之学，只有玄、道两字可供选择，深、远、微、细等字均可排除了。

讲到这里，读者可能会联想到何晏、王弼创建新学的时代背景。"玄"与"道"两字的含义在何、王之学当中是相近的，而在同时代的其他一些学者眼里却有可能是相反的。例如曹植撰有《辩道论》和《玄畅赋》，《辩道论》的内容是驳斥"神仙之书、道家之言"，其中的"道"字是指"得道化为仙人"的道，亦即道教和神仙家的方术；《玄畅赋》的内容是"控引天地古今，陶神知机"，赋前有曹植自序说："孔老异情，杨墨殊义。聊作斯赋，名曰玄畅"，其中"玄"字有深远之义，与玄学之"玄"接近。此例表明"道"字几为曹魏一代的道教所专用，且为"畅玄"之士所鄙薄。何晏、王弼"论道"则可，以"道"命名其学说则不可。这样，在排除"道学"之名以后，便只有"玄学"一名合乎《老子》以来的传统，堪为命名何晏、王弼学说的唯一选择了。

古书关于夏侯玄、何晏学说的记述，可支持上述的论断。《文心雕龙·论说篇》云："迄至正始，务欲守文，何晏之徒，始盛玄论。详观兰石之《才性》、仲宣之《去伐》、叔夜之《辨声》、太初之《本玄》、辅嗣之两《例》、平叔之二《论》，并师心独见，锋颖精密，盖人论之英也。"文中列举何晏之徒的"玄论"，提到"太初之《本玄》"，"太初"是夏侯玄的表字，《本玄》是他一篇论文的标题。关于这标题曾有很大的疑问，本书第六章就此详考，证明这篇论文的原名确为《本玄论》。《列子·仲尼篇》张湛注引有此论的部分文字，今录如下：

　　天地以自然运，圣人以自然用。自然者道也，道本无名，故

> 老氏曰："彊为之名。"仲尼称尧"荡荡无能名焉"，下云"巍巍成功"，则"彊为之名"取世所知而称耳，岂有名而更当云"无能名焉"者邪？夫唯无名，故可得遍以天下之名名之，然岂其名也哉？惟此足喻，而终莫悟，是观泰山崇崛而谓元气不浩芒者也。

夏侯玄既已认识到"夫唯无名，故可得遍以天下之名名之"的道理，便一定晓得对于本体不但可以"字之曰道"，也可以"谓之曰玄"。他的论文题名《本玄》，显示出一种意向，即"玄"字是他所倡导的学问最恰当的名称。由于夏侯玄在正始玄学家当中据有领袖地位，他的这种意向显然有助于说明玄学名称的来由。现在学界所谈论的玄学，是包括郭象《庄》学在内的。南朝宋文帝所立的玄学也是如此，其所谓玄学即"三玄之学"，"三玄"即王僧虔《诫子书》所谓的"诸玄"，亦即："易老庄"三部书，而《庄子》在当时通行的权威注释，无疑是向秀、郭象两家。由此而论，"玄学"之名不但必须与夏侯玄、何晏、王弼的学说相契合，而且不能不与郭象所用的名词术语相一致。何晏、王弼等人所推崇的"无""微""深""远""大""细"等，在郭象学说里并不占有突出的地位；而郭象所津津乐道的"逍遥"及"独化"之类，在何、王等人的著作里也没有出现。南朝宋文帝如果想拟定一个可涵盖何、王、向、郭诸人学说的学科名，大概只能在"字之曰道"和"谓之曰玄"之间选择，"字之曰道"既容易与道教的名称混淆，那么"谓之曰玄"便应当是唯一的出路。"玄学"之名可以涵盖王弼关于"玄"的各种说法，可以容纳郭象所谓的"玄冥"以及同"玄冥"密切相关的"独化"，这在宋文帝君臣眼里一定是十分圆满了。

玄学各家既以"玄"为共名，则"玄"字之深、远两义当可标志玄学的思想倾向或特征。《说文》云：

> 玄，幽远也。象幽而入覆之也。黑而有赤色者为玄。

黑而有赤色，颜色很深，故"玄"有深义，如《后汉书·张衡传》李

注:"玄犹深也。"此处之"深",常被用来描述远处的幽暗不明的状态,故"玄"又有远义,如《素问·天元纪大论》王冰注:"玄,远也。"在现代汉语中,"深远"常在抽象意义上使用,在古代也是如此,如《老子》第六十五章说:"玄德,深矣,远矣!"王弼注又重复了一遍:"玄德深矣,远矣!"这表明玄学即深远之学。

从抽象的意义上说,玄学之深远两义有何不同呢?"深"和"远"原本只是关于距离的含混说明,"远"与"近"对,用以表示水平方向的距离;"深"与"浅"对,用以表示垂直方向之距离。在此基础上稍加引申,"深"可指空间上的隐藏,"远"可指时间上的遥远。《周礼·考工记·梓人》注云:"深犹藏也。"而隐藏一类的词汇往往可用来形容寓意之丰富及义理之抽象,故《系辞上传》指出:"夫,《易》,圣人之所以极深而研几也。唯深也,故能通天下之志",韩康伯释云:"极未形之理则曰深。"此处的"深"已是关于抽象程度的说明。考虑到中国的玄学及宋学大致都是内省的学问,可知用"深"描述这种学问的确允恰,这"深"正是玄学家内省思辨之深。再看"远"字,《诗经·鸳鸯》郑笺:"远,犹久也。"在时空两方面,"远"指远离现时当地,有"不现实"的意思,稍引申一下便有了抽象的意思。如王弼《老子指略例》说:"远也者,取乎绵邈而不可及也。"《老子》第十四章王弼注说:"上古虽远,其道存焉,故虽在今,可以知古始也。"大致言之,玄学家所谓"深",往往指在自然哲学领域推演到极度抽象的境地;其所谓"远",往往指在社会政治思想领域憧憬一理想王国。

在玄学论著里,"深""远"概念有时分而论之,有时又混合论之。如《老子》第二十一章王弼注:"窈冥,深远之叹。深远不可得而见,然而万物由之。"这是合用"深""远"两词来形容大道之超出形上。既是超乎形上,则玄学当为本体论或形上学。在1938年至1947年,汤用彤先生数次著文,提出创见,说明汉学为宇宙论而玄学为本体论,这本体论又可称为形上学。不过应当指出,若从广义上来理解这本体论或形上学,便容易生出种种误会。从广义上说,几乎全部的哲学史都往往被简单地概括为从古代本体论哲学到近代认识论哲学的发展历史。汤用彤先生所说的汉代宇宙论，包括天道观、阴阳五行说及气论等，其实也都可以称为本体论或形上学。基于这种广义上的理解，汤先生将玄学本体论与汉代宇宙论相区别的说法便足以令人疑惑了。推敲汤先生的论述，应注意到他所讲的本体论其实不是广义上的，而是狭义的。魏晋玄学家的本体之学，主张体用如一，本末不二，这是一种极具中国特色、极为特殊的本体论，与汉代的宇宙论有显著的差异，故而汤先生从狭义上将玄学本体论与汉代宇宙论对举，仍是可以成立的。汤先生曾研究亚里士多德哲学，或说他所理解的玄学之本体，约略相当于亚里士多德所说的"形式"。当然，在亚里士多德学说中，"形而上学"乃与"物理学"相区分，本体之"形式"乃与"质料"相对待，而魏晋玄学中的本体的对立面乃是"末""用"，"末""用"包括天地阴阳与政事、时势等，这与亚里士多德哲学有同有异，同异孰多尚是可争议的问题。

实际上，汤用彤先生所用的参照系，不是西学，而是宋学。中国宋代的理学家也喜欢论道说理，也执着于标榜体用。其称体用相即、体用如一，与玄学家的论述颇为相似。汤说之主要意义，在于辨明玄学实开理学之先河。或者说，玄学乃与汉学相敌对，与后世的理学更为接近。考虑到王弼的《周易注》在两宋一直立于学官，是理学家年轻时的必读书，可知判定玄学之为理学渊源这一点，是合乎情理的。我们自然也不能否认玄学与理学的分歧，如玄学家所标榜的本、体、性、理都是"无善无恶"，超乎伦常，理学家所申说的至理则为纯善，有伦常的性格。但两者所用的思辨形式是相似的。

说起玄学与理学的相似之处，不应忘记两者都讲理本论或观念论，都推崇某种形上之理。如周敦颐《太极图说》有"无极而太极"的著名命题，朱熹解释说：

"无极而太极"，只是说无形而有理。[①]

---

[①] （宋）朱熹：《朱子语类》，（宋）黎靖德编，王星贤点校，中华书局1986年版，第2365页。

周敦颐《通书》卷二议论"一阴一阳之谓道",朱熹解云:

> 阴阳,气也,形而下者也。所以一阴一阳者理也,形而上者也。道,即理之谓也。①

在周、朱之间,程颐《易传》建言"理无形",起了承上启下的作用。程朱所说的无形之理或形上之理,又称"天理"。汉代学者多以为"道"为万物共同遵循的天道,"理"为万事万物分殊的性理。程、朱等人将分殊之理推到形上,视之为天理,这在今人看来是石破天惊的建树。然而,魏晋玄学家实已有类似的议论,如《周易·系辞上传》论深、几、神,韩康伯注云:

> 极未形之理则曰深,适动微之会则曰几。②

其称"未形之理",或与王弼有关。王弼著作屡言道体无形,而"道""理"两词常可互换,论道则称"道之极",论理则称"理之极",指出:

> 能尽理极,则无物不统。极不可二,故谓之一也。③

王弼此言实为韩注所本,亦为程颐"理无形"一说之来由。朱熹建言"无形而有理","理无形体",直接沿袭程颐,间接继承王、韩所代表的玄学。有鉴于此,我们可进一步界定玄学在哲学领域的类别归属:玄学是一种观念论,可视为本体论或形上学中特殊的一类,其归类大体上应与理学近似。

玄学与汉代的宇宙论相对待,有鉴于此,一些学者遂说玄学家不讲

---

① 《周敦颐集》,中华书局1990年版,第13页。
② (三国魏)王弼注:《周易注》,(晋)韩康伯注,楼宇烈校释,中华书局2011年版,第355页。
③ 《论语释疑》,见楼宇烈《王弼集校释》,中华书局1980年版,第622页。

宇宙论，或说玄学与宇宙论呈排斥的关系。其实，玄学家对汉代宇宙论的态度并非敌对或拒斥，而是包容。对于天地阴阳化生万物的过程，玄学家虽不多言，却也偶有提及，而且说法颇为微妙。如《老子》第五章"天地不仁"云云，王弼注云：

> 天地任自然，无为无造，万物自相治理，故不仁也。……天地不为兽生刍，而兽食刍；不为人生狗，而人食狗。①

王弼此注其实并未契合《老子》"刍狗"之说的原义，当为曲解。正由于是曲解，我们更可从中窥见王弼真实的思想主张。王弼所谓的"天地不为兽生刍""不为人生狗"，本意仅在于否认天地之生刍狗不含目的性，而对于天地之生"刍狗"这一点，他竟视为当然的实情，为其立论的前提。《老子》所谓"刍狗"本为一词，王弼却视为二词，将"生刍""生狗"分而言之。不难看出"刍"与"狗"在王弼文中恰好标志着植物和动物，王弼定要申说天地之生刍、生狗，是由于他心目中有一根深蒂固的观念，即以为包括动物和植物在内的"万物"，都是由天地生成的。而"天地生成万物"这一点，恰是汉代宇宙论的基本内容。

王弼《老子指略例》有一节文字，与此有关，其中提道：

> 是故天生五物，无物为用……五物之母，不炎不寒，不柔不刚……天不以此，则物不生；治不以此，则功不成。②

引文中"五物"是五行的别名，而五行则为"万物"之总括。引文中"天生五物"一句，显然是"天地生成五行"或"天地生成万物"之命题的简化，如此简化是出于修辞的需要。引文所说的"五物之母"，是指道体或玄理。"天不以此，则物不生"，是说天地若不循由大道或玄

---

① 楼宇烈：《王弼集校释》，中华书局1980年版，第13页。
② 楼宇烈：《王弼集校释》，中华书局1980年版，第195页。

理，便不能生成五行或万物。细读王弼此节，可以澄清一极大的误会：一些学者见王弼屡有关于"道生万物"的说辞，便断言此处"道"与万物的关系是时间上化生的关系，以为"道生万物"是指大道直接地产生万物，如同父母生子。其实王弼所谓"道生万物"是简而言之，省略了一个环节。若是不加省略，王弼便会指出天地阴阳必须以"道"或玄理为依据，否则便不能生成五行或万物。

在这里，一个有趣又复杂的情况出现了，王弼的寥寥数语，竟将观念论和宇宙论囊括以尽。当他说天地生"刍狗"之时，他是在重申汉代人们常讲的宇宙论；当他说天地必须循由"道"或玄理，否则便不能生成万物时，他又是在申说一种特殊的本体论或观念论。他是怎样安排两种理论和关系的呢？很简单，即归结为形上和形下的关系。在他和以他为代表的众多的玄学家看来，汉代宇宙论所讲的天、地、阴阳、五行、万物，都属于形下的世界；而天地据以化生、万物据以生存的道或玄理，则在形上的境域。道体或玄理隐藏于形下世界的背后，与形下世界成体用的关系。道、玄理、至理等都可归结为"体"，天、地、阴阳、五行、万物、人事政治等都可归结为"用"，体用相即，体用如一。宋代理学有一原则，体用不可分离，不可或缺。或者说，体用不可断为两截，不可落入"有用无体"或"有体无用"的地步。这一原则实际上已通行于玄学之中，因之玄学家对于形上之理及形下之阴阳五行，是不能不同时加以申说的。对于观念论和宇宙论，是不敢偏废的。在魏晋时代，由于宇宙论的内容为众所熟知，堪称老生常谈，故而玄学家往往省略罕言，而将议论的重点放到玄理或本体方面。

分析至此，可进一步阐发"玄"字之"深""远"二义。在玄学兴起之前，学者议论天地及阴阳五行，多囿于宇宙论，而玄学家试图超出此种局限，探索宇宙结构及过程背后的道体法则，在宇宙论之上，建立一种特殊的形上学或观念论。由于探索的对象为无形之理，隐晦而抽象，暗昧而深藏，这不就是玄学之"深"么？玄学家视道体为永恒，推演玄理乃至上古，至于无穷，这不就是玄学之"远"么？何晏、王弼等人虽未提玄学之名，南朝宋文帝却定要设置玄学之科，看来宋文帝拟定玄学的名目，是恰当的。

## 二　玄学"火不热论"

　　上节关于玄学的说明，仅引王弼一人的著作为证。如此引证的理由，是考虑到王弼其人其书的重要性。在三国以后至元代以前这一漫长的时代，一直以《周易》为五经之首，而这一时期的《周易》又一直以王弼注为官方的标准注释，其影响之久、声誉之高、权威之重，在玄学文献中无出其右，故而上节将王弼著作当成玄学的首要作品加以利用。其实，如此处理只是论其大概，是十分粗略的。玄学的著作颇多，其中有各色各样的见解，复杂至极。其有一说，可名之为"火不热论"，与西方近代的"物自体"说竟有相似之处。"火不热"本是《庄子·天下篇》所载辩者的命题，玄学家曾就此作出发挥性的诠释，以为火之自身本是不热的，火热只是"近火者"的感觉。如此诠释的动机，不过是为解释庄书"真人入火不热"的难题，其有深刻的哲学内涵，乃是意外的收获。不过，这一偶然出现的、似乎很小的思想建树，竟在流传之中放大了，有些玄学家在诠释《论语》关于性情的议论中，竟也引入此说，这使我们颇感鼓舞，上述近似于"物自体"说的见解，竟可视之为玄学中较重要的内容。

### （一）庄书"入火不热"与"火不热"两命题之关联

　　"入火不热"与"火不热"两说，本是不同的。前者语出《庄子》内篇，意味真人不畏水火；后者语出《庄子·天下篇》，为辩者命题。辩者思想与庄周思想适成敌对的关系，《天下篇》载有庄子学派对辩者"火不热"等命题的驳论，称辩者"能胜人之口，不能服人之心"，可见"入火不热"与"火不热"两命题原本是无关的。然而在郭象以前，玄学家误以为"火不热"诸命题都是"庄生之言"，遂将"火不热"与"入火不热"两命题混同看待，加以通解。当然，如此沟通定会违背庄子的原意，却容易收到意外的效果，使一种新颖的、极具创意的学说由此形成。

先考察一下《庄子》关于"入火不热"的说法。此说大致上可归入《庄子》避患之说的范围。盖庄书之背景，是深重的社会苦难。历数庄书所标榜的种种信条，如"不知悦生，不知恶死"，"以死生为一条，以可不可为一贯"，"安时处顺，哀乐不能入"，"知其不可奈何，而安之若命"，均以社会苦难之深重为其前提。对于苦难，庄书往往要详细描述，如饥渴、寒暑、毁誉、阴阳之患、人道之患、刑、灾、害、殃，其中大者，则为水火。今人常以"水深火热"形容社会之苦难，如此措辞，实始于《庄子》。而《庄子》所宣扬的真人"避患之道"，也以"入水不濡，入火不热"最为突出。如《庄子·逍遥游》篇中称赞神人可"大浸稽天而不溺，大旱金石流土山焦而不热"，《齐物论》称赞至人"大泽焚而不能热，河汉沍而不能寒"，《大宗师》称赞真人可"入水不濡，入火不热"。在这当中，至人、神人、真人都有同样的品格和能力，其"入水不濡"或"不溺"，尚可理解；而"入火不热"却富于神秘色彩，令人生畏。如何解释这一命题，成为《庄》学研究的一个难点。

在这一点上，《庄子》外篇多有发挥，如《秋水》借北海若言：

> 至德者，火弗能热；水弗能溺。……非谓其薄之也，言察乎安危，宁于祸福，谨于去就，莫之能害也。

意谓真人与火并不接触，"不热"不过是由于真人远离水火灾患而已。如此解释，固然合乎生活的常识，却与庄子"入火"之义直接冲突，盖"非谓其薄之"略同于"非谓入火"。假如《庄子》内篇的作者有"非谓其薄之"的想法，似应换一种措辞，而不应声称真人"入火不热"，令人疑惑。

《庄子》外篇《达生》有一席问答，列子问："至人潜行不窒，蹈火不热，行乎万物之上而不栗。请问何以至于此？"关尹答：

> 是纯气之守也，非知巧果敢之列。……彼将处乎不淫之度，而

> 藏乎无端之纪，游乎万物之所终始。壹其性，养其气，合其德，以通乎物之所造。夫若是者，其天守全，其神无却郤，物奚自入焉！

意即至人之"蹈火不热"，是修性养气所致。今人或将炼气法门溯源于《庄子》，大概是受了上述一节引文的启发。然而《庄子》内篇是中国古代著名的哲学著作，将这部著作的思想与修性养气联系起来，是否贴切，尚是可以讨论的问题。

《庄子》外篇《田子方》借孔子言，评论真人："其神经乎大山而无介，入乎渊泉而不濡"，意谓真人之"入火"，非指肉体，而指真人之精神与水火合一，与万物同体。所谓"不热"是精神上的某种状态，非指肉体之感觉。如此发挥，与《庄子》内篇的思想主旨应是一致的。然而真人为何能有"入火不热"的精神境界，《田子方》篇中未作明确的解说，后代读者的疑虑尚难彻底消除。例如《庄子》内篇《大宗师》"入水不濡，入火不热"一节之下，有郭象注说：

> 故真人陆行而非避濡也，远火而非逃热也，无过而非措当也。故虽不以热为热而未尝赴火，不以濡为濡而未尝蹈水，不以死为死而未尝丧生。

郭象敏锐地从精神境界的角度解说，指出"不濡"是"不以濡为濡"，"不热"是"不以热为热"，当然是精确的。不过郭象又称真人"未尝蹈水""未尝赴火"，却与《庄子》内篇"入水""入火"的措辞有直接的语义冲突，仍留有解释的余地。

入火之热与不热的问题，与火之本身热与不热的问题密切相关。东汉以后的读者面临"入火不热"的解释难题，势必关注《庄子》书中"火不热"的论断。《庄子·天下篇》末章载有惠施及辩者的许多命题，其中有两个辩者命题与本文有关，其一是"火不热"，其二是"指不至"。申说这两个命题的"辩者"，乃公孙龙。《淮南子·诠言篇》许慎注云："公孙龙以白马非马、冰不寒、炭不热为论。"其中冰炭犹如水火，公孙龙所说的"炭不热"与"火不热"，实为一理。《列子·仲尼篇》引公孙龙说："有意不心。有指不至。有物不尽。"此处公孙龙所说的"有指不至"与《庄子·天下篇》辩者所谓"指不至"，亦为一理。《庄子·天下篇》的作者评论公孙龙："能胜人之口，不能服人之心，辩者之囿也。"可见"火不热"与"指不至"两命题绝非庄子所主张，这两个命题的含义与庄子思想的关系是敌对的。然而在汉魏之际，学者未必认识到这一点。《庄子·天下篇》末句有郭象注云：

> 昔吾未览《庄子》，尝闻论者争夫尺棰连环之意，而皆云庄生之言，遂以庄生为辩者之流。案此篇较评诸子，至于此章，则曰"其道舛驳，其言不中"，乃知道听涂说之伤实也。吾意亦谓无经国体致，真所谓无用之谈也。

可见在郭象注《庄》之前，学界普遍以为"火不热""指不至"等命题为庄子其人所主张，例如晋初乐广即以"指不至"为《庄》学及玄学之通义，加以谈论，事见《世说新语·文学篇》。而在郭象注《庄》之后，清谈家、玄学家也未必能注意《庄子》思想与其书所载辩者思想的区别，例如《世说新语·文学篇》记载，司马道子问："惠子其书五车，何以无一言入玄？"谢玄答："故当是其妙处不传。"可见东晋时期谈玄的名士仍以为《天下篇》"惠施多方，其书五车"以下的名家命题与庄学或玄学有一致性。在这种情况下，《庄子》内篇所说真人之"入火不热"与辩者所说的"火不热"，定会被看成相关的命题。

魏晋玄学家一旦引用辩者的"火不热"命题去解说神秘的真人"入火不热"之论，便使争论的焦点发生了转变。在这里，真人"入火不热"的原因不在于真人有何特殊能力，而在于火之本身有何品性。或者说，真人其所以"入火不热"，是由于火之本身是不热的。而当玄学家致力于探索火之本身为何不热的问题之时，一种新型的本体论便诞生了。

## （二）关于火之本体的议论

唐代以前的玄学家关于"火不热"的诠释要点，是说明火之本身或本体是无所谓冷热的，冷热都是"近火者"的感觉。古代东方的哲学家，往往用举例或归纳的方式来阐发抽象的哲理，当玄学家申说火之本身"不热"之时，他们实际上已将任何存在物之自体与其外在表现区分开来，从而达到了本体论或形上学的高度。在这里，应当讨论一下，这种本体论是如何提出，是在何时提出的。

在《庄子·天下篇》"火不热"句下，成玄英《疏》云：

> 火热水冷，起自物情，据理观之，非冷非热。何者？南方有食火之兽，圣人则入水不濡，以此而言，固非冷热也。又譬杖加于体而痛发于人，人痛杖不痛。亦犹火加体而热发于人，人热火不热也。

文中陈述两种意见，其中引证"食火之兽"一节，是表达成玄英本人的见解，此解不过是诉之民间的神秘传闻，思想水平较低。而"又譬"两字之下，是引述他人的意见，这一见解将火之自身与"近火者"的感觉区分开来，达到了本体论的高度。这"又譬"以下的议论究竟出自何人呢？

成玄英是唐初人，"又譬"云云显然出于唐代以前。凑巧的是，在唐以前成书的《经典释文·庄子音义》正好出"火不热"一句，句下有陆德明《释文》言：

> 司马云：木生于水，火生于木，木以水润，火以木光。金寒于水而热于火，而寒热相兼无穷，水木之性有尽，谓火热水寒，是偏举也，偏举则水热火寒可也。一云：犹金木加于人有楚痛，楚痛发于人，而金木非楚痛也。如处火之鸟，火生之虫，则火不热也。

文中"一云"之下的议论,与成疏"又譬"之说一致,措辞亦相似,当有共同的来源。"一云"之说与此节引文所述司马彪之说明显不同,不会是出于司马彪的《庄子注》。"一云"之说与现存郭象《庄子注》也有区别,也不会是出于郭注。"一云"之说为《释文》所引,自然是出于《释文》之前。陆德明《释文》完成于南朝陈后主至德元年(583),这应当是"一云"之说的时代下限。陆德明所见的《庄》学书籍,均见于他的《经典释文序录》,其中除郭象、司马彪二注之外,尚有如下数种:

> 崔譔注十卷,二十七篇。
> 向秀注二十卷,二十七篇。
> 李颐《集解》三十卷,三十篇。
> 孟氏注十八卷,五十二篇。
> 王叔之《义疏》三卷。
> 李轨《音》一卷。
> 徐邈《音》三卷。

"一云"究竟是出自其中哪一部书,难以断定。另外,除了这些《庄子》的注释,陆德明《释文》还引有王肃、支遁、孔安国、宋均、服虔、皇甫谧、许慎、嵇康等人的诠解,在这种情况下,更难推断"一云"之出处。然而,《初学记》的一项记载似有助于这一问题的解决。

《初学记》卷二五载朱玄微《火不热论》云:

> 朱先生游于河洛之间,将舍逆旅,遇逆旅之火,有主人翁夷焉。先生褰裳下车,环而窥之,则喘喘然死矣。先生曰:"嘻,火之盛物,一至此哉!"弟子孔琨进曰:"异哉先生之谈也!夫火之热,在群形则焚燎消铄,在肌肤则灼烂湮灭,奚言物之盛矣!"

《火不热论》的内容,似应以火之热或不热为主题,而文中朱先生不言其热,而称其"盛",令人有怪异之感。其实,在中国古代,寒热的概念往往可用盛衰的概念来替换，例如四季气候，夏热冬寒；四季植物，则夏盛冬衰。上述引文中的"火之盛物"，显然是以"火之热物"为前提的；引文中的"物之盛"，也以"物之热"为原因。其逻辑的顺序，是由热而盛。火之本身是不热的，所谓"热"只是"入火"或"近火"的人的感受或境遇。同理，火之本身无所谓盛衰，由火而盛只是"入火者"的遭遇。人被烧死，俗称衰亡，而此处朱先生却由"人热火不热"的前提出发，称焚灭者为"盛"，从而显示出哲学逻辑之残酷。细玩这一《火不热论》的思想，较之上述《经典释文》及《庄子义疏》所述"人热火不热"的思想深刻而复杂，应当是在"人热火不热"的思想基础上作出的发挥。其发挥的时间，应当是在"人热火不热"的学说广泛流行之后。

那么，这一《火不热论》究竟是撰于何时呢？检《论》中朱先生弟子孔琨之姓名，见于《法书要录》卷十所载王羲之书帖，是王羲之的同时代人。而孔琨之师朱玄微，年辈似略早于王羲之，约略活动于东晋中期。《火不热论》称朱氏"游于河洛之间"，而河洛之间时为前秦苻坚所控制。据《晋书·隐逸传》，苻坚时隐者或谥为"崇虚先生"，或谥为"安道先生"，或谥为"玄虚先生"及"玄德先生"。《初学记》所载《火不热论》的作者朱玄微，有可能是以"玄微先生"为谥。当然，这只是推测，而朱玄微时当东晋中期，则是可以肯定的。朱玄微著论之际，"人热火不热"之说业已流行。由此可作推断：《经典释文》及《庄子义疏》所述的"人热火不热"之说，当出于东晋之前。

《经典释文·庄子音义》所引的《庄》学诠释者，多在东晋南朝，其中东汉以后、东晋以前者，除郭象、司马彪之外，仅有王肃、崔譔、嵇康、向秀、皇甫谧、如淳、潘尼等人。而与玄学有关的，仅嵇康、崔譔、向秀三人。《释文》称引"一云""又云"，有可能是引述非笺注类的与《庄》学有关的著作，而崔譔、向秀都以注释《庄子》著称，《释文》之称引"崔云""向云"。不计其数，故可推测，上述"一云"之"火不热"说出自嵇康文章的可能性较大。分析至此，便牵涉《晋书·隐逸传》的一节著名的记述：

> 嵇康又从之(孙登)游三年,问其所图,终不答,康每叹息。将别,谓曰:"先生竟无言乎?"[孙]登乃曰:"子识火乎?火生而有光,而不用其光,果在于用光。人生而有才,而不用其才,而果在于用才。……"

孙登与嵇康的这一问答,又见于《世说新语·栖逸篇》刘注所引《文士传》、《三国志·魏志·王粲传》裴注所引《魏氏春秋》等文献,文字略异,可见孙登之议论"火生而有光,而不用其光",应是史实。从表面上看,孙登此说与"火不热"说似无关联,然而孙登所说的"光",正好是"玄"的反义词,据《说文》及经史众书古注,"玄"有黑暗之义,与孙登所讲的"光"或光明正好相反。玄学中"玄""深""微"等概念,也都有黑暗或幽暗之义,如王弼《老子指略》说:

> 玄也者,取乎幽冥之所出也;深也者,取乎探赜而不可究也……微也者,取乎幽微而不可睹也。[①]

可见王弼所标榜的"玄""深""微"等,均与"光明"的意思相反。郭象《庄子注》屡称"玄冥",意思也与光明相反。按魏晋时期多数玄学家的主张,孙登所谓"火生而有光,而不用其光",当理解为火之外用为光明,火之自体却玄深幽暗。因自体幽暗,不用其光,故而"果在于用光"。关于此种由幽暗而致光明的机制,玄学家一般称之为"崇本举末"或"由体致用"。具体而言,在玄学史上拥有崇高地位的嵇康其人,在听到孙登的议论之后,定会按照这种本末体用的思路来看待"火"与"光"的问题,也极有可能循由这一思路去理解《庄子·天下篇》当中"火不热"的命题。他若是由此阐发出"人热火不热"的哲理,应是很自然的。

提及嵇康,人们往往会想到他的著名的论文《声无哀乐论》。所谓

---

① 楼宇烈:《王弼集校释》,中华书局1980年版,第196页。

"声"指"音声",指音乐演奏时发出的乐音。嵇康此论的背景,是何晏所创的"圣人无喜怒哀乐"之说极度流行。因圣人无情,音声便不得有情,否则无法与圣人之性相沟通。而为论证音声之无情,嵇康引酒为例:

> 然和声之感人心,亦犹酒醴之发人情也。酒以甘苦为主,而醉者以喜怒为用。其见欢戚为声发,而谓声有哀乐,犹不可见喜怒为酒使,而谓酒有喜怒之理也。①

在这里,嵇康为区分主观鉴赏与艺术作品,强调指出音声之善恶、酒之甘苦,都是客观的;而音乐欣赏者之哀乐、饮酒者之喜怒,都是主观的感受或反应。按照物自体说,嵇康所认为是客观的因素,如音声之善恶、酒之甘苦等,其实也可说是主观的。嵇康未能认识到这一点,仅将鉴赏者的喜怒哀乐与音声的品质区分开来,显示出哲学上的不彻底性,不像上述的"人热火不热"之说更接近于西方的物自体论。然而,嵇康若是见到《庄子·天下篇》中"火不热"的命题,再受到孙登"火生而有光,而不用其光"之说的启迪,显然有可能更进一层,阐发出"人热火不热"之玄理,并影响那位追随他的、以注《庄》闻名的玄学家向秀。

当然,将上述《经典释文》《庄子义疏》所引述的"人热火不热"归结为嵇康及向秀的学说,只是一项推测。而这推测的基础却是坚实可靠的,即"人热火不热"的本体论形成于东晋以前,大约是在东汉以后。

### (三)"火不热论"与玄学性情论

在魏晋玄学家当中,王弼对后人的影响最大。他和他的后继者主张"圣人有情",将人心分为性情二端。其本体论实不悖于"天人合一"之

---

① 《嵇康集校注》,戴明扬校注,人民文化出版社1962年版,第204页。

旨，在天则标榜无形无名的至理，以至理为体，以物及事为用；在人则标榜无善无恶之性，以性为体，以情为用。因至理通于人性，故玄学又为性理之学。在王弼学派的思想体系中，性情论竟与"火不热论"密切结合，性情的关系相当于"火不热"与"近火者热"的关系，从而形成了一种深刻而精致的本体之学。

此种性情论与"火不热论"相结合的情况，尚未引起当今学者普遍的关注，值得为此作一陈述。《论语·阳货》："子曰：性相近也，习相远也。"南朝梁人皇侃所撰的《义疏》说：

> 然性情之义，说者不同，且依一家。旧释云：性者，生也。情者，成也。性是生而有之，故曰生也。情是起欲动彰事，故曰成也。然性无善恶，而有浓薄；情是有欲之心，而有邪正。性既是全生，而有未涉乎用，非唯不可名为恶，亦不可目为善。故性无善恶也。所以知然者，夫善恶之名，恒就事而显，故老子曰："天下以知美之为美，斯恶已。以知善之为善，斯不善已。"此皆据事而谈。情有邪正者，情既是事。若逐欲流迁，其事则邪；若欲当于理，其事则正；故情不得不有邪有正也。故《易》曰："利贞者，性情也。"王弼曰："不性其情，焉能久行其正？"此是情之正也。若心好流荡失真，此是情之邪也。若此情近性，故云性其情。情近性者。何妨是有欲！若逐欲迁，故云"远"也。若欲而不迁，故曰"近"。但近性者正，而即性其正。虽即性非正，而能使之正。譬如近火者热，而即火非热。虽即火非热，而能使之热。能使之热者何？气也，热也。能使之正者何？仪也，静也。又知其有浓薄者，孔子曰："性相近也"，若全同也，"相近"之辞不生；若全异也，"相近"之辞亦不得立。今云"近"者，有同有异，取其共是。无善无恶则同也，有浓有薄则异也。虽异而未相远，故曰"近"也。①

---

① （三国魏）何晏集解，（南朝梁）皇侃义疏：《论语义疏》，高尚榘点校，中华书局2013年版，第445页。关于引文中的标点，我略有更动。

此文以为性无善恶、情有邪正，以情近性则可致"情之正"，情不近性则导致"情之邪"。这一见解，完全合乎王弼的学说。王弼《易》学若是论卦，则必区分卦义与卦象；若是论爻，则必区分爻义与爻象。在这里，义象的关系，约略相当于性情的关系。若象为事，则情为事由；若象为动，则情为动因。爻位有"当"与"不当"之分，在王弼《周易注》中，爻位之当与不当，往往称为"正"或"不正"。而对于爻位的正邪，王弼释之以"情"，指出爻之正位是情正所致，爻位不正是情邪所为。爻位属事象之类，事象为用，义理为体。玄学家所主张的以体御用，体用相即，落实于卦爻则体现为卦义统摄卦象，爻义统摄爻象。对这种以义制象的原理，亦可表达为"以性统情"或"以情近性"。王弼在《周易注》及《周易略例》中，对这种义理与事象、爻性与爻情的关系反复申说的内容为后代学者所熟知。而大家所未注意到的是，上述义象、理事与性情的关系，竟可用"火不热"与"近火者热"的关系来比拟。由于这种比拟，王弼学派所主张的玄学本体论便显示出与康德"物自体论"的相似性。其意义是如此重大，使我们不能不追究，这种比拟究竟是始自何时呢？对这个问题，似很难作确切的解答，但可作两种推测。

其一，可推测上述皇疏引文自"王弼曰"以下至"仪也，静也"止，全为王弼《易》学著作的佚文。程树德《论语集释》和楼宇烈先生的《王弼集校释》都以为，此节皇疏文字自"王弼曰"以下，全为王弼所说，出于王弼的《论语释疑》。我原反对这种意见，理由是皇疏所引"王弼曰"云云，是对《周易》乾卦《文言传》的诠释，而今本《周易》乾卦《文言》"利贞者，性情也"句下，王弼注云："不为乾元，何能通物之始？不性其情，何能久行其正？是故始而亨者，必乾元也；利而正也，必性情也。"其中仅二句见于皇疏引文，其余均与皇疏不合，故推断皇疏"王弼曰"以下，仅"不性其情，焉能久行其正"二句出自王弼，二句下面的文字仍是"旧释"的内容。而今注意到王弼著作之辨名析理，往往是反复申说，屡有重复，如《周易注》的许多议论，又见于《周易略例》，故可推测皇疏引文自"王弼曰"至"仪也，静也"，是引述王弼之说，其说的出处不是《论语释疑》，而是王弼《易》学著作的佚文。这一著作可能是王弼的《周易略例》，其《周易略例》下篇所存无几，佚文的文字可能包括皇侃所引的一节。当然，这一出处也可能是《王弼集》五卷，五卷中或有文章议论经学之疑难问题，提及《易传》"性其情"句，兼及"性相近也"之说。

其二，可推测皇疏引文中仅"不性其情，焉能久行其正"两句出自王弼，其余都是"旧释"的作者所讲。"旧释"当为《论语》之前人注释，而统计《经典释文序录》及《隋书·经籍志》所著录《论语》类的解释性著作，书名称"释"者有如下数种：

王弼《论语释疑》三卷
栾肇《论语释疑》十卷
张凭《论语释》一卷

《隋书·经籍志》还举出"梁有"而在隋代"已亡"的几种：

《论语释驳》三卷，王肃撰。
《论语释》一卷，曹毗撰。
《论语释》一卷，李充撰。
《论语释》一卷，庾翼撰。
《论语释》一卷，蔡系撰。
《论语释》一卷，张隐撰。
《论释》一卷，姜处道撰。

其中王肃不是玄学家，与上述皇疏引文之玄学风格不合。其余栾肇、张凭、曹毗、李充、庾翼、蔡系、张隐等均为东晋人。若不考虑王肃与王弼二家，则可推测上述皇疏所称引的"旧释"，应是出自东晋人的著作。

这两种推测都难成为定论，实难相互排除。但不论我们相信哪一种，都不能否认"旧释"出自王弼学派。"旧释"之详论性情，是以王弼"圣人有情论"为前提的。"旧释"之论"情之正""情之邪",均与王弼《易》学的见解相吻合。故可断定"旧释"乃王弼学派之成说,或出于王弼本人,或出于他的后继者。

在这里,有一点是必须说明的,即"旧释"若出于王弼学派,便不应与王弼著作的思想有任何的抵触。王弼在《老》学著作中实已提及"温凉炎寒",涉及寒热的问题。此种"温凉炎寒"之说与"火不热"之说的关系究竟是怎样的呢?

且看王弼《老子注》在这方面的议论。《老子》第十六章王注:"常之为物,不偏不彰,无皦昧之状,温凉之象,故曰'知常曰明'也。"第三十五章注:"大象,天象之母也,不炎不寒,不温不凉,故能包统万物,无所犯伤。"第四十一章注:"有形则有分,有分者不温则凉,不炎则寒。故象而形者,非大象。"《老子指略》:"若温也则不能凉矣,宫也则不能商矣。"又云:"无形无名者,万物之宗也,不温不凉,不宫不商。"王弼申说本体之无形,屡以"不温不凉,不炎不寒"为例,可见"温凉炎寒"乃形之大者。王弼《老子指略》说:

> 五物之母,不炎不寒,不柔不刚;五教之母,不皦不昧,不恩不伤口。①

原来"温凉炎寒"是五行说的内容。"五物"即五行,亦即木、火、土、金、水。五行之木、火、金、水,与四季配合,便有春温、秋凉、夏炎、冬寒之象。王弼以为本体可包融五行,总括"温凉炎寒",而"若温也则不能凉矣",故而本体必须是"不温不凉,不炎不寒"。王弼此说从表面上看,似与"火不热论"有别,然而一旦注意到王弼已有处于萌芽状态的体用如一的思想,结论便会改变。按照体用如一的原则,本体与木、火、土、金、水呈体用的关系,这体用关系可就五行之总体而言,亦可就五行之个体而言。若是单就火之个体而言,则火之外用

---

① 此节所引王弼《老子注》及《老子指略》的文字,均见于楼宇烈先生的《王弼集校释》。

为"炎"或"热",火之本体"不炎"或"不热",这岂不就是玄学中的"火不热论"么?王弼《老子注》多引《庄子》文字,可见他熟悉《庄子》,他所说的"五物之母,不炎不寒",实可粗略地归入与"火不热"命题相关联的玄学本体论当中。

下节将说明玄学本体论有两种类型,其一以何晏"圣人无情论"为前提,为嵇康等人所支持;其二以王弼"圣人有情论"为前提,为王弼学派所主张。这两种类型的玄学本体论都与"火不热论"相关联,以为火之本身是不热的,所谓热只是"近火"或"入火"者的感觉,可见玄学本体论或观念论的基本理论形态,竟与西方近代康德的"物自体论"相类似。当然,玄学此种本体论极其朴素,其表达的方式往往是比喻,而非直接进行逻辑的推理,远不如康德学说精致且复杂。但即便如此,对中国古代的这种本体论仍应予以高度的评价。另外,玄学的这种本体论是由诠释辩者"火不热"的命题而建构,亦是受了庄子关于"真人入火不热"之说的启迪。若是从政治的角度着眼,可以看出,玄学本体论与"真人入火不热"的联系亦值得重视。玄学家以为火之本体不热,真人与火之体冥合,故可"入火不热"。这种思想可驱使从政的玄学家深入社会的各个阶层,"以百姓之心为心"。由此而论,玄学本体论仍可看作庄子思想之变相发展。

## 三 郭象"独化说"及其与向秀学说的关系

现存古书《庄子注》的作者究竟是向秀抑或郭象,是千古讼案,亦是当今学界所关注的问题。此问题由南朝宋代临川王刘义庆所提出,他在《世说新语·文学篇》中公布了一则逸事,说郭象将向秀《庄子注》"窃以为己注",郭象仅自注了向秀所未完成的《秋水》《圣乐》二篇,改注了《马蹄》一篇,对其余众篇"或点定文句"而已。由于《世说新语》并非刘义庆一人独著,而是由刘氏门下众多的"文学之士"所共撰;《世说新语》的内容亦非原创,而是"纂辑旧闻"而成的,故而此书对郭象的指责颇具权威性,后果十分严重。唐修《晋书·郭象传》即重申了《世说新语》的指责，称郭象为"窃"，又在《传》后的评论中指称郭象为"盗"。

然而《晋书·向秀传》的措辞却很宽容，称郭象对于向秀注不过是"述而广之"，使这问题有了争论的余地。郭象对于向秀注究竟是盗、窃，还是"述而广之"呢？宋代高似孙、王应麟，明代焦竑、胡应麟等人以及《中国思想通史》的作者，都支持盗、窃之说。而近现代刘盼遂、冯友兰、汤一介等众多的学者，都支持"述而广之"的说法。经过反复的争辩，这"述而广之"的说法已在学界处于优势地位，向、郭《庄子注》的疑案似乎已终结。然而，在这当中有一件事是必须注意的，即当今学者其所以承认郭象是《庄子注》著作权的拥有者，是由于大家重视晋唐《庄》学当中最为著名的"独化说"，并相信"独化说"的原创者乃是郭象。假如这一信念崩溃或动摇，向、郭《庄子注》讼案便会再起，争论便会再度展开。有趣的是，关于"独化说由郭象原创"这一点很难找到有力的证据来支持。《列子》张湛注、《文选》李善注及《经典释文》都大量引述向、郭两家《庄子注》佚文，而两家佚文都未提到"独化"一词。由此而论，"独化说由郭象原创"这一信念，其实只是推测，因之向、郭疑案的"解决"其实不过是假象。

近年，我通过研究"独化"的含义及其成词的由来，大致上辨明一件事，即郭象对于向秀《庄子注》的确是"述而广之"，郭象申说"独化"之理，可能不是"广之"，而是"述之"。或者说，"独化"一说可能是由向秀所提出，再由郭象申说发挥。郭象的"广之"，主要不是表现在独化上，而是表现在"齐死生""齐是非"等问题上。较之向秀，郭象更强烈地申说"齐死生"的原则，他力驳"乐死恶生"的旧说，建言"生时安生，死时安死"。郭象也坚决地申说"齐是非"的原则，澄清了当时学界流行的"以庄生为辩者之流"的误会，从而打击了当时兴盛的名辩思潮。郭象的这两点创意，在当时产生了很大的影响，使立足于《庄子》的玄学流派一时取得支配的地位，以致当时的学者竟将他的《庄子注》当成权威的著作。从郭象著述活动的功效来看，他应当被归结为向秀乃至全部七贤的功臣，而不是剽窃者。

### (一)"独化"与"见独"

对于《庄子注》中多次出现的"独化"一词，今人多避免从训诂的角度去解释字义，只是直白地将"独化"解说为"独自变化"，并由此归纳郭象的思想体系。然而，郭注所称"独"字实有双关义，一方面可释为"独自"，另一方面可释为"特性"或"真性"。其所谓"独化"可解释为"任性而化"，亦即循由真性而变化。而一旦由此理解，便会看出郭象"独化"一说的来源，实即他所注释的《庄子》本文中的"见独"之说。

在《庄子》书中，"独"字多见，一般用作副词，意谓"单独"或"独自"，但偶有例外，如《田子方篇》说："向者先生形体掘若槁木，似遗物离人而立于独也"，其所谓"立于独"显然是指立足于"独"的境界，"独"为名词而非副词。郭注中的"独"字也是如此，如《大宗师篇》："与乎其觚而不坚也"，郭象读"觚"为"孤"，释之为"独"，注云：

> 常游于独，而非固守。①

郭注所谓"游于独"略同于《庄子》所谓"立于独"，"独"为名词，而非副词。

古书中"独"若用为名词，便可与"一"字互换。《方言》卷一二说：

> 蜀，一也，南楚谓之独。②

郭璞："蜀，犹独耳。"类似的断语也见于《广雅》：

---

① （清）郭庆藩：《庄子集释》，中华书局1961年版，第235页。
② 钱绎：《方言笺疏》，中华书局1991年版，第450页。

蜀、壹、弋也。①

今之简体"独",繁体为"獨",在古代常写为"蜀",如《老子》有"獨立而不改"一句,在郭店竹书本写为"蜀立不亥"。《广雅》引文中的"弋"即"一","一"为今文,"弋"为古文。那么《方言》《广雅》的两节引文已可证明。古书中的"独"字可训为"一"。"一"为至少之数,"独"为与众不同而孤寡之义,两字原始含义极其接近,"独"释为"一"实为理所当然。此种训解亦可引致哲学上的发挥,如《淮南子·原道篇》说:

所谓一者,无匹合于天下者也,卓然独立,块然独处,上通九天,下贯九野……②

其称"一"的样态是"独立""独处",显示出哲学宇宙论中的"一"又训"独"的可行性。

在古代哲学中,宇宙之统一与人心之归一常可比类,如《大戴礼记·本命》云:"形于一谓之性。"《老子》第十章提到"抱一",王弼注云:"一,人之真也。"王弼所谓"真"即"真性"的简称,人性本真,故称真性;人性纯朴,浑然为一,故又称"一"。考虑到上文已说明"一"可训"独",则"独化"之"独"实有训解为真性之可能。

在推敲郭象所谓"独"的含义之时,应先说明一点,即他所说的"独化"是一种内在的变化,与外部的世界无关。请看他对"独化"的描述:

故造物者无主,而物各自造,物各自造而无所待焉,此天地之正也。③

---

① (清)王念孙:《广雅疏证》卷一上,江苏古籍出版社1984年版,第16页。
② 刘文典:《淮南鸿烈集解》卷一,中华书局1989年版,第29页。
③ (清)郭庆藩:《庄子集释》卷一下,中华书局1961年版,第112页。

而在《庄子·大宗师篇》的注释中，他又论及万有之间的联系：

> 故天地万物，凡所有者，不可一日而相无也。一物不具，则生者无由得生；一理不至，则天年无缘得终。

看来，对于万有之间的联系或相互依存的各种关系，郭象本是充分注意到了的。他屡次申说万物的独立性，主张万物都是自造、自为的，不过是在内在的精神世界而言的。《齐物论篇》郭注主张"将使万物各反所宗于体中而不待乎外"，又说："无待而独得"，可见"无待"即"不待乎外"，"独化"是在"不待乎外"的前提下的内在的变化。而此种"内""外"的区分，是针对"性分"而言的。《齐物论》篇提道："六合之外，圣人存而不论。六合之内，圣人论而不议。"其所谓"六合"本指四方上下；郭象却解释为"性分"：

> 夫六合之外，谓万物性分之表耳。夫物之性表，虽有理存焉，而非性分之内，则未尝以感圣人也，故圣人未尝论之。①

魏晋文献中"表"字常指"外"，此处"性分之表"即"性分之外"。而郭象此注将"性分之内"与"性分之外"对举，明显有形上与形下的划分。"性分之外"，即"未尝以感圣人"，为圣人所不论，则郭象所谓"独化"必与"性分之外"无关，乃"性分之内"的变化。

议论至此，便联系到著名的"见独"命题。《庄子·大宗师》有云：

> 已外生矣，而后能朝彻；朝彻，而后能见独；见独，而后能无古今；无古今，而后能入于不死不生。②

---

① （清）郭庆藩：《庄子集释》卷一下，中华书局1961年版，第85页。
② （清）郭庆藩：《庄子集释》卷三下，中华书局1961年版，第252页。。

郭象释"见独"云：

> 当所遇而安之，忘先后的所接，斯见独者也。①

《庄子》本文及郭象注文中的"见"字，均读"现"，"见独"即"现独"。郭象释之为安于所遇，忘其先后，常使读者茫然。而细究之下，会看出安于所遇即自适其性，适性即"见独"。而对于《大宗师篇》"见独而后能无古今"一句，郭象注云：

> 与独俱往。②

此注常使人误解为"与道俱往"，其实郭象《庄子注》多称"道"为"至无"，为"玄冥"，罕称为"独"。其说"与独俱往"意谓人心游于性分之内。游于性内如同游于形上，而形上的领域应是超越时间的，故而"与独俱往"便成为《庄子》"无古今"一句的经典性的诠释。

关于上述的"见独"与"性分"之说，郭象曾从各种角度加以说明，如《庄子·逍遥游篇》提到小知、大知、小年、大年，郭象注云：

> 物各有性，性各有极，皆如年、知，岂跂尚之所及哉！③

此种关于"性""极"的说法，在郭象《庄子注》中比比皆是，如称"性各有极，苟足其极，则余天下之财也"（《逍遥游篇》郭注）；"性各有分，故知者守知以待终，而愚者抱愚以至死"（《齐物论篇》郭注）；"天地万物各当其分，同于自得"（《齐物论篇》郭注）。文中所谓"极"与"分"，均指性之分限。万有各有其性，其性各有分限，各不相同，犹如世上不存在两片相同的树叶。真性之分殊，略有"独"之意味。郭

---

① （清）郭庆藩：《庄子集释》卷三下，中华书局1961年版，第254页。
② （清）郭庆藩：《庄子集释》，中华书局1961年版，第254页。
③ （清）郭庆藩：《庄子集释》，中华书局1961年版，第11页。

象如此看重真性之分殊，故称之为"独"。郭象如此主张循由真性而自为，故屡称"独化"。

在这里，还可以找到"独化"说来源于"见独"说的更为直接的证据。《庄子·齐物论》篇末"罔两问景"一节之后，有郭注云：

> 今罔两之因景，犹云俱生而非待也，则万物虽聚而共成乎天，而皆历然莫不独见矣。[1]

其中"独见"应读为"独现"，犹如"见独"之读为"现独"。所谓"独见"或"独现"，都指循由真性或"各得其性"，与"独化"之义略同。这证明"独化"的说法是直接从《庄子》"见独"说演变而来的。

在郭象的时代，人们普遍循由经学的思维模式与著述形式，多用注释经典的形式来阐发思想。在这方面，郭象当然不能例外，他以注释《庄子》而闻名于史，其《论语体略》一书更属经学著作之列。考虑到经学笺注主义的传统，我们探讨郭注文辞的渊源，自然先要搜寻《庄子》本文。今既证明郭象"独化"一说来源于《庄子》本文中的"见独"之说，便使郭象此说与《庄子》的另一位注释者向秀的关联显得更为密切了。

### （二）关于"独化"说为向秀所创的推测

上文将郭象"独化"说的最初来源上溯到《庄子》，或许不会引起强烈的非议。然而，若将郭象此说的直接来源上溯到向秀的著作，却定会引起大量的敌对意见。总结这种可能会出现的敌对意见的证据，约有两点：第一，《列子》张湛注、《文选》李善注及《经典释文》都引有一些《庄子》向秀注佚文，这些佚文都未提到"独化"；第二，向秀生活于魏末晋初，据现存史料，当时的学者罕有关于"独化"的议论。推敲这两条证据的可靠性，可以看出是很脆弱的。向秀《庄子隐解》已

---

[1] （清）郭庆藩：《庄子集释》卷三下，中华书局1961年版，第112页。

佚，其绝大多数的文字已无从得见，在这些今已无法见到的文字当中是否有"独化"字样，是难以论定的问题。另外，与向秀同时的玄学家、著作家颇多，例如有王戎、王衍、阮种、阮瞻、阮修、谢鲲、皇甫谧、挚虞、束晳、夏侯湛等，其著作多已亡佚，是否有人提到过"独化"也是不能论定的问题。在这种情况下，我们恐不能不斟酌一种假说的可能性：可否推测向秀已有关于"独化"的议论，而为郭象所因袭呢？

且先考虑一下郭象因袭向注的情况。《列子》张湛注引有数节向秀的字数较多的注文，与今存《庄子》郭注相同。其中有两节或有助于今人测度郭象因袭向注的动机及其方法。《列子·黄帝篇》"向吾示之以太冲莫朕"句下，张湛注云：

> 向秀曰："居太冲之极，浩然泊心，玄同万方，莫见其迹。"[1]

同样的文字又见于《庄子·应帝王篇》："吾乡示之以太冲莫胜"，郭象注云：

> 居太冲之极，浩然泊心而玄同万方，故胜负莫得措其间也。[2]

除末句之外，向、郭两注文字大体相同。对于郭注末句，刘文典批评说："'莫胜'义不可通，且与'太冲'不协。《列子·黄帝篇》'胜'作'朕'，义较长。"[3]其实，此处的差别是由《庄子》向、郭二本的异文造成的。据《经典释文序录》，《庄子》崔譔注本与向秀注本都是二十七篇，都只有内篇和外篇，无杂篇。又据《世说新语·文学篇》，向秀注释《庄子》是"聊应崔譔所注"[4]，可知向秀所用的是《庄子》崔譔二十

---

[1] 杨伯峻集释：《列子集释》卷二，中华书局1979年版，第73页。
[2] （清）郭庆藩：《庄子集释》卷三下，中华书局1961年版，第302页。
[3] 刘文典：《庄子补正》，云南人民出版社1991年版，第277—278页。
[4] 余嘉锡笺疏：《世说新语笺疏》，中华书局1983年版，第206页。

七篇本，其中包括内七篇、外二十篇。而郭象的三十三篇本乃由西汉以来的五十二篇本删节而成，三十三篇当中的《应帝王篇》是用五十二篇本。崔、向注本中的本文"太冲莫朕"一句，在郭本写为"太冲莫胜"。其中"胜"字与文义不合，是因与"朕"字形近而误。郭象抄录向注，只注意因袭文义，却不懂校勘，未将"胜"字校为"朕"，而拘牵"胜"字之义，将向注"莫见其迹"一句改为"胜负莫得措其间"。其实，《庄子》本文"太冲莫朕"意谓"太冲"无征兆，向秀解释为"莫见其迹"是顺畅的，郭象释为"胜负莫得措其间"是勉强的。由此注释之例可以看出，郭象注书既非盲目抄袭，亦非全为自作，而是抄录向注文字，换上自己的结论。此例郭注的结论固然是因拘于《庄子》本文的误字而致穿凿，但成功之力处有很多。

请看郭注成功的一例，《列子·黄帝篇》"是为九州渊焉"一节之下，张湛注云：

> 向秀曰：夫水流之与止，鲵旋之与龙跃，常渊然自若，未始失其静默也。郭象曰：夫至人用之则行，舍之则止，虽波流九变，治乱纷纭，若居其极者，常淡然自得，泊乎无为也。①

张注先引向秀注，后引郭象注，而这两节向、郭注文，却都包括在今本《庄子·应帝王》"渊有九名，此处三焉"句下郭注之内。郭象此处显然是抄录向注，再加发挥，其发挥性的结论应是较为精彩的。

据上述二例，可知郭象的确是大量抄录了向秀的文字，而对向秀的结论却不全采用，或是沿袭，或加修正，或立新说。对于郭注的种种新说，下节还要加以阐发，此处只想申明，郭象是处于著作权不受尊重而思想创新颇受限制的中古时期，他的《庄子注》既不乏新见，加以剽窃的罪名显然是不可取的。而在另一方面，应注意到他从向秀注中抄来的字数颇多，抄录的次数频繁。仅就此而论，已不可排除他的"独化"说

---

① 杨伯峻集释：《列子集释》卷二，中华书局1979年版，第75页。

袭自向秀的可能性。

参照《列子》张注、《文选》李注及《经典释文》所引《庄子》崔、向二注的情况，可以推知向秀本《庄子》二十七篇的篇名，并推断郭象本《庄子》至少有七篇绝无向注，纯为郭象所注。这七篇是：《秋水》《至乐》《马蹄》《刻意》《田子方》《让王》《说剑》。

搜寻这七篇中的郭象注文，罕言"独化"，与内七篇郭注屡言"独化"的情况适成对照。在纯为郭象所注的七篇中，《田子方篇》有一节郭注十分怪异。《田子方篇》说："向者先生形体掘若槁木，似遗物离人而立于独也。"郭象注说：

无其心身，而后外物去也。[1]

郭注之下又有成玄英疏云：

既而离异于人，遗弃万物，亡于不测而冥于独化也。[2]

《庄子》内七篇郭注喜言"独化"，反复申说，不惜笔墨。而此处《庄子》本文提及"立于独"，正是申说"独化"的良机，郭象注却对"独化"只字不提，成玄英疏反有"冥于独化"的发挥。《田子方》篇此节注文的作者，几乎不像那位反复申说"独化"的郭象了。

《庄子·秋水篇》有节郭注也是如此。此节《庄子》本文说："为大胜者，唯圣人能之"，郭注说：

然乘万物御群材之所为，使群材各自得，万物各自为，则天下莫不逍遥矣，此乃圣人所以为大胜也。[3]

---

[1] （清）郭庆藩：《庄子集释》卷七下，中华书局1961年版，第711页。
[2] （清）郭庆藩：《庄子集释》卷七下，中华书局1961年版，第711页。
[3] （清）郭庆藩：《庄子集释》卷六下，中华书局1961年版，第594页。

其所谓"万物各自为"与"各自得",与"独化"意思相同。若是内篇郭注,可能要说圣人不妨碍群材万物之"独化",使之"逍遥"。而仅为郭象自作的《秋水注》却定要多费笔墨,申说"各自为""各自得"之理。《秋水篇》此节注文的作者,也不像那位喜言"独化"的郭象了。

对照之下,可以看出今本《庄子》郭注有一特点:在有向注可循的情况下,便屡言"独化",在无向注可循的情况下便不言"独化"。从中更可看出一种可能,即向秀注已有关于"独化"的初步说明,郭象再"述而广之"。

从零星的向秀佚文中,固然找不到"独化"字样,然而可以肯定向秀所注释的《庄子》本文当中,确有"见独"之语。《经典释文·庄子音义》举出《大宗师篇》"杀生者不死,生生者不生"两句,在两句之下都引有"崔云"。"崔云"即"崔譔云"的省文。可见"杀生者不死"两句见于《庄子》崔譔注本,亦见于凭据崔本的向秀注本。这两句与"见独"之语,都在《大宗师》篇中"南伯子葵问乎女偊"一章,则向秀所注的《庄子》本文定有"朝彻,而后能见独;见独,而后能无古今"两句。向本《庄子》既已提到"见独","独化"又是从"见独"引申而出的,则向秀言及"独化"的可能性便更难排除了。

细玩现存的向秀文义,似已隐含"独化"的意思。《世说新语·文学篇》刘孝标注记载:

> 向子期、郭子玄"逍遥"义曰,夫大鹏之上九万,尺鷃之起榆枋,小大虽差,各任其性。苟当其分,逍遥一也。然物之芸芸,同资有待,得其所待,然后逍遥耳。唯圣人与物冥而循大变,为能无待而常通。岂独自通而已?又从有待者,[使]不失其所待,不失则同于大通矣。①

刘注所引此节向、郭文字,与今本郭注略有出入,当是出自向秀(字子

---

① 余嘉锡笺疏:《世说新语笺疏》,中华书局1983年版,第220页。对引文略有校正。

期）的《庄子隐解》。文中"小大虽差，各任其性。苟当其分，逍遥一也"四句，意思与"独化"相同。由此而论，向秀《庄子隐解》原有"独化"字样而为郭象所引述发挥，是极有可能的。

向秀本是隐者，他先同嵇康隐处于山阳，在嵇康被害之后出仕，"在朝不任职，容迹而已"（《晋书》本传），为"朝隐"的典范。"独化"的原初字义，似与隐者的行为模式有关。而当向秀成为朝隐者之后，极有可能将"独化"的含义修改为因循真性而化，而成为郭象"独化"说的原型。当然这只是推测或假说，但这假说的可能性较之关于"独化"之说为郭象原创的假说，似是大大超过了。在下面的第十一章将说明，向秀承认群庶个体都是有待的，只有至人的独化是无待的。直到郭象申说万物皆为"无待"之时，一种彻底的独化论才被建立起来。

### （三）郭象的创见及其历史地位

玄学中的"独化"说极受今人重视，其原创者若是向秀而非郭象，恐会影响今人对于郭象的敬意。南朝宋人指责郭象为剽窃者，其原因之一或也在于郭象对"独化"说的因袭，然而，在两晋之间，"独化"说不像现在这样引人注目，当时学者尊称郭象为"王弼之亚"，可能是因为他们更注重于另一些问题，而郭象恰在这些问题上富于创意。

《庄子·至乐篇》托骷髅之言："吾安能弃南面王乐而复为人间之劳乎！"郭象注说。

> 旧说云庄子乐死恶生，斯说谬矣！若然，何谓齐乎？所谓齐者，生时安生，死时安死，生死之情既齐，则无为当生而忧死耳，此庄子之旨也。①

《至乐篇》无向秀注文，篇中的现存郭注当是出于郭象的独创。在此节郭注当中，郭象驳斥了当时流行的"庄子乐死恶生"的旧说，创立了

---

① （清）郭庆藩：《庄子集释》卷六下，中华书局1961年版，第619页。

"生时安生，死时安死"的新说，这在魏晋时代当有举足轻重的意义。魏晋时代，佛教渐兴，当时人们所以接纳佛学，或许是出于解决生死问题的考虑。生死问题是一切宗教的根本问题，汉以来的国家宗教衰落，生死问题不得解决的危机日益突出，郭象就此提出新说，不但在《庄》学"齐死生"的诠释上取得成就，亦显示出在中国传统文化内部解决生死问题的可能性。这种新说一定会对两晋之交的学者发生影响。

《庄子·天下篇》末章详引惠施及辩者的言论，并加以贬议。郭象注说：

> 昔吾未览《庄子》，尝闻论者争夫尺棰连环之意，而皆云庄生之言，遂以庄生为辩者之流。案此篇较评诸子，至于此章，则曰"其道舛驳，其言不中"，乃知道听涂说之伤实也。吾意亦谓无经国体致，真所谓无用之谈也。①

郭象以前的玄学家常与名家混淆，例如与王弼、向秀同时的钟会，既治玄学，又"校练名理"。而郭象时代的乐广，为当时著名的玄学家和清谈家，与王衍并列为当时学界的领袖，却论说辩者命题"指不至"，并以此显名。假如向秀《庄子隐解》已有抨击惠施与辩者的内容，西晋玄学家恐不会如此关心辩者命题的意义，由此可以推断上述郭本注文纯为郭象所作。郭象此注数语，将《庄》学与名学加以甄别，很有说服力。郭象以后的玄学渐与名学分流，而与佛学相参，或是郭象《庄》学的影响所致。

上述郭象新说的另一个功效，是扩大了包括向秀在内的竹林七贤的影响。在这里，应指出郭象对竹林名士是极力维护并推崇的，据《册府元龟》卷八二七所载，嵇绍效忠于晋惠帝而死，郭象却著文加以指责，说绍父嵇康死于非罪，是为司马昭所陷害，嵇绍却效死于司马昭的后继者，有"贪位"之嫌。郭象的这一意见显示出他对包括向秀在内的竹林

---

① （清）郭庆藩：《庄子集释》卷十下，中华书局1961年版，第1114页。

七贤极度忠实。另外《庄子·让王篇》有郭注云：

> 许由之弊，使人饰让以求进，遂至乎之、哙也；伯夷之风，使暴虐之君得肆其毒，而莫之敢亢也；伊吕之弊，使天下贪冒之雄敢行篡逆；唯圣人无迹，故无弊也。[①]

向本《庄子》不包括《让王》，《让王》此注的原作者只能是郭象，而郭象此注的反抗性与批判性，较之嵇康有过之而无不及。其反抗的锋芒直指司马氏，亦显示出对嵇康、向秀之风的继承与发扬。郭象的政治文化立场如此，他的新说亦有助于提升嵇康、向秀等人的声誉。若称他为嵇康、向秀之后继者及功臣，应是不会错的。

总结上述种种，可将郭象、嵇康、向秀归为同一学派的人物。向秀的《庄子注》为嵇康所赞赏，为郭象所因袭，而郭象在因袭的基础上，阐发出一些更深刻、更激烈的思想。由此可以肯定，郭象应是嵇康、向秀一派的最激进者和总结者，是魏晋史上颇具代表性和创造性的玄学家。

## 四　仁孝与忠孝之辨

中国传统哲学的内容一般可分为两部分，其一可称为"天"，其二可称之为"人"。如汉代经学家喜言"天人合一""天人感应"，魏晋玄学家则善论"天人之际"。大致上说，汉人所讲的天人关系如同上下关系，天尊人卑，主导在天，故而天文学尤为发达。玄学家所讲的天人关系往往是内外关系，天道落实于心性，决断在人，故而政治学、伦理学得以发展。南朝隋唐学者时而论及汉魏学人的这种分歧，如李鼎祚《周易集解序》以郑玄、王弼分别为汉学与玄学的代表人物，指出"郑则多参天象，王乃全释人事"；《太平御览》卷六〇八引颜延之《庭诰》云："荀、王得之于心，马、陆取之于物。"由这天象人事的对举和心物之对

---

[①]　（清）郭庆藩:《庄子集释》卷九下，中华书局1961年版，第989页。

待，可知玄学有一种向内诉求的意向，其以心性为内，为关键所在；以天道天象为外，落实于心性及人事之理。这种关于"天人之际"的学说若继续演进，便会形成宋学中的性理之学。

研究玄学心性论的由来，当溯于汉魏学者关于"忠孝孰先"及"仁孝孰先"的争议。在1983年，中华书局出版了唐长孺先生所著《魏晋南北朝史论拾遗》一书，书中《魏晋南朝的君父先后论》一篇，就上述两项争议的历史作了深入的考辨，在学界颇有影响。细读唐文，觉其主要从史学的角度论说，注重研究"忠孝"及"仁孝"问题及其争论的社会政治背景，考证精详，足令后进者受益。今距唐文之发表，已历三十余年，觉唐文在今背景下仍有重要意义，若是在此基础上继续探讨，竟是极有兴味的。粗略地讲，忠孝之辨与仁孝之辨乃汉魏经学中的论题，这两个论题相互关联，又都与《春秋》公羊学的"大复仇"论及《论语》学中的仁孝论密切相关。若是从经学的角度来梳理，会看出"孝大于忠"，"孝先于仁"是今文经学的意见，并且是玄学性情论之渊源；而"忠大于孝""仁大于孝"则是古文经学的意见，并且是理学心性论的思想前提。

## （一）经学中的"君父先后"及"忠孝先后"论

唐长孺先生所探讨的魏晋时期流行的"君父先后"论，可表述为"忠孝先后"论。而推敲"君父先后"或"忠孝先后"之说的渊源，可上溯到《春秋》学领域关于"复仇"问题的争论。两汉的今古文经学之争及齐学与鲁学之争，多集中在《春秋》学领域。例如在汉武帝时期，公孙弘、董仲舒的《春秋》公羊学胜过《春秋》谷梁学，而在汉宣帝时的石渠阁会议上，谷梁学又胜过公羊学，这些都是经学中齐学与鲁学争论的缩影。又如在两汉之间，刘歆等人喜好《左氏春秋》，与官方公羊学博士相冲突。至东汉晚期，何休长篇著论，申说《公羊》之"墨守"、《左氏》之"膏肓"、《谷梁》之"废疾"，郑玄又针锋相对，"发墨守"，"针膏肓"，"起废疾"，这些都是今古文经学之争的缩影。考察《春秋》公羊家与左氏家的诸多争议，有一项以"复仇"问题为焦点。公羊学主张"凡君非礼杀臣","子可复仇",意谓父先于君,孝大于忠;左氏学主张君主之权威为绝对,臣子不可复仇,意谓君先于父,忠大于孝。在汉代,今文经学占据优势地位,故而汉帝除创始者外,均以孝为谥。东汉以后,古文经学兴盛,故而不断有"君父先后"的争议。

且先考察一下《春秋》公羊学的"复仇"之说。《春秋》庄公四年:"纪侯大去其国",《公羊传》说:

> 大去者何?灭也。孰灭之?齐灭之。曷为不言齐灭之?为襄公讳也。《春秋》为贤者讳,何贤乎襄公?复仇也。何仇耳?远祖也。[齐]哀公亨乎周,纪侯谮之。以[齐]襄公之为于此焉者,事祖祢之心尽矣。尽者何?襄公将复仇乎纪,卜之,曰:"师丧分焉。""寡人死之。不为不吉也。"远祖者,几世乎?九世矣。九世犹可以复仇乎?虽百世可也。家亦可乎?曰:不可。国何以可?国君一体也。先君之耻犹今君之耻也。今君之耻犹先君之耻也。国君何以为一体?国君以国为体。诸侯世。故国君为一体也。①

文中所谓"国",指诸侯之国;文中所谓"家",指卿大夫之家。公羊学以为诸侯可复百世之仇,此仇乃家族之仇与国仇的复合体。文中所谓"家亦可乎?曰:不可",不是说卿大夫不可复仇,而是说卿大夫之复仇不及百世。

卿大夫复仇之例,以伍子胥之事最为著名。伍子胥本为楚臣,为报父仇,而杀楚王,《公羊传》定公四年以赞扬的语气记述此事,并为之辩解:

> 曰:事君犹事父也,此其为可以复仇奈何?曰:父不受诛,子复仇可也。父受诛,子复仇,推刃之道也。②

---

① (清)阮元校刻:《十三经注疏》,中华书局1980年影印版,第2226页。
② (清)阮元校刻:《十三经注疏》,中华书局1980年影印版,第2337页。

文中所谓"受诛",指"罪不当诛"(何休注语);文中所谓"推刃",指无原则的复仇如同械斗,如兵刃之往来。《公羊传》此处以伍子胥为例,公然主张卿大夫可复父仇。当然,此种复仇以其父"罪不当诛"为前提,而这前提在古代的现实生活中却是普遍存在的。

自春秋末期始,士的地位上升,渐与大夫接近,致有"士大夫"一词产生。《公羊传》之称许伍子胥复仇,在战国秦汉时期可衍生抽象的"子可复仇"理论。《公羊传》隐公十一年引子沈子言:

> 君弑,臣不讨贼,非臣也。[子]不复仇,非子也。①

此语往往为汉代公羊家所重申,如《春秋繁露·王道篇》称:"《春秋》之义,臣不讨贼,非臣;子不复仇,非子也。"《白虎通·诛伐篇》称:"父之仇,不与共天下;兄弟之仇,不与共国;朋友之仇,不与同朝;族人之仇,不共邻。"②其中《白虎通》之言又本于《礼记·曲礼》:"父之仇,弗与共戴天;兄弟之仇,不反兵;交游之仇,不同国。"③由此看来,"子可复仇"乃《春秋》公羊学乃至全部今文经学之通义。

在这里,应当指出,古文经学对于《公羊》的"复仇"说,并非一味反对,如许慎《五经异义》记述:

> 《公羊》说:复百世之仇。古《周礼》说:复仇之义,不过五世。④

此处"五世"与"百世"虽悬殊,但古文经学也主张复仇是无疑的。唯在"凡君非礼杀臣"的前提下,今古文经学才有分歧。《礼记·曲礼》孔颖达疏引许慎《五经异义》记载:

---

① (清)阮元校刻:《十三经注疏》,中华书局1980年影印版,第2210页。
② 陈立疏证:《白虎通疏证》,吴则虞点校,中华书局1994年版,第219页。
③ (清)阮元校刻:《十三经注疏》,中华书局1980年影印版,第1250页。
④ (清)阮元校刻:《十三经注疏》,中华书局1980年影印版,第1250页。

> 凡君非理杀臣,《公羊》说:子可复仇,故子胥伐楚,《春秋》贤之。《左氏》说:君命,天也。是不可复仇。①

此处"《公羊》说""《左氏》说"的"说"字,可视为名词,同于"经传说记"中的"说"。而此处所载的《左氏》之说,又见于《左传》定公四年的传文:

> 君讨臣,谁敢仇之?君命,天也。若死天命,将谁仇?②

看来,《左传》等古文经典略有君权至上主义的倾向,对《公羊》家所主张的"凡君非理杀臣,子可复仇"是坚决反对的。

《三国志·魏志·邴原传》裴注引《邴原别传》言:

> 太子(曹丕)燕会,众宾百数十人。太子建议曰:"君父各有笃疾,有药一丸,可救一人,当救君邪,父邪?"众人纷纷,或父或君。时〔邴〕原在坐,不与此论。太子谘之于原,原悖然对曰:"父也。"太子亦不复难之。③

唐长孺先生曾引此文,指出"有一个政治背景在后面"④,我在1997年受唐文启发,亦引此文,说明邴原对"当救君邪父邪"的问题作出"父也"的回答,与公羊学一致,与左氏学相反。⑤ 今检上述《邴原别传》记载,邴原曾"讲述礼乐,吟咏诗书",与郑玄学派分庭抗礼,以"邴、郑之学"齐名,与古文经学家之看重《左传》《周礼》及费氏《易》不同,他与郑玄、马融等人之注释群经、专注训诂的风格亦异,邴原之主

---

① (清)阮元校刻:《十三经注疏》,中华书局1980年影印版,第1250页。
② 杨伯峻:《春秋左传注》,中华书局1990年版,第1546页。
③ 《三国志》,中华书局1974年点校本,第353—354页。
④ 唐长孺:《魏晋南北朝史论拾遗》,中华书局1983年版,第234页。
⑤ 参见拙著《今古文经学新论》,中国社会科学出版社1997年版,第123页。

张救父先于救君，与《公羊传》之主张"子可复仇"相似，都是认定父先于君，孝大于忠。

学者早已注意到，西汉诸帝除高祖外，东汉诸帝除光武帝外，一概以"孝"为谥，如"孝惠""孝文""孝明""孝章"等。对于此种谥例，很多人根据《孝经》去解释。其实，汉代诸帝谥"孝"的依据，不在于《孝经》而在于《春秋公羊传》。两汉官方经学纯为今文经学，而在今文诸经当中，《公羊春秋》最受尊崇，《公羊传》则为解释《公羊春秋》的首要依据。在这种情势之下，《公羊传》关于"子可复仇"的申说，使当时的人们普遍认为父先于君，孝大于忠。就汉帝而言，"孝"的规范尤为重要，盖帝位之世继乃以继位者之"孝"为前提的，不孝则不会有继位的资格。东汉灵帝以后，公羊学随着统一格局的破坏而失去统治地位，父先于君、孝大于忠的信条遂招致怀疑，致使君父之辨、忠孝之辨成为思想界关注的论题。

## （二）从"忠孝之辨"到"仁孝之辨"

唐长孺先生在《魏晋南朝的君父先后论》中，对忠孝关系与仁孝关系同时加以探讨，指出两者的关联十分密切，这种见解是十分中肯的。郭店竹书《忠信之道》一篇已有"忠，仁之实也"的论断，中古时期亦多有"君仁则臣忠"的说法；可见忠孝关系与仁孝关系应看作一一对应的。《论语·学而》篇第二章所引有子之语，先指出"其为人也孝弟，而好犯上者鲜矣"，又指出"孝悌也者，其为仁之本与"，显示出忠孝的问题与仁孝的问题可归而为一。有若此语，当是承袭孔子，其说孝悌则不犯上，当为后世忠孝之辨的起源；其说孝悌为仁之本，当为后世仁孝之辨的发端。

古代哲人常以本、末对举，本大于末是常识。《论语》所称"孝悌也者，其为仁之本与"，已有孝重于仁的意思。汉魏学者在这种情况下，却还要争论"仁孝孰先"，是不是过于轻视《论语》了呢？我以为，这问题原本是不存在的，因为"孝悌也者，其为仁也本与"中的"仁"字曾有异文。何晏《论语集解》今存各本的经文多作"仁之本"，而郑玄

《论语》注本却作"人之本"。这一字之差,使汉魏学者有了很大的争论余地。

现存的《论语》诸本,多是依据何晏的《集解》本,如邢昺《论语正义》、皇侃《论语义疏》,都以何晏本为底本,以何晏《集解》为权威注释。而考察邢、皇两本以及由此衍生的各种注本,其《学而》篇第二章有子语均为"仁之本"不作"人之本"。朱熹《集注》本亦作"仁之本",或是受了北宋邢昺本的影响。程树德《论语集释》载陈善、王恕、焦氏、朱彬、江声、黄汝成诸家之说,以为"仁""人"古通用,《论语》此处原文当为"人之本","仁之本"为传写之误。最近出版的黄怀信《论语新校释》据敦煌一唐写本,参照程树德所引数家,指出"仁"字必误。此说虽精,然各本何晏《集解》均言:

> 本,基也。基立而后可大成。包曰:先能事父兄,然后仁道可大成。

可见东汉包咸及何晏所用的底本此处原作"仁之本",不作"人之本"。敦煌唐写本虽作"其为人之本与",然句下亦有"先能事父兄,然后仁道可大成"之注文,可见这一唐写本中的"人之本",乃传写之误,其原文当同于何晏《集解》今存众本,写为"其为仁之本与"。另外,唐开成石经本《论语》此处亦作"仁",不作"人"。可见何晏《集解》本的原文当与今本同,将孝悌归结为仁道之根本。这种说法与理学、心学不合,却是由来已久,如《管子·戒篇》云:"孝弟者,仁之祖也。"《孝经》首章云:"夫孝,德之本也。"《吕氏春秋·孝行览》首章云:"务本莫贵于孝。"又云:"民之本教曰孝,其行孝曰养。……仁者仁此者也,礼者履此者也,义者宜此者也,信者信此者也,强者强此者也。"[①] 诸书都以为仁义本于孝悌。郭店竹书《唐虞之道》云:

---

① 陈奇猷:《吕氏春秋校释》,学林出版社1984年版,第733页。

> 尧舜之行，爱亲尊贤。爱亲故孝，尊贤故禅。孝之施，爱天下之民。……孝，仁之冕也。禅，义之至也。

在这里，"孝"是"爱亲"，由"爱亲"扩及"爱天下之民"，便是"仁"。这一说法，可能是关于《论语》"孝悌也者，其为仁之本与"一说的推论。若是再加推论，便可构成"孝先于仁"或"孝重于仁"的命题。

在魏晋南北朝时期，《论语》郑玄注本与何晏注本并行。今郑本已佚，上述有若之语之郑本原貌，仅可通过郑注佚文来推测。《孝经·三才章》："是以其教不肃而成，其政不严而治"，邢昺《疏》引郑玄《论语注》说：

> 孝为百行之本，言人之为行，莫先于孝。①

其说"孝为百行之本"，似是针对《论语·学而》"君子务本"一章文义而发，当是此章注释。由此注释的内容，可推断郑本《论语》此章后两句原作："孝弟也者，其为人之本与！"另外，《臣轨》注引郑本《论语》此章亦作"其为人之本与"，又引郑注："言人有其本性，则成功立行。"这正是关于"孝悌也者，其为人之本"的解释。郑本《论语》既作"孝悌也者，其为人之本与"，便使"仁大于孝"的主张有了原典依据。

《论语·学而》何本作"孝悌也者，其为仁之本与"，郑本作"孝悌也者，其为人之本与"，这一字之差，有极大的意义。《隋书·经籍志》记述了《论语》何、郑两本的敌对关系：

> 古《论》先无师说，梁陈之时，唯郑玄、何晏立于国学，而郑氏甚微。周、齐，郑学独立。隋，何、郑并行，郑氏盛于人间。

---

① （清）阮元校刻：《十三经注疏》，中华书局1980年影印版，第2550页。

意即两晋南北朝时的《论语》学界，呈郑玄、何晏两家对立的格局，具体而言，即何郑二本并立，何郑二注并行。何郑二本都以张禹所编校的《论语》为底本，而以古《论语》参校。上述《学而》篇中"人""仁"二字的差异，或是由于何、郑二本与古文《论语》的关系不同。

据《汉书·艺文志》所著录，何晏《论语集解序》《经典释文序录》及《隋书·经籍志》等书所载，西汉流传的《论语》原有《鲁论》《齐论》《古论》三种。西汉中期张禹"本受《鲁论》，兼讲《齐》说，善者从之，号曰《张侯论》"（何晏序）。《张侯论》的本文，显然以《鲁论》为主。东汉包咸与周氏曾为《张侯论》撰写章句，两人都以《张侯论》为底本。汉末郑玄的《论语注》影响很大，其本文的特点是"就《鲁论》张、包、周之篇章，考之《齐》《古》"（《释文序录》），亦即以包、周所诠释的《张侯论》为底本，以《齐论》与《古论》参校。至曹魏正始时期，何晏及荀顗、曹羲等五人又综合张禹、包咸、周氏、郑玄、陈群、王肃、周生烈等人之说，编撰成《论语集解》一书。所谓《集解》，是集录诸家"义说"之"善"，《集解》之名似无"集校"之义。《集解》所用的底本显然是《张侯论》，源自《鲁论》，正如皇侃《论语集解义疏序》所言：

　　今日所讲，即是《鲁论》，为张侯所学、何晏所集者也。①

可见何晏《集解》之底本为《张侯论》无疑。郑玄曾据《古论》大量校改《张侯论》的文字，对他的校勘成果，何晏或加采用，或有不从。例如《论语·学而》第四章"传不习乎"的"传"字，《经典释文·论语音义》引郑玄注云：

　　《鲁》读"传"为"专"，今从《古》。②

---

① 《论语集解义疏》，《四库全书》本，第 195 卷，第 337 页。
② （唐）陈德明撰：《经典释文》，中华书局 1983 年版，第 345 页。

意谓今本"传不习乎"的"传"字,在张禹所校定的《鲁论》原作"专",在《古论》写为"传"。郑玄从《古论》,将此字校改为"传"。何晏《集解》亦作"传",乃依从郑玄,依据《古论》。据《经典释文》,何晏如此依据《古论》、采用郑说而校改《张侯论》之例,乃二十有余。然而也有数例,与此相反。例如《经典释文·论语音义》出《论语·子罕》篇"冕衣裳者"中的"冕"字,释云:

> 郑本作"弁",云:"《鲁》读'弁'为'绕',今从《古》。"①

其中"绕"为"冕"之古字,两字为异体字。《张侯论》或《鲁论》此字原作"冕",郑玄据《古论》校改为"弁"。何晏《集解》本写为"冕",保留了《鲁论》原貌而未从郑玄。又例如《论语·先进》末章"咏而归",《论语音义》释"归"字云:

> 如字。郑本作"馈",馈酒食也。《鲁》读"馈"为"归",今从《古》。②

意即《鲁论》原文为"咏而归",郑玄据《古论》改"归"为"馈"。何晏本写为"归",不作"馈",亦保存《鲁论》原貌而未从《古论》。如此之例,在何晏本绝非罕见。由此可以看出何晏《集解》本较之郑本,与今文《鲁论》的关系更为接近。《论语·学而》何晏本"其为仁之本与"一句,当是袭自今文《鲁论语》。郑玄注本写为"其为人之本与",当是依从《古论语》。

过去,学者注意到王弼注释《周易》乃本于费氏学,多以为玄学乃由古文经学演变而成。今说玄学创始者何晏主张"孝大于仁",是根据今文的《鲁论语》,这能否成立呢?我以为,玄学既以清谈为首要的讨

---

① (唐)陈德明:《经典释文》,中华书局1983年版,第349页。
② (唐)陈德明:《经典释文》,中华书局1983年版,第351页。

论方式，便与今文经学之"信口说而背传记"（刘歆语）相契合，而与古文经学家之勤于著书训诂有所不同。玄学家注重发挥玄理，在形式上与今文经学之阐发微言大义有相似之处，与郑玄之文字训诂亦有不同。玄学实是融合今古文经学而成，绝非纯由古文经学发展而来。

## （三）从忠孝及仁孝之辨看玄学与理学性情论的渊源

汉晋之间的"忠孝之辨"与"仁孝之辨"，是为玄学性情论及理学心性论之发端。大致上说，"孝先于忠"及"孝先于仁"两论，为玄学性情论的思想基础；而"忠于大孝"及"仁大于孝"两论，为理学心性论的前提。

考察朱熹《论语集注》的本文，其《学而》第二章为："有子曰：其为人也孝弟，而好犯上者，鲜矣；不好犯上，而好作乱者，未之有也。君子务本，本立而道生。孝悌也者，其为仁之本与！"其文字几与何晏《集解》本全同，作"仁之本"而非"人之本"。然而朱熹所据本文如此，却不意味着他的思想倾向也如此。他在《集注》当中曲为之说：

> 程子曰："……故为仁以孝弟为本。论性，则以仁为孝弟之本。"或问："孝弟为仁之本，此是由孝弟可以至仁否？"曰："非也。谓行仁自孝弟始，孝弟是仁之一事。谓之行仁之本则可，谓是仁之本则不可。盖仁是性也，孝弟是用也，性中只有个仁、义、礼、智四者而已，曷尝有孝弟来！然仁主于爱，爱莫大于爱亲，故曰孝悌也者，其为仁之本与！"[1]

程朱显然都主张"仁义礼智"为性、为体，在乎形上；孝为用、为事，在乎形下。其理论前提是"仁大于孝"。假如程朱见到《论语》郑玄注本"其为人之本与"的异文，定然大喜过望。可惜《论语》郑本久佚，

---

[1] 《论语集注》，文渊阁《四库全书》本，第197卷，第14页。

《宋史·艺文志》《郡斋读书志》《直斋书录解题》及《文献通考·经籍考》均未著录，推测郑本《论语》当亡于五代时期。而在程朱的时代，敦煌本郑注《论语》尚未出现，当时亦无人根据零星的佚文考辨郑本的原貌，可见程朱及其弟子不可能见到"其为人之本与"的异文，只能根据何晏本"其为仁之本与"的文字曲为之说。其仁为性体、孝为事用的说法，以《孟子》为首要的原典依据，以汉晋间"仁大于孝"的学说为其理论前提。

魏晋玄学与理学的共同点很多，但在"仁孝"及"忠孝"的问题上却与理学相反。皇侃《论语义疏》引王弼《论语释疑》说：

> 自然亲爱为孝，推爱及物为仁也。[1]

文中"亲爱"即"爱亲"之倒装，意谓对双亲之"爱"。文中所谓"物"指众人、群众等，此乃魏晋南朝之惯用语。从表面上看，王弼这两句文义简单，新意不明显。魏文帝《典论》已提到"在亲曰孝，施物曰仁"[2]，东汉延笃《仁孝论》已提到"孝在事亲，仁施品物"[3]，似与王弼的文义接近。然而王弼此二句的新颖之处，不在"亲爱为孝"及"推爱及物"。而在于"自然"二字。所谓"自然亲爱为孝"，意指"孝"为自然情感，而非强制性的伦常规范。玄学家如此看待"孝"，与东汉的传统观念大相径庭。魏末阮籍亦可说是玄学家，其"孝"与王弼接近。《晋书·阮籍传》记载，阮籍"性至孝"，其母去世，竟"吐血数升"。当时有"子杀母"的事件发生，阮籍评论："嘻！杀父乃可，至杀母乎！"司马昭责问："杀父，天下之极恶，而以为可乎？"阮籍答："禽兽知母而不知父。杀父，禽兽之类也。杀母，禽兽之不若。"由这些言论可看出，阮籍之"孝"纯为自然情感，亦即王弼所谓的"自然亲爱"。又据

---

[1] （三国魏）何晏集解，（南朝梁）皇侃义疏：《论语义疏》，高尚榘点校，中华书局2013年版，第6页。
[2] 《意林》卷五，中华书局1991年版，第103页。
[3] 《后汉书》卷六四上，缩印百衲本《二十四史》，商务印书馆1958年版，第3445页。

《晋书·何曾传》，阮籍"居丧无礼"，何曾抨击其为"纵情背礼""败俗""污染华夏"，令"时人敬惮"。由何曾之言，可看出当时传统的"孝"观念，乃礼俗的规范；而阮籍之"孝"却出之于"情"，"纵情"正是"至孝"表现。

王弼、阮籍将"孝"归入"情"之范畴，有极深的用意。推敲王弼"自然亲爱为孝，推爱及物为仁"两句，可看出"孝"的确是"仁"之根本。王弼既注重"孝"之"自然"或自发，又承认"孝大于仁"，结果是"仁"以及更为次要的义、信之类，都归入"情"的范畴之中了。王弼解释性情关系，大致上是主张性静而情动，性无善恶而情有善恶，性为形上之体，情为形下之用。情既包括仁义孝慈之类，则仁义孝慈都被贬入形下的领域。

今由"仁孝"及"忠孝"之辨析，澄清了玄学与理学之人性论旨趣相异，起源相反。理学在近现代常被看作儒学的正统，然而玄学以仁义孝慈为"情"的观念却源远流长，如郭店竹书《性自命出》提到"道始于情，情生于性"，即与玄学的性情学说更为贴近。另外，玄学与理学都标榜形上的境界，所谓"形上"指超出现象界，隐藏在现象界的背后。"仁义孝慈"均属"有名"之类，"有名"出自"有形"，又如何能归于"形上"呢？这样看来，玄学较之理学虽是驳杂不纯，却更像是形上之学。

## 五  才性论与性情论——玄学之分流

我在以往的论著里，曾遵从学界的一项共识，即以为玄学可标志一个时代的思潮，这思潮的历史又分许多的阶段，如何晏与王弼可代表曹魏少帝齐王芳正始年间的玄学，嵇康与阮籍可代表魏末竹林名士的玄学，郭象可代表西晋元康年间的玄学。这三个时期的玄学家，又被归结为三个流派。在这里，玄学史的阶段划分与流派划分，竟是完全成为一件事了。当然，若着眼何、王、嵇、阮等人在自然观及政治思想方面的分歧，采纳上述的流派分法或是适宜的。然而，若是注意到玄学历史上名声最大的人物其实只有两个，即何晏与王弼，这两个人的经学著作在东晋以后长期立于学官，在《论语》学史及《易》学史上的影响最为久远，便会基于经学的立场而作一猜测：可否将玄学思潮分而为二，分别由何晏、王弼来代表呢？凑巧的是，何、王两人的心性学说正好有极大的差异，何晏及其后学者都讲才性论，罕论性情；王弼则以性情相对待，而不论才性问题。考虑到玄学与理学都趋于内向，其形上之学往往要落实于心性修养，可见何、王之才性论与性情论的对立竟可标志相反的思想潮流。何晏才性之说的追随者颇多，其中包括魏末名士嵇康、钟会，以及东晋名士殷浩等人。南朝顾欢、朱广之等人议论"才性四本"，大约都以何晏学说为出发点。王弼的性情论主要见于他的《周易注》及《周易略例》，其说本不如何晏学说影响广泛。然而在东晋以后，王弼《周易注》长期立于学官，其性情论竟成为多数《易》学家之共识。两宋理学家多兼论"才性"与"性情"，如陈淳《字义》依次有《性》《心》《情》《才》之章目，这可看作关于何、王二说的总结与改造。

何晏所以兼论才性，是由于认定"圣人无情"。西晋人何劭著《王弼传》记载：

> 何晏以为圣人无喜怒哀乐，其论甚精，钟会等述之。①

圣人既然无情，则在圣人之心，必无"性情"之对待。后代学者所申述的"性为本体，情为末用"的学说，显然不会是出自何晏的主张。进一步说，何晏既不可能以性情相对待，便应当是才性论的宣扬者。钟会曾撰《才性四本论》，他对何晏学说的"述之"，似不限于述其"圣人无情"之说，而应兼及才性之论。以往学人研治玄学，未能注意才性之辨与何晏的联系，是因何晏著作多佚，而无从取证之故。今检何晏之《论语集解》，有一节注释似与本题有关。《论语·雍也》载孔子曰："知

---

① 《三国志·魏书·钟会传》，载（晋）陈寿撰，（南朝宋）裴松之注《三国志》，中华书局1959年点校版，第795页。又见于（晋）陈寿撰，（南朝宋）裴松之注《三国志集解》，卢弼集解，中华书局1982年影印版，第654页。

者乐水，仁者乐山。"这两句名言常为后人讨论才德问题的依据，"知"（智）字常令人想到才能与事功，"仁"字常令人想到伦理与品德。"仁者乐山"下有何晏之《解》：

> 仁者乐如山之安固，自然不动，而万物生焉。①

此解之上未著撰人名氏，当出自何晏本人的手笔。盖《论语集解》为五人所共撰，五人以何晏为主。《集解》中凡未举出撰人名氏的注文，一律可视为何晏所自著。学者都了解，何晏素以为至道乃"自然无为"，此《解》竟称仁者"自然不动"，则"仁"的概念显然与至道相通，在何晏学说里竟可归入性体的范畴。或者说，何晏之论"仁"，即相当于论"性"。而对于"智"，何晏的看法却与此不同。在"知者乐水"句下，《集解》云：

> 苞氏曰："知者乐运其才知以治世，如水流而不知已之也。"②

文中所称引的"苞氏"，即东汉儒者包咸，在《后汉书》有传。何晏父为何咸，其称引"苞氏"而不称名，是避何晏父讳。而如此避讳的称述者，大约只能是何晏本人。至少可以肯定，上述《集解》所引包氏的这一节注释，是经何晏过目且认可的。此注将孔子所说的"知"解释为"才知"，亦即才智，必与何晏本意相合。若是将这一节注释与"仁者乐山"何注相对照，可看出联系密切，有骈对的效果，其论仁相当于论性，论智相当于论才，正是何晏兼论才性的证据。

在魏少帝齐王芳正始年间，何晏担任吏部尚书，职责是主持"选举"，亦即量材用人。《晋书·傅咸传》载傅咸上书："正始中，任何晏以选举，

---

① 见于日本所藏正平版何晏《论语集解》，载于《儒藏·精华编·四书类·论语属》，北京大学出版社2005年版，第21页。

② 见于日本所藏正平版何晏《论语集解》，载于《儒藏·精华编·四书类·论语属》，北京大学出版社2005年版，第21页。

内外之众职各得其才"①,也说明何晏的职责是根据人物才能之高下,加以选用。既要选才,便不能不考虑才德的问题,进而深入才性论的领域。何晏所负责的是文官的选用,与何晏交友且齐名的夏侯玄则曾负责"拔用武官"。②《三国志·魏志》本传载夏侯玄议论"官才用人"之法:

> 夫官才用人,国之柄也,故铨衡专于台阁,上之分也;孝行存乎闾巷,优劣任之乡人,下之叙也。夫欲清教审选,在明其分叙,不使相涉而已。……若令中正但考行伦辈,伦辈当行均,斯可官矣。何者?夫孝行著于家门,岂不忠恪于在官乎?仁恕称于九族,岂不达于为政乎?义断行于乡党,岂不堪于事任乎?……岂若使各帅其分,官长则各以其属能否献之台阁。台阁则据官长能否之第,参以乡闾德行之次,拟其伦比,勿使偏颇。③

文中所谓"官长"即上级官吏,"台阁"即何晏所主持的尚书台。文中所提到的忠恪、孝行、仁恕、义断、德行等,均就人物之性德而言。文中所说的"能否之第",即才能高下的等次。文中的主见,是由官长负责评次应选人物之才能高下,由乡闾中正负责评次应选人物之性德优劣,吏部尚书则综合长与中正的意见,加以选任。选才任官是中国古代政治制度当中的重要部分,夏侯玄主张选才与考德的职权应分离,这在中国古代政治学史上的意义是不容忽视的。而其分论才能与性德,在中国古代哲学中的意义也是突出的。此种分论才德的主张,实际上是为当时的吏部尚书何晏进行申诉。而何晏之论材性,也是以当时尚书台与中正之选举事务为其政治背景的。

据上文所引证的何劭《王弼传》,对于何晏的"圣人无情论",钟会曾"述之"。"述之"的文字,可能被收入久佚的钟会著作《才性四本论》当中。《世说新语·文学篇》提到"钟会撰《四本论》",其省去

---

① (唐)房玄龄等撰:《晋书》,中华书局1974年版,第1328页。
② (晋)陈寿撰,(南朝宋)裴松之注:《三国志》,中华书局1959年点校版,第295页。
③ (唐)房玄龄等撰:《晋书》,中华书局1974年版,第295—296页。

"才性"二字,是因记录口说传闻,多当时俗语,往往要加省略。《三国志·魏志·钟会传》称"会尝论《易》无互体、才性同异",未提及钟会之论"性情",也显示出钟会称述"圣人无情"的文字乃《才性四本论》的一部分,盖因圣人无情,性情不相对待,才引出"才性同异"的问题。据《世说新语·文学》刘注,钟会所论的"四本",即傅嘏之"才性同"、李丰之"才性异"、王广之"才性离"与钟会本人所主张的"才性合"。此处四人都有官职,四人都议论才性之关系,自然是因为这一问题在吏部选举事务中备受关注,而引导众人关注才性问题的领袖人物,应当就是担任吏部尚书并有极高声望的何晏。分析至此,有必要重新读一遍何劭《王弼传》的文字:"何晏以为圣人无喜怒哀乐,其论甚精,钟会等述之。"文中"钟会等"三字,自然不是专指钟会一人,而是指李丰、傅嘏、王广及钟会四人。钟会总结了四人的意见,题为"四本",影响很大,南朝齐人王僧虔曾称《才性四本》为"言家口实"①,故而何劭记述"四本"人物对何晏学说的态度,只说:"钟会等述之。"

《世说新语·文学篇》记述了一则有趣的故事:

> 钟会撰《四本论》,始毕,甚欲使嵇公一见。置怀中,既定,畏其难,怀不敢出,于户外遥掷,便回急走。②

此事当在嵇康与钟会交恶之前,两人当时都与何晏关系密切。钟会述何晏之说,嵇康则与何晏同尚沛穆王曹林一族之公主。据《三国志·魏志·曹爽传》附《何晏传》裴注,何晏之妻与沛穆王曹林同母。又据《文选》卷一六《恨赋》李注所引王隐《晋书》,嵇康妻即沛穆王曹林之女。关系如此,则嵇康之受何晏"才性论"影响并成为钟会《才性论》的早期读者,便是顺理成章的事了。现存《嵇康集》收录《明胆论》一篇,篇中说,吕安以为"有明便有胆",嵇康则相反,以为"明胆殊用,

---

① (南朝梁)萧子显撰:《南齐书》,王仲荦点校,宋云彬整理,中华书局1972年版,第598页。
② 余嘉锡:《世说新语笺疏》,中华书局1983年版,第195页。

不能相生"。此处"明"即明智,"胆"即勇气,正如《明胆论》所言:"明以见物,胆以决断。"其所谓胆与明,即属"才性"。嵇康受道家影响,道家以为性无善恶,而有浓薄,嵇康遂以明智与否属之于性,以勇气多少属之于才,他在《明胆论》中指出:

> 夫元气陶铄,众生禀焉。赋受有多少,故才性有昏明。①

由此可知嵇康"明胆论"大体上可归入才性论的范围。嵇康另有《声无哀乐论》②,极力论证音乐之演奏"无关乎哀乐"。古人公认音乐的作用是和于人心,难道人心没有哀乐吗?嵇康的意见正是如此。他所喜好的音乐不是移风易俗的普通音乐,而是唯有圣人才能欣赏的"至乐",圣人无情,通于圣人之心的音声便也应当无情。这样看来,嵇康《声无哀乐论》这部名著,竟是以何晏"圣人无喜怒哀乐"的见解为前提的。嵇康之论"明胆",如同钟会之论"四本",都是在何晏关于才性的思想基础上而作的发挥。

嵇康有一从学者,乃袁准,他曾试图学习嵇康所珍惜的名曲广陵散。凑巧的是,他也曾议论才性的关系。《艺文类聚》卷二一载袁准《才性论》,其结论是:

> 然则性言其质,才名其用,明矣。③

其以质、用对举,近于体用之说,如此诠释"才性",已上升到本体论的高度。不过,关于才性论的含义,将在专论才性的章节里探讨,此处仅论玄学流派划分的问题。

东晋政界与学界领袖,乃王导。下面专论东晋玄学家的章节,将论王导所讲的玄学三理,此处只想提一下王导之学与才论性的关联。据

---

① 《嵇康集校注》,戴明扬校注,人民文学出版社1962年版,第249页。
② 《嵇康集校注》,戴明扬校注,人民文学出版社1962年版,第196—225页。
③ 《艺文类聚》上海古籍出版社1965年版,第386页。

《世说新语·文学篇》的记载，王导曾在众多宾客面前，向当时的名士殷浩挑战："身今日当与君共谈析理！"，于是在辩论中"共相往返"，谈至三更，以至于"彼我相尽"。王导以为如此谈论是模仿"正始之音"，但又遗憾辩论未引出明确的结论，不知"理源所归"。因史料缺乏，尚难了解此番辩论的详情，但可肯定辩论一定涉及才性的问题。盖殷浩其人以精通"才性"著称，时人称之为殷浩辩词中的"崤函之固"，只要论及"才性"，其辩词便成为"汤池铁城"。① 王导和殷浩的影响很大，或是由于他们的宣扬，"才性四本"和嵇康所论的"声无哀乐"竟成为南朝的"言家口实"②，有鉴于此，再考虑到王导所看重的"三理"主要是出自嵇康，可推断东晋王导及殷浩等人的玄学思想如同钟会、嵇康，都属何晏一系，以其才性论为思想基础。

在这方面，王弼的影响本不如何晏。而至东晋中叶，王弼《周易注》的影响日增，不断有学者加以增补，注释王弼未注的《系辞》。在东晋以后，元代以前，官方《周易》一经一直采用王弼、韩康伯注，使王弼的性情论成为八百余年间的官方学说。何劭《王弼传》记其说云：

> 何晏以为圣人无喜怒哀乐，其论甚精……弼与不同，以为圣人茂于人者神明也，同于人者五情也。神明茂，故能体冲和以通无；五情同，故不能无哀乐以应物。然则圣人之情，应物而无累于物者也。今以其无累，便谓不复应物，失之多矣。③

按王弼此说，圣人性则合道，情则应物，性情适成本末或体用的关系。王弼解说《周易》各卦之爻，论爻之性体则称刚柔，论爻之情欲则称邪正，大约以性统情或以情近性，则情正；性不统情或情不近性，则情邪。此种兼论性情的学说，曾被后学者发挥。如《周易·系辞下传》：

---

① 《世说新语·文学篇》，余嘉锡《笺疏》本，中华书局1983年版，第212、222、234页。
② （南朝梁）萧子显撰：《南齐书》，王仲荦点校，宋云彬整理，中华书局1972年版，第598页。
③ （晋）陈寿撰，（南朝宋）裴松之注：《三国志·魏书·钟会传》，中华书局1959年点校版，第795页。

"情伪相感而利害生",韩康伯注云:

> 情以感物,则得利;伪以感物,则致害也。[1]

孔颖达《疏》讲得更加明确:"情谓实情,伪谓虚伪。"[2]其实此处"情伪"之传文,在王弼看来本为一词,都指"情"。如《周易略例·明爻通变》言:"夫爻者何也?言乎变者也。变者何也?情伪之所为也。夫情伪之动,非数之所求也,故合散屈伸,与体相乖。"又言:"是故情伪相感,远近相追,爱恶相攻,屈伸相推,见情者获,直往则违。"[3]其所谓"情伪"都指"情"。王弼受老庄影响,以性为真,以情为伪,故以"真性"与"情伪"相对待。韩康伯与孔颖达将"情"与"伪"加以分别,以为"情"为实情而非"伪",较之王弼更强调了关于"情"的肯定,在王弼性情论的基础上更进了一步。随着《周易》王、韩注及孔疏的权威之上升,王弼性情论的影响,渐胜过何晏等人的才性论。实际上,此种性情论与才性论的内容原本是有关联的,在演进过程中势必交混,而在混合之中,性情论略有优势。

《南史·隐逸传》载有一节名士孔珪与顾欢"共谈四本"的故事,顾欢说:

> 兰石危而密,宣国安而疏,士季似而非,公深谬而是。总而言之,其失则同;曲而辩之,其途则异。何者?同昧其本而竞谈其末,犹未识辰纬而意断南北。群迷暗争,失得无准,情长则申,意短则屈。所以四本并通,莫能相塞。夫中理唯一,岂容有二?四本无正,失中故也。[4]

---

[1] (清)阮元校刻:《十三经注疏》,中华书局1980年影印版,第91页及楼宇烈《王弼集校释》,中华书局1980年版,第575页。
[2] (清)阮元校刻:《十三经注疏》阮元校刻本,中华书局1980年影印版,第91页。
[3] 《景刊唐开成石经》,中华书局1997年版,第98—99页。又见于楼宇烈《王弼集校释》,中华书局1980年版,第597页。
[4] (唐)李延寿撰:《南史》,卢振华点校,赵守俨等整理,中华书局1975年版,第1875页。

顾欢所批评的"四本"代表人物，依次为傅嘏，字兰石；李丰，字安国；钟会，字士季；王广，字公渊。①顾欢称四人"其失则同"，"同昧其本"，"四本无正"，这是对"才性四本"的全面的非难。顾欢所肯定的"中理"为何？"四本"人物又是如何"失中"的？史无明文，成为疑难问题。今考顾欢其人曾"注王弼《易》、二《系》"②，他在《老子》第三十三章的注释中又兼言"性""情"与"才"：

> 才干胜人，不过有力。有力之人，必有其敌。有其敌者，则强弱未定。今以性制情，谓之自胜。自胜之人，无敌于己。无敌于己者，可谓强矣。③

其言"以性制情"，是直接采用王弼《周易注》的"性情"之说。其言"才干胜人"不是强者，"以性制情"才称得上"强"，是将人才论归入性情论的范畴。顾欢既"注王弼《易》二《系》"，自然会受王弼性情论的影响。在他的学理里，王弼的性情论与何晏一系的才性论显然混为一体了，而在这混合体当中，处于支配地位的显然是王弼的性情论。或许恰是由于顾欢这种学术的作用，钟会《才性四本论》竟佚失了，以致不见于《隋书·经籍志》。

此种才性论与性情论之交融的情况，也隐约见于宋代理学的典籍中。例如《语类》卷五详载朱熹的一席话，他引述了程颐关于"性禀于天，才禀于气"的论断，进而将这新颖的才性论纳入性情论的体系中，说明"心譬水"，性譬"水之理"，情譬"所以行乎水之动"，才则譬如"水之气力所以能流者"。④其以性在形上，情与才在形下，遂在理学性情论的基础上实现了性情与才性诸说的融合。可以看出，朱熹关

---

① "公渊"，《南史》改为"公深"，是因作于唐代，避唐高祖名讳。"安国"，《南史》改为"宣国"，是因晋武帝字安世，晋代史书避其字，改"安"为"宣"，《南史》因之。
② （唐）李延寿撰：《南史·隐逸传》，卢振华点校，赵守俨等整理，中华书局1975年版，第1880页。
③ 见《道藏》所载《道德真经注疏》。
④ （宋）朱熹：《朱子语类》，（宋）黎靖德编，王星贤点校，中华书局1986年版，第97页。

于性、情与才的学说大胜前人,有很突出的创造性,但这一学说也不是凭空产生的,而是由程颐的才性论发挥而成。程颐曾劝后学者读王弼《周易注》,《周易》程《传》未释《系辞》《说卦》《序卦》和《杂卦》,是模仿王弼《注》的体例,这就显示出一个历史的真相,程朱之论"性""情"与"才",略受王弼性情论的影响,并间接地受到了何晏一系的才性论的影响,在某种程度上应看作综合王弼性情论与何晏才性论而成的划时代的新说。

## 六 "研几"与"知几"——形上形下之贯通

当今学者都知道王弼的《论语释疑》为玄学典籍之一,久已佚失,也都了解这部书的许多佚文为梁代皇侃的《论语义疏》所引述,并为楼宇烈先生所辑的《王弼集校释》所收录,然而关于《论语释疑》的一句话却很少加以解释或讨论,这句话是:"《易》以几神为教。"[①]这显然不是普通的命题,而是玄学创始者关于全部《易》学的思想体系的总概括。令今人疑惑的是,王弼这位贵无论者为何不说《周易》以道、玄、深、无、本、末、体、用为教,亦不说《周易》以太极、卦义为教,却将"几""神"提升到纲领的地位上呢?在玄学中,"神"指本体或至道之神妙难测,"几"却往往联系到形下的"天下之务""言行"之类。王弼若只说"以神为教"或"神道设教",还可以从形上学的角度去理解,而王弼定要"几、神"并称,"几"在"神"先,这是不是降低了哲学的境界了吗?

今试玩味玄学及理学中"几"字之义,实极微妙,竟可定位于形上与形下之间。例如《周易·系辞上传》:"唯深也,故能通天下之志;唯几也,故能成天下之务",韩康伯注:

---

[①] 见(南朝梁)皇侃:《论语义疏》怀德堂本,《儒藏·精华篇·四书类·论语属》,北京大学出版社 2005 年版,第 118 页。又见楼宇烈《王弼集校释》,中华书局 1980 年版,第 624 页。

> 极未形之理则曰深，适动微之会则曰几。

又《系辞下传》："几者，动之微，吉之先见者也。"韩康伯注："几者，去无入有，理而未形①，不可以名寻，不可以形睹者也。"孔颖达疏云：

> 几，微也，是已动之微。动，谓心动事动。初动之时，其理未著，唯纤微而已。若其已著之后，则心事显露，不得为几；若未动之前，又寂然顿无，兼亦不得称几也。几是离无入有，在有无之际，故云动之微也。②

孔疏拘泥于《传》文，论"心"与"事"之初动，未动、已动，如此论"几"是否合乎王、韩的原义，或可争议。不过，孔疏强调"几"是有无之间的范畴，却与韩注的诠释相合。在有无之间，也可说是处于体用之间或形上形下之间。王弼所代表的玄学，以无为本体，有为末用，体用如一。在体用如一的前提下，"几"又如何能处于有无之间呢？我原以为此种"在有无之际"的论断，是玄学本体论尚未臻于圆满的表现，而今注意到两宋理学家也有如此说法，便意识到"几"的含义可能极为复杂，当是学界尚未予以足够重视的玄学的基本范畴。

请看周敦颐《通书》关于"几"的说明："动而未形、有无之间者，几也。"其称"动而未形"是因袭《系辞》韩注，其称"有无之间"是因袭《系辞》孔疏。《周易》王、韩注本在宋代立于学官，用于科举考试，周敦颐显然是熟读韩注与孔疏之文并加以引述的，竟未道出新意。而朱熹关于《通书》此句的解读，便与前人不同了：

> 本然而未发者，实理之体；善应而不测者，实理之用。动静体

---

① "理而未形"，《十三经注疏》阮元刻本作"理而无形"，其《校勘记》指出："岳本、宋本、古本、足利本'无'作'未'。《集解》同。"
② 见于《宋本周易注疏》，中华书局1988年版，第771页。

用之间，介然有顷之际，则实理发见之端，而众事吉凶之兆也。①

朱熹如此释"几"，较之韩注、孔疏更为简明。韩、孔只是说"几"处于动静有无之间，未指出此处的动静有无是否有形上学的意义。朱熹则指明"几"的定位在体用之间，亦即在形上形下之间。

细玩《系辞》关于"几"的议论，不过是指动之纤微，事之初始，为一时间过程之发端，为"吉之先见"。如此论"几"，容易理解，但与形上学是全无关联的。朱熹说明"几"在体用之间，当属形上学的范畴，但却是不容易理解的。试想宋代理学家都主张体用相即，意即天下无体外之用，亦无用外之体，体用的关系是契合如一、显微无间。既然无间，其中如何会有"几"的位置呢？据上述朱熹引文，"几"之微细，不仅指"众事吉凶之兆"，也指"实理发见之端"。"实理"为体，"众事"为用，则朱子显然未将"几"看成与体或用各有不同的别一事物，而是将"几"解释为"体用"整体的端兆。本体固然隐藏在末用或物事的背后，而物事是有时间性的，其微细发端即"几"。物事纤微之时，即有本体隐藏在其中，这也是"几"。这样看来，"几"之所指绝非某种实体，而是某种关系，确切说来就是体和用的微妙的关系，是在物事微细之时的最不容易发见的体用关系。

这样的"几"，当然是最重要的或关键的。"几"读为"机"，《系辞》又称"枢机"，意即"几"在物事之间处于中枢的位置。《系辞》提倡"研几""知几"，王弼和韩康伯也用了这两个术语。"研"即研磨，"知"即了解或把握。《系辞》所谓"知几"即"知微知彰"或"由微知著"，王弼等人所谓的"知几"，即在细微之处把握体用的关系。在这里，应注意的是，能否"知几"正好是玄学家在人事政治方面成败的关键。玄学的历史上有一些著名的失败者，如西晋玄学家王衍被推举为元帅，率大军抵抗石勒，结果失败被杀，中原倾覆。又如东晋玄学家殷浩率大军北伐，企图收复洛阳、许昌，结果大军败退，辎重尽失。两人

---

① 见《周敦颐集》，中华书局1990年版，第16页。

都善清谈，王衍推崇何晏、王弼的学说，"倾动当世"①；殷浩喜好《老》《易》，善论"才性"；两人对于玄学形上学中的体用关系，显然不会不了解，然而在复杂的、危急的军政事务却未能以体御用，有"弃末守本"之嫌，换言之，即不能"知几"。玄学的历史上也有一些名将和功臣，如魏末钟会、西晋裴秀、山涛、东晋王导、谢安等，都可说是"知几"或能"研几"者。

王弼关于"几"的看法，正是如此。他不但论及《易》学中的"几神"，亦论《老》学之"几"，其《老子指略例》指出：

《老子》之书其几乎！可一言而蔽之，噫，崇本息末而已矣。②

此节首句，各种辑本及称述者多读为："《老子》之书，其几乎可一言而蔽之。"细玩"其几乎"的措辞，实是《系辞》"其殆庶几乎"一句的省略语。《系辞下传》称："子曰：颜氏之子，其殆庶几乎！"王弼在《答荀融书》中曾自比孔子，将荀融比作颜回。下面的章节将说明王弼有一圣贤等级观念，以孔子为圣人，老子为上贤亚圣，地位与颜回相当。孔子评论颜回："其殆庶几乎！"王弼则评论老子："其几乎！"这完全是模仿孔子之辞，"其几乎"显然是引述"其殆庶知乎"而稍加省略。在《系辞下传》文中，先有"几者动之微"的定义，后有"庶几"的评语，可见"庶几"之"几"与"知几"之"几"同义。《系辞》"庶几"句下韩注："失之于几，故有不善"，孔疏："言圣人知几，颜子亚圣，未能知几，但殆近庶慕而已。"韩、孔注疏如此解说"庶几"，其实都是承袭王弼。对于《论语》"五十以学《易》"一章，王弼在《论语释疑》书中曾加解释：

《易》以几神为教。颜渊庶几有过而改，然则穷神研几可以

---

① 王衍与殷浩的生平事迹，均见于《晋书》本传。
② 见楼宇烈先生《王弼集校释》，中华书局1980年版，第198页。关于原文的断句，略有订正。

无过。①

其意正是以为圣人"知几",颜回亚于圣人,只是近于"知几",故"有过而改",未能"无过"。如此种种,都表明王弼《老子指略例》的原文当读为:"老子之书其几乎!"意谓老子其人其书达到了"庶几"或近于"知几"的水准。这与王弼关于老子为上贤的评次正好是一致的,与《老子指略例》的一些议论也应是一致的,或是有关联的。一旦辨明王弼是以"几"为老子学说的总评,便可用一种新的眼光来看待上述王弼《老子指略例》的引文:"《老子》之书其几乎!可一言而蔽之,噫,崇本息末而已矣。"原来《老》学之"几",便是"崇本息末"!王弼所称"本末",实指后人所讲的"体用"。此处的"崇本息末"只是省略语,盖王弼在言"崇本息末"的同时,还讲"崇本举末"。而这"息末"与"举末"两命题,又可用另一命题来涵盖,即"举本统末"。"举本统末"见于王弼《论语释疑》佚文,为皇侃《论语义疏》所引用②,与后人所讲的"以体御用"意思相同。在王弼的时代,体用对举的措辞尚未流行,故而王弼在阐发形上形下的关系时,多用本末来表达。那么,王弼《老》学中的"几"便可说是表示某种关系的范畴,它表示的是本体与末用的关系,尤其是物事细微之时的体用关系。

《周易·系辞上传》有一章依次论说"深""几"与"神",说:"唯深也,故能通天下之志;唯几也,故能成天下之务;唯神也,故不疾而速,不行而至。"何晏曾引用此节以评论时人,称:"唯深也故能通天下之志,夏侯泰初是也;唯几也故能成天下之务,司马子元是也;唯神也,不疾而速,不行而至,吾闻其语,未见其人。"他用"几"来品评司马师,其长处不过是"成务",考虑到司马师后来成为何晏政敌,则何晏学说中"几"当如何定位,成为一个可争议的问题。而王弼学说中

---

① 见于《论语义疏》怀德堂本,《儒藏·精华篇·四书类·论语属》,北京大学出版社2005年版,第118页,以及楼宇烈《王弼集校释》,中华书局1980年版,第624页。
② 见于《论语义疏》怀德堂本,《儒藏·精华篇·四书类·论语属》,北京大学出版社2005年版,第318页。

"几"的位次之高，却是无可争议的。《老子》通行本第十四章："视之不见名曰夷，听之不闻名曰希，抟之不得名曰微"，其中"夷"多训为"平"，为何"视之不见"，颇难理解。据赵秉文《道德经古本集注》，此处的"夷"字在王弼本及古本均作"几"，全句为"视之不见名曰几"。若如此订正，便容易解释了。而此句之下王弼注云："无状无象，无声无响，故能无所不通，无所不往。"可见王弼的学说当中，"几"是形上学的范畴。

## 七　玄学的经典系统与圣贤系统

在中国古代汉语中，字义通常是含混得出奇，"玄"字即如此，这个字可标识玄学本身，可指玄学家所依据的经典，亦可指玄学家所尊崇的古代圣王。上节指出王僧虔《诫子书》所谓的"诸玄"，即《颜氏家训》所谓的"《庄》《老》《周易》，总谓三玄"，亦即宋齐四学中的"玄学"，在这里有必要进一步指出，以《易》《老》《庄》为"三玄"，绝非从宋文帝才开始，而是贯穿于玄学历史的始终。而在玄学的经典系统及圣贤系统中，"三玄"有一种特殊的内在关系，与早期道家兼治《易》《老》《庄》的传统颇有不同。

南朝宋文帝即位的时间与东晋末年十分接近，"四学"中"玄学"一科的第一任主持者为何尚之，他在东晋末期已进入仕途，为都乡侯。颜延之以"黜郑置王，意在贵玄"著称，在东晋末期曾为博士。《晋书·江统传》称江惇"性好学，儒玄并综"，则东晋时可能已有儒学与玄学对举之例，其所谓"玄"可能即"三玄"之学。历数东晋时期承继正始玄风的人物，以殷浩最为著名。《晋书》本传说他与殷融"俱好《老》《易》"，《世说新语·文学篇》又记殷浩称"善人少，恶人多"，系由《庄子·胠箧》引发，则殷浩所治经典正好是"三玄"。西晋玄学家以王衍称首，东晋人庾翼批评王衍"高谈《庄》《老》"（见《晋书·殷浩传》），王衍本人又"自以论《易》略尽"（见《阮修传》），则王衍所治经典也是《易》《老》《庄》。这种情况都可溯源于正始玄学。魏末管辰所作《管辂传》记述了正始时期玄学家关于"三玄"的谈论①，例如赵孔曜说：

> 冀州裴使君才理清明②，能释玄虚，每论《易》及《老》《庄》之道，未尝不注精于严、瞿之徒也。

裴徽说：

> 吾数与［何］平叔共说《老》《庄》及《易》，常觉其辞妙于理，不能折之。

刘邠说：

> 数与何平叔论《易》及《老》《庄》之道，至于精神遐流，与化周旋，清若金水，郁若山林，非君侣也。③

何晏（字平叔）及裴徽都是正始玄学家中的佼佼者，管辂、刘邠也深受玄风熏陶，他们都论说"《易》及《老》《庄》之道"，而且都有数次，都是"共说"，可见正始玄学清谈从经典方面来看，都是关于《易》《老》《庄》这三部书的谈论。这也就是说，正始时期的玄学已是"三玄"之学。近年学界颇有人倡导新说，认为"三玄"在正始时期不包括《庄子》，而是《易》《老》和《论语》。此论虽精彩，然而从魏末管辰的记载来看却是不能成立的。根据管辰所载，可以肯定"共说《易》及《老》《庄》之道"的形式是贯穿于玄学历史的始终的。

不过，我们若是将玄学的"三玄"框架仅仅归结为《易》《老》《庄》之学，尚不能使一些通晓中国思想史的读者满意，因为兼治《易》《老》

---

① 此传久佚，然有大量佚文见于《魏志·方技·管辂传注》，《注》称其为《辂别传》，"别"字是与《魏志·管辂传》区别而言的。
② "冀州裴使君"，即担任冀州刺史的裴徽。
③ "君"，指管辂。

《庄》并非魏晋玄学所独有的治学方式,这种方式在东汉以前已被人们采用过,例如根据《史记·日者列传》《汉书·王贡两龚鲍传序》及《汉书叙传》等文献的记载,汉初司马季主,西汉末期的严遵、扬雄以及东汉的班嗣,都有研习《易》《老》《庄》的经历。我们必须辨明玄学家对"三玄"或《易》《老》《庄》的内在关系有何特殊的理解,才能把握玄学的特征。凑巧的是在玄学的经典系统和圣贤系统里,"三玄"正好有一种特定的品次,这种品次与道家和道教的主张正好形成对照。

让我们先来考察一下唐代道教的说法。杜光庭《道德经广圣义》卷一引唐玄宗敕云:

> 宜升《道德经》居九经之首,在《周易》之上,以《道德》《周易》《庄子》为三玄之学。

唐玄宗规定"三玄"等次为《老》《易》《庄》,有一个背景,即李唐尊奉老子为祖先,兼行三教而以道教为第一。唐玄宗追号老子为"帝",仅封孔子为"王";加号老子为"大圣",仅封孔子为"圣",处处都以老子先于孔子。这种立场与早期道家的主张有些接近,早期道家尊崇《黄》《老》,《庄子》《周易》都在其次。宋人李约在《道德经新注》的自序中说:"六经乃黄老之枝叶尔!"这一断言既合乎早期道家的传统,又与唐代以来道教的立场相似。经典的品级自然影响到经典作者的等级。《老》《庄》两书之出自老聃与庄周,是汉唐期间的共识,《周易》的作者在汉唐学者看来有伏羲、周文王和孔子三位,其中伏羲至少是八卦的作者,周文王至少是卦辞的作者,孔子是《易传》或《十翼》的作者①,在这众多的作者当中,伏羲、文王和孔子是儒家之圣,老子为道家之宗,其地位关系涉及三教的尊卑,实在是非同小可的。在这方面,有一篇典型的文章,即唐代学者陆希声的《道德经传序》,这篇序文秉承

---

① 据孔颖达《周易正义序》,《易》之爻辞或说为文王所作,或说为周公所作,重卦则有"四说",唯卦辞出于周文王,为汉唐间学者所公认。《易传》本是孔子以后的著作,成于战国中期至西汉初期之间,但汉唐之间学者公认的是孔子的作品。

唐代朝廷的宗旨。极力赞颂老子其人，说他"与伏羲同其元"，"与文王通其宗"，"与夫子合其权"，结论是："此三君子（按即羲、文、孔）者，圣人之极也，老子皆变而通之，反而合之，研至变之机，探至精之赜，斯可谓至神矣！"也就是说，老子一身兼备羲、文、孔三圣之长，自然要在三圣之上了。讲到这里，读者可能会想起何劭《王弼传》所载王弼的著名命题："圣人体无""老子是有"。这个命题意味着老子不如羲、文、孔三圣，如何能为李唐一代的学者所容呢？

果然，陆希声在序文里提出了质疑：

> 王弼以为圣人与道合体，老氏未能体道，故阮籍谓之上贤亚圣之人，盖同于辅嗣。岂以老氏经世之迹，未足充其所言耶？

所谓"上贤"与"亚圣"是同义词，汉唐期间公认贤人分上中下三等，其中"上贤"亦是"大贤"，仅次于圣人，故称"亚圣"。王弼和阮籍认为老子的地位相当于"上贤"或"亚圣"，在他们的时代背景下其实已抬高了老子，当时的儒者是连老子之为"上贤"也不承认的，例如东晋孙盛作《老聃非大贤论》，否认老子为"大贤"或"上贤"，只将老子归入"中贤"之列。唯至道教兴盛之后，王弼、阮籍所谓"上贤亚圣"才被看成关于老子的贬词。

那么，我们是否可以推论，以羲、文、周、孔为圣，老子为亚圣，就是玄学或"三玄"之学的通行说法呢？我认为可以。但在这里必须解释一下何晏的圣人观。《世说新语·文学篇》载何晏作《道德论》的事，刘孝标注引《文章叙录》云：

> 自儒者论以老子非圣人，绝礼弃学。晏说与圣人同，著论行于世也。

很多人据此断定何晏的观点是老子为圣人，与王弼"老子非圣"的观点相反，甚至断定这就是王、何思想分歧的焦点。然而南北朝时期人们对何晏的圣人观还有另一种理解：

> 王 何旧说，皆云老不及圣。(《弘明集》卷六载南齐周颙《重答张长史书》)
>
> 何晏、王弼咸云："老未及圣"(《广弘明集》卷八载道安《二教论》)。

周颙、道安的论题恰是三教的关系，说何晏、王弼都以为"老不及圣"不会有错。但"老不及圣"与"老子与圣人同"语义矛盾，同出于何晏，不能不加以解释，考察"同"与"不及"两词，"老子与圣人同"似指行事之同，"老子不及圣"似指本性之异。就本性而论，"圣人体无，老子是有"（王弼语），故"不及圣"；就行事而论，圣人无为，老子亦"恒言无"，故"与圣人同"。王弼认为老子是"上贤亚圣之人"，而"圣人之与大贤，行藏道一，舒卷斯同"《魏志·司马朗传注》（引孙盛语），按这逻辑，王弼在从本性方面申诉"老不及圣"的同时，还应承认老子在行事方面"与圣人同"。《毛诗·周颂·清庙之什》"天作"一章郑笺引《周易·系辞传》"可久则圣人之德，可大则贤人之业"两句，孔疏引王弼云：

> 不曰圣人者，圣人体无，不可以人名而名，故易简之主，皆以贤人名之。然则以贤是圣之次，故寄贤以为名。穷易简之理，尽乾坤之奥，必圣人乃能耳。

此语不见于王弼现存著作，亦不见于楼宇烈所辑《王弼集校释》，然而文中"圣人体无"一句见于何劭《王弼传》所引王弼的议论，是王弼的著名命题，则此文为王弼佚文当属可靠。文中"易简"二字出于《系辞上传》："乾以易知，坤以简能"，有性理、事功两方面的意义。王弼此文指出圣人可"穷易简之理，尽乾坤之奥"，而贤人则不能，是就性理而论的。就性理而论，便不能不承认圣、贤有异。此文认为"异简之主"可"以贤人名之",是就事功而论的。就事功而论,"亚圣大贤"也可"言无",取得"与圣人同"的政治成就。何晏既说"老不及圣",又说"老子与圣人同",显然就是以"老子为上贤亚圣之人"这一命题为基础,以"圣贤性理则异,事功则同"这一命题为依据的。陆希声《道德经传序》说阮籍"谓之(老子)上贤亚圣之人,盖同于辅嗣",可见王、何关于老子与圣人关系的说法权威很大,连富于反抗精神的竹林名士也受影响了。

魏晋期间,"老""庄"二字几乎连为一词,当时有些人甚至把两字颠倒过来,变成"庄老"。老子在玄学家心目中的地位是"上贤亚圣",那么对庄子也可作同样的设想。《世说新语·言语注》引《孙放别传》云:

> [孙]放字齐庄,监君①次子也。年八岁,太尉庾公②召见之。放清秀,欲观试,乃授纸笔令书,放便自疏名字。公题后问之曰:"为欲慕庄周邪?"放书答曰:"意欲慕之。"公曰:"何故不慕仲尼而慕庄周?"放曰:"仲尼生而知之,非希企所及;至于庄周,是其次者,故慕耳。"公谓宾客曰:"王辅嗣应答,恐不能胜之!"

这一番应对由孙放字"齐庄"而引起,"齐庄"在东晋自然是"齐庄周"的意思。庾亮所问"何不慕仲尼而慕庄周",在当时是一个尖锐的问题。孙放的回答是:孔子作为圣人是"生而知之"的,这对"学而知之"的凡人来说永远做不到;庄周是孔子之"次",是"学而知之"的,因而可以作希企的目标。所谓孔子之次,亦即"圣人之次"或"圣人之亚",简称就是"亚圣"。在这故事中,上至与王导并列为东晋名臣的庾亮,下至八岁的小孩子孙放,都知道并且同意庄周是"亚圣",可见这在东晋是相当流行的说法。庾亮将孙放的应答与"王辅嗣应答"相比类,点

---

① 指孙盛。孙盛曾任秘书监。
② 庾公,即庾亮。

明了"庄周为亚圣"的命题与王弼思想一致,应是魏晋玄学的基本观点之一。

在这里,有必要澄清一下何晏关于庄子的评论。《晋书·王坦之传》引坦之《废庄论》载何晏云:"鬻、庄躯放玄虚①,而不周乎时变",这评价可能被认为是对庄子的全盘否定,其实不然。据《魏志·管辂传注》引《辂别传》中裴徽语,何晏"常自言不解《易》九事",而"九事"按南齐张绪所说,"诸卦中所有时义,是其一也"(《南齐书·张绪传》)。"时义"即"卦义",是"时变"的准则和根据。何晏不解"时义",自然也"不周时变"。但他自视甚高,《魏志·曹爽传》附《何晏传注》引《魏氏春秋》说他称许夏侯玄为"深","能通天下之志";称许司马师为"几","能成天下之务";暗中以"神"自况,可"不疾而速,不行而至","自言不解《易》九事"或自认"不周时变"既然不妨碍他自高身价,那么"不周时变"也不应影响庄子的"上贤亚圣"身份。可以推测,何晏、王弼对庄子的评价与老子相似,也是"上贤亚圣"。《魏志·何晏传》说何晏"好老庄言",《世说新语·文学注》引《王弼别传》说王弼"好庄老",都可以支持这一推测。另外,王弼注释《易》《老》的重要命题常引《庄子》说,如《老子》第四十二章"一生二,二生三"常被各派哲学当作论据看待,而王注云:"有言有一,非二如何?"是采用了《庄子·齐物论》的说法;《系辞上传》:"圣人立象以尽意",是各派《易》学的理论基础,而王弼由此发挥出"得意在忘象"的新义,是受了《庄子·外物篇》的启发。王弼如此借重于《庄子》,那么他以及何晏把庄子其人看作"上贤亚圣"是很有可能的。

说起《庄子》,不能不提一下流行了一千六百余年的《庄子注》。《庄子注》书前序云:

> 夫庄子者,可谓知本矣,故为始藏其狂言,言虽无会而独应者也。夫应而非会,则虽当无用;言非物事,则虽高不行;与夫

---

① 此据中华书局 1974 年本断句有误。句中"鬻"即《鬻子》的作者,"躯放"及放浪形骸之外。

寂然不动，不得已而后起者，固有间矣，斯可谓知无心者也。夫心无为，则随感而应，应随其时，言唯谨尔。故与化为体，流万代而冥物，岂曾设对独遘而游谈乎方外哉！此其所以不经而为百家之冠也。

此序是否为郭象所作，是个有争议的问题，然序之下文提到"神器独化于玄冥之境"，极似郭象口吻，则至少应肯定此序思想与郭象《庄子注》一致，是玄学中《庄》学的具有代表性的作品。序中指出《庄子》"不经而为百家之冠"，意谓不是经书而为子书的杰出者。序称庄子其人"未始藏其狂言"，"与夫寂然不动，不得已而后起者，固有间矣"，意谓其人如同王弼所评论的《老子》："圣人体无，无又不可训，故言必及有。老子是有者也，故恒言无，所不足 [也]。"（见《魏志·钟会传》裴注所引何劭《王弼传》）庄子其书既为"百家之冠"，则应仅次于"经"；庄子其人"虽未体之，言则至矣"（《庄子序》下文），则应仅次于"圣"。由此而论，《庄子序》作者心目中庄子的地位，也是"亚圣"或"上贤"。

总而言之，"三玄"即可标识玄学的经典系统，亦可标识玄学家所尊崇的圣贤系统，"三玄"的圣贤系统以羲、文、周、孔等为圣人，以老聃、庄周为亚圣或上圣；三玄的经典系统以《周易》上下经为经书，以《老》《庄》之书为大传。这与儒家贬老子为"中贤"的说法不同，与道家、道教认为老子高于羲、文、周、孔的看法亦异。附带指出，这里的"圣人"一词可用"玄圣"替换，如玄学家称伏羲为圣人，亦称其为"玄圣"；道教认为老子高于羲、文、周、孔，故称老子为"玄圣"，如东晋葛洪《抱朴子·微旨篇》说："黄老玄圣，深识独见"，唐代道士成玄英注释《庄子·天道篇》云："所谓玄圣、素王、自贵者也，即老君、尼父是也。"这种情况更可支持上面的论断，即由玄学、儒学及道教学说关于"三玄"品次的不同意见，的确可以揭示玄学一个重要的特征。

## 八　李充与制度化的玄学

在南朝宋齐两代，曾有"四学"的建置，即儒学、玄学、史学和文学。"四学"的主持者都不是专职的学术官员，然其分主"四学"是秉承皇命而为，"四学"之馆的产生又都有"建"与"立"的名分，可见其中的玄学已不仅限于学说、思潮等，而有了学科的意义。也就是说，此处的玄学已是制度化的学问，这是当今留意于学官制度的研究者不得不看重的。遗憾的是，有些学者认定，玄学的历史应终结于两晋之交或东晋之末，在此之后应是佛学兴盛的时代。若以此为定论，上述制度化的玄学竟被排除于玄学的历史之外了。我原惑于此种成见，将东晋名士殷浩之服膺佛教看成玄学历史的转折点。而今注意到这一成说的首要依据，即《世说新语》刘注引文中"至过江，佛理尤盛"一句，而此句实有讹误，应订正为"至江左，李充尤盛"。若由此推论，竟可放弃上述关于玄学终于晋代的成说，并通过关于李充学说的探讨，在玄学史断代及其学制的研究领域取得进展。

大家常引证的"至过江，佛理尤盛"的论断，见于《世说新语·文学篇》"玄度五言诗，可谓妙绝时人"句下，刘孝标注引檀道鸾《续晋阳秋》说：

> ［许］询有才藻，善属文。自司马相如、王褒、扬雄诸贤，世尚赋颂，皆体则《诗》《骚》，傍综百家之言。及至建安，而诗章大盛。逮乎西朝之末，潘、陆之徒，虽时有质文，而宗归不异也。正始中，王弼、何晏好《庄》《老》玄胜之谈，而世遂贵焉。至过江，佛理尤盛。故郭璞五言始会合道家之言而韵之，询及太原孙绰转相祖尚。又加以三世之辞，而《诗》《骚》之体尽矣。[①]

---

① 徐震堮校笺：《世说新语校笺》，中华书局1984年版，第143页。又见于朱铸禹校注《世说新语汇校集注》，上海古籍出版社2002年版，第235页。

文中"至过江，佛理尤盛"一句，令人以为佛学在东晋已成思想之主流，由此遂有玄学终于晋代的论断。而"至过江，佛理尤盛"一句在日本金泽文库所藏《文选集注》引文中，写为"至江左，李充尤盛"。这一《集注》本已由上海古籍出版社出版，题为《唐钞文选集注汇存》，书中卷六二载江淹《杂体诗》七首，分咏刘琨、孙绰、许询、谢混等七人，在其《许征君询》题下，《集注》引檀氏《论文章》云：

> 自王褒、扬雄诸贤尚赋颂，皆体则《诗》《骚》，傍综百家之言。及至建安，而诗章大备。逮西朝之末，潘、陆之徒，虽复时有质文，而宗归一也。正始中，王弼、何晏尚《老》《庄》玄胜之谈，世遂贵焉。至江左，李充尤盛。故郭璞五言诗，始会合道家之言而韵之。爰及孙兴公，转相祖尚，又加以释氏三世之辞，而《诗》《骚》之体尽矣。至义熙，谢混改焉。①

此节引文与上述《世说》刘注所引檀氏《续晋阳秋》文，显为同一来源，而文字略异。余嘉锡先生首先注意到此节异文，力证"李充尤盛"为允恰，"佛理尤盛"为讹误，他在《世说新语笺疏》中指出：

> 《宋书·谢灵运传论》曰："在晋中兴，玄风独扇。"《文心雕龙·明诗篇》曰："江左篇制，溺乎玄风。"《诗品》序曰："永嘉贵黄老，尚虚谈，爰及江左，微波尚传。"三家之言皆源于檀氏。重规迭矩，并为一谈，不闻有佛理之说。检寻《广弘明集》，支遁始有赞佛咏怀诸诗，慧远遂撰《念佛三昧》之集。虽在典午之世，却非过江之初，且系佛家之外篇，无与诗人之比兴。檀氏安得援此一端，概之当世乎？况下文云郭璞始合道家之言而韵之，若必如今本，是谓景纯合佛理于道家也。郭氏之诗以《游仙》为最著，今存者十余首。道家之言固有之，未尝一字及于佛理也。檀氏安得发此

---

① 《唐钞文选集注汇存》，上海古籍出版社2000年版，第1册，第761页。

虚言，无的放矢乎？此必原本残阙，宋人肆臆忘填，乖谬不通，所宜亟为改正者矣。李充者，元帝时人，正当渡江之始。《晋书》本传言其诗赋表颂等杂文二百四十首，《隋志》有集二十二卷，是其著作甚富。传又言有《释庄论》上下二篇。《御览》五百九十七引充《起居诫》，自言家奉道法，知其好道家之言。……至其所以述王、何，较西晋诸家为尤甚者，吾不得而见之矣。①

余先生此说颇为雄辩，举证亦极精详。曹道衡与沈玉成两先生在《中古文学史料丛考》一书中支持此说，并做了有力的补正。②最近，《世说新语》的龚斌校释本问世，龚先生在校语中承认"佛理尤盛"为讹误，主张依从唐鸿学的《世说新语批注辑要》，将"佛理尤盛"订正为"玄理尤盛"。对于余说，龚先生未从，并说明了不从的理由：其一，余氏《笺疏》承认由李充存诗及残句，未见"其所以祖述王、何较西晋诸家为尤甚者"；其二，李充虽能诗，但《诗品》《文心雕龙》《宋书·谢灵运传论》及《南齐书·文学传论》却都不置一词。因而结论是，"李充尤盛"与下句"郭璞始会合道家之言而韵之"不合，亦属讹误。③今斟酌龚氏此说及余、曹诸说，已公认"佛理尤盛"之"佛理"为误字，分歧只在于应如何订正。是应改为"李充尤盛"呢？还是改为"玄理尤盛"呢？

据《晋书·文苑传》所载李充的《学箴》，李充其实正好是"玄理"的宣扬者。《学箴》云：

> 物必有宗，事必有主，寄责于圣人而遗累乎陈迹也。故化之以绝圣弃智，镇之以无名之朴。圣教救其末，老庄明其本，本末之涂殊，而为教一也。人之迷也，其日久矣！见形者众，及道者鲜，不觇千仞之门而逐适物之迹，逐迹逾笃，离本逾远，遂使华端与薄俗

---

① 余嘉锡笺疏：《世说新语笺疏》，中华书局1983年版，第265页。
② 《中古文学史料丛考》，中华书局2003年版，第196—198页。
③ 见《世说新语校释》，上海古籍出版社2011年版，第530页。

俱兴，妙绪与淳风并绝，所以圣人长潜而迹未尝灭矣。①

其言"宗""主""本""末"，措辞颇似王弼《老子注》及《指略》。其以"本"与"迹"对举，似受向、郭《庄》学影响而又略有发展。考察《学箴》的主旨，以道家的主张为本，以儒家的教化为末，本末不二，儒道为一。这正是王弼及向秀、郭象等人共有的思想，可见李充所讲的"老庄"与"道家"即玄学。李充《学箴》的下文还提到"引道家之弘旨，会世教之适当"，"至赜深妙，大象幽玄"，所标榜的正是玄学的形上学。《世说新语》先言何晏与王弼的"玄胜之谈"，又言"至江左，李充尤盛"，乃是顺理成章的。李充将玄学称为"道家之弘旨"，故而《世说新语》先言"李充尤盛"，后言"故郭璞五言始会合道家之言而韵之"，也是很自然的。《文选集注》的异文"李充尤盛"，实指："李充玄理尤盛"，考虑到"玄理尤盛"一句无版本依据，便应肯定余嘉锡、曹道衡诸先生的意见，"李充尤盛"应是《世说》刘注的原文。

李充其人所以能"尤盛"，是由于救治时弊。玄学本是主张"儒道为一"的，而两晋一些玄学家过于偏向老庄，竟致忽略儒教，有虚浮之弊，如西晋的王衍被指责为"高谈庄老，说空终日"（见《晋书·殷浩传》），东晋时期殷浩的作风又似于王衍。据《晋书·文苑传》所载，李充"幼好刑名之学，深抑虚浮之士"，遂撰《学箴》，抨击"华端与薄俗"。其作用是使儒道的关系趋于和谐，使玄学臻于健全，故而"尤盛"。李充官至中书侍郎，而东晋时期另有一位担任过中书侍郎的人物，即何充。据《晋书》本传，何充在担任中书侍郎之后，历任太守、内史、吏部尚书、尚书令、中书令，处于宰相的地位，其权势、威信远超乎李充，然而由于"性好释典，崇修佛寺，供给沙门以百数"，竟"获讥于世"。②何充好佛，却未能"尤盛"，与此对照，更可相信上述的"李充尤盛"确为史实。

---

① （唐）房玄龄等撰：《晋书》，中华书局1974年版，第2388—2391页。
② （唐）房玄龄等撰：《晋书》，中华书局1974年版，第2030页。又见于（唐）许嵩撰：《建康实录》，张忱石点校，中华书局1986年版，第215页。

由"李充尤盛"的史实可以推断,在东晋思想界处于主流地位的,仍是玄学,而非佛学。诚然,早在东汉,佛教已传入中国,东晋屡有名士论佛之事,然而若据此断言东晋已无玄学流行,便稍嫌片面。中国历史有过儒墨并行、儒道并立之局,并且一直有儒佛道分立的局面,为何玄学与佛学却不能并存呢?考察东晋思想界的全局,其领袖人物王导"始过江,止道声无哀乐、养生、言尽意三理而已"(《世说新语·文学》),其中"声无哀乐"与"养生"都是嵇康的论题,"言尽意"当为"清言尽意",为何晏所主张,可见在东晋之初,玄学仍处于思想界主流的地位。东晋中期名士以谢安为首,《世说新语》所载谢安清谈的主题,有《易》象、《毛诗》、《庄子·渔父》等,不见有佛学掺杂其间。东晋后期,韩康伯注释《系辞》《说卦》等,张湛注释《列子》,都流传至今,两注都沿袭王弼及郭象之学而加以发挥,罕见佛理掺入的痕迹。

服膺佛学的东晋名士,以殷浩最具代表性。他的一生可分为成败两期,在上升期,他享有盛名,是举足轻重的政治家和清谈家,其清谈的主题,是才性。《世说新语·文学篇》记载:

> 殷中军虽思虑通长,然于才性偏精。忽言及四本,便若汤池铁城,无可攻之势。①

殷中军即殷浩。时人还称"才性"是殷浩的"崤函之固",只要入此"胜场",便不可与之"争锋"(均见《世说新语·文学篇》)。可见殷浩在这期间的思想,乃追随何晏一系的玄学,以才性论为主要内容。晋穆帝永和九年(353),殷浩主持北伐,结果失败,次年被废为庶人,于是"始看佛经","大读佛经,皆精解"(世说新语·文学篇)。这位东晋玄学的重要人物竟被佛学折服,在中国思想史上当然有其突出的意义,不过应注意的是,殷浩在服膺佛学时,已失去政界与学界领袖的身份,其甥韩康伯曾是他在此时唯一的追随者,亦离他而去,他于是咏诗

---

① 见《世说新语》,中华书局1983年版,第222页。

云:"富贵他人合,贫贱亲戚离。"(见《晋书·殷浩传》)他于永和十年(354)至徙所,于永和十二年(356)去世,终未再仕。那么,殷浩之服膺佛学,绝不能代表东晋思想界的主流。

在南朝宋齐两代,呈佛道两教争衡的局面,佛教略有优势。此时玄学又如何呢?《南齐书·王僧虔传》详载僧虔《诫子书》,颇为当今学者所注意。在此《书》中,王僧虔自述其治学经历:"见诸玄,志为之逸,肠为之抽,专一书,转诵数十家注,自少至老,手不释卷",告诫其子:

> 汝开《老子》卷头五尺许,未知辅嗣何所道,平叔何所说,马、郑何所异,《指例》何所明,而便盛于麈尾,自呼谈士,此最险事! ①

其子未读何晏、王弼之注,便自呼"谈士",是否因攻读佛经而忽略了玄学呢?答案应是否定的。请看《诫子书》的下文:

> 且论注百氏,荆州八袠,又才性四本,声无哀乐,皆言家口实,如客至之有设也。汝皆未经拂耳瞥目。岂有庖厨不修,而欲延大宾者哉?就如张衡思侔造化,郭象言类悬河,不自劳苦,何由至此?汝曾未窥其题目,未辨其指归。六十四卦,未知何名;《庄子》众篇,何者内外;《八袠》所载,凡有几家;四本之称,以何为长。而终日欺人,人亦不受汝欺也。②

原来其子未读王弼等人之书,不过是由于怠惰与轻浮。在这里,有一件事是不能忽视的,即王僧虔的族系竟是著名的琅邪王氏,其祖为王珣,乃东晋名臣王导之孙,曾因为有"才学文章"成为晋孝武帝的宠臣,其后又担任尚书令、卫将军等职。王珣五子为王弘、王昙首、王孺等,在

---

① (南朝梁)萧子显撰:《南齐书》,王仲荦点校,宋云彬整理,中华书局1972年版,第598页。
② (南朝梁)萧子显撰:《南齐书》,王仲荦点校,宋云彬整理,中华书局1972年版,第598页。

南朝宋代"并有高名"。其中王弘为王僧虔伯父，在刘宋时为司徒。这几乎是东晋南朝除帝室之外的第一家族，在这族中，何晏、王弼、嵇康、钟会等人的玄学著作受到高度重视，这在东晋南朝的学术文化中颇具代表性。王僧虔的《诫子书》作于南朝宋代，《书》中的措辞显示出何晏、王弼的著作乃当时贵族子弟的必读书，嵇康《声无哀乐论》、钟会《才性四本论》都是清谈家的"口实"。《诫子书》还提道："设令袁令命汝言《易》，谢中书挑汝言《庄》，张吴兴叩汝言《老》，端可复言未尝看邪？"所举三人即尚书令袁粲、中书令谢庄、吴兴太守张邵，均为当时名士兼重臣，三人都可能谈论《易》《老》《庄》，可见"三玄"仍是当时清谈场中最流行的题目。这就是说，在南朝宋齐两代，玄学仍未失去其思想界主流的地位。

在南朝梁陈两代，佛教兴盛，不过此时的南方还不算纯粹的佛国。《颜氏家训》有一节著名的文学：

> 何晏、王弼，祖述玄宗，递相夸尚，景附草靡，皆以农、黄之化，在乎己身；周、孔之业，弃之度外。……洎于梁世，兹风复阐，《庄》《老》《周易》，总谓三玄，武皇、简文、躬自讲论。[1]

这是关于梁代学术文化的较全面的概述，梁武帝虽笃信佛教，却也亲自讲论"三玄"。他的玄论肯定掺入了佛学，但这情况完全可看作佛学对玄学的渗透。实际上，玄学与佛道二家是相互渗透的，梁陈玄学固然有佛学思想掺入，而佛学也未尝排除玄学的影响，如佛典的翻译及诠释都用"格义"的方式，这一方式简单来说就是用玄学的语言来译述佛经。梁代大学者皇侃撰有《论语义疏》，总结了东汉以来玄学派《论语》学的成就，其书流传至今，呈玄学风格，罕有佛理掺入的痕迹。陆德明《经典释文》撰成于南朝陈末，书中《论语》及《老》《庄》列于五经记传之后，《周易》用王弼注，《论语》用何晏《集解》，《老》《庄》分用

---

[1] 见其书《颜世家训·勉学篇》，上海古籍出版社1980年版，第178页。

王弼与郭象注,这些显然是梁陈国学的全貌,可见南朝梁陈两代仍有玄学流行,当时的玄学仍有官方的地位,只是不如佛学兴盛而已。

我关于东晋南朝玄学的上述见解,都以肯定《世说》刘注中"李充尤盛"的异文为出发点。而李充其人的建树尚不仅限于玄学方面,据《晋书》本传、阮孝绪《七录序》、《隋书经籍志》及《文选》李注所引臧荣绪《晋书》,李充在担任大著作郎期间,曾主持校理皇家藏书,将群书重行分类。西晋荀勖曾将西晋皇家藏书分为甲、乙、丙、丁四部,约略相当于经、子、史、集。李充将其中的"子"与"史"两部颠倒,改"子先于史"为"史先于子",成经、史、子、集之次,题为甲、乙、丙、丁,为后世四部分类之雏形。李充总结其校书成果,撰成《晋元帝四部书目》其中的"条贯"被东晋皇家藏书部门奉为"永制"。审视李充在东晋学术文化领域的作用,竟与刘向父子在汉代学术中的作用有些相似。图书之分四部,与学术教育领域的"四学"当有关联,由此而论,更可以肯定东晋玄学当中"李充尤盛"为史实,并可推断李充的学术建树对南朝玄学之制度化有奠基的功效。

## 九 南朝的玄学科目及其与道教的分别

魏晋玄学与佛道二教之学的关系如何,是思想史研究中的一大问题。今人见东晋玄学家殷浩及南朝官方玄学的主持者何尚之、颜延之等人都服膺佛理,南朝诸帝多尊崇佛教,遂以为东晋中期以后不再有真正意义上的玄学。另一些人见道家、道教之学可称"玄",西晋以后又有道教重玄学流行,遂以为玄学与道教合流,以为西晋以后不再有独立的玄学。对这问题,可通过对南朝玄、儒、文、史"四学"与四部图书的对照来解决。我在《玄学通论》一书中,曾提及南朝"四学"与图书四部有关,但未曾就此展开论证。今当举证,说明南朝"四学"的划分,实由图书之分四部演化而成。玄学的著作都在四部之内,佛道二教的典籍却在四部之外。可见南朝的玄学仍是独立的、有生命的学问,这种学问一直与儒释道三教并行,流传到唐代。

在南朝宋齐两代，官方曾有儒学、玄学、史学及文学的建置，或称"四学"，或称"四科"。关于"四学"或"四科"，南朝及隋唐史籍多次提及，如《宋书·隐逸传》记载：

[宋文帝]元嘉十五年，征雷次宗至京师，开馆于鸡笼山，聚徒教授，置生百余人。会稽朱膺之、颍川庾蔚之并以儒学，监总诸生。时国子学未立，上留心艺术，使丹阳尹何尚之立玄学，太子率更令何承天立史学，司徒参军谢元立文学，凡四学并建。①

《宋书·何尚之传》则记载：

[宋文帝元嘉]十三年，彭城王义康欲以司徒左长史刘斌为丹阳尹，上不许，乃以[何]尚之为尹，立宅南郭外，置玄学，聚生徒。东海徐秀、庐江何昙、黄回、颍川荀子华、太原孙宗昌、王延秀、鲁郡孔惠宣，并慕道来游，谓之南学。②

玄学因置于南郊，又称"南学"。然此处所称元嘉十三年，却只是何尚之就任丹阳尹的时间，不是玄学始立之时。唐代李延寿所撰《南史》详载"四学"建置的经过，称元嘉十五年"立儒学馆于北郊，命雷次宗居之"，元嘉十六年"又命丹阳尹何尚之立玄素学，著作佐郎何承天立史学，司徒参军谢元立文学，各聚门徒，多就业者"。③唐代许嵩所撰《建康实录》亦记此事，字句全同，唯《南史》中"玄素学"在《建康实录》仅称"玄学"④。"玄"之字义有"黑"的意思，"玄素"意即黑白，这是误解了"玄学"的"玄"义而衍"素"字。当然，也有可能是因《文心雕龙》"玄圣素王"句而误增"素"字。至此，可以明白"四学"

---

① （南朝梁）沈约撰：《宋书》，中华书局1974年版，王仲荦点校，傅璇琮整理，第2293—2294页。
② （南朝梁）沈约撰：《宋书》，中华书局1974年版，王仲荦点校，傅璇琮整理，第1734页。
③ （唐）李延寿撰：《南史》，卢振华点校，赵守俨等整理，中华书局1975年版，第45—46页。
④ （唐）许嵩撰：《建康实录》，张忱石点校，中华书局1986年版，第432页。

的建置,在南朝宋文帝元嘉十五年(438)建立儒学于北郊,元嘉十六年(439)建立玄学于南郊,同年立史学与文学。

对"四学"的建置地点——北郊、南郊等,不必过于看重,因为"四学"很快为国学所代替,国学不久又废,代之以"四学",但后来的"四学"却不在四郊,而在总明观。《南齐书·百官志》于"总明观祭酒一人"之下,详记:

> 右泰始六年,以国学废,初置总明观,玄、儒、文、史四科,科置学士各十人,正令史一人,书令史二人,幹一人,门吏一人,典观吏二人。建元中,掌治五礼。
>
> 永明三年,国学建,省。①

意谓在南朝宋文帝元嘉十六年并立的"四学",在元嘉十九年便为新立的国学所取代。② 国学不久又废,至宋明帝泰始六年(470)设置总明观,再次建立玄、儒、文、史四科之学。至齐武帝永明三年(485)始立国学,"四学"又"省"。在这一过程中,"四学"与国学更替,宋齐两代都先立"四学",后立国学。国学一旦废除,便会有"四学"的建置。国学一旦兴立,"四学"便被省去。在这当中,国学称"废"而"四学"称"省",颇值得注意。古书记载学官建置,或称"废",或称"省",其义不同。"废"的对象多指科别,"省"的对象多指官属。"四学"称"省",显示出其学科的实体并未消失,而是合并到新立的国学之中了。据《宋书·何尚之传》所载,尚之其人先担任玄学的主持者,后为国学的祭酒,可见玄学应随其职务升迁,而渗透于国学当中了。此处所提到的总明观,为历史上重要的学馆,如《唐六典》卷八李林甫等注:

> 后汉有东观,魏有崇文馆,宋元嘉有玄、史两馆,宋泰始至齐

---

① (南朝梁)萧子显撰:《南齐书》,王仲荦点校,宋云彬整理,中华书局1972年版,第315—316页。
② 《宋书·礼志》称元嘉二十年"复立国子学",元嘉二十七年"废"。

> 永明有总明馆，梁有士林馆，北齐有文林馆，后周有崇文馆，或典校理，或司撰著，或兼训生徒，若今弘文馆之任也。①

南朝宋齐两代的总明观（又称馆），至梁朝为士林馆所代替。士林馆制度如何，今存《梁书》无职官之志，暂难详考。而《魏书·儒林传》的一节文字透露了一些信息：

> 萧衍亲问［李］业兴曰："闻卿善于经义，儒、玄之中何所通达？"……衍又问："《易》曰太极，是有无？"业兴对："所传太极是有。素不玄学，何敢辄酬！"②

对照梁武帝与李业兴的问答，可知所称"儒玄"即儒学与玄学。则玄、儒、文、史四科的建置也曾出现于梁代，或即士林馆的制度。南朝陈代的制度如何，更难论定。然陈制多因袭梁代，作于陈代的陆德明《经典释文》一书是玄学的总结性著作，可以推测陈代也曾有过"四学"并建的情况。这就是说，制度化的玄学可能贯穿于南朝的全部历史。

在南朝史上，学科有四，图书的部类亦分为四，其中是否有关联呢？对这问题，《南史·王昙首传》附《王俭传》提供了圆满的答案：

> 宋时国学颓废，未暇修复，宋明帝泰始六年，置总明观以集学士，或谓之东观，置东观祭酒一人，总明访举郎二人；儒、玄、文、史四科，科置学士十人，其余令史以下各有差。是岁，以国学既立，省总明观，于俭宅开学士馆，以总明四部书充之。③

文中"是岁"，指上文所记齐武帝永明三年（485）。文中所说"四学"省立的经过，意谓宋明帝所置的总明观"四学"，一直延续到南朝齐代

---

① （唐）李林甫撰：《唐六典》，陈仲夫点校，中华书局1992年版，第254页。
② （北齐）魏收撰：《魏书》，唐长孺点校，魏连科整理，中华书局1974年版，第1863—1864页。
③ （唐）李延寿撰：《南史》，卢振华点校，赵守俨等整理，中华书局1975年版，第595页。

初期。至齐武帝永明三年（485），建立国学，省总明观，但又不愿将"四学"的科目彻底废除，于是在王俭私宅开馆，将"总明四部书"移至馆中。"四部书""四部群书""四部目录"一类的措辞，自西晋荀勖撰《中经新簿》时起，长期通行，《南史》所称"总明四部书"不应例外，当然指总明观的藏书也用四部分类法。"以总明四部书充之"语义颇含混，或指南齐官方所藏的四部图书均在总明观，在永明三年全部或部分地移至王俭私宅；或是指南齐皇家藏书分为四部，总明观藏书亦分四部，移至王俭私宅的只是后一部分，与大宗的皇家藏书无关。不论是哪一种情况，可以肯定总明观的建置是学有四科，书分四部，这四科与四部显然应是对等的。

《南史》的另一记载可支持这一推论。在《南史》卷三《宋本纪》所记宋明帝泰始六年之下，载有：

> 九月戊寅，立总明观，征学士以充之。置东观祭酒、访举各一人，举士二十人，分为儒、道、文、史、阴阳五部学，言阴阳者遂无其人。[1]

当时学应分"科"，罕称部类，此处"五部学"显然指五部图书之学。由于"言阴阳者遂无其人"，阴阳学如同虚设，其科目在当时或已废除，故而"五部学"很快变成了"四部学"。《南史·王俭传》和《南齐书·百官志》记述宋代总明观的建置，一说"儒、玄、文、史四科"。一说"玄、儒、文、史四科"，都未提"五科"，可见上述的"五部学"只是最初的规定，得到落实的只有"四部学"，亦即四部群书之学。这更说明学之四科与书之四部乃是对应的。

读者可能会感到困惑，"四学"之儒、玄、文、史如何能与"四部"之经、史、子、集一一对应呢？对这一疑问，可通过研究四部分类法的历史来澄清。盖早起的四部分类，原无"经史子集"的称谓，而是分别

---

[1] （唐）李延寿撰：《南史》，卢振华点校，赵守俨等整理，中华书局1975年版，第82页。

称为甲部、乙部、丙部、丁部。西汉刘向父子校书，原用六分法。刘歆所作的《七略》以《辑略》为总序或总论，其图书类别只有"六略"。东汉章帝时班固、傅毅等人校书，依照《七略》的六分法进行分类。东汉安帝年间刘珍、马融等人校书，其如何分类尚是有待解决的问题。三国魏人郑默曾负责整理官方的藏书，撰成书目，题为《中经》。有人说《中经》始用四部分类法，但这只是推测，并无史料依据。西晋时期，荀勖负责整理官方藏书，撰成新目，题为《晋中经簿》。据《隋书·经籍志》所载，《晋中经簿》始将群书"分为四部"，一曰甲部，二曰乙部，三曰景（丙）部，四曰丁部。东晋李充整理典籍，撰《晋元帝四部书目》，他的分类大体上沿袭荀勖，分为四部，以甲乙丙丁为序。其创新之处是将《晋中经簿》的乙丙两部互换，或者说李充的乙部书实为荀勖的丙部书，李充的丙部书实为荀勖的乙部书。关于李充所分的四部，有一容易令人误会的史料，《文选》卷四六《王文宪集序》称述王俭："于是采公曾之《中经》，刊弘度之四部，依刘歆《七略》，更撰《七志》。"李善注引臧荣绪《晋书》来解释"弘度之四部"。

> 李充，字弘度，为著作郎。于时典籍混乱，删除烦重，以类相从，分为四部，甚有条贯，秘阁以为永制。五经为甲部，史记为乙部，诸子为丙部，诗赋为丁部。①

这段记述给人一种印象，李充的四部似已有经、史、子、集之名。然而余嘉锡先生在《目录学发微》中指出，《晋书·李充传》关于李充校书的记载与臧荣绪略同，只是缺少"五经为甲部"等四句；《太平御览》卷二三四引《晋中兴书》也有类似的记载，也不见"五经为甲部"等四句；《玉海·艺文目》引《李充传》的记载有"五经为甲""史记为乙"等四句，但《玉海》为南宋著作，其记李充之事似引自《文选》李注。余嘉锡先生

---

① 《文选》中华书局1977年影印胡克家校刻本，第654页。又见《日本足利学校藏宋刊明州本六臣注文选》，人民文学出版社2008年影印版，第717页。

于是作出结论,以为上述"五经为甲部"等四句不是臧荣绪《晋书》原有的,而是李善在引述臧《书》之后所加的解释。余氏在排除了"经史子集"之名出于晋代的可能性之后,又据《北齐书·颜之推传》所载《观我生赋》颜氏自注,指出南朝梁元帝时已有经史子集四部之名。余氏的意见大体可以成立,考虑到这一意见,可以推断两晋及南朝宋齐两代,流行四部分类法,只以甲乙丙丁为名,尚无经史子集的名目,而甲乙丙丁四部较之经史子集四部,显然更具与儒玄文史四学相对应的可能性。

具体而言,四部中的集部包括诗赋文章的别集与总集,这正是"四学"中的"文学"。四部中的史部与"四学"中的史学正好对应。四部中的经部与四学中的儒学,也是对应的,盖汉唐儒学普遍采用经学著述形式,采用子书形式的,只有《曾子》《子思子》《孟子》《荀子》《公孙尼子》《新语》等不多的早期儒书。① 在这里,只有子部与玄学的关系,值得推敲。玄学在魏晋又被称作老庄之学或道家之学,如袁宏《后汉纪》卷一二宣称:"道明其本,儒言其用",《晋书·文苑传》引李充言"圣教救其末,老庄明其本",都显示出晋人所谓老庄之学或道家之学,即今人所谓的玄学。而在《七略》与《汉志》所著录的诸子之中,老子其人其书最受推崇,如传说孔子曾问礼于老聃,法家慎到、申不害都尊黄老,《韩非子》有《解老》与《喻老》两篇,名家的某些门派又称刑名家,而"黄老刑名"有时竟难区分,刑名之学似以黄老一派的某些主张为理论前提。至于东汉以后新出现的子书,更是以玄学为主。在这种情况下,老庄之书及其解释性著作或可代表全部的子类典籍,至少能代表儒书之外的诸子。那么,儒玄文史四学便与甲乙丙丁四部及经史子集四部有了密切的关联,儒学典籍多在甲部或经部,玄学典籍多在丙部或子部。

一旦辨明这一点,玄学与佛道二教的关系问题便可以解决了。试看《隋书·经籍志》的分类,佛道二教的文献不入四部,乃附于四部之

---

① 应注意这里讨论的只是南北朝时期的"四学"与四部的关系,在当时已佚文的先秦及汉代儒家子书应不予考虑。

后，其关于佛道二教典籍的目录，不过是四部书目的附录部分。《隋志》此种处理方式，当然是沿袭前代。据梁代阮孝绪的《七录序》，南齐王俭的《七志》有附录，即在七类图书之外"又条《七略》及二《汉艺文志》《中经部》所缺之书，并方外之经，佛经、道经各为一录。虽在《七志》之后，而不在其数"。王俭的七分法当然不同于《隋志》的四部分法，但以佛道二教书目为附录这一点却是与《隋志》一致的。阮孝绪《七录》分内外两篇，内篇有"五录"，即四部书录与术技书目之和。外篇有二录，即佛教的"佛法录"与道教的"仙道录"。阮孝绪主张"先佛而后道"，有强烈的崇佛意向，他以佛道二教书目为外篇，较之附录似更为尊重，然而这种内外篇的分别，使佛道典籍与四部群书的距离更远，在佛道二教典籍不入四部这一点上竟与《隋志》相同。

实际上，两晋南朝的官方书目几乎都用四部分类法，与众不同的《七志》《七录》都只是私家书目。阮孝绪《七录序》后附《古今书最》，载有《七录》以前的多数官方书目，其中东汉以后的目录都分四部。进一步分析，阮孝绪颇重视佛教文献，他在《晋中经簿》四部书题下，特别记载："其中十六卷佛经。书簿少二卷，不详所载多少。一千一百一十九部亡，七百六十六部存。"文中自"书簿少二卷"一句始，记述《晋中经簿》的存佚情况及簿中著录的群书的存佚情况。唯"其中十六卷佛经"一句显得突兀，在《古今书最》所载书目题下记述"其中若干卷佛经"及"其中若干卷道经"，仅此一例，由此可得出两点结论。其一，《七录序》所著录的其他书目，如《晋元帝书目》《晋义熙四年秘阁四部目录》《宋元嘉八年秘阁四部目录》《宋元徽元年秘阁四部目录》《齐永明元年秘阁四部目录》《梁天监四年文德正御四部及术数书目录》等，题下均未记载是否包括佛经、道经，可见均未著录佛道二教典籍。或者说，二教典籍之不入四部，在东晋南朝乃是普遍的情况。其二，《晋中经簿》著录群书近三万卷，其中佛经仅十六卷，数量极少，应当只是附录。就是说，在《晋中经簿》的书目之中，佛经也是在四部之外的。正由于是附于四部之后，显得特殊，阮孝绪才能在七百多部书名的目次中发现这部只有十六卷的佛经。

大致上可以肯定，两晋南朝的官方藏书的分类和图书目录的部类，普遍将佛道二教典籍与四部典籍分别开来，与其对应的佛道二教学说与儒、玄、文、史"四学"自然也相隔甚远。"四学"中的玄学与佛道二教界限分明，三者各自独立，分别流传，不可相混。加上儒家经学，形成儒、玄、佛、道四者分立的局面，这种局面在东晋已呈雏形，一直演化到唐代。

## 十　玄学的儒道论

　　数十年来，人们一直关注玄学中的名教与自然之辨，以为在这课题之下的意见略有三种：其一，主张名教本于自然，如何晏、王弼都如此说；其二，主张名教即自然，如郭象即持此说；其三，主张越名教而任自然，如嵇康、阮籍都持此说。如此归纳，当然不错。但若再进一步，会看出三说之中，"名教本于自然"一说最具影响力，长期为众多的学者所信服，直至唐代仍未消亡。而这种名教自然论，实际上即东晋南朝流行的一种儒道论。盖名教即儒教或儒家，自然则为道家所崇尚，东晋南朝的玄学家喜论儒道关系，或说道家思想为本，儒家思想为末；或说道明其本，儒言其末。这种关于儒道本末的主张，与"名教本于自然"的意见实质全同，差异点仅在于措辞而已。而这种儒道论又可归结为玄学的道德论，即以道为德之体，德为道之用。这种儒道论与道德论，可说是玄学的基本理论框架。

　　名教与自然之对举，或由于嵇康关于"越名教而任自然"的著名命题。其实"名教"之"名"，略有贬义。盖道家与玄学家均主张大道无名、圣人无名，儒教乃循名而责实，主张"正名"，于是陷于"有名"，沦于"形下"，遂被称为"名教"。试看两汉与宋明文献，罕见"名教"一词，这个词的流行，只是在玄学或道家兴盛的时代。当然，在尊儒的时代不排除偶见"名教"的提法，但那往往是出自有道家倾向的人物或文献。一旦明白这一点，便可了解到名教与自然两者实即儒教与老庄的别称，简言之就是古文献中最常见的"儒道"。《晋书·阮瞻传》记载：

［阮瞻］见司徒王戎，戎问曰："圣人贵名教，老庄明自然，其旨同异？"瞻曰："将无同。"①

此处圣人与老庄对举，名教与自然对举，两项对举在语义含混的中国古文献当中几为一事。"将无同"意谓"莫非同"，《世说新语·文学篇》亦载此语，徐震堮释云："案：将无与得无同，即今语之'莫非'，乃商榷之辞。"而较早的余嘉锡《笺疏》释"将无同"为"得毋乃同乎"，两种解释一致②，则"将无同"的意思可用一字概括，即"同"。《世说新语·文学篇》又载卫玠对"将无同"三字的嘲讽："一言可辟，何假于三？"意谓仅言"同"即可得到提拔，何必多费口舌说出三字呢？由此而论，阮瞻的意见可归结为：名教与自然同，圣人与老庄同。

　　凑巧的是，曹魏正始时期的玄学创始者何晏也有类似的说法。《世说新语·文学篇》刘注引《文章叙录》记述："自儒者论以老子非圣人，绝礼弃学。晏说与圣人同，著论行于世也。"何晏以为老子与圣人同，阮瞻以为老庄与圣人同，见解几乎全无差别。应注意何晏、阮瞻所谓"同"，是宗旨的一致性，不是说老庄与周孔是完全相同的人。《弘明集》卷六载周颙答张融书云：

　　　　王、何旧说，皆云老不及圣。③

何晏既说"老不及圣"，又说老子"与圣人同"，自然指老子的品格不如汤武周孔，老子的思想主张却与圣人一致。关于这同与不同的微妙之处，王弼的解说更为精确，《三国志·魏书·钟会传》裴注引何劭《王弼传》记载：

---

① （唐）房玄龄等撰：《晋书》，中华书局 1974 年版，第 1363 页。
② 余、徐之说，见于《世说新语笺疏》，中华书局 2007 年版，第 245—247 页、《世说新语校笺》，中华书局 1984 年版，第 112 页。王戎与阮瞻问答，在《世说新语·文学篇》作王衍与阮修问答，余嘉锡考证《晋书》以王戎、阮瞻问答为可信，见《世说新语笺疏》，中华书局 2007 年版，第 247 页。
③ 李小荣校笺：《弘明集校笺》，上海古籍出版社 2013 年版，第 340 页。

> 时裴徽为吏部郎，弼未弱冠，往造焉。徽一见而异之。问弼曰："夫无者诚万物之所资也，然圣人莫肯致言，而老子申之无已者何？"弼曰："圣人体无，无又不可以训，故不说也。老子是有者也，故恒言无，所不足[也]。"①

王弼立说的前提，是以为圣人与老子都崇尚"无"，由于"无"者无形无名，不可言说，故而圣人只是体无，对无"莫肯致言"。老子不能体无，处于"有"的层次，故而对无"申之无已"。在这当中，圣人体无而处于形上，老子"是有"而落于形下，"老不及圣"是显而易见的。圣人体无而老子"恒言无"，都有"贵无"的主张，则"老子与圣人同"的说法也是可以成立的。圣人"言必及有"②，故设名教；老子"恒言无"，故明自然。自然为本，名教为末，本末不二，故称名教与自然的宗旨趋同。

何晏、王弼关于儒道孔老的这些说法，得到了晋人的因袭，但晋人在这方面的表达更为直率而露骨。《晋书·文苑传》载李充之《学箴》云：

> 物必有宗，事必有主，寄责于圣人而遗累乎陈迹也。故化之以绝圣弃智，镇之以无名之朴。圣教救其末，老庄明其本，本末之殊途而为教一也。③

此处论及老庄与圣人的关系、自然与名教的关系，将这种关系归结为本末的关系。而在玄学中，本末即体用，亦即形上与形下，故而李充的意见是以老庄的自然为形上之道，为本，为体；圣人的名教为形下之器，

---

① （晋）陈寿撰，（南朝宋）裴松之注：《三国志》，中华书局1959年点校版，第795页。《三国志》此节末二句作"故恒言无所不足"，今如此校正，是考虑老子并未"恒言"无之不足。此处王说"恒言无"即裴说"申之无已"。王说"所不足"，乃指老子之不足，非指"无"不足。
② 上述裴徽与王弼的问答，又见于《世说新语·文学篇》，"故不说也"一句在《世说》作"言必及有"。
③ （唐）房玄龄等撰：《晋书》，中华书局1974年版，第2389页。

为末，为用。由于体用如一，本末不二，故而自然与名教互补，老庄与圣人"为教一也"。李充对老庄的评价较之何晏、王弼的评论，似乎更高，而在实质上并未背离王弼的立场。对于王弼所讲的"圣人体无，无又不可训，故不说也"，李充并未反驳，他的态度似是默认，只是未提而已。据《晋书·文苑传》所载，李充这部《学箴》的写作动机，是"深抑虚浮之士"。这动机与庾翼之贬评王衍相契合，庾翼以为王衍在"大合声誉，极致名位"之后，本当"抑扬名教，以静乱源"，而王衍的行为却相反，"高谈庄老，说空终日，虽云谈道，实长华竞"（见《晋书·殷浩传》），正是李充所敌视的"虚浮"。由李充的这种态度可以看出，他在当时绝不是偏激的老庄之徒，他所主张的"圣教救其末，老庄明其本"在当时也绝不是偏激的道家言论。他的主旨是调和儒道，使之互补。他虽声称圣教所救治的是"末"，但本末不二，"末"是绝不能遗弃的。若是弃末而守本，正是他所敌视的"虚浮"。考虑到两晋玄风极盛，"高谈庄老，说空终日"曾为时尚，应肯定李充关于"圣教救其末，老庄明其末"的议论更偏重于圣人和名教。李充活动于东晋初期，曾负责整理官方的藏书，并曾注释《尚书》，著论解释《周易》及《庄子》，他的这些建树，对东晋后期及南朝宋齐之间的学术颇有影响，由此可推断他的"圣教救其末，老庄明其本"一说，在当时颇具代表性，所代表的应是当时玄学主流派或中坚势力的意见。

类似的意见也出现在东晋史家的著作里。袁宏《后汉纪》卷一二《孝章皇帝纪》的下篇有论云：

> 寻史谈之言，以道家为统；班固之论，以儒家为高。二家之说，未知所辩。尝试论之曰：……居极则玄默之以司契，运通则仁爱之以教化。故道明其本，儒言其用，其可知也矣。[1]

---

[1] 周天游校注：《后汉纪校注》，天津古籍出版社1987年版，第338—339页，又见（晋）袁宏撰：《后汉纪》，张烈点校，中华书局2002年版，下册，第231页。

其以道、儒对举，分指道家与儒家；本、用对举，暗含本末的对举与体用的对举。袁宏是著名的玄学史家，曾撰《名士传》，记述夏侯玄、何晏、王弼等"正始名士"，阮籍、嵇康、山涛、向秀、王戎等"竹林名士"以及裴楷、乐广、王衍、卫玠等"中朝名士"，其以道、儒对举，如同南朝宋齐之间的玄学、儒学分立。大约是因晋代尚未形成"玄学"的名号，袁宏才用"道"字涵盖何晏、王弼等人的老庄之学。袁宏关于"道明其本，儒言其用"的议论，较之上述李充的措辞更为简明。其调和儒道的宗旨，虽与李充接近，但以史家的身份宣称这样的主张，似更值得关注。魏晋是个史学异常发达的时代，当时关于东汉历史的著作颇多，除袁《纪》之外，尚有谢承《后汉书》、薛莹《后汉纪》、司马彪《续汉书》、华峤《后汉书》、谢沈《后汉书》、袁山松《后汉书》和张璠《后汉纪》等，但这些书都佚失了，仅袁宏《后汉纪》流传至今。其所以如此，当是由于袁宏著史略晚，对各家后汉史著有所借鉴，记事精密而翔实。在这样重要的史书中，竟出现"道明其本，儒言其用"的史论，可见这是当时玄学主流派的共识。

此种道本儒末的命题，从表面看来似对道家有利，如《抱朴子·明本篇》说：

> 或问儒道之先后。抱朴子答曰："道者，儒之本也；儒者，道之末也。先以为阴阳之术，众于忌讳，使人拘畏；而儒者博而寡要，劳而少功；墨者俭而难遵，不可遍循；法家严而少恩，伤破仁义。唯道家之教，使人精神专一，动合无形，包儒墨之善，总名法之要，与时迁移，应物变化，指约而易明，事少而功多，务在全大宗之朴，守真正之源者也。"[①]

此篇下文详举道家之长、儒家之短，其思想旨趣近于道教，与玄学距离颇远。玄学的道本儒末说有一前提，即体用如一、本末不二。在这前提

---

① 见《抱朴子内篇校释》，中华书局1985年版，第184页。

之下，儒道两家本是互相依存、缺一不可的。

## 十一　玄学历史的分期问题

　　玄学有演变的过程，自然可以划分出若干阶段。然而在划分之时，往往会遇到困难，例如郭象《庄子注》完成于西晋之末，其思想内容与西晋中期王衍等人的思想截然不同，与魏末向秀的思想倒很接近，若将王衍与郭象归入同一阶段，便很难解释向、郭的相似之处。由于存在着这一类的难点，玄学历史如何分期遂成为有争议的问题。另外，分期的标准也不是统一的，或着眼于自然与名教之辨，或着眼于贵无崇有之争。上文建言玄学中"才性之辨"与"性情之辨"分流，也可以成为分期的标准。玄学兴盛的时期，子学复兴，百家争鸣的局面得以再现，其争论颇为频繁，论题亦颇复杂，若以学说内容之歧异为分期准绳，便易陷于种种的悖论和混乱之中。我以为，分期之时，必须综合考察政治史、思想史和宗教史的演变过程，盖中古的政治变革及宗教势力的消长，对玄学的演进有巨大的制约作用。假若立足于这样的理解，便可注意到魏晋南朝思想史上有五个至关重要的转折点。第一，正始十年正月发生"高平陵事变"，司马氏父子消灭曹爽、何晏、邓飏等人的集团，使玄学由兴盛的态势转为受压抑的状态。第二，晋武帝去世、惠帝即位的政局变化，标志着政界对玄学的压制作用骤然解除。第三，晋惠帝永康元年（元康之后的第一年），赵王司马伦发动政变，使中原进入战乱时期。这一时期的八王之乱和匈奴攻陷洛阳虽有内战与外族入侵的不同，但对于玄学家来说都是战乱与黑暗的局面。第四，晋室东渡，致使文化中心南迁，佛教兴起，因之东晋可视为玄学与佛学并存的时代，两者相互渗透，但玄学仍为主流。第五，南朝仍为玄佛并存的时期，佛学在当时渐胜过玄学，但独立的玄学仍是存在的，完成于南朝陈末的《经典释文》一书是这一时期玄学的总结或概述。在这当中，玄学终结于何时是关键性的问题，很多学者以为西晋以后不复有玄学流行，另一些学者以为东晋以后玄学已名存实亡，这些疑点显然是亟待澄清的。下面对五个转折点分别加以说明。

据《三国志·魏志·曹爽传》《夏侯玄传》《王凌传》及诸传裴注的记载，魏齐王芳正始十年（249）正月，曹爽兄弟奉少帝曹芳朝谒高平陵（魏明帝陵），离洛阳城，司马懿及其子司马师、司马昭趁机发动政变，控制洛阳，对政敌一律"夷三族"。这是一次在上层社会的大屠杀，王广亲眼所见，称其"同日斩戮，名士减半"（《魏志·王凌传注》引《汉晋春秋》）。在宗法社会，杀人之后一般要提防其亲友复仇，司马氏将名士杀屠半数，便不能不采取高压政策来维护自身的权柄及其安全，遂使社会上层的文化界、政界处于恐怖状态。例如王弼不留意于"事功"，也"以公事免"，亦即受曹爽、何晏牵连而被免职。可能由于情绪受到震动，王弼在正始十年秋季"遇疠疾亡"（均见何劭《王弼传》）。[①]夏侯玄在"高平陵事变"之后自动放弃军权，回到长安担任闲职，"不交人事，不蓄笔砚"（见本书第六章），仍不能免，在嘉平六年因受政变者推戴而被处死。在嘉平元年至景元期间，司马懿杀王凌及楚王彪，司马师杀李丰及夏侯玄等，一概灭族。司马师又在内战中消灭毌丘俭集团，也"夷三族"。司马昭消灭诸葛诞集团，弑少帝曹髦，杀尚书王经。这些被杀者虽属政敌或拥兵起事之列，但"相连者夷三族"的处罚是极为残酷的，如果说"高平陵事变"时"名士减半"，那么到景元年间名士已杀戮殆尽了。在这期间，不论朝野士人，还是司马氏本身，精神都是极度紧张的，赵翼《二十二史札记》卷七指出了司马氏专权时期的一个怪异之处，即司马氏长期警戒，不敢有一日离开首都洛阳，例如司马师讨伐毌丘俭，特地留司马昭镇守洛阳，直到司马师病危，司马昭才离开洛阳去控制军队。司马师死后，魏帝命司马昭镇守许昌，"昭仍率兵归洛，不敢远在许下也"。诸葛诞起兵之际，"[司马]昭欲遣将则恐其不可信，而亲行又恐都下有变，遂奉皇太后及高贵乡公同往督军，是可见其一日不敢离城社也"。赵翼指出其原因所在："司马氏惟恃挟天子以肆其奸，一离京辇，则祸不测，故父子三人执国柄，终不敢出国门

---

① 正始十年四月已改元为嘉平，故王弼卒年即嘉平元年。

一步，亦时势使然也。"司马氏既处于各种危机感的压力之下，自然给社会上层的士大夫造成更沉重的压力，当时忠于曹氏而对司马氏抱有敌意的名士，固然难免灭族，即便是不问世事的隐者，也都遇到了危险。《世说新语·言语篇》记载，上党人李喜应召为从事中郎，司马师问："昔先公辟君不就，今孤召，君何以来？"李喜答："先公以礼见待，故得以礼进退；明公以法见绳，喜畏法而至耳。"此例已显示出，在嘉平、正元、甘露、景元这一段恐怖时期，名士不但没有批评朝政的自由，而且没有退隐而保留意见的自由。玄学家处于如此严酷的情境之中，思想如何会不发生巨大的变化呢？

今人多注重探讨竹林名士与正始名士的差异，其实，正始名士在正始以后若想坚持旧有的思想立场，便不能不像竹林名士一样地生活，不能不像嵇康或向秀一般进行思考。在正始以后的名士当中，嵇康可说是最忠于曹氏也最无愧于夏侯玄、何晏等人的一位，仅此一点，已证明从正始到竹林的思想变化完全是由政治环境的变更而造成的。从"高平陵事变"之日起，玄学家的命运便已决定了，他们若是希望对得起良心，便必须去做隐士，必须放弃清谈的方式，丢掉以澄清天下为己任的积极的政治抱负，改变那种站在统治者的立场上进行思考、创造的活动习惯，而将胸中累积的愤恨寄托于音乐的演奏，阐发"自在""自为"的哲理。从这一意义上说，我们可以将竹林玄学的阶段向上延伸，将正始十年或嘉平元年看作这一时期的起点。至于这一时期的终点，亦可由嵇康、山涛等人交友的年代向下延伸，直到西晋惠帝即位为止，因为从嵇康被杀到惠帝即位这一段时间，政治恐怖气氛一直没有消解，司马氏与夏侯玄、何晏等人的旧恨一直没有被忘却。

这就是说，玄学史上的第二次重要转变，是在西晋武帝去世，惠帝即位之际完成的，而不是在晋武帝正式受禅即位而开创晋朝的泰始元年（265）完成的。当然，晋武帝司马炎在历史上以"宇量弘厚"著称，唐太宗说他"仁以御物，宽而得众，宏略大度，有帝王之量焉"，不同于司马懿的"狼顾""猜忍"或司马师、司马昭的残酷（见《晋书·宣帝纪》《武帝纪》后附制文），然而武帝的宽宏是有限度的，例如《晋书·武帝纪》说：

> 高阳许允既为文帝所杀，允子奇为太常丞。帝将有事于太庙，朝议以［许］奇受害之门，不欲接近左右，请出为长史。帝乃追述［许］允凤望，称［许］奇之才，擢为祠部郎，时论称其夷旷。

《纪》后附唐太宗制文赞美晋武帝宽仁大度，也举"嵇绍、许奇虽仇雠不弃"为例。然而若注意一下"朝议以［许］奇受害之门，不欲接近左右"这两句，便会明白武帝时的朝廷是一个对夏侯玄、许允、嵇康等人怀有敌意的朝廷。晋武帝的宽仁也只表现在厚待许允、嵇康之子，而对于夏侯玄、何晏、邓飏、丁谧、毕轨、诸葛诞等人，绝无丝毫宽厚的表现。相反的，朝廷在组织编撰晋朝史书时，还曾酝酿过下述的阴谋：

> 先是（指晋武帝时），朝廷议立晋书限断，中书监荀勖谓宜以魏正始起年，著作郎王瓒欲引嘉平以下朝臣尽入晋史，于时依违未有所决。（见《晋书·贾谧传》）。

所谓"晋书限断"，是说编纂晋史应从何年写起。荀勖"谓宜以魏正始起年"的建议是十分恶毒的，这一建议倘若得到采纳，被司马氏杀戮的名士便一律算是晋臣，他们与司马氏的敌对行为便有了忤逆的性质，例如夏侯玄、何晏、邓飏、丁谧、毕轨、桓范、李丰、王凌、毌丘俭、诸葛诞、嵇康等人，在"晋史由正始起年"的前提下均须归入乱臣贼子之列，而司马氏对他们的迫害与屠杀则有了道义上的充足理由。若是王瓒"引嘉平以下朝臣尽入晋史"的企图得逞，也只能使何晏、邓飏等人的罪名得到有限的解脱，而夏侯玄、李丰、毌丘俭、诸葛诞、嵇康等人仍不免于叛臣的恶名。荀勖为司马昭党羽，与贾充勾结，在晋初代表着党附司马氏并参与迫害魏末名士的一派人，正始、嘉平时期应划入魏史抑或晋史，对这一群人来说是利害攸关的大问题。晋武帝时期的朝廷，正是由这一群人控制的，因而荀勖"晋史由正始起年"以及王瓒"由嘉平起年"的建议几为当时朝廷公议的主流。当时"依违未有所决",是由于荀勖、王瓒两人的建议发生了冲突,不是因为朝中另有异议。有鉴于此,可以肯定在维持政治压力、限制玄学发展方面,西晋武帝与魏末司马懿父子一脉相承。采用"竹林"形式的玄学,在当时仍是玄学的主流,一直延续到晋武帝去世,才有了根本性的改变。

晋武帝的去世之所以成为玄学史上的重大事件,是由于他的去世代表着一代人生命的终结。《晋书·武帝纪》有西晋开国功臣亡殁的记录,王沈死于晋武帝泰始二年,王祥死于泰始四年,裴秀死于泰始七年,石苞与郑袤死于泰始九年,郑冲与荀顗死于泰始十年,卢钦死于晋武帝咸宁四年三月,何曾死于同年十二月,羊祜也死于这一年,陈骞死于晋武帝太康二年,山涛死于太康四年,杜预死于太康五年,王濬死于太康六年,朱整死于太康十年四月,荀勖死于同年十一月。至于在晋武帝年间去世的宗室诸王,则有司马衡、遂、逊、宪、孚、祇、珪、瓌、殷、洪、隆、缉、绥、斌、赞、敦、陵、伷、辅、骏、攸、觐等,到武帝去世、惠帝即位时,辅晋代魏及平灭蜀吴的元老重臣多已作古,仅卫瓘、王戎、石鉴等数人尚在,而卫瓘及大臣十余人在晋惠帝初年(永平元年)被害,在惠帝元康年间参与朝政并有文化修养的元勋,大概只有王戎和张华了。王戎本是竹林七贤之一,在元康期间是支持王衍推崇何晏、王弼的首要人物;张华是荀勖政敌,有名士风度,所撰《博物志》有道家思想倾向。这两人得裴楷、和峤佐助,使朝廷的文化政策为之一变。《晋书·贾谧传》记述"议立晋史限断"之事,说:

> 惠帝立,更使议之。[贾]谧上议,请从泰始为断。于是事下三府,司徒王戎、司空张华、领军将军王衍、侍中乐广、黄门侍郎嵇绍、国子博士谢衡皆从谧议。骑都尉济北侯荀畯、侍中荀藩、黄门侍郎华混以为宜用正始开元。博士荀熙、刁协谓宜嘉平起年。谧重执奏[王]戎、[张]华之议,事遂施行。

所谓"从泰始为断",是说将晋武帝司马炎受禅即位的泰始元年规定为晋史的始年。如此规定不但合乎史实，亦合乎当时朝野名士的心愿。考察朝中支持这一规定的人物，王戎、王衍、乐广三人都是玄学家，张华是玄学家的同情者，嵇绍为嵇康之子。贾谧有二十四友，多受玄学熏染。而坚持"正始开元"的荀畯、荀藩都是荀勖后人，他们重申荀勖的主张可能不过是出于对父祖的尊重[①]，未必是发自本心的真诚愿望。"从泰始为断"的主张肯定夏侯玄、何晏、嵇康等人有魏人的身份，有利于提高这些玄学家的声誉。这一主张的提出和"施行"可能是在晋惠帝元康七年，因为当时王戎是司徒，张华是司空，《晋书·惠帝纪》记载张华始为司空是在元康六年正月，王戎升为司徒是在元康七年九月。但"从泰始为断"的议案可能酝酿已久，如果说在元康元年即有这样的主张出现，绝不是冒险的估计。大体上看，玄学所受政治压迫的解除，是从惠帝即位开始的。

元康玄学的主要代表人物并非如学界多数人所说的那样是郭象，下文将说明郭象的《庄子注》是到元康以后才完成的。排除了郭象，元康时期的主要玄学家便应当是王衍和乐广了。《晋书·王衍传》说，王衍对何晏、王弼的贵无论"甚重之"，"妙善玄言，惟谈《老》《庄》为事"，加以风度高雅，以致"声名藉甚，倾动当世"，使"后进之士莫不景慕放效"，"矜高浮诞，遂成风俗焉"。在此节后，《传》又称王衍"后历北军中侯、中领军、尚书令"，而王衍为"领军将军"约在元康中期，可见在元康前期，王衍已"声名藉甚，倾动当世"了。《晋书·乐广传》又说："广与王衍俱宅心事外，名重于时。故天下言风流者，谓王、乐为称首焉。"则元康期间乐广当与王衍并列为玄谈领袖。裴頠撰《崇有论》也在元康年间，此《论》以王衍为论敌，却未能改变"王、乐为称首"的局面。

这种局面到赵王伦政变时发生了动摇。赵王司马伦在八王当中位居第三，在汝南王司马亮和楚王司马玮之后，而"八王之乱"则素来以司马亮为始。其实司马亮并未作乱，晋惠帝永平元年三月贾后诛太傅杨骏

---

① 荀藩为荀勖之子，荀畯为荀勖之孙，并袭其爵位。

等，征司马亮入朝，与卫瓘一同辅政，并改元为元康元年，同年六月，贾后矫诏使楚王司马玮杀司马亮与卫瓘，然后又杀楚王玮。自元康元年至九年，朝政一直处于贾后的控制之下，而杀司马亮、司马玮乃贾后专权的起点，如果说这是作乱，乱首却不是亮、玮二人，而是贾后。但这内乱却又很快平定，然后是元康时期九年的文化繁荣。九年当中贾后委任张华、裴頠等人，均为西晋名臣，则对贾后应如何评价，尚是可争议的问题。至元康十年正月，改元为永康元年。同年四月，赵王伦发动政变，废黜贾后，杀张华、裴頠、贾谧及其二十四友的多数，从而进入连续的内乱期。四个月后发生了淮南王司马允与赵王司马伦之间的内战，再过四个月赵王司马伦篡帝位，三个月后发生了以司马伦为一方，以齐王司马冏及成都王司马颖等为另一方的大规模战争。此后诸王迭起，连年战乱，到八王的最后一位即东海王司马越控制局面时，西晋王朝已极度衰弱，濒于灭亡了。在连续的战乱之中，清谈和著述活动自然受到严重的干扰，玄学家的生命安全往往受到威胁，恐怖气氛时而出现，似又回到了司马昭专权的时代。具体地讲，玄学家裴頠本人即在元康时期结束时被害。王衍在贾后被废时被罗致罪状，"禁锢终身"（《晋书》本传），在赵王伦篡帝位时"阳狂斫婢"才得免祸，在赵王伦被诛后虽再任显职，但已无心谈玄，而是"思自全之计"。司马越专权时，王衍屡任军职，以军溃被杀告终。至于乐广，则在战乱中受到失败的成都王司马颖的牵连，忧虑而死。以"王、乐为称首"的元康玄学，自赵王伦政变之日起，便随着逝去的元康时期而一去不返了。

然而在元康以后、永嘉五年西晋倾覆以前的内乱时期，也并非全无玄学新说产生。魏末司马氏专权的恐怖时期，曾有诉之以《庄》学形式的玄学体系问世。在西晋末期也有类似的情况出现，当时郭象承袭向秀《庄》学，注释《庄子》，一时"大振玄风"。学界多有人将郭象划入元康玄学家的范围，这是不确的。请看《世说新语》关于郭象清谈活动的记述：

> 裴散骑娶王太尉女，婚后三日，诸婿大会，当时名士，王、裴

子弟悉集。郭子玄在坐，挑与裴谈。子玄才甚丰赡，始数交未快。郭陈张甚盛，裴徐理前语，理致甚微，四坐咨嗟称快。王亦以为奇，谓诸人曰："君辈勿为尔，将受困寡人女婿。"(《文学篇》)

王太尉云："郭子玄语议如悬河泻水，注而不竭。"(《赏誉篇》)

"王太尉"即王衍，王衍为太尉始于西晋怀帝永嘉三年（309），上距元康末年有九年之多，下距刘曜、王弥攻陷洛阳不过两年而已。郭象在此时始受王衍赏识，可见成名于元康之后。关于郭象的官职，《晋书·郭象传》："州郡辟召，不就，常闲居，以文论自娱。后辟司徒掾，稍至黄门侍郎。东海王越引为太傅主簿，甚见亲委，遂任职当权，熏灼内外，由是素论去之。"而《庾敳传》则说："豫州牧长史河南郭象善《老》《庄》，时人以为王弼之亚。"本传既已指明郭象未应"州郡辟召"，则《庾敳传》称其为"豫州牧长史"似有误，郭象初仕当依本传所说，为司徒掾，然后是黄门侍郎，最后是太傅主簿。司徒掾是司徒属吏，当由司徒征辟。这一司徒是谁呢？《晋书·王衍传》说，在成都王司马颖控制朝政之后，王衍拜尚书令、司空、司徒。而据《惠帝纪》，王戎在元康七年始为司徒，在惠帝永兴二年（305）死于司徒任上，是否有人继任尚不详。晋惠帝光熙元年（306），王衍始为司空，而在两年之后，亦即怀帝永嘉二年（308），王衍曾以司徒的身份率军抵御王弥，则王衍始为司徒当在永嘉元年东海王司马越辅政之始。到永嘉三年王衍由司徒改任太尉，由东海王越继任司徒。考虑到东海王越在兼任司徒之前已是太傅，而郭象所担任的司徒掾又与太傅主簿不同，可见郭象所担任的司徒掾是司徒王衍的属吏，在永嘉元年至三年。参照上述郭象受太尉王衍赏识的情况，更可坚信郭象初仕是受了王衍的辟召。《晋书·庾敳传》所谓"豫州牧长史河南郭象善《老》《庄》"，"豫州牧长史"应改为"司徒掾"才对。这就是说，郭象的政治生涯是从晋怀帝永嘉元年才开始的，这一时间上距元康之末长达七年。再参照《晋书》关于郭象"永嘉末病卒"的记录，按照古代的惯例，完全可以断定郭象是永嘉时期的人物。另外《晋书》说郭象"著《碑论》十二篇"，《太平御览》卷四四五引王隐《晋书》云："河南郭象著文，称：'嵇绍父死在非罪，曾无耿介，贪位死暗主，义不足多。'"应即《碑论》之文。《论》中贬称晋惠帝为"暗主"，自然是在惠帝之后，不得早于永嘉元年。既然郭象的政治活动与著述活动凡可考者都在永嘉，我们便没有理由将他的《庄子注》看成元康年间的著作。

近人评说郭象，均称生于魏嘉平四年（252），许杭生、李中华诸先生所撰《魏晋玄学史》称此说"不知出于何典，抑或只是一种推测"[①]。假若此说成立，则郭象初仕之时已有五十五岁，而在五十五岁以前一直默默无闻，这是难以置信的。再从史家抨击郭象"任职当权"而"熏灼内外"的表现来看，可以知道他的生活态度颇积极，热衷于功利，如果设想一位这样的人物在五十五岁以前一直闭门读书并埋头著述，恐怕是不近情理的。由此而论，郭象生年绝非嘉平四年，而要晚得多。他的《庄子注》绝非完成于元康年间，而是完成于元康以后、永嘉末年以前的十二年之间。友人王晓毅先生撰有《郭象评传》（南京大学出版社2006年版），后附郭象之年谱，推断郭象生于晋武帝泰始元年（265），其《庄子注》约完成于晋惠帝末年（306），这结论是合理的。

晋室东渡，标志着中国文化中心的迁移，当是玄学新阶段的开端。过去，学人见《世说新语·文学篇》刘注所引《续晋阳秋》有"至过江，佛理尤胜"的记述，遂以为东晋学界以佛学为主流，甚至怀疑东晋是否还有严格意义上的玄学。而余嘉锡等先生据日本所存《文选集注》唐钞本，将"至过江，佛理尤胜"两句校订为"至江左，李充尤胜"，遂使这条关键性的证据发生了变化。上节《李充与制度化的玄学》已就此申说，指出东晋学界仍以玄学为主流。实际上，这方面的证据还有很多，如南朝梁沈约撰《宋书·谢灵运传论》，全面介绍了东晋学风与文风，称其"玄风独振"，"莫不寄言上德，托意玄珠"；成于南朝梁代的《南齐书·文学传论》也有类似的记述："江左风味，盛道家之言"；钟嵘在梁代撰《诗品序》，称西晋之末"贵黄老，尚虚谈"，东晋"孙绰、

---

[①] 许杭生等：《魏晋玄学史》，陕西师范大学1989年版，第305页。

许询、桓、庾诸公诗,皆平典似《道德论》";《文心雕龙·论说篇》评"论""说"之体,也这样评述:"迄江左群谈,唯玄是务"。诸家介绍东晋之风,只提玄言、玄谈等,不提佛学。再看东晋的文化制度,也没有佛教的位置。当然,东晋名僧有支遁、慧远,在清谈领域发挥了较重要的作用,但东晋学界的领袖却不是这两位僧人,而是王导、殷浩、谢安三人。据《世说新语》,王、谢二人是清谈的组织者和引导者,殷浩是数次著名聚谈之中的核心人物,他们的清谈多围绕"养生","声无哀乐","言尽意","才性"等玄学品题,似无关于佛学。殷浩只是在"坐废"和流放之后始"大读佛经",但这已不是在众多名士当中担任清谈的主角,而是晚年失意、闭门读书,在当时已不具备典型的意义。如此种种,都证明东晋学界的主流是玄学,而非佛学。

东晋以后,在南方的思想界,佛学极度兴盛,在这一方面的史料颇多,不胜枚举。然而玄学在这一时期是否完全衰落,尚可商榷。在文化制度方面,南朝有"四学"的建置,"四学"即玄学、儒学、史学和文学,不包括佛学在内。南朝及隋朝的皇家藏书目录,多以"四部"为主,佛教典籍多附于"四部"之后,为附属的部分。从文化制度及学术的全局来看,似很难断定南朝纯为佛教或佛学的时代。南朝梁武帝和简文帝都有似很狂热的佛教信仰,然而《经典释文序录》和《隋书经籍志》所著录的梁武帝父子的作品,几乎都是经学方面的,如梁武帝撰有《周易讲疏》三十五卷、《周易系辞义疏》一卷、《尚书大义》二十卷、《毛诗大义》十一卷、《礼记大义》十卷、《中庸讲疏》一卷、《制旨革牲大义》三卷、《孝经义疏》十八卷、《孔子正言》二十卷,《老子讲疏》六卷,加上《梁书本纪》所举出的《乐社义》及《春秋答问》等,其卷帙之多,在经学史上颇为突出。梁武帝不但多有撰述,还多次口说讲解。所释典籍除"五经"之外,还包括《老》《庄》。《颜氏家训·勉学》称:"洎于梁世,兹风复阐,《庄》《老》《周易》,总谓三玄。武皇、简文,躬自讲论。"可见梁武帝父子同为玄学之阐发者、撰述者、宣扬者,大概正是由于他们的努力,才有"三玄"称号的产生。在这里,也应承认,梁武帝在佛学方面也多有作为,如《梁书本纪》记载,梁武帝"笃信正法,尤长释典"，遍注佛教众经，有数百卷。他还数度造寺，亲临讲说，佛教名僧信徒听讲，听众常有万余人。实际上，梁武帝以博学著称，曾"撰吉凶军宾嘉五礼，凡一千余卷"，"又造《通史》，躬制赞序，凡六百卷"（《梁书本纪》），"又撰《金策》三十卷"（《梁书本纪》）。其爱好及著述如此广泛，显然不能根据他讲论"三玄"的情况，便轻易做出"梁代学术以玄学为主"的论断；亦不能根据他讲说佛经及造寺等情况，便作出"梁代全为佛学时代"的论断。当时玄、佛两家的学说是相互渗透的，佛学著作的翻译及撰述常借用玄学的概念和术语，即所谓"格义"，我们显然不能由于"格义"便将很多佛学著作歪曲为玄学之书。同理，我们也不能由于见到当时玄学著作引入佛学见解，便断然归之为佛书。大致上应承认，南朝的学术与思想呈玄学与佛学并存的局面，当时佛学或许稍胜，但玄学仍是独立存在的。南朝之末，陆德明始撰《经典释文》一书，其书依次编入《易》、《书》、《毛诗》、三《礼》、"《春秋》三传"、《孝经》、《论语》、《老》、《庄》、《尔雅》，正是玄学的经传系统，是关于玄学历史的总结。若南朝已没有玄学流行，陆氏的这一总结就显得突兀，故而这一总结性著作的产生，是南朝玄学之独立性与完整性的标志。很多今人的著作称南朝为佛教与佛学兴盛的时代，这样论断是不错的。但若指称南朝仍为玄学流行的时代，这也是没有错的。

至此，可粗略地推断，玄学历史上有五个重要的转折点，可分为六个阶段。第一，为正始玄学的阶段，终结于曹魏齐王芳正始十年或嘉平元年。第二，为玄学演变为隐士之学的阶段，所谓隐士主要指嵇康、阮籍等人及其后继者，也包括"朝隐"之人，此阶段终结于晋惠帝即位之年。第三，自西晋惠帝即位起，至惠帝永康元年赵王伦政变止，为西晋玄学之繁荣期。第四，自永康元年之政变始，至东晋创立之年止，为战乱时期。由于同是较黑暗的时期，此第四阶段的郭象与第二阶段的向秀，在《庄》学方面颇有共同点。第五，东晋时期是玄学与佛学并存的阶段，玄学仍有学术主流的地位。第六，南朝时期仍然是玄、佛并存的阶段，但佛学渐处于学术主流的地位，而玄学在基本上保持着独立性与完整性，其总结性的著作是陆德明的《经典释文》一书。

# 第一章　从《论衡》之初传到玄学之兴起

　　人们追溯玄学之渊源，往往溯于"易老庄"三部书。如此追溯是很合情理的。玄学既为"三玄"或"易老庄"之学，其受"易老庄"的影响当然最深。然而，兼治"易老庄"的做法，在两汉早有先例，绝非玄学家所创始。据《史记·日者列传》，西汉早期有楚人司马季主，"通《易经》，术黄帝、老子"，并在论辩中引述《庄子》，是兼治"三玄"的道家人物。据《汉书·王贡两龚鲍传》，西汉成帝时严遵从事占筮，并在著书时沿袭《老子》及《庄子》的思想主旨，也是兼治"三玄"的思想家。而在汉代儒学中，也不乏兼治"三玄"之例，如《南齐书》本传载王僧虔《诫子书》云，"汝开《老子》卷头五尺许，未知辅嗣何所道，平叔何所说，马、郑何所异，《指例》何所明……"，其称东汉著名经学大师马融与郑玄均有解《老》之书，颇令学者疑惑，然而《后汉书》本传记载马融曾注释《老子》，可证《诫子书》所言非虚。再加《后汉书》本传也有马融称述"老庄"之语，可使我们确信，在玄学兴起之前，兼治"三玄"已是通行的做法。在这种情况下，论述"三玄"对玄学的影响已属老生常谈，在玄学渊源问题上需要进行更为深入的探讨。

　　在这方面，钱穆先生的意见颇值得注意。他在《国学概论》一书中，专设"晚汉之新思潮"一章，论述王充《论衡》之思想创新；此章之后为"魏晋清谈"一章，论述玄学清谈之"内心批评"与"自我觉醒"。两章前后衔接，从中阐发了《论衡》对玄学家的启迪作用。这一见解之精辟,是显而易见的。今在钱说的基础上,拟作进一步申说。第一,《论衡》成书后,迫于政治压力而未能迅速传播,直到东汉朝廷衰败以后始得流传。初传之后不久,便有玄学兴起,因之可推定《论衡》为玄学之首要思想来源。第二,《论衡》对玄学开创者的影响是直接的。例如至关重要的王弼《周易》义理学的直接成因,是《论衡》书中关于卜筮的议论。第三,玄学似与扬雄《太玄》之学略有关联,其所以有此关联,是因《论衡》对扬雄的赞颂所致。

## 一 《论衡》流行迟缓的原委

在汉末战乱之前,《论衡》其实一直未能流传。考察王充的身世,竟是出自元城王氏,与王莽同族。王充师承班彪,而班彪的先人与王莽的关系十分密切。这身世与师承,在东汉的政治生活中是很敏感的,容易遭到官方的猜疑和敌视。《论衡》书中全面而尖锐地抨击了东汉官方的谶书与今文经学,这在东汉是重罪。当然,王充其人有标新立异和颠覆统治学说的勇气,不惧官方的镇压,而他的子孙却未必有如此气魄。《论衡》等著作恰完成于王充将死之时,其子孙显然没有胆量去传播这部极具反抗性的奇书。

关于王充的师承,学界曾有过争论。《后汉书·王充传》记载:

> [王充]后到京师受业太学,师事扶风班彪,好博览而不守章句。

徐复观等学者曾质疑此说,以为王充与班彪素未谋面,且班彪未曾担任博士,不可能在太学授业弟子。周桂钿、吴从祥等先生则提出相反的意见,见周桂钿《虚实之辨——王充哲学的宗旨》[①]及吴从祥《王充经学思

---

[①] 参见周桂钿《虚实之辨——王充哲学的宗旨》,人民出版社1996年版。

想研究》①等书。今按周、吴举证精详,其说或可成立。关于王充曾到洛阳求学这一点,证据很多,如范晔在《后汉书》本传里提到王充"常游洛阳市肆,阅所卖书";唐宋类书引谢承《后汉书》提到王充"到京师受业太学";范书本传李贤注引袁山松《后汉书》称"充幼聪明,诣太学,观天子临辟雍"。这些都是第一手史料,应是编撰《王充年谱》并考订其生平事迹的依据,而图谋推翻这些史料则是不切实际的。至于班彪未担任过博士这一点,虽为史实,却不足成为彪、充师生关系的反证。盖王充之受业太学及师事班彪,本为二事,班彪教授王充乃属私学,与官方的太学原是无关的。东汉古文经学家如马融、郑玄等人大量授徒,多为私学,班彪之授王充即属此类。另外,范晔《后汉书》本传称充"受业太学",李注引袁山松《后汉书》却只说他"诣太学",所谓"诣太学"似即《后汉书》所常说的"游太学",指到太学交流或研讨。王充之"受业太学"显然只是一般的请教,而非正式的博士弟子或太学生。他"不守章句",这在当时官方的博士弟子当中恐是不被允许的,因为五经的章句在当时已有很高的权威,成为判别是非的准绳。

在中国史上,班彪以史学家著称,其主要著作是《史记后传》,又名《续太史公书》。那么,身为思想家的王充以一位史学家为师,究竟有何意义呢?面对这一问题,不能忘记当时的文化背景是四部分类法及现代图书分类法都远未形成,当时的学术和图书都沿用西汉末期刘歆《七略》的分类法,亦即六分法,如班彪子班固著《汉书》,其中的《艺文志》是删节《七略》而成,采用六分法。六分之中,竟无史学或史书一类,史书竟都归入《六艺略》,缀于《春秋》类,其中《史记》、冯商《续太史公书》及《楚汉春秋》,都在《国语》《战国策》等书之后,《国语》等书又附于董仲舒的公羊学著作之后。当时史学家亦不以史学自任,而是以经学家或思想家自居。如司马谈临终时嘱托其子司马迁,要他承继周公和孔子,"绍明世,正《易传》,继《春秋》,本《诗》《书》《礼》《乐》之际",王充之评价班彪,大致属于此类。他在《论衡》书

---

① 参见吴从祥《王充经学思想研究》,中国社会科学出版社2012年版。

中极力称赞桓谭，而对桓谭的评价又低于班彪。先看《论衡》对桓谭的赞辞："故仲舒之文可及，而君山之论难追也。……《新论》之义，与《春秋》会一也。"（《案书》篇）桓谭，字君山，东汉初人，撰有《新论》。王充声称《新论》可比《春秋》，不逊于董仲舒的著作，这评价已是很高了。《论衡·定贤》又称桓谭为"汉之贤人"，称："孔子不王，素王之业在于《春秋》。然则桓君山素丞相之迹存于《新论》者也。"这评价可说是极高了。而《论衡·对作》对班彪的评价却更高：

五经之兴，可谓作矣。《太史公书》、刘子政《序》、班叔皮《传》，可谓述矣。桓君山《新论》、邹伯奇《检论》，可谓论矣。

文中评次五人，按年代先后排列：司马迁为太史公，《史记》只是《太史公记》或《太史公书》的简称。刘向，字子政，其《新序》一书即此所谓《序》。班彪，字叔皮，其《史记后传》多被简称为"后传"，再简称即此所谓《传》。在汉唐至明清这一漫长的时期，群书有一公认的尊卑等级，自高而下，依次为经、传、记、说、章句、笺注、义疏。东汉前期，注、疏两种体裁尚未产生，章句又为王充所鄙视，故充仅列"经传论"三等，"论"的位次与"说"大致相当。与这等级相对，著书的活动也是尊卑有等，圣人作经，贤者述传，这是明显的等次。述之下的论、说、注、疏，都是兼为动词和名词。著论的活动亦称"论"；加注的工作亦称"注"，即注经、注书之谓；撰疏的工作亦称"疏"，即所谓疏通、疏解。按这位次，班彪之述传，显然高于桓谭之著论。若桓谭已是"素丞相"，次于孔子之"素王"，则班彪的地位应臻于大贤或上贤了。《论衡·超奇》篇中称赞班彪《后传》为甲而《史记》为乙。《案书》篇中评次："孔子生周，始其本；仲舒在汉，终其末。班叔皮续《太史公书》，盖其义也。"这样看来，王充之从学班彪绝非仅限于史学。《后汉书》本传称班固"及长，遂博贯载籍，九流百家之言，无不穷究"，这当然是其父班彪影响下的结果。《后汉书》本传提到王充"博通众流百家之言"，这与班固相似，也应是从学班彪的结果。

若相信王充师事班彪确为史实,便必须解释一个问题:《论衡·自纪》为何未提这师承关系呢?这问题或与王充的家世有关。王充《自纪》言:"其先自魏郡元城徙焉。"意即王充族系竟是元城王氏,是西汉成帝时专擅朝政的王凤以及后来篡汉的王莽宗族。此族的前身,是先秦时齐国的田氏,如齐威王、宣王、湣王,都被王莽奉为先祖,勤加祭祀。田氏祖先陈书,曾被齐景公赐姓为孙氏,这是王充家族"一姓孙"的缘由。新莽之后,元城王氏险些覆灭,《汉书·王莽传》记载:"更始到长安,下诏大赦,非王莽子,他皆除其罪,故王氏宗族得全。"更始帝乃绿林军所奉的首领,绿林军攻占长安,杀王莽之子,宣布"非王莽子"的元城王氏族人可以免罪。然而未过多久,赤眉军击败绿林军,攻占长安,烧杀掠掳,元城王氏恐又罹一劫。时至东汉,王莽已是法定的历史罪人,王凤也被公认为负面人物。东汉初期元城王氏得封侯者仅王立、王丹一支,后亦无闻。唐代《元和姓纂》记王氏支系,依次有太原王氏、琅邪王氏及北海、陈留、东海、高平、京兆诸王氏,唯不见元城王氏。王充自称"孤门细族",先人以农桑、贾贩为业,正显示出元城王氏的衰落。出身如此低微,难有出路,王充为何竟有名师呢?这是由于班彪家族与元城王氏关系密切。据《汉书·叙传》,班彪父为班稚,伯父为班伯和班斿。班伯曾受王凤提携,并为出于元城王氏的元后所信任。班斿与班稚同为王莽之友,王莽早年曾"兄事斿而弟畜稚"。有趣的是,王莽的评价有一个下降的过程,东汉以后王莽被公认为一个纯粹的乱臣贼子,一无是处。而在东汉早期,人们只是在政治上贬责王莽,在文化和学术上则有所保留,一些学者还记得他是颇具经学修养的人,在朝廷礼制上多有建树,或多或少得到了东汉朝廷的沿袭。桓谭《新论》批评王莽不识大体,不如汉高祖,然尚尊称王莽为"王翁",评论颇有分寸,例如说:"王翁嘉慕前圣之治,而简薄汉家法令,故多所变更,欲事事效古,美先圣制度,而不知己之不能行其事。"竟有褒有贬,全无谩骂之辞。在这背景下,班彪考虑到先人曾受元城王氏厚恩,自然不会推拒前来投师的王充。这师承关系若以家族关系为基础,王充当然会刻意隐瞒其师承班彪的经历,这一经历若是暴露恐是危险的,可使班彪遭到猜疑和牵累。

另外,《论衡》全面抨击东汉的制度、风俗及官方学术,遭到惩治和镇压的可能性很大,王充对这危险性不会不知,应有所防备,预防措施之一便是隐瞒其师承以免牵连师门。《自纪》述其父祖不肖,这在后儒看来或是辱其先人,而其实是故意淡化其与家族的联系,以免因其异端言行而连累族人。

证实王充确曾师承班彪,并注意到王充与王莽同族,可使《论衡》的重要思想倾向得到解释。王充在《论衡》中多次支持古文经学,这与王莽与班彪的古文经学立场正好是一致的。王充博通百家之言,不守章句,这也正是班彪治学的风格。而《论衡》之抨击谶纬,也完全合乎班氏父子、桓谭等人的古文经学的思想风格。在这里,《论衡》对谶纬的批判最具反抗性,也最有助于说明王充及其后人所承受的压力之严重。

现在学者都知道东汉官方尊崇谶纬,但尊崇到什么程度,却是大可争议的问题。我曾在经学论著中就此略作小考,说明东汉官方学术中谶与纬的地位有所不同。谶书的位次高于"五经",纬书则与"五经"同等。如《隋书·经籍志·经部》有云:

汉时,又诏东平王苍,正五经章句,皆命从谶。

意谓东汉官方的五经诠释必须从谶,而对谶书的解释却不必从经。又据《后汉书·桓谭传》,谭应对光武帝之问,"极言谶之非经",帝竟大怒:"桓谭非圣无法,将下斩之。"谭叩头流血,方得免死。今按桓谭并非反对官定的谶记,只反对"增益图书,矫称谶记"。所谓"图书"指当时官定的《河图》与《洛书》,亦即官定的谶书。桓谭对《河图》与《洛书》仍保持尊重,只是反对加以"增益"。另外。他还试图降低谶的位次。"极言谶之非经","非经"即言谶非经书。对于桓谭之反对"增益图书",光武帝尚能容忍,只是"不悦"。而对于桓谭之主张谶非经书,光武帝则"大怒",要处以"极刑"。由此可见谶在东汉的至高无上的地位,是绝对不容撼动的。

在汉顺帝时，张衡公然上疏抨击图谶，主张"收藏图谶，一禁绝之"。然考察此疏的上文，其所主张禁绝的图谶是"伪称洞视玉板"之类，未包括官定的《河图》《洛书》等。据《后汉书》本传，衡疏提到"且《河》、《洛》六艺，篇录已定，后人皮傅，无所容篡"，他显然无意冒犯官定《河图》九篇、《洛书》六篇等谶书的权威，这大概也是他未遭镇压的原因。

与桓谭、张衡等人比较，王充之反对谶纬极为坚决而彻底。他对当时官方的经典及思想的批判，是全面的。《论衡》既贬低了今文"五经"，亦驳斥了官方的谶纬。《论衡》既批判了官方的灾异、谴告的学说，亦批判了帝王受命的学说。再考虑到王充的社会地位远低于桓谭、张衡，又属元城王氏，那么可以设想，《论衡》的内容一旦为朝廷所了解，当罹诛绝之罪责。

王充本人即使不惧此等罪责，也难以传播其书了。《论衡·自纪篇》及《后汉书》本传都说，王充在"年近七十"的时候"作《养性》之书十六篇，《会稽典录》佚文也有此记载。《自纪篇》作于《养性》之后，乃王充自传及其全部著作的总序，为《论衡》完成的标志。而完成之后，以至于垂暮，《自纪》竟成绝笔，无力再从事写作，当然也无力推动其书的流传。《后汉书·王充传》说他"永元中，病卒于家"，当在《自纪》完成之后不久。病卒之后，子孙为保家门，定将其书深藏，这就是其书在东汉时期迟迟未得流行的缘由。王充留下的著作有很多，《论衡》只是其中的一部。而现存的王充作品却只有《论衡》一种，其他著作很可能都编入《论衡》之内。这种改编也可以从其书长期不传而得到解释，试想汉末战乱时人，骤见其书，再分多部有何意义呢？最好的办法当然是将王充的许多著作都辑为一部，总名为《论衡》。这一推测，可通过研究《论衡》的篇数而得到支持。

历代文献记《论衡》篇数，以谢承为最早。《艺文类聚》卷五八引谢承《后汉书》言："[王充]著《论衡》八十五篇。"谢承为三国吴人，字伟平，为吴主孙权谢夫人之弟，事见《三国志·吴书·妃嫔传》及其裴注所引虞预《会稽典录》。据此《妃嫔传》，谢承为会稽郡山阴县人，竟与王充同郡！一位史学家记其同郡人的著作篇数，应是可靠的，则三国时期《论衡》篇数应为八十五篇。东晋葛洪《抱朴子·喻蔽篇》称："余雅谓王仲任作《论衡》八十余篇，为冠伦大才。"所说与谢承相合。南朝宋代范晔《后汉书》本传称王充"著《论衡》八十五篇"，显系抄自谢承《书》。南朝以后，史志著录《论衡》仅言卷数，不提篇数，《隋志》著录为二十九卷，两《唐志》、《宋志》、晁公武《郡斋读书志》、陈振孙《直斋书录解题》、《玉海·艺文目》、《文献通考·经籍考》、《四库全书总目》均著录为三十卷，晁、陈、《玉海》及《四库提要》都说此三十卷乃分八十五篇，今存诸善本之卷数、篇数皆与此同，可见《论衡》自三国至今，罕有残佚，一直是八十五篇。容肇祖先生曾撰文说明《论衡》今本无伪篇，这结论应是允恰的。

王充著作除《论衡》之外，还有《政务》《讥俗》《养性》等书。朱谦之曾撰《王充著作考》，载于《文史》第一辑（中华书局1962年版），文中提出许多创见，以为王充三次撰集《论衡》，亲手将《政务》《讥俗》《养性》诸书编入《论衡》，成一巨册。这一创见影响很大，得到许多学者的信从。然而《论衡·自纪》篇中提道：

> 充既疾俗情，作《讥俗》之书；又悯人君之政，徒欲治人，不得其意，不晓其务，愁精苦思，不睹所趋，故作《政务》之书；又伤伪书俗文多不实诚，故为《论衡》之书。……年渐七十……乃作《养性》之书凡十六篇。

这说明在王充撰成《自纪》之时，《政务》《讥俗》《养性》诸书都是独立的，并未与《论衡》混合。钟肇鹏先生在《王充年谱》[①]中力证《对作》乃《论衡》后序，而《自纪》乃王充全部著作的总序，是他最后的著作。这一论断十分精准。今检《自纪》篇首叙其籍贯及家世，篇末叹云："命以不延，呼叹悲哉！"则《自纪》乃撰于临终之前，刘盼遂称之

---

① 参见钟肇鹏《王充年谱》，齐鲁书社1983年版。

为"绝命之辞"。由此可以推断,在王充生前,《论衡》与《政务》《讥俗》《养性》等都是分别成书的。

当然,这只是就王充生前的情况而论。王充死后的情形如何,另当别论。据其《自纪》所言,王充《讥俗》一书有十二篇,《养性》之书有十六篇。又据《对作》,王充乃以《论衡》与《政务》为"二论",以与前人的"二论"相比拟,则《政务》的篇数应与《论衡》大致相当。在这种情况下,便应斟酌一下王充有"百篇"之说。《论衡·自纪》云:"按古太公望,近董仲舒,传作书篇百有余,吾书亦才出百,而云泰多……"而《三国志·吴书·虞翻传》裴注引虞预《会稽典录》引朱育述虞翻语,评王充"洪才渊懿,学究道源,著书垂藻,骆驿百篇"。对这"百篇"的说法,权威很高的《四库全书总目提要》解释说:"然则原书实百余篇,此本目录八十五篇,已非其旧矣。"学者多从此解,以为《论衡》原有百篇之数。余嘉锡《四库提要辨证》则力排众议,指出王充所谓"出百"不仅指《论衡》一书,虞翻称王充"骆驿百篇"也是"举其平生著述总计之,不专指一书也"。这本来已可成为定论了,而刘盼遂《论衡版本卷帙考》又举出反证,他注意到各本《论衡·佚文》篇有几句话:"《论衡》篇以十数,亦一言也,曰疾虚妄。"遂臆改"十数"为"百数",当作《论衡》原有百篇的唯一证据,但这显然是难以成立的。《论衡》各本均作"十数",指两位数,在版本众多却均无异文的情况下,岂可臆改为"百数"!钟肇鹏先生在《王充年谱》中力辩"十数"为原文,"百数"则非,这一结论完全是可以成立的。也就是说,王充去世以前的著作总数不过百篇有余,或者说略超过一百篇。

上文已说过王充的《政务》篇数与《论衡》约略相当,《论衡》若是八十五篇,两书合起来恐已有一百五十篇左右。再加上《讥俗》十二篇、《养性》十六篇,竟已接近二百篇!而其总数尚不止此,近人刘盼遂撰《论衡篇数残佚考》,考出佚篇有《觉佞》《能圣》《实圣》《盛褒》等,文载《古史辨》第四册。其证据乃见于《论衡》本文,书中《答佞篇》云:"……故《觉佞》之篇曰:……"则《答佞》当有《觉佞》为姐妹篇，与《实知》与《知实》之为姐妹篇相类似。书中《须颂》云："斯盖三《增》、九《虚》所以成也，《能圣》《实圣》所以兴也。"则《能圣》《实圣》当佚篇之名。《对作》列举其书篇名《齐世》及《宣汉》等，在这篇名的系列当中有《盛褒》，显为佚篇之名。加上这些佚篇，《论衡》及《养性》《政务》等书的总数定当接近二百了。但这显然是不可能的，因为上述王充著书共百余篇的结论与此不能相容。那么，解决问题的唯一出路，是将《论衡》原本为八十五篇的结论推翻。

上文已说明现存的记述《论衡》有八十五篇的史料，是唐宋类书所引谢承《后汉书》的佚文。谢承为三国吴主孙权时人，其史书之修撰，上距王充完成《论衡》的时间有一百余年。历史久远，谢承所了解的八十五篇本《论衡》是否为王充生前的原样，乃无从实证的问题。换言之，我们今日仅知东汉以后的《论衡》传本为八十五篇，却无从得知东汉期间的《论衡》为多少篇。另一方面，上文已证实王充去世以前《论衡》与《政务》《讥俗》《养性》等各自独立、分别成书，而这些书在王充死后的百余年间是否合编，仍是悬案。再加王充著作除《论衡》以外皆佚，据现存史料，王充以后似无人见过独立成书的《政务》《讥俗》及《养性》等。那么，我们便有理由做一推测，在王充死后、谢承以前的百余年间，有人整理王充的著作，将《政务》《讥俗》《养性》等书，悉数编入《论衡》书中。试将《论衡》各篇内容与《自纪》对《政务》与《讥俗》等书的说明相对照，《言毒》《薄葬》《辨祟》《诘术》诸篇内容与《讥俗》主旨相合，《程材》《效力》《定贤》《治期》诸篇内容与《政务》主旨一致，《骨相》《初禀》《气寿》《本性》诸篇内容与《养性》主旨相近，那么从思想内容上看，推测《政务》《讥俗》《养性》的篇章混合在今本《论衡》八十四篇之中，也是合乎情理的。

推测改编的情形，大概是在东汉末期，政治控制及思想控制均已弱化，王充后人遂对祖先的著作加以整理。整理工作定是艰难的，盖东汉蔡伦的造纸技术并未普及，当时仍是简帛的时代。由于帛贵竹贱，王充及其后人既家境贫寒，显然只能用竹简抄写。当时的王充遗书是百余篇的竹简抄本，应是堆积如山。其后人若非学者，似难以区分各部著作，只能采用简易的办法,以篇为单位,除去重复及残缺的,整理出八十五篇。因内容广泛,《政务》《讥俗》《养性》诸名均不足以涵盖全书,故以《论衡》为其总名。如此推测其整理的大致情形,与上述关于《论衡》长期未能流传的推断显然是吻合的。

## 二 《论衡》之初传

据现存史料,《论衡》之初传是在东汉末期,由蔡邕与王朗先后将其书册由吴地带到中原。在此之前,中原尚无其书流行。然而,这一点颇遭学者质疑,不能不就此略加小考。

先看蔡邕与《论衡》的关系。《太平御览》卷六〇二引《抱朴子》云:

> 王充作《论衡》,北方都未有得之者。蔡伯喈尝到江东得之,叹其文高,度越诸子。及还中国,诸儒觉其谈论更远,嫌得异书。或搜求至隐处,果得《论衡》,捉取数卷将去。伯喈曰:"唯我与尔共之,勿广也。"①

同样记载亦略见于《北堂书钞》卷九八引《抱朴子》、范书充传李注引袁山松《后汉书》,袁书作"蔡邕入吴始得之,恒秘玩以为谈助",成为名句。蔡邕,字伯喈,范晔《后汉书》有传,称汉灵帝时蔡邕曾"亡命江海,远迹吴会,往来依太山羊氏,积十二年,在吴"。此事在"大赦"之年,为灵帝光和二年(179)。而"积十二年"一句,说明蔡邕自吴返回洛阳时为灵帝去世之后。范书本传又记蔡邕在董卓为司空时被召回洛阳,而董卓为司空时为灵帝中平六年(189)八月。蔡邕得到《论衡》,当在光和二年至中平六年八月。

凑巧的是,蔡邕在《独断》中引述:"王仲任曰:'君子无幸,而有

---

① (宋)李昉等编撰:《太平御览》,中华书局1960年缩印宋本,第2709页。

不幸；小人有幸，而无不幸。'"此为《论衡·幸偶篇》所引孔子语，仲任为王充字。此文本应成为蔡邕得见《论衡》的证据，但有学者说《独断》乃作于蔡邕入吴之前，遂导致相反的结果，这条引文竟被当成蔡邕首次发现《论衡》的反证，意即在蔡邕入吴之前中原已有《论衡》流行。那么，蔡邕的《独断》究竟作于何时呢？今检《独断》卷下载东汉帝系，在"灵帝"下有小字注云：

> 二十二年。生史侯，董卓杀之，立史侯弟陈留王为帝。①

文中"史侯"为少帝刘辩之号，陈留王是汉献帝刘协即帝位之前的爵称。《四库总目提要》就此论云：

> 而灵帝世系末行小注乃有二十二年之事，又有献帝之谥，则绝非邕之本文，盖后人亦有所窜乱也。

此说影响很大，如邵毅平先生之《论衡研究》一书（复旦大学出版社2009年版）即附和此一论断，将上述《独断》引文定为后人所加，由此推论《独断》早出。其实这一引文并未提到献帝之谥，《独断》全文绝无"孝献"或"献帝"字样，因之《提要》关于"绝非邕之本文"的论断乃因误读所致。蔡邕在汉献帝初平三年（192）被处死，而上述《独断》引文所记的事项全在初平三年以前，其为《独断》原文应是无可置疑的。《独断》之撰作，似不在一时。姚振宗《后汉艺文志》称《独断》为蔡邕"修史时随笔札记之文"，所说极其精当。既是修史过程中的随笔札记，其撰作当与"修史"同步进行。其"修史"工作始于汉灵帝建宁三年（170），当时蔡邕"召拜郎中，校书东观"（范书本传），"与卢植、韩说等撰补《后汉纪》，会遭事流离。不及得成"（范书本传）。而在汉献帝初平三年（192），蔡邕将被治罪，乞求"黥首刖足，

---

① （明）程荣：《汉魏丛书》，吉林大学出版社1992年影印明万历程氏刊本，第184页。

继成汉史",马日䃅也为之求情,希望使他得以"续成后史,为一代大典"(范书本传),但他还是死于狱中。由此可见蔡邕之修撰后汉史书的事业,至死未成。《独断》的撰作既与修史同步,当以初平三年蔡邕临死之时为其下限。《独断》提及灵帝,或称其谥,或称"今上",这是很自然的,是由撰写过程较长而造成的。

《独断》还提道:"今上即位,桓思窦后摄政。"此处的"今上"指汉灵帝,"窦后"乃汉桓帝之皇后。此后在桓帝时仅称皇后,桓帝去世则改称太后,一度摄政。在灵帝熹平元年(172),此太后崩,加谥为"桓思",史称"桓思窦皇后"或"桓思窦后"。此处的《独断》文字既称窦后之谥,当撰于熹平元年至中平六年,在灵帝建宁之后。或说《独断》全文都完成于建宁年间,似是难以成立的。

《独断》列举东汉七帝的庙号,说:

> 光武为世祖,明帝为显宗,章帝为肃宗,和帝为穆宗,安帝为恭宗,顺帝为敬宗,桓帝为威宗,庙皆不毁。①

其中未提灵帝,令人误以为此文一定撰于灵帝在位之时。例如邵毅平先生的《论衡研究》就指出:"不言灵帝之庙号,又屡称灵帝为今上。"由此证明《独断》早出。邵氏注意到此处庙号的问题,十分敏锐。不过,若是仔细考察一下东汉的宗庙制度,便会了解到灵帝从未享有某宗的礼遇。遍查《续汉书·祭祀志》、袁宏《后汉纪》、《通典》、《东汉会要》、《资治通鉴》诸书关于东汉宗庙制度的记述,竟全未提到灵帝的庙号,这与《独断》的记载竟是一致的。袁宏《后汉纪》历举东汉宗庙,称光武帝"庙称世祖",明帝"庙称显宗",章帝"庙称肃宗","和帝崩,上尊号曰穆宗",安帝"因陵号恭宗","顺帝崩,上尊号曰敬宗","桓帝崩,上尊号曰威宗"。此句之下,袁宏特别记述:

---

① (明)程荣:《汉魏丛书》,吉林大学出版社1992年影印明万历程氏刊本,第185页。

灵帝崩而天下乱，故未议祖宗之事。①

可见灵帝去世之初，无尊号，未能称"宗"。而《后汉书·献帝纪》初平元年载：

是岁，有司奏，和、安、顺、桓四帝无功德，不宜称宗……皆请除尊号。制曰："可。"

这是根据"王者祖有功而宗有德"的原则，除去"无功德"的和帝至桓帝等四帝的尊号，使其不再称宗。可以推断，同样"无功德"的灵帝本未称宗，在这新的规定之下便更不可能有尊号了。有趣的是，这"除尊号"的建议者，恰是蔡邕，那么，他在《独断》中对灵帝时的礼制或载或不载，表现出轻视的态度，便是理所当然的了。

《独断》数次称引"太傅胡公"，指其师胡广。而蔡邕戍边时上疏称之为"故太傅胡广"，多出的"故"字易使人误会，以为《独断》未加"故"字，是由于撰于胡广卒年以前。今按《独断》既为修史时的"随笔札记"之类，似兼有史学类或礼书类著作的性质，而史类和经类的著作称举故去之人，一般不加"故"字，如二十五史提到人名，均不称"故"，其实都是作古者。礼类典籍列举礼仪之先例，提及古人亦不加"故"字。可见由"太傅胡公"之称谓来论证《独断》早出，也是无效的。

大致上可以肯定，《独断》的撰写非在一时，其中很多的文字内容著于蔡邕入吴得见《论衡》之后。《独断》称引王仲任之文，正可成为蔡邕入吴始见《论衡》的佐证。考察蔡邕入吴以前的文献资料，均无称引王充其人其书之例，更显示出蔡邕是中原地区《论衡》最初的传播者。

在这里，有必要讨论一下王符《潜夫论》的情况。清人汪继培著

---

① 《两汉纪》下册《后汉纪》，中华书局 2002 年版，第 508 页。

《潜夫论笺》，在笺注当中屡引《论衡》，用以诠释《潜夫论》的文字，今人或以此为证，说明成书于蔡邕之前的《潜夫论》继承了王充的思想。今察汪笺之征引《论衡》，多见于《潜夫论》中《相列》及《卜列》两篇。议论骨相与卜筮，是王充与王符的共同点，其实，这也是汉魏时代多数人的共性。从这共性来说，汪继培引证《论衡》来诠释王符《相列》与《卜列》两篇是可取的，但这绝不意味着王符一定了解王充其人其书。若是具体考察充、符两人关于骨相及卜筮的意见，还可以看出很大的差别。两人的共同之处是都看重骨相，认为骨相是性命的外在表现，性命则禀自于天。而对于卜筮，两人的意见则相左。《潜夫论·卜列篇》云："圣人甚重卜筮，然不疑之事，亦不问也。甚敬祭祀，非礼之祈，亦不为也。"所谓不疑之事，首先是指性命所决定的大事，非卜筮所能预知。而对微小之事，卜筮在王符看来还是可以预测而有效的，他在《卜列》篇中正面引述《系辞传》中的孔子言："蓍之德圆而神，卦之德方以智。"这是郑重地承认了卜筮之灵验。而《论衡·卜筮篇》则对"俗信卜筮"加以讥讽，宣称"蓍不神，龟不灵"，《辨祟篇》又指出：

　　圣人举事，先定于义。义已定立，决以卜筮，示不专己，明与鬼神同意共指，欲令众下信用不疑。故《书》列七卜，《易》载八卦，从之未必有福，违之未必有祸。

王充主张对"不疑之事"或大事定要从事卜筮，而对卜筮之灵验则全然否认。在他看来，卜筮是一种高明的政治权术，是应当加以利用的。这与王符的意见显然有根本性的差别。全面比较王充与王符两书的思想内容，《论衡》议论天地阴阳气化较多，以自然哲学为主，《潜夫论》则反复议论社会政治及军事问题，显得实际而不够抽象。《论衡》的见解往往激烈而趋于异端，在当时颇具颠覆性与危险性；《潜夫论》的见解往往平实而温和，与东汉官方的思想传统虽有冲突但不尖锐。《论衡》书中极度推崇一些在当时遭到冷遇的学者，如扬雄、桓谭、周长生、阳成子长等，而《潜夫论》则无此内容。考虑到这些不同，很难承认王符受过王充的影响。

至此可以大致上论定，在蔡邕入吴之前，中原无人拥有《论衡》传本。当然，吴地不乏了解《论衡》的人士，如在王充的时代，其同郡友人谢夷吾曾上书推荐王充，称赞其才学，比类孟轲、荀子、扬雄、司马迁等，事见范书本传及李注引谢承《后汉书》。夷吾其人可能是读过《论衡》的，不过即使读过，也不大可能通读全书八十余篇，只可能读过部分篇章。

### 三　王朗与《论衡》的关系

关于蔡邕始得《论衡》之事，主要见于葛洪《抱朴子》佚文。《抱朴子》提及此事不过是举例，为其学说提供佐证，不能算是严肃的历史记载，故有后人质疑。而关于王朗入吴得见《论衡》之事，却见于著名的史书，更具可信性。

《三国志·吴书·虞翻传》称翻"在南十余年，年七十卒。归葬旧墓，妻子得还"，裴注引《会稽典录》载朱育语：

> 昔初平末年，王府君以渊妙之才，超迁临郡，思贤嘉善，乐采名俊，问功曹虞翻曰："……且曾闻士人叹美贵邦，旧多英俊，徒以远于京畿，含香未越耳。功曹雅好博古，宁识其人邪？"翻对曰："夫会稽……海岳精液，善生俊异，是以忠臣系踵，孝子连闾，下及贤女，靡不育焉。"王府君笑曰："地势然矣，士女之名可悉闻乎？"翻对曰："……有道山阴赵晔，征士上虞王充，各洪才渊懿，学究道源，著书垂藻，骆驿百篇，释经传之宿疑，解当世之槃结，或上穷阴阳之奥秘，下擩人情之归极。……"①

《会稽典录》为晋代著名的历史著作，其作者虞预在《晋书》有传，为

---

① （晋）陈寿撰，（南朝宋）裴松之注：《三国志》，中华书局1959年点校版，第1325页。

当时会稽郡余姚县人，曾撰《晋书》四十四卷、《会稽典录》二十四卷，在隋唐史志均有著录。《会稽典录》的重要性，在这两部史书当中更突出一些，盖虞预本为会稽郡人，他在《典录》记述的人物的籍贯，多在会稽郡，如朱育和赵晔籍贯都在该郡山阴县，虞翻与虞预同郡同县，王充则在同郡上虞县。同郡人物相互介绍，当然翔实。在这当中，只有一位北方人，即引文所说的"王府君"，亦即汉魏之际著名的政治家和学者王朗。据《三国志》本传及《资治通鉴》等书所载，王朗，字景兴，为东海郡郯人，在魏文帝时位至三公。汉献帝初平四年（193），王朗被任命为会稽太守，至建安元年（196）失去这一职位。他在上任之初，定曾质询僚属，调查会稽郡的人事概况，于是便有了其与虞翻的问答。从这问答的内容来看，王朗对王充其人其书原本一无所知，经虞翻介绍才了解到会稽曾有过王充这样的思想家和著作家。王朗在太守任期内当求得《论衡》一书，或许会稍加整理。在建安三年（198），王朗被征还许昌，《论衡》一书遂传播到中原。

这一过程不是出自传说，而是出自严肃的历史记载，应是可信的。在这记载的支持下，另一些文献记载变得更为可信。如《后汉书·王充传》李注引袁山松《后汉书》云：

> 充所作《论衡》，中土未有传者，蔡邕入吴始得之，恒秘玩以为谈助。其后王朗为会稽太守，又得其书。及还许下，时人称其才进。或曰："不见异人，当得异书。"问之，果以《论衡》之益。由是遂见传焉。[1]

袁山松为东晋史家，其《后汉书》在隋唐史志入史部正史类，《隋志》著录为九十五卷，称原本为一百卷，两《唐志》著录其书超过一百卷。李贤注书时，袁书尚存，故注引袁书此文当为可靠。而在上述《会稽典录》引文的支持下，我们更可坚信此处关于《论衡》初传的记载确合

---

[1] 《后汉书》，中华书局1965年版，第1629页。

史实。在这里，尤应注意"由是遂见传焉"一句，此句之真意并不是将《论衡》初传之功全归于王朗，而完全否认蔡邕在这方面的作用。两人作用之差别，仅在于传播其书之广与不广。蔡邕得书之后只限于"秘玩"，嘱其客人得书之后"勿广"，故未广泛流传。而王朗得书于行政之时，因公开质询属吏而起，其得书并携之北还，更像是公务，似有传播其书的责任，致使广泛流行于中原。

一部书的传播，往往有多种渠道。然而限于史料，暂且只能将《论衡》初次北传的功绩归于邕、朗二人，其中王朗的作用更大一些。王朗由会稽降于孙策，再由孙策之处被征还许昌，事在建安三年（198），这可看作《论衡》在中原地区广泛流行之始年。

## 四 《论衡》与荆州学

《论衡》在中原流行之晚，已如上述。而其书在荆州的流行，可能要早得多。上文提到王朗担任会稽太守时曾听取吴人关于王充其人其书的评述，则在王朗之前，《论衡》已先为吴人所知。吴之近邻，乃荆州，荆楚与东吴的关系，显然比魏吴关系要密切一些。在这种情况下，不能不对刘表荆州学与《论衡》的关联略加探讨。

据《三国志·魏书》《后汉书》等本传，参以《资治通鉴》，可知刘表在汉献帝初平元年（190）始为荆州刺史，平定荆州八郡，先于袁、曹而成为割据的大军阀。在初平二年（191），刘表与孙坚集团激战，袭杀孙坚。初平三年（192），刘表成为镇南将军、荆州牧，封成武侯，这是李傕所控制的朝廷对刘表实力地位的认可。次年，王朗始为会稽太守。当时吕布及公孙瓒等尚存，刘表在各大军阀当中应属强者。袁、曹大战，刘表坐保江汉之间，未能积极利用形势，以致荆州终被曹操兼并，而刘表本人也获讥于时人及后代史家，或称之"无经远之虑"、"无四方之志"，"不见事变，好疑无决"，或称之"外宽内忌"、"不知所任"。其实，刘表的政治资历早于袁、曹，他在汉灵帝时期已成为名士，在袁、曹争战之时，已年老昏聩，其失败的结局是难免的。而在刘表控制荆楚之际，曾有许多文化方面的建树，为袁、曹等人所不及。《蔡中郎集》卷三载《刘镇南碑》，记刘表举措云：

> 又求遗书，写还新者，留其故本。于是古典旧籍，必集州间。①

刘表本为西汉鲁恭王之后人，而此举却是仿效西汉的河间献王。据《汉书·景十三王传》河间献王有求书之举：

> 从民得善书，必为好写与之，留其真，加金帛赐以招之。由是四方道术之人不远千里，或有先祖旧书，多奉以奏献王者，故得书多，与汉朝等。……献王所得书皆古文先秦旧书，《周官》《尚书》《礼》《礼记》《孟子》《老子》之属，皆经、传、说、记，七十子之徒所论。

这是中国经学史与文化史上的著名记录，当为汉末学者所熟知，刘表兼有经学家的身份，对献王的故事应极其熟悉，刘表之祖鲁恭王与河间献王本是兄弟，同为景帝之子，并立于史册，往往为经学史家所并举。刘表在此背景下应对献王有诚挚的敬意，其模仿献王之举，绝非偶然，而应是全面继承了家族传统与文化传统。可想而知，刘表的举措定与献王相似，献王"从民得善书，必为好写与之"，刘表则"求遗书，写还新者，留其故本"，这措施几完全相同。献王对献书者"加金帛赐以招之"，刘表定亦如此，《后汉书》本传称："关西、兖、豫学士归者盖有千数，表安慰赈赡，皆得资全。"这比献王之"加金帛"显然是更得人心的奖励。献王的举措收效显著，竟使四方学者"不远千里"来奉上"先祖旧书"，那么刘表收效应当更大，以致"古典旧籍，必集州间"。在这种情况下，家境贫寒的王充后人若是就近而献上先祖的作品，不是

---

① 此碑文成于蔡邕死后，其误入蔡邕集中，或因成于邕之后学手笔。

很合情理吗？

范书本传称刘表在荆州"起立学校"，组织学者"撰立五经章句"，史称"荆州学"。《刘镇南碑》记刘表之治学风格：

> 乃令诸儒，改定五经章句，删划浮辞，芟除烦重，赞之者用力少，而探微知机者多。

此种以简御烦而注重于"探微知机"的治学风格，也正是玄风的要点，并与《论衡》的思想一致。荆州学的这种风格与两汉官方经学几乎完全相反，很像是《论衡》流传于荆州而结下的果实。

学者都了解，刘表其人与王弼的家族关系密切。王弼父为王业，祖父为王凯。王凯为王粲之族兄，并且是刘表的女婿。也就是说，刘表乃王业的外祖父，是王弼的外曾祖父。王粲本为刘表属吏，后降曹操。王粲死后，其二子参与魏讽谋反而被诛，王业遂成为王粲嗣子，王弼则为王粲嗣孙。粲、凯祖父为王畅，王畅为东汉名士，位至三公，恰为刘表之师。又按王粲父为王谦，谦曾为东汉灵帝时的大将军何进属下的长史，而何进之孙，恰是玄学创始者之一何晏。由这极其密切的关系，可知刘表所代表的荆州学实为玄学最切近的来源。刘表荆州学若是受了《论衡》的影响，那么《论衡》对玄学家定有重要的启迪作用。

## 五 《论衡》与玄学

玄学在学说统绪方面主要是反对汉代官方谶纬之学与今文经学，遥继先秦儒学与子学，旁涉古文经学，而这正好也是王充的学派倾向。既然存在着这样的巧合，便可以从王充的《论衡》书中寻找到玄学兴起的近因。

在曹魏正始时期处于思想界领袖地位的夏侯玄，可能就读过《论衡》。据《太平御览》卷一六记载，夏侯玄曾与阮籍辩论过音乐与气候的关系问题。阮籍撰《乐论》，提到"律吕协则阴阳和，音声适而万物

类",以为音声调和竟可产生巨大的效用,使"阴阳和调,灾害不生"。夏侯玄就此专著《辨乐论》,予以驳斥:

> 尧遭九年之水,忧民阻饥;汤遭七年之旱,欲迁其社。岂律吕不和、音声不适哉?此乃天然之数,非人道所招也。

我曾注意到夏侯玄这一意见乃承袭《论衡》,今再斟酌,可知阮籍的意见也与《论衡》有关。《论衡·寒温篇》云:

> 燕有寒谷,不生五谷。邹衍吹律,寒谷可种。燕人种黍其中,号曰黍谷。如审有之,寒温之灾,复以吹律之事,调和其气,变政易行,何能灭除?是故寒温之疾。非药不愈;黍谷之气,非律不调。尧遭洪水,使禹治之。寒温与尧之洪水,同一实也。尧不变政易行,知夫洪水非政行所致。洪水非政行所致,亦知寒温非政治所招。①

此节主旨,是说自然灾害与政治并无感应的关系。"寒温之灾"即所谓"天","政行"即所谓"人",汉代天人感应论者声称"寒温之灾"是由人事政治所引致,甚至说"人君喜则温,怒则寒"。王充则说,"寒温之灾"乃"天时自然",例如尧遭洪水,应靠治水来应对,不必为此变政易行。夏侯玄清醒地意识到音乐亦属人事,而尧、汤之水旱灾害,"乃天然之数,非人道所招",故而否认音律之调和与否对水旱灾害有任何的作用。他的这种认识,显然承袭了王充思想而略有发挥。与他不同,阮籍却以酷爱音乐而著称,他所关心的只是如何标榜音乐的价值。出于这样的动机,他便特别注意王充所讲的关于邹衍吹律以调节气候的事例,从而阐发"律吕协则阴阳和"的见解。有趣的是,王充也的确有这样的见解,其《论衡·定贤篇》声称圣贤治世有术,"得其术则功成",

---

① (汉)王充撰:《论衡校释》,黄晖校释,中华书局1990年版,第629—630页。

邹衍吹律是圣贤之术的一种。考察其《寒温篇》的内容，其实只是否认自然气候与人事政治的感应，并未否认音律与气候的感应，其反对天人感应学说显然是有局限的。阮籍沿袭了王充的进步思想，却未突破其局限。而夏侯玄的《辨乐论》则更为先进或深刻，较为全面地拒斥了天人感应的学说。不过，在这里也应承认，阮籍的《乐论》在当时的政治文化背景之下绝非陈腐之作，玄、籍两人的共同之处是都遥继王充，都否认自然气候与人事政治之间有任何的感应。两人的见解同属于《论衡》影响下的玄学。

有一位参与开创玄学的人物同《论衡》的关系可能更为密切，这就是王弼。《论衡·道虚篇》有一节议论可能会引起王弼等人的关注：

> 天地不生，故不死；阴阳不生，故不死。死者生之效，生者死之验也。夫有始者必有终，有终者必有始。唯无终始者，乃长生不死。①

意谓天地或宇宙，都是不生不死或无始无终的。汉代的宇宙论以为天地有起源，宇宙有初始，堪为宇宙起源论或宇宙创生论。王充关于"天地不生故不死"的学说，乃是关于中国古代宇宙创生论的否定，这显然有重大的哲学意义。或因时代的局限，王充未能就此做进一步的发挥，从而给王弼留下了进行很大的思想创新的余地。王弼注释《老子》首章，只论"万物之始"，不言"天地之始"。其注《周易》乾坤两卦，称天可"永保无亏"，地可"永保无疆"，这在"不生故不死"的逻辑前提下显然意味着天地无终始，或者说宇宙过程在过去、未来两方面都是无限的。由于宇宙无限，最根本的太极便不会是宇宙的起源，而应当是隐藏在宇宙现象背后并贯穿于全部宇宙过程的本体。这就是说，王弼构建其本体论，竟是以《论衡》的学说为基础的。

王充对王弼的影响尚不止此。《论衡·谢短》篇中议论古今，称：

---

① （汉）王充撰：《论衡校释》，黄晖校释，中华书局1990年版，第338页。

"五经比于上古，犹为今也。徒能说经，不晓上古，然则儒生，所谓盲瞽者也。"指出儒生"能说一经"而不能通诸史百家，或"知古不知今"，或"知今不知古"，都是"不通大道"。而《老子》第十四章提到"能知古始，是谓道纪"，王弼注云："无形无名者，万物之宗也。虽今古不同，时移俗易，故莫不由乎此以成其治者也。故可执古之道，以御今之有。上古虽远，其道存焉，故虽在今，可以知古始也。"这种以上古之道贯通古今的说法，极似对《论衡》所提问题的一种解答。

据孔颖达《周易正义》卷首，王弼有一著名的创见，以为"伏羲既画八卦，即自重为六十四卦"，从而否定了极其盛行的"伏羲画卦，文王重卦"之说。而王弼有此创见，乃是受了王充的启发。《论衡·正说》篇中纠正了许多谬说，其一便是"说《易》皆谓伏羲作八卦，文王演为六十四"。《正说》援引《周礼·太卜》关于《连山》《归藏》《周易》的旧文，而略加修正。《周礼》称《连山》《归藏》《周易》三者"其经卦皆八，其别皆六十有四"，《正说》却说三《易》"经卦皆六十四"，未提别卦。这是不是传写错了呢？黄晖在《论衡集解》中就指出《论衡》此句当与《周易》文字相同，遂订正为"其经卦皆八，其别皆六十四"，然而据《正说》篇中上下文，如此订正是不合王充原意的。《正说》篇中下文有云："世之传说《易》者，言伏羲作八卦，不实其本，则谓伏羲真作八卦也。伏羲得八卦，非作之；文王得成六十四，非演之也。"意谓伏羲之前已有八卦，文王以前已有六十四卦，伏羲、文王的作为乃是"得"，不是"作之"或"演之"。王弼称伏羲"既画八卦，即自重为六十四卦"，与王充的说法虽有不同，然而在否定文王重卦这一点上，王弼的意见与王充却是一致的。

汉代天人感应学说有一理论前提，即神学的目的论。《论衡·自然》篇中提到了目的论的命题："或说以为天生五谷以食人，生丝麻以衣人……"《自然》一篇的主旨是批驳这一命题，其题"自然"，即依从道家的天道自然论，说明"天之不故生五谷丝麻以衣食人"。王弼注释《老子》，即采王充此说。如《老子》第五章："天地不仁，以万物为刍狗"，所谓刍狗本指祭神之物，《庄子·天运》已讲过刍狗乃祭品，魏明帝时也有人提及刍狗的祭品之义，事见《三国志·魏书·周宣传》。而王弼却加曲解：

> 天地不为兽生刍而兽食刍，不为人生狗而人食狗，无为于万物而万物各适其用，则莫不赡矣。（《老子注》）

王弼读过《庄子》，对"刍狗"本义不会不知，他刻意曲解为"兽食刍""人食狗"，显然意在说明天地"无为于万物而万物各适其所用"，其措辞与结论都与《论衡·自然》相仿，前后的承继关系是很明显的。

王弼受《论衡》影响，事非偶然。西晋张华《博物志》卷六《人名考》记载："蔡邕有书万卷，汉末载数车与王粲。粲亡后，相国掾魏讽谋反，粲子与焉。既被诛，邕所与粲书，悉入粲族子叶，字长绪，即正宗父，正宗即辅嗣兄也。"此处所称王叶，即王弼之父王业。据《三国志·魏书·钟会传》裴注引《魏氏春秋》，王粲二子为曹丕所诛，后绝，丕遂以王业为王粲后嗣，这就是蔡邕赠予王粲的数车书籍悉归王业的原因。这数车书籍当为王弼治学的资本，其中若包括《论衡》，定为王弼所读，故而《论衡》的一些说法为王弼所因袭并发挥。至于王朗将《论衡》带到中原，意义也很大。王朗为魏朝三公之一，在文帝时为司空，在明帝时为司徒，位高势重。王朗本人是重要的经学家，其子王肃则是魏晋经学之首要人物，这父子二人均读《论衡》，对《论衡》的传播当有决定性的作用。袁山松《后汉书》指出，由于王朗的作用，《论衡》"遂见传焉"，这一记述定当合乎史实。大约在魏文帝时，《论衡》已在上层社会流传。夏侯玄、何晏、王弼等人都是官宦子弟，玄、晏都有封爵，弼亦出身侯门，他们都有机会接触《论衡》之书，至少有可能听到他人转述《论衡》的学说。

如此种种，都表明《论衡》的历史作用之巨大。《论衡》之初传，正值汉代今文经学及谶纬之学崩溃，及玄学之酝酿。在从汉学到玄学的演变历史中，《论衡》正处于转折点上，对这历史剧变起了关键性的推动作用。《论衡》略有尊孟意向，这对后世道统论的形成，亦有影响。

或者说，在从汉学到宋学的演变历史中，《论衡》竟亦处于转折点上，起了承前启后的刺激作用。一部著作的历史功效竟如此之大，无怪乎要被称为异书、奇书了。

## 六　从《论衡》看《周易》义理之学的源流

王弼学说中最核心的部分，是他在《周易注》一书阐发的义理之学。这种学说大致上是以六十四卦当中各卦的卦义为体，卦象为用，是一种极具特色的形上之学，为宋代体用本末之学的起源。而上推王弼此学的来源，竟可上溯到《论衡》，并与马王堆帛书《易传》略有关联。

马王堆帛书《易传》有一篇可题为《要》，篇中有一席议论极具思想魅力：

> 子曰：易，我后其祝人矣。我观其德义耳也。幽赞而达乎数，明数而达乎德，又仁□□者而义行之耳。赞而不达于数，则其为之筮；数而不达于德，则其为之史。史巫之筮，乡之而未也，好之而非也。后世之士疑丘者，或以《易》乎！吾求其德而已，吾与史巫同涂（途）而殊归者也。君子德行，焉求福？故祭祀而寡也；仁义，焉求吉？故卜筮而希也。祝巫卜筮，其后乎！

文中所说的"赞"，义颇含混，魏晋隋唐诸家多释《易》中此字，或释为"佐"或"助"，或释为"告"或"白"，而在中古最流行的解释出自"说文"："赞，见也。"《系辞传》云："见乃谓之象"，可见此处的"赞"可由"象"来替换。"德"即"德义"，与"义理"对等。文中"赞""数"与"德"构成一个概念系统，正是后世象、数、理的系统的前身。王弼《易》学承认"有象而后有数"的次序，又以象数在形上，义理在象上，这明显是来源于《要》篇的概念系统。《要》之此文乃标明是出于"子曰"，其思想内容与《论语》的"子曰"一脉相承，只是更为抽象、复杂且激进，似是战国时代儒者所假托。

然而《要》篇是如何影响玄学的呢？从《要》的时代到玄学的产生，历经数次劫难战火，其两汉之交的赤眉之乱与东汉之末的董卓之乱十分严重，很难设想《要》可流传到三国时期。何晏、王弼等人若是都未见过《要》的文字，如何能受其影响呢？对这问题，可通过研究王充的《论衡》来解决。《论衡·辨祟篇》云：

圣人举事，先定于义，义已定立，决以卜筮，示不专己，明与鬼神同意共指，欲令众下信用不疑。①

上文在比较王充与王符的思想同异之时，已说明王充断然否认卜筮之灵验，他以为圣贤从事卜筮只是一种政治权术。此处《论衡》引文又说明卜筮以大义为先，"义"既高于卜筮，自然也高于东汉人所常迷恋的象与数。东汉学者即使明智如张衡、马融、蔡邕等，也常要不厌其烦地议论星象、气象、天文之数、历数之类，并与《易》中的象数相比附。玄学家构筑的象数义理的体系，其重点不在象数而在义理，王充既有"先定于义"的主张，他必然同意那种关于义理高于象数的意见。这就是说，王弼申说忘象遗数以求义的玄理，很可能是受了王充学说的启发。于是，新的问题又出现了：王充见过帛书《要》篇么？

应当承认，《要》篇流传到东汉的可能性不是很大。《后汉书·光武帝纪》说，赤眉军攻入长安以后曾"焚西京宫室，发掘园陵"，同书《刘盆子列传》说，赤眉军撤离长安时曾"大纵火烧宫室"，"发掘诸陵，取其宝货"，其后"三辅大饥，人相食，城郭皆空，白骨蔽野"，很难设想王充在这浩劫之后还能见到帛书《要》篇。然而不应忘记王充之师班彪乃两汉之交的人物，据《汉书·叙传》，班彪年轻时曾与从兄班嗣一同游学，"家有赐书，内足于财"，学友宾客颇多，"父党扬子云以下莫不造门"。王莽败亡之际，班彪二十岁。考虑到古人多早熟，班彪在长安战乱以前已博览群书的可能性是难以排除的。其子班固九岁时已"能

---

① 《论衡》，中华书局1990年版，第1009页。

属文，诵诗赋"，长成后"博贯载籍，九流百家之言，无不穷究"（均见范书本传），这博学风格是承继乃父。自汉初至新莽，长安无战乱兵祸，帛书《要》在汉初已是随葬品，若有别本传世，可一直流传到班彪求学的时代。那么，班彪竟有可能直接读过《要》。当然，班彪间接地受到《要》之影响的可能性，也难排除。而在东汉，若是有人通过班彪而间接受到《要》之学说的启发，那就应当是王充了。应注意此处所讨论的不限于书籍的写本流传，主要关注学说思想的传播。一部著作或许会被焚烧、被损毁，其学说若足够深刻或有足够的魅力，便会存在于人们的记忆中，被传诵、被发扬。帛书《要》就是这样的著作，因之《要》之"赞""数""德"的体系与玄学的"象""数""义"的体系表现出惊人的相似性，这不应当被看作偶合，而应看成思想历史的传承和演进。

  从表面看来，从《要》到玄学，其思想的激进性和深刻性有衰减的趋势。如《要》篇中子曰："君子德行，焉求福？"又曰："仁义，焉求吉？"表现出中国思想史上罕见的英雄主义倾向与牺牲精神。再看《论衡》对祭祀和卜筮的态度，只是否认其灵验之效，并未丢弃"求福"与"求吉"的动机。而王弼在《周易注》中反复申说趋利避害的主张，"求福"与"求吉"的动机更为强烈。在这历史过程中，英雄主义的精神显然逐渐减弱，几乎一代不如一代。然而，若着眼于认识水平，却应注意到有一种逐渐提升的趋势。《要》篇中子曰："吾百占而七十当"，显然不否认占筮之灵验。这位先哲又说："君子德行，焉求福？故祭祀而寡也；仁义，焉求吉？故卜筮而希也。"其祭祀不多的原因是拒绝求福，不常卜筮的原因是拒绝求吉，从而暗示祭祀卜筮有"福"与"吉"之效。而这种效验，正是王充《论衡》所否认的。《论衡》在认识水平上，显然超过了《要》篇。进一步说，《论衡》虽否认祭祀卜筮之灵验，却从政治策略的角度，支持祭祀卜筮之举行。而这种支持卜筮的态度，却不是魏晋玄学家所普遍持有的。史称何晏曾问筮于管辂，而对于王弼与卜筮的联系却罕有记载。在王弼看来，六十四卦标志着六十四种时势，各有卦义或时义。每卦各爻因顺卦义则获利得吉，违背卦义则罹难遇凶。人之用《易》，不过是判断此世相当于六十四卦中哪一种时势，进而判断此身所处相当于该卦或时势当中哪一爻的位置，最后决断当如何顺应卦义，如何决定其应对去取等。在这种《易》学当中，几乎没有卜筮的位置，或者说卜筮是不需要的，是无用的。王弼未注《系辞传》，未注的直接原因是他年命短促，未及完成，但也不排除是由于《系辞》多言筮占，这正是王弼所要回避的话题。王弼《易》学的这一系列见解，较《要》与《论衡》，显然更具抽象性和哲学性，进到更高的思维水平。

王弼所用的《周易》一书为费氏传本，与王充的传本及帛书都有不同。但费直其人"长于卦筮"（《汉书·儒林传》），王弼却未承袭这卦筮的传统，而发扬了《要》与《论衡》所讲的德义或义理。如果将王弼学说看成玄学的首要内容，便可断定《论衡》是玄学的直接学术渊源，而《要》是间接的思想来源。

## 七 《太玄》学与玄学

关于扬雄《太玄》之学对玄学的影响，学界已有很多研究成果，我在这方面也曾略加论述。如今注意到《论衡》在玄学渊源当中的重要性，便有了一项认识：玄学家或关注《太玄》一书，是由于《论衡》多有关于《太玄》的赞誉之辞。

在讨论这一问题之时，应先认识到《太玄》是一部晦涩难读的书。对今人来说它是晦涩的，对古人来说它也是很难读懂的。《太玄》是摹仿《周易》而作，既模仿了《易经》的六十四卦及其卦爻辞，又模仿了《易传》和筮法。北宋司马光《说玄》具体地讲述了这种模仿的关系，称《易》画有阴爻与阳爻，《太玄》之画则有三种，为"一""二"与"三"。《周易》每卦有六位，《太玄》每首有四重。《周易》有六十四卦，《太玄》则有八十一首。《周易》每卦六爻，合为三百八十四爻；《太玄》每首九赞，合为七百二十九赞。《周易》筮法"揲之以四"，《太玄》则揲之以三。《周易》之七八九六为四象，《太玄》之一、二、三为"三摹"。《周易》有《彖传》，《太玄》则有《首》。《周易》有《象传》,《太玄》则有《测》。《周易》有《文言》,《太玄》则有《文》。《周易》有《说卦》,《太玄》则有《数》。《周易》有《序卦》,《太玄》则有《冲》。《周易》有《杂卦》,《太玄》则有《错》。从这比较来看,《太玄》之深奥,较之《周易》犹有过之。不过,秦以后的学者注重读《周易》,不过是出于对传统的尊重,企图通过解说这部古老的经典来阐发思想。而扬雄的《太玄》乃出于自作,并非古书,既无传统的光环,亦无官方的地位,人们为何要花费功力去读这样一部难解的书呢?刘歆是个识时务的人,嘲笑扬雄:"空自苦!今学者有禄利,然尚不能明《易》,又如《玄》何?"(《汉书·扬雄传》)这话其实是明智的。扬雄生前传授了一位弟子,身后得桓谭推崇,然而当时的大臣表示怀疑:"岂能传于后世乎?"在东汉时期,扬雄声誉颇高,以至于班固作了一部很详细的《扬雄传》,编入《汉书》,留名青史。然而其声誉乃因《法言》而起,与《太玄》全无关联。《汉书·扬雄传赞》云:

> 自雄之没至今四十余年,其《法言》大行,而《玄》终不显,然篇籍具存。

在班固著书时"《玄》终不显",在班固以后、建安以前的时期,《太玄》亦未显名,当时学者热衷于仕途,纷纷治经,哪里有心思钻研扬雄这部自造的晦涩经书?即使是不俗的古文经学家,也都忙着整理古经,识别古字,力争古经的学官地位,完全忽视《太玄》的价值。这就是说,桓谭等东汉学者关于《太玄》的赞扬收效甚微,并未扭转《太玄》遭冷遇的局面。

这一局面到董卓之乱以后竟然改变了,《太玄》忽然"热"了起来。据《隋书经籍志》《三国志》及《华阳国志》等史料所载,自汉末至晋末,注释《太玄》者颇多,有虞翻注本十四卷、宋衷注本九卷、陆绩注本十卷、蔡文邵注本十卷、王肃注本七卷、陆凯注本十三卷及李譔所著的《太玄旨归》。加上现存的范望注本,略有八家。八家当中有四家为吴人,其中虞翻为会稽郡余姚人,陆绩为吴郡人,两人都活动于孙策及孙权时期。陆凯在孙权及孙亮、孙休时期一直为吴国臣属,在孙皓时位至左丞相。范望之名不见于正史,其注本自序云:"昔在吴朝,校书台观,后转为郎。"晁公武等人据此认定其为仕吴入晋之人。扬雄本为蜀人,仕于长安,而汉末至晋末的《太玄》注家却以吴人居多,其原因当然是吴人多见《论衡》,而《论衡》对《太玄》极其推崇。上述八家当中,王肃虽非吴人,但他是王朗之子,王朗恰是由于听了虞翻的介绍而将《论衡》带到中原,则王肃读过《论衡》是可以肯定的。宋衷为南阳人,距吴不远,而他正好是王肃之师,则宋衷注释《太玄》也很可能是受了《论衡》的影响。八家中仅李譔为蜀人,但他研习《太玄》却不是承自蜀学的传统,而是间接地承袭宋衷,盖其父李仁恰是宋衷的学生。八家中蔡文邵不详为何人,姚振宗《隋书经籍志考证》据《三国志·吴书·张昭传》及裴注等史料,推测其为张昭之子所提拔的人物,则蔡文邵也是吴人。上述《太玄》早期注释八家,或是很可能读过《论衡》,或是有机会读到《论衡》,这绝不应当是偶然。有趣的是,吴人杨泉竟模仿扬雄之书,也作了一部《太玄经》,卷数与扬雄之书大致相当。这更有助于说明三国吴地盛行《太玄》之学,而这学风乃因《论衡》的影响所致。

至此,我们便可讨论下一个问题:《论衡》究竟是如何赞扬《太玄》的呢?《论衡》的称赞之辞,与东汉桓谭、张衡等人关于《论衡》的评论究竟有何不同呢?为说明这个问题,有必要先推敲一下《汉书·扬雄传赞》的一席话:

> 诸儒或讥以为雄非圣人而作经,犹春秋吴楚之君僭号称王,盖诛绝之罪也。

由此可知二事。其一,《太玄》书名原有"经"字,称《太玄经》。其二,扬雄如此自题为经,在当时儒者看来是僭越之举,有冒充圣人之嫌,按当时官方经学的准则乃属"诛绝之罪"。由此而论,《太玄经》之"经"字,是很敏感、很重要的一个因素。注意到这一点,便可明白汉代学者为何只称之为《太玄》，不称其为经。如班固在《汉书·扬雄传》中屡次提到这一书名，称"方草《太玄》"，"观《玄》者"，"难《玄》太深"，"作《太玄》"，"受其《太玄》"，"《玄》终不显"，"《玄》文多"，或称《太玄》，或仅称《玄》，似是精心地省略了"经"字。班固《汉书·艺文志》乃由《七略》删略而成，刘歆《七略》本未著录扬雄所作的书，班固则特别"入扬雄一家三十八篇"，入于何处呢？未补入经传之列，而是补在《诸子略》儒家篇的末尾："扬雄所序三十八篇"，并加小字说明：

  《太玄》十九，《法言》十三，《乐》四，《箴》二。

这是史志的正式著录，此处省去《太玄》书名的"经"字，绝非出自修辞的需要，而是特意为之。尤应注意的是，《法言》乃模仿《论语》，名之为"言"乃与"论""语"同等，经与言的关系如同经与语的关系，因而省去《太玄经》的"经"字乃使扬雄著作的系统性受到损伤，这种省略是出于避免"诛绝"的考虑。《后汉书·张衡传》李注引桓谭《新论》云："扬雄作《玄》书"，称"《玄》书"而不称《玄经》，显得很不自然，似也是出自班固那样的顾虑。此节李注引文的下文两次提到《玄经》，似非《新论》原文，而是李贤之义引。《汉纪》引桓谭之文提及扬雄之书，或称《太玄》，或称《玄》，均无"经"字。《后汉书》本传引张衡语，称赞《太玄》"乃与五经相拟，非徒传记之属"，然指称书名仍省去了"经"字。在现在的东汉典籍中，仅王充《论衡》一书在这方面肆无忌惮，书中《超奇篇》说：

  阳成子长作《乐经》，扬子云作《太玄经》……非庶几之才不能成也。孔子作《春秋》，二子作两经，所谓卓尔蹈孔子之迹，鸿茂参贰圣之才者也。

文中《太玄经》、"两经"之语，特别强调扬雄是作经而非平凡的著书。

其称扬雄"蹈孔子之迹",《论衡·对作篇》又称扬雄"不述而作,材疑圣人",更是明确指出扬雄不是述传的贤者,而接近于作经的圣人。汉代学者往往评次扬雄,而与董仲舒、司马迁、刘向等人同列,王充的评价在汉代舆论中竟是最高的。三国学者震惊于《论衡》的评次,当然要去研读并注释《太玄》这部奇书了。

考察《太玄》的思想,可看出两种倾向:其一,以玄数比附天时、历法及阴阳五行之数,用于筮占,这是象数学的倾向;其二,强调"天以不见为玄,地以不形为玄,人以心腹为玄"(《玄告》),有义理之学的倾向。前者是承袭西汉《易》学卦气说,后者是继承《老子》玄虚之学。扬雄《太玄赋》自称"观大易之损益兮,览老氏之倚伏",表现出兼综《易》与《老》的愿望。可惜他的综合不够融洽,致使两种继承、两种倾向未能密合无间,引起后代注家的分歧。

这种分歧集中表现于陆绩《述玄》:

> 夫《玄》之大义,揲蓍之谓。而仲子①失其旨归,休咎之占,靡所取定,虽得文间义说,大体乖矣。(见《太玄》范望注本卷首)

可见注家由《太玄》的两种倾向而分为两派:宋衷只限于发挥义理,陆绩偏重于象数揲蓍。其余诸家也有此分,如《蜀志·李譔传》说,李譔父李仁"与同县尹默俱游荆州,从司马徽、宋衷等学",李譔"具传其业,又从默讲论义理","著古文《易》、《尚书》、《毛诗》、三《礼》、《左氏传》、《太玄指归》。皆依准贾、马,异于郑玄",其著述活动是在与王肃"殊隔"的情况下进行的,事前并未见过王肃的著作,而"意归"却与王肃"多同"。这"同"至少有三个方面:第一,李譔通过李仁和尹默间接地承袭宋衷,王肃则在十八岁时直接"从宋衷读《太玄》"(《魏志·王肃传》);第二,李譔同时从事古文《易》学和《太玄》学,

---

① 仲子,指宋衷。其在《三国志》及裴注所引诸书均作"宋忠",《释文》及《隋志》均作"宋衷"。今按晋惠帝讳"衷",可见"宋衷"是原名,晋人为避讳而改称"宋忠"。东晋以后,史家不必避晋讳,故又恢复"衷"字。宋衷,字仲子,在刘表时为五业从事,后入魏被诛。

王肃则"撰定父朗所作《易传》"(《太玄》范望注本卷首),又在宋衷《太玄》学的基础上,"更为之解"(《太玄》范望注本卷首);第三,李譔解释《周易》《太玄》偏重于"讲论义理",王肃亦然。从这三个方面来看,可将王肃、李譔的《太玄》学划归《太玄》义理学范围,为宋衷《太玄》学的继承者。至于与陆绩约略同时的虞翻和后来的陆凯、范望,都喜好象数。如李鼎祚《周易集解》详载虞翻佚文,专论纳甲、消息、卦变,为象数名家;《吴志·陆凯传》说凯"好《太玄》,论演其意,以筮辄验";现存《太玄》范望注释则论述象数及揲蓍之法,声称"玄以阴阳为宗"(《玄摛注》)。可见虞翻、陆凯、范望三家都属象数学派,与陆绩相类似。在《太玄》学的两派当中,象数一派长期流行,可说是与《周易》义理学并行的象数学的一个分支;《太玄》义理学派传至曹魏后期即告终结,终结的原因,是这学派在当时汇入《周易》的玄学义理学的洪流中去了。

## 第二章　东汉魏晋之政体学说及其对正统论的影响

在讨论玄学的政治背景之时，人们往往着眼于曹魏中后期的党争。当时曹氏集团先后以曹爽、夏侯玄为首，包括何晏等玄学代表人物，这些人在魏末晋初被诬加许多罪名，却深得晋初以后历代学者的同情。而以司马氏父子为首的集团包括许多干练的军政要员，这一集团通过发动高平陵事变，陆续诛戮夏侯玄、何晏等名士，控制了朝政，渐使魏朝过渡到晋朝。自晋初始，不断有人对司马氏的篡弑行为痛心疾首，对司马氏之"大行杀戮"加以谴责。东晋明帝时，王导追述司马氏之政变、屠杀及篡弑的史事，竟令明帝羞愧掩面，深以为耻。在这当中，相反的意见也是有的。一些人讥斥玄学家"清谈误国"之时，便有可能对司马氏父子之篡弑及屠戮等行为持宽容的态度。东晋史家习凿齿创立一种史学理论，以刘备之蜀汉为正统，主张晋朝乃承袭蜀汉，将曹魏从正统的历史中逐出，此说可谓"尊晋"之极至。而"尊晋"与"尊魏"，何者为上呢？应当承认，单纯地指责司马氏是不公正的，其实曹魏之代汉及南朝宋齐梁陈之禅代也都失之于篡，因之关于曹氏与司马氏的褒贬竟形形色色，此起彼伏，令人有无所适从之感。下章将重申我的一项旧说，即应注意在曹魏少帝齐王芳正始年间，有一大事发生，当时曹爽、何晏等人"屡改制度"，几构成一起政治运动。这次改制罕受前代史家关注，而我在1987年曾说明这次改制是与玄学相应的首要政治事件，通过研究改制的内容，或可超出褒贬曹氏与司马氏的局限。然而，不能不承认，现存史料关于这次改制的记载仅寥寥数笔，其与玄学的理论联系并非一目了然。今为阐发这次改制的意义，暂将目光移向中古经学史，说明在汉末魏晋时代，不断有学者从事关于理想政体模式的讨论。这些学者依据《古文尚书》及《左氏春秋》，申说一种关于政体的理想，即以为君主应当无为，委任贤臣主政，以避免种种弊端。其要点是维持政治权力的平衡，主政大臣必须专权，又必须安处臣位。汉代的王莽摄政、曹操辅政及魏末的司马氏专权，都终之以"篡"；东汉的窦氏、邓氏及何进的辅政，都以失败告终。唯蜀汉的诸葛亮辅政，在后人看来乃臻于完善，遂成为上述政体之说的主要例证。当时的政治评论及政治改革，与上述政体之说都有关联。在东晋出现的蜀汉正统论，也是以这种政体之说为出发点。

## 一 "君臣一体"和"一卿为政"

考察汉魏两代的上层政治体制，有一演进的过程。西汉时期，若有明君在上，便不会有权臣当政。汉初曾设置左右丞相，其后有丞相与御史大夫。如此建置，旨在使二卿分权，由皇帝制衡，皇权遂趋于稳固。后来汉昭帝年幼，元、平诸帝则能力较弱，故由外戚为大将军，专擅朝政。外戚专权的体制延续至极，终致王莽代汉。东汉光武帝痛感西汉末期的教训，遂使朝臣分权，政由己出。而光武帝以后，诸帝幼弱，便采用一种权术，一方面委任外戚为大将军，主持政事；另一方面又宠信宦官，使之监督大将军。在这里，外戚的特点是"亲幸"，却无皇位的继承权；宦官的特点是"近幸"，却无执政能力与威信。这种外戚与宦官分权而由皇室制衡的体制，虽有行政效率不足的弱点，却较稳定。后代史家对这体制的评价，往往是很低的，对外戚与宦官往往同加贬议，而魏晋学者的意见却较为特殊。魏晋学者注意到东汉执政的外戚不乏贤人，如窦宪伐匈奴，功劳很大；窦武任用名士，声誉颇高。比较之下，东汉的宦官干政则乏善可陈，堪为朝政废弛与腐败的主因。当时宦官势力增长，已致政治黑暗。汉末魏初的学者基于这样的认识，遂对东汉的宦官政治大加非议，将"谋诛宦官"的外戚或名士当成贤人甚至是英雄。而在政治理论的层面上，汉末魏晋的一些学者倾向于否定各种分权的政治体制，而申说"一卿为政"或贤相专权的主张。

为说明这种主张，应先分析一下古代通行的"君臣一体"之说。古文《尚书》有一项比喻性的说辞，大意是将政权比喻为人的身体，君主如同头颅，臣属如同四肢。如书中《益稷》载帝舜与臣属作歌云："股肱喜哉，元首起哉，百工熙哉！"又歌云："元首明哉，股肱良哉，庶事康哉！"两汉学者似熟知这些明文，而略作发挥，如《文选》卷五一载西汉王褒《四子讲德论》云："君为元首，臣为股肱，明其一体，相待而成。"《汉书·魏相丙吉传》后附班固赞辞："经谓君为元首，臣为股肱，明其一体，相待而成也。"《后汉书》本传载陈蕃上疏云："君为元首，臣为股肱，同体相须，共成美恶者也。"两汉学者所特别强调的，是君臣的"相须"或"相待"，而这一点在东汉末三国时期得到了发挥，如汉末荀悦《申鉴·政体》有云：

> 天下国家一体也，君为元首，臣为股肱，民为手足。

此处之"一体"，竟放大到"天下""国"与"家"，显示出"元首""股肱"的比喻性的说法，有演化为制度之学的趋势。这种趋势在魏人徐干《中论》的《审大臣》篇中表现得更加突出：

> 执政聪明睿哲，则其事举；其事举，则百僚任其职；百僚任其职，则庶事莫不致其治；庶事致其治，则九牧之民莫不得其所。故《书》曰："元首明哉，股肱良哉，庶事康哉！"

徐干在此节的上文，已说明"执政"即"君之股肱耳目"，在此节又指出"执政"之聪明与否，是百官任职抑或失职的关键，其中"执政"与"百僚"的关系，构成一种政治体制。这"执政"不大像是汉代的三公，而更像是专擅朝政的丞相或大将军。或者说，徐干似有意减少股肱之臣的数量，而提升其政治地位。

在魏少帝齐王芳正始年间，有一官员表达了与徐干相似的意见，就是担任弘农太守、幽州刺史等职的杜恕。杜恕《体论》沿袭《尚书》，指出："凡人臣之于其君也，犹四肢之载元首，耳目之为心使也，皆相须而成为体，相得而后为治者也。"（《群书治要》卷四八）在此基础上，他尖锐地批评法家关于"尊君卑臣"的学说，为此巧妙地利用了"元首"与"股肱"之说：

> 元首已尊矣，而复云尊之，是以君过乎头也；股肱已卑矣，而复云卑之，是使其臣不及乎手足也。君过乎头而臣不及乎手足，是离其体也。君臣离体而望治化之洽，未之前闻也。（《群书治要》卷四八）

法家将君主推举过高，在头之上；将臣属压抑过低，在足之下，致使君臣离体，如同头足分离，这在杜恕看来标志着政治的分裂或社会的离散，当然是不可取的。而为避免君臣离体的弊端，杜恕主张君主应"任贤"而"委政"，如同齐桓公之委任管仲。在这里，杜恕所说的股肱之臣显然不是三公九卿及百官，而是专擅朝政的大臣。

于是，关于"一卿为政"的学说在魏晋之际出现了。魏末晋初的学者傅玄指出：

> 故举一人而听之者，王道也；举二人而听之者，霸道也；举三人而听之者，仅存之道也。听一人何以王也？任明而致信也。听二人何以霸也？任术而设疑也。听三人何以仅存也？从二人而求一也。明主任人之道也专，治人之道也博。任人之道专，故邪不得间；治人之道博，故下无所壅。任人之道不专，则谗说起而疑心

生;致人之道不博,则殊途塞而良材屈。①

此节之上下文频举舜任皋陶、汤得伊尹为"举一人"或"听一人"之例,可见此处的"听一人"即指委任一人以专擅朝政,如同商代的伊尹、周初的周公、西汉的霍光。如此委任权臣当政,岂不违背了汉光武帝压抑强臣的初衷,有重蹈王莽代汉的覆辙的风险?然而傅玄的确就是这样主张的。在这方面,汉末建安时期的仲长统讲得更为直率:

> 《周礼》六典,冢宰贰王而理天下。春秋之时,诸侯明德者,皆一卿为政。爰及战国,亦皆然也。秦兼天下,则置丞相,而贰之以御史大夫。自高帝逮于孝成,因而不改,多终其身。汉之隆盛,是唯在焉。
> 
> 夫任一人则政专,任数人则相倚。政专则和谐,相倚则违戾。和谐则太平之所兴也,违戾则荒乱之所起也。光武皇帝愠数世之失权,忿强臣之窃命,矫枉过直,政不任下,虽置三公,事归台阁。自此以来,三公之职备员而已,然政有不理,犹加谴责。而权移外戚之家,宠被近习之竖。(仲长统《昌言·法诫》篇)②

《周礼》虚君,以冢宰为行政首脑,这成为仲长统"一卿为政"的主张的经典依据。而汉光武帝未能专任一卿,设置三公但也是虚职,这竟成为仲长统所斥责的反面例证。仲长统所申说的"一卿为政","任一人则政专",与傅玄所讲的"举一人而听之"意思全同,均指委任一人以专擅朝政。比较之下,仲长统之批评汉光武帝,立论更为尖锐;傅玄评次"听一人"为王道,"听三人"为霸道,更具理论性。这差别之成因或在于傅玄著论于仲长统之后,仲长统撰《昌言》的背景,是汉献帝时曹操专权的格局;傅玄著论的背景,是魏末司马氏专权的局面。两者

---

① 《傅子》,载于《群书治要》。亦见于(晋)傅玄撰《傅子评注》,刘治立评注,天津古籍出版社2010年版,第9页。

② (汉)仲长统撰:《昌言校注》,孙启治校注,中华书局2012年版,第307—308页。

同主张"一卿为政",与其背景当有密切的关联。

分析至此,便引出一个尖锐的问题,上述的主张权臣主政或"一卿为政"的学者,莫非当真支持曹魏代汉?抑或赞同司马氏篡魏?要想解决这个问题,须先研究一下中古政治学说中的另一项内容,即下节所要探讨的魏晋学者所看重的摄政形式。

## 二 "摄位"与"摄政"

两汉的大将军专擅朝政,以及王莽的"居摄",都是模仿周公摄政的先例。先秦两汉典籍多有关于周公摄政的记载,如《礼记》书中《明堂位》与《文王世子》两篇提到周公"践阼"或"践天子之位",《逸周书·明堂》提到"周公摄政君天下",《荀子·儒效》提到周公"履天子之籍",《韩非子·难二》提到"周公旦假为天子七年",《韩诗外传》提到"周公践天子之位七年"。郑玄注《礼记》,将"摄政"解释为"摄王位",则周公之"摄政"与"称王"几为一事。"摄"即假、代,"摄王位"即假代为王,在汉代更是假代为帝。大概由于这个缘故,两汉的大将军专权,一般不称"摄政"或"摄位",仅王莽是例外。王莽的"居摄",号称"假皇帝"与"摄皇帝",进而"即真",成为"真皇帝"。鉴于此种由摄代而即真的历史教训,东汉官方尤为厌恶摄政之说,当时官方的今文经学家竟断然否定了"摄"的合理性。直到东汉的政权衰落以后,才出现了一种新的关于摄政形式的学说,而这种新的"摄政"的概念,是与"摄位"严格区分的。

按今人的观念,两汉时期专擅朝政的大将军,如霍光、王凤、窦武、何进等,或可看作摄政大臣。而在汉代,这样的看法是绝不能有的。据《汉书·昭帝纪》,霍光在武帝临终时被任命为大司马大将军,"受遗诏辅少主"。昭帝即位后,霍光以大将军的名义"秉政","领尚书事"。据《汉书·成帝纪》,成帝即位时"以元舅侍中卫尉阳平侯王凤为大司马大将军,领尚书事"。东汉时窦宪、邓骘、梁冀、窦武等先后为大将军,均未"录尚书事",权力均较霍光、王凤为逊。献帝时曹操先后为司空、丞相、魏公、魏王，始终没有"摄"的名义。这些控制朝政的大臣虽无"摄政"的名义，却称"辅政"，"辅"低于"摄"是显而易见的。蔡邕《独断》记载：

> 秦汉以来，少帝即位，后代为摄政，称皇太后，诏不言"制"。汉兴，惠帝崩，少帝弘立，太后摄政。哀帝崩，平帝幼，孝元王皇后以太皇太后摄政。和帝崩，殇帝崩，安帝幼，和熹邓皇后摄政。孝顺崩，冲帝、质帝、桓帝皆幼，顺烈梁后摄政。

由此节记述，可知两汉除王莽外，仅有太后才有称摄的可能，霍光、王凤至多是"辅政"。进一步讲，蔡邕究竟是用汉末的文辞来概述两汉的制度，还是用两汉官方文献的原文来叙述汉代的体制，还不得而知。在汉朝，太后已是"至尊"，只要临朝，便可决定一切，何须摄代？则太后是否有"摄政"的名义尚属可疑。在汉代，以摄自居的大臣，可能只有王莽。而且在王莽的政治经历中，只有很短的几年可称之为"居摄"。据《汉书·平帝纪》和《王莽传》，汉平帝初即位，"太皇太后临朝，大司马莽秉政，百官总己以听于莽"。平帝元始元年（公元1年），王莽被赐号"安汉公"。元始四年，王莽加号为"宰衡"。在这之前，他已兼任太傅与大司马。元始五年，王莽被加以九锡之礼。平帝去世，王莽始仿效周公，改元为"居摄"，臣民谓之为"摄皇帝"，祭祀时称为"假皇帝"。至居摄三年，王莽"即真天子位"，改号为新朝，从而结束了"居摄"的时期。自汉哀帝去世时起，王莽一直专擅朝政，但只有"居摄"的三年算是摄政，可见汉代关于摄政的定义十分严格，摄政的例证极其稀见。

而对王莽短暂的居摄，当时已有强烈的反对意见。《汉书·王莽传》记载：

> 初，甄丰、刘歆、王舜为莽腹心，倡导在位，褒扬功德。"安汉""宰衡"之号及封莽母、两子、兄子，皆丰等所共谋，而丰、

舜、歆亦受其赐,并富贵矣,非复欲令莽居摄也。①

王莽属下的丰、歆、舜三人支持王莽成为安汉公和宰衡,却不支持王莽居摄,这是很可注意的。"安汉公"与"宰衡",名位已高于霍光及王凤等人,而居摄的名位又在宰衡之上。王莽居摄之后,丰、歆、舜遂与王莽离心,或有异举,丰、歆自杀,王舜忧死,可见居摄的意义十分严重。当时"摄"的权限远不止于摄行政事,而一定是指摄代天子之位,如王莽居摄意味着享有"摄皇帝"与"假皇帝"的尊号,距"即真天子位"只有一步之遥,无怪乎甄丰及刘歆等人要震惊、忧惧乃至谋反了。

一旦辨明两汉政治历史中"摄政""居摄"的特定含义,便可明白《春秋》学领域的"摄"与"无摄"有何等重要的分歧。《春秋》经文之首"元年春王正月"句下,未提隐公之"即位",为十二公的特例之一。《左传》就此作出解释:

> 不书"即位",摄也。

这是左氏解经之始,也是《左氏春秋》在东汉不能立于学官的原因之一。《左传》此句下文又提到"公摄位",显示出"摄"即"摄行君位"的简称,更易引致东汉官方经学家的愤怒。"摄也"句下孔颖达疏引述了东汉《春秋》公羊家代表人物何休在这方面的议论。

> 《膏肓》何休以为,古制:诸侯幼弱,天子命贤大夫辅相为政,无摄代之义。昔周公居摄,死不记崩。今隐公生称侯,死称薨,何因得为摄者?周公摄政,仍以成王为主,直摄其政事而已。所有大事,禀王命以行之。致政之后乃死,故卒称薨,不称崩。隐公所摄,则位亦摄之,以桓为太子,所有大事皆专命以行,摄位被杀,在君位而死,故生称公,死称薨,是与周公异也。且《公羊》以为

---

① 《汉书》,中华书局 1974 年版,第 4123 页。

诸侯无摄。①

何休此议，集中表现了东汉官方经学对"摄"之政治学说的排斥，但其不合史实却也是显而易见的，如称周公居摄仅限于"摄其政事"，与诸多古书关于周公称王的大量记载相悖。称"《公羊》以为诸侯无摄"，或与当时公羊学派的意见吻合，却有悖于《公羊传》的明文，《传》隐公三年宋穆公云："吾立乎此，摄也。"郑玄即据此说明《公羊传》并未排斥"摄"的说法。《公羊传》"隐公第一"题下徐彦疏指出："公羊［家］以为鲁隐公为受命王"，这一说法颇激烈，可能是引申于公羊家素有的"王鲁"或"以《春秋》当新王"的学说。何休申说"非摄"，既是出自公羊家的政治信念，也投合了东汉官方试图杜绝权臣篡位的需要，在当时应是颇富魅力的经学见解。由此见解，可知"摄"或"居摄"在东汉后期仍指摄代天子或摄代帝王，绝不仅限于摄行政事。

但这一点很快便发生了变化，当时郑玄进入了经学争论的舞台，成为何休的辩论对手。何休作《公羊墨守》，意谓公羊学的阵地像墨家城守一样坚不可摧，郑玄则"发《墨守》"，使左氏学一时战胜了公羊学。《礼记·明堂位》首章孔疏引郑玄《发墨守》云：

隐为摄位，周公为摄政，虽俱相幼君，摄政与摄位异也。②

其说鲁隐公为"摄位"，与《左传》文义契合。而称周公为"摄政"而不是"摄位"，在当时颇有新义。其实，郑玄并不否认周公曾有"摄位"之举，如《明堂位》首句郑注，"周公摄王位，以明堂之礼仪朝诸侯也"，即对周公摄代天子的史实的一种认可。郑玄定要判定周公为"摄政"，是鉴于周公"归政就臣位而死"，在归政之后便不能称为"摄位"了。郑玄的本意，是要驳斥何休关于"诸侯无摄"的论断，说明鲁隐公

---

① （清）阮元校刻：《十三经注疏》，中华书局1980年影印版，第1715页。
② （汉）郑玄注，（唐）孔颖达疏：《礼记正义》，吕友仁整理，上海古籍出版社2008年版，第1259页。

即"摄"之一例,而且隐公的"摄位"较之周公摄政是更为彻底的摄代政治。然而郑玄之区分"摄位"与"摄政",还有更重要的意义,盖两汉学者心目中的周公摄政与"摄位"全同,郑玄却指出有一种摄政形式可与摄位相区别,这就使当时关于政体的理论有了一项新的内容。

这新的内容,在晋初被扩大了。晋初杜预撰《春秋左氏经传集解》,就此提出新说。在左氏经文"元年春王正月"句下,杜注云:

> 隐〔公〕虽不即位,然摄行君事,故亦朝庙告朔也。①

在左氏传文"不书即位,摄也"句下,杜注:

> 假摄君政,不修即位之礼,故史不书于策,《传》所以见异于常。②

此注有一理论的前提,即上引郑注所说的"摄政与摄位异也",意即承认有一种与"摄位"不同的摄政模式。而郑玄以为隐公之"摄"乃"摄位",杜预却说隐公"不即位",只是"摄行君事",或者说隐公"摄政"而非"摄位",这结论竟与郑注截然相反。这结论能否成立呢?应当承认,不论是从经典解释学的角度还是从史学的角度,都可看出杜注有严重的缺点。从经典解释的角度来说,杜注违背了《左传》关于"公摄位"的明文。从史学的角度来说,隐公"生称侯,死称薨"(上述何休语),"在君位而死",确属"摄位"之例,杜称"不即位"实难成立。清代刘文淇已认识到杜注之失,指出"杜预之说非也",进而指出孔颖达疏"曲护杜氏,谬矣"③。然而杜预平生唯好《左传》,他为何要违背《左传》明文,并忽略前人关于隐公"摄位"的论证呢?答案只能从政治上去寻找。杜预是一位干练的军事家与政治家,极识时务,他关于隐

---

① (清)阮元校刻:《十三经注疏》,阮刻本中华书局 1980 年影印版,第 1713 页。
② (清)阮元校刻:《十三经注疏》,阮刻本中华书局 1980 年影印版,第 1715 页。
③ 刘文淇撰《春秋左氏传旧注疏证》,科学出版社 1959 年版,第 5 页。

公摄政的解释,当是出自政治或政治理论方面的考虑。据《三国志·魏书·荀彧传》,荀彧为曹操属下最重要的谋士,助曹操灭袁绍、吕布、刘表等,但却反对曹操晋爵为魏公,因而"忧薨"。其反对的理由,在于曹操一旦建立公国而世袭,便有篡汉的可能。这很像刘歆等人支持王莽担任大司马、太傅并加号为安汉公和宰衡,却不支持王莽居摄,因为王莽一旦成为摄皇帝,便有可能"即真"了。曹操属下孔融、崔琰、毛玠等人之死,或都与未能支持曹氏势力过度膨胀有关。大致上说,曹魏代汉,并未受到士大夫竭诚的拥护,故而汉末的曹氏专权很难被看作完美的政治体制。司马氏代魏也是如此,魏末的政治斗争极其残酷,经过数次政变,数次内战,数次大规模诛戮,司马氏才受禅而建立晋朝。时至东晋,明帝仍以祖先的史事为耻,可见魏末的司马氏专权也很难被当作完美的政治体制。杜预为晋初功臣,他注《春秋》当然不是为了抨击时政,更不敢非难魏、晋政权的合法性,但他的《春秋》学是一种政治学说,其主要内容是要构筑一种理想的政治模式,这一模式当与曹氏及司马氏有篡弑意味的政治截然不同。简单地说,这理想模式就是君主无为,权臣摄政而不摄位。上述荀彧那种支持曹操专权却不赞同建立曹魏公国的复杂的态度,与杜预所拟就的模式是很接近的。

杜预此说,与上述仲长统与傅玄所主张的"一卿为政""举一人而听之",大致上是一个意思。统玄两人所言"为政""听之",当然不包括"摄位"之义,而杜预在这一方面讲得更加明确,其政体之说也就更为全面了。

## 三 关于冢宰摄政的成说

杜预所标榜的权臣摄政而不摄位的模式,其实是魏晋南朝经学之通说,为当时《周礼》学、《左传》学及《论语》学的交汇点。在这当中,处于中心地位的,是《周礼》学。

《周礼》原名《周官》,在王莽当政以前一直湮没无闻,未曾流行。王莽执政时,与刘歆等人"开秘府",发现了这部书,遂称之为"经",

名《周官经》。稍后，王莽又将这部讲官制的书提升为礼类的经典，名为《周礼》。时至东汉，光武帝立五经博士，只立今文各家，曾得王莽支持的古文经传均遭排斥。《经典释文序录》说："汉初，立高堂生《礼》博士，后又立大小戴、庆氏三家……后汉，三《礼》皆立博士。"应注意此处的"三《礼》"绝非《周礼》《仪礼》和《礼记》，而是今文《礼经》的"大小戴、庆氏三家"。东汉官方之抵制古文经传与王莽有关，《周礼》最受王莽尊崇并利用，如何能在东汉得到支持呢？在东汉时期，《周礼》书名又删去"礼"与"经"二字，恢复旧名为"周官"，马融、郑玄所注则分题为《周官传》与《周官注》，这都是该书在东汉未立学官的证据。《隋书·经籍志》著录此经各家注本约十五种，多数题为《周官礼》，这应当是《周礼》在东汉以后、唐代以前通用的书名，加一"礼"字当然是由再立学官所致。据《三国志·魏书》本纪，魏文帝黄初五年（224）"立太学，制五经课试之法，置《春秋》谷梁博士"，仅提谷梁，是因当时只是恢复东汉的学官制度，在东汉"五经十四家"博士的基础上，增立谷梁一家。这显示出《周礼》在当时仍未立于学官。据《晋书·礼志》，魏明帝景初元年（237）十月始营圜丘，诏云："今祀圜丘，以始祖帝舜配，号圜丘曰皇皇帝天。"关于圜丘祭的记载始见于《周礼·春官·大司乐章》，魏明帝据《周礼》而举行大祭，则《周礼》在当时已立学官。可以肯定，《周礼》在东汉以后立学官的日期，在魏文帝黄初五年（224）以后，魏明帝景初元年以前。这正是玄学兴起之前的酝酿期。

《周礼》六官之首，为冢宰或太宰。冢宰为天官："乃立天官冢宰，使帅其属而掌邦治，以佐王均邦国。"所谓"佐王"如同汉魏史书所说的"辅政"，亦即主政的官僚。"冢"训为"大"，故而"冢宰"又公认为下文所说的"大宰"。这"大宰"的名号应当使读者感到亲切，因为这正是周公旦的职称。《汉书·王莽传》载臣民上书："伊尹为阿衡，周公为太宰。"这说法是根据《左传》定公四年关于"周公为大宰"的明文。周公既为太宰，则亦可称为冢宰。郑玄及汉魏古文经学家都以为《周礼》是周公所制的礼，撰作于摄政七年之间。那么，《周礼》书中竟有周公之位，这官位即太宰或冢宰，其名位在"王"之下，这一安排实已构成对"周公称王"之说的否定。

有趣的是，魏晋南朝正好有"冢宰摄政"的说法，并与"周公摄政"相比类。《论语·宪问》载子曰："君薨，百官总己以听于冢宰三年。"何晏《集解》引孔安国云：

> 冢宰，天官卿，佐王治者也。三年丧毕，然后王自听政之也。

其称"冢宰"为"天官卿"，明显是依据《周礼》，何晏所引述的孔安国语不论出于何时，其有《周礼》影响的痕迹是可以肯定的。这一何晏所赞同的议论指出新君即位后必须守丧三年，不得听政，而由冢宰"佐王治"，这与周公之摄政已很接近了。而《论语集解》另一章在这方面讲得更为明白，书中《泰伯》本文载曾子言："可以托六尺之孤，可以寄百里之命。"何晏《集解》引孔安国云："摄君之政令也。"其所谓"摄"显然是指与"摄位"不同的"摄政"，梁代皇侃诠释此句则更为详细：

> 命者，谓国之教令也。幼君既未能行政，故寄冢宰摄之也，如周公摄政也。①

"六尺之孤"之"幼君"不但要居丧三年，而且因年幼而"未能行政"，这种情况下的"冢宰摄政"便与长达七年的周公摄政完全相同了。此节疏解与孔安国、何晏的解释前后相承，显示出包括何晏在内的魏晋南朝学者的共识，是以为"冢宰摄政"或"周公摄政"为理想的统治模式之一，这种模式绝无"摄位"的意义在内，只是"摄君之政令"或"摄其行政"，与杜预所诠释的隐公摄政是一致的。

将杜预的摄政之说及仲长统的"一卿为政"之说都归本于《周礼》，有很大的意义。东汉以后，古文经学胜过今文经学，成为经学的主流。

---

① （三国魏）何晏集解，（南朝梁）皇侃义疏：《论语义疏》，高尚榘点校，中华书局2013年版。

人们常说《周易》为五经的第一大经，理由是古文经学以"易书诗礼乐春秋"为次，其实这只是五经六艺产生的先后次序。若着眼于理论的重要性，则应承认《周易》只是在哲学领域为五经之首，而从包括哲学在内的整个文化体系来讲，应承认《周礼》是古文五经的中心。郑玄解释三《礼》，乃以《周礼》为本。魏晋南朝的政治制度及宗教文化制度，都以《周礼》为首要的根据。而《周礼》的六官建置，以冢宰为首，从历史上讲则是以周公为首，这种关于文化传统与权威的标榜，较之今文经学更为成功。今文家所推崇的《春秋》不过是齐学与鲁学，不论其"王鲁"说，还是"以《春秋》当新王"说，都不敌《周礼》的周公之制或"周公致太平之迹"；而《春秋》的鲁公，其权威无论如何都不能高过周公旦。《周礼》书中最重要的冢宰之制，竟与仲长统等人的"一卿为政"说及杜预的"摄政"说一致，属同一学说体系，则这一学说在整个魏晋南朝的政教文化中应处中心的位置，对玄学的影响应是极其重要的。

## 四 王弼《易》学中的人事与君臣

上述汉魏流行的君主与权臣的关系之说，渗透到了王弼《易》学之中。提起王弼《易》学，人们往往会想到他在释卦时阐发的玄理，如"忘象"与"求意"，以及"少者多之所贵"及"寡者众之所宗"等，而很少有人重视他从汉代《易》学当中继承的学说。例如，《易纬乾凿度》规定了一卦六位自初而上的贵贱等级："初为元士，二为大夫，三为三公，四为诸侯，五为天子，上为宗庙。"此文为郑玄所注，在汉魏之际近乎是通行的说法，其中"五为天子"为王弼所赞同。试读六十四卦王注，屡次提到五为君位，五位之爻乃君主的标志。而关于五位之外的各位，王弼则有新解，他指出初与上两位乃是"终始之地"，"无阴阳定位"；第二位处于下卦之中，是强臣之位；唯三、四为下等臣位，介于二、五两位之间。李鼎祚在《周易集解序》中指出王弼《易》学的特点是"全释人事"，而王弼所讲的"人事"主要是二、五两爻的关系，亦即君主与强臣在不同形势下的各种关系。若仔细分析一下王弼关于这种关系的解说,可看出东汉以来《周礼》之学影响的痕迹。

如在《周易·乾卦》六爻当中,九二、九五两爻有"利见大人"之爻辞,王弼注意到这一点,注称"利见大人,唯二、五焉"。注又指出,九二有"君之德",但不在君位;九五则处于"盛位",而有"至德"。从中可隐约窥见明君与贤相的影子。

又如《蒙卦》六五爻辞王注:"以夫阴质,居于尊位,不自任察,而委于二。付物以能,不劳聪明,功斯克矣,故曰'童蒙,吉'。"在这里,六五处于"尊位"而为君主,无为而不"自任",不督察,将全权委任九二,这与仲长统所说的"一卿为政"几乎全同。

《师卦》九二王注:"以刚居中,而应于五,在师而得其中者也。承上之宠,为师之主,任大役重,无功则凶,故吉乃无咎也。"此言九二为卦主,是指九二为成卦的关键,有决定性的作用,其实九二不过处于权臣之位,得到君主的宠信和委任。由于"任大",必须有功,"无功则凶"。又据《师卦》六五王注,六五"柔得尊位",乃是君主,其统治方略是"不先唱","不躬行","必以授",或者说是无为而治,委任权臣。

《比卦》九五王注:"为比之主,而有应在二,显比者也。比而显之,则所亲者狭矣。"《比卦》义指亲近,九五亲近六二,并加"显之",以致"所亲者狭"。王注又云:"夫无私于物,唯贤是与,则去之与来,皆无失也。"这是说君主委任权臣,必须"无私","唯贤是与",而"显比"违背了这一原则,故不能得"大人之吉",仅得"显比之吉",这不能算是"为上之道"。此注的理论前提,显然是君主无私无为,贤臣专权或主政。

《复卦》九五王注指出,"处得尊位,不疑于二……",其思想的出发点与上述诸卦王注大致相同。

《泰卦》王注指出,六五之爻处于"尊位","降身应二,感以相与",九二之爻则"用心弘大","无私无偏",这显然是将《泰卦》阴阳交通之义解释成君主与权臣之间相互信赖的关系。

《大有卦》王注指出,六五之爻"居尊","不疑物,物亦诚焉",

"不言而教行"。九二之爻"为五所任",任重而致远,这几乎是理想的君主无为而委任贤相的图式。

据《临卦》王注,《临卦》六五以阴爻的身份"处于尊位",九五以阳爻的身份"有应在五"。六五对九五"不忌刚长,而能任之","委物以能,而不犯焉",以致被委任者"竭其视听","尽其谋能",从而达到玄学与道家所标榜的"不为而成,不行而至"的境界。

据《大壮卦》王注,大壮六五为君,九二得位中正而吉。六五"以阴处阳",有"失其所居"的危险,然而能委任九二,九二又"能干其任",六五遂得"无悔"。在这当中也显示出君主与权臣的合理关系。

《蹇卦》之义为"难",王弼指出,处于君位的九五处于大难之时,然而"居不失正,履不失中"。处于权臣地位的六二没有"私身远害",而能"志匡王室","履中行义,以存其上",致使九五得有"同志者集而至"的局面。此处的君臣关系与上述的模式也是一致的。

《解卦》义指"解难",王弼指出,六五"居尊","以君子之道解难释险",九二"为五所任","得乎理中之道,不失枉直之实",使六五"有解而获吉"。这也是合理的君主与权臣的关系。

据《未济卦》王注,未济六五处于尊位,"付与於能,而不自役,使武以文,御刚以柔"。九二得到"任与",遂"拯救危难"。六五"付物以能,而不疑也",致使九二"竭力","功斯克矣"。此处的君主与强臣的关系也是合理的。

对这种君主无为、贤臣专权的政治结构,王弼在上述诸卦注文中有正面的阐述,在其余各卦注释中也有隐约的暗示。例如,各卦九五或六五之爻或有凶兆,或处窘境,王弼追究其原因,或是由于自用刚强,不能无为;或是由于缺乏一个专权而又忠诚的贤臣。大体上看,王弼这种关于君主与权臣关系的学说,与上节所述《周礼》之学及杜预《春秋》左氏学的说法一致,都是主张君主无为而委任贤臣,贤臣应专权而又保持忠诚。王弼《易》学另有关于成卦之主的理论,内容是阐释"一卦之义"是如何形成的。对这颇富哲学意义的卦义之说,当在后面的章节另加论述。

## 五 关于诸葛亮的尊崇及正统论之提出

上述关于权臣辅政的构想，缺乏完美的史事例证。这一构想本是以周公摄政的史实为基础的，而周公曾否称王，却是令汉晋学者疑惑的问题。殷商的伊尹、西汉的霍光，都是古代权臣辅政的典型，然而伊霍有废立之举，这却是汉晋学者所不愿称道的。另如西汉的萧何、曹参，权力不专；东汉的窦氏、邓氏，均告失败。直到魏末，中原学者了解到蜀汉诸葛亮辅政的事迹，视之为权臣辅政的典范，才使上述关于政体的构想趋于完善。正是以这种构想为思想背景，在东晋史界出现了奇特的蜀汉正统论。

魏晋学者关于诸葛亮的评价，有一个上升的过程。诸葛亮本是曹魏大敌，曹魏君臣及官方学者原是不可能对他有任何的赞扬。蜀人初被征服，心怀畏惧，一时也不敢称赞故国的英雄。陈寿之记述诸葛亮史事并撰《三国志》，都是由于受了西晋朝廷的委托，为时较晚。再看诸葛亮的政治成就与军事业绩，在中国史上并不突出，他伐魏的战略意图并未实现，他治下的蜀国也迅速败亡，远不如"汤七十里"及"文王百里"那样发扬光大。最初对他加以有力的赞扬的，应是吴人张俨。据《三国志·蜀书·诸葛亮传》评语裴注，孙吴大臣张俨撰《默记》，书中有《述佐》一篇，评论司马懿与诸葛亮之优劣。所谓"述佐"，是评述各个时期的辅相或主政大臣。其以评次"诸葛、司马二相"为主要内容，大概是三国末期吴人特有的议论，或为同时期的魏人、蜀人所不敢言。张俨在《述佐》篇中指出，诸葛、司马都处于"宗臣"或"贤佐"的地位，诸葛亮所控制的国土及军民，不过是对方的"九分之一"，而敢"抗对北敌"，"使耕战有伍，刑法整齐"，"提步卒数万，长驱祁山"。司马懿"据天下十倍之地"，"据牢城，拥精锐"，却"无禽敌之意"，只是"务自保全而已"。若孔明不亡，则"胜负之势，亦已决矣"。张俨的结论是，诸葛亮堪与子产、管仲、晏婴相比类，"方之司马，不亦优乎"。关于魏、蜀之事，吴人是旁观者。张俨在孙吴晚期的官职为大鸿胪，负责外交事务，对魏蜀战事应颇了解，他关于诸葛亮的议论应具客观性与权威性，适足引起中原士人的注意。据《三国志·吴书·三嗣主传》所载，在吴主孙皓宝鼎元年（266）正月，张俨奉命出使中原，去吊祭刚去世的司马昭，归国时死于路上。孙皓宝鼎元年即晋武帝泰始二年，而晋武帝于泰始元年（265）十二月受禅代魏，建立晋朝，则张俨恰卒于西晋初创之际，他的《默记》显然应完成于西晋之前。《默记》关于诸葛亮优于司马懿的结论，可说是西晋以前诸葛亮所获的最高评价。

约在张俨之后，袁准又评诸葛亮，评次更高：

> 及其受六尺之孤，摄一国之政，事凡庸之君，专权而不失礼，行君事而国人不疑，如即以为君臣百姓之心欣戴之矣。行法严而国人悦服，用民尽其力而下不怨，及其兵出入如宾，行不寇，刍荛者不猎，如在国中。其用兵也，止如山，进退如风。兵出之日，天下震动，而人心不忧。亮死至今数十年，国人歌思，如周人之思召公也，孔子曰"雍也可使南面"，诸葛亮有焉。[1]

袁准此论，虽未敢如张俨之论诸葛亮优于司马懿，但赞颂较为全面，宛如评论圣人。其中"摄一国之政，事凡庸之君，专权而不失礼，行君事而国人不疑"数语，与上述关于君主无为、贤臣专权的政体之说相合，似是有意为之提供例证，在魏晋政治思想的历史中具有典型的意义。袁准，字孝尼，为曹魏功臣袁涣之少子，曾在曹魏少帝齐王芳正始年间向曹爽进言，为嵇康之友，在晋初任职为给事中。隋唐史志著录他的书，或名《正论》，或名《正书》，或称《袁子》。上述引文题为《袁子》，文中提到"亮死至今数十年"，当在魏元帝咸熙元年（264）之后。咸熙二年（265），晋即代魏，则上述袁准关于诸葛亮的评论当在西晋之初，在晋人关于诸葛亮的议论当中是较早的，也是较有代表性的。

---

[1] （晋）陈寿撰，（南朝宋）裴松之注：《三国志·蜀书·诸葛亮传》，中华书局1959年点校版，第934页。

大约在袁准评论之后，出现了陈寿的评论。陈寿所整理的《诸葛氏集》，完成于晋武帝泰始十年（274）。而在晋武帝太康五年（284）之后不久，陈寿完成了《三国志》。《三国志·蜀书·诸葛亮传》总结其伐魏战争的教训，称"亮才于治戎为长，奇谋为短，理民之干，优于将略"，这在后人看来是贬低了诸葛亮的军事才能及其成就。其实，诸葛亮伐魏之举，实不如关羽北伐的威胁更大。曹操曾试图迁都以躲避关羽进攻的锋芒，诸葛亮之出祁山却没有这样的效果。在晋武帝时期，诸葛亮尚未神化，故而陈寿的评论可保持冷静且客观。再说晋初尚文，晋武帝竟以武功为耻。据《晋书·后妃传》，晋武帝曾怒斥某妃为"将种"，对方反讥：司马懿"北伐公孙，西拒诸葛，非将种而何？"晋武帝竟"甚有惭色"。在此背景下，陈寿指摘诸葛亮武功的短处，实无贬义，而他称述诸葛亮之文治，在当时却属极高的赞扬。例如，陈寿归纳诸葛亮的行政及管理风格，是如此措辞的：

> 立法施度，整理戎旅，工械技巧，物究其极。科教严明，赏罚必信，无恶不惩，无善不显，至于吏不容奸，人怀自厉，道不拾遗，强不侵弱，风化肃然也。（《三国志·蜀志·诸葛亮传》）

又说：

> 诸葛亮之为相国也，抚百姓，示仪轨，约官职，从权制，开诚心，布公道；尽忠益时者虽仇必赏，犯法怠慢者虽亲必罚，服罪输情者虽重必释，游辞巧饰者虽轻必戮；善无微而不赏，恶无纤而不贬……（《三国志·蜀书·诸葛亮传》）

这已是中国古代政治的最高境界。陈寿的这些评语，可构成上述袁准评论的极佳的补充。

上述的权臣辅政模式，含有君臣两个因素，君主须有后人所说的正宗地位，并能无为而委任贤臣；贤臣必负行政之全责，并对君主保持忠诚。其中贤臣可举诸葛亮为例，而君主可否举刘备、刘禅为例呢？这在魏末晋初的中原士人看来是不妥的。刘备所创的蜀汉，本与曹魏为敌，司马氏既受禅于魏，从法理上说必以曹魏为正宗，以蜀汉为贼寇，则魏末晋初的中原士人虽称赞诸葛亮，却不能承认蜀汉政权的合法性，在当时若是有人将蜀汉君臣当成理想政治模式的典型，恐是冒险的。两晋学者为克服此中的障碍，屡创新说，如西晋的张辅在这方面的表现十分激进。《晋书》本传称：

[张辅]又论魏武帝不及刘备，乐毅减于诸葛亮，词多不载。

《艺文类聚》卷二二引张辅《名士优劣论》的文字，文中多方举证，说明在军事方面"玄德为胜"，为曹操所不及；在政治方面，曹操"忌克"，对荀彧、杨修等人加以"贼害"，"仁爱不加亲戚，惠泽不流百姓"，不如刘备"威而有恩，勇而有义，宽弘而大略"。① 此种推尊刘备、贬抑曹操的议论，在唐代以后堪称老生常谈，而在张辅的时代则属石破天惊之语。张辅活动于西晋中后期，他的这番议论适可补充袁准之论的不足，使诸葛亮辅政的故事更加有望成为当时理想政治模式的典范。据《艺文类聚》所载，张辅在《名士优劣论》中还论证诸葛亮优于乐毅，这一评价较之袁准更进一步，由此也可看出准、辅两人评论的先后承继的关联。

在这尊崇刘备、诸葛亮的思想潮流中，匈奴人起了不容忽视的作用。据《晋书·刘元海传》，在西晋惠帝永兴元年（304），匈奴首领刘渊起兵，自称汉王，僭为汉朝宗室，奉两汉高、文、武、宣、光武、明、章诸帝为祖宗，将蜀汉先主、后主纳入祖宗之列。在这行列之中，又有"三祖"与"五宗"之分。"三祖""五宗"多数为汉代宗庙制度所规定，如汉高帝刘邦庙号为太祖，西汉文帝庙号为太宗、武帝庙号为

---

① 见《艺文类聚》，上海古籍出版社1999年版，第408页。文中"威而有恩"，原作"威而有思"，"思"为"恩"字之误。

世宗、宣帝庙号为中宗，东汉光武帝庙号为世祖、明帝庙号为显宗、章帝庙号为肃宗。此处已列出二祖及五宗，唯缺一祖。《刘元海传》引刘渊语提到"昭烈"，指蜀汉后主所尊奉的昭烈皇帝刘备。李慈铭据《晋书·王弥传》，考证刘渊乃尊奉刘备为"烈祖"，则"太祖""世祖""烈祖"，共为刘渊所尊奉的三祖。在这当中，刘备称"祖"，汉武帝、宣帝等仅称为"宗"，可见刘渊之尊刘备，乃与汉高祖及光武帝并列，实为前所未有，为史上刘备崇拜之高峰。刘渊起兵时还"追尊刘禅为孝怀皇帝"，"孝怀"之号亦表现出对于刘备的敬意。据《刘元海传》，刘渊曾指出追尊蜀汉的理由：

> 汉有天下世长，恩德结于人心，是以昭烈崎岖于一州之地，而能抗衡于天下。吾又汉氏之甥，约为兄弟，兄亡弟绍，不亦可乎？且可称汉，追尊后主，以怀人望。①

可见尊崇蜀汉，与当时社会上的"人心"及"人望"相合。刘渊死后，其后继者攻灭西晋，占领两京，后又改易国号，史称"前赵"。自前赵始，中原陷于混乱、黑暗之局，故刘渊可称为"五胡乱华"的祸首，为历史的罪人。不过唐修《晋书》也提到了刘渊的一些长处，说他幼年"好学"，曾学习《毛诗》、京氏《易》、马融所传的《尚书》，尤好《左传》及孙、吴《兵法》，遍读《史》《汉》及诸子，又学"武事"。他成年后得到晋人的赞赏，赏识者包括司马昭、晋武帝、王浑、王济、杨骏、成都王司马颖。大体看来，不论刘渊所起的历史作用如何恶劣，都应承认他尊崇刘备父子的举措是明智的，是投合当时"人心"的。

时至东晋中期，习凿齿撰《汉晋春秋》，立足于新的史学理论而叙述了东汉、三国及西晋的历史，起于汉光武帝，终于西晋愍帝。他的新理论是尊蜀抑魏，将曹魏从正史的统绪中逐出，以蜀汉为正统，而承继后汉。西晋则承继蜀汉，而构成一完整的正统论。此论的思想背景，是

---

① （唐）房玄龄等撰：《晋书》，中华书局1974年版，第2649页。

多数人承认蜀汉的政治教化优于曹魏，故而不能将此论看成是凭空产生，应认识到此论不过是在舆论的基础上更进一步而已。据《晋书》本传，习凿齿临终时上疏，说明他提出正统论的动机，是为了"尊晋"。这"尊晋"的动机可发人深思：晋朝可依托蜀汉以提升其文化地位，可见蜀汉之获极高历史评价是正统论的前提。《汉晋春秋》久佚，现存的六朝隋唐史料多载其佚文。据其佚文，可知《汉晋春秋》的重点是记蜀汉之史，而记蜀汉之史又以诸葛亮史事为多。今人所知的诸葛亮史事及有关传说，除《三国志》以外，多数是出自习凿齿的手笔。由此更可确信，习氏正统论之提出，与魏末两晋时人关于诸葛亮的崇拜有密切的关联。

正统论的建立，使上述的贤臣辅政模式有了完美的例证，这一模式遂以蜀汉正统论为其标志。后人即使不熟习经学，对贤臣辅政模式未必了解，却一定熟知蜀汉的故事，于是这种辅政模式趋于具体化和故事化，这就是"桃园三结义"加上军师诸葛亮。而在玄学初创的曹魏正始时期，这一故事化的模式尚未形成，当时诸葛亮去世不久，蜀汉仍是魏之强敌。夏侯玄、何晏等玄学家若想到诸葛亮，大概只会恐惧和敌视。他们所面临的是一个混乱之局，魏帝曹芳年幼无知，辅政大臣曹爽权重而缺乏经验。如何助曹爽控制朝政并纠治时弊，是正始年间玄学家所关注的课题。对他们来说，上述君主无为、贤臣辅政的模式，即表现为少帝曹芳无为、曹爽专权的局面，他们在这局面下的政治运作，便构成了玄学兴起的政治背景。

## 第三章　士庶等级与正始改制

我们研究历史上任何一种哲学流派或著作，都必须与一定的社会政治背景相联系，研究玄学尤其是如此。玄学不是个别人的思想，而是一个时代多数哲学家共同倡导、坚持和赞同的学问。它也不是瞬息即逝的学派，而是不断持续的、余波长达近一个世纪的思想运动。考虑这种情况，显然应特别注意研究玄学兴起之际的政体学说、正统论及其社会政治背景，进而具体地解释汉魏之间的士庶之辨、九品制度、名士、清议及正始改制等。在这里，正始改制尤值得重视。过去人们常说正始期间的主要政治事件是曹氏集团与司马氏集团的党争，这种说法显然不利于解释玄学的缘起。人们很难相信一种盛行十年并波及数百年的思想运动，仅仅是为了对付一个思想暧昧的政治集团才开创的。①实际上也难于理解，正始玄学的贵无论和形上学怎么会是铲除异己、争权夺势的思想武器。再说，司马氏集团在政变之前一直处于潜伏状态②，曹氏集团的失败从一定程度上说可归因于对政敌实力及危险性估计不足③。既然估计不足，怎么又会为了对付它而去从事规模庞大的学术创新？有鉴于此，

---

① 《晋书·宣帝纪》说，司马懿"内忌而外宽，猜忌多权变"，属阴谋家一类；《景帝纪》说，司马师"沈毅多大略"，以"几""能成天下之务"著称，虽为名士却不以学术见长。
② 据《魏志·曹爽传》，司马懿"称疾避爽"，"示以羸形"，注引魏末传说司马懿在正始时故意"错乱其辞，状如荒语"，"阳为昏谬"。
③ 据《曹爽传》，曹爽、邓飏等人在夺司马懿实权后"作威"，常"饮酒作乐"，对司马氏未存戒备之心。

显然应把注意力转向改制的事件上。据《三国志》《晋书》的记载，正始玄学家除年轻后进的王弼等人之外[①]，一般都兼有政治家的身份，如夏侯玄是政治改革方案的主要制定者，并且是曹爽辅政下的军事台柱；何晏、邓飏等人都是当时政务的主持者和改制的发起者，并且是曹爽的"谋主"。如果说他们的主要学术创造是玄学，那么他们的主要政治作为就是"改制"，这改制是"屡改""数改"[②]，显然不是偶然事件而是一种政治运动；这改制的主持者都是宗尚"玄远"的人物，改制应有长远的目标和宗旨；这改制是何晏、邓飏等人被处死刑时的主要罪状，而这些人的失败也确可归咎于改制的"事不下接"，"民习于旧，众莫之从"[③]。由此而论，这些玄学家的改制运动是正始期间与玄学对应的主要政治事件，在早期玄学政治背景当中应处核心的位置，甚至可说是早期玄学政治理论的实施，对它是不能不多加研究的。

## 一 玄学兴起的社会背景

早期玄学的社会政治背景除玄学家的改制之外，尚有士庶之辨、九品制度、名士及清议等因素。"士庶之辨"又称"士庶之科"，是指两晋南北朝时期士族、庶族对立的格局及其等级规定；"九品制度"又称"九品中正制度"，是魏晋南北朝时期实行的选举制度；"名士"是起源于汉代的社会阶层，它的性质在魏晋南北朝时期有所变化；"清议"是"名士"的政治议论，这种议论随着"名士"的演变而有不同的含义。

过去有一种误解，以为士族、庶族是因经济地位不同而划分的社会阶层，将两者与势族、贱族、高门、寒门、豪族、单家相混淆，甚至说九品制度是出于士族的创造。然而南朝梁人沈约早已说过：

---

① 据《魏志·钟会传注》引《王弼传》，王弼曾热心仕宦，觐见曹爽"请间""与论道移时"，也有从政的愿望。
② 见《魏志·王凌传注》引《汉晋春秋》中王广语。
③ 见《魏志·王凌传注》引《汉晋春秋》中王广语。

> 逮于二汉，兹道未革（指"蹈道则为君子，违之则为小人"），胡广累世农夫，伯始致位公相；黄宪牛医之子，叔度名重京师。……郡县掾史，并出豪家；负戈宿卫，皆由势族，非若晚代，分为二涂者也。汉末丧乱，魏武始基，军中仓卒，权立九品，盖以论人才优劣，非为世族高卑。因此相沿，遂为成法。自魏至晋，莫之能改。州都郡正，以才品人，而举世人才，升降盖寡，徒以凭藉世资，用相陵驾，都正俗士斟酌时宜，品目少多，随事俯仰，刘毅所云"下品无高门，上品无贱族"者也。岁月迁讹，斯风渐笃，凡厥衣冠，莫非二品，自此以还，遂成卑庶。周汉之道，以智役愚，台隶参差，用成等级；魏晋以来，以贵役贱，士庶之科，较然有辨。（《宋书·恩幸传序》）

传唐代柳芳也有相似的说法：

> 先王公卿之胄，才则用，不才弃之，不辨士与庶族，然则始尚官矣。……魏氏立九品，置中正，尊世胄，卑寒士，权归右姓已。其州大中正主簿、郡中正功曹皆取著姓士族为之，以定门胄，品藻人物。晋宋因之，始尚姓已。（见《新唐书·柳冲传》）

两文都说明九品制度起于汉末，士庶之辨始于晋代，前者是因，后者是果，表明晋以前只是"尚官"，只有高门、寒门、势族、贱族等，并无士庶之科。晋宋选举才开始"尚姓"，有了士族、庶族的分别。由"尚官"到"尚姓"的过渡桥梁，便是九品制度。

过去还有一种误解，认为名士都是士族、高门的代表人物，名士的清议就是代表士族高门利益的人物批评。其实，汉魏名士与晋宋名士有所不同，前者是与势族高门相对抗的力量，后者才代表士族的利益。汉魏清议与晋宋清议亦有区别，前者是防止士庶之科形成的因素，后者是为士庶之科辩护的言论。

下面分七节来说明这些观点。

## （一）汉代的士庶与门阀

"士庶"一词约有三义，或指吏士与庶民，或指士大夫与庶民，或指士族与庶族。前两者取决于个人功过，是就个人职位而言的；第三者取决于祖上的功过，是就家族地位而言的。过去有人说士族即士大夫，这是将个人职位与家族地位错误地混淆了。关于门阀，有两种情况。第一，门阀受尊重是出于法制以外的原因。第二，门阀受尊重是由于法制规定。在前者只有门阀，未成制度；在后者不但有门阀，而且有门阀制度。有鉴于此，研究汉代有无士族、庶族对立的问题，即取决于两种因素：第一，当时士庶是指个人地位还是指家族地位？第二，当时有没有形成一种门阀制度？

早在春秋战国时代，"士"与"庶"便已成为某种等级的名称，如《管子·五辅》："士民贵勇武而贱得利，其庶人好耕农而恶饮食"；《国语·晋语》："公食贡，大夫食邑，士食田，庶人食力……"；《左传》昭公七年："王臣公，公臣大夫，大夫臣士"；《礼记·王制》："诸侯之上大夫卿、下大夫、上士、中士、下士，凡五等"；又《左传》襄公九年说庶人"力于稼穑"，与工商同列。《管子》等书提到士农工商，又说"庶人好耕农"，可证"农工商"即《国语·周语》说的"庶人、工、商"。由于重农思想的影响，后来"庶人"一词的外延有扩大，《孝经·庶人章疏》引严植之说："士有员位，[庶]人无限极，故士以下皆为庶人。"意即农工商都可用"庶人"一词来概括。这样，春秋战国的社会等级至少可分为王、公、侯、伯、子、男、卿（上大夫）、大夫（下大夫）、士（上士，中士，下士）、庶人和仆隶。其中的士，即下层官吏或官吏的后备人员，士庶即吏民，都是个人职业的名称。《孟子·梁惠王》上篇说："大夫曰：'何以利吾家？'士、庶人曰：'何以利吾身？'"也证明士庶即个人职业，不是家族的等级。

至汉魏两朝，有豪族、部曲、佃客等阶层出现，但"士庶"之义无大变化。《淮南子·齐俗训》及《说苑·政理》都提到"士农工商"，《申鉴·时事》与《三国志·魏志·董卓传》及《后汉书·刘虞传》提到"士庶",都指吏民。《后汉书·杨赐传》载赐上书,引《周书》论灾异,历举天子、诸侯、卿大夫、士庶人,与先秦的说法相合;杨赐又说"士庶人见怪则修身",与《孟子》关于"士庶人曰何以利吾身"的说法亦合。可见汉魏时期"士庶"仍指个人职业,不指家族地位。先秦两汉典籍多有"庶族"与"庶姓"两词,罕与士族对举。其不对举的原因有二,其一,"庶族"与"庶姓"原义不指庶民,如郑玄注《左传》隐公十一年"庶姓"云:"非周之同姓。"又注《周礼·秋官·司仪》"庶姓"云:"无亲者也"《诗经·小雅·伐木》,孔疏亦云:"庶姓,与王无亲者。"都证明先秦两汉的"庶族"及"庶姓"是与皇族或王族相区别的"庶姓之族",其中已包括士大夫在内,自然不会再与士族对举。其不对举的第二个原因,是由于门阀制度尚未形成。现在人们注意到东汉时"豪族"、名族、冠族、高门等已普遍存在,遂以为这就是后人所谓的士族。其实,这种豪族高门及其与贱族寒门的对立在当时并未形成制度,相反,却常被当作某种弊病来看待。《后汉书·章帝纪》载建初元年诏云:"夫乡举里选,必累功劳",斥责"今刺史、守相不明真伪",称赞"前世举人贡士,或起畎亩,不系阀阅",主张选举应贯彻"不系阀阅"的原则。东汉后期王符撰《潜夫论》,抨击"以族举德,以位命贤"的风气,贬其为"俗士之论"(《论荣》篇);揭露时人"虚谈则知以德义为贤,贡荐则必阀阅为前"(《交际》篇),称其为"口正心邪"(《交际》篇);汉末仲长统作《昌言》,批评当时"选士而论族姓阀阅"的弊端,称其为"俗",为"可贱"(见《意林》卷五)。甚至到西晋初年,刘毅、卫瓘、段灼等仍对九品选举中"上品无寒门,下品无势族"的情况表示愤慨,称其为枉滥、乱源、祸根、虚妄等(见《晋书·刘毅传》及《段灼传》等)。如果说西晋以后的正议是"士庶之别,国之章也"(见《南史·王球传》),那么汉魏的正议便是"[选]士宜以才行为先,不可纯以阀阅"(《后汉书·韦彪传》引彪语)。

简单地说,选举中高门优先的情况在汉魏受到舆论的谴责,尚未得到法制的认可,不存在法定的家族特权。当时的情况恰如沈约等人所说,只有官吏的"等级",而"不辨士与庶族"。

## （二）九品制度的建立与士庶之科的形成

"庶族"一词，在汉代只有"庶姓之族"一义，在东晋南北朝却增至两义：其一仍指"庶姓之族"，如《南齐子·褚渊传》有"庶姓三公"的提法，《豫章王嶷传》中竟陵王子良提到"庶族近代桓温、庾亮之类"，均属此例；其二则与"士族"对举，如梁代沈约《奏弹王源文》云："窃录璋之姓族，士庶莫辨"（见《文选》卷四〇）；东晋时贾弼"好簿状，大披群族……士庶略无遗阙"（见《通典》卷三），其中"士族"都指族姓，非指个人身份。推究这"士族"与"庶族"对举的缘由，应溯因于九品中正制度。

九品中正制度是一种选举制度。这里说的选举与西方的选举完全不同。西方古希腊、罗马共和国时期及近现代的选举，是由一定范围和层次的公众推出立法者与行政首脑，一般官吏均由政府任命；而中国古代的"选举"则相反，皇帝作为立法者及行政首脑由世袭产生，皇帝以下的各种官职由地方推举人才来充任。而且，地方推举人才不是由任何层次的公众决定，而是由地方上的官吏负责，其推举结果只是确定该人才可否做官，至于担任哪一种具体官职仍由朝廷分派。这种选举由于有专断性质，需要自上而下的挑选、监察、考核、鉴别，故又称"察举"。还有一种特殊的完全是自上而下的选举，是由皇帝直接来选拔人才，叫作"征"；或由公府州郡选拔人才，叫作"辟"，征辟显然更具专制性、独断性。汉代地方官察举的办法比较简单，通称"乡举里选"；唐代地方官察举的办法是考试，举到朝廷后还要考试。由于考试有科目，人们一般称其为"科举"，不再用"察举"一名。从汉代的乡举里选到唐代的科举，有一个中间环节，这就是魏晋南北朝时期的九品中正制度。

汉末魏初，中原几经战乱，士人流徙，考详无所，由地方官主持的乡举里选很难进行，于是各州郡都设置中正，由该州名士担任，负责对散在各地的该州人士进行品评，为政府中吏部之任命官职提供资料和根据。某州中正不必身在该州，任中正者可以是朝廷大臣，这与汉代的乡里选举显然是大为不同的。由于中正的品评方法是将士人分为九等，故

称"九品制度"。关于这种制度的创立过程,凡有两说,一说由汉献帝延康元年曹丕即魏王位时陈群所创:

> [文帝]即王位……[陈群]徙为尚书。制九品官人之法,群所建也。(《魏志·陈群传》)
>
> 魏文帝为魏王时,三方鼎立,士流播迁,四人错杂,详核无所。延康元年,吏部尚书陈群以天朝选用不尽人才,乃立九品官人之法。(《通典》一四)
>
> 司空陈群始立九品之制,郡置中正,评次人才之高下,各为辈目。(《太平御览》二六五引《傅子》)

一说由曹操创于军中:

> 汉末丧乱,魏武始基,军中仓卒,权立九品。(《宋书·恩悻传序》)
>
> 九品始于丧乱,军中之政,诚非经国不刊之法也。(《晋书·李重传》引李重疏)

由此两说,可知曹操的建树是在军中设立九品制度,陈群的建树是在民事领域设立九品制度。曹魏建国是军事集团的扩充,其屯田是先有军屯,后有民屯;九品制度也是在军中先具雏形,再扩展到民事领域。

曹魏既由军事集团扩充立国,故倾向于集中权力,不容忍权力的分散。乡举里选作为一种分权的制度,与曹魏的专制倾向本不相容。从客观上说,九品制度是为解决乡举里选无法进行的困难建立的;从主观上讲,这一制度是为应和曹魏的专制需要而建立的。上文讲过这制度下,各州中正不必身在该州,可由大臣充任,而魏晋的多数"中正"确为政府官员。王鸣盛《十七史商榷》卷四〇考证中正的授任,指出"大多以他官兼摄,无专员,又或以致仕家居者为之"。其所以不委乡老而以官员兼摄,是为了便于控制。《魏志·傅嘏传》载明帝时嘏上疏云,"昔先王之择才，必本行于州闾……乡老献贤能于王，王拜受之。………方今九州之民，爰及京城，未有六乡之举，其选才之职，专任吏部"，意即吏部尚书据中正评次而选用官才，权力过分集中，非如乡举里选有相对的独立性。又《宋书·臧焘·徐广等传论》反对"求士于朝"，主张"选贤于野"，称赞"汉世登士，闾党为先"，讥刺曹魏"选贤进士，不本乡闾，铨衡之寄，任归台阁"，说这是"以一人之耳目，究山川之险情，贤否臆断，万不值一"。这话要求曹魏在士人流徙的条件下实行乡举里选，自然是幻想，然而说曹魏九品制度是"求士于朝"，听凭"一人之耳目"，则是十分中肯的。

如果说"四世三公"与"四世太尉"在汉代是罕见的名族，那么"公门有公，卿门有卿"在晋宋几乎是通例。关于这变化的原因，晋初群臣公认是九品中正制度造成的。《晋书·刘毅传》及卫瓘、段灼、王沈等人传中分别引述晋初诸人对九品制度的批评，卫瓘说该制初创时尚能"不拘爵位"，而"中间渐染，遂计资定品"，"唯以居位为贵"，意谓吏部与中正专断选举却又不能了解情况，便由资历来定品。资历以官位最为确实可靠，于是位高居上品，位低居下品。刘毅说各州郡的中正考虑"党利"，任凭"爱憎"，接受"货赂"，于是势家子弟都是上品，出现"上品无寒门，下品无势族"的情况。按段灼所说，"据上品者非公侯之子孙，则当涂之昆弟"；用王沈的话讲，是"公门有公，卿门有卿"，用现在的话讲，是士大夫必出士大夫之门，庶人必出于庶人之门，累世相承，沿袭成例，遂形成"士大夫之族"与"庶人之族"，简称则为"士族""庶族"。如果对"士"的概念作广义的理解，把它的外延扩及卿大夫，那么东晋士族、庶族便可说是世袭的"士庶"。大概由于这个缘故，"士庶"在东晋南北朝又成了士族、庶族的简称。

士族、庶族对立格局形成的确切时间，当在两晋之交。曹魏初设九品时尚未考虑"士庶高卑"，士族尚未形成。西晋虽已"上品无寒门，下品无势族"，然遭时论非议，可见当时士族仅有萌芽，尚未成熟。"岁月迁讹，斯风渐笃，凡厥衣冠，莫非二品，自此以还，遂成卑庶"（沈约语），于是在两晋之交，势族向士族的转化完成了，士族、庶族对举的等级制度形成了。说在两晋之交，还有几个理由。第一，西晋后期惠帝昏庸，政府腐败，任凭高门特权发展，而士庶等级可说是吏士、庶民的世袭化，恰是政府腐败、豪门特权的产物。《南齐书·礼志》载曹思文上表：

> 晋初太学生三千人，既多猥杂，惠帝时欲辩其泾渭，故元康三年始立国子学，官品第五以上得入国学。天子去太学入国学，以行礼也；太子去太学入国学，以齿让也。太学之与国学，斯是晋世殊其士庶，异其贵贱耳。

应注意这里国学与太学的区别是官品，不是族品，"官品第五以上得入国学"是官僚特权，不是某种家族或宗族的特权。从这点上说，应承认士族、庶族的等级在当时尚未形成。然而官僚子弟普遍享有特权，可促成"卿门有卿"的情况出现，加速士族、庶族等级的产生。曹思文说国学、太学分立是"殊其士庶"，主要指吏士、庶民之别，亦隐含士族、庶族之义。由此而论，士族、庶族等级制度在两晋之交出现，是顺理成章的。第二个理由，两晋末期的八王之乱与等级制、世袭制密切相关，八王是作乱集团的最高首领，也是西晋社会最高的高门；八王的羽翼是各级官僚，可按门第的高低依次排列。这情况自然会加重寒门地主对豪门的依附，使权豪的世袭特权容易得到确认。第三，中原倾覆之后，晋室东渡，客居吴地。当时灭吴未久，晋室对吴人的征服、统治尚不巩固，骤然处于吴人包围之中，有不稳定感，故不得不依靠东渡的中原大族，使其享有类似贵族的特权，成为确定的士族。《颜氏家训·涉务》篇提到"晋朝南渡，优借士族"，即就此而言。

东晋和东晋以后，士族、庶族的区别渐趋固定，遂由清议的抨击目标而变为清议的维护对象。如《南史·王球传》记载，南朝宋文帝命士族王球与某庶族子弟交友，王球抗命云："士庶之别，国之章也"，文帝不得不"改容谢焉"。又如南朝梁代士族王源与满氏通婚，沈约便加弹劾，说满氏姓族"士庶莫辨"，请将王源"禁锢终身"（见《文选》卷四

○)。在这期间，士族、庶族的差别与对立俨然成为国家的典章，即使权臣也不得逾越，皇帝也不能违背。

由上所述，可知汉魏有吏士与庶民、高门与寒门、势族与贱族的对立，却无士族与庶族的差别。前者存在于九品制度创立之前，后者产生于九品制度设立之后。吏士、庶民，名士、庶士，高门、寒门，势族、贱族等，都是自然形成的社会阶层，其阶层分限以具体的官位、权势为依据，却无法律的保障；而士族、庶族却多多少少是人为规定的政治等级，等级划分的依据是祖上资历与中正的评次，与官位、权势无直接关系。士族可以清贫，庶族可以富有；士族可以归隐，庶族可掌权要。这种等级差别完全是九品制度的产物，过去人们说九品制度为士族所创并为其利用，是将因果倒置了。

### （三）士的分化和名士的产生

名士是汉魏两晋南北朝士人中的特殊阶层，推究它的起源，至迟应上溯到西汉的"守文"。

在春秋战国时期，士已分为上士、中士、下士，并有文士、武士的区别。汉初文士的地位不算优越，如刘邦不喜儒生，自称据有天下是"马上得之"。后来文士的地位大大超过武士，如曹操在汉末的战乱之际还坚持认为"野战之绩，不逾庙堂"。其所以发生这种变化，可能与汉代的"守文"风气有关。《后汉纪》卷二二论云，两汉元、成、明、章诸帝提倡经学，"守文之风盛矣"。《后汉书·党锢传序》也说：

> 自武帝以后，崇尚儒学，怀经协术，所在雾会，至有石渠分争之论，党同伐异之说，守文之徒，盛于时矣。

对这风气，王充不以为然，以为"俗儒守文，多失其真"（《后汉书·王充传》），范晔也批评说："守文之徒，滞固所禀"（《后汉书·郑玄传论》),今人遂有以为"守文"就是"拘牵文义"[1]。其实"拘牵文义"只是"守文"的引申义,而非原义。《后汉书·明帝纪》中元二年诏云:"朕承大运,继体守文",注云:"创业之主,则尚武功以定祸乱;其次继体而立者,则守文德。"并引《谷梁传》云:"承明继体,则守文之君也。"可见"守文"原意是"文治",与创业的"武功"相对举。由于"守文"一词的内涵较窄,外延较宽,语义含混,故有各种不同的用法。如《资治通鉴》卷二二引汉武帝言,一方面为自己的"变更制度"和"出师征伐"辩解,另一方面又反对后世重复他的做法,希望在身后出现一个"守文之主"。其以"守文"与"变更制度""出师征伐"对举,是仅就政治上的造作非常而论,与《谷梁传》"继体守文"之义相比较,稍有发挥。《汉书·外戚传序》:"受命帝王及继体守文之君",颜师古注云:"守文,言尊成法,不用武功也。"与汉武帝的说法略同。汉代以儒术治国,五经犹如法典,于是政治上"尊成法"的"守文"被引申为经学上的"守文",王充认为"俗儒守文,多失其真"(《汉书·外戚传序》),韩康伯《周易序卦传注》抨击汉儒"守文而不求义",都是就"守文"的引申义而言的。不过曹魏统治者更重视的还是"守文"的本义,如魏废帝高贵乡公正元元年诏云:"朕闻创业之君,必须股肱之臣;守文之主,亦赖匡佐之辅。"明确以"创业"与"守文"对举,"守文"即"守业"。高贵乡公在甘露元年又称赞"少康、殷宗中兴之美,夏启、周成守文之盛",其中"守文"一词的外延竟可包括夏启的"大战于甘""灭有扈氏"(《史记·夏本纪》),亦可包括周成王时周公的"伐诛武庚、管叔"(《周本纪》)及制礼作乐、兴立制度等事,这种"守文"显然是指守业或文治。正是在这种意义上,南朝梁人刘勰回顾了正始时期的"守文":

> 魏之初霸,术兼名法,傅嘏、王粲,校练名理。迄至正始,务欲守文,何晏之徒,始盛玄论。(《文心雕龙·论说篇》)

---

[1] 见杨明照《文心雕龙校注拾遗》卷四,上海古籍出版社1982年版,第157—158页。

这里"初霸"和"守文"对举,"名法"和"玄论"对举,其中"初霸"就是创立曹魏王朝的基业,"守文"指曹魏创业之后的文治。"名法"和"名理"都是"初霸"时所用的方法,而"玄论"则是关于"守文"或文治的理论。考虑到中古的学者普遍贬低霸术,重视王道,可知刘勰说正始"守文"带有肯定的意味。政治上的文治自然会促进文化的发展,因而晋人应詹又用肯定的语气说:"正始之间,蔚为文林"(《晋书·应詹传》)。其文治的成功和文化的发展大大提高了文士的地位,至东晋南朝竟趋于极端,"贵臣虽有识治者,皆以文学相处"(《陈书·后主纪论》),文士、武士的区别简直就是贵贱之别了。

文士地位的提高导致了文士阶层的扩充,在扩充当中难免又再度分化,于是有"名士"的出现。须注意这里"名士"是汉代的"名士",不是先秦的"名士",两种名士的性质有所不同。《吕氏春秋·季春纪》《礼记·月令》和《淮南子·时则训》都说王者在季春之月应该"周天下,勉诸侯,聘名士,礼贤者"。高诱注《吕氏春秋》云:"有明德之士、大贤之人,聘而礼之,将与兴化致理者也";注《淮南子》云:"有名德之士、大贤之人,聘问礼之,将与为治也"。郑玄注《月令》云:"名士,不仕者。"高诱、郑玄都是东汉末人,他们都将先秦和汉初的"名士"与东汉"名士"混淆了。如高注"名士"为"明德",似将"名士"归入文士之类,而《史记·律书》云:"兵者,圣人所以讨强暴,平乱世,夷险阻,救危殆。……自是(指古帝王的征伐)之后,名士迭兴,晋用咎犯,而齐用王子,吴用孙武,申明军约,赏罚必信,卒伯诸侯,兼列邦土,虽不及三代之诰誓,然身宠君尊,当世显扬,可不谓荣焉?岂与世儒暗于大较,不权轻重;猥云德化,不当用兵",这里"名士"与"世儒""德化"相反,是"用兵"的武士,不是高诱所说的"明德之士"。又如郑玄说"名士"是不仕者,其实"士"已有"不仕"的意思,"名士"的含义应比"不仕"更丰富一些。查《说文解字》云:"名,自命也。"段玉裁注云:

《祭统》曰:"夫鼎有铭,铭者,自名也。"此许所本也。《周礼·小祝》故书作"铭",今书或作"名";《士丧礼》古文作"铭",今文皆为"名"。按:死者之铭,以缁长半幅,缜末长终幅,广三寸,书名于末曰:"某氏某之柩",此正所谓"自名"。其作器刻铭,亦谓称扬其先祖之德,著己名于下。皆只云"名"已足,不必加"金"旁,故许君于金部不录"铭"字,从《周官》今书、《礼》今文也。许意凡经传"铭"字皆当作"名"矣。郑君注经,乃释"铭"为"刻",刘熙乃云:"铭,名也。记名其功也。"吕忱乃云:"铭,题勒也。"不用许说。

先秦"名"字即鼎器上的"铭",可引申为铭刻、铭记、铭传、铭扬之义。由于贵胄公卿及王者都刻铭自命,故"铭"又引申为功、爵号、号谥之义。用以称"士",则指铭记可称。《吕氏春秋》及《礼记》等书所谓"名士",即指"士"之可铭记者或可称者。这种"名士"不必有很高的声誉,不限于文士范围,至多与普通的贤者并立。汉代选举用察举与征辟二途,不大重视考试;设贤良、文学、孝廉等科,专取文士而不重视武士。这时士人若想以文才进取,必须有一定的声誉以引起州郡、公府乃至朝廷的注意;若想由操行进身,更须以声誉显扬为先决条件,于是一批以声誉为特征的"名士"出现了。《后汉书·方术传》记有方士数十人,或被起庙立像,四时致祭;或为天下瞩目,被朝廷奉若神明,这些人凭借"方术"或某种文才成名,《方术传论》称其为"汉世之所谓名士"。至于通过修行立节而得显扬的"名士",在汉代更多,《后汉书·独行传》记述了一批操行特别出众的"名士",说这些人的特点是"有所不为","偏行一介,或志刚金石",或"蹈义陵险","其名体虽殊,而操行俱绝",故都"成名"。《后汉书·党锢传》还介绍了一批关心时政,纠治时弊的人,都"激扬名声",在文才、操行两方面都有极高的声誉,可称其为党人名士。汉代这几种"名士"的名声很大,所得评价亦高,如方士"名士"有被称为"才兼四科,行包九德","有周、召之风","为九伯之冠"(《后汉书·方术传》),几乎被捧到圣人的高度。高诱注《吕氏春秋》和《淮南子》都将"名德之士"与"大贤之人"并举，意思是说"名士"与"大贤"相当。另如《礼记·月令疏》引蔡邕说，规定"名士"是"德行贞绝，道术通明"的人，高过"贤者"，也相当于"大贤"或"亚圣"的地位。大致上说，汉魏之际将"名士"比作"大贤"或"亚圣"的情况居多，这在封建时代已是极于人品了。

这类新型"名士"的产生，是文士阶层分化的结果。桓谭《新论》将"士"分为五品，自下而上，依次为乡里之士、县廷之士、州郡之士、公辅之士、天下之士。这种由"乡里"到"天下"的进层，意味着治理才略的扩充和声誉波及地域的扩大，其最上品声闻"天下"，应是"名士"。"名士"是"大贤"，"州郡""公辅"之士是普通的"贤"，而"乡里之士"与"县廷之士"只可说是"庶士"。这样，名士、庶士分化对立的格局出现了。

### （四）东汉名士与豪族的对立

东汉实行中央集权的专制制度，以皇帝为首的官僚机构垄断着国家的一切权力。当时一人势力的大小，取决于累世仕宦的情况如何。袁氏"四世三公"及杨氏"四世太尉"，便是一代"名族"；王允一族"世仕州郡"，便为一州"冠盖"（见《后汉书·王允传》等）。"名族"及"冠盖"又称"右姓"或"大姓"，或称"豪族"与"高门"。东汉名士或出于豪族、高门，或出于地位低下的寒门、单家，然而不论出身如何，其政治立场与豪族常有矛盾。这一观点，可由东汉方士、党人与豪族的关系来说明。

上文讲过东汉名士有很多是方士。《后汉书·方术传》载有方士数十人，考其出身，仅折像祖上封侯，李郃父为博士，廖扶父为太守，其余如任文公、许曼，只介绍籍贯及父祖姓名事迹，未提父祖是否担任过官职。至如郭宪、许杨、高获、王乔、谢夷吾、杨由、李南、段翳、樊英、唐檀、赵彦、韩说、董扶、郭玉、华佗、冷寿光、唐虞、鲁女生、徐登、赵炳、费长房、左慈等二十余人，只提到籍贯，而无家世介绍，显然在汉晋南朝就父祖无闻。再如蓟子训，"不知所由来"；计子勋，"不知何郡县人"；解奴辜、张貂，"不知何郡国人"；公沙穆，"家贫贱"；单扬，"以孤特清苦自立"，这五人当是寒门或单家之最下者。诸人中许杨曾主持水利工程，与豪右大姓发生冲突，以致"下狱"。范晔认为"中世张衡为阴阳之宗"（《方术传序》），为单独立传，张衡出于"著姓"（《张衡传》），而在担任河间相时"治威严，整法度"（《张衡传》），将"奸党右姓"一律"收禽（擒）"（《张衡传》）。这些情况表明，东汉的方术"名士"一般不代表豪族利益，甚至与豪族的利益相抵触。

方士的成名多在东汉前期、中期，当时政治安定，阴阳术数受到广泛的重视，攻读纬书、从事卜筮等成为求名的途径，因而方士的地位较高。在这方面，樊英的经历颇具代表性。据《后汉书·方术传》的记载，樊英，字季齐，南阳鲁阳人，"善风角、星算、河洛七纬、推步灾异"，隐居时"受业者四方而至"。极为清高，"州郡前后礼请，不应；公卿举贤良方正、有道，皆不行"。安帝时"诏公车赐策书"，又"不至"。顺帝"策书备礼"征之，又"固辞疾笃"。顺帝为此要惩责地方官了，樊英才应征，又"称病不肯起"。顺帝勉强让他乘舆入殿，"犹不以礼屈"，声称："陛下焉能生臣，焉能杀臣！……焉能贵臣，焉能贱臣！……焉能富臣，焉能贫臣！"顺帝对他还保持敬意，"月致羊酒"，两年后为他"设坛席，公车令导，尚书奉引，赐几杖，待以师傅之礼"。这样的礼遇，在整个汉魏时期都是罕见的。而到东汉桓帝灵帝两朝，方术"名士"或在民间活动，或做些都尉、令守的小官，最高不过太守，声闻不越州郡。其所以跌落如此，乃由于桓、灵两朝政府腐败，危机四伏，抨击时政、救治时弊成为求名最有利的手段，于是方术"名士"的地位被党人"名士"代替了。另外，那些修行立节的做法，在桓灵之际也难以成功，倒是抨击时弊比较光彩，这就是说，孝行之士的地位也为党人"名士"所取代了。关于党人"名士"的兴起，《后汉书·党锢传序》有一段著名的议论：

逮桓灵之间，主荒政缪，国命委于阉寺，士子羞与为伍，故匹夫抗愤，处士横议，遂乃激扬名声，互相题拂，品核公卿，裁量执政, 婞直之风, 于斯行矣。

由这议论可知"党人名士"不是一个普通的等级和阶层的成员,而是一场激烈的政治运动的代表人物。这些人物触犯了当时专权的宦官集团的利益,被宦官诬为"更相驱驰,共为部党,诽讪朝廷,疑乱风俗"(《党锢传序》),于是朝廷"布告天下"(《党锢传序》),"逮捕党人"(《党锢传序》),后又"赦归田里,禁锢终身,而党人之名,犹书王府"(《党锢传序》),由这些谤辞和罪状而有了"党人"之称。其"废放"之后,声誉更高,"海内希风之流,遂共相标榜,指天下名士,为之称号"(《党锢传序》),具体分为三君、八俊、八顾、八及、八厨,总称则为"党人名士"。

据《后汉书·党锢·李膺、范滂传论》,"党人名士"颇有正义感和牺牲精神,"激素行以耻威权,立廉尚以振贵执","幽深牢、破室族而不顾,至于子伏其死而母欢其义"。"破室族"尚且"不顾",显然不在乎本家族的利益,也不会照顾豪族高门的特权。他们冒犯"威权"与"贵执"不是凭借门资,而是凭"素行"及"廉尚",似不能用"维护豪族利益"来解释。《后汉书·党锢传》及窦武、陈蕃、王畅、郭泰、刘表等人传中记述党人名士三十余人,其中窦武、荀昱、刘淑、陈蕃、李膺、刘祐、王畅、尹勋、羊陟、张俭、陈翔、孔昱等出身高门,约二十人;其余郭泰"家世贫贱",度尚"家贫",魏朗"少为县吏",给事厮役,檀敷亦"家贫",符融"少为都官吏",都出身寒门;另如杜密、夏馥、宗慈、巴肃、范滂、蔡衍、苑康、贾彪、何颙等无家世介绍,估计多数不是右姓。从出身来看,已不能说党人名士纯是豪族高门的代表人物。若从生平事迹来看,党人名士与豪族的距离更远。《后汉书·王畅传》说,王畅做南阳太守时深疾"帝乡贵戚",对"豪党有衅秽"者"莫不纠发"。偏巧碰上大赦,被纠发的"豪党"得以解脱,王畅仍不干休,"更为设法",使"受赃二千万以上不自首实者尽入财物",若其隐藏财物,便派官吏去豪右家中"发屋伐树,埋井夷灶",尽力搜查,于是"豪右大震"。当时"郡中豪族多以奢靡相尚",王畅便故意穿"布衣"，乘"羸败"的车马，"以矫其弊"。另如《党锢传》说，李膺曾上表控告宛陵大姓羊元群罪状；苑康任泰山太守时曾"施严令"，限制"郡内豪姓"利益，对豪姓"夺人田宅"，皆令归还；刘祐任司隶校尉时，以抑制豪强闻名，"权贵子弟"从各地解职还京时都要"改易舆服，隐匿财宝"；范滂曾劾奏"权豪之党"，达二十余人；羊陟"禁制豪右，京师惮之"；夏馥"为豪姓所雠"。在这里，著名人物批评家郭泰[①]的活动值得注意，《后汉书·郭太传》介绍了他所"奖拔"的士人，其中有茅容，"年四十余，耕于野"，庾乘，"少给事县廷为门士"。至于维护豪族利益的事在东汉党人名士绝无一例。《后汉书·党锢传序》说党人名士"危言深论，不隐豪强"，是合乎史实的。东汉名士主要是方术名士和党人名士，两者与豪族都有冲突。过去人们说党人名士代表豪族利益，与外戚联合而反对宦官，其实党人名士既反对宦官，又抑制豪族利益，是当时代表整个地主阶级长远利益的人物。正始名士对东汉党人名士颇有继承，他们虽未如党人名士以严刑峻法打击豪族，却对豪族造成了更大的威胁。这就是下文要讲的"正始改制"。

**（五）九品制度下的名士和亚圣**

沈约《宋书·恩倖传序》论述九品制度下士族的产生，指出当时的情况是："凡厥衣冠，莫非二品，自此以还，遂成卑庶。"出身势族高门的士人为何都是"二品"，而不能是三品、四品呢？出身贱族寒门的人为何都在"二品"以下，而不能占据"二品"的位置呢？这实在是一个引人注目的问题。

为说明"二品"的性质，须将"九品"作一个大致的介绍。《论语·雍也》："中人以上可以语上也，中人以下不可以语上也"，南朝梁人皇侃疏云：

> 就人之品识，大判有三，谓上中下也。细而分之，则有九也。

---

① 范晔父名为泰，故将"郭泰"改为"郭太"，以避父讳。

有上上、上中、上下也，又有中上、中中、中下也，又有下上、下中、下下也，凡有九品。上上则是圣人，圣人不须教也；下下则是愚人，愚人不移，亦不须教也。而可教者，谓上中以下、下中以上凡七品之人也。

魏晋选举制度所规定的"九品"，大致如此。其中第一品"上上"是圣人，第九品"下下"是愚人，正合孔子所说、汉唐公认的"上智与下愚"不移。第二品"上中"至第八品"下中"是"中人"，而"上中"位于"中人"之冠，又仅次于圣，当是汉唐时人们所常说的"亚圣"或"大贤"。汉唐时人常说颜回是"亚圣"，而颜回为孔子弟子，有"闻一知十"的美称，正属于上述九品中"可教"的"中人"范围。这样看来，魏晋九品中的"二品"乃亚圣或大贤的品位。

自晋至今，人们都说魏晋选举制度中的"九品"是仿照班固《汉书·古今人表》中的"九等"。今察《古今人表序》引孔子云："中人以上，可以语上也"，"唯上智与下愚不移"，规定"可与为善，不可与为恶，是谓上智"，"可与为恶，不可与为善，是谓下愚"，"可与为善，可与为恶，是谓中人"，是汉唐流行的"性三品"说，与皇侃所谓的"人之品识，大判有三"意思相同。《表》将上古至秦的历史人物分为"九等之序"，依次为上上、上中、上下、中上、中中、中下、下上、下中、下下，标明"上上"为"圣人"，"上中"为"仁人"，"上下"为"智人"，"下下"为"愚人"，与皇侃所列的"九品"亦同。两相对照，可知班固所分的"九等"和皇侃所说明的"九品"是汉唐人性论与人才论的通说，可称其为建立在"性三品"说基础上的九分法。所不同者，班固所品评的"古今人"都是故去的人，魏晋陈群等所品评的是活着的人，故晋人孙楚称班固"九等"为"记鬼录次第"，说"陈群依之，以品生人"（《太平御览》卷二六五）。察班固《表》中第一等"上上"列有伏羲、神农、黄帝、少昊、颛顼、尧、舜、禹、周文王、周武王、周公、孔子，确为汉唐公认的"圣人"。第二等"上中"列有女娲、共工、微子、箕子、比干、伯夷、叔齐、师尚父、召公、管仲、子产、颜渊、子思、孟子等，多是汉唐公认的"亚圣"或"大贤"，这对我关于魏晋九品制度中的"二品"为"亚圣大贤"品位的论断来说，也是很好的证明。实际上，这种建立在"性三品"说基础上的九分法由来已久，并非班固所创。董仲舒《春秋繁露·考功名》已提到"先三分以为上中下，以考进退。……九分三三列之，亦有上、中、下，以一为最，五为中，九为殿"，其中"三分以为上中下"与《春秋繁露·实性》所讲的圣人之性、中民之性、斗筲之性有关，在这前提下的"九分"自然会涉及人才与人性的"九品"或"九等"。这样看来，魏晋选举采用"九品"的标准，以一品为圣，二品为"亚圣大贤"，都不过是沿袭源远流长的成说，其创造性只在于将这成说贯彻到选举中去，并规定这选举由中正来负责。

二品是"亚圣大贤"的品位，而上文已指出"亚圣大贤"恰是汉魏之际学者对"名士"的评价，如《礼记·月令》"聘名士"孔疏引蔡邕云："名士者，谓其德行贞绝、道术通明、王者不得臣而隐居不在位者也。贤昔，名士之次，亦隐者也。名士优，故加米束帛；贤者，礼之而已。"《吕氏春秋·季春纪》："聘名士，礼贤者"，高诱注云："有明德之士、大贤之人，聘而礼之"。蔡邕认为"名士"优于"贤"，高诱将"名士"与"大贤"并列，用意是一样的，都将"名士"看作"大贤亚圣"。考察汉魏两晋南朝时人们关于"名士"的评论，多与蔡、高二说相符。《后汉书·孔融传》引路粹奏言，弥衡曾称赞孔融："仲尼不死！"孔融称赞弥衡："颜回复生！"是以圣贤相许。《魏志·何晏传注》引《魏氏春秋》中何晏评夏侯玄："唯深也，故能通天下之志"；赞司马师："唯几也，故能成天下之务"，深、几语出《系辞传》，原指圣人的"极深研几"，何晏竟引喻同辈。《南齐书·张融传》引融言："丈夫当删《诗》《书》，制礼乐"，是将圣人制礼作乐的事引以自任。据何劭《王弼传》，王弼曾戏答荀融，自比尼父。据《魏志·管辂传注》引《辂别传》，时人盛赞管辂，竟谓之圣明。嵇生对郭泰的评价是"亚圣之器"（见《抱朴子·正郭》）；梅子《新论》说阮籍是"命世大贤"（见《意林》）。晋初卫瓘自正始名士死后，"常恐微言将绝"（见《晋书·乐广传》），是与

"仲尼没而微言绝"的情况比类。诸例中"名士"或喻为圣，或说为亚圣，是因圣与亚圣"行藏道一"之故。其中"大贤亚圣"是对"名士"的最常见、最标准的估价，正相当于九品中"二品"的位次。

汉魏"名士"在两晋南朝有很高的声誉，两晋南朝士人有了九品制度日趋腐化这样一种便利条件，自然希望自己头上也有一顶"名士"的桂冠。另外，汉以来凡圣区别谨严，即令帝王之尊、将相之贵，也大多不敢企羡"圣人"的称号。晋宋士人称"圣"的胆量自然不会有，而称"大贤亚圣"的魄力却还是有的。如《世说新语·言语》篇载孙放语："圣人生知，故难企慕"；又说："至于庄周，是其次者，故慕耳。"（《言语注》引《孙放别传》）孙放当时不过是八岁的孩子，尚知不该企慕圣人而应该企慕"大贤亚圣"，那么当时成年士人的想法就更不用提了。孙放的生活时代是东晋，这与沈约《宋书·恩倖传序》的下述说法恰成巧合：

> 刘毅所云"下品无高门，上品无贱族"者也。岁月迁讹，斯风渐笃，凡厥衣冠，莫非二品，自此以还，遂成卑庶。

由这巧合可以看出，高门士人争做"二品"是东晋的普遍情况。早在西晋时刘毅已抨击"下品无高门，上品无贱族"的弊病，当时九品制度已沦为势族高门的工具，社会上渐渐形成势族高门的特权。势族高门可以企慕的最高身价是"名士"或"亚圣大贤"，而他们拥有的便利条件又使获得这一身份成为可能，由于九品制度中的"二品"即"亚圣大贤"或"名士"的位次，于是"二品"成了势族高门子弟争求的目标。经过两晋之交的"岁月迁讹"，到东晋时普遍出现了"凡厥衣冠，莫非二品，自此以还，遂成卑庶"的局面，形成了"二品"世家，即为"士族"。贱族寒门子弟不论精进与否，都不得不屈居"二品"以下，于是"二品"以下的七个品级都成了"卑庶"，其家族即"庶族"。

我们知道，西晋时的豪族高门已有不少，到东晋更多。他们的子弟迅速繁衍，构成一种庞大的特权阶层。这样，庶族、士族等级制度便不可避免地造成一种尴尬的情况，即社会上有了数不清的"亚圣大贤"或"名士"。大家都是"大贤"，也就无所谓"大"；人人都是"名士"，也就谈不上"名"了。大概由于这个缘故，西晋初年刘颂已感到有"阎闾少名士"（《晋书·刘颂传》）的恐慌。到东晋时，人们不像晋初刘毅、刘颂那样对等级特权感到愤慨，而是处之泰然，于是高门之士都以"名士"与"大贤"自命，互相夸诞。当时"世重高门，人轻寒族，竞以姓望所出，邑里相矜"（《史通·邑里》），"至于碑颂所勒，茅土定名，虚引他邦，冒为己邑。若乃称袁则饰之陈郡，言杜则系之京邑，姓卯金者咸曰彭城，氏禾女者皆云钜鹿"（《史通·邑里》）。后人多奇怪晋宋齐梁士人为何讥笑"勤恪"（《晋纪总论》），"不涉世务"（《颜氏家训·涉务》），其实这是由于高门士人自居大贤，在大贤与圣人"行藏道一"的理论前提下模仿圣人的"无为"，鄙弃世俗的"有为"。到南朝梁代，士人标榜"无为"、自居"清高"已至极点，竟"皆尚褒衣博带，大冠高履，出则车舆，入则扶侍"（《史通·邑里》），"肤脆骨柔，不堪行步"（《史通·邑里》）。后人多称道晋宋齐梁文学的发达，其发达的原因之一就是当时众多的"大贤"都仿效圣人的"穷理尽性"，用"微言"及"妙句"来"画意"，遂出现大量的玄言诗，又出现附有玄言结句的山水诗。"圣代无隐者"是中国古代人们常说的话，但东晋南朝的统治者不像西晋士人那样讲究"朝隐"，而是鼓励真正的山林之隐。他们为什么不将隐士从山林里拉出来，却将都市的士人请到山林中去呢？部分原因是"大贤"太多，按理说宜处上层而官职太少，使处下层又与名分不合，于是唯一的去处便是山林了。

简单地说，九品制度在两晋时期促成豪族势力的膨胀，致使原来那种与豪族利益对立的"名士"渐少，而使势族高门子弟纷纷跃居"二品"，戴上"亚圣大贤"或"名士"的桂冠。这情况使势族高门在两晋之交向士族转化，形成了一个庞大的、无所事事的特权等级。东晋南朝有很多弊病和独特的现象，都是由这种等级制度造成的。附带指出，东晋南朝中正所评定的"二品"名士只得到当时社会的承认，但未得到后人的承认。如南朝以至于隋唐的史书对这些"二品"者一般不以"名士"称呼，其称名士者一般是这些"二品"人物中的优秀分子。这些优秀分子可说是东晋南朝"二品"士人的代表，他们一般持维护士族利益的立场，与东汉三国时的"名士"是大不相同的。

**（六）汉末名士的清议**

这里说的"汉末名士"，主要指东汉后期桓、灵之际的"党人名士"。这些"名士"由"清议"而成名，因"清议"而罹祸，研究"名士"便不能不涉及"清议"的问题。晋初傅玄说："近者……魏文慕通远，而天下贱守节。其后纲维不摄，而虚无放诞之论盈于朝野，使天下无复清议。"（《晋书·傅玄传》）[①] 很多人根据这话和其他一些材料，断言"清议"就是"乡论"，并说"清议"是维护名教的手段，是保护势族豪强利益的武器。这些看法其实包含着很多误解，是应该加以澄清的。

先看"清议"是否为"乡论"的问题。据《后汉书·党锢传》，东汉党人名士的"清议"起源于桓帝时大臣周福、房植两家宾客的"互相讥揣"而"各树朋徒"。后来汝南太守宗资委任范滂，南阳太守成瑨委任岑晊，政绩优越，二郡士人作"谣"加以歌颂传扬，使"清议"微露端倪。当时太学多至三万余生，他们知道了这种传"谣"的做法，加以模仿和发挥，致有"郭林宗、贾伟节为其冠，并与李膺、陈蕃、王畅更相褒重"，渤海人公族进阶、扶风人魏齐卿也都"危言深论，不隐豪强"。这些言论不论在汉唐，还是在今天，都被称作"清议"。可以看出，"清议"起于州郡，扩及太学，遍于朝野，早已超出了"乡论"的范围，所谓"乡论"不过是乡里间的议论，是对乡举里选的一种舆论监督，是根本无法与全国范围的"清议"相比拟的。按照《党锢传》的说法，"清议"的内容是"品核公卿，裁量执政"；按照《后汉纪》卷二二的说法，"清议"是"上议执政，下议卿士"。议论公卿百官和执政大臣也可说是一种人物批评，但这批评所针对的主要不是日常操行的问

---

[①] 傅玄说魏末晋初"无复清议"，确为实情，只是对"清议"消失的原因归结得不很允恰，详见下节"九品制度对清议的扼制和改造"。又"通远"殿本作"通达"，今依金陵书局本改"远"。

题，而是公卿百官与执政大臣的行政方式及政绩清浊等。由于这个缘故，当时宦官加诸"名士"的罪状不是"品核公卿"，而是"评论朝廷"（《后汉书·党锢·范滂传》）；范晔《党锢传序》追究"党人"及其"清议"的起因，不说是选举不实，而说是"主荒政缪"。从这点来看，"清议"的内容也大大超过"乡论"，因为"乡论"只涉及乡里应选人物的日常操行问题，与朝廷的政治问题完全无关。我们只能说"乡论"是"清议"的基础，不能把两者等同起来。

桓、灵之际的"清议"具有伦理道德的意味，似与名教有密切的联系。然而《后汉书·儒林传序》有一段话却令人疑惑：

> 本初元年，梁太后诏曰："大将军下至六百石，悉遣子就学……"自是游学增盛，至三万余生。然章句渐疏，而多以浮华相尚，儒者之风盖衰矣。

汉魏的礼法之士有一句口头禅：行为以名教为本，学问以经学为本，离本治末，就是"浮华"。本初元年是汉桓帝即位之年，当时增盛的太学三万余生是桓灵之际党人名士的主力，"学生同声，竞为高论"（《后汉纪》卷二二），正是以名教和经学为出发点，怎么会是"浮华"呢？这里唯一可行的解释，是"清议"所依据的原则是广义的伦理规范，是名教和经学中比较合理的部分。我们知道，名教和经学所讲的伦理规范有些适用于家族关系，有些适用于政治问题。凡属家族内部的伦理规范通常比较繁琐，讲究这些规范的"礼法之士"一般显得虚伪，如《晋书·何曾传》说何曾"侈汰无度"，却讲究礼法，与妻"相待如宾"，对阮籍的"居丧无礼"大肆攻击，就是虚伪的典型；而在政治关系上的伦理规范当中颇有合理的成分，如规定赏罚须公平，选拔官吏须看重才德，不得贪污受贿等，是任何历史阶段的行政机构必须遵守的。东汉后期宦官当权，政治腐败，安帝延光二年杨震上疏予以批评，指责若干宦官近幸"属托州郡，倾动大臣"，"招来海内贪污之人，受其货赂"，称其"白黑混淆，清浊同源"（《后汉书·杨震传》），就是从那些较为合理的伦理规范考虑的。在杨震疏中，"清浊"对举，"浊"即"贪污"或"货贿"及"属托"等腐败行为，"清"就是"贪污""货贿"及"属托"的对立面。至汉末桓、灵之际，宦官的权势就更大，属托、贪污、货贿等事更为普遍，以至于公然买官卖爵，于是杨震所说的"清浊"便成为政治中的核心问题，提倡"清"、抵制"浊"便成为士大夫阶层的迫切需要。而"党人名士"的"清议"，就是这种需要的集中表现。《后汉书·党锢传》等详细记载了"党人名士"的"清"，如范滂为清诏使，至冀州，"守令自知藏污，望风解印绶去"；李膺迁任青州刺史，"守令畏威明，多望风弃官"，唯陈蕃"独以清绩留"；王畅为南阳太守，致力于没收贪污赃物；岑晊杀戮因贿赂升迁的赃官，"并收其宗族宾客，杀二百余人，后乃奏闻"；羊陟任冀州刺史，"奏案贪浊，所在肃然"。诸例证明"党人名士"的"清议"主要是反对政界贪浊的言论，"清议"所依据、所维护的是广义的伦理规范，是名教中政治伦理规范中的合理成分。由于是合理的，所以显得真挚而不虚伪，正义而不虚妄，正如《党锢传论》所云："振拔污险之中，蕴义生风，以鼓动流俗，激素行以耻威权，立廉尚以振贵执，使天下之士奋迅感慨，波荡而从之，幽深牢、破室族而不顾，至于子伏其死而母欢其义，壮矣哉！"由于有反抗性，并且未拘泥于名教和经学某些繁琐的伦理规范，对那种精于训诂、失于大义的章句之学多持蔑视或超脱的态度，故《后汉书·儒林传序》又称其为"浮华"。

明白了上述这些情况，那种认为"清议"代表豪族利益的说法就不攻自破了，因为豪族高门的特权正是桓、灵之际腐败政治的产物，也就不能不成为"清议"的抨击对象。上文已指出党人名士与豪族高门常发生冲突，名士的成名往往由于惩治了豪门中的不法之徒，因而得到士众的赞扬（见《党锢传》）；而名士清议的反抗性常表现为对豪族权势的冒犯，因而得到士众的钦佩。如《后汉书·党锢传》介绍党人名士郭泰、贾彪、李膺、陈蕃、王畅、公族进阶及魏齐卿等，说他们"并危言深论，不隐豪强"，就是"清议"反对豪族高门的明证。"清议"分褒贬两个方面，如果说李膺、范滂等以"贬议"（《党锢传序》）著名，那么郭泰就是褒议或"奖拔士人"的主要代表人物。请看《后汉书·郭太传》介绍郭泰的"奖拔":"识张孝仲刍牧之中,知范特祖邮置之役,召公子、许伟康并出屠酤,司马子威拔自卒伍",这种"清议"与其说代表豪族利益,不如说代表寒门利益。名声逊于郭泰的许劭也以人物批评见长,他曾鄙薄曹操(见《后汉书·许劭传》),被当作"清议"排挤"寒门"的例证,其实许劭的鄙薄主要是因为曹操"卑辞厚礼,求为己目"(《后汉书·许劭传》),有贿赂的性质。曹操微时受到李膺子李瓒和大名士何颙的赏识,也证明他受许劭鄙视出于偶然,与门第无直接关系。

自汉至今,公认桓、灵之际的那种"清议"可引起权力的下移和分散,如《意林》卷五引曹丕《典论》云:"桓、灵之际,阉寺专命于上,布衣横议于下",致使"位成乎私门,名定乎横巷",又引《傅子》云:"以誉取人,则权势移于下",都是这方面的评论。由于有权势下移的特点,汉末申屠蟠曾对桓、灵之际"非评朝政"的清议作出评论:

> 昔战国之世,处士横议,列国之王至为拥彗先驱,卒有坑儒烧书之祸,今之谓矣!(《后汉书·申屠蟠传》)

这话将汉末"清议"与战国的百家争鸣类比,在汉魏晋宋之际被当作至论看待,范晔特将这话书之于传,以证其有先见之明。而将东汉后期的太学与春秋郑国的乡校比较,的确可以看出有共同之处。《左传》襄公三十一年:"郑人游于乡校,以论执政。"有人建议:"毁乡校何如?"子产曰:"夫人朝夕退而游焉,以议执政之善否。其所善者,吾则行之;其所恶者,吾则改之。是吾师也,若之何毁之?"这与东汉太学生的"评论朝廷""品核公卿,裁量执政"多少有一些相似。有人说这是民主制,有人表示反对,其实民主是一个历史的范畴,有奴隶社会的民主、封建时代的民主和资本主义时代的民主,不同时代的民主不容混淆。春秋郑国的乡校议政可说是奴隶制时代的民主,可与西方古希腊罗马时期的共和制比较其同异;汉末清议的"评论朝廷"可说是中古时代的民主，其民主从形式上说与春秋时期的庶人议政相似，而在实质上应有区别。如何看待中古时代的民主，是个复杂的问题，这里只能肯定，它与中古时代的豪门特权、士庶等级制度相比有进步意义，并且是豪门特权的膨胀过程或士庶等级制度的形成过程中的对抗因素。

### （七）九品制度对"清议"的扼制和改造

东汉"清议"不限于乡里的人物批评，而晋宋"清议"却与"乡论"相差无几。这中间的变化，主要是九品制度造成的。

上文提到九品制度在曹操军中已具雏形，而曹操一直在实行镇压名士、扼制清议的政策。如《魏志·武帝纪》载曹操建安十年令，斥责冀州风俗"阿党比周"，"父子异部，更相毁誉"，称其为"似白为黑，欺天罔君"，发誓"欲整齐风俗"。其中提到的"更相毁誉"就是"清议"，"整齐风俗"就是限制"清议"。东汉后期政教松弛，是清议盛行的原因之一，曹操建立了一个组织严密的政治军事集团，对清议的盛行不再容忍，遂将清议的主要参加者孔融、边让、崔琰、毛玠等一一杀戮。曹丕对"位成乎私门，名定乎横巷"（见《魏志·武帝纪》）的情况也很厌恶，但他没有像曹操那样诉之严刑峻法，而是用了一种巧妙的方式，即一方面对被杀的孔融表示佩服（见《后汉书·孔融传》），"募天下"上献孔融文章，"赏以金帛"，以示安抚；另一方面将曹操军中的九品制度推广到民事领域，设置中正来"镇异同，一言议"（刘毅语）。后来司马懿又加置州大中正，使"州里清议，咸所归服"（见《后汉书·孔融传》）。由于中正的品评成为政府用人的唯一依据，而中正由朝廷委派，由官吏兼任，受朝廷控制，清议遂日渐衰微，最后竟消于无声了。

"清议"的消失有一个过程。《晋书·卫瓘传》载晋初卫瓘上疏云：

> 魏氏……立九品之制，粗且为一时选用之本耳。其始造也，乡邑清议，不拘爵位，褒贬所加，足为劝励，犹有乡论余风。中间渐染，遂计资定品，使天下观望，唯以居位为贵。

同时又有刘毅上疏云：

> 置州都者，取州里清议，咸所归服，将以镇异同，一言议。不谓一人之身，了一州之才，一人不审便坐之。

由此两疏，可知九品制度设置并推广以后，清议渐由全国性的民主言论缩小为"乡邑清议"或"乡论"。这种"乡邑清议"受中正控制，较之东汉"清议"已大为温和，不过尚未取消。至西晋初年，中正以"一人之身了一州之才"，日渐专断，又"计资定品"，甚至为党利、爱憎、托附及货赂（均见《晋书·刘毅传》）所左右，遂使"清议"销声匿迹了。傅玄说曹魏文帝以后"虚无放诞之论盈于朝野，使天下无复清议"（《晋书·刘毅传》），道出了西晋初年"清议"消失的实情，不过他将这可悲事态的出现归咎于"虚无放诞之论"，而没有看到是九品制度作祟，乃戴错了帽子。

晋初刘颂上疏也谈到这情况，不说"无复清议"，而说"清议不肃"：

> 今阎间少名士，官司无高能，其故何也？清议不肃，人不立德，行在取容，故无名士。……故臣思立吏课而肃清议。（《晋书·刘颂传》）

汉魏"清议"历来是"名士"的言论，刘颂说"阎间少名士"，却承认有"不肃"的"清议"存在，是一种奇特的说法。对这说法，我们只能这样解释，即"不肃"的"清议"已不是那种带有士阶层民主色彩的言论，而是中正作出的品状。中正"以一人之身，了一州之才"，他们作的品状在西晋初年已被看作"清议"的结论，甚至为"清议"的替代物。刘颂所谓的"清议不肃"便说明了这一点，什么是"不肃"？"不肃"就是"不清"，"清议不肃"犹言"清议不清"，而"不清"的"清议"自然只有"清议"之名，而无"清议"之实，西晋时只有中正作出的品状才具备这样的特点。不过中正品状之名"清议"，在晋初可能还未得到舆论的确认，故有"无复清议"与"清议不肃"两种说法并行。西晋以后，中正权威扩大，九品制度加强，品状称为"清议"才得公认。如南朝宋武帝、齐高帝、梁武帝、陈武帝即位大赦，都有诏云："有犯乡论清议、赃污淫盗，一皆荡涤，洗除先注，与之更始。"[①]而汉魏禅代、魏晋禅代时，魏文、晋武两帝大赦诏文均无"乡论清议"或"荡涤洗除先注"等语。这里的"清议"一词只能是州郡中正的品状或评次，否则"先注"便无从谈起，也无法通过诏令大赦来"洗除"。由此可以肯定，汉末、曹魏和西晋初期的"清议"与中正品评不能完全等同，西晋以后，九品制度不但将东汉那种"品核公卿，裁量执政"的"清议"扼杀，还以中正的品评将"清议"的美名剽窃了。

"清议"在汉魏两晋南朝的演变，与"名士"的变化大致相同。两晋势族高门向士族转化时，先取得"名士"的地位，致使"名士"失实，然后又造就新的"名士"领袖，为士族的利益服务。九品中正对"清议"也是先加扼制，致使真正的"清议"销声匿迹，然后又用中正的品评代替了"清议"，并冒用了"清议"的名目。这种巧合对上文关于士庶之辨、九品制度和"名士"的论断来说，也是一个很好的证据。

## 二 正始玄学家的改制运动

中国历史上有过一次事件，提供了避免形成士庶等级制度的可能性，就是正始期间玄学家的改制运动。正始玄学分天、人两方面，其中人的方面是某种政治理论，正始改制是这种理论的实施，亦可说是它的现实基础。这次改制运动采取了复古的形式，它的来由应上溯到汉魏禅代时的"易祚改制"，涉及魏初的改正朔、易服色等事，可与两汉之交的王莽受禅相比较。而正始改制的理论应溯源于曹魏王朝赖以建立的理

---

① 见宋、齐、梁、陈正史诸纪。按：诸纪载禅代时大赦诏文，大同小异，本文所引是齐高帝诏，见《南齐书·高帝纪》。宋武诏无"先注"二字，梁武帝诏作"其犯乡论清议"，陈武帝诏作"乡里清议"，余皆相同。

论基础，后者又是从新莽受禅前后流行的五德终始说和三统学说脱颖而出的。这来龙去脉虽然复杂，与正始时期玄学的关系却密切而又直接，不能不加以仔细的考察。

### （一）汉魏禅代及其与新莽受禅的比较

曹魏代汉的形式，不是类似汤武的"革命"，而是取法唐虞的"禅让"，这是众所熟知的。而自传说的虞舜始，至曹魏受禅止，中原地区取禅让形式的变革只有一次，就是两汉之交的新莽受禅。唐虞禅代只是传说，远不如新莽受禅有案可稽，且新、魏同是代汉，在五运、三统居相同的位次，正可作一比较，以说明曹魏受禅改制的特点。

新、魏受禅最显著的共同点，就是同祖黄帝和虞舜。如王莽受禅时下书，明确"托于皇初祖考黄帝之后，皇始祖考虞帝之苗裔"（见《汉书·王莽传》）。由于"王氏，虞帝之后也，出自帝喾；刘氏，尧之后也，出自颛顼"（《汉书·王莽传》），故新莽代汉有先例可循了。再看曹魏的做法，《魏志·文帝纪注》引《献帝传》详载"禅代众事"，其中有苏林、董巴上疏云："魏之氏族，出自颛顼，与舜同祖，见于《春秋》世家。"而汉献帝对这点予以承认："昔虞舜有大功二十，而放勋[1]禅以天下……汉承尧运，有传圣之义。"[延康元年乙卯诏]又云："（魏）王其体有虞之盛德，应历数之嘉会"（壬戌诏）。曹丕受禅时对这点更是当仁不让："汉主以神器宜授于臣，宪章有虞，致位于丕。"虞舜为黄帝之后，自司马迁撰《史记·五帝本纪》时起便为世所公认，曹魏既宗祧虞舜，便不能不承黄帝为祖。这样，曹魏代汉不但有唐虞禅代的先例可寻，而且有王莽代汉的故技可仿效了。

取代汉祚必须托于黄帝、虞舜之后，是根据汉代流行的五德终始说。《封氏闻见记》卷四有云："自古帝王五运之次，凡二说，邹衍则以五行相胜为义，刘向则以五行相生为义。汉魏共遵刘说。"刘向的发明是将"五行相生"的系统与帝王承继的系统配合，而不是单纯的"五行

---

[1] 《史记·五帝本纪》"帝尧者，放勋"。

相生"说。单纯的"五行相生"说已见于《春秋繁露》,远在刘向之前。《汉书·郊祀志赞》云:

> 刘向父子以为帝出于震,故包羲氏始受木德。其后以母传子,终而复始,自神农、黄帝下历唐、虞、三代,而汉得火焉。

由这一说法可以知道,"五行相生"的帝王运次不但是刘向的发明,也是刘歆的主张。《汉书·律历志》系删取刘歆著作而成,其中详引刘歆所拟定的帝王运次系统:太昊帝"为百王先,首德始于木",号曰"庖牺氏";炎帝"以火承木","号曰神农氏";然后是"火生土","黄帝氏作","号曰轩辕氏";然后"土生金",而有少昊,"号曰金天氏";颛顼帝起于"金生水","为水德","号曰高阳氏";帝喾起于"水生木","为木德","号曰高辛氏";再后依次为帝尧,起于"木生火,故为火德,天下号曰陶唐氏";帝舜,起于"火生土,故为土德,天下号曰有虞氏";伯禹,为金德,"号曰夏后氏";成汤,为水德,"天下号曰商,后曰殷"。① 此说为刘歆所述,应与刘向"五行相生"的运次相符。汉魏公认五运当中殷周相承,周汉相袭,认为秦朝只是过渡。今以周、汉、新、魏纳入上述五运系统,便成下图:

|  | 木 | 火 | 土 | 金 | 水 |
|---|---|---|---|---|---|
| 第一次循环 | 太昊伏羲氏 | 炎帝神农氏 | 黄帝轩辕氏 | 少昊金天氏 | 颛顼高阳氏 |
| 第二次循环 | 帝喾高辛氏 | 帝尧陶唐氏 | 帝舜有虞氏 | 伯禹夏后氏 | 殷商 |
| 第三次循环 | 周 | 汉 |  | 新、魏 |  |

按这个系统,神农、唐尧、汉都是火德,黄帝、虞舜都是土德,而五行相生的次序是

---

① 《汉书·律历志》此节之前有"世经"两字作为标题。学界多以为"世经"是书名,我过去也曾如此认为。今按《律历志》还有许多类似的标题,如"统母""五步""统术""纪术"等,均非书名,则"世经"也不像是书名,而应当是刘歆《三统历谱》中的篇章名,为班固所因袭。

"火生土"，故新、魏受禅都必须是土德，而且必须是黄帝、虞舜之后。王莽就是这么模仿的，他在"即真天子位"（《汉书·王莽传》）时一方面宣布黄、虞是"祖考"；一方面规定"服色配德上黄"（《汉书·王莽传》），"使节旄幡皆纯黄"（《汉书·王莽传》），都是为了遵循土德尚黄的规定，犹如《礼记·月令》等书所说的"中央上"，"其帝黄帝"，"衣黄衣"。曹丕也照做不误，如《魏志·文帝纪注》引《献帝传》中苏林、董巴疏云："舜以土德承尧之火，今魏亦以土德承汉之火，于行运会于尧舜授受之次。"于是曹丕受禅并制诏三公云："其以延康元年为黄初元年"①，"承土行"（《魏志·文帝纪注》）。《文帝纪注》又引《魏略》云："诏以汉火行也。火忌水，故'洛'去'水'而加'隹'。魏于行次为土。土，水之牡也。水得土而乃流，土得水而柔，故除'隹'加'水'，变'雒'为'洛'。"可见曹魏在运次上的认真态度不亚于汉，连首都洛阳的"洛"字偏旁都考虑到了。

  禅代就要改制，改制就需要一个蓝本。而在"奉天法古"的时代，这蓝本都要到古代去找。按新、魏的运次来说，两朝都是宗祧虞舜，应以虞舜的治化作为典范，然而对曹魏可以这么说，对新莽却不能这么说，因为王莽在受禅前还有一段担任"宰衡"的经历。据《汉书·王莽传》，汉平帝时，群臣认为"周公及身在而托号于周，莽有定国安汉家之大功"，使仿周公先例而受"安汉公"之号。因当时传说周公官名太宰，殷相伊尹官名阿衡，又加号王莽为宰衡。于是王莽仿周公制礼故事，"奏起明堂、辟雍、灵台"，"制度甚盛"，备受称颂，太后遂在孺子婴即位后诏称王莽与周公"异世同符"，使其"居摄践祚，如周公故事"。不过周公"践祚称王"是与周王并肩，汉已称帝，故使王莽"摄行皇帝之事"，祭祀时称"假皇帝"，臣民称其为"摄皇帝"。正是在这基础上王莽才得以假戏真做，成为"真天子"。其任安汉公、宰衡、摄皇帝时，名义、行事都仿照周公，改制、作制都依照《周礼》，只是在最后那一环才宗祧虞舜，但模仿周制已成定局，难以改变了。另外，王

---

①  "黄初"意即土黄承火赤之初。曹魏受禅而改号"黄初"，即按照五行相生次序而自居土德。

莽的政治理论主要是由刘歆等人提供的。《王莽传》说：

> 初，甄丰、刘歆、王舜为莽腹心，倡导在位，襃扬功德。"安汉""宰衡"之号及封莽母、两子、兄子，皆丰等所共谋，而丰、舜、歆亦受其赐，并富贵矣，非复欲令莽居摄也。居摄之萌，出于泉陵侯刘庆、前辉光谢嚣、长安令田终术。莽羽翼已成，意欲称摄，丰等承顺其意，莽辄复封舜、歆两子及丰孙。……而疏远欲进者，并作符命，莽遂据以即真。舜、歆内惧而已；丰素刚强，莽觉其不说。

可刘歆等人的改制理论及经学方面的革新，都是为王莽模仿周公作准备的，不是为他受禅服务的。这一情况也影响着王莽受禅前后改制的性质，是王莽的改制仿效周公而未取法虞舜的原因之一。

而曹丕的受禅完令是另一种光景。建安二十一年（216），汉献帝使曹操由魏公进位魏王，称其"勤过稷、禹，忠侔伊、周"，评价已不以周公为限。曹操"术兼名法"，也没有仿效周公礼治的意思。大体上说，王莽篡汉是因外戚辅政而致，曹魏代汉是由霸业而起，这一区别决定了两者政治口号的不同。由于这个缘故，曹丕没有羞羞答答地摆周公的样子，而是直截了当地受禅。他在即帝位时一方面宣布是"宪章有虞"，自居舜后，一方面制诏三公：

> 上古之始有君也，必崇恩化以美风俗。然［后］百姓顺教而刑辟厝焉。今朕承帝王之绪，其以延康元年为黄初元年，议改正朔，易服色，殊徽号，同律度量，承土行。（《魏志·文帝纪注》引《献帝传》）

在这里，易祚改制所仿效的蓝本不是来自周制或三代，而是来自"上古"。《韩非子·五蠹》及《吕氏春秋·恃君》都以三皇①之前的无君时代为"上古"或"太古",而东汉郑玄《仪礼·士冠礼注》说"太古"为"唐、虞以上",得到后人广泛的赞同。唐、虞在五帝之末,"唐虞以上"就是无君时代加上三皇五帝,包括曹魏所宗祧的黄帝和虞舜。魏文帝称郑玄为"学之渊府"(见《北堂书钞》卷九七),当从郑说。他提到"上古之始有君也",即与先秦的上古无君说有异,与郑说有合。他做太子时"常嘉汉文帝之为君"(见《魏志·文帝纪注》引《魏书》),羡慕汉初的黄老之治,"黄"即黄帝,为曹魏宗祧的祖先,并在曹丕所要仿效的"上古"之内。《宋书·礼志》说曹丕曾宣布要"依虞夏故事",是企图将祧虞舜的做法扩大到改制当中,与他仿效"上古"的做法也是一致的。

王莽改制是取法周公,而曹魏受禅改制是取法"上古",看来已无大问题了。曹丕取法上古,对曹操的名法之治自然要有所变更,正如晋初傅玄所云:"近者魏武好法术,而天下贵刑名;魏文慕通远②,而天下贱守节"。所谓"慕通远"即崇尚黄帝、虞舜或取法"上古"。"上古"的治化不同于三代的礼法,而后人的拘泥名教节义都以三代礼法为依归,那么曹丕的取法"上古"自然要导致"天下贱守节"了。

### (二)曹魏改制理论从五行三统两说向玄学的转变

曹魏受禅的依据有二:一是谶纬,它证明代汉的皇帝姓曹,国号是魏;二是东汉流行的五德终始说,它证明汉的火德应该换上新王朝的土德,而曹魏正合这土德之运。对这情况,近现代学者往往采取极端的态度,或是不予理睬,认为魏晋盛行的是玄学而不是谶纬和五行三统两说;或是予以夸大,认为曹魏官方哲学是谶纬及五行三统两说,不是玄学。我以为,一个王朝赖以建立的理论依据,应是那个王朝最重要的思

---

① "三皇",历代解释甚多。《尚书》伪孔传以三皇为伏羲、神农、黄帝,后人多从之。
② 此节傅玄语出《晋书·傅玄传》,金陵书局本作"通远",殿本作"通达",中华书局1974年版依殿本。今按"通远"常为企慕的对象,"通达"则不必曰"慕",直称"某人通达"亦可。且魏文帝嘉奖汉文,依于虞舜,正所谓"通远"。

想，因而魏初自居土德的事是绝对不可忽视的。然而魏文帝对五行三统两说其实不全赞同，而是有所取舍。这种取舍经过魏明帝时的反复，终于在正始时期变成完全的舍弃，从而全面地越过三代而走上"追踪上古"的道路，跳出五德终始和三统循环的圈子而杜撰新的理论依据，这取代五行三统两说的新理论，就是玄学。

1. 魏文帝对五行三统两说的取舍，按照汉以来的传统说法，五德终始与三统循环是并行的。一个王朝必须参与五德的变化而处于特定的运次，"易服色"而遵照五色五德相配的法则；王朝创建时也必须参与正统循环而选择某种"正""统"，"改正朔"而遵行三统三正相配的规律。参与五运而不参与三统在汉人看来是不合逻辑的，遵循三统而违背运次在汉人看来亦是不可思议的。然而魏文帝受禅时恰有不可思议、不合逻辑的举动，即遵行五运法则而背弃三统法则。

在这方面，《宋书·礼志》有详细的记载：

> 魏文帝虽受禅于汉，而以夏数为得天。故黄初元年诏曰："……朕承唐虞之美，至于正朔，当依虞夏故事。若殊徽号、异器械、制礼乐、易服色、用牲币，自当随土德之数。……腊以丑，牲用白。"……尚书令桓阶等奏："据三正周复之义，国家承汉氏人正之后，当受之以地正，牺牲宜用白。今从汉十三月正，则牺牲不得独改。……"诏曰："服色如所奏，其余宜如虞承唐，但腊月用丑耳。此亦圣人之制也。"

由此可知魏文帝的"易祚改制"① 分两部分：一是"易服色"等，完全按照土德尚黄的原则来办；一是"改正朔"等，仿照"虞夏相因"的先例。什么是"虞夏相因"呢？这种做法遭到若干朝臣的反对，他们为什么要反对呢？要解决这问题，须先把三统学说关于"改正朔"的规定弄清楚。

---

① 此处"易祚改制"是就广义而言的，就狭义则有改有不改。

关于"三统",汉有两说。其一见于带有今文经学色彩的著作。如《春秋繁露·三代改制质文篇》说,殷为白统,周为赤统,暗示夏、汉都是黑统,正合小戴《礼记》所云:"夏后氏尚黑","殷人尚白","周人尚赤"(《檀弓》篇上)。孔颖达《檀弓疏》引述《春秋元命苞》《乐纬稽耀嘉》等纬书,结论亦同:"舜以十一月为正,尚赤";"尧以十二月为正,尚白";"高辛氏以十三月为正,尚黑";"高阳氏以十一月为正,尚赤";"帝少昊以十二月为正,尚白";"黄帝以十三月为正,尚黑"。《通典·吉礼》引《尚书中候》亦如此说:"高阳氏尚赤,以十一月为正";"高辛氏尚黑,以十三月为正";"陶唐氏尚白,以十二月为正";"有虞氏尚赤,以十一月为正"。《宋书·礼志》载魏明帝时高堂隆上议,征引诸纬,也是这样:"轩辕、高辛、夏后氏、汉皆以十三月为正";少昊、有唐、有殷皆以十二月为正";"高阳、有虞、有周皆以十一月为正"。《白虎通·三正篇》也规定:"周为天正,色尚赤也",为"十一月之时";"殷为地正,色尚白也",为"十二月之时";"夏为人正,色尚黑",为"十三月之时"。诸书说法一致,又都与今文经学接近,其说可称为"三统"今文经学体系。今将新莽、曹魏纳入,可构成一完整的系统。按这体系,汉应为黑统,以正月(十三月)寅为岁首;新、魏都应是白统,以十二月丑为岁首。

再看古文经学家刘歆的"三统"说。《汉书·律历志》载其说云:

> 经曰春王正月,传曰周正月"火出,于夏为三月,商为四月,周为五月。夏数得天"①,得四时之正也。三代各据一统,明三统常合,而迭为首,登降三统之首,周还五行之道也。故三五相包而生。天统之正,始施于子半,日萌色赤;地统受之于丑初,日肇化而黄,至丑半,日牙化而白。人统受之于寅初。日孽成而黑,至寅半,日生成而青。

---

① 颜师古注:"自此以上,《左传》之辞"。

这是以天统为赤,地统为黄、白,人统为黑、青,既与五行之色比附,又与传统的"三统"说大致相符。他也承认天统以十一月子为岁首,地统以十二月丑为岁首,人统以正月寅为岁首,与今文学家说相符。只是在帝王与"三统"的配合上,他有所创新。董仲舒在《春秋繁露》已说过周为赤统,刘歆却以《左传》"夏数得天"一句为据,规定夏为天统、尚赤;殷为地统,尚白;周为人统,尚黑。如果说今文经学所主张的"三统"次序是"人黑—地白—天赤",那么刘歆所讲的"三统"次序便是"天赤—地白—人黑"。今按照刘歆所引《世经》中的帝王顺序(见《汉书·律历志》),将他的"三统"体系向上追溯到黄帝,向下延伸到汉,补上新、魏,可构成一个与今文家学说相反的"三统"循环体系。

按这体系汉应为赤统,以十一月子为岁首;新、魏亦应为白统,以十二月丑为岁首。

事实上,东汉所采纳的是黑统、人正,岁首为正月(十三月),《宋书·礼志》载曹丕受禅时桓阶上奏云:"今从汉十三月正",就是证明。新莽则确实采用白统,《汉书·王莽传》载王莽受禅时下书云:"以十二月朔癸酉为建国元年正月之朔……牺牲应正用白。"就是证明。唯曹丕的做法有些古怪,他说,"《传》曰:'夏数为得天'。"(《汉书·王莽传》)是采用了刘歆的"三统"说,按此说曹魏应居地正、白统,以十二月丑为岁首,如桓阶所云:"国家承汉氏人正之后,当受之以地正,牺牲宜用白。"而曹丕却采用了黑统、人正,以正月(十三月)寅为岁首,与东汉在事实上自居的正朔相同;同时又规定"牲用白",与黑统的规定相矛盾。于是桓阶提出意见:"今从汉十三月正,则牺牲不得独改。"应当指出,曹丕的做法不但违背古文经学关于"三统"的规定,与今文经学的"三统"规定亦全不合。他为什么要这样做呢?

《魏志·辛毗传》道出了其中的原委:

> 文帝践祚……时议改正朔。毗以魏氏遵舜、禹之统,应天顺民。至于汤、武,以战伐定天下,乃改正朔。孔子曰"行夏之时",《左氏传》曰:"夏数为得天正",何必期于相反!帝善而从之。

辛毗的意思是说，舜受禅于尧、禹受禅于舜均不曾改正朔，唯有商汤灭夏、周灭殷商，不用禅代形式而由战伐而定，才改正朔。魏文帝黄初元年诏所说"正朔当依虞、夏故事"，"宜如虞承唐"，原来都采用了辛毗的意见，以为魏之代汉犹如虞舜之代唐尧，亦如夏禹之代虞舜，故模仿虞、夏，不举行改正朔一类的活动。由于东汉在事实上采纳了黑统、人正，按刘歆所讲的次序，虞舜也是黑统、人正，故魏文帝照做不误，以示"相因"。其"相因"的理论根据显然在传统的五行三统理论之外，是一种理论创造。后来魏明帝指出，"夫言三统相变者，有明文；云虞、夏相因者，无其言也"（《宋书·礼志》），就是对"虞夏相因"不改正朔的创造性的证明。据《春秋繁露·三代改制质文篇》，"三统"说本来是由三代制度发挥出来的。曹丕认为三代殷周乃改正朔，上古时的唐虞禅代不改正朔，虽无文献依据，却更近乎历史的真实。上古包括伏羲、神农、黄帝、尧、舜等，其中黄帝、虞舜都被曹魏奉为祖先。曹丕越过三代而"追踪上古"，既有沿袭尧、舜之意，亦有继承农、黄之意。他"常嘉汉文帝之为君"（见《魏志·文帝纪注》引《魏书》），羡慕汉初的黄帝、老子之术，即可以说是"追踪上古"的具体表现。三代改制的"改正朔"只是变易形式，而"追踪上古"、不法三代的举动大大违背传统，倒可说是一种更深刻的变革。

简单地说，魏文帝对传统政治理论的取舍就是遵循五德终始说，背弃三统说。前者是为了顺利地代汉，故取传统说法，以示渊源有自；后者是为了改革汉制，故抛弃传统说法，以三皇五帝之"古"来对抗三代之"古"。五行、三统均属形下的范围，魏文帝沿袭五行运次，表明他对汉代宇宙构成论、象数之学有所承继；跳出三统的圈子，表明他有超越现象界的意向而为玄学的兴起准备了条件。傅玄说他"慕通远"，这"远"就政治而言是追踪上古之远，就哲学而言是追慕形上之远。

2. 魏明帝对五行三统法则的全面肯定。上述关于正朔改或不改的问题与玄学的关系，亦可由魏明帝时辩论的情况得到证明。

《宋书·礼志》说："[魏]明帝即位，便有改正朔之意。朝议多异同，故持疑不决。"又引魏明帝诏云："黄初以来，诸儒共论正朔，或以改之为宜，或以不改为是，意取驳异，于今未决。"就是说，正朔"宜改"抑或"不宜改"的问题已不限于历法的变更，而有着复杂的政治意义和哲学意义，故而引起普遍的瞩目和激烈的争论。魏明帝属于"宜改"的一派，他宣布："自五帝、三王以下，或父子相继，同体异德；或纳大麓，受终文祖；或寻干戈，从天行诛。虽遭遇异时，步骤不同，然未有不改正朔、用服色，表明文物，以章受命之符也。由此言之，何必以不改为是邪？"（见《宋书·礼志》）于是争论更为激烈。到青龙五年，魏明帝借"黄龙见"之机，诏称"魏得地统，当以建丑之月为正"（见《宋书·礼志》），决定"改青龙五年春三月为景初元年孟夏四月"（见《宋书·礼志》），意即魏于五行为土德尚黄，于三统为地统尚白，从而使五行三统两说得到全面的遵循，使效法三代的主张取得了胜利。

如果说魏文帝不改正朔含有鼓励玄学兴起的意义，那么魏明帝改正朔便有相反的意向。《魏志·明帝纪》介绍了魏明帝的学术观点："尊儒贵学，王教之本也。"（《纪》引太和二年诏）提到他的尊儒措施："申敕郡国，贡士以经学为先。"这在曹魏中期，是一种守旧的、与玄风相对抗的学术倾向。另外，魏明帝打击"浮华"，将玄学的创始者夏侯玄、邓飏、何晏、诸葛诞等降职，或不予重用，或"罢退"，或"禁锢"[1]，对玄学的产生显然发生了扼制的作用。据《宋书·礼志》，主张"宜改"正朔的还有司马懿、高堂隆等，高氏是纯粹的儒生，事见《魏志》本传；司马懿亦"服膺儒教"（《晋书·宣帝纪》），在"高平陵事变"时将玄学家戮杀大半。这两人的立场与魏明帝大致上是相同的。

"宜改"派有一个重要人物，《宋书》未提，即司马氏的党羽傅嘏。《魏志·傅嘏传》云：

> ［傅］嘏常以为，秦始罢侯置守，设官分职，不与古同。汉魏因循，以至于今。然儒生学士咸欲错综以三代之礼。礼弘致远，不应时务，事与制违，名实未附，故历代而不至于治者，盖由是也。

---

[1] 见《魏志·诸葛诞传》、《曹爽传注》引《魏略》等。

> 欲大改定官制，依古正本。今遇帝室多难，未能革易。

所谓"儒生学士咸欲错综以三代之礼"，是就主张易祚改制的司马懿一派而言，所谓"秦始罢侯置守，设官分职，不与古同，汉魏因循，以至于今"，略同于魏明帝时傅嘏议论所云："大魏继百王之末，承秦汉之烈，制度之流，靡所修采。"[①]该论反对因循秦制汉制，结论自然是这里所谓的"依古正本"。但因"礼之存者，唯有周典"（傅嘏论）[②]，于是该论主张模仿"先王之择才"的先例，"本行于州闾，讲道于庠序，行具而谓之贤，道修则谓之能。乡老献贤能于王，王拜受之"（傅嘏论），这先例出自周代，这典故引自《周礼·乡大夫》，可见傅嘏的"依古正本"与司马懿等人所主张的"易祚改制"类似，都是取法周礼，效法三代。

主张改正朔的人物多是玄学的敌对者，改正朔的理论亦与玄学相左，并与"追踪上古"的主张矛盾。这与上文关于魏文帝不改正朔的说明，正好形成对照。从这对照中可以看出，玄学是从怎样的激烈争辩中萌生，玄学家的改制有着多么复杂的政治背景。

3. 五行三统法则的终结和玄学政治理论的兴起。到魏齐王芳即位的时候，典制又有变化。当时建丑之月是岁首，是魏明帝去世的时间，按礼仪规定该月正日不能作乐，而新帝即位又须在岁首正日"朝四方，会群臣，设盛乐"（《宋书·礼志》引卢毓语），于是朱诞趁机建议："今因宜改之际，还修旧则，元首建寅，于制为便。"（《宋书·礼志》）而少帝曹芳即予采纳："听当还夏正月。……其以建寅之月为岁首。"（《宋书·礼志》）《魏志·少帝齐王芳纪》亦载齐王芳诏云："夏正于数为得天正，其以建寅之月为正始元年正月，以建丑月为后十二月。"这规定和理由都与魏文帝不改正朔的做法一致，因而这宗旨也应同于文帝：效法上古而不取法三代。

《宋书·礼志》还有一段记载与正始典制有关，就是魏晋禅代的事：

---

① 见《魏志·傅嘏传》，参见《刘劭传》。
② 见《魏志·傅嘏传》，参见《刘劭传》。

晋武帝泰始二年九月，群公奏："唐尧、舜、禹不以易祚改制；至于汤、武，各推行数。……今大晋继三皇之踪，踵舜禹之迹，应天从民，受禅有魏，宜一用前代正朔服色，皆如有虞遵唐故事，于义为弘。"奏可。

按照汉魏公认的说法，"易服色"是依照五德终始说，"改正朔"是依照三统说。晋武帝受禅时"一用前代正朔服色"，是说不随三统的循环而转移，亦不随五行的运次而改变，对五行三统两说都弃置不用。晋朝的创立是"受禅有魏"，"一用前代正朔服色"就是沿袭曹魏的正朔服色。其服色是什么呢？《宋书》没有明讲，而书中所引孙盛的非议却提供了一点消息：

仍旧，非也。且晋为金行，服色尚赤，考之天道，其违甚矣！
（《宋书·礼志》一）

所谓"晋为金行"是就理论而言，按照木、火、土、金、水的相生次序，魏应属土德尚黄，晋应属金德尚白。"服色尚赤"是指晋初在实际上选定的服色，与金德尚白的规定明显不合，故云："其违甚矣！"进一步说，晋初"服色尚赤"是沿袭前代，承自"有魏"，那么曹魏在禅晋之前也应该是"服色尚赤"。可是魏文帝受禅即位时已规定了魏属土德尚黄，魏明帝青龙五年诏也宣布"服色尚黄"，怎么会"尚赤"呢？对这问题只能采取一种解释：魏明帝之后服色又有改变。查《魏志》及晋宋史志，在魏明帝之后、晋武帝受禅之前只有过一次改制，就是魏少帝（废帝）齐王芳时的改正朔和"改制度"（《晋书·宣帝纪》），那么结论便应当是：魏少帝芳即位之后，不但沿袭汉的黑统而以正月寅为岁首，还沿袭汉的火德而将曹魏的"服色尚黄"改为"服色尚赤"。晋初沿袭前代服色而"尚赤"，就是这么来的。

晋武帝沿袭曹魏正朔服色的宗旨，是"继三皇之踪，踵舜禹之迹"（见《宋书·礼志》载晋初群公奏文），那么魏齐王芳沿袭汉代正朔服色的宗旨也是如此。实际上，魏文帝受禅时已制诏三公，以"上古"治化为典范。上文指出汉魏两晋隋唐之际，"上古"多指三皇五帝，而《艺文类聚》卷一〇引曹植《魏德论》云："将参迹于三皇，岂徒论功于大汉！"即与魏文帝的宗旨合拍。魏齐王芳全面沿袭汉代正朔服色，也就是全面实行"参迹三皇"、仿效上古的宗旨。曹芳不过是个小孩子，他的诏文都是按照辅政大臣曹爽的意志拟就的①，而曹爽所信赖的夏侯玄恰有"追踪上古"的主张②（见《魏志·夏侯玄传》引《致司马懿书》），另一个得曹爽信赖的大臣何晏恰是"以农、黄之化，在乎己身；周、孔之业，弃之度外"（《颜氏家训·勉学》）。何晏《景福殿赋》云："方四三皇而六五帝，曾何周、夏之足言！"（《文选》卷一一）意即要仿效三皇五帝，使三皇增而为四，五帝增而为六。至于三代的周、夏，哪里值得一提呢！从这些情况来看，"追踪上古"并"参迹三皇"，兼法五帝，是魏齐王芳正始时期的基本国策。而晋代沿袭曹魏，不改正朔服色，在形式上和实质上均无改革的意味。三统是天统、地统和人统，它的出发点是天、地、人，亦即三才。而三才是天地阴阳或两仪的扩大，是天人的合一。由此而论，五行三统政治法则的理论基础是哲学上的阴阳五行说，亦即汉代宇宙构成论和象数学的基本骨架。魏齐王芳正始时期采取超越三代、追踪上古的国策，对五行三统法则是全面的背弃，这背弃必然引起哲学上的革新，使阴阳五行的哲学体系得到全面的改造。如何晏在提倡效法三皇五帝的同时，谈论老庄，高唱贵无，初步建立了玄学的理论系统；夏侯玄在提倡"追踪上古"、背弃五行三统法则的同时，撰有《本玄论》，为玄学的兴起树立了旗帜。正始玄学的主将是王弼，而王弼《论语释疑》云："唯尧于时全则天之道也"（见《论语·泰伯》皇疏）；又云："逢时遇世，莫如舜禹也。"（见《论语·泰伯》这话简直是对曹魏受禅的直接写照，因而王弼的玄学理论可说是对夏侯玄等人"追

---

① 司马懿当时也是辅政大臣，但他主张改正朔，反对沿袭汉代的正朔服色。故齐王芳全面沿袭汉代的正朔服色，乃违背了他的主张。
② 夏侯玄致书司马懿云："公侯命世作宰，追踪上古"，其实司马懿主要是效法三代，他对夏侯玄等人"追踪上古"的主张只是不便明言反对罢了。

踪上古"的政治理论的发展。查《老子》第十四章："能知古始，是谓道纪"，王弼注云："上古虽远，其道存焉。故虽在今，可以知古始也。"其追慕上古之远，有类于魏文帝的"慕通远"，亦同于夏侯玄、何晏的追慕三皇五帝；其说"上古之道"至"今"尚存，有似于魏文帝所谓的"通"，亦类于夏侯玄、何晏将三皇之道用于魏世。《颜氏家训·勉学篇》将王弼与何晏并列，同为"农黄之化，在乎己身"的坚持者，应是合乎事实的。又《艺文类聚》卷一一引晋人庾阐《虞舜象赞序》云："夫至道玄妙，非器象所载；灵化潜融，非轨迹所传。故道资冲朴，则谓之三皇；德被群生，则号称舜禹。"并由此发挥："玄风既畅，妙尽无名。民鉴其朗，孰测窈冥？"也证明曹魏正始时"追踪上古"、背弃五行三统法则有着鼓励玄学兴起的意义。

总之，曹魏黄初到正始的政界一直有"追踪上古"和"效法三代"两派意见。"效法三代"一派主张进行"改正朔，易服色"等形式上的变革；"追踪上古"一派主张实行实质的改革而对"改正朔"等事不感兴趣。"效法三代"一派以五行三统的政治法则为依据，"追踪上古"一派则背弃这些法则而另找根据。"效法三代"一派的五行三统法则以宇宙构成论中的阴阳五行说为理论基础，"追踪上古"一派则以玄学或形上学为理论基础。"效法三代"一派在魏明帝时期取得胜利，与玄学家受压制的情况恰相应合；"追踪上古"一派在正始时期取得优势，遂导致五行三统法则的终结和玄学的兴起。在这里还应该指出，玄学对阴阳五行不是完全避而不谈，而是用玄理来统摄；玄学家对五行三统法则也只是弃其逻辑关系，而非完全不用，如在三统仍要考虑正朔问题，在五运仍要尚黄或尚赤，就是例证。

**（三）正始改制的酝酿、实施和结局**

正始时期玄学家改制的事，见于《晋书·宣帝纪》：

[正始]八年夏四月……曹爽用何晏、邓飏、丁谧之谋，迁太后于永宁宫，专擅朝政，兄弟并典禁兵，多树亲党，屡改制度。帝

[指司马懿]不能禁,于是与爽有隙。五月,帝称疾不与政事。

文中曹爽、何晏、邓飏、丁谧等人改制的事列于正始八年夏四月,似有误。今试进行辨析。

关于"迁太后于永宁宫",《晋书·五行志》云:"魏齐王正始二年十一月,南安郡地震。……六年二月丁卯,南安郡地震。是时,曹爽专政,迁太后于永宁宫,太后与帝相泣而别。连年地震,是其应也。"这里将正始二年到六年的几次地震归咎于曹爽"迁太后于永宁宫",则太后之迁当在正始二年十一月地震之前。《魏志·后妃·明元郭皇后传》云:"齐王即位,尊后为皇太后,称永宁宫。"也证明曹爽迁太后在齐王曹芳即位初年。

"兄弟并典禁兵",事见《魏志·曹爽传》:"爽弟羲为中领军,训武卫将军"。两句前,注引《魏书》载曹爽使弟曹羲上表,请使太尉司马懿转任太傅。按曹羲任中领军之前官职不显,恐无资格上表提太尉专任太傅的建议。《魏志·少帝齐王芳纪》和《晋书·五行志》都记载司马懿始任太傅于景初三年二月,在改元为正始之前,则曹羲为中领军应在齐王芳即位之初,曹训任武卫将军亦在同时。曹爽尊司马懿为太傅的动机,是"欲令尚书奏事,先来由己,得制其轻重也"(《魏志·曹爽传》)。迁太后于永宁宫的用意,显然是为了控制少帝曹芳,则曹芳改元正始之际,曹爽已然"专擅朝政"。

"多树亲党",应指《魏志·曹爽传》所云:"[爽]乃以晏、飏、谧为尚书,晏典选举,轨司隶校尉,胜河南尹,诸事希复由宣王(司马懿)。"查《晋书·宣帝纪》载正始五年春正月"尚书邓飏、李胜等欲令曹爽建立功名",可知何晏、邓飏、丁谧在正始五年之前已为尚书。《魏志·曹爽传注》引《魏略》云,邓飏"正始初乃出为颍川太守,转大将军长史,迁侍中尚书";丁谧在魏明帝时名位不显,"会[明]帝崩,爽辅政,乃拔谧为散骑常侍,遂转尚书";毕轨"至正始中,入为中护军,转侍中尚书,迁司隶校尉";李胜在"[明]帝崩,曹爽辅政"时"为洛阳令。夏侯玄为征西将军,以胜为长史。……累迁荥阳太守、河南尹";《曹爽传》附《何晏传注》引《魏略》说何晏"至正始初，曲合于曹爽，亦以才能，故爽用为散骑侍郎，迁侍中尚书"。诸人显达，不在一时，何晏、邓飏、丁谧升任尚书在正始元年至五年，其中邓飏转任三职，任尚书可能较迟。毕轨任司隶校尉的时间难以确定，可能在正始五年前后。唯李胜任河南尹在正始五年的骆谷之役以后，在司马懿"称疾"之前。

"屡改制度"，亦见于《宋书·五行志》："正始八年二月庚午朔，日有蚀之。是时曹爽专政，丁谧、邓飏等转改法度。""转改"即"屡改"，可见曹爽、何晏等"屡改制度"在正始八年二月已大致完毕，八年四月只是司马懿"称疾"的时间。由于"屡改制度"是"称疾"的原因，故《晋书·宣帝纪》中"屡改"之事书于"正始八年夏四月"之下。但从"屡"字来看，"改制度"不止一次，初改是在哪一年呢？

这问题可由夏侯玄的经历得到说明。据《魏志·夏侯玄传》，夏侯玄任中护军后曾两次致书司马懿，建议改革选举制度、官制和服制。《传》中引述夏侯玄书之后，说："顷之，为征西将军，假节都督雍、凉州诸军事，与曹爽共兴骆谷之役。"骆谷之役即曹爽伐蜀之役。据《魏志·夏侯渊传注》引《魏略》及《夏侯玄传注》引《魏氏春秋》，骆谷之役后，曹爽回到首都洛阳，夏侯玄则继续西处雍、凉，负责防蜀，直到正始十年正月"高平陵事变"后才"还京师"。他是何晏、邓飏等人的"宗主"，是曹爽倚重的军事台柱，并且是"改制度"的主要倡议者，而《晋书·宣帝纪》列举"屡改制度"的主持人员，未提他的名字；《宋书·五行志》《魏志·蒋济传》及《王凌传注》引《汉晋春秋》载王广语都谈到正始改制一事，也都没有提夏侯玄在改制过程中的作用。对这不合情理的情况，只能有一种解释，即"屡改制度"是在夏侯玄任征西将军之时，在正始五年五月骆谷之役结束之后，正始八年二月的日食之前。

正始八年二月日食出现后，有两个重要人物出来上疏规谏。其一是蒋济，他说：

> 昔大舜佐治，戒在比周；周公辅政，慎于其朋；齐侯问灾，晏婴对以布惠；鲁君问异，臧孙答以缓役。应天塞变，乃实人事。今二贼未灭，将士暴露已数十年，男女怨旷，百姓贫苦，夫为国法度，惟命世大才，乃能张其纲维，以垂于后，岂中下之吏所宜改易哉？终无益于治，适足伤民，望宜使文武之臣各守其职，率以清平，则和气祥瑞可感而致也。（《魏志·蒋济传》）

这疏上于"屡改制度"之后，是对改制的针锋相对的反对意见。然而疏中没有道出有力的理由，只是说"中下之吏"不能改易"为国法度"，并以灾异来威胁，实在不足置辩。据《魏志·蒋济传注》，蒋对"魏为舜后"的说法并不同意，对取法尧舜、追踪上古的做法肯定持反对意见，他反对改制可能不是由于改制有什么差错，而是出于一贯的思想主张。又查《夏侯玄传注》引《魏略》说"蒋济为护军时，有谣言：'欲求牙门，当得千匹，百人督，五百匹。'"护军的职责是"任主武官选举"（《夏侯玄传注》引《魏略》），如果像蒋济这样货赂公行，便与汉末的买官卖爵相差无几了。根据蒋济这种情况，可以知道他对改制的批评颇具保守性和腐朽性，是不足取的。

另一个在正始八年日食后上书规谏的是何晏，他说：

> 为人君者，所与游必择正人，所观览必察正象，放郑声而弗听，远佞人而弗近，然后邪心不生而正道可弘也。季末阇主，不知损益，斥远君子，引近小人，忠良疏远，便辟褎狎，乱生近昵，譬之社鼠，考其昏明，所积以然，故圣贤谆谆以为至虑。……可自今以后，御幸式乾殿及游豫后园，皆大臣侍从，因从容戏宴，兼省文书，询谋政事，讲论经义，为万事法。（《魏志·少帝齐王芳纪》）

这疏的规谏对象是齐王芳，疏中所提出的"择正人"及"远佞人"等，含有控制皇帝的意图，不过齐王芳当时只有十六岁，而且是傀儡，当时真正的统治者是辅政的大将军曹爽，因而何晏这篇谏疏也可能有讽喻曹爽的意思。《魏志·王粲传注》引《文章叙录》云："曹爽秉政，多违法度，［应］璩为诗以讽焉。其言虽颇谐和，多切时要，世共传之。"而《文选》卷二一应璩《百一诗》李注引《楚国先贤传》云："汝南应［璩］休琏作百一篇诗，讥切时事，遍以示在事者，咸皆怪愕，或以为应焚弃之，何晏独无怪也。"应璩作诗"讥切时事"显然是在曹爽改变"法度"之后，该诗"多切时要，世共传之"，可见曹爽的执政与改制确有弊病。当时"在事者"都对该诗表示"怪愕"，仅何晏不以为怪，可见何晏的想法与应璩一致，都对时事改制等中间的弊端有所察觉。又《魏志·曹爽传》说曹爽做窟室，"数与晏等会其中，饮酒作乐"，曹羲为"谏止之"而"著书三篇，陈骄淫盈溢之致祸败，辞旨甚切，不敢斥爽，托诫诸弟以示爽。爽知其为己发也，甚不悦"。曹爽的"不悦"证明"托诫诸弟以示"确属必要，而曹羲可以"托诫诸弟"以谏曹爽，何晏自然也可以托谏皇帝以喻曹爽。他在正始八年上的谏疏至少有部分涵义是为曹爽而发，至于曹爽的行政、改制之有失误弊病以致有规谏的必要，那是毋庸置疑的。

另外还有一种特殊的反对势力，即司马懿、司马师父子。他们代表当时清廉干练的官吏，支持那种取法三代的"易祚改制"，不赞成那种标新立异、追踪上古的"改制度"。正始五年以前夏侯玄致书建议改制的时候，司马懿称赞说"皆大善"，表示同意"大指如所示"，同时指出"中间一相承习，卒不能改"的难处，婉言谢绝："恐此三事，当待贤能然后了耳"。在正始初期，曹爽虽夺去他的实权，但还尊他为太傅，对他保持尊敬，"恒父事之，不敢专行"（《魏志·曹爽传》），因而在一段时间内，他与曹爽保持着合作的关系，如在正始二年"督诸军南征"（《晋书·宣帝纪》），在正始四年"督诸军击诸葛恪"（《晋书·宣帝纪》），在正始五年劝阻曹爽伐蜀（《晋书·宣帝纪》），在正始七年助曹爽策划备吴（《晋书·宣帝纪》），这些行动多少有些合作的性质。直到正始八年曹爽等人"改制度"已毕，这事未经司马懿同意而且产生一些恶果，司马懿才在八年四月"夫人张氏薨"的时候"称疾不与政事"（《晋书·宣帝纪》）。其"称疾"一方面是由于避免曹爽的猜忌（见《魏志·曹爽传注》），另一方面是由于曹爽等人"诸所兴造,皆不复由宣王(司马懿),宣王力不能争"(《魏志·曹爽传注》)。这里所说"诸所兴造"就是"屡改制度",司马懿无法反对改制又害怕承担改制失败的责任,自然要"称疾"。他本有"大志"(《魏志·曹爽传注》),不能甘于寂寞,看到曹爽等人日渐骄奢而失去人心,不能不作出发动政变的决定,于是在正始十年正月抓住时机将曹爽、何晏、邓飏等人一网打尽,重新控制了朝政。在这之后,他的措施即矫正改制或恢复旧制。《晋书·景帝纪》记载了一件他去世以后的事:

> 魏嘉平四年……或有请改易制度者,帝(司马师)曰:"……三祖典制,所宜遵奉,自非军事,不得妄有改革。"

这里说的"三祖"即曹魏武、文、明三帝[1],"三祖典制"即曹爽、何晏等人改革的对象。这典制在司马懿政变后肯定被恢复了,否则司马师便无从"遵奉"。

正始改制的酝酿、实施、失败的经过大致如此。魏末王广对这一经过评论说:

> 今曹爽以骄奢失民,何平叔虚而不治,丁、毕、桓、邓虽并有宿望,皆专竞于世。加变易朝典,政令数改,所存虽高,而事不下接,民习于旧,众莫之从。故虽势倾四海,声震天下,同日斩戮,名士减半,而百姓安之,莫或之哀,失民故也。今懿情虽难量,事未有逆,而擢用贤能,广树胜己,修先朝之政令,副众心之所求。(《魏志·王凌传注》引《汉晋春秋》)

这段话指出正始改制涉及"政令"和百姓从与不从的问题,不限于

---

[1] 参见《魏志·明帝纪》景初元年有司奏文。当时魏明帝加号魏武、文帝为太祖、高祖,自定为烈祖。是一件史无前例的事。

礼仪形式而具有较深刻的内容，点中了改制"所存虽高，而事不下接"的弱点，揭露了改制主持者"骄奢"及"专竞"的事实，强调司马氏对改制集团的杀戮未引起普遍的反对，指出政变之后司马氏曾"修先朝之政令"并得到舆论的谅解，都是十分中肯的。

### （四）选举制度的改革

汉末魏初，传统的乡举里选方式因士人流徙而无法进行，倾向于集权的曹魏统治者遂实行九品中正制度，各郡设立中正主持选举，为朝廷吏部的委官任能提供根据。魏明帝时这种制度已有压制清议、偏袒豪族的作用，促使豪族向士族转化，有酿成士庶等级制度的危险，于是在正始初期，出现了改革的要求。

《太平御览》卷二六五、卷六二九记载了曹羲和司马懿关于九品制度的争议，司马懿说：

> 案九品之状，诸中正既未能料究人才，以为可除九品，州置大中正。

而曹羲驳云：

> 伏见明论，欲除九品，而置中正，以检虚实。一州阔远，略不目识，访不得知，会复转访本郡先达者。此为问州中正，而实决于郡人。

原来，曹魏初设九品制度时只有郡一级的中正，没有州中正。《魏志·常林传注》引《魏略·清介传》说："先时国家始制九品，各使诸郡选置中正"，已可为证。后来积弊渐深，郡中正"未能料究人才"，已为世所公认，司马懿遂建议废除郡中正，"州置大中正"，企图加强九品制度，通过更彻底地限制清议的办法来解决矛盾。这建议虽遭曹羲反对，但仍然实行了，而且变本加厉，州置大中正而郡中正并未除去，从而形成"州郡皆置中正"的局面。关于这一争论和州中正设置的时间，史籍未载，考虑曹羲在正始初年始任要职而进入政治舞台，夏侯玄在骆谷之役以前已说"自州郡品度官才之来，有年载矣"（见《魏志·夏侯玄传》），骆谷之役在正始五年，由此可推测关于州置中正的争议、实施都在正始之初。

郡中正未能"料究人才"，州中正自然更难做到，于是正始五年骆谷之役以前有夏侯玄建议的提出：

> 夫官才用人，国之柄也，故铨衡专于台阁，上之分也；孝行存乎闾巷，优劣任之乡人，下之叙也。夫欲清教审选，在明其分叙，不使相涉而已。何者？上过其分，则恐所由之不本，而干势驰骛之路开；下踰其叙，则恐天爵之外通，而机权之门多矣。夫天爵下通，是庶人议柄也；机权多门，是纷乱之源也。自州郡中正品度官才之来，有年载矣，缅缅纷纷，未闻整齐，岂非分叙参错，各失其要之所由哉！若令中正但考行伦辈，伦辈当行均，斯可官矣。何者？夫孝行著于家门，岂不忠恪于在官乎？仁恕称于九族，岂不达于为政乎？义断行于乡党，岂不堪于事任乎？三者之类，取于中正，虽不处其官名，斯任官可知矣。行有大小，比有高下，则所任之流，亦涣然明别矣。……岂若使各帅其分，官长则各以其属能否献之台阁，台阁则据官长能否之第，参以乡闾德行之次，拟其伦比，勿使偏颇。中正则唯考其行迹，别其高下，审定辈类，勿使升降。台阁总之。如其所简，或有参错，则其责负自在有司。官长所第，中正辈拟，比随次率而用之。如其不称，责负在外。然则内外相参，得失有所，互相形检，孰能相饰？斯则人心定而事理得，庶可以静风俗而审官才矣。（见《魏志·夏侯玄传》）

在这里，尚书台（台阁）或吏部尚书为"上"，中正、行政官吏（官长）为"下"。上过其分而侵夺中正和官吏职权，便是"所由不本"；下逾其序而僭行吏部职权，便是"机权多门"。从表面上看，这像是在集权与分权之间调和，其实不然。吏部尚书、中正和行政官吏实际上都是政府机构的成员，三者的"分叙"虽不利于中正的分权，却是一种更具分权特色的制度。按这关于制度的设想，中正只负责评定应选人物的操行清浊，行政官吏只负责考核应选人物的才能高下，吏部综合二者，对应选人物委任官职。或者说，中正、行政官吏所决定的是应选人物可否担任官职及担任哪一级别的官职的问题，吏部所决定的是应选人物应任哪一种具体官职的问题。如果实施这一建议，做到吏部、中正与行政官吏的分权，显然可以结束各州郡中正垄断选举、扼制清议的局面，减轻对清议的压力，使吏部、中正、官吏三者都不能在选举中起专断的作用。关于这一点，可引曹羲《至公论》为证：

> 凡智者之处世，咸欲兴化致治者也。兴化致治，不崇公抑"私"①、割"私"②情以顺理、厉清议以督俗、明是非以宣教者，吾未见其功也。清议非臧否不显，是非非赏罚不明。故臧否不可以远实，赏罚不可以失中。若乃背清议，违是非，虽尧不能一日以治。审臧否，详赏罚，故中主可以万世安。（载《艺文类聚》卷二二）

文中断言"励清议"是公，"背清议"是私，明确主张以清议作为衡量选举得失及臧否清浊的准绳。上文指出曹羲反对司马懿"州置大中正"的措施，与夏侯玄主张限制中正权力的意向一致，那么他对清议的维护和鼓励便与夏侯玄的选举分权设想恰成呼应。可以看出，如果实施夏侯玄的建议，那么中正、官长、吏部以至于皇帝都将失去对选举的控制，选举的决定因素便只能是曹羲所说的清议了。

夏侯玄、曹羲都是曹氏集团的权要和正始名士的领袖，他们的改革主张在正始八年的改制当中应能得到实施。不过应指出，正始五年至正始十年夏侯玄一直担任征西将军，坐镇长安，负责防蜀；曹羲在正始年

---

① 此"私"字原脱，据上下文义校补。
② 此"私"字原脱，据上下文义校补。

间一直担任中领军，忙于控制军队。当时参与改制并实施其建议的，不是玄、羲两人，而是负责选举的吏部尚书何晏。①何晏生平最著名的主张是"无为"和"以无为本"，如《论语·卫灵公》："无为而治者，其舜也与！……恭己正南面而已矣！"何云："言任官得其人，故无为而治也。"何晏身任吏部尚书的职责恰是"任官得人"，而他在尽这职责时确实贯彻了"无为"的原则，如《魏志·王凌传注》引《汉晋春秋》载王广云："何平叔虚而不治"，就是证据。"无为"即不造作、不干涉，表现在选举方面就是不越权、不专断。"无为"即"因循"，所因循的对象包括中正的评次、官吏的考核以及清议。

关于何晏选举的成效，魏末晋初有三种说法，《魏志·曹爽传注》引《魏略》云："［邓］飏为人好货，前在内职，许臧艾授以显官，艾以父妾与飏，故京师为之语曰：'以官易妇邓玄茂。'每所荐达，多如此比。故何晏选举不得人，颇由飏之不公忠，遂同其罪，盖由交友非其才。"《曹爽传》附《何晏传注》引《魏略》云："晏为尚书，主选举，其宿与之有旧者多被拔擢。"两说出入很大，而同出于《魏略》，未免荒诞！《史通·古今正史篇》说："魏时京兆鱼豢私撰《魏略》，事止明帝。"而裴注所引《魏略》详载明帝以后何晏之事，亦不相符。魏末史家往往受到司马氏的压力，如王沈《魏书》即被迫"多为时讳"（《晋书·王沈传》）。

鱼豢在当时撰作的《魏略》"巨细毕载，芜累甚多"（《史通·题目》），很可能将司马氏散布的很多流言收录在内。如何晏母姓尹，妻金乡公主母姓杜，《魏志·何晏传注》引魏末《传》却说"晏妇金乡公主，即晏同母妹"，即滥载流言之一例。这样看来，判断何晏政绩不能依据《魏略》自相矛盾的记载，而应依据西晋惠帝初年傅咸的说法：

　　正始中，任何晏以选举，内外之众职各得其才，粲然之美于斯

---

① 何晏任吏部尚书事见《魏志·曹爽传》及该传所附《何晏传注》，亦见于《世说新语·文学篇》。

可观。(《晋书·傅玄传》附《傅咸传》)

傅咸的父亲傅玄和从父傅嘏都是何晏仇敌①,其家世从政治和私人关系上说,都有与何晏敌对的特点,因而上面所引的这段话绝不会是谀辞。这就是说,何晏实施夏侯玄的建议,收效是不错的。

这种新型的选举体制有很多优点,它与汉代的乡举里选和魏初的九品制度相比,更具分权倾向,更利于清议的开展,显然更进步些。而与唐代的科举制度相比,则互有利弊。从教育考核与选举程序上说,唐代的科举制度有严密的考试制度和确定的考试内容,可减少选举制度中的请托、贿赂等;而正始时期的选举体制颇为松散,考虑品行、名声较多,为请托、贿赂留有空隙;对照之下,则唐制优于正始。从社会政治体制上看,唐代科举制由朝廷统一安排,考题、教材由朝廷统一规定,考试结果亦由朝廷专断,有很强的集权性与专断性;正始选举倾向于分权,凭借清议,有士大夫民主的色彩,比较之下,似后者优于前者。中国古代社会的立法、司法和行政权力都集于皇帝一身,皇帝出于世袭,往往有过分集权的弊病,从一这点上,正始时期选举制度改革的进步意义是不容忽视的。

### (五)官制的改革

如果说封建时代选举的作用是维持官僚机构的新陈代谢,那么官制的作用就是使官僚机器保持一定的结构并且正常运转,两者之间有着相辅相成的关系。正始改制的内容既然包括了选举,便不能不涉及官制。

曹魏官制是承袭汉制,汉又承秦,这种官制出于镇压人民的需要及其自身的特点,从初创时起便有了重叠、繁琐、臃肿的特点。正如夏侯玄所说:"始自秦世,不师圣道,私以御职,奸以待下。惧宰官之不修,立监牧以董之;畏督监之容曲,设司察以纠之,宰牧相累,监察相司,人怀异心,上下殊务,汉承其绪,莫能匡改。"(见《魏志·夏侯玄传》)

---

① 参见《晋书·傅玄传》题下注文、《魏志·傅嘏传》及《晋书·烈女·杜有道妻严氏传》。

汉末建安年间，曹操为镇压地方起义和暴乱听从司马朗建议，建立了州郡领兵制度，导致官僚机构进一步膨胀。曹操死后，留下一批功臣宿将，魏文帝将他们置于高位，不予实权，又造成一批冗官。而后魏明帝"远追秦皇汉武（《魏志·明帝纪论》），使官僚机构急剧扩充，以致王昶惊呼"法制苛碎"（见《王昶传》），主张大幅度地"厘改国典"（见《王昶传》）；杜恕也说，当时"国家以人择官，不为官择人"（见《杜恕传》），"币藏岁虚而制度岁广"（《王昶传》），再加"州郡牧守咸共忽恤民之术，修将率之事"（《王昶传》），以致官制的繁琐到了惊人的地步。明帝死后，"横重以郡守，累以刺史"已是普遍的现象，于是夏侯玄在正始五年出任征西将军以前致书司马懿，建议改革：

> 古之建官，所以济育群生，统理民物也，故为之君、长，以司牧之。司牧之主，欲一而专。一，则官任定而上下安；专，则职业修而事不烦。……夫官统不一，则职业不修；职业不修，则事何得而简？事之不简，则民何得而静？民之不静，则邪恶并兴，而奸伪滋长矣。先王达其如此，故专其职司而一其统业。……今之长吏，皆君吏民，横重以郡守，累以刺史。若郡所摄，唯在大较，则与州同，无为再重。宜省郡守，但任刺史。刺史职存，则监察不废，郡吏万数，还亲农业，以省烦费，丰财殖谷，一也。大县之才，皆堪郡守，是非之讼，每生意异，顺从则安，直己则争。夫和羹之美，在于合异；上下之益，在能相济。顺从乃安，此琴瑟一声也。荡而除之，则官省事简，二也。又干郡之吏，职监诸县，营护党亲，乡邑旧故，如有不副，而因公掣顿，民之困弊，咎生于此，若皆并合，则乱原自塞，三也。今承衰弊，民人彫落，贤才鲜少，任事者寡，群县良吏，往往非一。郡受县成，其剧在下，而吏之上选，郡当先足，此为亲民之吏，专得底下。吏者民命，而常顽鄙，今如并之，吏多选清良者造职，大化宣流，民物获宁，四也。制使万户之县，名之郡守；五千以上，名之都尉；千户以下，令长如故，自长以上，考课迁用，转以能升，所牧亦增，此进才效功之叙也。若经

制一定，则官才有次，治功齐明，五也。若省郡守，县皆径达，事不壅隔，官无留滞。三代之风，虽未可必，简一之化，庶几可致，便民省费，在于此矣。（见《魏志·夏侯玄传》）

这里举出两点原则，即"一"和"专"。"一"是官制的统一，为官制重叠的对立面；"专"是在官制统一的情况下建立政治责任制，是"职业不修"、人浮于事的对立面。"专"与"一"两点原则的落实，都在省除郡守这一点措施上。夏侯玄认为省除郡守有多种好处：第一，可结束刺史、郡守重叠的局面，建立刺史的政治责任制；第二，可结束"大县之才"与郡守重叠争权的局面，建立各县的政治责任制；第三，可精简郡守所属官吏"万数"，以省烦费；第四，可节约人才，使优秀官吏在县任职，直接处理民事；第五，可简化程序，缩短州、县的距离，"事不壅隔"；第六，省去郡守的建置，可使万户大县长官"名之郡守"，从而体现出大县、小县的差别，提高了直接处理民事的官吏职称，缩短了整个政府机构与百姓的距离，使基层官吏增加了"进才效能"的机会。

这一建议在正始五年之前遭到司马懿的婉言谢绝，然而《晋书·荀勖传》载晋初荀勖上议："魏太和中遣王人四出，减天下吏员，正始中亦并合郡县，此省吏也。"所说正始中的省吏和并合郡县，恰与夏侯玄的建议相符。晋初司马氏对政敌曹爽、夏侯玄等尚耿耿于怀，故荀勖只敢稍提一笔。而由这稍带的一笔，已可窥知夏侯玄建议在正始改制时确曾实施了。

不过应指出，正始官制改革的成果，在司马氏政变后已不复存在，时至晋初，积弊渐深，已出现了这样的情况："旧都督有四，今并监军，乃盈于十。夏禹敷土，分为九州，今之刺史，几向一倍。户口比汉十分之一，而置郡县更多。空校衙门，无益宿卫，而虚立军府，动有百数。五等诸侯，复坐置官属。诸所宠给，皆生于百姓。"（《晋书·傅咸传》引咸语）晋初官僚机构膨胀如斯，从某种程度上可说是正始末年司马氏政变并"修先朝之政令"的结果。

## （六）行政方式的改革

"委任责成"，简称"委任"，是魏晋士人的常用语。《淮南子·主术训》说："人主之术……因循以任下，责成而不劳"，《论语·子路》集解引王肃云："为政当先任有司，而后责其事"，都是"委任责成"的意思。用现代语言表示，"委任责成"就是一种与指令性行政方式对立的政治责任制。如果说"官制"是设官分职，"选举"是选择人才来充任官职，那么"委任责成"便属行政的范围，是使任职官员尽责的体制。

在魏武帝、明帝两代，都采用指令性的行政方式。武帝处于非常时期，依靠指令是不得不然；明帝处于相对稳定时期，凭借指令便不甚理想了。《魏志·明帝纪注》引《魏书》云："[明帝]性特强识，虽左右小臣官簿性行、名迹所履，及其父兄子弟，一经耳目，终不遗忘。……听受吏民士庶上书，一月之中至数十百封，虽文辞鄙陋，犹览省究竟，意无厌倦。"并说他亲自"料简功能"并"论决大事"，又引孙盛说他"好断"，"政自己出"。这看起来好像很精明、勤勉，然而杜恕在当时却加以非议，"陛下忧劳万机，或亲灯火，而庶事不康，刑禁日弛"（见《魏志·杜恕传》），意即指令越多，行政效率反而越低。杜恕又说：

> 今之所谓贤者，尽有大官而享厚禄矣，然而奉上之节未立、向公之心不一者，委任之责不专，而俗多忌讳故也。……今者朝臣不自以为不能，以陛下为不任也；不自以为不智，以陛下为不问也。（见《魏志·杜恕传》）

就是说，政务应由百官分担，不能一人独任。魏明帝好作决断，勤加指令，反而侵夺了百官职权。他的勤勉恰造成百官的不勤勉，他的自任恰使百官人浮于事、不负责任。到正始时期，情况有所变化。晋惠帝时傅咸上疏盛赞正始时何晏等人的政绩：

> 正始中，任何晏以选举，内外之众职各得其才，粲然之美于斯

可观。如此。非徒御之以限法之所致①，乃委任之由也。委任之惧，甚于限法。是法之失，非己之尤，尤不在己，责之无惧，所谓"齐之以刑，人免而无耻"者也。苟委任之，一则虑罪之及，二则惧致怨谤，已快则朝野称咏，不善则众恶见归。此之战战，孰与倚限法以苟免乎！（见《晋书·傅玄传》附《傅咸传》）

这疏表明正始改制时确曾实行过"委任责成"的行政方式，并且收到"可观"的成效。另外，这疏指出"委任责成"的方式使任职者受朝野舆论"怨谤"或"称咏"的影响，利于"清议"对行政过程的监督，与上文关于正始时期选举制度的改革可加强清议作用的结论一致，可以互证。

正始十年司马氏政变以后，"委任"方式一定遭到了废弃，因而西晋时又有很多人提出"委任"的问题，如晋武帝"亲览万机，劳心日仄"（《晋书·傅咸传》引咸语），与上述明帝的情况类似，而《晋书·刘颂传》载刘颂当时上疏说："今人主不委事仰成，而与诸下共造事始，则功罪难分；下不专事，居官不久，故能否不别"，认为"圣王之化，执要而已，委务于下而不以事自婴也"，主张"群官多不胜任，亦宜委务，使能者得以成功，不能者得以著败，败著可得而废，功成可得遂任"，"如此不已，则胜任者渐多；经年少久，即群司遍得其人矣"。这建议未见采纳，于是晋惠帝时裴頠撰《辨才论》，主张"委任责成"（见《群书治要》卷二九），说"选士既得其人，但当委责，若有不称，便加显戮"（见《群书治要》卷二九）。又未见效，于是东晋时王彪之又提出："委之以职分，责之以有成"（《晋书·王彪之传》）这些关于"委任"的说明与傅咸关于正始时"委任"的说明一致，由这些说明可推测正始时"委任"的详细内容。这些关于"委任"的倡议的不断提出并遭受冷落，与正始之后司马氏放弃"委任"一事亦可印证。

---

① 此句中华书局本断为"御之以限，法之所致"，然上文提到"法之有限"，可知此处"限""法"应连为一词。

对于"委任责成"的方式，魏晋时有两种态度，这情况与当时政治派别的分野可能有关。主张"委任"的杜恕曾追述："唐、虞之君，委任稷、契、夔、龙而责成功"，即可见魏人提倡或采用"委任责成"方式是追踪上古、仿效唐虞的具体表现之一。司马懿父子因主持战事、控制军队而得有权势，有类于"以战伐定天下"的三代君王，与上古唐虞的"委任"或"无为"似格格不入，因而对魏明帝"好断"的行政方式予以支持和继承，在政变后将"委任"的方式弃置不用。杜恕倡议"委任"，恰是司马懿的政敌，曾对"孔羡辟大将军（司马懿）狂悖之弟"一事加以谴责（见《魏志·杜恕传》），并因与司马懿"不相能，遂以幽死"（《晋书·杜预传》）。司马氏拒绝"委任"还有一个原因，即赵翼《二十二史札记》所说的："司马氏则当文帝、明帝国势方隆之日，猝遇幼主嗣位，得窃威权，其时中外臣工尚皆魏帝所用之人，内有张缉、苏铄、乐敦、刘贤等伺隙相图，外有王凌、毌丘俭、诸葛诞等相继起兵声讨，司马氏惟恃挟天子以肆其奸，一离京辇，则祸不可测，故父子三人执国柄，终不敢出国门一步，亦时势使然也。"（"魏晋禅代不同"条）如司马师讨毌丘俭，"留［司马］昭镇洛阳"，到司马师"病笃"时，"昭始赴军"。（"魏晋禅代不同"条）"师既卒，魏帝命昭统兵镇许昌，昭仍率兵归洛，不敢远在许下也"。（"魏晋禅代不同"条）"诸葛诞兵起，昭欲遣将则恐其不可信，而亲行又恐都下有变，遂奉皇太后及高贵乡公同往督军"。（"魏晋禅代不同"条）其控制权柄如此费心，怎么敢"委任"他人呢！这种拒绝"委任"的做法一直延续到西晋，直到昏庸懦弱的晋惠帝即位才告结束，但代之而起的不是正常的"委任责成"，而是政纪松弛、轻忽庶事等。这一时期及东晋南朝的统治者有时也打起"委任"及"无为"的旗号，然而已不具备正始改制时"委任"的性质和成效了。

通过上述分析，可对正始改制作一粗浅的总结。这次改制有着复杂的矛盾和两重性，从某一方面来说，它是一种托古改制，它的理论有复古的色彩，这使它不如商鞅变法和王安石变法那样富有生气，而与两汉之交王莽的改制相类似，以致在较长的历史时期内，没有被当作改制来看待；从另一方面来说，它又在尊重传统、笃信经学的背景下具有相对的创造性，在复古的旗帜下隐藏着某些新鲜的内容，并且是玄学各种新义的政治基础。应当承认，这次改制有一定的进步意义，但也不能忽视它的弱点、缺陷和弊病。《魏志·曹爽传注》广引魏晋史书，列举了正始改制主持人的若干劣迹，不能说全是诬陷和夸张。这次改制取得了一些成效，具有一些消除九品制度恶果、防止士庶等级制度形成的积极作用，但它又是一次失败的改革，成效都是暂时的，九品制度后来毕竟还是加强了，士庶等级制度毕竟还是形成了。如果说正始改制对整个历史有作用的话，那么这作用主要是刺激了玄学的兴起。

# 第四章　玄学讨论形式

《周易·系辞上传》有"书不尽言，言不尽意"两句话，其中"言不尽意"一句因与"言意之辨"密切相关，备受学界重视，而"书不尽言"一句则罕见有今人提起。我以为，"言意之辨"的主题是如何"尽意"或如何"穷理尽性"，这只是玄学思想方法的问题，不是玄学讨论方式的问题。"思想方法"与"讨论方式"是不同的概念，前者指循由何种思路而臻于至高的思想境界，后者指采用何种方式来进行思想交流和论争。当然，今人研究古代哲学，一般不注意古人采用何种讨论方式的问题，不过玄学方面的研究应当属于例外，因为玄学的讨论方式以"书不尽言"一句话为前提，以口头的清谈为主，以文字著述为辅，这在思想史上是极为特殊的。

## 一　"书不尽言"的命题及其流行的情况

所谓"书不尽言"，是说文字的表意功能不如口语，文字著述不能表达相应口语的全部内容。这种见解在先秦道家学者中间颇为流行，在两汉时期学界尊崇经传文籍的情况下一度沉寂，在曹魏时期再度兴起，成为玄学特有的讨论方式的依据。

"书不尽言"一句并见于《系辞》通行本与帛书本，马王堆帛书《系辞》富于道家特色，这部著作经过汉初儒者的增删修订，才演变成备受儒家尊崇的《系辞》。那么，帛书《系辞》中的"书不尽言"命题应与道家思想有密切关联。《庄子·天道篇》杜撰了齐桓公与轮扁的一席对话，桓公"读书于堂上"，轮扁问他："公之所读者何言邪？"公曰："圣人之言也。"轮扁又问："圣人在乎？"公曰："已死矣。"轮扁于是断言："然则君之所读者，古人之糟魄（粕）已夫！"并申说理由：

> 臣也以臣之事观之。斫轮，徐则甘而不固，疾则苦而不入，不徐不疾，得之于手而应于心，口不能言，有数存焉于其间。臣不能以喻臣之子，臣之子亦不能受之于臣，是以行年七十而老斫轮。古之人与其不可传也，死矣！然则君之所读者，古人之糟魄（粕）已夫！

这位工匠以自己制造车轮的经验来作比喻，他的技巧"得之于手而应于心"，无法道出，不能传授给他的儿子。古代圣人也有类似的不可言传的体会，这些体会随着圣人之死，永久地消逝了，齐桓公所读的圣人之书岂不就是圣人丢下的糟粕么？这一席对话寓含着"书不尽言"与"言不尽意"的双重意义，而其中关于圣人之死的谈论，是从《老子》到《庄子》一贯的论题。《老子》主张"民复结绳而用之"，即表示对文字功能的不信任和对结绳时代的向往。至于儒家在这方面的看法，原本是与"书不尽言"相反的，例如《左传》襄公二十五年载孔子云："文以足言"，即"书不尽言"的反命题。

自汉武帝设置五经博士之日起，"书不尽言"这种贬低文字著作功能的命题便不再风行了。两汉"五经"博士之职都是由儒家今文经学一派的学者担任的，而今文经学一派对"五经"的评价颇高，例如董仲舒对策云："孔子作《春秋》，上揆之天道，下质诸人情"；匡衡上疏云："臣闻六经者，圣人所以统天地之心，著善恶之归，明吉凶之分，通人道之正，使不悖于其本性者也。"（均见《汉书》本传）这种关于经书"统天地之心"的说法，在西汉已是至高无上的评价，"书不尽言"一语同这种评价相抵触。如何可以流行呢？时至东汉，纬书兴盛，于是经书显得更加神圣,如《尚书·璇玑钤》说:"《尚书》篇题号'尚'者,上也,上天垂文象,布节度书也,如天行也。"(见《艺文类聚》卷五五)《春秋说题辞》云:"《尚书》者,二帝之迹,三王之义,明天下情,帝王之功。尚,上也,上帝之书。"(见《艺文类聚》卷五五)经书既被认定为上帝之书,则非圣人之言所能比拟,在这种情况下若谈论"书不尽言",定是不合时宜的。另外,王莽当政时期有《符命》四十二篇,被朝廷认可为上帝诏命,经五威将王奇等十二人公布于天下,权威可谓至高无上;东汉有《河图》九篇、《洛书》六篇,被光武帝正式宣布为"皇天大命",权威与王莽所尊崇的《符命》类似。在这种情况下若谈"书不尽言",恐怕要获触犯上帝的罪名了。

有人可能会问,《系辞》在汉代既编入官定的《周易》一书,公认为孔子所作,篇中的"书不尽言"命题如何会遭受蔑视呢?这种提问实际上是以一种误会为基础的,即误以为《易经》和《易传》在汉代受尊崇的程度如同在魏晋唐宋一般。其实,汉代今文经学齐学一派所尊崇的经书首推《春秋》,鲁学一派所重视的经典以《礼经》为首。《诗》《书》是先秦以来儒家一贯尊崇的典籍,在汉代也受到一定程度的尊重。唯《易经》在秦代始与"《诗》、《书》、《礼》、乐"相并,在汉代官方儒者看来未必十分重要。至西汉末期,刘歆始"颠倒五经"(《汉书·王莽传》),定《易》《书》《诗》《礼》《乐》《春秋》之次,奉《易经》为五经之首。扬雄以为"经莫大于《易》",与刘歆当属同一潮流,而这潮流与两汉今文经学思潮是背道而驰的。至于两汉官方《易》学,也是按照阴阳五行象数的法则解说《易经》的,并未理会《易传》中《象》《系辞》《文言》诸篇关于道德性命义理的阐述。"书不尽言"命题在两汉受到忽视,乃时代学风使然。当时学界的信条不是"书不尽言",而是"教化以礼义为宗,礼义以典籍为本"(《意林》卷五所引《昌言》语)。唐代韩愈自称"非三代两汉之书不敢观"(《答李翊书》),故沿袭汉代风习,断定:"人声之精者为言,文辞之于言,又其精也"(《送孟东野序》),按这说法,文字著述的表意功能并非不如口语,而是胜过口语了。

时至魏文帝、明帝之间，荀粲及夏侯玄等人始就"典籍为本"的信条提出异议。据西晋人何劭所作的《荀粲传》（载于《魏志·荀彧传注》），荀粲的看法是：

> 子贡称夫子之言性与天道不可得闻，然则六籍虽存，固圣人之糠秕。

其称"六艺""五经"为圣人糠秕，所依据的便是《庄子·天道篇》中的上述文字；而说子贡断定孔子之言性与天道"不可得闻"，则依据《论语》。这种意见不过是融合儒道两家的成说，在荀粲的时代却已到了惊世骇俗的程度了。他的兄长荀俣便挺身而出，以《系辞》篇中"系辞焉以尽其言"一句为证，申说圣人的"微言"见于经书，故经书不是糠秕。对这驳议，荀粲的答复是以"系表"的概念为核心，指出"系辞"虽可"尽言"却不能尽"系表之言"。其所谓"系"是指圣人在卦画之下系属的卦辞和爻辞，所谓"系表"是指卦爻辞之外。荀粲说："系表之言固蕴而不出"，意谓卦爻辞以外的圣人微言非经书文辞所能表达，随圣人之死而长逝了。这一说法在当时显得十分精致，未再遇到有力的反驳。至于夏侯玄、何晏在这问题上的见解如何，史书未载，不过从玄、晏两人与荀粲的友情来看，他们的意见应当是一致的。

由于荀粲及夏侯玄等人的努力，"书不尽言"的命题，忽然放出光彩，当时的士人忽然看到这一命题竟有贬低经书价值的巨大意义，遂加流传，使之成为魏晋名士的信条。魏末管辂声称："孔子曰：'书不尽言'，言之细也"（见《魏志·管辂传注》所引《辂别传》）；蜀汉人秦宓自称"文不能尽言"，故不敢宣扬"文藻"（见《蜀志》本传）；东晋初期卢谌《赠刘琨诗序》云："《易》曰'书不尽言，言不尽意'，然则书非尽言之器，言非尽意之具矣"（见《文选》卷二十五）。由于此说的盛行，魏晋名士遂以补救圣人微言尽绝的危机为己任，纷纷以清谈的形式表述哲理，这就是下节所要讲的，即清谈是比文字著述更为重要的玄学讨论形式。

## 二 以清谈为主、著述为辅的玄学讨论形式

荀粲及夏侯玄,何晏等人认定有一种"系表之言"曾存在过,"系表之言"从广义上说即经传以外的"微言",这种"微言"因圣人已死而成为绝响,需要后起的贤人加以补救。而以"大贤"自居的魏晋名士欣然承担了这一神圣的使命,他们对"仲尼没而微言绝"(《汉书·艺文志序》)的危机的补救措施,便是从事清谈。清谈中的言论,或名"清言",或名"玄言",为圣人微言的替代者,其重要性远非见诸文字的玄学著作所能比拟。玄学家对于清谈优于著述这一点,是绝不敢否认的,因为"书不尽言"是他们轻贬五经价值的前提,是以玄学取代东汉经学的先决条件。可以肯定,以清谈为主而著述为辅,是玄学特有的论辩形式。

《艺文类聚》卷一九引魏人陈暄《应诏语赋》说,"核生民之要技,实言语以为前。枢机诚为急务,笔札乃是次焉",这种认为"笔札"次于"言语"的说法,在魏晋时期具有典型的意义。

考察一下《魏志》裴注及《世说新语》等书关于玄学家生平事迹的记载,可以看出口头的、即兴的清谈的确比玄学著作更受重视,清谈家的寥寥数语,竟比连篇累牍的玄学著作更有影响。例如夏侯玄的著作仅三卷,多是关于军政刑法等问题的论文,关于玄学的论文至多一卷,很可能仅有《本玄论》一篇。从今人的立场来看,这篇论文有莫大的史料价值;而在正始名士眼里,这篇论文的价值主要在于出自夏侯玄其人之手。《文心雕龙·论说篇》历数玄学论著,将夏侯玄《本玄论》列于"迄至正始,务欲守文,何晏之徒,始盛玄论"四句之下,可见《本玄论》是正始时期的著作。而在正始以前,夏侯玄已被何晏、邓飏诸人奉为"宗主",在"四聪八达"处于首位,享有盛名。这种名望,为当时众多的贵公子所不具备,亦与文字著述无关,其成名的主要缘由,自然在于清谈。对于夏侯玄在清谈方面的表现与成就,史籍未载,不过他在魏明帝时因"浮华"受到压制的事实,是学界都承认的,而在汉魏之

际,"浮华"从来是"谈士"的特征。至于何晏,在《魏志》本传里只有数语,称其"好老庄言,作《道德论》及诸文赋著述凡数十篇",这段文字显示出何晏的玄学著作应以《道德论》为主。据《世说新语·文学篇》,何晏本欲注释《老子》,后来见到王弼《老子注》之"精奇",难与争竞,遂不复注而改作《道德论》。这就是说,何晏《道德论》是在王弼《老子注》之后完成的。王弼在正始六年仅二十岁,以此推算,何晏《道德论》当作于正始六年至七年。而在正始以前,何晏已是夏侯玄、诸葛诞名士集团中的重要成员,其跻身于名士之流,原与著作无关,而是由于清谈一途。今人研究正始玄学多以王弼《易》《老》学著作为依据,然而在正始九年,何晏称赞管辂《易》学"此世无双",尚未见到王弼《周易注》及《略例》。王弼《老子注》约完成于正始六年前后,为何晏所见,但在正始六年至十年,恐未及广泛流传。那么,王弼在正始年间得以显名,也是凭借清谈,其注释《易》《老》不过为求得身后的影响。《世说新语·文学篇》记录了王弼在清谈场合的表现,可谓精彩而辉煌。晋人何劭作《王弼传》,记王弼著述仅数语,记王弼清谈事迹则详而且细,称其"通辩能言","天才卓出","高致","自然有所拔得"。此《传》给人一种印象:王弼主要是一位天才绝伦的清谈家,其次才是著作家。

西晋玄学家的领袖人物,是王衍与乐广。《晋书·王衍传》未载王衍有何玄学著作,对他在清谈方面的成就则称颂备至,说他十四岁时拜仆射羊祜,"辞甚精辩","幼年无屈下之色"。在晋武帝泰始八年(272)拒绝担任辽东太守,"口不论世事,唯雅咏玄虚而已"。一度为元城令,"终日清谈,而县务亦理"。后为中庶子、黄门侍郎,在朝廷及学界"妙善玄言,唯谈老、庄为事","义理有所不安,随即改更,世号'口中雌黄'",于是"朝野翕然,谓之一世龙门","声名藉甚,倾动当世"。由于清谈胜过同时代人,相貌风度超群,王衍遂在朝中"累居显职",使"后进之士,莫不景慕放效"。王衍显然是以一位杰出的清谈家的身份处于西晋玄学界领袖的地位,他的清谈是即兴的,是凭借瞬间灵感的,在谈论之间可以随意构筑新的理论,随口修正旧的学说。这样的人物往往不屑从事文字著述，因为见诸文字的东西往往显得笨拙而执着，理论形态趋于僵化，不能随时更新或"改更"。两晋玄学家以王衍为首这一点，带有一种彻底性，即清谈优先，文字著述次之。

在西晋玄学家的行列中，乐广的地位仅次于王衍。据《晋书》本传所载，乐广"尤善谈论，每以约言析理，以厌人之心"。曾与长辈裴楷"共谈，自夕申旦，雅相钦挹"，裴楷自叹"不如"。卫瓘听到乐广的清言，认为是正始名士"微言"的再现，听者则"若披云雾而睹青天"。《传》中的评论是："广与王衍俱宅心事外，名重于时。故天下言风流者，谓王、乐为称首焉。"根据《传》中的介绍，乐广是没有著作的。他不但没有著作，甚至缺乏写作的能力。《世说新语·文学篇》说：

> 乐令善于清言，而不长于手笔。将让河南尹，请潘岳为表。潘云："可作耳，要当得君意。"乐为述己所以为让，标位二百许语。潘直取错综，便成名笔。时人咸云："若乐不假潘之文，潘不取乐之旨，则无以成斯矣。"

乐广上奏表居然请人代拟，拙于文笔可说到了极点。有趣的是，西晋至唐代学者都知道这件事，竟不以为是乐广之耻，而是传为美谈。至于为乐广代笔的潘岳，在晋代文化领域的地位远在乐广之下，《晋书·潘岳传》称其"性轻躁，趋世利"，为贾谧二十四友之一，文化地位尚不如卫玠、郭象等人。乐、潘两人的这种关系，适足以标志西晋玄学中清谈与著述的关系。

清谈家与著作家的这种对照，在东晋也有一例，即《世说新语·文学篇》所记载的："江左殷太常父子[①]，并能言理，亦有辩讷之异。……"刘孝标注引何法盛《晋中兴书》云：

---

[①] 殷浩本为殷融之侄，但叔侄在古代有时也称"父子"，孙志祖《读书脞录》就此考证颇详，余嘉锡《世说新语笺疏》加引述，参见《笺疏》，中华书局1983年版，第256页注释。

> 殷融字洪远，陈郡人。……兄子浩亦能清言，每与浩谈，有时而屈，退而著论，融更居长。

殷融、殷浩为叔侄关系，当时人们多知道融善文笔，浩善清谈，形成对照。《晋书》中殷浩有传，称其"识度清远，弱冠有美名，尤善玄言"，为当时清谈家所崇尚。名臣庾亮、庾翼等多次请他出仕，"并称疾不起"，隐居近十年，"于时拟之管、葛"。名士王蒙、谢尚以为殷浩的出仕与否事关"江左兴亡"，叹云："深源（殷浩字）不起，当如苍生何！"东晋穆帝时，权臣桓温势倾朝野，司马昱知道殷浩"有盛名，朝野推服"，于是委以权力，以与桓温抗衡，殷浩遂为桓温的首要政敌。后来殷浩北伐失败，遭到"黜放"，但这是军政变故，与文化无关。从《晋书》的记述来看，殷浩当是东晋玄学家中无可争议的领袖。殷融在《晋书》无传，仅在殷浩等人传中附带一提，其于文化领域的地位显然不如殷浩。《世说新语·文学篇》详载殷浩在清谈方面的经历，如与王导谈论，"共相往反"，"彼我相尽"，被王导评为"正始之音"的重演；与谢尚谈论，"为谢标榜诸义，作数百语"，"辞条丰蔚，甚足以动心骇听"，竟使谢尚"注神倾意，不觉流汗交面"；与孙盛谈论，"往反精苦"，"彼我奋掷麈尾"，"宾主遂至莫忘食"；与支道林谈论，使后者"不觉入其玄中"，简文帝评论这次清谈题目乃殷浩"胜场"，"安可争锋"。这些谈论被东晋南朝名士传为佳话，堪为东晋清谈的典范。至于殷融，在《世说》书中出现次数很少，难与殷浩相提并论。融善文笔而浩善清谈的对照，正好显示出东晋玄学清谈与著述的关系。《晋书·殷浩传》说："融与浩口谈则辞屈，著篇则融胜，浩由是为风流谈论者所宗。"由此数语，也可推知东晋名士所推崇的是清谈家而非著作家。

在玄学清谈史上，魏末竹林七贤属于例外的情况。竹林名士嵇康、阮籍、山涛、向秀等人均不以清言见称，但这情况的出现绝非由于清谈的重要性一时下降，而是由于当时司马氏诛戮异己，迫害名士，清谈适为取祸之由，故竹林名士缄口不谈，改用其他形式抒发情怀。下章将说明嵇、阮探寻玄理的方式亦非著述，而是音乐。嵇、阮等人都写过一些论文，这些论文的思想内容都与音乐有关联。嵇康酷爱琴乐，阮籍擅于吟啸，他们对最高思想境界的体会，主要是通过些音乐手段表达出来的。向秀的《庄子注》是一部重要的玄学著作，但这著作的影响主要在后世，就其于魏末两晋的影响而论，向秀当远逊于嵇、阮两人。简而言之，魏末清谈的沉寂，不是由于玄学本身的发展而致，乃是由于政治势力对学术的干涉而造成的。这短时期的清言沉寂的情况，绝不会妨碍本节论点的成立，即玄学讨论的形式以清谈为主、著述为辅。

## 三 "谈"——一种特殊的思想交流方式

用"清谈"一词来指称玄学家口头上的谈论，由来已久，目前学界多数人均未意识到这一称谓有何不妥。1992年，唐翼明先生所撰《魏晋清议》一书出版，书中就"清谈"的名称提出质疑，指出："当时（指魏晋）的'清谈'一词根本没有特指玄谈这种用法，例如记载魏晋玄谈资料最多，以致被陈寅恪先生称为'清谈总汇'的《世说新语》就从头至尾没有'清谈'二字，不仅正文没有，连刘孝标的注文中也没有。"这一番精彩的论述使学界注意到了"清谈"概念中的可疑之处，使玄学研究出现了严重的问题。在唐先生的这部著作出版之前数年，笔者已在《正始玄学》一书中考辨了"清谈"与"清议"及"清论"的关系，指出"清谈"有"汉学清谈"和"玄学清谈"之分，现在看来，对"清谈"的研究还有继续深入进行的必要。

首先，让我们来推敲一下"清谈"的"谈"字的原义是怎样的。从《世说新语·文学篇》中"[太叔]广谈，仲治不能对。退著笔难广，广又不能答"一节来看，魏晋名士的"谈"是口语，与今人所谓"谈话"有些相似。但"谈"字古义、今义的共同点仅止于此，因为古人所谓"谈"不是普通的口谈或口说，而有着特殊的意味。《说文》云："谈，语也。从言，炎声。"桂馥《说文解字义证》解云：

"炎声"者，《庄子·齐物论》："大言炎炎。"

钱坫《说文解字斠诠》也说：

> 《庄子》："大言炎炎。""谈"是"大言"，故从"炎"。

段玉裁注未释"从炎"二字，王筠《说文句读》的解释则与桂、钱相同，则"谈"即"大言"，乃清代《说文》注家共识。《经典释文·庄子音义》出"炎炎"二字，释云：

> 于廉于凡二反，又音谈。

可见"谈"字从东汉至南朝陈代，一直与"炎"同音。"谈"为"炎炎"之言，亦即"大言"，此为汉唐通义。从"书不尽言"一句来看，"言"字与"书"字对举，普通的口语、口说可用"言"字表达。"谈"为"大言"，便不会是普通的口语，而应当是口语中优异的一类。这就是说，一旦辨明汉唐之间"大言"的意义所在，也就揭示了"谈"字的内涵。

凑巧的是，"大言"以及"小言"正是战国至南朝诗赋的题目。《艺文类聚》卷一九记载梁代昭明太子《大言诗》与《细言诗》，梁代殷钧、王规、王锡、张缵、沈约等人亦各有《大言应令诗》及《细言应令诗》。昭明太子之《大言诗》云："观修鲲其若鳞鲋，视沧海之如滥觞，经二仪而局蹐，跨六合以翱翔。"沈约《大言应令诗》云："隘此大泛庭，方知九陔局，穷天岂弥指，尽地不容足。"其所谓"大言"，即关于至大之物的描述。而此种"大言"与"细言"又沿袭宋玉《大言赋》与《小言赋》，《艺文类聚》卷一九引宋玉《大言赋》云：

> 并吞四夷，饮枯河海，跋越九州，无所容止。

又引宋玉《小言赋》云：

>　　无内之中，微物潜生，比之无象，言之无名。

其中的"大言"即概念的外延趋于至大，"小言"即关于无形无名的事物的描述，可引申为概念内涵的至小。在这里，"至大"与"至小"是统一的，"大言"与"小言"的关系是互补的。《类聚》所载《大言赋》《小言赋》可能是战国时期宋玉的原作，也可能出自汉人或魏晋人士的伪托，但无论如何，两赋均当有助于汉魏两晋南朝期间"大言"意义的诠释。"大言"与"小言"的对举与大、小的对举是很接近的，而先秦汉魏典籍所谓"大""小"常指"至大"与"至小"，例如《庄子·天下篇》引有惠施"至大无外"与"至小无内"的命题，这一命题在《管子·宙合篇》变成了"大之无外，小之无内"，在《吕氏春秋·下贤篇》变成了"其大无外，其小无内"，在《楚辞·远游》则成为"其小无内兮，其大无垠"。由此推想，汉魏之际的"大言"是抽象的言论，因为抽象，故外延堪称"大"。进一步说，意指"大言炎炎"的"谈"字亦为抽象内容的口述，由于抽象，故成为玄学讨论方式的专用名称。

古书中"谈"字常写作"谭"，改写的缘由可能是避讳。据《因话录》，唐武宗讳"炎"，兼讳"谈"字，故"谈"改为"谭"。此种兼讳之例在晋代已有很多，如晋愍帝讳"业"，兼讳"邺"字，邺县改名为临漳；晋元帝讳"睿"，兼讳"叡"，王睿其人遂不称名而称字；晋简文帝讳"昱"，兼讳"育"字，育阳县改名为云阳。晋朝开国君主武帝讳"炎"，很可能兼讳"谈"字，改"谈"为"谭"。现存《三国志》乃南朝宋人裴松之注本，书中原文及注文"谈"与"谭"互见，其中"谭"字可能是陈寿所写，"谈"字可能是裴松之所追改。"谭"与"覃"通，而"覃"有"深"义，如《汉书·叙传》称董仲舒"下帷覃思，论道著书"，"覃思"即深思。"深"即思想之深，亦有抽象之义。则玄学的抽象意蕴的表述，可称为相当于"大言"的"谈"，亦可称为相当于深言的"谭"。"谭"与"谈"的通用，显然可以支持上面的论断，即"谈"字专指关于抽象的、远离实际的内容的口述。

这种解释适用玄学之"谈"，毋庸多言；而对先秦及汉代人物之"谈"是否适用，则是必须加以证明的。据《公羊传》，在齐桓公二十六年、鲁闵公二年（前660）八月，鲁闵公为公子庆父所弑。九月，庆父出亡莒国。同年冬季，齐桓公派高傒出使鲁国，帮助鲁人立闵公之弟公子申为鲁国君主。这件事历来被看作齐桓公对鲁国的恩惠，因而《公羊传》以感激的语气写道："'冬，齐高子来盟。'（此乃《春秋》经文）高子者何？齐大夫也。何以不称使？我无君也。然则何以不名？喜之也。何喜尔？正我也。其正我奈何？庄公死，子般弑，闵公弑，此三君死，旷年无君，设以齐取鲁，曾不兴师，徒以言而已矣！桓公使高子将南阳之甲，立僖公而城鲁。……鲁人至今以为美谈，曰：'犹望高子也。'"何休《解诂》云："喜而加高子者，美大齐桓继绝于鲁，故尊其使，起其功，明得子续父之道。"可见此处的"美谈"有"美大"之义，"美大"的对象不是具体的人物或事件，而是指较为抽象的"子续父之道"得到了伸张。

《庄子·天运篇》也有"谈"字："孔子见老聃归，三日不谈。"为何"三日不谈"呢？上文说："孔子见老聃而语仁义。老聃曰：'夫播糠眯目，则天地四方易位矣；蚊虻噆肤，则通昔不寐矣。夫仁义憯然乃愤吾心，乱莫大焉。吾子使天下无失其朴，吾子亦放风而动，总德而立矣，又奚杰然若负建鼓而求亡子者邪？夫鹄不日浴而白，乌不日黔而黑。黑白之朴，不足以为辩；名誉之观，不足以为广。'"原来孔子见老聃而谈论的，是仁义与道德的关系问题，在谈论中孔子落于下风，觉得老聃的言辞"合而成体，散而成章"，使自己"口张而不能噏"[①]，归返之后仍震惊于老聃的雄辩，故"三日不谈"。在这里，"谈"的内容仍是抽象的，不是具体的。

《史记》多见"谈"字[②]，如《滑稽列传序》云："太史公曰：天道恢恢，岂不大哉！谈言微中，亦可以解纷。""谈言微中"的内容显然包括

---

① 噏，合。
② 司马迁父名"谈"，《赵世家》改张孟谈为张孟同，《佞幸传》改赵谈为赵同，乃司马迁避父之讳。《史记》中不讳"谈"字的篇章，或为司马谈原作，或为司马迁以后人所补。

抽象的理则。《传》后褚少孙补文引东方朔云："方今以天下之大，士民之众，竭精驰说，并进辐辏者，不可胜数。"其中"竭精驰说"在《汉书·东方朔传》写为"竭精谈说"，此处"谈"字亦可理解为谈论抽象问题。《史记·日者列传》中司马季主以"谈士"与"辩人"对举，说这两种人"言必称先王，语必道上古"，则"谈士"之谈必然涉及远离现实利害的抽象法则。《日者列传》后附褚少孙文字云："观其对二大夫贵人之谈言，称引古明王圣人道，固非浅闻小数之能。"此处"谈言"的内容是某种"道"，并且超乎"浅闻小数"之上，有抽象内容是显而易见的。《汉书·东方朔传》引东方朔《非有先生论》，称述吴王与非有先生之谈。吴王勉励说："可以谈矣！"非有先生说："谈何容易！夫谈有悖于目、拂于耳、谬于心而便于身者，或有说于目、顺于耳、快于心而毁于行者，非有明王圣主，孰能听之？""谈"的严重意义竟至于非明王圣主而不能听，绝非普通的言论所能比拟，这与今人所谓"言谈"岂可同日而语！《汉书·扬雄传》说："及莽篡位，谈说之士用符命称功德获封爵者甚众"，此处"谈说之士"与司马季主所谓"谈士"当有共同点。"谈"字意谓抽象思想内容的表达这一点，到东汉时仍是成立的。东汉王充《论衡》有《谈天篇》，其称"谈天"而不称"论天"，自然是由于篇中的内容远离实际利害的缘故。《论衡·说日篇》云：

　　日之有十，犹星之有五也。通人谈士，归于难知，不肯辨明。

这话显示出"通人"和"谈士"都是知识分子当中的佼佼者，他们"归于难知"的题目，应当极为深奥了。在王充所划分的人材品次中间，"通人"是较高的一类，如《超奇篇》说："通书千篇以上，万卷以下，弘畅雅闲，审定文读，而以教授为人师者，通人也。杼其义旨，损益其文句，而以上书奏记，或兴论立说、结连篇章者，文人鸿儒也。"又说："夫能说一经者为儒生，博览古今者为通人……故儒生过俗人，通人胜儒生，文人逾通人，鸿儒超文人。"王充既以"谈士"与"通人"并列，则"谈士"也应当读书千篇以上，博览古今，胜过儒生。"谈士"之

"谈"若不够深奥抽象，便不是"谈士"了。

《后汉书·循吏传》有一节文字颇引人注目，其中说，仇览与符融"比宇"，却"不与融言"。符融问："今京师英雄四集，志士交结之秋，虽务经学，守之何固？"仇览答："天子修设太学，岂但使人游谈其中！"目前学界有些人士以为这里的"游谈"是魏晋清谈的来源，其实"游"与"谈"的对举在东汉前朝已是常事。据《后汉书·崔骃列传》，崔骃"少游太学，与班固、傅毅同时齐名"，作《达旨》云：

> 今子韫椟六经[①]，服膺道术，历世而游，高谈有日，俯钩深于重渊，仰探远乎九乾，穷至赜于幽微，测潜隐之无源。

崔骃此语乃模拟"时人"对他的评论，"今子"以下诸句都是对他本人行径的描绘。其中"历世而游，高谈有日"两句，与仇览所谓"游谈"意思相似，与魏晋清谈的关系更为接近。这"谈"是"高谈"，而"高谈"岂不正是魏晋谈客的特征么？这"谈"的对象是"道术"，"道术"不正是魏晋清谈的论题吗？这"谈"的特点是"钩深"与"探远"，而玄谈的特征不正是"深""远"么？这"谈"的境界达乎"至赜"及"幽微"或"潜隐"的地步，玄学家所追求的不正是"至赜"与"幽微"么[②]？假若不根究崔骃所谈的内容是经义抑或玄理，便难以觉察他的"高谈"与魏晋清谈有何差别。至于徐干《中论·贵言篇》所称"语大本之源而谈性义之极"，与魏晋玄谈应更为接近。

讲到此处，已可了然先秦汉魏的"谈"一直是"大言"，亦即关于某种抽象意义的表达。假若有人抗议说这种意见夸大了汉代思想的深度，这抗议一定不能成立，因为我们不能否认汉代有哲学。既有哲学，便不能不是抽象的。汉代的哲学思想与魏晋玄学思想的差异固然是悬殊的，其抽象程度固然是不同的，但这两种哲学思想都可采用"谈"

---

① 李注："韫，匣也；椟，匮也。《论语》曰：'有美玉，韫椟而藏诸。'"
② "赜"，见于《系辞上传》："探赜索隐，钩深致远"，又："圣人有以见天下之赜"，孔颖达疏："赜，谓幽深难见。"

的形式表达出来。大概正是由于这个缘故，《世说新语》一书的作者不提"清谈"，仅用"谈"字概括"清谈"的意蕴。例如《言语篇》引王衍说："裴仆射善谈名理，混混有雅致"，又引谢朗对庾龢云："诸人莫当就卿谈，可坚城垒"；《文学篇》"谈"字多见，例如："荀粲谈尚玄远"，"诸葛厷年少不肯学问，始与王夷甫谈，便已超诣"；"郭子玄在坐，挑与裴谈"；王导对殷浩说："身今日当与君共谈析理"，"刘真长与殷渊源谈，刘理如小屈"，"桓南郡与殷荆州共谈，每相攻难"；殷仲堪"精核玄论"，叹曰："使我解四本，谈不翅尔"；太叔广与挚虞（字仲治）"俱为列卿"，"广谈，仲治不能对"；殷浩"口谈至剧"，与殷融"有辩讷之异"；《赏誉篇》引钟会称裴公之谈"经日不竭"，又引王衍评论山涛："此人初不肯以谈自居，然不读《老》《庄》，时闻其咏，往往与其旨合"，又引人问："殷浩谈竟何如？"引郗超问谢安："林公谈何如嵇公？"如此种种，都表明魏晋时期的"谈"是关于玄理的口述。

不过，我们考辨"谈"字之义不能仅限于分析古人关于"谈"的说明，而应当将"谈"字与"论""议"两字加以比较。在汉唐之间，"清谈"或"清论"及"清议"三个术语一同流行，容易混淆。《庄子·齐物论》曾提到"论"与"议"两词的细微差别：

> 六合之外，圣人存而不论；六合之内，圣人论而不议；春秋经世先王之志，圣人议而不辩。

关于文中的"六合"，郭象解释为万物性分，似是发挥。"六合"原义是指天地四方，亦即宇宙空间。"春秋经世先王之志"是见诸史书的先王政绩，在尊经法古的时代可泛指政治法律制度。按《齐物论》所说，"议"所针对的社会政治问题，属社会政治学说的范围；"论"的对象包括宇宙间的各种事物和规律，属哲学宇宙论的范围。"议"一般牵涉政治、经济及宗教等方面的利害，"论"则较少牵涉利害，更多的是论说宇宙法则的抽象问题。王力《古代汉语》说："议"着重在得失，所以"议"的结果往往是作出决定;"论"着重在是非,所以"论"的结果往往是作出判断。①这一说明是很中肯的。不过,按《齐物论》所说,"论"与"议"的内容尚未囊括一切知识,世界上还有一部分是处于"论"与"议"范围之外的,例如在上述引文的前面还有一节文字,其中有几句是:"夫道未始有封,言未始有常,为是而有畛也。请言其畛:有左,有右,有伦,有义,有分,有辩,有竞,有争,此之谓八德。"其中所谓"道未始有封",是指世界上尚未区分为左、右、前、后、上、下的原初状态,这也是"六合之外"。一旦产生左、右、前、后、上、下之分,便是"六合之内"了。《齐物论》已指出"论"的对象仅限于"六合之内","议"的对象比"论"还要具体,那么,关于"六合之外"或"道未始有封"状态的阐述应当称为什么,便是一个哲学上的问题。对这一问题,有一个明显的答案摆在那里,便是"谈"字。古人关于"六合之外"或"道未始有封"的状态的阐述,既不是"论",又不是"议",便只能是"谈"了。"六合之外"或"道未始有封"状态的探讨,在中国古代一般是道家学者感兴趣的题目,与儒、墨、名、法诸家学说罕有关联,即便战国以后的儒者探索了"道未始有封"的问题,那么或多或少是由于受了道家影响。这就是说,采用"谈"的方式的汉魏学者,或多或少地都带有道家思想的倾向。魏晋玄学家的"谈"是如此,先秦两汉人物的"谈"也是如此。例如《庄子·天运篇》称孔子见老聃之后"三日不谈",完全是道家的假托。《公羊传》提到鲁人的"美谈",自然是出自儒者,但《公羊传》讲"大一统"是受了《邹氏春秋》的影响,《邹氏春秋》可能出于邹奭,邹奭为战国晚期阴阳家代表人物,受到黄老之学影响是很有可能的。②《史记·滑稽列传序》中太史公提到"谈言微中",不避司马谈讳,当为司马谈手笔,而司马谈服膺黄老是公认的事实。另外,上文提到东方朔、司马季主、王充都用过"谈"字,而这些人或为纯粹的道家学者,或有明显的道家思想倾向。东汉崔骃自

---

① 参见王力主编《古代汉语》,中华书局1994年版。
② 关于《公羊春秋》《邹氏春秋》及邹奭的联系,读者可参见拙著《西汉经学源流》,台北:东大图书公司1994年版,第159—162页。

称"高谈有日",而《后汉书》本传称崔骃"尽通古训百家之言",他的《达旨》提到"淳朴散离,人物错乖","道无常稽,与时张弛",都是道家口吻。东汉太学生及党锢名士的"游谈"兴盛,而这些名士都受过道家典籍的熏陶,如孔融对名士领袖李膺声称:"先君孔子与君先人李老君同德比义,而相师友",即典型的一例。袁山松《后汉书》说:"〔王〕充所作《论衡》,中土未有传者,蔡邕入吴始得之,恒秘玩以为谈助。"(见《后汉书·王充传注》)此处"谈助"乃晋人袁山松语,山松为《正始名士传》作者袁宏从弟,受玄学老庄思想影响而称"谈助",实为理所当然。在中国古代,概念的划分及逻辑的推演一般不很严格,"谈"以政治历史等为对象或出自儒者的情况,恐怕不能绝对地排除,不过就汉魏两晋的大概情形而言,"谈"是关于抽象的甚至形上的问题的口述,并带有道家的色彩,这是可以成立的。

在本节的末尾,有必要提一下谢尚的《谈赋》。《北堂书钞》卷九〇八引谢尚《谈赋》云:

> 斐斐亹亹,若有若无,理玄旨远,辞简心虚。

谢尚为东晋著名清谈家,他作赋评说玄学的讨论形式,题为"谈",不名"清谈",仅此一事已显示出晋人所用的"谈"字即有今人所谓"玄谈"之义,指抽象哲理的口述,为思想家的交流形式。从先秦到晋代,"谈"的抽象程度或深或浅,与道家的关系或远或近,但"谈"比论议更抽象,并与道家有更密切的联系,这却是一贯的。"谈士"一词毕竟已为西汉司马季主及东汉王充所用,"高谈""游谈"的概念毕竟已流行于东汉,下文还将说明,"清谈"一词亦非始见于曹魏,而是出现在东汉晚期。大致上可以肯定,玄学讨论形式的特点不在于"清",亦不在于"谈",而在于"谈"或"清谈"的重要性竟超过了见诸文字的著作。这种以"谈"或"清谈"为主、以著述为辅的形式,其应用时期主要是玄学盛行的时期。

## 四 "清"字之义以及"清谈"一词的使用

在魏晋南朝典籍中间,"清谈"是个常见的词语。其中"清"字的意思,从来是与"浊"字相反的。然而仅仅指出这一点,尚不足令读者满意,因为"清"与"浊"对举在不同情况下有不同的意义,也就是说,"清谈"是个复杂的多义词。我在《正始玄学》一书中已就"清"与"清谈"作了初步的分析,指出"清"字可指某种渗透性,可指"清正"或"清洁",可指超脱尘俗、轻视物利,可指抽象。现在看来,这样的分析仍是不能令人满意的。经过反复斟酌,觉得对"清"字的褒贬意味应多加留意。古书中"清"字不论何指,都有微妙的褒贬意味,其中褒义居多,但贬义亦非罕见,如有些儒者批评"清谈"脱离实际,即着眼于"清"字的超脱意蕴,而非着眼于"清洁"或"清止"之义。大体上看,古人若仅指称魏晋玄谈或抽象之谈,多仅称"谈";古人若在如此指称的同时寓含褒贬,则称"清谈"。

《说文解字》说:"清,朖也,澄水之皃。"段注:"朖,明也。澄而后明,故云'澄水之皃'。"其中"澄"即澄澈,"皃"即"貌",则"清"字本义是指水的澄澈状态,与水的浑浊正好相反。这样看来,"清"字本义已带有细微的赞美意味。"清"之澄澈与"浊"之浑浊又可引申为自然物理上的清通轻扬与浊滞重沉,用来形容任何的事物。先秦汉唐学者普遍认为声音有清浊,气亦有清浊,他们常说阳气清通,阴气浊滞,清通故上浮为天,浊滞故重沉为地。王弼《老子注》称天"用一以致清"(第三十九章),称地为"形魄"(第四章),即沿袭阳清阴浊、天清地浊的成说。汉唐儒家学者多以为阳尊阴卑、天尊地卑,故以清浊分指天地阴阳带有强烈的褒贬意蕴。即便是先秦以来的道家学者也多如此,如《老子》书中"道"多称"天道",罕称"地道";马王堆帛书《老子》卷前的《黄帝书》主张"不阴谋",断定"阴谋不羊(祥)";《文子·上德篇》说:"王公尚阳道则万物昌,尚阴道则天下亡";王弼《周易注》以阳代表"君子",阴代表"小人";唐宋道教亦有"阳尊阴卑"思想,道教全真派更追求"纯阳"的思想境界。在中国古代思想里,"阴阳"的区分是最为广泛的,"清浊"既与"阴阳"相对应,便也分有了"阴阳"的普遍意义及褒贬意味。

先秦以来的学者多以为人的精神由阳气构成,死后精神复归于天;人的肉体由阴气构成,死后肉体复归于地。于是阳气之"清"与阴气之"浊"又成为精神与肉体的特征。在古代绝大多数的学者看来,精神高于肉体是无可辩驳的,因而"清"与"浊"的对举便是一褒一贬的对立。按照古人直观的思路,精神很容易会被看成肉体的抽象,于是"清"又有了"抽象"的意思,"浊"有了"具体"或"形体"的意思,古代思想家多以为抽象高于具体,因而从这个意义上说,"清"仍是褒义词,"浊"仍是贬义词。

由"清"指水之澄澈的本义来看,"清"指洁净、"浊"指污秽是很自然的。即便从"清浊"的抽象与具体的意蕴来看也是如此。"浊"既然可指一切有形的、具体的东西,自然可以用来标志物质和利益;"清"既是形体的对立面,自然有克制贪欲、蔑视物利的意向。由于政界人物一旦看重物利便容易贪赃枉法,轻视物利便会廉洁奉公,于是"浊"便成为政治污浊的简称,"清"便成为政治廉洁的别名。"清"与"浊"两词在这个意义层面上的对立,在古代及近现代史上极为广泛,而这对立也是某种褒义和贬义的鲜明对照。

在中国古代和近现代,有形的、牵涉利益的往往被看作现实的或实际的,超越形象的、无关利害的往往意味着远离现实的。从这个意义层面上看,"浊"往往是利害的标志,"清"往往是超越利害的标志。这种清浊的关系当然也是一褒一贬的关系,但这褒贬比上面的各种情况要复杂一些,因为清浊的褒义和贬义在这种情况下是可以转换的。在道家人物和玄学家看来,超越利害的"清",从社会意义上说是超尘脱俗,从个人修养上说是超脱形骸,这都意味着精神上的自由或高层次的思想境界,无疑应当受到赞扬;而注重政治军事利害的实干家却往往持相反的意见,在他们看来,超越利害也就是超越现实,亦即脱离实际,而脱离实际的"清"显然毫无褒义,只有贬义。"清谈"在某些著作里成为贬抑的对象，缘由即在于此。

讲到这里，让我们分析一下具体的例子。

据《后汉书·郑太传》所载，东汉末期，董卓控制洛阳，郑泰[①]等人诱使董卓委任袁绍为勃海太守。后来袁绍及张邈、孔伷等人起兵讨伐董卓，董卓准备"大发卒讨之"。郑泰"恐其众多益横"，声称"政在德，不在众也"。董卓听后"不悦"，质问："兵为无用邪？"郑泰遂诡称袁绍、张邈、孔伷的义军很弱，"不足加大兵"，不是"闲习军事，数践战场"的董卓的对手。他为此举出很多理由，其一是：

> 袁本初公卿子弟，生处京师；张孟卓东平长者，坐不窥堂；孔公绪清谈高论，嘘枯吹生。并无军旅之才、执锐之干，临锋决敌，非公（指董卓）之俦。

此语又部分见于《魏志·武帝纪注》所引晋人张璠的《后汉纪》，颇为可靠。其称孔伷（字公绪）"清谈高论"，意在说明这位义军首领缺乏军事才能，"清谈"在此处意谓脱离实际之"谈"，"清"字带有贬义。

据《魏志·钟繇传注》引《魏略》，在曹操当政的末期，孙权袭灭关羽，向曹操称臣并献上关羽的首级，钟繇遂致函太子曹丕，引荀爽"爱我者一何可爱，憎我者一何可憎"的词句，称孙权"妩媚"[②]。曹丕复函重复钟繇的话，提到"荀公之清谈，孙权之妩媚"。其以"清谈"与"妩媚"对举，可见"谈"字之上加以"清"字是为强调赞美之义。

《魏志·刘劭传》记载，魏明帝时，散骑常侍向上推荐刘劭，称：

> 臣数听其清谈，览其笃论，渐渍历年，服膺弥久，实为朝廷奇其器量。

---

① 郑太原名"泰"，《后汉书》作者范晔避父讳，改为"郑太"。
② "妩"，原文作"斌"。"斌""妩"通用，今为方便读者，特改写为"妩"。

其中"清谈"与"笃论"对举，并且是出自荐书，加以"清"字显然是为增加赞美的效果。

《魏志·管辂传注》所引《辂别传》，即魏末管辰所作的《管辂传》。管辰为管辂之弟，在《传》中极力赞扬管辂，提到刘邠与管辂相见，刘"留辂五日，不遑恤官，但共清谭"。"谭"与"谈"两字通用，《艺文类聚》及《世说新语注》所引管辰此《传》，"谭"字均写为"谈"字。试将"清谭"与上文"不遑恤官"四字相联系，可以看出"清"字是为显示超脱尘俗的意向，饱含赞美之义。管辰《传》中还提到"清论""高谭"等，意思与上述"清谭"略同。管辂本为占筮家，这种人在玄学盛行的时代易遭轻视，管辰竭力提高管辂的文化地位，将他与何晏、邓飏、裴徽等人并列，故屡次强调管辂言谈的"清"与"高"，希望说明这位占筮家并未拘泥于吉凶利害，而是超脱于占筮的吉凶利害之上，达到了"清"与"高"的境界。

西晋司马彪作《九州春秋》，其中评论焦和："入见其清谈干云，出则浑乱，命不可知。州遂萧条，悉为丘墟也。"（《魏志·臧洪传注》）此节上文还提到焦和在担任青州刺史期间，"不暇为民保障"，不能抵御黄巾军，"望寇奔走"，"耳目侦逻不设"，致使城邑"屠裂"。在这里，焦和的"清谈干云"显为不切实际的谈论，其中的"清"字意在突出焦和的脱离实际或缺乏实际才能，贬义是很明显的。

以上数例，都很难说是典型的玄谈。玄谈而称清谈，当以《北堂书钞》所引《何晏别传》最有代表性，《别传》说：

> 曹爽常大集名德，长幼莫不预会。及欲论道，曹羲乃叹曰："妙哉平叔之论道，尽其理矣！"既而清谈雅论，辨难纷纭，不觉诸生在坐。

由于此节出自何晏之传，可以肯定"清谈雅论"的主语非何晏莫属。至于此传的作者，当为袁宏。袁宏，字彦伯，为东晋人。《世说新语·文学篇》："袁彦伯作《名士传》成"句下刘注说："宏以夏侯太初、何平叔、王辅嗣为正始名士"，可见袁宏《名士传》包括夏侯玄、何晏等正始名士的传记。《隋书·经籍志》著录《正始名士传》三卷，题曰"袁敬仲撰"，今按袁敬仲即袁宏，两《唐志》并著录《名士传》三卷，作者均题为袁宏；焦竑《通志·艺文略》著录《正始名士传》三卷，亦称袁宏撰；《宋史·艺文志》著录与《通志》略同，唯卷数为二卷。清姚振宗《隋书经籍志考证》称"袁敬仲"乃"袁宏"之误写，误写的原因是将袁宏名字与卫敬仲混淆，这一推测是合乎情理的。《隋志》著录《集议孝经》一卷，题"晋东阳太守袁敬仲集"，而袁宏恰官至东阳太守，"卒于东阳"（《晋书》本传）。《经典释文序录》列举《孝经》注释者二十余家，提及袁宏而未提"袁敬仲"之名，亦可证明《隋志》所称"袁敬仲"即指袁宏其人。《世说新语》刘注既称袁宏以何晏为正始名士之一，则袁宏《正始名士传》三卷定然包括《何晏传》在内。《北堂书钞》所引《何晏别传》即指此，其称"别传"，是与《魏志·曹爽传》所附《何晏传》区别而言的。袁宏为东晋"一时文宗"（《晋书》本传），所撰《后汉纪》三十卷流传至今，重要性仅次于范晔《后汉书》，《纪》中的史论常有强烈的玄学色彩，与"正始名士"有明显的思想联系。如果说袁宏是一位兼有史学家与玄学家身份的人物，绝不会错。这样的人物使用"清谈雅论"一词，以指称何晏之谈，在当今"清谈"研究中应有重要的意义。

袁宏记述何晏"清谈"的意义尚不止此。《世说新语·文学篇》说：

> 袁彦伯作《名士传》成[①]，见谢公。公笑曰："我尝与诸人道江北事，特作狡狯耳！彦伯遂以著书。"

文中"谢公"或即谢尚，或为谢安，袁宏曾为谢尚属吏，后又为谢安所赏识。从袁宏年资低于谢尚，同于谢安的情况来看，上述的"谢公"应是谢尚，因为这位谢公很像是袁宏的长者。而从《世说》多称谢安为

---

[①] "袁彦伯"原作"袁伯彦"，误，据下文"彦伯"及《言语篇》更正。

"谢公"的情况来看,上述的"谢公"又像是谢安。但这问题不大,因为东晋元勋王导对谢尚、谢安都"深器之"(《晋书·谢尚传》与《谢安传》)。上述谢公说:"我尝与诸人道江北事,特作狡狯耳①,彦伯遂以著书。"意思是说:"我曾对诸人陈述中原的史事,只不过随便谈谈罢了,没想到袁彦伯便由此写成了书。"由此而论,袁宏《正始名士传》主要是以"谢公"的陈述为依据的。而"谢公"不论是谢尚抑或谢安,他关于"江北事"的了解都有赖于王导和谢鲲的介绍。据《晋书·宣帝纪》,王导曾向晋明帝陈述司马氏杀戮曹爽、何晏等人及弑高贵乡公的经过,致使明帝"以面覆床",那么王导向二谢介绍正始名士的事迹,也是极有可能的。王导曾是东晋初期清谈活动的组织者,而他主持的清谈活动恰有谢尚参与(见《世说新语·文学篇》第二十二条),由此可以窥见正始玄风流传的线索,即由王戎、王衍到王导,再到谢尚、谢安、袁宏等。谢鲲为谢尚之父,谢安从父,在西晋以放达著称,思想倾向接近于竹林七贤,而受王衍的赏识。这是正始玄学家史家传播的另一条线索,即由竹林名士到谢鲲,再到谢尚、谢安和袁宏。袁宏称何晏之谈为"清谈雅论",可能是根据正始以来的传闻,也就是说,"清谈雅论"是从魏末到东晋关于正始玄谈的相沿已久的评语。大概正由于这一评语源远流长,陈代颜之推仍用这一评语来指称正始玄谈:

> 何晏、王弼,祖述玄宗,递相夸尚,景附草靡,皆以农、黄之化,在乎己身,周、孔之业,弃之度外。而平叔以党曹爽见诛,触死权之网也;辅嗣以多笑人被疾,陷好胜之阱也;山巨源以蓄积取讥,背"多藏厚亡"之文也;夏侯玄以才望被戮,无支离拥肿之鉴也;荀奉倩丧妻,神伤而卒,非鼓缶之情也;王夷甫悼子,悲不自胜,异东门之达也……彼诸人者,并其领袖,玄宗所归。其余桎梏尘滓之中,颠仆名利之下者,岂可备言乎!直取其清谈雅论,剖玄析微,宾主往复,娱心悦耳,非济世成俗之要也。

---

① "狡狯",意谓游戏。参见徐震堮校笺《世说新语校笺》,中华书局1984年版,第524页。

其称述夏侯玄、何晏、王弼、王衍等人的玄言，谓之"清谈雅论"，绝非偶然一例，而是沿用魏末至陈代的成说。"雅论"即"正论"，"正"是"邪"的反义词，有价值判断意味，则"清谈"之"清"也应如此。正始名士之谈既为玄谈，则此处"清"字当兼有抽象、超脱、通远之义，寓有赞扬的意思。

在正始名士中间，裴徽是重要成员。魏末管辰在《管辂传》中记载了裴徽与管辂交谈的过程：

> ［裴徽］即檄召［管］辂为文学从事。一相见，清论终日，不觉罢倦。（见《魏志·管辂传》）

《艺文类聚》卷五五亦引此节，"清论终日"作"清谈终日"。今按《魏志·管辂传注》引管辰《管辂·传》云：

> ［刘邠］留［管］辂五日，不遑恤官，但共清谭。

所述事件与陈述方式均与上述裴徽召管辂一节相似，则裴、管"清论终日"一句当从《类聚》，改为"清谈（谭）终日"。再说，《艺文类聚》此节是在《杂文部》中的《谈讲》篇，则《类聚》作者所见管辰《管辂·传》原文定是"清谈"而非"清论"。管辂之谈是否为玄谈，颇有争议，但裴徽之谈属玄谈范围却是没有争议的。《魏志·裴潜传注》说裴徽"有高才远度，善言玄妙"；《世说新语·文学篇》说裴徽为荀粲、傅嘏两人解释，"释二家之义，通彼我之怀，常使两情皆得，彼此俱畅"；曹魏正始年间有人说裴徽"才理清明，能释玄虚，每论《易》及《老》《庄》之道，未尝不注精于严、瞿之徒也"（见《魏志·管辂传注》）；裴徽则自称"数与［何］平叔共说《老》《庄》及《易》"。凡此种种，表明裴徽是正始时期重要的玄学家与清谈家，魏末管辰提到他与管辂"清谈终日"，是玄谈可称"清谈"的又一证据。而裴徽"清谈终日"中的"清"字亦有抽象、超脱、通远之义，寓有赞美的意思。

综合以上诸例，可以看出"清"与"谈"两字的意义都随时代演进及场合变更而变化。"谈"字或指人物评论，或指一般的谈论，或指玄谈，但不论何指，都有"抽象"与"超脱"的意蕴。汉魏两晋人物评论多牵涉人性论与人材论问题，由人物评鉴而上升才性之辩、性情之辩、仁孝之辩、智行之辩等，都是自然而然的事，因而"谈"即便仅限于人物评论，亦不能不涉及抽象的问题。"清"字或指廉洁，或指高远，或指抽象，但不论何指，都有在价值判断方面赞美的意蕴。当"清"字兼有"抽象"之义时，与"谈"字的抽象意蕴吻合，这大概是古人喜用"清"字修饰"玄谈"的主要缘由。从逻辑上讲，概念的内涵越宽，外延便越窄。与"谈"的概念相比，"清谈"的内涵显然多一些，外延便无论如何要窄一些。如果说"谈"的外延可包括一切带有抽象性或超脱实际利害的谈论，那么"清谈"的外延便仅限于这些谈论的一部分，或仅限于人物性情才德优劣之谈，或仅限于哲理之谈，或仅限于玄学之谈。其局限如何，完全由"清"字有何褒贬意味而定。

## 五 清议与清谈的关系

"议"与"清议"的关系，也可从概念内涵和外延的宽窄上解释。与"议"比较，"清议"多一"清"字，内涵较多，故外延较少。先秦两汉学者关于一切利害得失的论说都可称"议"，甚至石渠阁经学会议的讨论以及朝臣关于郊祀宗庙礼仪的争辩，都可用"议"来概括。"清议"的外延则仅限于"议"的一部分，指带有"廉洁"意味的"议"。"清议"的对象自然也少于"议"的对象，仅限于政治污浊一类的弊端。"谈"和"论""议"的关系是并行的，三者都起于先秦，经两汉而延续到东晋以后。"清谈"和"清议"的关系也是并行的，两者都起于东汉末期，盛行魏晋南朝。"谈"和"议"的差别在于抽象的程度以及距现实利害的远近有所不同，每一种"谈"可能都以相应的某种"议"为基础。而"清议"和"清谈"的差别也是如此。

《后汉书》所载申屠蟠与仇览对陈蕃、李膺影响下的东汉太学生的评论，已为学界熟知，而这两人的评语正好形成对照。《后汉书·申屠蟠传》记载：

> 先是，京师游士汝南范滂等非讦朝政，自公卿以下皆折节下之。太学生争慕其风，以为文学将兴，处士复用。蟠独叹曰："昔战国之世，处士横议，列国之王，至为拥彗先驱，卒有坑儒烧书之祸，今之谓矣。"乃绝迹于梁、砀之间，因树为屋，自同佣人。

《循吏列传》记载：

> ［仇］览入太学。时诸生同郡符融有高名，与览比宇，宾客盈室。览常自守，不与融言。融观其容止，心独奇之，乃谓曰："与先生同郡壤，邻房牖。今京师英雄四集，志士交结之秋，虽务经学，守之何固？"览乃正色曰："天子修设太学，岂但使人游谈其中！"高揖而去，不复与言。

对于当时太学生的言论，申屠蟠用战国时期的"议"加以比类，仇览则用"谈"字来概括。申屠蟠所批评的太学生之"议"，有"非讦朝政"的特点，所针对的是政治方面的利害得失；仇览所批评的"谈"，乃兴盛于"英雄"与"志士"中间，显然不限于评论政治利害，而有一定的哲理性或抽象性。申屠蟠所批评的太学之"议"，乃以范滂为楷模，而范滂所从事的是"忠臣除奸，王道以清"（见《后汉书·党锢列传》），"上议执政，下议卿士"（《后汉纪》卷二二），这种"议"完全是一种政治性的行为，而非学术性的言论；仇览所批评的太学之"谈"，以符融为典型，而符融常在李膺面前"幅巾奋袖，谈辞如云"，使李膺"每捧手叹息"（《后汉书·符融传》），这种"谈"不大可能局限于利害得失，即便着眼于人物褒贬，也一定涉及褒贬的标准问题，而有抽象性。比较之下，可对东汉后期太学生及党锢名士的"谈"与"议"作一概括，其中的"议"一般是从人物褒贬出发，抨击政治弊端，为政治言论；其中的"谈"则涉及人物批评标准等抽象问题，或多或少有一些学术性的内容。"谈"的抽象性明显超过"议"，并以"议"为基础。

申屠蟠和仇览所批评的"谈"与"议"即"清谈"和"清议"。范滂及李膺等人自命清流，视宦官把持下的朝政为污浊，范滂"慨然有澄清天下之志"（见《后汉书·党锢列传》），自称"欲使善善同其清，恶恶同其污"（见《后汉书·党锢列传》），他和太学生"上议执政，下议卿士"，不是"清议"是什么？符融的同时代人说他"非不清妙"（见《后汉书》本传注引谢承《后汉书》），他曾推荐孔伷出仕，而孔伷恰好也是"清谈高论"的名家（见《后汉书·郑太传》所引郑太语）。符融的"谈辞如云"与孔伷的"清谈高论"，时代与思想倾向均同。再以年辈略同于孔伷的焦和作比较，司马彪《九州春秋》说焦和"清谈干云"（见《魏志·臧洪传注》），这与符融"谈辞如云"的情况更为相似，则符融之"谈"即为"清谈"无疑。上文已说明在符融、范滂的时代，太学生的"谈"比"议"抽象，"谈"以"议"为基础，那么此处便可进一步推断，东汉后期名士与太学生既从事"清议"，也从事"清谈"，"清谈"的抽象性超过"清议"，当以"清议"为基础。附带指出，东汉太学生及名士的"谈"与"议"即为"清谈"与"清议"这一点，在历史上不是普遍的，"清谈"与"清议"的外延仅在东汉后期党锢事件过程中才"谈"与"议"重合，在其他情况下则往往窄于"谈"与"议"的外延。

再看汉魏之间的清议与清谈。《魏志·毛玠传》说，毛玠"与崔琰共典选举，其所举用，皆清正之士"。《崔琰传注》引《先贤行状》说："魏氏初载，[崔琰]委授铨衡，总齐清议，十有余年。"《先贤行状》即两《唐志》所著录的李氏《海内先贤行状》，附于魏明帝时问世的《海内先贤传》之后，时间当接近，亦为曹魏时期的作品。这部《行状》说崔琰主持选官任职有"总齐清议"的作用，可见"清议"一词在汉魏之间颇为流行，可指具体的人物批评或褒贬。至于"清谈"一词，则见于曹丕书信。据《魏志·钟繇传注》引《魏略》，在建安末年，孙权向曹操称臣，钟繇遂致函太子曹丕，称赞孙权"妩媚"，并引荀爽"爱我者一何可爱，憎我者一何可憎"的词句为理由。曹丕答书称这两句为"荀公之清谈"，可见"清谈"亦为汉魏之间的常用语。崔琰所控制的"清议"与曹丕所提到的"清谈"，时代接近，都与当时的选举及人伦褒贬有关，可以比较。崔琰所控制的"清议"无疑是具体的褒贬，不涉及学术问题，否则这种"清议"也不会为主持选举的崔琰所"总齐"。而曹丕所谓的"清谈"却指人物批评的原则与规律，意谓褒贬常为评论家的爱憎所左右。晋初刘颂上疏抨击九品中正制度，也谈到"爱憎"在褒贬方面的作用，例如说各州郡中正的"务随爱憎"，"高下逐强弱，是非由爱憎"，"废褒贬之义，任爱憎之断"。如何看待评论家主观上的"爱憎"对褒贬的影响，是与人性论、人才论及认识论有关的重要问题，探讨这一问题不能不涉及抽象的领域，而与具体的褒贬相距较远。荀爽称"爱我者一何可爱，憎我者一何可憎"，究竟是要肯定"爱憎"在评鉴过程中的难以避免，还是要对批评家的爱憎进行反批评，已不得而知，但至少可以肯定这是一种关于人物批评标准的讨论。曹丕称这种讨论为"清谈"，可见当时的"清谈"是较为抽象的，"清议"不过是"清谈"的基础，尚不能与当时的"清谈"相混淆。

《魏志·刘劭传》引夏侯惠推荐刘劭云："臣数听其清谈，览其笃论"，刘劭的"清谈"可能与人物批评关系密切，但绝不是具体的清议。现存刘劭《人物志》详论人物识鉴与评论的法则，涉及人性、人才等多方面的问题，提到中和、五质、五德、情性、天地气化、人情枢机、道德、理义等，声称"情性之理，甚微而玄"，这些论述在中国古代思想史上是较为抽象的，绝非具体的人物褒贬所能比拟。刘劭《人物志》可说是关于"清议"的法则的论著，他所说的"清谈"与"清议"的关系，也是抽象与具体的关系。

刘劭到魏齐王芳正始年间仍继续"执经讲学"，而正始年间恰有一部谈论清议的论文问世，即曹羲的《至公论》。《艺文类聚》卷二二载此论佚文云：

兴化致治，不崇公抑［私］、割［私］情以顺理、厉清议以督俗、明是非以宣教者，吾未见其功也。清议非臧否不显，是非非赏罚不明。……若乃背清议、违是非，虽尧不能一日以治。

其以"厉清议"为"崇公"，"背清议"为徇私，是清议的维护者。将这里的"清议"与刘劭的"清谈"比较，可以看出"清议"是具体的"臧否"或人物褒贬，而刘劭的清谈却是关于"清议"本身的议论，一为具体，一为抽象，至为显明。魏末管辰在《管辂传》中将正始时期裴徽、刘邠等人与管辂的谈论称为"清谭"或"清谈"，东晋袁宏在《正始名士传》中称何晏的谈论"清谈雅论"（均见上节），这些"清谈"都是更为抽象的，或为玄谈，或与玄谈极为接近，曹羲所要勉励的"清议"，是这些"清谈"的共同基础。

唐长孺先生在《清谈与清议》一文中，力证魏晋时期的"清谈"与"清议"可以互称。① 然而推敲唐先生所举"清谈"诸例，觉得与"清议"虽接近，但并非毫无差别。且试举数例如下。

《抱朴子·疾谬篇》抨击时俗"不闻清谈论道之言，专以丑辞嘲弄为先"；主张"言无口过……虽不能三思而吐清谈，犹可息谑调以防祸萌也"。唐文承认这两条"似指一般的雅谈"。今按"清谈论道之言"即便不指玄谈，也应当指关于抽象理论的谈论，与"清议"是截然不同的。

《抱朴子·疾谬篇》说："俗间有戏妇之法……民间行之日久，莫觉其非，或清谈所不能禁，非峻刑不能止也。"唐文断定此处"清谈"指"清议"。今按此种"清谈"所针对的不是具体人物，而是"行之日久"的习俗。关于某种习俗的批评或许牵涉伦常哲理问题，与"清议"可能有细微的差别。

《抱朴子·正郭篇》说："[郭]林宗周旋，清谈间阖，无救于世道之陵迟，无解于天民之憔悴也。"唐文认为这"当然是指他（郭泰）主持乡间清议"。今按郭泰与东汉太学生其实既从事清议，也从事清谈，

---

① 参见唐长孺《魏晋南北朝史论丛》，生活·读书·新知三联书店 1955 年版，第 289—297 页。

上文已就此举出证据，而可补充的证据还有一些，如《后汉书》本传说郭泰"善谈论"，"谈"即仇览所谓"游谈"，亦即"清谈"。传中详载郭泰的"知人"和评议，其中有"奖训"，有"劝学"，有"训之义方，惧以祸败"，这些不是"清议"一词所能概括的。《后汉纪》卷二三记载郭泰事迹更为详细，说他"辞王公之命，阖门教授"，同时代人评论他："高雅奇伟，达见清理"，"学问渊深，妙有后才"，这些长处也不以"清议"为限。葛洪在《正郭篇》里还说郭泰"崇私议以动众，关毁誉于朝廷"，这主要是就"清议"而言的，但与郭泰的"清谈"也不无关系。当然，郭泰的清谈并非玄谈，但不同于玄谈却不一定等同于清议。

《抱朴子·酒诫篇》称酒徒失礼悖慢，"谓清谈为诋訾"，这一"清谈"才与"清议"全同。葛洪偶以"清谈"与"清议"混淆，可能是对玄谈不以为然，故不注重"清谈"与"清议"的细微差别。

《文选》卷三八任彦升荐士表李善注引王隐《晋书》说："祖约清谈平裁，老而不倦。"唐文以为这说明晋时"仍以清议为清谈"。今按此处"清谈"与"平裁"似为二事。"平裁"即"评裁"，即祖约同时代人刘隗对他的评论："显位选曹，铨衡人物"（见《晋书·祖约传》），则"平裁"即清议无疑。而"清谈"似另有所指，《世说新语·赏誉篇》说："王丞相招祖约夜语，至晓不眠。明旦有客，公头鬓未理，亦小倦。客曰：'公昨如是，似失眠。'公曰'昨与士少语，遂使人忘疲'。"王导为东晋清谈倡导者，曾与殷浩"共清言，遂达三更"（《世说新语·文学篇》），其与祖约"夜语"竟至"忘疲"，至少部分应属清谈范围。王隐所谓"清谈平裁"即清谈与清议，考虑到修辞上的错综变化，才用"平裁"取代"清议"两字。

《通典》卷六〇引荀崧答卞壶云："……于时清谈，尽无讥议。"唐文说："这里以清谈当清议是非常明显的。"今按唐文此语颇为允恰，但此例有一修辞的问题，若将"清谈"换为"清议"，便成："于时清议，尽无讥议。""议"字的重复在注重骈对错综的东晋南朝文人看来恐难以容忍，故"清议"写成了"清谈"。

古人的逻辑思维不如今人严密，概念的划分不如今人严格，他们出于修辞需要而牺牲概念的准确性，是常有的事。东晋南朝文人将"清议""清谈"混淆，多属此类。另外，两晋南朝时的避讳已很复杂，如东晋避太后名讳，为汉魏罕见。南朝刘宋少帝讳义符，文帝讳义隆，均讳"议"字。其中宋文帝在位三十年，威望颇高，因而在文帝元嘉元年（424）至刘宋末年（479）之间，"议"字是不能提的，或改为"论"，或改为"谈"。南朝文献中有些"清谈"同于"清议"的情况，缘由或在于此。这些例外的情况不应妨碍我们坚信上面的论断，即"清议"与"清谈"并行于汉魏两晋南朝期间，"清谈"未必均为玄谈，但抽象性一般超过"清议"；"清议"未必限于人物评论，但牵涉利害的程度一般超过"清谈"。在同一时期，"清谈"一定有相应的"清议"为其基础，"清议"一定有相应的"清谈"为其提供理论依据，这是大致上可以肯定的。

# 第五章　玄学思想方法

　　上章所谓的讨论方式，是对"书"与"言"两种表达方式加以选择，强调"清谈"胜过著述。而玄学如何用"言"来表达玄理，或者说如何处理清言与玄理的关系，却是一个更为微妙的思想方法问题。在这里，应指出"言"是由词组成的，一个词语相当于一个概念，也就是中国古书所谓的"名"，因而清言与玄理的关系问题往往可归结为"名"与"理"的关系问题。在这里还应指出，魏晋玄学家公认圣人可以"体道"或"穷理尽性"，"圣人之意"与玄理契合，因而名言和玄理的关系又可归结为"圣人之言"与"圣人之意"的关系，亦即"言"与"意"的关系。语言和思想的关系问题在当代哲学已处于显要的位置，在中国先秦两汉时期也曾受到学者的重视，然而在玄学盛行的时期，这问题却受到特殊的对待。其特殊性表现在两个方面：一方面，魏晋玄学家极为关注"言意"关系问题的解决，重视程度远超过战国秦汉学者；另一方面，玄学家所谈论的"言"与"意"两者都有特定的内涵，其所谓"言"主要出自圣人或大贤的"微言"，其所谓"意"往往指"圣人之意"或"道德性理"，因而玄学家所关注的"言意"问题，是如何用"微言"来对形上世界进行描述的问题；至于"大贤"以下的群庶之言，是不在玄学家的讨论范围之内的，这种平凡的、普通的"言"在玄学家眼里毫无价值，因为玄学家公认这种"言"是不能穷尽"圣人之意"或表述"性与天道"的，并且众口一致地引述《系辞》"言不尽意"的名句来表示他们对凡庶之言的轻蔑。

魏晋玄学家的"言意之辨"从各种角度来看，都是关于认识本体的方法的讨论，而认识本体也就是如何"得本"的问题。玄学的认识论可用"得本知末"四字来概括，"得本"即通过特殊的方式来认知并把握本体，"知末"即关于现象界的各种琐碎的认识。玄学家一贯反对"弃末守本"或"舍本逐末"，主张在"本末不二"的前提下通过"得本"来"知末"。从这个意义上说，玄学的"得本知末"的认识论主要落实在"得本"与"穷理"或"尽意"的方法论上，亦即落实在言意之辨或"名"与"理"关系问题的讨论上面。

## 一 "理"的上升和义理学的形成

魏晋玄学中的名理之辨和言意之辨是相互对应的，在两者之间，言意之辨似更复杂一些。若是由较为简单的名理之辨入手，或许可使言意之辨乃至整个玄学思想方法的问题更容易获得解决。提起玄学当中的"名理"，人们往往联想到"辨名析理"，而与逻辑学中的"名理"相混淆。实际上，玄学中的"理"远不同于逻辑学和法理学中的"理"，而玄学家的"辨名"亦与战国秦汉名家学说有所不同。战国秦汉名家的"辨名析理"，是由"辨名"入手而解释名与名之间的逻辑关系；而玄学家却是由"辨名"入手而达成对"名"的否定，进到"无名"的境界。这种由"名"而进乎"无名"的转变，便是东晋名士所谓的"入玄"。在这中间，问题的关键不在于"名"，而在于"理"。确切地说，"理"在战国秦汉哲学范畴中不甚显要，远不如"性与天道"之受哲人重视。中国哲学之以"理"为重要范畴，乃从玄学开始。"理"的这种上升过程，也就是由"辨名"而入玄的过程，是在讨论玄学思想方法的章节里应当首先加以说明的。

### （一）"理"的含义

自先秦始，"理"字在典籍中的出现次数渐渐增加，终于上升为哲学范畴。这情况使我们在研究玄学义理学时首先遇到一个问题：不同时代的"理"字是否同义？

《说文解字》云："理，治玉也。"可见"理"字的本义是指对玉石的整治剖析；后作名词，专指玉石的纹理。纹理是不同质色相间的条纹，稍抽象一步，就是玉石上不同因素相间的格局，由于类似的格局在各种事物中广泛存在，"理"的内涵遂缩小，外延遂扩大，在肌肤则曰"肌理"，在事务则曰"条理"。《荀子·正名》："形体色理以目异。"《韩非子·解老》："理者，成物之文也。""短长、大小、方圆、坚脆、轻重、白黑之谓理。"就是说，任何物体上不同因素相间的格局，都可称"理"。

古人注意到，社会也是由不同因素相间而成的，这些因素就是不同的等级和阶层。当等级和阶层的划分具有相对的稳定性时，人们就说王朝有了确定的规范和体制。从正面维护这体制的是礼，从反面保护这体制的是法，于是"理"又引申为社会的文理（礼）和法理。如《礼记·礼器》云："义理，礼之文也。"《管子·心术上》云："礼出乎义，义出乎理。"《荀子·乐论》云："礼也者，理之不可易者也。"诸书都说"理"是"礼"或"节文"。又《汉书·艺文志》云："法家者流，盖出于理官。"《人物志·材理》云："法制正事，事之理也。"《晋书·刑法志》引刘颂疏："尽理为法。"《杜预传》引预疏："去人而任法，则以伤理。"都以"理"为"法"或"法理"。《汉书·宣帝纪》以"法理"和"政事"及"文学"并列，指上层建筑的不同部类。

纹理、肌理、条理、法理，都依附于特定事物，而具有特殊性。它们一旦从这些事物提取出来，便成为一般的、抽象的理。《礼记·乐记》郑注："理，分也。"分就是离析，就是不同因素的相错、相间。这些因素不限于短长、大小、方圆、白黑等，它是抽象的。这些因素构成的格局不限于玉石、肌肤、事务、礼法，它也是抽象的。考虑到这些因素在离析的同时还须共处，否则统一的格局便无法形成，故"理"字训"分""离析"稍嫌片面，释为"形式"更恰当些。不过应注意，先秦两汉时"理"字仅指万事万物各不相同的形式，不是指事物共同的形式。

简言之，当时是"物物有理"[①]，不是"物物同理"。

古希腊的亚里士多德认为形式是本体，对中国古代哲学中的"理"或形式可否也这么说呢？对这问题，应作具体的分析。中国历史上不同时代的"理"字有不同的抽象程度，早期哲学中的"理"并未普遍与事、物、象或质料相对举，后来却又广泛出现了"理""事"对举的情况。只有在"理"升为重要哲学范畴并与"事""物"对举之后，它才可能有本体的含义。简而言之，不同时代的"理"字含义有同有异，它或隐含有，或明确有"形式"的意思，这是共同点；它或是一个不重要的词语，或是某种哲学体系的核心范畴，这是差异点。

### （二）"道"与"理"关系的变化

辨明了"理"字多指形式之后，便应考虑下面这个问题："理"为重要的哲学范畴是从何时开始的？鉴于"道"在中国哲学史上一直处于核心位置，解决上面这问题可从"道"与"理"的比较入手。

在先秦两汉哲学中，"道"有道路、途径、方法的意思。《汉书·艺文志》说："道家者流，盖出于史官。"暗示道家之道最初指自然与社会发展的途径，后又引申为自然史与社会史的总和，有"世界大全"的涵义。"道"在儒家多称儒道、仁道、孝道、君道、天道等，其中"道"指原则或方法，为儒家伦理规范的总概括。"道"在道家为最高范畴，在儒家则为重要范畴。先秦两汉哲学中的"道"如此，魏晋哲学中的"道"也是如此。

"理"在先秦两汉哲学中的地位要低得多，它原指"治玉"，后引申为"形式"，不过这形式是分殊的，不是万物共有的。张岱年先生指出："《庄子》言'万物殊理，道不私'（《则阳》），则其理非道，乃分殊之理也，与《韩子·解老》'万物各异理'同也。"此说极为精辟，《庄子》提到"天地之理"与"万物之理"，都是在"万物殊理"的意义上讲的。《庄子·缮性》说："德，和也；道，理也。"其中"和"与"理"是动

---

[①] 见《庄子·齐物论》郭注。

词而不是名词，如郭象注云："道，故无不理。"即可为证。如果从"万物殊理"的角度考虑，那么《缮性》"道，理也"句应解释为"道治理万物而使万物各得其理"。这"理"只能说是一个普通概念，很难说是哲学范畴。至于先秦两汉其他典籍，对"理"的谈论次数和重视程度罕有超过《庄子》的，可略而不论了。

至汉末魏初，道、理悬殊的情况始有改变。如高诱注《淮南子·本经训》"理"字云："道也。"又注《吕氏春秋·察传》云："理，道理也。"赵岐《孟子·告子注》云："理者，得道之理。"张揖《广雅释诂》云："理，道也。"诸说或认为道、理相同，或认为道、理相通。刘劭《人物志·材理》云："若夫天地气化，盈虚损益，道之理也；法制正事，事之理也；礼教宜适，义之理也；人情枢机，情之理也。"似认为理的存在较道的存在更为普遍、更为根本。《魏志·荀彧传注》引《荀粲传》载荀粲议论，以"夫子之言性与天道不可得闻"，证"理之微者非物象之所举"，"性与天道"与"理之微者"显然相同。考察诸人年代，赵岐在建安初期曾任太常，卒于建安六年，《后汉书》有传；高诱注书在建安十七年，事见《淮南子注序》；张揖在魏明帝太和年间为博士，见《广雅》卷首《上广雅表》；刘劭是魏明帝朝中的名人，见《魏志》本传；荀粲活动时间亦在魏明帝太和前后。诸人的活动时间表明道、理互训自东汉末年开始，在曹魏中期非常普遍。

上述论"理"诸人中，荀粲为玄学前辈、清谈名家，其说"性与天道"即"理之微者"，颇有玄学意味。至王弼注《老子》第四十七章，乃称"道有大常，理有大致"。其《易》《老》两注论道则有"至道"，论理则有"至理"，"至道"又名"道之极"，至理又称"理之极"。可以肯定，"理"在正始玄学已上升为核心范畴，正始玄学可以说是义理之学。

### （三）"性""理"关系的变化

在先秦两汉学术思想中，"理"的重要性非但不如"道"，而且不如"性"，当时"理"概念的内涵较"性"宽，外延较"性"窄，抽象程度在"性"之下。如"性"可包括五常,依次为仁、义、礼、智、信,"理"却只能包括义、礼两者。

这一情况的改变约在东汉后期,当时郑玄《礼记·乐记注》云,"理,犹性也",直接以"性"释"理"。仲长统《昌言》云:"用天性,究人理",将天理人性互换为天性人理。至曹魏时期王肃注经,仍以"天性"释"天理"(见《史记·乐书集解》)。由于性、理常可互训,故在汉末魏晋南北朝期间合为一词,例如东汉末年赵咨遗书云:"王孙裸葬,墨夷露骸,皆达于性理,贵于速变"(见《后汉书·赵咨传》);魏末嵇康《答难养生论》云:"准性理之所宜,资妙物以养身";西晋袁准《正书》云:"先王为礼,以达人之性理"(见《群书治书》卷五〇);东晋袁宏《后汉纪》卷二三云:"善教者非贵其无害,贵性理不伤,性命感遂也";葛洪《抱朴子》内篇《塞难》云:"性理必平和,智慧必高远";刘宋范晔《后汉书·党锢传序》云:"圣人导人理性",诸例中"性理"与"理性"都指人性。《世说新语·文学》云:"[习凿齿]从此忤旨,出为衡阳郡,性理遂错。"徐震堮《校笺》释"性理"为"神智",堪为精解,不过这只能算是"性理"的引申义。另外,性、理两字含义可以相同,亦可不同,如《文选》卷五五载陆机《演连珠》云:"性之所期,贵贱同量;理之所极,卑高一归。"其中"性"与"理"有区别。不过即使有别,也应在概念范畴的体系中属于同等的层次。

性、理连用、对举和互训,常以《周易·说卦传》"穷理尽性"一语为依归。而《论语·述而》何晏集解、刘劭《人物志·九征》、向秀《难养生论》及《抱朴子》内篇都讲"穷理尽性",认为这是只有圣人才能做到的事。宋明理学也讲"穷理尽性",并以"性即理"的命题为基本的出发点,以至于有"性理之学"的称号,其实都是从玄学继承来的。理学承袭玄学,已为学界所公认,而"性理"便是这种承袭的重点之一。

如果说"性理"是玄学、理学相承的重点,那么在性、理之间亦有侧重。大致上说,汉人喜欢论性,谈理不多。至正始玄学兴起,始以性、理同属核心范畴,但创造性、侧重点不在于性,而在于理。到北宋王安石、二程等治学的时候，义理之学已风行近一个世纪，程朱宣扬"性即理"，其创造性、侧重点不在于理，而在于性。后来心学主张"心即理"，就是这种侧重的延续。由这学术演进的程序也可以看出，性、理同列始于汉末，同为哲学核心范畴始于魏齐王芳正始时期。

### （四）由法理学、名理学到义理学的过渡

有关法理和名理的研究，从很早就开始了。东汉班固在《汉书·宣帝纪赞》当中将"法理"与政事、文学并列，可见法理在当时已成为上层建筑领域的一个门类，而它的起源自然更早。[①]马王堆出土的西汉帛书《经法》有《名理》一篇，论述"循名廐（究）理"的问题，可见名理在两汉已成为某种学问的重要内容。不过自汉武帝尊崇儒术开始，直至东汉末年，学术以经学为主，盛行天人感应学说，天文、历法、气象等方面的研究得到发展，谶纬学说、名物训诂等得到鼓励，而法理、名理的学问却不甚开展，向义理学转化是不大可能的。

这种情况在汉末建安时代有了改变，当时曹操推行名法之治，刺激了关于名理和法理的研究。晋初傅玄追述了当时法理学的发展情况：

> 魏武纠乱以尚猛，天下修法而贵理。（《傅子》，见《意林》）

意即曹操的名法之治导致了法理学的盛行。自此以后，人们经常提到"法理"，如魏明帝时夏侯惠荐刘劭云："法理之士明其分数精比"（《魏志·刘劭传》）；嵇康《答难养生论》提到"奉法循理"；晋初刘颂上疏云："夫法者，固以尽理为法"（《晋书·刑法志》），杜预上疏云："去人而任法，则以伤理"（《杜预传》）；东晋袁宏《后汉纪》卷六云："法之所以加，是警一人而千万人悦，则法理之分得也。"关于法理的研究和议论如此普遍，从中抽象出玄理应该说不是难事。如《晋书·刑法志》载晋武帝时明法掾张斐上表，详论法律，其中有这样几句，是魏晋时代

---

[①] 《汉书·艺文志》："法家者流，盖出于理官"，与"法理"有关。

法理入玄的明证：

> 夫理者，精玄之妙，不可以一方行也；律者，幽理之奥，不可以一体守也。

魏初名法之治在刺激法理学发展的同时，也鼓励了名理学的研究。不过这情况与先秦两汉的情况略有不同，先秦两汉名理学的要素只有名、理两个，故又称为名分，亦即《吕氏春秋·审分》所讲的"正名审分"；而魏晋名理学的要素却有名、形、理三个，正由于有三个，才会有下面这种混乱的说法：

> 近者魏武好法术，而天下贵刑名……（《晋书·傅玄传》引傅玄上疏）
> 魏之初霸，术兼名法，傅嘏、王粲，校练名理。（《文心雕龙·论说篇》）

一说为刑名，一说为名理，其实两者都在魏晋名理学的内容范围之内。这种名理学的要素依次为名、形、理，指政治法律制度中的名号、措施（刑）和法则。正始玄学有所谓"言意之辨"，内容限于辨析言、象、意三者的关系，其中言是名言，象是形象，意是"圣人之意"，亦即圣人对客观义理的绝对准确的体会。"言意之辨"这三个要素恰是政治上名、形、理三者的抽象，从政治名理学上升为玄学名理学，是势在必行的事情。如《世说新语·文学篇》引东晋司马道子问："惠子其书五车，何以无一言入玄？"可见名理入玄在东晋已非常普遍，以至于先秦名家未曾入玄竟会引起惊讶。又如西晋鲁胜《墨辨序》云："名必有分明，分明莫如有无，故有无序之辨。"亦可见晋代名家与名理学已密切结合，以致玄学的有无之辨竟被纳入名学的范围。其结合的方式见于《魏志·邓艾传注》引《冀州记》："[爱俞]采公孙龙之辞，以谈微理。"又见于《北齐书·杜弼传》："[杜弼]性好名理，探味玄宗。"这种方式用现在的话来表达，就是由名辨形，由形辨理，犹如王弼《周易略例·明象》所谓的"寻言观象"及"寻象观意"。西晋时卫玠"少有名理，善通庄老"（《世说新语·赏誉注》引《卫玠别传》）；裴遐既"善叙名理"（《世说新语·文学篇》），又"善言玄理"（《晋书·裴秀传》）。东晋时殷浩"能言名理"（《世说新语·文学注》引《高逸沙门传》），义"长于《老》、《易》"（《赏誉注》引《中兴书》）；谢玄"能清言，善名理"（《文学注》引《谢玄别传》）。诸人都是由名言而辨析形象，由形象而探味玄理。

法理、名理均可入玄，应是相通的。从政治上看，名理的理可以是法理，名理学是法理学的研究方法；从哲学上看，名理的理就是玄理，名理学可说是玄学的认识方法。其中玄理是法理的抽象，法理是玄理的基础，而名理学的方法是两者之间的桥梁。考虑到这一点，那么名理入玄和法理入玄应该同时。这里所谓"入玄"是指由名理、法理抽象出玄理，不是说先有玄理，再把法理渗透进去。司马道子说："惠子其书五车，何以无一言入玄"，是惊讶于惠施著作那么多却未能达到玄学的高度，不是询问惠施何以未同已有的玄学沟通。可以说，名理、法理最初入玄的时间，也就是玄学酝酿的时间。关于这时间，可上溯到魏文帝、明帝两朝。《魏志·荀彧传注》引《荀粲传》提到荀粲、傅嘏谈论的事，"嘏善名理而粲尚玄远"，经裴徽"骑驿"，遂得相善。这时傅嘏的名理，显然已同荀粲的"玄远"沟通了。而在两人沟通之前，裴徽已"通彼我之怀"，对两人的学问都能理解，其融合名理与玄远应该早一些。《荀粲传》说荀、傅相识在魏明帝太和初年，则裴徽融合两者应在魏文帝年间。考虑到裴徽、荀粲在正始之前重视《老》《庄》胜过重视《周易》，未合三玄之理，他们当时的"玄远"尚在玄学形成之前，为玄学的萌芽状态[1]，其名理与玄远的融合只能算是名理、法理入玄的先声，或者说，是名理学、法理学向玄学演变的试验阶段。至王弼注《老子》，指出"始立官长，不可不立名分以定尊卑"（第三十二章注），又注《周

---

[1] 见本书引论。

易》蛊、家人、鼎、巽诸卦，议论作制、创制、法制、申命行事等，始从名理、法理上升到玄学的高度。王弼先注《老子》，后注《周易》，其《老子注》撰于正始前期。由此可以推测，由名理学、法理学演变为玄学的过程，是在正始前期完成的。

由名理学、法理学向玄学的过渡，可看作由刑名法术向义理的过渡。由这过渡可规定玄学义理的一个特点，即必须是刑名法术的对立物，并且是整个形下世界的对立物。《隋书·经籍志》说王肃、王弼两人的《易》学都属费氏一派，两人都曾激烈地反对郑玄《易》学更为世所熟知，过去有些学者鉴于肃、弼的这种共同点，遂夸大了王弼对王肃的继承性，断言两人《易》学中的义理大致相同。其实汉魏之间多数学者都重视义理，甚至王肃、王弼所反对的郑玄也不例外。如《文选》卷六〇《吊魏武帝文》注引《说卦传》"穷理尽性以至于命"，又引郑玄注云："言穷其义理，尽人之情性，以至于命。"这种说法之注重义理，颇近于徐干《中论》所谓的"大义为先"，亦近于王肃的义理之学。唯着眼于玄学义理与刑名法术的既有共同点又有差异点的关系，才能区别王肃等人的学说与玄学义理之学的同异。

## 二 名理之辨与言意之辨

玄学名理之辨的范畴有三个，即"名""形""理"。言意之辨的范畴也有三个，即"言""象""意"。这两组范畴正好是一一对应的。

关于玄学名理之辨乃名、形、理三者的辨析，这一点上节已有说明。而关于玄学言意之辨乃言、象、意三者的辨析这一点，在学界尚有争议，有必要加以澄清。在玄学产生以前，人们往往直接探讨言意关系，不涉及"象"。例如《墨子·经下》云："以言为尽悖，悖。"《墨子·经上》云："执所言而意得见，心之辩也。"《吕氏春秋·离谓》云："言者，以谕意也。言意相离，凶也。……故古之人得其意则舍其言矣。听言者，以言观意也。"《庄子·外物篇》云："言者所以在意，得意而忘言。"诸家或以为言能达意，或以为言不达意，但在不涉及"象"而直接探讨言意关系这一点上是相同的。在曹魏以前，唯《周易·系辞上传》的说法与众不同："子曰：'书不尽言，言不尽意。'然则圣人之意其不可见乎？子曰：'圣人立象以尽意，设卦以尽情伪，系辞焉以尽其言。'"意思是说，"言"本来是不能穷尽或完全表达"圣人之意"的，然而"言"却可以说明"象"，"象"可以表示圣人的全部意蕴。这样一来，"象"便成为"言"与"意"之间不可缺少的中间环节，"言意之辨"遂演化为"言象意之辨"。凑巧的是，在魏晋时期，《系辞》被公认是孔子的作品，权威远超过《墨经》《吕氏春秋》《庄子》等书。那么，我们便不能不承认一个事实的存在：《系辞》"立象尽意"与"系辞尽言"之说是魏晋言意之辨的首要依据，因而魏晋言意之辨亦为"言象意"三者的辨析。

考察魏晋言意之辨的史料，可以证明事实正是如此。例如何劭《荀粲传》（载于《魏志·荀彧传注》）记载，荀粲曾反驳荀俣"圣人立象以尽意，系辞焉以尽言"的老生常谈，标榜所谓"象外之意，系表之言"的重要，其学说要点虽在于超越《系辞》所说的"象"，但在讨论方式上仍须强调"象内"或"象外"，"象"仍是论辩当中不可缺少的因素。王弼《周易略例·明象章》反复申述"言象意"三者的关系，论"得"则有"得意"及"得象"，论"忘"则有"忘言"及"忘象"，论"尽"则有"尽意"及"尽象"，论"观"则有"观意"及"观象"，假若学界仍如以往承认王弼这一套理论是玄学言意之辨的结晶，便不能否认典型的玄学言意之辨即为"言象意之辨"。与王弼约略同时的管辂提道："孔子曰'书不尽言'，言之细也；'言不尽意'，意之微也，斯皆神妙之谓也。"（见《魏志·管辂传注》）又说："夫风以时动，爻以象应，时者神之驱使，象者时之形表"（见《魏志·管辂传注》），则管辂也是对"言象意"三者兼而论之。时至西晋，欧阳建著《言尽意论》云："理得于心，非言不畅；物定于彼，非名不辩。言不畅志，则无以相接；名不辩物，则鉴识不显。……名逐物而迁，言因理而变。"其中言、意与心、物呈对应关系，而"物"在魏晋玄学里常兼指"形"，"物形""形物"常是契而为一的，这就是说，欧阳建所讨论的，实际上是言、意、心、物形四者的关系，其中"物"或"物形"在玄学派《易》学中又称"物象"，可见欧阳建并非离象而辨析"言意"。东晋时期，殷浩、孙盛及殷融等人继续就"言意"问题开展辩论，孙盛撰《易象妙于见形论》，殷融撰《象不尽意论》，则"言意之辨"仍有"象"的因素掺杂其间。

在玄学宗匠王弼的著作中，"言象意"三者的关系归结为"名形理"三者的关系。王弼《周易略例·明象章》说"言生于象"；《老子指略例》辑本说："名生于形"，《明象》说："言者所以明象"；《老子注》则说："名以定形"（第二十五章）。凡此数句，可证玄学中"言象"关系犹如"名形"关系。王弼《周易略例·明象章》说："象生于意"，《老子注》则反复申说"有形生于无形"，其所谓"无形"可指"道"，亦可指"理"。如王弼《老子注》第五十一章提到"至道"，第四十二章注提到"至理"，第六十章注提到"道之极"；《论语释疑》提到"理之极"（见《里仁篇》皇疏），"至道"与"至理"，"道之极"与"理之极"，显然都是无形无象的本体，并且为"穷理尽性"的圣人所体会，为"圣人之意"所契合。那么，"言象意"与"名形理"两组范畴便可说是一一对应的。

另外，还有一种巧合，即王弼《周易略例·明象章》既讲"忘象"，又讲"存象"，而《老子注》既讲"息末"，又讲"举末"。《明象章》说："象生于意而存象焉，则所存者乃非其象也；言生于象而存言焉，则所存者乃非其言也。"意思是说，唯"忘象"才能"得意"，唯"忘象"才能"存象"。韩康伯《系辞传注》说："夫非忘象者，则无以制象"，亦与王弼相合。而王弼《老子注》提到"崇本以息末"（第五十七章注）和"崇本以举末"（第三十八章注），意即唯"息末"才能"崇本"，才能"举末"。在这里，"意象""本末"关系可用"反者道之动"一语来形容，而"反者道之动"的含义当如王弼注所云："不行者使行，不动者制动"。（第二十六章注）这情况更有助于证明，"言象意"的关系与"名形理"或"名形道"的关系是对等的。

正由于存在着这种对等关系，魏晋南朝典籍中的意、义、理三字常可互换或互训。例如何劭《荀粲传》引荀粲说："理之微者，非物象之所举也……斯则象外之意、系表之言，固蕴而不出矣。"（见《魏志·荀彧传注》其中"象外之意"显即深微之理。《周易略例·明象章》云："忘象以求其意，义斯见矣。"所谓"求意"即指"求义"，欧阳建《言尽意论》说："理得于心，非言不畅"，是以"尽意"为"穷理"。韩康伯《系辞传注》提到"托象以明义"，以此诠释"立象以尽意"一句，其中"明义"与"尽意"全同。《高僧传》引竺道生云："夫象以尽意，得意则象忘；言以诠理，入理则言息。"其中"尽意"与"诠理"亦同。如此种种，更可支持上面的论断：魏晋时期的"名形理之辨"即为"言象意之辨"，或者说，"名理之辨"即"言意之辨"。

## 三 "言不尽意"——玄学言意之辨的前提

过去人们都以为，魏晋"言意之辨"即"言不尽意"与"言尽意"两种见解的辩论。其实，在魏晋时期，持"言尽意"论者仅有欧阳建一人，而欧阳建是否为玄学家尚是十分可疑的。考察欧阳建前后的玄学家，多主张"言不尽意"一说，并以此为言意之辨的出发点。

《艺文类聚》卷一九引欧阳建《言尽意论》云：

> 有雷同君子问于违众先生曰："世之论者以为言不尽意，由来尚矣！至乎通才达识，咸以为然。若夫蒋公之论眸子，钟、傅之言才性，莫不引此为谈证。而先生以为不然，何哉？"

《论》中阐发"言尽意"的新说，托名"违众先生"，"违众"二字表明"言尽意"在此《论》之前尚无人提出，在此《论》初撰之时亦与时代思潮相悖。《论》中介绍"言不尽意"而托名"雷同君子"，"雷同"二字表明"言不尽意"一说在此《论》之前得到学界众口一致的赞同，罕有异议。据《晋书·石崇传》附《欧阳建传》，欧阳建在晋惠帝永康元年（300）遇害，享年仅三十有余，则《言尽意论》当作于晋惠帝元康后期，在乐广、王衍等人成名之后。据《言尽意论》中上述的"违众"

及"雷同"等说法，可以推断自曹魏正始元年至西晋元康末年，"言不尽意"一直是学界公论。

考察正始至元康的"言"与"意"论辩情况，确实如此。《言尽意论》中举出蒋济、傅嘏、钟会三人之名，称其"莫不引此（言不尽意论）为谈证"，则此三人之认可"言不尽意"当是确凿无疑的。魏末管辂说："孔子曰'书不尽言'，言之细也；'言不尽意'，意之微也"，又说："合之几微，可以性通，难以言论"（均见《魏志·管辂传注》），可见管辂也是"言不尽意"一说的维护者。蜀人秦宓提到"文不能尽言，言不能尽意"（见《蜀志》本传），时在刘备入蜀之前。王弼在《周易略例》上篇引述《系辞上传》"立象以尽意一句，则对《系辞》中此句上面的"言不尽意"一句应持赞同的态度。荀俣也是如此，他将《系辞》所谓的"立象以尽意"当成立论的依据（见《魏志·荀彧传注》所引《荀粲传》），对"言不尽意"的命题一定不会反对，因为只有在承认"言不尽意"的前提下，才有"立象尽意"的必要。至于同荀俣辩论的荀粲，也是"言不尽意"一说的支持者，学界已有很多人就此作过论证，不必再加赘述。在西晋惠帝初期，傅咸向辅政大臣杨骏进谏："得意忘言，言未易尽。"似也承认"言不尽意"一说的成立。至于西晋著名玄学家及清谈家王衍、乐广等，均成名于欧阳建之前，理应归入欧阳建所谓"雷同"之列，对"言不尽意"一说"咸以为然"。

欧阳建死时，西晋已处于"八王之乱"时期。时至东晋之初，"言不尽意"一说仍然盛行。例如李充《学箴》云："失统丧归而寄旨忘言。"所谓"忘言"语出《庄子》，与《系辞》所谓的"言不尽意"历来是互相补充的。《艺文类聚》卷一七载有《不用舌论》，作者写为"晋张韩"，察《晋书》与《世说》等书无"张韩"之名，严可均疑"张韩"为"张翰"之误，这推测当可成立。张翰于《晋书》入《文苑传》，《传》称其早年为齐王冏所辟，"命驾而归"，"年五十七卒"，为西晋末期至东晋初期的隐者。《类聚》所载《不用舌论》云："余以留意于言，不如留意于不言"，此种"不言"的说法，在思想史上往往是与"言不尽意"一说相互支持的。

《世说新语·文学篇》记载："王丞相过江左，止道声无哀乐、养生、言尽意三理而已。然宛转关生，无所不入。"刘孝标注释其中"言尽意"三字，援引欧阳建《言尽意论》来作说明，这种诠释的办法恐不合王导的原意。王导的"三理"与嵇康有关，其一来自嵇康的《声无哀乐论》，其二来自嵇康《养生论》，嵇康又撰有《言不尽意论》（见《玉海·艺文目》），与《声》《养》二论适成配合的关系。王导由"三理"出发，"宛转关生无所不入"，则"三理"为王导思想的基本框架，不应当相互抵触。由此推断，王导谈论的"三理"之一应当是"言不尽意"，与"声无哀乐"与"养生"二理相类似，均为嵇康论文的题目。《世说新语·文学篇》作"言尽意"，是由于传写过程中脱一"不"字。我们倘若沿袭刘孝标的注释，以为王导持有"言尽意"的见解，王导的"三理"便陷入明显的自相矛盾之中了。

在这里，应指出一种特殊情况的存在，即郭象、张湛曾试图超越"言"与"意"而进入一种"无言无意"的境界。郭象明确指出："夫言、意者，有也；而所言所意者，无也。"并且主张："求之于言意之表，而入乎无言无意之域。"（《庄子·秋水注》）由于郭象的思想成就被王衍、乐广等人的巨大影响掩盖了，这种标榜"无言无意之域"的思想主张未能左右学界的动向，以致东晋元勋王导仍致力于探究"尽意"或"不尽意"的问题。然而到东晋中期，张湛在《列子·仲尼篇注》中沿袭郭象，提出"言意兼忘"的主张，遂使学界不再注重"尽意"或"不尽意"问题的探讨，以致"言意之辨"趋于终结。也就是说，在东晋中期以后，具有重要意义的学术论辩已不再以"言意"问题为焦点，即使有人仍提"言不尽意""立象尽意"等，也不足以成为时代思潮的主流。

粗略地回顾"言意之辨"的历史，可以知道反对"言不尽意"命题的人物，仅一欧阳建而已。而欧阳建是否为玄学家，是很可怀疑的。在他撰作《言尽意论》之时，王衍、乐广等人已在朝中公然推崇何晏、王弼的学说，使夏侯玄、何晏、王弼等人重又成为学人的偶像。欧阳建在《言尽意论》中列举曹魏时期的"通才达识"，仅提蒋济、傅嘏、钟会三人，其中蒋、傅二人均为夏侯玄、何晏政敌，钟会在正始以后亦党附司马氏，为夏侯玄、嵇康所敌视。欧阳建列举"通才达识"以此三人为限，表明他的思想立场可能不是玄学的，而是反玄学的。南朝官学当中玄学与儒学分立，魏晋时期玄学亦与东汉以来的传统儒学并行演进，欧阳建应是当时儒学阵营的成员。一旦将欧阳建排除在玄学家的范围之外，玄学言意之辨的历史便完全是在"言不尽意"前提下争论的历史。

## 四 "微言尽意"或"清言穷理"

语言若是不能穷尽"圣人之意"或至极之理，出路当何在呢？《周易·系辞传》对这一问题的解决办法是"立象尽意"，"设卦尽情伪"，再"系辞尽言"。所谓"立象尽意"指画出卦形，举出卦象，体现"圣人之意"或至极的道理。卦有八个，每卦三画，八卦两两相重而成六十四卦，这就是"设卦以尽情伪"。在六十四卦的卦画、爻画之下系属卦辞和爻辞，以说明卦象及爻象的意义所在，这就是"系辞焉以尽其言"。东汉经学家和魏初学者多受《系辞传》这种说法的影响，在《易》学思想方法上满足于这种"立象尽意""设卦尽情伪""系辞焉以尽其言"的解说。而到魏文帝末期，荀粲始就此提出创见。到魏齐王芳正始时期，何晏等人始将荀粲的创见发扬光大，使一套玄学思想方法臻于成熟。对何晏等人所用的方法，可用"微言尽意"或"清言穷理"的命题来概括。

关于荀粲创立新说的记载，见于《三国志·魏志·荀彧传注》所引何劭《荀粲传》：

[荀]粲诸兄并以儒术论议，而粲独好言道，常以为子贡称"夫子之言性与天道，不可得闻"[1]，然则六籍虽存，固圣人之糠秕。粲兄俣难曰："《易》亦云'圣人立象以尽意，系辞焉以尽言'，则微言胡为不可得而闻见哉？"粲答曰："盖理之微者，非物象之所举

---

[1] 此两句是义引《论语·公冶长》中子贡的话。

也。今称'立象以尽意',此非通于象外[①]者也;系辞焉以尽言,此非言乎系表者也。斯则象外之意、系表之言,固蕴而不出矣。"

这场辩论的一方是荀粲,另一方是荀俣。过去有人说这是"言尽意"与"言不尽意"两种见解的辩论,以为荀俣是"言尽意"论者,荀粲是"言不尽意"论者。今按荀粲反对经传之言,称其为糠秕,固可名之为"言不尽意"论者;荀俣则维护《系辞》"立象尽意,系辞焉以尽言"的旧说,对《系辞》中"立象尽意"的上文"言不尽意"一句不可能持敌对的态度,可见他的主张并非"言尽意",而是像《系辞》的作者一样,在"言不尽意"的前提下主张用卦爻之象来显示"圣人之意",再通过卦爻辞来说明卦象和爻象。从现代的观点来看,荀俣承认"圣人之意"或至极之理可以通过卦爻辞来把握,很像是"言尽意"论者。然而古人所谓的"尽意"带有直接性,是指用语言直接说明义理,如果在语言和义理之间安插卦象及爻象这样的中间因素,使语言对义理的说明不是直接的,而成为间接的,这在《系辞》的作者看来便是"言不尽意"了。由于古代的"言不尽意"命题原出于《系辞》,并且一直以《系辞》为依据,我们在思想史研究中便不能不以《系辞》的说法为准,从狭义上诠解,将荀俣归入"言不尽意"论者的阵营。这样一来,荀俣和荀粲的辩论就不能再说是"言尽意"与"言不尽意"两种见解的辩论,而应当说是"言不尽意"的前提下的学术论争。

至于荀粲的见解,其实更为复杂。学界过去只注意荀粲称经传为"糠秕"的论断,由此称其为"言不尽意"论者。然而"言不尽意"四字却不足以概括荀粲上述议论的全部意蕴。按照《系辞》及东汉魏初学人的思路,凡标榜"言不尽意"者,必有重视"象"的思想倾向,而荀粲的议论却与这种倾向相反,他说:"盖理之微者,非物象之所举也。今称'立象以尽意',此非通于象外者也",意谓圣人心中尚有"象外之

---

[①] "象外",各本均作"意外",而《文选·游天台山赋》李注引《荀粲别传》亦载荀粲此言,作"象外",与荀粲下句"象外之意"相合。"意外"则与"象外之意"一句相抵触,"意"字显为"象"字之误。今据文义及《文选》李注所引,改"意"字为"象"字。

意"存在，此种"象外之意"与"理之微者"契合无间，非"物象"所能显示。于是，卦象和爻象在这里遭到了轻贬，《系辞》的"立象尽意"一说遭到了唾弃，仅用《系辞》"言不尽意"四字来概括荀粲之说便显得极其片面了。有趣的是，荀粲之弃绝"象"，比贬弃"言"还要坚决，他所抨击的是"物象"，而"物象"的外延较之卦象爻象要宽泛得多；他虽轻贬经传里的"言"，却没有贬抑经传之外的"言"。在他的议论中，对"言"的这种区别对待的做法，并未用之于"象"。这一微妙的差别可使今人受到启发：荀粲所着眼的仍是如何"尽意"或"穷理"的问题，而他对"尽意"方法的选择可能不在于"象"，而在于"言"。

荀粲所看重的"言"是暗藏于经传之外的，他说："系辞以尽言，此非言乎系表者也。斯则象外之意、系表之言固蕴而不出矣。"所谓"表"即"外"，魏晋南朝文人学者多以"表"字显示"外"的意思。"系表"即"系辞之外"，亦即卦爻辞之外。① 荀粲说"系表之言"与"象外之意"两者类似，都是"蕴而不出"，从而暗示出"系表之言"正是穷尽"象外之意"的手段。按照今人的看法，"系表之言"是"言"的一种，荀粲既承认"系表之言"可以"尽意"，从广义上看似是承认了"言"的尽意功能。但这种理解却不适用于魏晋人的说法，因为魏晋人所谓"言"仅指普通的语言，"系表之言"却是指神秘的、与圣人一同逝去的绝妙的语言，这种语言的奥妙超过了《周易》的卦爻辞，几乎不能再用"语言"一词来加以概括。再说，荀粲对《系辞传》中"言不尽意"的命题是予以默认了的，如果用"言尽意"的命题来概括他的见解，便与"言不尽意"的命题直接冲突，这一定不是荀粲的原意所在。唯一可行的办法，便是用"微言尽意"四字来概括荀粲的主张。荀俣问："微言胡为不可得而闻见哉？"荀粲答："斯则象外之意、系表之言固蕴而不出矣。"比较这一问一答，可以看出荀粲所谓"系表之言"即荀俣所谓"微言"。晋代僧卫《十住经合注序》说："抚玄节于希声，畅微言于象外"，其以"象外"之言为"散言"，与荀粲所谓"系表之言"

---

① 此处"系辞"指系属于卦画及爻画之下的卦爻辞，而不可看作《系辞传》。

相同。凑巧的是，荀粲的说法正好同汉代学者关于"微言"的说法相投合，刘歆《移书让太常博士》说："及夫子没而微言绝，七十子卒而大义乖";《汉书·艺文志序》说："昔仲尼没而微言绝，七十子丧而大义乖"。时至东晋，范宁《谷梁传序》仍这样说："盖九流分而微言隐，异端作而大义乖。"这一流行的说法都将"微言"的尽绝幽隐当成圣人去世的结果，荀粲则将"系表之言"的"蕴而不出"看作圣人死后的状况，由此而论，亦可推断荀粲所谓"系表之言"即"微言"。汉代学者一般认为"微言"只能出自圣人，在孔子死后，微言已绝，不具备圣人身份的士子学人均没有造作"微言"的资格。然而到汉魏之际，大量士人拥有"名士"的称号，而名士的地位又在贤人之上，如同"大贤"或"亚圣"（见《礼记·月令疏》所引蔡邕《月令章句》），这使情况有了变化，汉末王符《潜夫论·考绩篇》："夫圣人为天口，贤人为圣译。是故圣人之言，天之心也。贤者之所说，圣人之意也。"这话已将圣贤言论的内容置于同一水准之上。晋初卫瓘评论正始名士云："自昔诸贤既没，常恐微言将绝"，这话明确地将正始名士的言论称为"微言"。这样看来，荀粲之主张"微言尽意"，与其时代背景是投合的。

提起时代背景，可将荀粲的议论与西汉张禹的言论加以比较，《汉书》本传引张禹说：

> 性与天道，自子赣（贡）之属不得闻，何况浅见鄙儒之所言！……新学小生，乱道误人，宜无信用，以经术断之。

这话如同荀粲所说，也是依据《论语·公冶长》中子贡所称"夫子之文章，可得而闻也；夫子之言性与天道，不可得而闻也"一席话而进行发挥的。但若是分析发挥的趋向，则正好相反，张禹对当时超出经传而涉及"性与天道"的言论加以非议，荀粲则为超越经传而谈论"性与天道"的风气进行辩护。按照张禹的说法，只有圣人才可以造作"微言"，论说"性与天道"，后人一律没有这种资格；而按照荀粲所说，正是由于圣人的"微言"没有流传到后世，后人才有造作"微言"、论说"性道"的必要性。张禹敢于对"新学小生"持严厉态度，是由于经学兴盛，超出经传的言论在当时显得狂妄。而到东汉末期，政治腐败，经学衰微，陈蕃、李膺、郭泰等名士遂一反经学传统，抨击朝政，力图救治时弊，赢得很高的名声，如汉末蔡邕作《郭泰碑文》说："收文、武之将坠，拯微言之未绝"，将郭泰等名士看成圣人微言将绝的危机的救治者。在这一点上，魏晋名士纷纷步汉末名士后尘，如陆机《七微》说"折茫理于未殊，济微言于已坠"（见《北堂书钞》卷九八），即显示出魏晋名士的抱负。上述荀粲的议论，为魏晋名士的拯救微言尽绝的活动提供了理由，有很强烈的时代意义。

讲到这里，读者可能已意识到魏晋名士的"微言"即"清言"。实际上，魏晋名士的言论中"清言"与"微言"两词常可互相替换，如《世说新语·赏誉篇》及《晋书·卫瓘传》并引卫瓘"常恐微言将绝"一语，而《世说》刘孝标注引《晋阳秋》亦载此语，写作"常谓清言尽矣"，此即魏晋之际"微言"与"清言"同义之一例。另外，僧肇《般若无知论》云："穷神尽智，极象外之谈"，所谓"象外之谈"即指象外清言而论，亦即荀粲所谓穷尽"象外之意"的微言。《世说新语·文学篇》说卫玠与人"达旦微言"，《言语篇》刘注引《谢车骑家传》评论谢玄云："善微言"，其中的"微言"即指"清言"。那么，"微言尽意"和"清言穷理"便可说是意义相同的命题。不过应当指出，"清言穷理"或"微言尽意"的过程是直接的，其中不掺有"象"的因素。假若当时"微言尽意"的实践涉及"象"，那也不能反映清谈家的本心，因为这位清谈家若有"微言尽意"的主张，他便不会有任何借助于"象"的意图。而当时"清言"的范围却比"清言穷理"的范围宽泛，当时还有另一些主张，如通过"清言"说明"妙象"，间接显示玄理，即典型的一种。对于"微言"和"微言尽意"的关系也可作同样的解释。这就是说，"清言穷理"或"微言尽意"仅是魏晋时期关于"清言"或"微言"的理论的一个分支，何晏是属于这一支系的，王弼则在这支系之外。

这里说何晏主张"微言尽意"或"清言穷理"，主要是根据《魏志·管辂传注》的记载，在下节将有较详细的说明。关于王弼在"言意"问题上的见解，在下文也将专设一节加以探讨。在这里，我只想简单地指出，"言"与"微言"或"清言"的关系，如同形上、形下的关系一般，普通的"言"仅能描述普通事物或形下的世界，不能描述形上世界。能描述形上世界的，只有特殊的"微言"或"清言"。形上世界究竟存在与否，从物理学的角度看是十分可疑的；而玄学家心目中的"微言"或"清言"是否能存在，也是一件可疑的事。在下面论述玄言诗的一节，将说明魏晋时期的"微言"或"清言"至多不过是艺术的语言，绝不像当时一些清谈家所设想的那么神妙。不过，本书将"言"与"微言"或"清言"相区别，在思想史研究中仍是必要的，因为魏晋玄学家确实做出了这样的区分，并且真诚地相信可以制造出一种极为神秘的、奥妙的"微言"或"清言"，可充当"尽意"或"穷理"的工具。

## 五 "微言妙象尽意"

魏齐王芳正始九年何晏与管辂的谈论，是当时学术界的重要事件。据《魏志·管辂传注》引《辂别传》的记载，管辂在正始九年十二月二十八日与何晏谈论"《易》九事"，赢得何晏的叹语："君论阴阳，此世无双！"何晏服膺管辂至少有两点，其一是"九事"之一的、南齐张绪所说的"时义"问题（见《南齐书·张绪传》）；其二就是现在所要论述的"微言妙象尽意"抑或"微言尽意"的问题。

请看这次谈论前管辂对何晏的贬议：

> 何［晏］若巧妙，以攻难之才，游形之表，未入于神。夫入神者，当步天元，推阴阳，探玄虚，极幽明，然后览道无穷，未暇细言。若欲差次老、庄而参爻、象，爱微辩而兴浮藻，可谓射侯之巧，非能破秋毫之妙也。（见《魏志·管辂传注》引《辂别传》）

在这次谈论之后，他对何晏评价更低了：

> 故［何晏］说老庄则巧而多华，说《易》生义则美而多伪；华则道浮，伪则神虚。（见《魏志·管辂传注》引《辂别传》）

而当时的大名士裴徽竟也赞同这一评价：

> 诚如来论。吾数与平叔共说老、庄及《易》，常觉其辞妙于理，不能折之。又时人吸习，皆归服之焉，益令不了。相见得清言，然后灼灼耳。（见《魏志·管辂传注》引《辂别传》）

这里对何晏之学用了很多评语，其中有"差次老庄而参爻象"，"游形之表"，"爱微辩"，"兴浮藻"，"辞妙于理"及"浮"、"华"等。所谓"差次"即等差，如《史记·商君列传》："明尊卑爵秩等级，各以差次。"司马贞解云："谓各随其家爵秩之班次。"《汉书·高后纪》："今欲差次列侯功，以定朝位。"颜师古注云："以功之高下为先后之次。"证明"差次"即等差级别。"参"与"差次"对举，当指"参差"，意指长短、高下，与"差次"大致同义。所谓"差次老庄而参爻象"，是指何晏将老庄置于爻象之上。这与"游形之表"的意思相同，所谓"游形之表"即游象之外，换句话说，就是弃象不论。

在古代某些《易》学家看来，论《易》必由象数，弃象则为虚浮。如王弼"摈落爻象"，孙盛即称为"浮义"（《魏志·钟会传注》引）。管辂所说的"爱微辩""兴浮藻"及"游形之表"，即指何晏驰骋"微言"而游于象外；裴徽说的"辞妙于理"，即指何晏以"微言"说理，言虽微妙而道理不明。这样看来，何晏应与荀粲相似，是"微言尽意"说的鼓吹者和实行者。

据上所述，"微言"是"圣人之言"的精微部分，不同于一般言论。那么，对"象"可否也这样分析呢？可否断定，存在着一种微妙的"象"，与普通的"象"截然不同呢？晋人孙盛就曾作过这样的尝试，他有《易象妙于见形论》，大意是说易象"备未备之象，兼未形之形"，较普通形象微妙，称为"妙迹"，亦即"妙象"。他强调"妙象"的存在，意在说明一般形象不能"尽意",而"妙象"却可以,对这理论可用"妙象尽意"一语来概括。而此说的起源应上溯到管辂,《魏志·管辂传注》所载《辂别传》引辂云:

〔管〕辂每开变化之象,演吉凶之兆,未尝不纤微委曲,尽其精神。……辂乡里乃太原问辂:"君往者为王府君论怪,云老书佐为蛇,老铃下为鸟,此本皆人,何化之微贱乎?为见于爻象,出君意乎?"辂言:"苟非性与天道,何由背爻象而任胸心者乎?夫万物之化,无有常形,人之变异,无有常体,或大为小,或小为大,固无优劣。……"

管辂有"背爻象而任胸心"之说,颇引人注目。考虑管辂在王基面前"每开变化之象",都要"纤微委曲,尽其精神",他为诸葛原"开爻散理,分赋形象",也是"言征辞合,妙不可述"(《辂别传》),可见他的"背爻象"不是弃象不顾,而是超越《周易》经传的"象"去发明微妙之"象"。邓飏曾问他:"君见谓善《易》,而语初不及《易》中辞义,何故也?"他答道:"夫善《易》者不论《易》也。"也证明他不是弃象,而是要论说经传之外的"妙象"。

至于管辂所谓的"任胸心",也不是直接推求"圣人之意",而是"任胸心"而发挥"妙象"。他说:

夫物不精不为神,数不妙不为术,故精者神之所合,妙者智之所遇。合之几微,可以性通,难以言论。是故鲁班不能说其手,离朱不能说其目,非言之难。孔子曰:"书不尽言",言之细也,"言不尽意",意之微也,斯皆神妙之谓也。(《辂别传》)

这里提出了三个概念:一是物之"精"、数之"妙",都用"妙象"一词来概括;二是书所不尽的"言之细",亦即荀粲所谓的"系表之言"或"微言";三是言所不尽的"意之微",亦即荀粲所谓的"象外之意"。

管辂非像荀粲那样用"微言"直接"尽意",而是用"微言"表达"妙象",用"妙象"来"尽意"。他对单子春自述其志:"始读《诗》《论》《易本》,学问微浅,未能上引圣人之道,陈秦汉之事,但欲论金木水火土鬼神之情耳。""圣人之道"即"圣人之意",这话表明他没有"微言尽意"的愿望。他要做的只是"论金木水火土鬼神之情",这些都可归入"妙象"的范围。

推敲字义,"妙象"似仍属"象"的范围。那么"妙象尽意"可否归结为"象尽意"呢?在这个问题上,对管辂、孙盛两说应作不同的回答。孙盛的"妙象"仍是《周易》经传中的"象",他不过是将经传中的"象"神秘化,称其"妙于见形",因而他的《易象妙于见形论》与《系辞传》的"立象尽意"说及汉代的象数学并无本质区别。管辂则不然,他是"任胸心"、骋"微言"以论"妙象",超出经传之外而"不及《易》中辞义",因而摆脱经传的束缚而有创造性。

管辂在中国历史上曾首次批驳《说卦传》的八卦方位说,主张乾坤两卦不可有特定的方位,较之宋代的先天方位说更为合理,他在《易》学认识论与方法论上有所创新,是很自然的。为突出他的《易》学认识论与方法论的特点,可将他的方法概括为"微言妙象尽意"说。

由此而论,正始九年管辂之折服何晏,是"微言妙象尽意"说对"微言尽意"说的胜利。由于"微言妙象尽意"说出现在正始末期,并且很快被不假微言的"妙象尽意"说取代,故未能及时产生影响。

## 六 不假微言的"妙象尽意"说

正始九年"微言妙象尽意"说之折服"微言尽意"说一事,可使人们受到启发:如果微言所阐发的"妙象"可以"尽意",不假微言的"妙象"岂不更妙!实际上,魏晋时期确曾存在过一种摒除微言的"妙象尽意"说,此说排斥语言文字,使人们进入艺术领域去找"尽意"的手段,结果大大促进了艺术的发展。

### (一)"啸"尽意说

"啸"是魏晋特有的一种艺术形式。过去有人说"啸"是口技，或说是"噘口而发出清越的声音"，但这些说法不足以解释"啸"在魏晋名士的生活中何以有极大的重要性。唯有从"言意之辨"的角度作出新解，才能使"啸"的性质和意义明朗化。

在先秦典籍中，"啸"字时而出现，但多与"歌"字连用，《诗经·召南·江有汜》提到"其啸也歌"，《小雅·白华》提到"啸歌伤怀"，其中"啸歌"几为一词，很少有人探究"啸"字的独立意义。至东汉后期，向栩"不好言语，而喜长啸"（《后汉书·独行传》），成瑨以"坐啸"闻名（《党锢传》），"啸"的艺术形式开始重要起来。至曹魏后期，"啸"的重要性又有增长，如《世说新语·栖逸注》引《魏氏春秋》云：

> ［阮籍］尝游苏门山，有隐者莫知姓名……籍闻而从之，谈太古无为之道，论五帝三王之义，苏门先生僘然曾不眄之。籍乃嘐然长啸，韵响寥亮，苏门先生乃逌尔而笑。籍既降，先生喟然高啸，有如凤音。

这里"啸"与言语明显不同。唐《封氏闻见记》卷五说："永泰中，大理寺评事孙广著《啸旨》一篇，云其气激于喉中而浊谓之言，激于舌端而清谓之啸。"也证明"啸"不是言语。不是言语，便不会有歌辞，因而"啸"也不会是古人所说的"歌"。那么"啸"是什么呢？《晋书·成公绥传》说："绥雅好音律，尝当暑承风而啸，泠然成曲，因为《啸赋》。"又引其《啸赋》云："协黄宫于清角，杂商羽于流徵"，"动唇有曲，发口成音"，这说明"啸"有旋律，但它是随口发声，曲调不定。古人鉴于"啸"的曲调不定，常把它与音乐区别看待，其实从广义来讲，"啸"应是中国古代音乐的一种特殊形式。若与西方音乐比较，"啸"可说是没有固定曲调的无言歌。

为什么无言歌在魏晋时期受到特殊的重视呢?《世说新语·栖逸篇注》载《竹林七贤论》云:

> 籍归,遂著《大人先生论》,所言皆胸怀间本趣,大意谓先生与己不异也。观其长啸相和,亦近乎目击道存矣。

就是说,阮籍和苏门隐者都把"啸"看作特殊的"论道"方式。阮籍以语言形式"谈太古无为之道",苏门隐者不应;阮籍以"啸"的形式表达自己对"道"的感受,苏门隐者遂"迺尔而笑"。可见"道"就是"圣人之意","啸"就是"尽意"的手段,而且它"尽意"的效果胜过言语。

《艺文类聚》卷一九载有东晋桓玄与袁氏关于"啸"的辩论,桓玄的看法与阮籍略同,他说:

> 读卿歌赋,序咏音声,皆有清味。然以"啸为仿佛有限,不足以致幽旨",将未至耶!夫契神之音,既不俟多赡,而通其致,苟一音足以究清和之极。阮公之言不动苏门之听,而微啸一鼓,玄默为之解颜。若人之兴逸响,惟深也哉!

袁山松答论则与阮籍相反,他说

> 啸节清浮之美,而无控引之深,歌穷测根之致,用之弥觉其远。至乎吐辞送意,曲究其奥岂唇吻之切发,一往之清泠而已哉!

袁氏说"吐辞"可"送意",而"啸"则"不足以致幽旨",显然是"微言尽意"说的拥护者、"啸尽意"说的反对者。桓玄称"啸"为"契神之音",说"阮公之言,不动苏门之听;微啸一鼓,玄默为之解颜",乃"言尽意"说的反对者和"啸尽意"说的拥护者。他提到"微啸",足证"啸"是"微言"的代用品,称其为"妙象"是不为过的。

称"啸"为"妙象",可引《晋书·成公绥传》所引《啸赋》为证,其《赋》论"啸"云:

　　声不假器,用不藉物,近取诸身,役心御气。

"近取诸身"语出《系辞传》。《系辞传》说"圣人立象以尽意","立象"的办法是"近取诸身,远取诸物"。荀爽释"近取诸身"云:"乾为首,坤为腹,震为足,巽为股也。"又释"远取诸物"云:"乾为金玉,坤为布釜之类是也"(见李鼎祚《集解》)。成公绥的意思是说,"啸"的特点是不必"远取诸物",只需"近取诸身",这样"啸"便归入易象的范围了。然而"啸"又较一般易象优越,它不但不假于外在的器物,而且不假于首、足、腹、股等自身的肢体,它只是"役心使气",随口发声,较一般的易象自由、灵活、精致。据这说法,"啸"就是"妙象",啸尽意说就是不假微言的"妙象尽意"说。另外,嵇康撰有《言不尽意论》,其内容大概不是重复《系辞传》的"立象尽意"说,而是驳斥"微言尽意"说,《艺文类聚》卷一〇引《晋阳秋》云:"嵇康见孙登,登对之啸,时不言。"可见孙登也同意"妙象尽意"的原则,而嵇康则有可能受阮籍和孙登的影响。

　　关于"啸尽意"或"妙象尽意"说的时间,《晋书》《世说新语注》《艺文类聚》等书都未记载,从阮籍较王弼年长并且早熟的情况来看,上述"啸尽意"的思想不应晚于嘉平末年。阮籍、嵇康两人在正始年间都有"济世志",但都未参与司马氏与曹氏的斗争;他们都喜好老庄,又预感到祸难将临,因而他们在"言意之辨"的表现是:既有"尽意"或"穷理"的愿望,又不敢采用"微言"这种危险的方式,于是便向艺术领域寻找出路。阮籍找到的出路主要是"啸",嵇康或也与"啸尽意"说有关,但他认为音乐当中"琴德最优",其主要的"尽意"手段不是"啸"而是"琴"。

## （二）音乐尽意

从广义上看，"啸"是音乐的一个门类。"穷理尽性"而假之于"啸"，实际上是以音乐作为"尽意"的手段。嵇康《琴赋》说："处穷独而不闷者，莫近于音声也。是故复之而不足，则吟咏以肆志；吟咏之不足，则寄言以广意。"这话隐含"音乐尽意"的观点。传说嵇康撰有《言不尽意论》，今已不存。疑《言不尽意论》是"微言尽意"说的驳论，与《系辞传》所谓"言不尽意"有所不同。而其驳斥"微言尽意"的主旨，大概是为证明"尽意"或"穷理"须凭借音声。今传《嵇康集》有《声无哀乐论》一卷，有可能出于正始之后，为整个魏晋时期"音乐尽意"说的代表作。

《声无哀乐论》的理论出发点，是"心之与声，明为二物"。有人说"心声二物"即二元论，其实心、声在嵇康看来都不是"元"。音乐的曲调及其演奏一经完成，便成为独立于主观精神之外的艺术创造物，嵇康区别心、声犹如区别主观鉴赏与客观作品，是无可非议的。正因心、声为二物，才存在心对音声的鉴赏问题，这鉴赏就是嵇康所说的感应，而人心对音声的感应可包括哀乐。《声无哀乐论》说："至夫哀乐，自以事会，先遘于心，但因和声以自显发……不谓哀乐发于声音，如爱憎之生于贤愚也。……谓声有哀乐，犹不可见喜怒为酒使，而谓酒有喜怒之理也。"由于"哀乐"是人心对音声的感应而不是音声的内在属性，故云："声无哀乐"。

然而这只是《声无哀乐论》的出发点，而不是结论。其《论》云：

> 五音会，故欢放而欲惬。然皆以单、复、高、卑、善、恶为体，而人情以躁、静、专、散为应。譬犹游观于都肆，则目滥而情放；留察于曲度，则思静而容端。此为声音之体，尽于舒疾；情之应声亦止于躁静耳。……躁静者，声之功也；哀乐者，情之主也。不可见声有躁静之应，因谓哀乐皆由声音也。

就是说，音乐有单、复、高、卑、善、恶、疾、徐的变化，人心有静、躁、专、散等感应。《论》云"情之应声亦止于躁静"，意即人心对音乐的反应以静、躁为主，不是说静、躁都属"情"的范畴。汉魏两晋学者都持性静情动说，嵇康既将人的感应规定为静躁，便不能不将音乐对人心的作用范围加以扩大，就是说，音乐不仅作用于"情"，而且通之于"性"。如《声无哀乐论》说，音乐"导其神、气。养而就之；迎其情性，致而明之"，意即音乐的作用是全面的，无论神、气、情、性，都在音声的影响之下。

音乐的感召力为何这样强烈呢？对这问题，嵇康用"和"的概念来解释。他在《声无哀乐论》中说："声音之有猛、静，各有一和。和之所感，莫不自发"；又说："声音以平和为体，而感物无常；心志以所俟为主，应感而发"。《琴赋》也说：音乐"性洁静以端理。含至德之和平"。"和"就是和谐，声音的和谐可导致人心的和谐，人心的和谐就是心性的恬静，音乐的感召力即由于此。不过应当指出，老庄和汉代哲学都很重视"和"，他们认为天、地、阴、阳非刚则柔，非柔则刚，都是片面的，唯天地未分、阴阳未判的太极或太初是全面的，故称为"天地之和"及"阴阳之和"。嵇康虽菲薄名教，但却耽好老庄，其论述音声之"和"自应与前人一致，如《声无哀乐论》说："播之以八音，感之以太和"，采用了"太和"的说法。

必须指出，所谓"播之以八音，感之以太和"，不是说八音即为"太和"，而是说八音之"和"可通于"太和"。玄学的太极、太和即"至理"或"理之极"，因而音声之"和"可以"穷理"。如《声无哀乐论》说：

> 和心足于内，则美言发于外，故歌以叙志，舞以宣情，然后文之以采章，照之以风雅，播之以八音，感之以太和，导其神气，养而就之，迎其情性，致而明之，使心与理相顺，言与声相应，合乎会通，以济其美。

"心与理相顺",是说音乐可以作人心和"至理"的媒介,音乐通理,而感人心,故人也可以"穷理"了。《系辞传》说:"穷理尽性以至于命",魏晋学者重视这句话,并给予不同的解释。晋人受佛学影响,多以"穷理"或"尽性"为一事;而正始玄学家则有客观唯心论或观念论倾向,认为"穷理"是"尽性"的前提,"尽性"是"至于命"的原因。嵇康音乐思想既然与正始"言意之辨"密切相关,便应落实在音乐穷理的观点上。

在汉魏很多学者看来,只有"象"才可以穷理而通"圣人之意"。而音乐正是一种"象"。如《礼记·乐记》云:"清明象天,广大象地,终始象四时,周还象风雨",郑玄注云:"清明谓人声也,广大谓钟鼓也……"王肃注云:"清明、广大、终始、周旋,皆乐之节奏容仪发动也。"(见《史记·乐书集解》)可证音乐常被看作某种象征手段。《初学记》卷一六引桓谭《新论》云:"神农氏继宓羲而王天下,亦上观法于天,下取法于地,近取诸身,远取诸物。于是始削桐为琴,绳丝为弦,以通神明之德,合天人之和焉。"可见伏羲画卦与神农制琴都是"立象尽意"的活动,区别仅在前者借助于符号,后者诉之于音声。嵇康说音乐"合理",无疑是以音乐为尽意的"妙象"。是否一切音乐都是"妙象"呢?嵇康认为不是。他在《声无哀乐论》中说:

古人知情之不可放,故抑其所通;知欲之不可绝,故因其所自,为可奉之礼,制可导之乐,口不尽味,耳不极音,揆终始之宜,度贤愚之中,为之检则,使远近同风,用而不竭,亦所以结忠信,著不迁也。……君臣用之于朝,庶士用之于家……使言之者无罪,闻之者足以诫。此又先王用乐之意也。若夫郑声,是音声之至妙。妙音感人,犹美色惑志。耽槃荒酒,易以丧业,自非至人,孰能御之?先王恐天下流而不反,故具其八音,不渎其声,绝其大和,不穷其变,损窈窕之声,使乐而不淫,犹大羹不和,不极勺药之味也。若流俗浅近,则声不足悦,又非所欢也。若上失其道,国丧其纪,男女奔随,淫荒无度,则风以此变,俗以好成,尚其所志,则群能肆之;乐其所习,则何以诛之?托于和声,配而长之,诚动于言,心感于和,风俗一成,因而名之。然所名之声,无中于淫邪也。淫之与正同乎心,雅郑之体,亦足以观矣。

汉人多推崇"雅乐",贬抑"郑声",认为前者可以"移风易俗",后者则"易以丧业"。嵇康则相反,他先对音乐的属性与听者的哀乐加以区别,以证"声无哀乐"。又进而将"郑声"的性质与听者的感应加以区别,以证声无淫邪。听闻"郑声"者往往有淫邪的行为表现,究其原因,罪过不在音声,而在听者,故云:"所名之声,无中于淫邪也。""郑声"至妙,非"贤愚之中"的中人所能欣赏,非俗人所能体会,故云:"流俗浅近,则声不足悦,又非所欢也。"中人或俗人一旦听到"郑声",其固有的淫邪之性便易发作,只有圣人或"至人"听到"郑声"才能受益,故云:"自非至人,孰能御之!"中人或俗人只能欣赏平俗的"雅乐",而圣人或"至人"则是"雅乐"的制作者,不是"雅乐"的爱好者。也就是说,制作"雅乐"只是为了感化中人或俗人,亦即"移风易俗",而不是为圣人自己的尽意宣情服务的。反之,"郑声"不能对中人或俗人演奏,而只能是圣人或"至人"的秘宝。也就是说,圣人制作"郑声"与移风易俗的事不相干,而只是服务于自己的尽意宣情或精神享受。在这里,"郑声"或"音声之至妙"就是唯圣人才能把握的"妙象"。值得注意的是,嵇康贬低雅乐有着贬抑名教的含义。他受道家的影响,认为人的本性并无仁义礼智等名教规定的内容,因而"郑声"或"妙象"之穷理、尽性与名教并无直接的联系。然而嵇康在正始前期也受何晏等人"名教本于自然"说的影响,认为"郑声"或"妙象"的"穷理尽性"最终会有利于名教的发扬光大,他在《琴赋》中说:

伯夷以之廉,颜回以之仁,比干以之忠,尾生以之信,惠施以之辩给,万石以之讷慎,其余触类而长,所致非一,同归殊途,或文或质,总中和以统物,咸日用而不失。其感人动物,盖亦弘矣!

"郑声"或"妙象"所穷尽的"至理"或人性虽不含有仁义礼智信等内容，但仁义礼智信却为"至理"及"中和"所统摄，并因"妙象"的"穷理"而"日用不失"。这样，嵇康的音乐穷理或"妙象尽意"说便与正始早期玄学的名教与自然学说调和起来，把这种音乐穷理说看作玄学认识论的一个分支，应是恰当的。

过去对《声无哀乐论》的解释只限于证明此《论》与名教的矛盾，这当是正确的，但不够全面。嵇康音乐思想的要点不在于证明音乐不是什么，而在于证明音乐是什么。只有将他的音乐思想归结为音乐穷理或"妙象尽意"说，才可以看出他的理论是对音乐价值的肯定和抬高，才可以解释嵇康何以有强烈的音乐爱好。附带指出，嵇康以音乐"穷理"或"尽意"，阮籍则以音乐"移风易俗"，表面看来似有不同，然而阮籍对"啸"的爱好甚于对一般音乐的爱好。他的《乐论》虽近于传统儒家，而关于"啸"的爱好却是同嵇康一致的。

### （三）识鉴人物及绘画中的"观眸子"说

刘宋时期，颜延之《与王微书》云："图画非止艺行，成当与易象同体。"[①] 又云："图载之意有三：一曰图理，卦象是也；二曰图识，字学是也；三曰图形，绘画是也。"（《历代名画记》卷一）由此知魏晋时期的绘画艺术是"立象尽意"理论的实施。

魏晋时期最著名的画家是东晋的顾恺之，而顾恺之绘画理论最著名的论点是"以形写神"论，见于《历代名画记》卷五。关于此论渊源，过去多归结为汉魏之际的形神之辨。我认为，这样归纳虽较中肯，但还不够具体，具体说来顾恺之此论乃得之于蒋济、嵇康等人识鉴人物的"观眸子"说。

《世说新语·巧艺》载顾恺之事迹云：

> 顾长康画人，或数年不点目睛。人问其故，顾曰："四体妍蚩，

---

① 　见严可均《全宋文》。

本无关于妙处。传神写照，正在阿堵中。"

顾恺之画人"数年不点目睛"是出于慎重，其所以慎重是由于画人重在瞳子，他的结论是：四肢的"妍蚩"或美丑无关妙处，"传神写照"只能通过"点睛"来实现。应注意这里的"点睛传神"不仅是出于对人物生理上的考虑，而与穷尽"圣人之意"的问题有关。《历代名画记》卷五载顾恺之所画的人物，其中包括殷仲堪、裴楷及佛教维摩诘等；《太平御览》七〇二引沈约《俗说》云：顾恺之"为人画扇，作嵇、阮，而都不点睛。或问之，顾答曰：'那可点睛，点睛即语。'"所画人物都是魏晋名臣名士，在当时公认是"上贤亚圣"，而嵇康甚至有圣人的身价，如沈约《七贤论》云："嵇生是上智之人"，就是一例。顾恺之画这些人物而重在"点睛传神"，自然不仅是为了发展艺术遂从生理上考虑，而是为了通过"点睛传神"来探测圣贤的精神内涵，终归说来是为了解"圣人之意"。

对于汉以来的名士，顾恺之最钦佩的要属嵇康。《世说新语·文学篇》说有人问顾恺之："君《筝赋》何如嵇康《琴赋》？"顾答曰："不赏者，作后出相遗；深识者，亦以高奇见赏。"由这事可知顾作《筝赋》仿效嵇康《琴赋》。《晋书·顾恺之传》云："恺之每重嵇康四言诗，因为之图，恒云：'手挥五弦易，目送归鸿难。'"由此可知顾氏作画的主题和宗旨都得自嵇康。嵇康曾用"观眸子"的方法进行人物批评，如论赵至云："卿瞳子白黑分明，有白起风，恨量小狭。"（《世说新语·言语》）而这种批评方法又得之于蒋济，《魏志·钟会传》云："中护军蒋济著论，谓观其眸子，足以知人。"观眸知人是由于眸子传神，画人点睛是由于目睛传神，这道理是一样的。由识鉴中的"观眸知人"到绘画中的"点睛传神"，正是"尽意"方法的深入发展。

不过应当指出，"以形写神"或"点睛传神"说有可能不是始自顾恺之，而是始于荀勖。《世说新语·巧艺》云：

钟［会］兄弟以千万起一宅，始成，甚精丽，未得移住。荀极善画，乃潜往画钟门堂，作太傅（钟繇）形像，衣冠状貌如平生。二钟入门，便大感恸，宅遂空废。

当时画人物不讲究透视与解剖，不重视形似也做不到形似。荀勖画钟繇而令其子"感恸"，当是由于"点睛"而具有钟繇神气。不过这只是推测，而南齐人谢赫的下述议论则可说是更可靠的证据：

［张墨］与荀勖并。风范气韵，极妙参神。但取精灵，遗其骨法。（《历代名画记》卷五）

这种画风与顾恺之极为相似，所谓"遗其骨法"，就是不拘泥于"四体妍蚩"；所谓"但取精灵"，就是唯注重于"传神写照"。我们知道，魏晋人物画中写意传神的主要方法，便是着意于所谓人物的眸子或目睛。荀勖不注意"骨法"，而又要取其"精灵"，恐非采用"点睛传神"的方法不可。荀勖的美术作品和美术理论都已失传，有关他美术创作的事诸史未载，谢赫对他的评论在这种情况下有很大的价值，据此，将荀勖评定为"点睛传神"画风的早期代表人物，应是行得通的。

那么，荀勖"点睛传神"的活动始于何时呢？《晋书·荀勖传》说：

［荀勖］仕魏，辟大将军曹爽掾，迁中书通事郎。爽诛，门生故吏无敢往者，勖独临赴，众乃从之。

可见荀勖做司马氏的开国功臣是他晚年的事，他在正始时期原是曹爽、何晏等人的忠实追随者。钟会伪造书信盗他的宝剑，他偷画钟繇像而废钟会新宅，都应是在青年时期做的事，应在正始时期。可以推测，由顾恺之发扬光大的"以形写神"论及画人点睛论，在正始时期已具雏形了。

以形写神、画人点睛说与汉人的思想有两点区别。其一，汉人多将形貌释为凝聚的阴气，将精神释为贯注躯壳中的阳气，从而将形神都归结为物质。正始玄学重视形上之道、未形之理，道、理在人则为神。绘画的"以形写神"是由形下之器上升到形上之道的升华，较汉代思想复杂化了。其二，以形写神、画人点睛可说是一种"立象尽意"的活动，但与汉人的"立象"有所不同。汉人重视的象有马、牛、鸡、犬等，都是寻常之物；而以形写神则是忽略"四体妍蚩"而点睛传神，"但取精灵"而"遗其骨法"，用"言意之辨"中的话来讲，就是摈弃众象而提炼"妙象"，是魏晋时期"妙象尽意"说的一个重要分支。附带指出，魏晋绘画以人物为主，故"妙象尽意"不能不体现于"以形写神"和目睛传神。魏晋以后，山水画渐成中国古代绘画的主流，画家的旨趣由"写神"演变为"写意"，绘画便成为"妙象尽意"说更直接的体现了。

### （四）书法的尽意

按照《系辞》"书不尽言，言不尽意"一说，文字的表意功能本来不如言语。然而在魏晋隋唐之际的文化领域，却有一种相反的情况。唐张彦远《历代名画记》卷一说："周官教国子以六书，其三曰象形，则画之意也。是故知书画异名而同体也。"值得注意的是这话不说"同源"而说"同体"，当是由于书法已有绘画的性质。由于书画同体，在画家"以形写神"的同时，必然有"书法尽意"说的流行。

如晋人卫恒论书法云，"睹物象以致思，非言辞之可宣"（见《晋书·卫瓘传》），南齐人萧子云说："欲作二王论草隶法，言不尽意，遂不能成"（见张怀瓘《书断》），都以书法为象，胜过言辞。王羲之云："意在笔前，然后作字"（见《书苑菁华》），"须得书意转深，点画之间皆有意，自有言所不尽"（见《书法要录》卷一）。又记白云先生书诀云，"书之气必达乎道，同混元之理"（见《书苑菁华》），这些话不但强调书法可以尽意，而且指出所尽之意即老庄之道、混元之理。晋宋以来公推王羲之为书圣，看来主要不是论书，而是论道；不是着眼于艺术，而是着眼于"圣人之意"。晋人成公绥既作《啸赋》，又作《笔赋》云："慕羲氏之画卦，载万物于五行"（见《艺文类聚》卷五八），也认为书法与卦象类似，是"尽意"的手段。

这些史料都出自三国以后，三国时期是否有这种思想呢？察三国书家以钟繇为最，请看他在书法方面的活动：

[钟]繇临终于囊中出授子会曰："吾精思三十余载，行坐未尝忘此。常读他书未能终尽，惟学其字。每见万类，悉书象之。若止息一处，则画其地，周广数步；若在寝息，则画其被，皆为之穿。"其用功如此。（见蔡希综《法书论》）①

[钟]繇忽见蔡伯喈笔法于韦诞座上，自捶胸三日，其胸尽青，因呕血。太祖以五灵丹救之，乃活。繇苦求不与，及诞死，繇阴令人盗开其墓，遂得之。（见《书苑菁华》卷一）

钟繇自称"每见万类，悉书象之"，是模仿伏羲的"观物取象"，可见他学书不是简单地学写字，而是以一种新形式重复着"圣人立象尽意"的过程。他是魏初的三公之一，学书竟用了三十年时间，将书法学习置于最重要的地位，用功到"画地"及"画被"的程度，甚至不惜捶胸呕血，令人盗墓。这些举动在魏晋南朝没有被当作笑话流传，而是传为佳话。② 亦可见从事书法在当时不是平庸之举，而是在探索穷理尽性的手段。在当时人们看来，为"穷理尽性"不论花费多大代价，都是值得的。

钟繇学书有成，是由于盗韦诞墓而得蔡邕笔法。蔡邕《笔论》说："夫书，先默坐静思，随意所适，言不出口，气不盈息，沈密神彩，如对至尊，则无不善矣。"（见陈思《书苑菁华》卷一）这话已有书法可尽意穷理的意思，可说是魏晋书法尽意说的先驱。

钟繇书法的后继者是他的次子钟会。《世说新语·巧艺》云：

钟会是荀济北（荀勖）从舅，二人情好不协。荀有宝剑，可直

---

① 又见于《书苑菁华》卷一。
② 钟繇此事，唐宋典籍多有记载。

百万，常在母钟夫人许。会善书，学荀手迹，作书与母取剑，仍窃去不还。

钟会善书如此，当是传自钟繇。欧阳建《言尽意论》云："世之论者以为言不尽意，由来尚矣。至平通才达识，咸以为然。若夫蒋公之论眸子，钟、傅之言才性，莫不引此为谈证。"文中"钟、傅"指钟会和傅嘏，可见钟会同意"言不尽意"说，而"言不尽意"正是书法尽意说的前提。这一巧合表明钟会在采用"言不尽意"说并精练书法的同时，必然同意"书法尽意"的观点。钟繇曾"为《周易》《老子》训"（《世说新语·言语注》引《魏志》），钟会亦兼言《易》《老》，在当时的影响都很大。晋人推重书法当是出自对钟氏父子的继承，如王羲之论书法即多次论及钟繇。

必须指出，汉末魏晋时期所谓的"书"不同于这时期以前的"书"。先秦时期，"书"主要指刻在竹简上的文字；而汉末魏晋时期的"书"主要指写在布帛或纸上的文字；前者用刀刻，比较死板生硬；后者用笔写，比较生动灵活。由于笔写文字有利于自由发挥，能表达文字内容以外的深意，故比口语更受人们的重视。可以这样讲，"书不尽言，言不尽意"和"立象尽意"是先秦两汉言意之辨的主要见解，而"言不尽意""书法尽意"则是正始时期言意之辨的一个重要分支。

## 七 东晋时期"微言""妙象"两说的争论

上面所说的各种"尽意"或"穷理"的方法，是并行发展的。"微言尽意"的方法绝不会由于"妙象尽意"方法的普及便被人们放弃，就像音乐不会因为绘画的兴盛而不再流行一样。由于"清谈"或"清言"是玄学基本的讨论形式，"微言尽意"的法则更容易得到玄学家的赞同，在各种"尽意"方法当中往往占有优势。在东晋中期，"微言尽意"论者与"妙象尽意"论者有一场激烈的辩论，结果是"微言尽意"论者获得全胜。

《世说新语·文学篇》记载了这次辩论的详情：

> 殷中军、孙安国、王、谢能言诸贤，悉在会稽王许。殷与孙共论"《易》象妙于见形"，孙语道合。意气干云。一坐咸不安孙理，而辞不能屈。会稽王慨然叹曰："使真长来，故应有以制彼。"既迎真长，孙意已不如。真长既至，先令孙自叙本理。孙粗说已语，亦觉殊不及向。刘便作二百许语，辞难简切，孙理遂屈。一坐同时拊（抚）掌而笑，称美良久。

其中殷中军即殷浩，孙安国即孙盛，王、谢是王濛和谢尚，真长是刘惔字。关于他们的辩论，《晋书·刘惔传》也曾提到：

> 时孙盛作《易象妙于见形论》，帝使殷浩难之，不能屈。帝曰："使真长来，故应有以制之。"乃命迎惔。盛素敬服惔，及至，便与抗答，辞甚简至，盛理遂屈。

这场辩论以孙盛为一方，以殷浩、刘惔为另一方。据《文学篇》刘注，孙盛的观点是"易象妙于见形"，大意是说易象是"妙迹"，"备未备之象"，"兼未形之形"，可以"尽意"。这与正始时期管辂的"微言妙象尽意"说相似，仅在何为"妙象"的问题上有区别：管辂所讲的"妙象"在《周易》经传之外，孙盛讲的"妙象"则在经传之中，上文在这方面已有论述。至于殷浩、刘惔驳论的内容，刘孝标注未加介绍，检《世说新语·文学》引刘惔赞王脩云："见敬仁所作论，便足参微言"，似主张"微言尽意"说。正始时期"微言尽意"说的代表人物之一是荀粲，字奉倩，而东晋"时人以[王]濛比袁曜卿，[刘]惔比荀奉倩"（《世说新语·赏誉注》引《王濛别传》），亦可见刘惔属于"微言尽意"一派。关于殷浩，东晋学者承认他善于辩论而理不胜辞，如《世说新语·品藻》引谢安评殷浩、支遁优劣云："正尔有超拔，支乃过殷；然叠叠论辩，恐[殷]欲制支。"又引司马昱评殷浩清谈云："不能胜人，差可献酬群心。"这与正始时期裴徽、管辂对何晏的评论极其相似（见《魏志·管辂传注》），则殷浩很可能是何晏一类的"微言尽意"论者。殷融为殷浩之叔，《世说新语·文学注》引《中兴书》说殷融撰有《象不尽意论》，与孙盛《易象妙于见形论》旨趣相反，而应与殷浩的论点相同。赞同殷浩、反对孙盛的人很多，其中包括孙绰，而孙绰《游天台山赋》主张"散以象外之说"。孙绰推重支遁，而《世说新语·轻诋注》引《支遁传》说"遁每标举会宗，而不留心象喻"，这都是"微言尽意"说的典型做法。大致上可以确定，在"会稽王许"的辩论，是"微言尽意"与"微言妙象尽意"两说之争。

比较这场争论双方的强弱，可以看出是悬殊的。主张"微言妙象尽意"的，仅孙盛一人；而赞同"微言尽意"的，除殷浩、刘惔以外，尚有会稽王、王濛、谢尚等，形成"一座咸不安孙理"的局面。殷浩与孙盛的辩论本以孙处优势，但这丝毫未影响与会者的情绪，大家定要折服孙盛方才罢休，特别请来刘惔"制彼"。而当刘惔折服孙盛之时，大家"同时抚掌而笑，称美良久"。大致上看，殷浩在东晋前期与王导辩论，影响已很大。到东晋中期仍左右着清谈思想的动向，得刘惔协助而维持在学界的优越地位。这一情况表明，在各种"尽意"或"穷理"方法中，东晋前期至中期的玄学家多数选择了"微言尽意"这一种。另外，东晋时期王羲之的书法、顾恺之的绘画都可说是"尽意"的"妙象"，顾恺之还作《筝赋》以与嵇康《琴赋》比美，这些都是"妙象尽意"一说影响下的艺术活动。不过在玄学领域，"妙象尽意"作为思想方法仍不如"微言尽意"流行。

## 八 "言意兼忘"与"言意之辨"的终结

东晋已是佛学广泛传播的时代，佛学的思想方法往往体现为"双谴"或"两非"，对于"言意"问题便形成了"言意兼忘"的思想主张。在"言意兼忘"的前提下，"尽意"不再是认知的主要目的，严格意义上的"言意之辨"已不复存在。这一情况在过去的玄学研究当中常受忽视,应作一专门的说明。

关于"言意兼忘"命题的起源,应当上溯到《庄子·秋水》篇:

> 可以言论者,物之粗也;可以意致者,物之精也。言之所不能论,意之所不能察致者,不期精粗焉。

在这段话里,"言"与"意"两者并无动宾关系,而是分指"言论"和"意致",都作动词使用,从而为"意""象""言"的并列以及"意"的下降提供了理论前提。魏末向秀在与嵇康交友期间,注释《庄子》而获极大的学术成就,遗憾的是,向秀未及注释《秋水》与《至乐》二篇便去世了,致使《秋水》上述文字在很长的时间里未能引起学界的注意。时至西晋元康时期,郭象重注《庄子》,才意识到《秋水篇》的上述文字有巨大的意义,遂于"不期精粗焉"句下注云:

> 唯无而已,何精粗之有哉!夫言、意者,有也;而所言所意者,无也。故求之于言意之表,而入乎无言无意之域,而后至焉。

"求之于言意之表,而入乎无言无意之域"两句,本可导致"言意之辨"的终结。然而郭象注释《庄子》的背景,是何晏、王弼、嵇康的思想再度广泛流传之时。何、嵇等人死于司马氏的迫害,他们的声誉在魏末晋初曾一度跌落,而到晋惠帝时,曹氏与司马氏的旧恨已被人们忘却,如《晋书·贾谧传》记载,惠帝时期朝廷议立晋史断限,"泰始为断"的主张战胜了"正始起年""嘉平起年"等主张,使夏侯玄、何晏等人以魏臣的身份载入魏史,而未以晋臣的身份载入晋史,从而免除了晋朝乱臣贼子的罪名。王戎、王衍、乐广等人是何晏的崇拜者和后继者,这些人在西晋学界拥有支配的地位,适足掩盖郭象的学术成就。东晋初期王导领袖群伦,表示要模仿"正始之音",将嵇康三论视为典范,郭象的学说仍处受压抑的状态,他的"求之于言意之表"的主张,如何能推翻再度流行的"微言尽意"及"妙象"等说呢?

至东晋中期，佛学流行，王导的"三理"已显得陈旧，殷浩晚年也渐被佛学折服，例如《世说新语》颇有关于殷浩阅读佛经、请教佛理并为佛学所迷惑的记载，在这方面有典型的意义。张湛遂引佛理而注释《列子》①，在《列子·仲尼篇》"得意者无言，进知者亦无言"句下注云：

　　穷理体极，故言意兼忘。

"言意兼忘"的命题与郭象"入乎无言无意之域"的命题相似，但更为明确而坚决，且与佛学"双遣"说相参，足以左右学界视听。言意既已兼忘，"尽意"问题便不复为学人兴趣所在。"言意之辨"演进到如此地步，可说是面目全非了。

在东晋中期以后，严肃意义的"言意之辨"已趋于沉寂，在南朝宋代，王僧虔作书诫子云："又才性四本、声无哀乐，皆言家口实，如客至之有设也"。（见《南齐书·王僧虔传》）②其列举"言家口实"，提及"才性四本"与"声无哀乐"，却不提"言意之辨"或"言不尽意"等，不像是偶然的遗漏。如果说东晋中期以后还有人玩弄"言意之辨"的术语并保留着"言意之辨"的思想观念，那主要是在文学艺术领域，而不是在经学领域了。

## 九　玄言诗、山水诗及其与"言意之辨"的关系

东晋中期以后，"言意之辨"虽已不再是玄学家兴趣之所在，在文学领域却还保存着影响。盛行于东晋晚期的玄言诗与"微言尽意"一说密切相关，兴起于南朝宋代的山水诗则可说是"微言妙象尽意"一说的余绪。

玄言诗是魏晋诗歌的重要流派，它的特点是以诗的形式谈玄，诗句

---

① 张湛与袁宏、范宁同时，在殷浩之后。
② 王僧虔活动于南朝宋、齐两代，他的《诫子书》作于南朝"宋世"，《南齐书》本传就此有明确的记载。

与玄言没有很大的差别。南朝典籍对这诗派多有论述，今摘录如下：

> 有晋中兴，玄风独振，为学穷于柱下，博物出乎七篇，驰骋文辞，义单乎此。自建武暨乎义熙，历载将百，虽缀响联辞，波属云委，莫不寄言上德，托意玄珠，遒丽之辞，无闻焉尔。(《宋书·谢灵运传论》)
>
> 简文勃兴，渊乎清峻，微言精理，函满玄席，澹思浓采，时洒文囿。……自中朝贵玄，江左称盛，因谈余气，流成文体。是以世极迍邅，而辞意夷泰，诗必柱下之旨归，赋乃漆园之义疏。(《文心雕龙·时序》)
>
> 永嘉时，贵黄、老，尚虚谈。于时篇什，理过其辞，淡乎寡味。爰及江表，微波尚传。孙绰、许询、桓、庾诸公诗，皆平典似道德论，建安风力尽矣。(《诗品序》)
>
> 江左风味，盛道家之言，郭璞举其灵变，许询极其名理，仲文玄气，犹不尽除，谢混情新，得名未盛。(《南齐书·文学传论》)

玄言诗是"柱下（老子）之旨归""漆园（庄子）之义疏"，为"道家之言"，这些话表明玄言诗是深受老庄影响的哲学诗。"莫不寄言上德，托意玄珠"，"皆平典似道德论"，表明它是直接谈论至道或本体的哲学诗。直接"论道"而不借助于象征手段。那么它的诗句便必须是"微言"。上述"微言精理，函满玄席"的话证明了这一点，著名玄言诗人孙绰主张"散以象外之说"（《游天台山赋》，见《文选》），也证明了这一点。正始期间，何晏是"微言尽意"说的代表人物之一，而玄言诗的起源恰可上溯到何晏，如《文心雕龙·明诗》云：

> 正始明道，诗杂仙心，何晏之徒，率多浮浅。

可见玄言诗是正始以来的"微言尽意"理论的实施。而玄言诗的兴盛，则始于东晋中期，例如《文心雕龙·时序篇》说："简文勃兴，渊乎清峻，微言精理，函满玄席，澹思浓采，时洒文囿。"简文帝在东晋中期提倡以诗的形式显示"精理"，使诗句成为"微言"，遂在文学史册上写下了特殊的一页。"微言"之"微"有"精微""隐微"两种含义，玄言诗以有韵律、有节奏的语言"论道"，不可谓不精微，以含蓄的语言"穷理"，不可谓不隐微。因而从一定程度上说，玄言诗符合"微言尽意"理论的要求。可惜的是，萧统《文选》和钟嵘《诗品》对玄言诗评价不高而罕见收录，今已难窥这一诗派的全貌。

山水诗兴起于东晋以后，谢灵运是它最著名的代表人物。现今有些学者将这一诗派的产生看作中国古代诗歌脱离哲学的开端，然而对山水诗多以玄言结尾的现象却未能解释。有人说，谢灵运山水诗多有玄言尾巴是由于玄言诗的影响，这是不能令人满意的。检谢灵运《山居赋序》云：

> 古巢居穴处曰岩栖，栋宇居山曰山居。……言心也，黄屋实不殊于汾阳；即事也，山居良有异于市廛。

黄屋是帝王之所，汾阳是山居之处，这几句话的意思是说，山居即事而言与市廛有异，平心而论却与黄屋不殊。山居的乐趣同于山水诗的旨趣，可见山水诗的旨趣不在山水，而在黄屋。沈约《宋书·谢灵运传论》说谢灵运的山水诗"高言妙句，音韵天成，皆暗与理合，匪由思至"，所谓"暗与理合"是"得道""体无""穷理"或"尽意"的同义语。如《庄子·养生主》："臣以神遇而不以目视"，郭象注云："暗与理会"。《世说新语·识鉴》云："时人以谓山涛不学孙吴，而暗与之理会。王夷甫亦叹云：'公暗与道合。'"可见"暗与理会"即王弼所说的"神明茂故能体冲和以通无"。又《世说新说·文学注》引王脩云："贤人诚未能暗与理会"，可见"暗与理会"就是圣人的"得道"。沈约的生活时代与谢灵运接近，并且是山水诗派的主要介绍者，他在说明东晋以后玄言诗衰落、山水诗兴起的同时，指出谢灵运山水诗"暗与理会"，可见山水诗是"穷理"或"尽意"的方法。山水诗所吟咏的山水即司空图

《与极浦书》所谓的"象外之象，景外之景"，山水诗的旨趣是皎然《诗式》所谓的"假象见义"，或即《唐音癸签》所引王昌龄所云："搜求于象，心入于境。"考虑这种"假象见义"必须借助于微言，用诗句来陈述，可推断这一流派的理论是继承正始以来的"微言妙象尽意"说。

刘宋是山水诗的兴盛期，而这诗派的起源可上溯到西汉。《淮南子·要略》说："《说山》《说林》者……假譬取象，异类殊形，以领理会意。"其所谓"理""意"虽不是玄学的"理""意"，但"领理会意"的提法与玄学的穷理尽意有些相似，可能使晋宋之际的诗人受到启发。西晋左思《招隐》诗云："非必丝与竹，山水有清音。何事待啸歌？灌木自悲吟！"这几句指出"清音"不仅出于乐器，而且出于山水，可能使晋宋诗人受到进一步的启发。东晋时期陶潜、谢混等人吟咏山水而杂以玄言，可说是早期的山水诗人。山水诗派在晋代已具雏形，只不过尚未胜过玄言诗派而已。

## 十　王弼的"寻言寻象""忘言忘象"和"存言存象"说

在魏晋"言意之辨"的历史上，王弼的成就本是最突出的。过去常有人用"得意忘象"的命题来概括王弼在这方面的思想，然而考察王弼《周易略例·明象章》，王弼关于言意关系问题的阐述其实是很全面的，"得意忘象"只是《明象章》里许多重要命题当中的一个，仅用这一命题概括《明象》的思想内容恐失于片面。即便补充"得意忘言"或"得象忘言"的命题，仍不足以反映王弼《明象》思想的全貌。从思想特点上说，王弼《明象》的理论在魏晋"言意之辨"的历史上显得平实、周到，最具逻辑性与系统性。而比较言意之辨各家对后代的影响，王弼《明象》也显得与众不同，这一篇在魏晋时期并未引起玄学家的重视，不论是在曹魏后期，还是在两晋，人们议论言意关系问题多沿袭荀粲、何晏或嵇康，罕见有人引述王弼所提出的命题。而到东晋以后，"言意之辨"各家的影响日渐衰微，王弼《明象》的影响却愈益深远。到唐代乃至唐代以后，《易》学家评述魏晋玄学的"言意之辨"，仅对王弼《明象》一篇留有深刻的印象，而对其他各家的印象已十分淡漠。这就是说，玄学"言意之辨"各派思想都被王弼的成就掩盖了，以致没有流传到后世。

这种在当代默默无闻而在后世却享有盛誉的情况，有过不少先例，如西汉末期扬雄作《太玄》，在东汉时期遭到冷遇，知音者仅一张衡而已，在汉末战乱时期却兴盛于刘表所建立的荆州学，有不少学者加以注释。又如王充《论衡》一书长期埋没，到东汉末期才由于蔡邕、王朗的努力而得到传播。然而扬雄《太玄》遭受冷遇是由于过于晦涩难解，王充《论衡》长期埋没是由于与官方学说相对抗，王弼的情况却是另一种光景。魏晋"言意之辨"受等级观念支配，一直将名士的"微言""妙象"与群庶的言象相区别，王弼未作类似的区分，他的《明象》只是笼统地议论"言""象""意"三者的关系，难在魏晋名士中间引起共鸣。而到东晋中期以后，"言意兼忘"说日渐流行，王弼《明象》虽未提到"意"的遗忘，却屡屡谈到"忘象"和"忘言"，这种"忘"的理论容易得到"言意兼忘"一说影响下的士大夫的欣赏，故而得到传诵。考察唐宋明清学者关于《明象》的评论，多提到"忘象"，罕提"得意"，如《四库提要》称王弼"全废象数"，又说"王弼尽黜象数，说以《老》《庄》"。后儒的评论往往着眼于王弼对"象"以及"数"持何种见解，而未注意这是有失片面的。

请看《明象》原文：

> 故言者所以明象，得象而忘言；象者所以存意，得意而忘象。犹蹄者所以在兔，得兔而忘蹄；筌者所以在鱼，得鱼而忘筌也。然则，言者，象之蹄也；象者，意之筌也。是故，存言者，非得象者也；存象者，非得意者也。象生于意而存象焉，则所存者乃非其象也；言生于象而存言焉，则所存者乃非其言也。然则，忘象者，乃得意者也；忘言者，乃得象者也。得意在忘象，得象在忘言。

在这里，"得意而忘象""得象而忘言"是一组命题，"得意在忘象""得象在忘言"是另一组命题。前者是说"得意"之后便可"忘象","得象"之后便可"忘言";后者是说"得意"的关键在于"忘象","得象"的关键在于"忘言",即如《明象》所云:"忘象者乃得意者也,忘言者乃得象者也。"对这两组命题,是不能混同看待的。从时间顺序来讲,似是"得意"与"得象"在先,"忘象"与"忘言"在后,先者似应为因,后者似应为果。然而王弼《明象》的主旨是探索如何"求意"的问题,不是探讨"得意"之后"忘象"或"忘言"的问题。中国古代有一种循环史观,大意是认为事物的起源和终结相同。王弼《老子指略例》说:"古今通,终始同",也有循环论的思想因素。将这思想用于"言意"问题,便产生了一种逻辑:既然"得意"的结果是"忘象",那么在"得意"之先必有一个"忘象"的状态;既然"得象"的结果是"忘言",那么在"得象"之先必然也有一个"忘言"的状态。换言之,"忘象"是"得意"的结果,也是前提,"忘言"和"得象"亦然。对这逻辑过程可用下图表示:

忘象→得意→忘象
忘言→得象→忘言

由此而论,"得意而忘象"及"得象而忘言"只是《明象》的论据,"得意在忘象"及"得象在忘言"才是《明象》的论点,其论证的特点是以果证因。用王弼的话来说就是"证今可以知古始"。

值得注意的是,在"得意而忘象"及"得象而忘言"两句之前,《明象》还有一段话:

夫象者,出意者也;言者,明象者也。尽意莫若象,尽象莫若言。言生于象,故可寻言以观象;象生于意,故可寻象以观意。

其中"言生于象"及"象生于意"是论据,"寻言观象"及"寻象观意"是论点。其论据是从《系辞传》"圣人立象以尽意,系辞焉以尽其言"的命题引申来的，因圣人是先有胸中之意，然后"立象""系辞"以"尽意"，故后人推求"圣人之意"须由"言""象"的途径，或者说，"观意"须先"寻象"，"观象"须先"寻言"。"寻言""寻象"与"忘言""忘象"都在"得意"之先，能否调和呢？对这问题，答案应是肯定的。王弼所谓的"寻言""寻象"是指后人推求"圣人之意"不可脱离"言""象"，否则就是弃末守本，有体而无用。王弼所谓的"忘言""忘象"是指"寻言"时不可拘执于特定的名言，"寻象"时不可拘执于特定的形象，唯不拘执，才可对群言、众象作出全面的观察。由此而论，王弼的"寻言观象"及"寻象观意"说与"得意在忘象，得象在忘言"说，乃是密切结合的。在王弼《明象》所描述的认识链条中，"得意"还不是终点。《明象》云：

> 象生于意而存象焉，则所存者乃非其象也。言生于象而存言焉，则所存者乃非其言也

其所谓"存象""存言"，都是认识论的命题。在王弼看来，直接"存象""存言"是不能成功的。唯"得意"才能"存象"，"得象"才能"存言"；或者说，唯"忘象"才能"存象"，"忘言"才能"存言"，犹如"不行者使行，不动者制动"（《老子》第二十六章注）。韩康伯《系辞传注》说："夫非忘象者，则无以制象"，孔颖达《系辞疏》说："凡自有形象者不可以制他物之形象，犹若海不能制山之形象，山不能制海之形象。遗忘已象者乃能制众物之形象也。"即与王弼"存象"说相符。考虑王弼在《老子》第五十二章注中提出一种认识论的观点，即"得本以知末"，那么对王弼"存象""存言"的议论便可用这样两句话来概括："得意存象""得象存言"。

讲到这里，可以看出王弼的认识论实际上分有三个层次：第一层，是"寻言观象""寻象观意"；第二层，是"忘言求象""忘象求意"；第三层，是"得意存象""得象存言"。如果加上"圣人立象尽意"和"圣人之意"体无等事，那么王弼所描述的"言""象""意"发展过程

便可归纳为含有许多阶次的复杂的路线。

"寻言""寻象""忘言""忘象"是关键环节,因而王弼认识论可说是"立象尽意"与"象不尽意"两说的统一。

在西晋的学术界当中,王弼的影响远不如何晏。西晋时期《周易》的官方注释是王肃注,不是王弼注。至东晋中期,韩康伯注《易传》并附于王注《易经》之后,使情况略有变化,《周易·系辞上传》韩注云:"夫非忘象者,则无以制象;非遗数者,无以极数。"这与王弼的忘言、忘象等说是基本一致的。当时经注的影响超过个人论著,韩康伯使王注《周易》趋于完整,继而有得立学官的可能。王弼《周易略例》的"忘象"一说,遂因韩注的出现而得光大,成为东晋以后广泛流传的思想。

# 第六章　正始玄学家及其著作

正始时期的玄学家普遍接受《系辞》的"书不尽言"的命题，认为文字表述玄理的功效不如口语，当时文士成名的主要途径不是著述，而是在交际场合驰骋辩才。然而这只是就其达意功效而论，并不是说文字著述就完全不需要了。当时的人们都知"仲尼微言，门人追记"的典故，孔子的微言固然精彩，但若不用文字记录下来便要销声匿迹了。正始名士当然不愿使自己的清言被人忘掉，于是在谈论之余稍事著述，产生了数量不多的玄学著作。这些著作在古代文献里显得精致、简约、义理畅达。其所以如此，是由于这些著作不是积年读书或训诂考据的产物，而是清谈与辩论的结晶。关于这些著作出现的时间，当以《文心雕龙·论说篇》的说法为准："迄至正始，务欲守文，何晏之徒，始盛玄论。"所谓"玄论"即指笔论，包括"郑君之释《礼》、王弼之解《易》"等。在这当中，属夏侯玄的《本玄论》出现较早，几为玄学兴起的标志。何晏著作仅次于夏侯玄，在正始时期也有巨大的影响。王弼著作在正始以后逐渐受到人们重视，几乎被看成正始玄学的主要代表作，这种情况一定出乎夏侯玄、何晏等人的预料之外。正始时期还有管辂、钟会等，在玄学兴起的过程中都有非凡的建树。当然，讨论玄学著作不能不涉及作者，因而对正始玄学家的生平事迹也要一一进行考辨和论述。

## 一　夏侯玄及其《本玄论》等著作

在本书"引论"首节，已指出"玄学"这一名称与夏侯玄的《本玄论》有密切的关联。考虑到夏侯玄曾被何晏等人奉为"宗主"，可以推测《本玄论》的撰作乃是玄学兴起的标志。由于这篇论文的重要性，夏侯玄的其他作品及其生平事迹都成为今日玄学研究的重要课题。

### （一）夏侯玄的生平事迹及其历史地位

现在流行的一些关于玄学的论著，往往以何晏、王弼为重点，论及夏侯玄则一笔带过。其实夏侯玄在正始年间的声望绝非何晏、王弼所能比拟。东晋名士袁宏作《名士传》，以夏侯玄、何晏及王弼三人为正始名士[①]，其中夏侯玄在何、王之上，在今人看来可能是抬举过高，其实王弼生前若预知袁宏所安排的这一次序，一定会觉得荣幸得很。不过，夏侯玄何以会有如此高的地位，乃是一个有待研究的问题。除了上面所提到的《本玄论》之外，他还有许多鲜为今人所知的长处，是必须加以阐发的。

夏侯玄，字太初，生于汉献帝建安十四年（209）卒于魏废帝齐王芳嘉平六年（354），《三国志·魏志》有传。据其本传及裴注所引魏晋史书，可将他的一生粗略地分为五个时期。第一期，自出生至魏明帝太和四年（230）止。在这段时间的后期，他与何晏、诸葛诞、邓飏、荀粲等人交友，为"四聪"之首，享有重名。第二期自太和四年至齐王芳即位，在这时因浮华而受到压抑。第三期自正始初年至五年，历任散骑常侍、中护军，任护军时负责选拔武官，因选用者"无非俊杰"，威望大增，所立"法""教"被后人奉为模式（见《夏侯玄传注》引《世语》）。又致书司马懿，提出周密的政治改革方案。第四期自正始五年

---

[①] 见《世说新语·文学篇》。

（244）始，至正始十年（249）正月止。①在这期间担任征西将军，坐镇长安，"假节都督雍凉州诸军事"，代表曹爽控制曹魏主力军队，负责防蜀。曾与曹爽率众伐蜀，史称"骆谷之役"，因失败获讥，威信略有下降。他因远在长安，未能参与曹爽于洛阳主持的改制活动。第五期，自正始十年正月始，至齐王芳嘉平六年（254）止。在正始十年正月，司马懿发动政变，将曹爽、何晏、邓飏等人一网打尽。与夏侯玄同在长安的夏侯霸遂亡命蜀国，临行前"呼玄欲与之俱"（见《夏侯玄传注》引《魏氏春秋》)，夏侯玄却不愿"苟存自客于寇虏"（见《夏侯玄传注》引《魏氏春秋》)），回到洛阳。此举如同自首，故未被加罪，只是失去兵权，改任大鸿胪，后徙为太常。在嘉平六年，因受密谋政变的李丰拥戴，在政变失败之后被处死。

考察夏侯玄与曹魏宗室的关系，可谓亲密至极。他是功臣夏侯尚之子，夏侯渊从孙，在魏文帝黄初六年袭父爵，为昌陵乡侯，当时年仅十七岁。夏侯渊是夏侯惇"族弟"，夏侯惇与魏武帝曹操为"从父兄弟"。夏侯渊妻为曹操"内妹"，夏侯玄本人则为曹爽"姑子"。这些错综复杂的亲族关系，见载于《魏志·武帝纪》与《诸夏侯曹传》及裴注，经清代史家考证，确然可靠。曹操为控制部属，委任同族，又于族内通婚，亲上加亲，使曹氏、夏侯氏集团的内在联系愈益牢固。从这血缘关系来看，夏侯玄被曹爽当作军政台柱来倚赖，是顺理成章的事。不过夏侯玄蒙受信任的缘由尚不止于此。历数曹爽的心腹，多是夏侯玄的追随者。例如《魏志·傅嘏传注》引《傅子》说：

> 是时何晏以材辩显于贵戚之间，邓飏好变通，合徒党，鬻声名于闾阎，而夏侯玄以贵臣子少有重名，为之宗主，求交于嘏而不纳也。

何、邓二人为曹爽执政时期的"腹心"重臣，而他们在正始以前却是奉

---

① 正始十年四月改元为"嘉平"，正始十年即嘉平元年。正月在改元之前，故年号宜称"正始"。

夏侯玄为"宗主"的。又《诸葛诞传注》引《世语》说:

> 是时,当世俊士散骑常侍夏侯玄、尚书诸葛诞、邓飏之徒,共相题表,以玄、畴四人为四聪,诞、备八人为八达。

"四聪八达"除夏侯玄外,尚有诸葛诞、邓飏等,据《魏志·曹爽传注》还应包括李胜,据《曹爽传》附《何晏传注》还应包括司马师。其中诸葛诞在正始年间历任扬州刺史、昭武将军,李胜在正始年间历任洛阳令、荥阳太守、河南尹,司马师即晋景帝,为司马懿长子。这些人在正始以前列名于"四聪八达",都以夏侯玄为首。他们在正始时期多数可能是经过夏侯玄引荐,才得以担任要职的。司马氏家族虽为曹爽政敌,但在正始五年,夏侯玄由中护军升任征西将军,司马师继任中护军之职,他能继任很可能是由于名列"四聪八达"而与夏侯玄关系密切之故。全面地看,夏侯玄得以掌握权柄,所凭借的是魏室宗亲和名士领袖的双重身份。

在正始时期,能成为名士领袖的,必须是完人。当时的名士多以"命世大贤"自居,他们心目中的理想人格,既非单纯的思想家,亦非单纯的政治家,更不是单纯的军事家或文学艺术家,而是集政治家、思想家、军事家等多种品格于一身的人格,这就是完人。然而我们知道,夏侯玄在二十岁左右便已成为名士,何晏等人的成名也都在很年轻的时候,对这些缺乏行政管理或军事指挥等方面经历的青年,无法通过观察其行为表现及成败得失而评定其材器,只好通过体察其表情风度来判断其品格完备与否。人们常说魏晋时期盛行人物评论之法,如蒋济有"观其眸子,足以知人"的说法,刘劭《人物志》在这方面有多种说法,这些方法有一个共同点,即要求识鉴的直接性,假若在某人已有成败得失之后,再去评鉴,则为时已晚,如同今人所说的"事后诸葛亮"。在战乱迭起、事变频繁的时代,职务的任免往往要当机立断,"观其眸子"的方法和各种观察神态风格的方法虽很简单,却往往是切实可行的。至于评鉴某人是不是"命世大贤",更必须从整体的风貌入手。在《老子》

思想流行的时期，人们都知道所谓"全材""完人"不可能是任何有"一己之长"的人物，见到这般人物若想不当面错过，恐怕只有凭借直觉的体察了。《魏志》裴注所引诸书及《世说新语》有很多关于夏侯玄风度的记载，过去常有人对魏晋人何以如此重视风度表示惊奇，其实这些关于夏侯玄风度的记录是说明他具备大贤品格的证据，在魏晋南朝史上的意义是绝不能低估的。

请看魏晋南朝文献关于夏侯玄的风度的记载：

> [夏侯]玄格量弘济，临斩东市，颜色不变，举动自若。(《魏志·夏侯玄传》)
>
> 夏侯太初尝倚柱作书。时大雨，霹雳破所倚柱，衣服焦然，神色无变，书亦如故。宾客左右，皆跌荡不得住。(《世说新语·雅量篇》)
>
> 裴令公目夏侯太初："肃肃如入廊庙中，不修敬而人自敬。"(《世说新语·赏誉篇》)

此种临危而能保持镇定的气度，以及令人肃然起敬的风貌，绝非战阵之中的勇士所能比拟。这种风度仅从审美的角度是难以解释的，只有立足于真善美融合一体的至高境界，才能体会。按照古人的理解，这是只有"命世大贤"才会有的风貌特征；按照今人的意见，这应当是高层领袖人物的非凡气质的偶然流露。在正始名士的眼里，夏侯玄正是这样的人物；在两晋南朝士人心目中，夏侯玄仍是这样的人物。

这种气度非凡的人物在未获权位之际，往往容易得到众口一致的称赞。而一旦掌握权柄，便处在危机之中了，因为他必须取得行政或军事等方面的成功，否则便会失落，有跌入深渊的感觉。夏侯玄在正始时期所面临的考验，便是如此。考察他的成绩，有成功的一面，也有失败的一面。他的成功是：

> 为中护军，拔用武官，参戟牙门，无非俊杰，多牧州典郡。立

法垂教，于今皆为后式。(《魏志·夏侯玄传注》引《魏晋世语》)

这一记录出自晋人郭颁的《魏晋世语》，晋人如此称赞司马氏的政敌，绝非谀辞，则夏侯玄在选拔武官方面的确能知人善任。确切地说，这是一种政治领袖人物的才能表现，其所选拔的人材"多牧州典郡"，显然不限于军事领域。另外，夏侯玄曾致书司马懿，提出周密的改革方案，也表明他可能有政治改革家的能力。至于他的失败，见载于《魏志》本传：

与曹爽共兴骆谷之役，时人讥之。

时人为何讥之？原因在于兴师动众却"无功而还"(《晋书·宣帝纪》)。据《魏志·少帝齐王芳纪》，骆谷之役始于正始五年二月，至同年五月"曹爽引军还"。而《蜀志》记载此事较为详细："[延熙]七年闰月，魏大将军曹爽、夏侯玄等向汉中，镇北大将军王平拒兴势围，大将军费祎督诸军往赴救，魏军退。"(《后主传》)又云："七年春，魏大将军曹爽率步、骑十余万向汉川，前锋已在骆谷。时汉中守兵不满三万，诸将大惊。……[王]平曰：'不然，汉中去涪垂千里，贼若得关，便为祸也。今宜先遣刘护军、杜参军据兴势，平为后拒。若贼分向黄金，平率千人下自临之。比尔间，涪军行至，此计之上也。'惟护军刘敏与平意同，即便施行。涪诸军及大将军费祎自成都相继而至，魏军退还，如平本策。"看来此役的形势是，曹爽、夏侯玄率十余万大军伐蜀，少量蜀军据险固守待援。魏军短期内强攻不下，蜀军后援却陆续而至，曹爽、夏侯玄除退回长安，别无他法。《魏志·曹爽传》记述了当时曹爽大军的窘境："正始五年，[曹]爽乃西至长安，大发卒六七万人，从骆谷入。是时，关中及氐、羌转输不能供，牛马骡驴多死，民夷号泣道路。入谷行数百里，贼因山为固，兵不得进。爽参军杨伟为爽陈形势，宜急还，不然将败……爽不悦，乃引军还。"曹爽与夏侯玄伐蜀只是为了提高威信，未从军事形势上作周密的考虑。他们对后勤供应、辎重运输等方面的困难估计不足，对大军深入谷中数百里却"不得进"的危险性亦未觉察，仅无功退还而未溃败，已是大幸了。当然，陈寿记载此事可能有意夸张曹爽的无能，但无论如何，驱动六七万军队远行山地而仅示威而已，总是失策的。为将之道，讲求"料奇合变"，果敢速捷，夏侯玄及曹爽显然都不具备这方面的特长。附带提出，据《魏志·郭淮传》及《夏侯渊传注》的记载，郭淮与夏侯霸两将不和，两将在几次防蜀战事中曾协调作战，较为成功，居中指挥并使其协调的统帅，便是坐镇长安的征西将军夏侯玄。但这种居中协调主要是政治领袖才略的施展，尚不能证明夏侯玄之担任军事统帅是恰如其分的。

夏侯玄在当时上层知识分子中间享有政治声誉，却无将帅之才；司马懿、司马师（字子元）父子战功卓著，在知识分子中间却缺政治领袖的声誉，这几乎形成了强烈的对照。何晏曾注意到这一点，他指出：

"唯深也，故能通天下之志"，夏侯泰初是也；"唯几也，故能成天下之务"，司马子元是也；"唯神也，不疾而速，不行而至"，吾闻其语，未见其人。（见《魏志·何晏传注》引《魏氏春秋》）

其中引号里面"唯深"与"唯几"等三句，见于通行本《系辞上传》："夫《易》，圣人之所以极深而研几也。唯深也……故不疾而速，不行而至。"文中"深""几""神"三者分属不同的层次，若是仅能"极深"或仅能"研几"，便当次于圣人，相当于"大贤"或"亚圣"；若是既能"极深"又能"研几"，便达到了圣人的水准，而"深"与"几"之兼备，便是不疾而速、不行而至的"神"。正始名士虽有很高的志向，却只敢称贤，不敢称圣，故何晏论"深"与"几"则以夏侯玄、司马师为例，论"神"则称"未见其人"。孙盛是正始玄学的敌对者，他在《魏氏春秋》里引述何晏这一席评论之后，说何晏"盖欲以神况诸己也"，这只是毫无根据的猜测。讲到此处，便应当推敲一下，"深"与"几"两者有何不同呢？

在《系辞》"唯几"一句之下，韩康伯注云："极未形之理则曰深，适动微之会则曰几。"可见"深"即思想之深，能体会"未形之理"是"深"的标志，"几"通"机"，从主观角度讲即机变，从客观角度讲即几微，古人认为凡事均有一由微而著的过程，善于在"微"的阶段采取相应的措施，这就是"适动微之会"。《朱子语类》载朱熹说云：

> 《诗》、《书》、《礼》、《乐》皆是说那已有底事，惟是《易》说那未有这事。"研几"是不待他显著，只在那茫昧时都处置了。深，是幽深；通，是开通。所以闭塞，只为他浅。若是深后，便能开通人志。道理若浅，如何开通得人？所谓"通天下之志"，亦只似说"开物"相似，所以下一句也说个"成务"。

又云：

> "深"就心上说，"几"就事上说。几，便是有那事了，虽是微，毕竟有件事。深在心，甚玄奥；几在事，半微半显。

朱熹解"志"为"心志"，孔颖达则解为"志意"，而无论"心志"抑或"志意"，都指思想和观念。中国传统的做法是不要求思想家及学者兼有政治才略，却要求政治领袖兼有深刻的思想。古人常将政治成就分为"治化"与"教化"两种，"治化"是管理的结果，"教化"是教育的结果。从这种角度去看待何晏对夏侯玄的评价，便可意识到其中有双重的含义，即谓夏侯玄思想之深，足可开通天下士庶的心志，唯其如此，夏侯玄才有担当政治领袖的资格。至于司马师之"几"，仅能临机制变，堪为普通官僚或将帅，却未达到政治领袖应有的水准，地位又在夏侯玄之下了。

在正始时期，最高的学问公认是玄学。夏侯玄思想之"深"既为著名玄学家何晏所推崇，则夏侯玄本人在玄学方面的造诣有可能卓绝于时。夏侯玄在当时被公推为具备"命世大贤"品格的名士领袖，而他尖锐的、明智的改革建议又见载于《魏志》，其为中国古代优秀的政治人物已显而易见。这两点便是夏侯玄所应获得的评价。

### （二）夏侯玄著作

据现存史料，夏侯玄撰有《本玄论》《乐毅论》《张良论》《辨乐论》《肉刑论》《答李胜难肉刑论》《皇胤赋》及《致司马懿书》等。这些文章未见于隋唐史志，可能都收入《夏侯玄集》之内。此《集》于《隋书·经籍志》著录为三卷，两《唐志》著录为二卷，宋元史志书目多不载，可见在隋唐之间已部分佚失，在唐代以后全佚。郑樵《通志·艺文略》著录此《集》三卷，乃抄录《隋志》，盖《通志》不仅著录存书，亦著录佚书。上述夏侯玄文章得为今人所知，是由于文章都有佚文保存在古代史书和类书里。下面就其佚文出处、思想内容及著述时间，分别加以论述。

《皇胤赋》，有部分文字载于《艺文类聚》卷四五和《初学记》卷一〇，两书所载略同。"胤"为后嗣之义，"皇胤"即皇家后嗣，赋中提到"在太和之五载"，而魏明帝之子安平哀王曹殷恰生于明帝太和五年，可知《皇胤赋》乃为庆贺曹殷出生而作。赋中说："良辰既启，皇子诞生。……黔首咏而齐乐，愿皇祚之日新。"都是贺词，可惜曹殷年寿仅有两岁，如《魏志·明帝纪》记载，太和五年七月"皇子殷生"，太和六年五月"皇子殷薨"，即可为证。赋又云："尔乃发恺悌之明诏，振隆恩之丰沛①，殊惠洽乎黎民②，崇施畅于无外。爵群兆以布德,赦殊死以崇仁。"此节均就明帝措施而言。《魏志·明帝纪》说，明帝在曹殷出生时"大赦"，即赋所谓"赦殊死以崇仁"；明帝太和五年八月诏称思念诸王，"令诸王及宗室公侯各将适子一人入朝"，"所以敦睦亲亲，协和万国"，即赋所谓"发恺悌之明诏"；太和六年二日诏云："其改封诸侯王，皆以郡为国"，即赋所谓"爵群兆以布德"，疑"群"乃"郡"字之误。太和六年三月，明帝"东巡，所过存问高年鳏寡孤独，赐谷帛"，即赋

---

① "隆"，系据《类聚》。《初学记》此字作"湛"。
② "殊"，《初学记》作"末"，不如《类聚》作"殊"允恰。

所谓"殊惠洽乎黎民"。从这一系列举措的时间来看,《皇胤赋》当作于魏明帝太和六年(232)三月至五月,也就是说,夏侯玄作贺不足两月,曹殷便去世了。夏侯玄作此赋时仅二十四岁,不过应指出,他在二十二岁(太和四年)以前已为"四聪"之首。《皇胤赋》的撰作时间在今人所知的夏侯玄著作当中为时最早,但不能排除此赋以前夏侯玄已有重要的著述问世。另外,此赋佚文不见有崇尚玄虚的思想痕迹,可能是由于此赋两年之前(太和四年)明帝下诏压制"浮华"的缘故。但赋中声称"本人伦之大纪",又肯定"布德""崇仁",与夏侯玄固有的思想倾向亦无冲突,袁宏《三国名臣赞》云:"渊哉泰初,宇量高雅……君亲自然,匪由名教,爱敬既同,情礼兼到。"《皇胤赋》佚文所表露的主要是夏侯玄思想中的"君亲"及"礼"的一面。

《辨乐论》,载于《太平御览》卷一六。《论》中所驳"阮生"即阮籍,所驳阮生"律吕协则阴阳和,音声适则万物类"一节见于阮籍《乐论》。阮籍《乐论》作于刘劭《乐论》之后,刘劭《乐论》作于明帝去世之年,则阮籍《乐论》及夏侯玄《辨乐论》均应作于魏齐王芳正始元年之后。夏侯玄于正始五年(244)离开首都洛阳,到长安去担任征西将军,至正始十年正月返回洛阳,此后"不畜笔砚"(见《艺文类聚》卷五八),则《辨乐论》当作于正始元年至五年(240—244)。阮籍《乐论》以为音乐的和谐可使"阴阳和调,灾害不生",有天人感应思想的倾向,夏侯玄则认为气候的正常与失常"乃天然之数,非人道所招",指出"尧遭九年之水"而"汤遭七年之旱",这些难道是"律吕不和,音声不适"所引起的吗?夏侯玄《辨乐论》中的驳议,有反对天人感应学说的意味,可能是受了王充《论衡》的影响。上面第一章已就《辨乐论》与《论衡》的思想联系做了说明,在下面讨论玄学家之批判天人感应学说的部分,还要将《辨乐论》当作重要史料来引证。

《乐毅论》,有王右军书帖本,亦见于《史记·乐毅列传》裴骃《集解》及《艺文类聚》卷二二。裴氏《集解》与《类聚》所载颇有异同,书帖亦有缺憾,《广川书跋》卷六论王右军所书《乐毅论》云:"《乐毅论》世无全文,高绅所藏石至'海'字止,以《史记》校之,四才得其一尔！"不过，参合裴骃《集解》及《类聚》所载佚文，可以肯定在今人所能见到的夏侯玄著作中，《乐毅论》保存的文字较多。观其内容，主要是通过赞扬战国时期名将乐毅，来阐发作者关于军事问题的见解。文中以"远"与"近"对举，主张"宜以大者远者先之"，称赞乐毅"心无近事，不求小成"；又以"千载"与"当时"对举，主张"行千载一隆之道"，反对"局迹当时，止于兼并"；再以功利与至德相对举，主张"兵不兴于为利"而"举国不谋其功"，以使"至德全于天下"。文中还提到"知几合道，以礼始终"，主张"极道德之量，务以天下为心"，表述了作者关于名教与自然问题及政治与军事的关系问题的看法。考虑到魏晋玄学家往往即事论道，由小见大，而不常采取连篇累牍直接谈玄的办法，可知《乐毅论》在夏侯玄的现存著作里颇为重要，当仅次于《本玄论》。

《乐毅论》还影射了曹魏内部的党争。例如，文中说"我泽如春"，则"下应如草"，"迈至德"即可"率列国"，只要"收民明信，以待其弊"，便可使"邻国倾慕，四海延颈"。如果"局迹当时，止于兼并而已"，"侈杀伤之残以示四海之人"，便是"纵暴易乱，贪以成私"，这表面上是借列国兼并讽喻三国之争，实际上是在讥刺司马懿。司马懿曾征伐张鲁、孙权，袭杀孟达，攻灭公孙渊，数度伐蜀、防蜀，杀伤甚众，正是务于兼并的典型。但古代圣贤极多，夏侯玄选择的正面形象为什么偏偏是乐毅这个军事家呢？这大概是由于正始五年伐蜀的失利。乐毅伐齐而不拔即墨、莒城，正可为曹爽、夏侯玄伐蜀却未能灭蜀一事辩护。又夏侯玄在缺乏军功的条件下控制防蜀军队，夺取司马懿权柄，当时如果称赞乐毅这位"极道德之量"（《乐毅论》）、"除暴不以威力"的将领，显然有利于贬低司马氏，自高身价。这样看来，《乐毅论》应撰于正始五年至十年夏侯玄任征西将军之际。

《张良论》，内容不详，在现存古籍当中未见此论全文。由于张良其人可能传习黄老之学，《张良论》的玄学内容可能超过《乐毅论》。《史记·宋微子世家》"殷有三仁焉"句下裴骃《集解》引有一节夏侯玄的文字：

> 微子，仁之穷也；箕子、比干，智之穷也。故或尽材而止，或尽心而留，皆其极也。致极，斯君子之事矣。是以三仁不同，而其归一揆也。

"三仁"中微子是急流勇退的典型，箕子是以智术避患全身的典型，汉初张良于功成之后能明哲保身，与微子、箕子有共同点，由此可以推测上面这段文字是夏侯玄《张良论》的佚文。《张良论》可能比较张良、萧何、韩信、周勃、陈平等汉初功臣的优劣，故以"三仁"的优劣问题来作对照。佚文将"三仁"分为"仁""智"两类，认为"其归一揆"，与徐干《中论·智行》篇里"微子为上，箕子次之，比干为下"的评次相敌对，是今人研究汉魏之际思想演变过程的重要史料。

《肉刑论》和《答李胜难肉刑论》，有部分文字见于《通典》卷一六八。《通典》先引述荀子、班固、孔融等人关于肉刑的评议，然后说："至齐王芳正始中，征西将军夏侯玄、河南尹李胜又议肉刑。"其中夏侯玄的意见是：

> 夫死刑者，杀妖逆也；伤人者不改，斯亦妖逆之类也。如其可改，此则无取于肉刑也。……罪次："于古当生、今独死者，皆可募行肉刑；及伤［人］与盗①，吏受赃枉法，男女淫乱［死］者②，皆复古刑。"斯罔之于死，则陷之肉刑。舍死折骸，又何辜邪？犹称以满堂聚饮，而有一人向隅而泣者，则一堂为之不乐，此亦愿理其平，而必以肉刑施之，是仁于当杀而忍于断割，惧于易死而安于为虐，哀泣奚由而息，堂上焉得泰邪？仲尼曰："既富且教。"又曰："苟子之不欲，虽赏之不窃。"何用断截乎？下愚不移，以恶自终，所谓翦妖也。若饥寒流沟壑，虽大辟不能制也，而况肉刑哉！

---

① 此引班固语，"人"字据《汉书·刑法志》补。
② "死"字与文义不合，据《汉书·刑法志》删。

《通典》下文引李胜关于此议的反驳，又引夏侯玄的答辩；再引李胜之驳，然后又引夏侯玄之答复。关于是否应当实行肉刑的争论，自荀子提倡肉刑之日起一直延续着，在汉魏之际一波未平，一波又起，约有半数的大臣学者主张恢复"杀人者死，伤人者刑"的传统，亦有不少人反对这种传统。从现代的立场上看，反对肉刑的意见更接近于人道主义原则，当然是比较进步的。夏侯玄的《肉刑论》和《答李胜难肉刑论》无疑是这种进步的法律思想的代表作品，在曹魏刑法史上占有重要的地位。《晋书·刑法志》和《通典》都说争论肉刑问题时夏侯玄的职称为征西将军，李胜职称为河南尹，则《肉刑论》的撰作当在正始五年至十年。但是这里有一个问题，夏侯玄在正始五年至十年一直为征西将军，坐镇长安，如何能与担任河南尹的李胜往返辩论呢？这问题可由骆谷之役加以解决。据《魏志·曹爽传》，曹爽大军入骆谷后"兵不得进"，参军杨伟建议"急还"，主张进兵的邓飏"与伟争于爽前"，杨伟抨击说："［邓］扬、［李］胜将败国家事，可斩也。"由这句话可以知道当时与杨伟争辩的除邓飏外，还有李胜。也就是说，李胜在骆谷之役期间一直置身于曹爽、夏侯玄军中。《魏志·齐王芳纪》说曹爽征蜀始于正始五年二月，五月"引军还"，中间已有三个月的时间。"引军还"乃是还至长安，李胜多少应在长安停留一段时间，继续与坐镇长安的夏侯玄相处。两人关于肉刑的争论，可能就是在这时进行的。

《本玄论》在古书中或称《本无论》，或称《道德论》，本书首章已就此论作了初步的研究，下节还要作专门的论述。《致司马懿书》见于《魏志·夏侯玄传》，当作于正始元年至五年。《通典》卷十四引述夏侯玄此《书》，说在"齐王嘉平初，曹爽既诛"之后，又将当时夏侯玄的职称写为中护军，这是自相矛盾的，因为夏侯玄担任中护军是在正始元年至五年。看来《魏志》本传将夏侯玄致书司马懿一事置于正始五年骆谷之役以前是正确的，本传用"顷之"两字表示夏侯玄致书之事与出任征西将军一事的时间距离的接近，又显示出夏侯玄之出任征西将军乃是与曹爽"共兴骆谷之役"的一种准备，则夏侯玄致书司马懿的时间上下限可进一步精确化，当在正始四年至五年二月。本书第三章已将此《书》当作重要史料加以引证，以分析正始改制的内容，此处只需简单地指出，此《书》的主要内容是提出改革政治制度的建议，并提出周密的改革方案。这些方案在正始八年"屡改制度"时可能都曾付诸实施了。

夏侯玄在正始十年正月的"高平陵事变"以后，一直未从事清谈或著述活动。《艺文类聚》卷五八《杂文部四·笔》引魏末《传》云：

夏侯太初见召，还洛阳，绝人道，不畜笔砚。

《魏志·夏侯玄传注》引《魏略》也载此事：

玄自西还，不交人事，不畜华妍。

梁章钜注此句云："'华妍'恐是笔砚之误。"卢弼注云："太初方事著述，岂有无笔砚之理？当为《类聚》之误。"今按《类聚》作"笔砚"是在《笔》篇，不应有误。且《世说新语·方正注》引《魏氏春秋》云："曹爽诛，[夏侯玄]征为太常。内知不免，不交人事，不畜笔研。"可证原文应是"笔砚"。夏侯玄在曹爽被杀后回到洛阳，"内知不免"，不得不考虑避祸的办法。当时司马氏杀戮异己，气氛恐怖，祸难或由口致，或因笔致。夏侯玄"不交人事"，意在避嫌，以减少因言取祸的危险；"不畜笔砚"，以避免因文字罹罪的可能性。由这情况可知夏侯玄在魏齐王芳正始十年至嘉平六年间未事撰作，上述作品都应出于正始十年以前。

### （三）《本玄论》考辨

夏侯玄的玄学作品当以《本玄论》为首。关于这部作品，学界或名为《本无肉刑论》，或名为《本无论》，或名为《道德论》。我称其为《本玄论》，是必须加以解释的。今人所见的《本玄论》佚文仅有一节，此节又与一节何晏佚文相连，容易混淆，曾有人误以为此节《本玄论》佚文的多数文字为何晏所作，这也是必须加以澄清的。当然，关于《本玄论》的文字内容与撰作时间，在这里也应当稍加探讨。

《三国志·魏志·夏侯玄传》裴注引东晋人孙盛所作的《魏氏春秋》说：

> ［夏侯］玄尝著《乐毅》《张良》及《本无》《肉刑论》，辞旨通远，咸传于世。

其中"《本无》《肉刑论》"五字，中华书局于1959年出版的《三国志》校本点断为"《本无肉刑论》"，遂使两名合为一名。这究竟是两部著作还是一部著作呢？今按夏侯玄之论肉刑带有论辩性质，与他一同议论的还有曹羲、李胜、丁谧三人，如《晋书·刑法志》说："正始之间，天下无事，于是征西将军夏侯玄、河南尹李胜、中领军曹羲、尚书丁谧又追议肉刑"，即可为证。其中李胜是夏侯玄的论敌，两人往返辩论的文字见于《通典》；曹羲则为夏侯玄之论友，《艺文类聚》卷五四所载曹羲《肉刑论》与《通典》卷一六八所载夏侯玄文字论点完全一致。据《通典》所载，夏侯玄似最先就肉刑问题著论，并两次答复李胜的驳难，他在往返的辩论中是否曾为自己的辩辞加过标题，尚属疑问，考察古书关于夏侯玄等人这一席辩论的记录，均不见有夏侯玄论肉刑之文的标题。不过，夏侯玄这些文字的标题无论是原有的，还是为后人所加的，都应当与曹羲的标题一致，《艺文类聚》卷五四云：

> 魏曹羲《肉刑论》曰：夫言肉刑之济治者，荀卿所唱，班固所述，隆其趣，则曰像天地，为之惟明；察其用，则曰死刑重而生刑轻。其所驰骋，极于此矣。"治则刑重，乱则刑轻"①，又曰："杀人者死，伤人者刑，是百王之所同"，固未达夫用刑之本矣。夫死刑者，不唯杀人，妖逆是除，天地之道也。伤人者不改，斯亦妖逆之

---

① 《类聚》诸本误于"轻"下多空一格，显示出"又曰"为"曹羲又曰"之省。其实"又曰"乃曹羲之文，意谓荀、班诸人"又曰"，故"轻"字下，"又"字上不当空格。

类也；如其可改，此则无取于肉刑也。……舍死折骸，又何辜耶？犹称"以满堂而饮，有向隅哀泣，则一堂为之不乐"。在上者洗濯其心，静而民足，各得其性，何惧乎奸之不胜，乃欲断截防转而入死乎？

试将此文与《通典》所载夏侯玄论肉刑的文字相对照，文字略同，论点、论据全同，究竟是曹羲附和夏侯玄的意见，还是《类聚》的作者误以夏侯玄著作为曹羲著作，目前暂且不论，但至少有一点是可以肯定的，即夏侯玄论文标题当与《类聚》所载曹羲之题相同，为《肉刑论》，不是《本无肉刑论》。也就是说，《魏志》裴注所引《魏氏春秋》文字不应点断为"《本无肉刑论》"，而应断为"《本无》《肉刑论》"，其中的《本无论》是一篇独立的著作。

进一步说，《本无论》也不是原名，其原名应是《本玄论》。《文心雕龙·论说篇》云：

> 详观兰石之《才性》、仲宣之《去伐》、叔夜之辨声、太初之《本玄》、辅嗣之两例、平叔之二论，并师心独见，锋颖精密，盖人伦之英也。

文中"太初之《本玄》"显即夏侯玄（字太初）的《本无论》，《本无》《本玄》其一为原名，其一为后人所改。哪一个是原名呢？孙诒让《札迻》就此论云："無、无、玄、元，传写贸乱，遂成歧互尔。"意谓"無"与"元"形近易混，"無"又作"无"，清代避讳改"玄"为"元"，故"玄"与"无"二字容易混淆。然而考察古代改书的历史，一部书名由《本无》改为《本玄》的可能性微乎其微，而由《本玄》改为《本无》的可能性却有两种。一种是：后人抄写"本玄肉刑论"五字，误以为一书之名，遂臆改为《本无肉刑论》。另一种可能是：孙盛《魏氏春秋》原写为"《本玄》《肉刑论》"，他的次子孙放改为"本无肉刑论"。孙放历经桓温、桓玄相继专权的时代。在桓温统治的末期，孙盛任秘书监，撰《魏氏春秋》和《晋春秋》，对桓温在坊头一役的"失利"做了真实的记载，桓温见到之后恼羞成怒，对孙盛之子发出威胁："坊头诚为失利，何至乃如尊君所说！若此史遂行，自是关君门户事。"（见《晋书·孙盛传》）孙盛之子于是"遽拜谢，谓请删改之"（见《晋书·孙盛传》），并在孙盛"大怒"的情况下"遂尔改之"（见《晋书·孙盛传》）。据《建康实录》卷九，这位畏惧权势删改史书的"孙盛子"，便是孙盛次子孙放。桓温死后，其子桓玄袭爵为南郡公，在安帝元兴二年篡帝位，次年败亡。其在位时间虽短，干涉史家记事可能超过其父，如在称帝之后自作《起居注》，"自谓经略指授，算无遗策"（《晋书·桓玄传》）；在称帝以前曾"发诏为桓温讳，有姓名同者一皆改之"（见《晋书·桓玄传》）。孙盛《魏氏春秋》此时尚未流行，孙放可能为避桓玄讳，删改书中"玄"字，《本玄》遂成《本无》。桓玄败亡以后，孙放后人又将"玄"字复原，但《本无》是当时流行的名目，故未注意，以致延误至今。

综结上述两种可能，《本玄论》定是原名。不过在这里，还应考察一下《世说新语·文学篇》刘注所引《晋诸公赞》的说法：

自魏太常夏侯玄、步兵校尉阮籍等，皆著《道德论》。

文中《道德论》可能是一种泛称，而非专称。魏晋南朝老子书称《道德经》，关于《老子》的论著常泛称为《道德论》。与此相类似，关于《周易》的论著常泛称为《周易论》或《易论》，如钟会撰有《周易尽神论》及《周易无互体论》，两《唐志》统称其为《周易论》。《阮嗣宗集》有《通易论》与《通老论》，前者在《宋史·艺文志》有著录，后者见于《太平御览》，当是原名。《晋诸公赞》试图以夏侯玄《本玄论》及阮籍《通老论》为例，说明魏朝名士多论《道德经》，故仅略云："皆著《道德论》。""本玄"之"玄"出自《老子》首章，《本玄论》与《老子》的关系至为密切，称其为《道德论》是可以成立的。不过应当指出，夏侯玄《本玄论》与何晏《道德论》在体例上有所不同。何晏《道德论》是

《道论》与《德论》的组合，又名"《道》《德》二论"，与《道德经》之分《道》《德》二经正好是对应的。夏侯玄《本玄论》的内在结构可能不是如此，《文心雕龙·论说篇》标举"辅嗣之两例、平叔之二论"而附于"太初之《本玄》"的后面，显示出《本玄论》不具备"二论"的体例。再说，从何晏先注《道》《德》二经后改为《道》《德》二论（事见《世说新语·文学篇》）的特殊经历来看，"二论"的体裁在三国时期未必具有普遍性。

《列子·仲尼篇》张注引有一节夏侯玄文字，是《本玄论》仅存的佚文。不过，此节佚文与何晏佚文相连，容易混淆，今将张注所引的何晏、夏侯玄佚文抄录如下：

> 何晏《无名论》曰："为民所誉，则有名者也；无誉，无名者也。若夫圣人，名无名，誉无誉，谓无名为道，无誉为大。则夫无名者，可以言有名矣；无誉者，可以言有誉矣。……夫道者，惟无所有者也。自天地已来皆有所有矣，然犹谓之道者，以其能复用无所有也。故虽处有名之域，而没其无名之象，由以在阳之远体，而忘其自有阴之远类也。"夏侯玄曰："天地以自然运，圣人以自然用。自然者，道也，道本无名，故老氏曰强为之名。仲尼称尧荡荡无能名焉，下云巍巍成功，则强为之名，取世所知而称耳。岂有名而更当云无能名焉者邪？夫惟无名，故可得偏以天下之名名之，然岂其名也哉？惟此足喻而终莫悟，是观泰山崇崛而谓元气不浩芒者也。"

文中断句与标点均依据杨伯峻《列子集释》中华书局1979年版，如此点断，显示出文中自"夏侯玄曰"四字以下，均为夏侯玄佚文，并无何晏佚文混杂其间。在杨先生作《集释》以前，清人孙诒让已征引过《列子注》所引夏侯玄此节文字，其中包括"自然者道也"以下数句（见《札迻》卷一二），杨氏《集释》之点断此节，与孙氏可谓一脉相承。然自五十年代以来，学界注重研究玄学，以何晏为玄学代表人物，对夏侯玄不甚重视，一些权威的学术著作遂将"夏侯玄曰"四字视为何晏之文，以为何晏于此处仅引夏侯玄"天地以自然运，圣人以自然用"两句，两句之下均为何晏所说①。1987年，我曾在《正始玄学》一书中力辨此节自"夏侯玄曰"以下均为《本玄论》佚文，今再补充证据，从四个方面进行论证。

第一，古书不用引号，若引文内又有引文，易生混乱之感，故常在行文中加以区分，或用"云"及"曰"分别标识不同层次的引文，或在长篇引文的末尾作一些说明，如两《汉书》引述长篇奏疏之后，常指出"天子纳善其忠""天子报曰""天子下其议"等，以显示引文之终。古书注释务求简洁，多避免出现引文内又出引文的情况，《列子》张湛注即如此，例如《仲尼篇注》引述夏侯玄与荀粲的对话，又引王衍与他人的对话，均未指明出处。张湛与夏侯玄、荀粲的时代相隔已远，他记述后两人的对话不大可能是出于口耳相传，当有文献资料为凭，注文未就此加以说明，可能是为避免引文中又有引文的情况出现。假若张注中"夏侯玄曰"为何晏所引，便在《列子注》书中极显特殊，几可说是有违张注体例。再说，张湛多有在一节注文里连续称引两人文字的做法，如《黄帝篇注》先引"向秀曰"，后引"郭象曰"，即为一例。参照此例，人们恐怕难以证明《仲尼篇注》不是先引"何晏《无名论》曰"，后引"夏侯玄曰"。

第二，据现存史料，曹魏与西晋时期的玄学家一般不引同时代人的言论。王弼是夏侯玄与何晏的晚辈，地位远在后两者之下，而查阅王弼《易》《老》两注及《指略例》《略例》等书，均未引述夏侯玄、何晏及其他魏人的文字。在这方面，嵇康、阮籍、向秀、郭象等人的做法与王弼相同。当然，这些人有时引述同时代人的文字，但那是为了加以反驳，与张湛引述何晏、夏侯玄之例有别。李胜与何晏同时，曾尊奉夏侯玄为"四聪"之首，而在肉刑问题上却极力驳斥夏侯玄的意见。何晏的

---

① 参见侯外庐等《中国思想通史》第3卷，人民出版社1957年版；冯友兰《中国哲学史新编》，人民出版社1986年版，第52页第4册；钱锺书《管锥编》，中华书局1979年版，第42页第1册；余敦康《何晏王弼新探》，齐鲁书社1991年版。

学术地位高于李胜，他为什么要以夏侯玄的两句话为立论依据呢？

第三，假若夏侯玄"天地以自然运，圣人以自然用"两句当真为何晏所引用，这两句应当有特殊的意义和价值。然而考察古代思想的历史，"天地以自然运，圣人以自然用"不过是道家的老生常谈，在《老子》《文子》《淮南子》《道德指归》等书中均可找到类似的命题。何晏若想引出"自然者道也，道本无名"的结论，完全可以将夏侯玄的上述两句话弃置不顾，直接引述《老子》所说的"道法自然"。另外，《文子·道原篇》与《淮南子·原道训》都说："天下之事不可为也，因其自然而推之；万物之变不可究也，秉其要趣而归之。"即"圣人以自然为用"之义；《原道训》又说："修道理之数，因天地之自然，则六合不足均也"，亦暗含"天地以自然运，圣人以自然用"之义。何晏均未引用，为何仅引夏侯玄的两句话呢？

第四，"圣人以自然用"句下的文字内容，与"夏侯玄曰"四字之上的文字内容虽接近，但亦稍有歧异。上文说："谓无名为道，无誉为大。"此与何晏"贵无"之旨相吻合，无疑是出自何晏之手。下文说："夫唯无名，故可得遍以天下之名名之。然岂其名也哉？"此语实与严遵《道德指归》的下述命题相投合：

> 有名，非道也；无名，非道也。有为，非道也；无为，非道也。无名而无所不名，无为而无所不为。（见刘惟永《道德真经集义》）

张湛引文所谓"夫唯无名故可得遍以天下之名名之"，即"无名而无所不名"之意。此节下文所谓"道本无名，故老氏曰强为之名"，与上文所谓"无名为道"在表面上一致，其实不可互换，因为"无名，非道也"，"无名而无所不名"才是"道"。此节上下文之间的微妙分歧，在今人眼里可能无足轻重，在正始时期可能关系极大，则此节上下文不应出自一人之手，上文既为何晏所作，下文的作者便不应当是何晏。

综结这四点理由，可以肯定张注中"夏侯玄曰"以下的文字均为夏侯玄所作，与何晏无关。此节引文"道本无名，故老氏曰强为之名"的说法，系以《老子》"字之曰道，强为之名曰大"为依据。但《老子》书中"字之""谓之""强为之名"三者有别，夏侯玄却将"字之"与"强为之名"混淆，可见在夏侯玄眼里，"字之""谓之"与"强为之名"是同一件事，既可"字之曰道"，亦可"谓之曰玄"，即如王弼《老子指略例》所云："篇云'字之曰道'，'谓之曰玄'，而不名也。"按这思路，此节佚文出自一部题为《本玄论》的著作，可谓理所当然。

从这一节佚文的内容来看，《本玄论》应是魏齐王芳正始时期的作品。而从夏侯玄担任征西将军的经历来看，《本玄论》应是正始前期的作品。我们知道，曹魏战事主要针对蜀汉，曹魏最负重任的军职便是"假节都督雍凉州诸军事"的征西将军。而在夏侯玄担任此职期间，魏蜀战事颇多。据《魏志·郭淮传》及《夏侯渊传注》所引《魏略》，正始五年夏侯玄等人伐蜀，无功而返。正始八年，蜀将姜维伐魏，与魏境西部羌人的叛乱相呼应，魏将郭淮与夏侯霸配合作战，迫使姜维"遁退"。正始九年，郭淮大破羌人，又与夏侯霸进击姜维、廖化。当时郭淮为雍州刺史，夏侯霸为征蜀护军，均属征西将军夏侯玄统率。再说淮、霸两将不和，没有夏侯玄居中号令，两将的协同作战亦难有默契。《肉刑》《乐毅》诸论不甚抽象，不过以军事、刑法等问题为讨论对象，与夏侯玄的军政事务颇有关联，写于正始五年至十年是有可能的。《本玄论》的思想内容具有高度的抽象性，与军事及权势倾轧的现实利害无直接联系，不大可能撰于正始五年至十年夏侯玄为征西将军的任期之内。《文心雕龙·论说篇》例举"太初之《本玄》"，指明是在"迄至正始，务欲守文"之后，是"何晏之徒，始盛玄论"中的一项，由此可断定《本玄论》作于正始元年至五年（240—244）。

## 二 何晏生平事迹与著作

### （一）生卒年

何晏生平见于《魏志·曹爽传》附《何晏传》及裴注引《魏略》等书，亦见于《世说新语·文学篇注》与《论语集解序》邢疏及唐宋类书等。晏字平叔，祖父为东汉大将军何进，父为何咸，母为尹氏，妻为魏金乡公主，岳母为魏沛王太妃，即魏武帝夫人，岳父就是曹操。原籍为南阳宛城。《魏志·少帝齐王芳纪》和《曹爽传》都提到他在齐王芳正始十年（249）[①]正月被杀的事，却未提到他的寿数，这使他的生平的确定成为一件难事。有些学者只满足于确定其生年的下限，其根据是《魏志·何晏传注》引《魏略》的一条记载："太祖（曹操）为司空时，纳晏母，并收养晏。"曹操为司空是自汉献帝建安元年始，至建安十三年止，因而何晏生年不得迟于建安十三年（208）。

然而有一件事可使这方面的研究有所进展，那就是《世说新语·夙惠》篇所记载的：

> 何晏七岁，明惠若神，魏武奇爱之，因晏在宫内，欲以为子。

《太平御览》卷三八五引《何晏别传》也有类似的记载：

> 晏少时养魏宫，七八岁便慧心大悟。

两文中曹操居处都称为"宫"，当时何晏七岁，这是值得注意的。其称为"宫"是否因为曹操被尊为魏武帝呢？并不是。《艺文类聚》卷六四引《汉旧仪》云："高皇帝……及为天子，立沛庙，祠丰故宅。"《初学

---

[①] 正始十年四月改嘉平，故史书多称嘉平元年。

记》卷二四引《东观汉记》云:"建武十七年,[光武帝]幸章陵,修园庙旧宅田里舍。"刘邦、刘秀被称为帝,他们称帝以前的住所却都称"宅"而不称"宫"。又《晋书》中司马懿被称为宣帝,而他的住所却称为"第"(《宣帝纪》嘉平二年);司马昭被称为文帝,而他的住所三次被称为"大将军府"(《文帝纪》景元三年、四年)。其称"府""第"而未称"宫",自然由于当时司马氏尚处于臣子的位置。这样看来,曹操住所称"宫",绝非由于"武帝"的名号,而与他当时的地位有关。《初学记》卷二四云:"自古宫、室一也,汉来尊者以为帝号,下乃避之也。"所谓"汉来"指东汉以后,"汉来尊者以为帝号"是说东汉以后,"宫"字成为皇帝居处的专称。而在两汉,皇帝居处称为"宫",诸侯住所也称为"宫",如《汉书》卷四七说梁孝王"大治宫室",卷三六引刘歆《移书让太常博士》说"鲁恭王坏孔子宅,欲以为宫",《后汉书》卷四二说"鲁恭王好宫室",称楚王英住所为"楚宫",说济南安王康"大修宫室"。至于诸王以下的公卿贵族,住所称"宫"之例罕见,一般称为"宅""第"等。曹操处于东汉末期,不应违背当时的惯例,他的住所在何晏七岁时为"宫",意味着当时他据有与诸王相当的地位。

据《魏志·武帝纪注》引《汉献帝起居注》,建安十九年二月献帝使若干大臣"诣魏公宫延秋门"。按照惯例,公爵住所称"宫"似稍勉强,然而曹操除魏公身份外还有"九锡"的名分。《魏志·武帝纪》记载,汉献帝建安十八年策命曹操为魏公,同时还加九锡,规定"魏国置丞相已下群卿百僚,皆如汉初诸侯王之制"。注引《魏书》提到曹操受命的经过,说他受命前曾辞让云:"汉之异姓八王者,与高祖俱起布衣,创定王业,其功至大,吾何可比之?"这些记载表明,曹操不但封为魏公,还在封魏公的同时得到特殊的待遇,有了与汉初异姓八王同等的地位。实际上,"九锡"的地位还应该高些,《汉书·王莽传》载平帝元始四年群臣奏言:"宰衡(王莽)位宜在诸侯王上",于是太后诏曰:"可!其议九锡之法。"就证明加九锡者的地位高过诸王。本于这样的道理,汉献帝遂在曹操加九锡的第二年,亦即建安十九年三月,明确规定"魏公位在诸侯王上"(《魏志·武帝纪》)。曹操在建安十八年位同王爵,在建安十九年超过王爵，那么他的住所在建安十九年二月称为"魏公宫"，便是名正言顺了。又察《晋书》诸纪，司马氏在魏元帝景元四年十月始受封晋公并加九锡，在这之前司马懿、司马师、司马昭对晋公之封、九锡之礼都辞让不受，其住所均称"府""第"而未称为"宫"，这与曹操住所于建安十九年称"宫"的情况可以互证。

"魏公宫"的称号见于建安十九年，应始于建安十八年曹操加九锡之时。何晏在"魏宫"时已七岁，生年不得早于建安十二年。这与上述他的生年下限（建安十三年）仅有一年之差，不能不说是个令人鼓舞的巧合。考虑建安十三年曹操纳尹氏时何晏已出生，可确定建安十二年（207）是他出生的时间。由他的生年和卒年推算，他死时应是四十三岁。

**（二）生平事迹**

何晏一生的经历可分为四个时期，即少年时期，在魏宫生活；青年时期和成年早期，脱离魏宫而好"浮华交会"[①]；在正始前期，谈论《老》《庄》而涉及《周易》，为吏部尚书而主持选举，鼓吹"改制"；在正始后期，参与主持"改制"并对改制后的时弊有所认识，在学术上做到了"三玄"兼顾。

现存史料只提到何晏七八岁时身处魏宫，未提到他何时离开。《魏志·曹爽传》附《何晏传》说："晏长于宫省"，注引《魏略》云："其时秦宜禄儿阿苏亦随母在公家，并见宠如公子。苏即朗也。苏性谨慎，而晏无所顾惮，服饰拟于太子，故文帝特憎之，每不呼其姓字，尝谓之为假子。"可见何晏在魏宫时，魏太子已经产生。《魏志·文帝纪》云："〔建安〕二十二年，〔曹丕〕立为魏太子"，就是说，何晏自建安十三年两岁时起，直到建安二十二年十一岁时，一直处于魏宫，在曹操身边至少生活了九年。据《世说新语·夙惠注》引《魏略》，曹操"纳晏母"是在"晏父早亡"的情况下进行的，这一举动不但没有损害何晏家族的

---

① 语出《后汉书·孔融传》引《曹操与孔融书》。

利益，反而使何晏的生活和前途有了依靠，因而有利于曹操与何晏建立亲密关系。《太平御览》三八五引《何晏别传》说，何晏"七八岁便慧心大悟"，"魏武帝读兵书，有所未解，试以问晏。晏分散所疑，无不冰释"。这事表明曹操注释《孙子兵法》得到过何晏的帮助，亦暗示何晏善解兵法是受曹操的影响。曹操在研究兵书的同时还喜好刑名法术，那么何晏在魏宫时也可能受到刑名家和法术家的熏陶。《魏志·管辂传注》引《辂别传》载裴徽语，"何①[晏]、邓[飏]二尚书有经国才略，于物理无不精也。何尚书神明精微，言皆巧妙，巧妙之志，殆破秋毫"，何晏晚年的"经国才略"，精于"物理"，"殆破秋毫"显然不会全得自老庄及《易》学，而与早年受刑名法术的熏陶有密切关系。

《世说新语·夙惠篇》提到何晏被"遣还"的事："[曹操]因晏在宫内，欲以为子。晏乃画地令方，自处其中。人问其故，答曰：'何氏之庐也。'魏武知之，即遣还。"遣还的时间，应在建安二十二年曹丕立为太子之后，建安二十五年曹操去世之前。曹操去世、曹丕即位时，何晏十四岁，已离魏宫，还归何氏了。曹丕当政时宣布要仿效汉初的黄老之治，使中原士人轻忽五经而学习《老子》，行为通达而不遵礼法。何晏身为驸马都尉，显然不能不顺应潮流。而他由刑名法术转向《老子》，也是极其容易、自然的事。然而魏文帝提倡的是黄老，何晏喜好的是"老庄"（见《魏志》本传），其所以有此不同，可能是出于某种反抗心理。我们知道，魏文帝曹丕是连亲弟都不容的善嫉之辈，何晏在魏宫才智超群，得到曹操的宠爱，行为又不够谨慎，"文帝特憎之"简直是势不可免的。何晏在魏文帝黄初年间"无所事任"（《魏志·何晏传注》），便是"文帝特憎之"的自然结果。魏明帝是个"任心而行"的严酷君主，对何晏这类人也有嫉恨，何晏"面至白"，他却"疑其傅粉"（见《世说新语·容止》）。何晏在魏明帝时"颇为冗官"（《魏志·何晏传注》引《魏略》），也是因为受到猜忌的缘故。他在这种嫉恨、猜疑、不信任的气氛中，遂由刑名法术、黄老之术转向带有反抗性的老庄之学，并与

---

① "何"原作"丁"，依卢弼《集解》说，据《世说新语·规箴注》引《何晏别传》改。

夏侯玄、邓飏等人交游，有了"浮华"的名声。《魏志·傅嘏传注》引《傅子》提到他与邓飏以夏侯玄为"宗主"，《世说新语·识鉴篇》提到他与夏侯玄等"因荀粲说合"而求交傅嘏，事当在魏明帝太和初年。太和四年"浮华"案发，夏侯玄、邓飏、诸葛诞等人在不同程度上受到打击，何晏多少会受到牵连。可以肯定，何晏在魏文、明两朝已有政治反对派的身份，并且是当时老庄之学的代表人物之一。

在魏废帝齐王芳正始元年至八年，何晏成为清谈界的核心人物，曾在曹爽"大集名德"的情况下驰骋辩才，得到广泛的赞赏。这时的清谈主要是与改制相结合、呼应，何晏《景福殿赋》主张"除无用之官，省生事之故"，已有"改制"的思想。该赋作于明帝年间，其"改制"思想到正始年间肯定会有所发展。正始初年他被委以吏部尚书的重任，负责组织选举，就是因为他的思想与当时普遍要求改制的潮流相适应。

正始八年，改制事毕，何晏是改制的策划者与组织者之一，能对自己过去的思想和改制后的时弊有所反省。上文讲过他对应璩作诗讽喻时政一事不以为怪，是对改制等事作出反省的表现；他在学术上由偏好老庄转而"三玄"兼顾，数与裴徽"共说《老》《庄》及《易》"(《魏志·管辂传注》引《辂别传》载裴徽语)，是在学术上反省的表现。正始十年正月，何晏在政变时被处死，他兼综"三玄"的著作未及问世，唯有《老子道德论》等作品得以流传，因而常被后人误认为是一个纯粹的老庄之徒。

### （三）关于《私记》与《讲疏》的讹传

《旧唐书·经籍志》及《册府元龟》著录何晏《周易讲疏》十三卷，《册府元龟》说何晏撰有《周易私记》二十卷，《新唐书·艺文志》及《子略》著录何晏《老子道德经讲疏》四卷。这些书名和卷数在历代史志著录的何晏著作当中，是分量最重的。然而《隋书·经籍志》著录《周易私记》二十卷、《讲疏》十三卷，说为国子祭酒何妥撰，《新唐志》著录《讲疏》亦同，均无何晏《私记》与《讲疏》之名。可见《旧唐志》《册府元龟》著录何晏乃是何妥之讹。清代姚振宗等人已就此辨明，不赘述。《老子道德经讲疏》也是如此。两《唐志》并著录《老子道德经讲疏》四卷本及六卷本，均为梁武帝撰。其所以名疏不名注，且分作两种，大约是为何晏《道德论》和王弼《老子注》进行疏解，如《颜氏家训·勉学》云："《庄》《老》《周易》，总谓三玄，武皇、简文，躬自讲论。"又说何晏、王弼等为"玄宗所归"，则梁武帝讲疏的对象不仅有《易》《老》经文，也应有王弼之注及何晏之论。后人有鉴于此，遂将《讲疏》作者误当作何晏。又，"疏""记"的体裁后起，不应见于西晋以前。王弼是何晏的晚辈，尚有《易》《老》两注，何晏为《易》《老》作疏绝无可能。这样看来，史家著录何晏《疏》与《记》都不可信。

**（四）《老子道德论》**

何晏作《道德论》一事，见于《魏志·曹爽传》附《何晏传》及《世说新语·文学篇》等书，《隋志》与《旧唐志》均有著录，说为两卷。唯《新唐志》作"何晏……《道德问》二卷"，不见《道德论》之名，其"问"字显系"论"字之讹。现在辨明何晏无《易》《老》疏、记之作，则《道德论》便应是他最重要的哲学作品。然此论久佚，只能就其成文时间、体例和佚文稍加探讨。

《世说新语·文学篇》有两条介绍此论的撰作经过。一说何晏"注《老子》始成"，见到王弼《老子注》，不禁"神伏"："若斯人，可与论天人之际矣！"遂将自己的注释改为"《道》《德》二论"。一说何晏"注《老子》未毕，见王弼自说注《老子》旨"，"遂不复注，因作《道德论》"。两说基本上一致，证明何晏作《道德论》时有"可与论天人之际"的叹语，而这叹语又见于《魏志·钟会传注》所引何劭《王弼传》：

　　于时何晏为吏部尚书，甚奇弼，叹之曰："仲尼称后生可畏，若斯人者，可与言天人之际乎！"正始中，黄门侍郎累缺。晏既用贾充、裴秀、朱整，又议用弼。

根据这话，何晏赞叹王弼并改撰《道德论》在先，裴秀任黄门侍郎在后。裴秀卒于晋武帝泰始七年三月（见《晋书·武帝纪》），时年四十八岁（见《晋书·裴秀传》），始迁黄门侍郎时二十五岁（见《魏志·裴潜传注》引《文章叙录》），应在正始九年三月。而何晏"议用"裴秀又应提前[1]，《道德论》的成书自然更早，应以正始八年为下限。

汉代《老子》书原分《道经》《德经》两部分，何晏书名"《道》《德》二论"是沿袭旧例，《列子·天瑞篇注》引何晏《道论》，即何晏二论中《道论》的佚文。又《晋书·王衍传》说何晏、王弼"立论以为"：

> 天地万物皆以无为本。无也者，开物成务，无往不存者也。阴阳恃以化生，万物恃以成形，贤者恃以成德，不肖恃以免身。故无之为用，无爵而贵矣。

这话得到西晋王衍的引述。据《王衍传》，王衍曾因丧子悲痛，声称"圣人忘情，最下不及于情，然则情之所钟，正在我辈"，异于王弼"圣人有情"及"应物"等说[2]，是沿袭何晏"圣人无喜怒哀乐"说[3]，则王衍所述何晏、王弼学说应出于何晏著作。其说"阴阳恃以化生，万物恃以成形"，与《道论》"出气物"等说同义，当是何晏二论中《道论》的另一部分佚文。

《列子·仲尼篇》："西方之人有圣者焉……荡荡乎民无能名焉"，注引何晏《无名论》云：

> 为民所誉，则有名者也；无誉，无名者也。若夫圣人，名无名，誉无誉，谓无名为道，无誉为大。……夫道者，惟无所有者也。自天地已来皆有所有矣，然犹谓之道者，以其能复用无所

---

[1] 何晏作为尚书并无用人的决定权力，他用人都是"议用"。
[2] 《魏志·钟会传注》引何劭《王弼传》。
[3] 《魏志·钟会传注》引何劭《王弼传》。

有也。……

从表面看来，文中论及"道"与"无名"等，无"德"字，似与《道经》有关。然而《德经》亦论"道"与"无名"，甚至《论语·泰伯》也提到圣人的"无能名焉"，故难据《无名论》的概念术语推测它是否另有出处。试将此《论》与其他何晏论文比较，可看出一种很大的区别：《列子注》引何晏《道论》和《晋书》所引何晏议论都以"道"或"无"本身为主题，而《无名论》却以圣人行道为主题。而这恰恰分别是《道经》《德经》的主题。汉晋有一种流行的说法，认为《道经》主旨是说明"道"本身，《德经》主旨是说明对"道"如何遵循。这情况表明《列子注》及《晋书》所引何晏论道论无的文字肯定原出《道论》，而《列子注》所引《无名论》则应出于何晏《德论》。

何晏是正始时期玄学的代表人物之一，《道》《德》二论又是他的代表作，故对后代有很大的影响。如《文心雕龙·论说篇》曾以何晏"二论"与王弼"两例"对举，评为"玄论"的精英，即显示出"二论"的价值。

### （五）《老子杂论》

《隋书·经籍志》云："梁有……《老子杂论》一卷，何、王等注"，位次在何晏《道德论》、葛仙公《老子序决》之后，称其已亡。其中"注"字当为"著"字之误，"何王等"当为何晏、王弼等人。其与《道德论》分别著录，应是两部书。为什么何晏一人著论有两卷，何、王等人合著却仅一卷呢？答案只有一个：《杂论》不是成书于何、王的时代，而是后人根据何、王等人辩难往返的书信及清谈的记录编辑而成的。

### （六）《韩白论》

《艺文类聚》卷五九引何晏《韩白论》一百余字，《史记·白起列传集解》引何晏《白起论》近四百字，内容交叉。《韩白论》主题是评论韩信、白起"何者为胜",认为韩信优于白起;《白起论》的主题是贬责白起,认为他"破赵之功小,伤秦之败大",从主题上看前者包含了后者。两论的观点、措辞都相同,原为一篇是可以肯定的。这就是说,《白起论》的文字原是《韩白论》的一部分,《史记集解》的作者为论说白起而引述《韩白论》,且引用文字仅与白起有关,遂称"白起论",非指篇名。汉晋时代,人们常由评论当代人物进而评论古人,如《艺文类聚》卷二二引晋人张辅的《名士优劣论》,说刘备优于曹操,诸葛亮优于乐毅,就是一例。何晏为吏部尚书,自然要从事人物批评,进而判别古人的优劣。但他负责的是文官选举,为何要评论韩、白等武将呢?这只能从当时曹氏与司马氏的冲突来解释。司马懿在景初年间破公孙渊,斩请降使者,入襄平城后"男子年十五已上七千余人皆杀之"(《晋书·宣帝纪》),"伪公卿已下皆伏诛,戮其将军毕盛等二千余人"(《晋书·宣帝纪》),正如何晏《韩白论》(原题《白起论》)所说,是"酷暴","头颅似山","骸积成丘"。其撰作时间应与夏侯玄《乐毅论》接近,在曹氏与司马氏的冲突渐趋尖锐之际,正始五年至八年。

### (七)《论语集解》

隋唐史志均有著录,今有梁皇侃疏本,题《论语义疏》或《论语集解义疏》;宋邢昺疏本,题《论语正义》。书前有孙邕、郑冲、曹羲、荀顗、何晏五人所作的序,《晋书·郑冲传》亦载郑冲与孙、曹、荀、何共撰《论语集解》的事。而《经典释文序录》与《隋书·经籍志》都说《集解》为何晏所作,皇、邢两本亦仅题何晏集解。《隋书·经籍志》云:"吏部尚书何晏又为集解。是后诸儒多为之注,齐《论》遂亡。古《论》先无师说,梁陈之时唯郑玄、何晏立于国学,而郑氏甚微。"可见《集解》原为五人共撰,有玄学特色,南朝学者为与郑玄一派争夺《论语》学的统治地位,遂投合当时讲论玄学、尊崇何晏的潮流,为五人《集解》作疏,仅题何晏姓名。"何晏集解"的说法就是这样出现的。《集解》引包咸语一律省为"包氏",是避何晏父讳,书中未标作者姓名的注文至少应代表何晏等五人的共同见解,堪为研究何晏思想的材料。

### （八）《魏晋谥议》的问题

《隋书·经籍志》著录何晏的《魏晋谥议》十三卷，两《唐志》各著录何晏《魏明帝谥议》两卷，均佚。前者非何晏一人所作，只是因为包括了何晏的《魏明帝谥议》，才题何晏撰。这一点，早已得学界公认。然而这里有一个问题：《隋志》作者何以荒谬到这种地步，竟将魏人何晏当成晋人谥议的作者？这恐怕不是讹误，而是出于某种惯例。凡多人合撰的书，《隋志》或题某某等撰，如著录《周易系辞》二卷题"谢万等注"，著录《三礼图》题"郑玄及后汉侍中阮谌等撰"，或省题某某撰，如著录《集解论语》十卷，明知为五人共集，仅题《何晏集》。这样看来，《魏晋谥议》应题为"何晏等撰"，题"何晏撰"或是脱字，或是有意省略。

### （九）《魏明帝谥议》

两《唐志》著录，均为两卷，何晏撰。其卷数与《道德论》相同，论题却仅仅是谥议，事有可疑。察《魏志》及《晋书》载名臣奏疏，有争论性质者多称"议"。《北堂书钞》卷九四引何晏《谥议》云："案外内群僚，议宜曰明，余所执难各不同。"即可证当时群臣在明帝谥称问题上发生争论，意见颇多。《谥议》二卷应收录各派意见，何晏之"议"仅是其一。《唐志》题"何晏撰"，仍是"何晏等撰"的讹误或省称。

### （十）《官族传》

《随书·经籍志》著录《官族传》十四卷，何晏撰。这在何晏著作中，堪称巨帙，然而何晏是"好《老》《庄》言"的人，论《老子》仅二卷，与他人合解《论语》亦不过十卷，记叙"官族"却有十四卷之多，是难以令人相信的。"官族"与选举有关，何晏编纂这部书应在吏部尚书的任期之内，当时他忙于政务、党争，恐难独立编写，定有僚属参与。这书有官方档案资料的性质，在何晏死后仍会得到增补，多达十四卷应是后人增补的结果。这样看来，何晏只是众多的编写者之一。所题"何晏撰"应是"何晏等撰"的讹误或省称，与著录《魏晋谥议》题"何晏撰"同例，并可引《隋志》著录《周易系辞》二卷题"谢万等注"为证。

姚振宗《三国艺文志》说，《官族传》是南朝宋代刘湛《百家谱》的"先声"，这说法得到后来很多学者的支持。然而《隋志》著录《百家谱》《族谱》《宗族谱》之类都在《谱系篇》，何晏《官族传》却著录于《职官》篇，不应混淆。《职官篇》著录有《汉官解诂》《汉官仪》《吏部用人格》《魏晋百官名》等，都是"列众职之事，记在位之次"（《职官篇》后序）。东汉至魏，累世仕宦的高门名族日益增多，"官曹名品"（《职官篇》后序）遂染上宗族的色彩，至有《官族传》书名的出现。鉴于何晏不是该《传》的唯一作者，可以考虑一种可能，即该名不是何晏所题，而是在东晋士族形成以后加上的。

这书兼有官志、史传、族谱三种性质，可有论、序。其论、序的内容应是人物评论，论、序的分类标志可以是政区或地域，如《太平御览》卷四四七引有何晏《冀州论》，《初学记》卷八引有何晏《九州论》，核心内容都是人物批评，有可能是《官族传》的组成部分。

上述《冀州论》的主旨，据卢毓《冀州论》所说，是论证冀州"土产无珍，人生质朴，上古以来，无应仁贤之例"（见《初学记》卷八）。为何轻贬冀州呢？这是因为司马懿是河内温县人，河内即属冀州。《尚书·禹贡》都说冀州为河内之地，汉武帝以冀州为十三州之一。建安十八年，并十四州，复为九州，同年汉献帝策命曹操为魏公，以冀州十郡为魏公封地，其一就是河内。司马懿与曹爽、何晏等人的冲突在正始后期开始激化，而何晏任吏部尚书时始撰的《官族传》也应在正始后期成书，那么，贬抑司马氏的《冀州论》等都应成于正始后期。

### （十一）其他

《隋书·经籍志》著录《乐悬》一卷，何晏等撰议；说梁有苏林、何晏、刘劭、孙氏等"注《孝经》各一卷"；还有《何晏集》十卷（两《唐志》亦著录）。《文选》收有何晏《景福殿赋》一篇，《魏志·少帝齐王芳纪》节引何晏奏议二百余字,《通典》卷五五、卷九二分别引何晏《议》《论》各一节,《艺文类聚》卷九八节引何晏《瑞颂》百余字,卷六〇引何晏铭文数语。

### (十二) 引《易》文字

据《魏志·管辂传注》所引《辂别传》,正始九年十月裴徽说,何晏"常自言不解《易》九事"。同年十二月管辂见到何晏,"果共论《易》九事"。这次谈论后十余日,司马懿即发动政变杀何晏等人,可见何晏临死才得"九事皆明"(《魏志·管辂传注》引《辂别传》)。公开声称对《周易》有所"不解",等于自认缺乏注《易》的能力,而历代史志书目除《册府元龟》等外,确实都未著录何晏《易》学书名,《册府元龟》的著录又已证实为误,因而可以肯定,何晏无著《易》或论《易》的作品,他"说《老》《庄》及《易》"只是口谈,未曾见诸文字。

李鼎祚《周易集解》引何晏论《易》文字三条,常被当作何晏曾注《周易》的证据。其实,何晏在非《易》学作品中常引《周易》经传,字数和哲学意义往往超过李氏所引。如《论语·公冶长》集解:"天道者元亨日新之道",是由《周易·乾卦》发挥;《里仁》解:"方以类聚,同志相求",分别引自《系辞上传》和《乾卦·文言传》;《述而》解:"《易》穷理尽性以至于命",是引述《说卦传》;《雍也》解:"有不善未尝复行",是引《系辞下传》;《魏志·曹爽传注》附《何晏传注》引《魏氏春秋》载何晏语:"唯深也,故能通天下之志","唯几也,故能成天下之务","唯神也,不疾而速,不行而至",是引自《系辞上传》;《魏志·管辂传注》引《辂别传》载何晏语:"知几其神乎",是引自《系辞下传》。因此可推知李鼎祚所引三条《易》说不是出于《易》学著作,而是出于何晏自撰的《道德论》及参与编撰的《论语集解》等书。①

在何晏所关心的"九事"当中,"诸卦中所有时义,是其一也"

---

① 《集解》虽存,不无佚失文字的可能。

(《南齐书·张绪传》引绪语）。"时义"即"卦义"，亦即"卦德"。按《周易》义理学派的说法，六十四卦当中一卦为一时或一世，各有时势、时义。形势随卦而变，义理由时而定。正始九年前后，改制未能得到时人理解，"事不下接"（《魏志·王凌传注》载《汉晋春秋》引王广语），"众莫之从"（《魏志·王凌传注》载《汉晋春秋》引王广语），再加曹爽由"谨重"转而为"骄奢"（《魏志·王凌传注》载《汉晋春秋》引王广语），以至于"失民"（《魏志·王凌传注》载《汉晋春秋》引王广语），政敌潜伏，有智之士莫不引以为虑。据《魏志·管辂传》及注引《管辂别传》，何晏曾虚心采纳管辂的规谏；又据《文选》卷二一《百一诗注》所引《楚国先贤传》，应璩曾作诗"讥切时事"，显贵"咸皆怪愕，以为应焚弃之"，何晏"独无怪"。可见他在当时认识到政治时势的变化，对《易》中时义的问题极表关心，有注《易》的愿望，并刺激了玄学中《易》学的发展，然而当时政变在即，他注《易》已不可能成为现实了。

何晏在正始八年以前撰《老子道德论》，无《易》学著作；在正始九年前后谈论《老》《庄》《易》，尚"不解"《易》九事，其思想发展可分为两期；在正始八年以前主要采用《老》学的形式，正始八年至十年有向《易》学著述形式过渡的愿望，但未实现。

## 三　管辂《易》学的玄学内容

管辂，字公明，生平事迹均见于《魏志·管辂传》及其注引《管辂别传》。《隋志》、两《唐志》均著录《管辂传》，管辰著，辰即辂弟。裴注所引《辂别传》甚详，即辰所作，今为简便，仍称《别传》。《管辂传》与《别传》都说管辂死时四十八岁，为魏废帝高贵乡公正元三年（256）；《别传》又引管辂自言："本命在寅"，应生于汉献帝建安十五年（210）。裴注云，管辂自建安十五年至正元三年死时，"应四十七，《传》云四十八，皆为不相应也"。察管辂卒于二月，如果出生时间是建安十五年一月，至正元三年一月已满四十七岁，在二月死时超出四十七，被说成四十八岁是有可能的。由此推算，管辂于正始元年（240）三十一岁，三十六岁时得赵孔曜推荐，被冀州刺史裴徽辟为文学从事，经过与裴徽的数次相见，在正始九年举为秀才，时应三十九岁。裴注以为管辂辟文学从事和举秀才一定是在一年之内，明显不合情理。

由于管辂毕生从事卜筮活动，谈论多限于《周易》占筮学内容，学界普遍认为他是卜者，属阴阳术数一类，从未注意他与玄学的关系。今据《魏志·管辂传》引《别传》，他的言论多有玄远色调，如说"乐与季主论道，不欲与渔父同舟"，有似于王弼与曹爽的"论道"；主张"背爻象而任胸心"，有似王弼的"忘象"；称"善《易》者不论《易》也"，有似王弼的"忘言"；断定"物不精不为神"，"可以性通，难以言论"，"言不尽意，意之微也"，乃玄远之论，属形上学范围。又抨击《说卦传》的"乾位西北，坤为西南"说，声称："夫乾坤者天地之象，然天地至大，为神明君父，覆载万物，生长无首，何以安处二位与六卦同列？乾之《象》曰：'大哉乾元，万物资始，乃统天。'夫统者，属也，尊莫大焉，何由有别位也？"这议论与数百年之后的先天象数学暗合，其抽象性、逻辑性甚至胜过邵雍、朱熹的卦位说。如果说魏晋玄学为宋明理学的先导，那么管辂在这当中应占有重要的地位。在《辂别传》中，管辂的议论称为"清论"，显然是很恰当的。《传》中说著名玄学家何晏、裴徽都是管辂的论友，对他表示钦佩，这是既合史实，又合情理的。

值得注意的是，管辂前期的谈论多与卜筮结合，至正始九年前后始有例外。据《别传》，赵孔曜对管辂说："冀州裴使君才理清明，能释玄虚，每论《易》及《老》《庄》之道，未尝不注精于严、瞿之徒也。"引起管辂兴趣，遂荐之裴徽。管、裴"一相见，清论终日"，又"再见"，"三见"，"四见"，至正始九年十月举辂为秀才。这几次谈论显然不限于卜筮，而涉及"《易》及《老》《庄》之道"，时间是在正始六年至九年十月，约在正始八年前后。正始九年十二月，何晏请管辂作卦，占问"知位当至三公不"，管辂却说："此乃履道休应，非卜筮之所明也"，请何晏"上追文王六爻之旨，下思尼父《彖》《象》之义"。辂、晏又"共论《易》九事，九事皆明"，晏遂叹云："君论阴阳，此世无双！"这次谈论也未涉及卜筮，只与《周易》的义理有关。管辂事后追述这次谈论，称何晏"说《老》《庄》则巧而多华，说《易》生义则美而多伪。华则道浮，伪则神虚"，所谓"道"指老庄之道，所谓"神"即《周易》之神，亦即"知几其神""鼓之舞之以尽神""穷神研几"之神。可见管辂在这次谈论中论及《老》《庄》之道、《周易》之神，只是反对道神的华伪。《别传》载管辰叙云，裴徽、何晏、邓飏、刘寔、刘智都"归服"管辂，辂亦自言："与此五君共语，使人精神清发，昏不暇寐。自此以下，殆白日欲寝矣！"就是说，管辂在正始八年以后才找到适宜的谈论对手，即裴徽、何晏、邓飏等，除此之外都觉得乏味。总结这些情况，可将管辂一生的清谈活动分为两期：正始八年以前为第一期，当时兼论卜筮、阴阳术数及哲理，有超越象数的倾向，但未明确做到三玄的结合；正始八年以后为第二期，这时轻视卜筮，将谈论的重点放在"易老庄"上，已跨入三玄的领域。

关于管辂著作，《管辂传》及《别传》都未提到。《别传》管辰叙云："辰每观辂书传，惟有《易林》《风角》及《鸟鸣》《仰观星书》三十余卷，世所共有。……其亡没之际，好奇不哀丧者盗辂书，惟余《易林》、《风角》及《鸟鸣》书还耳。"是说管辂藏书不富，恐难有撰作之事。《别传》又说，"辂以为注《易》之急，急于水火"，则又难以排除他有著作的可能。《隋书·经籍志》著录管辂《周易通灵决》二卷、《周易通灵要诀》一卷，说"梁有《管公明算占书》一卷"。《隋志》所谓"梁有"，系据隋唐所存梁代书目如阮孝绪《七录》等所列书名，不知其实际内容，可知其著录的《通灵决》即《算占》；"灵"指"算占"的灵验；"决"即决占，亦即《算占》；"通"指学问通达，犹上述魏齐王芳之"通《论语》"及阮籍之《通易》《通老》。这《通灵决》或《算占》原为一卷，后人附益为二卷。从《管公明算占书》的名称来看，它不是管辂自撰，而是后人关于管辂算占的记录。《别传》管辰叙自说记载管辂"卜占事"，"十得二焉"，应即编辑《算占》的材料来源。《宋史·艺文志》及《玉海·艺文目》引《中兴书目》都著录管辂《易传》一卷，《中兴书目》说"不尽流于卜筮"，可见《易传》有卜筮内容，应即《算占》一卷的同书异名。《崇文总目》著录《管公明隔山照》一卷，《通志·艺文略》著录管辂撰《破躁经》一卷，大概也都源于《管公明算书》。又两《唐志》都著录管辂《周易林》四卷、《鸟情逆占》一卷，显即上述管辰叙所谓的《易林》与《鸟鸣》，原为管辂藏书，并非管辂自著。后为"好奇"者盗走，渐误以为是管辂所作了。

正如上述，管辂并无自撰的著作传世，只有清谈的资料流传下来。这些材料为其亲弟管辰所整理，数量和系统性可与夏侯玄、何晏的清谈资料媲美，以致被后人编成完整的著作。那么，我将它放在《正始玄学家及其著作》当中论述，便是顺理成章的事了。

## 四　钟会生平及其著作

钟会字士季，生于魏文帝黄初六年（225），卒于魏元帝景元五年（264），享年四十岁，是曹魏后期著名的政治家和军事家。过去学界注意到他在《易》学、名理学、才性学等方面的贡献，很少注意他还是玄学的代表人物之一。今检《文选》李注所引钟会《老子注》数条，论述"幽冥晦昧""微妙难名"；《道藏》所存李霖《道德经取善集》引述更多，其中以体用、有无对举，主张"绝制作之圣，弃谋虑之智"。诸注都有明显的玄学贵无论思想。又钟曾述何晏"圣人无情"说，为王弼论友，也证明他是玄学家和清谈家，不容忽视。钟会的政治经历复杂多变，对他的思想演变和著作先后须多加研究。

### （一）钟会政治经历的分期

钟会和他的父亲钟繇都不是名教中人。《书苑菁华》卷一说，钟繇向韦诞讨取蔡邕书帖，"苦求不与"，繇"自捶胸三日，其胸尽青，因呕血"，几乎丧命。韦诞死后，钟繇"令人盗开其墓，遂得之"。这事说明钟繇是个任性而不拘礼节的人。又据《世说新说·巧艺篇》，荀勖有宝剑"可直百万"，在母钟夫人处。钟会"学荀手迹"，诈作荀勖书与勖母取剑，"窃去不还"。据《魏志·钟会传注》引《世语》，钟会伐蜀时在剑阁截邓艾章表，"皆易其言，令辞指悖傲"，又毁司马昭回书，"手作以疑之"，致邓艾罹罪被杀。任性有似乃父，矫捷则过之。这种人物一般不会拘于某种伦常规范，很难有一贯不变的政治立场。考察钟会自幼至死的政治经历，凡有三变，可分四期。

第一期自魏文帝黄初六年始，至魏废帝齐王芳正始八年止。他在这时期内受父母《易》《老》学的熏陶，对兼综《易》《老》的何晏等人应抱好感。第二期自正始八年改制事毕至正始十年司马氏政变止，这时人心浮动，钟会在政治立场的选择上处于犹疑状态。两期之间的转折点当在钟会始任尚书中书侍郎之际，《魏志·钟会传注》引钟会所撰张氏《传》云：

> 正始八年，[钟]会为尚书郎，夫人（指钟会母钟繇夫人张氏）执会手而诲之，曰："汝弱冠见叙，人情不能不自足，则损在其中矣，勉思其戒！"是时大将军曹爽专朝政，日纵酒沉醉，会兄侍中毓宴还，言其事，夫人曰："乐则乐矣，然难久也！居上不骄，制节谨度，然后乃无危溢之患。今奢僭若此，非长守富贵之道。"

钟会在正始期间历任秘书郎、尚书中书侍郎两职（见《魏志·钟会传》），这里说他"弱冠见叙"，是指他在二十岁时就任秘书郎，时为正始五年。这里说"正始八年，会为尚书郎"，是说他在该年升任尚书中书侍郎，时为二十三岁。"弱冠见叙"并很快升迁，在当时不算多见，钟会得此殊荣，应有赖于当时吏部尚书何晏的提拔。何劭《王弼传》说，"何晏以为圣人无喜怒哀乐，其论甚精，钟会等述之。弼与不同"，王弼表示"不同"是在注《易》之际，他曾答复荀融而为自己的《易》学辩解，就申述了与何晏"不同"的圣人有情说。钟会"述之"在王弼注《易》之前，并且应在弱冠之后[①]，可推断是在正始五年至八年。从钟会得何晏提拔并述何晏学说这种特殊关系来看，说他在这段时间内是何

---

① 魏晋时凡未弱冠而有引人注目的举动，史家一般要特别指出。今查魏晋诸史未载钟会"未弱冠"时有申述何晏学说的事，可见这事是在弱冠之后。

晏的门生，大概不会有错。然而在正始八年，"改制"已引起人心浮动，而曹爽的"骄奢"更是招致物议，有失人望。于是钟会母张氏断定"难久"，促使钟氏家族对政治立场的选择重新加以考虑。钟会兄钟毓在正始五年谏止曹爽伐蜀，后以"失爽意"而降职（见《钟毓传》），与张氏的考虑恰好一致。由于这个缘故，钟会在正始八年至十年可能变成了曹氏与司马氏之间的观望者。

第三期自魏齐王芳正始十年或嘉平元年始，至魏元帝陈留王奂景元四年止。《魏志·钟会传注》引《世语》说，司马师令虞松作表，钟会予以帮助，遂得到谒见司马氏的机会。他在谒见前"精思十日"，谒见时从平旦谈到二更，一举赢得信任，成为司马氏的心腹。裴注对《世语》这段记载表示怀疑："钟会名公之子，声誉夙著，弱冠登朝，已历显位。景王（司马师）为相，何容不悉，而方于定虞松表然后乃蒙接引乎？"其实正始前后名人交际并非易事，如夏侯玄、何晏等名士求交傅嘏，嘏犹"不纳"（事见《魏志·傅嘏传注》引《傅子》）。如果说傅嘏不纳是由于党附司马氏，那么钟会难得入见司马氏则是由于党附何晏等人。这次谒见是他一生政治命运的关键和转机，故须慎重，乃至"精思十日"。这事之后，他在高贵乡公正元二年助司马师灭毌丘俭；在司马师死后助司马昭继任大将军，升任黄门侍郎；在甘露二年至三年助司马昭灭诸葛诞，升为司隶校尉；在魏元帝陈留王景元三年出任镇西将军，在景元四年奉司马昭之命率众伐蜀，灭蜀后升为司徒，达到事功的顶点。这时期内，他是司马氏的重要支持者，被司马氏党羽誉为"子房"。

第四期自景元四年十二月始，至景元五年正月止。这段时期内他与蜀汉降将姜维合谋，宣布举兵反司马氏，被部下杀死。《魏志》说他举事的动机是"自谓功名盖世，不可复为人下"，这从一定程度上说合乎事实。然而还应考虑到他举事时矫魏明元郭太后遗诏，与毌丘俭的起兵有相似之处，故应承认他这次举事与其正始时期追随何晏的经历有一定关系。①

---

① 这里只就钟会举兵一事的客观意义而论，不涉及历史观中的伦理批评和钟会的个人品质问题，因而对钟会作乱的主观动机与客观影响须加区分。正是由于钟会复杂多变，才会有类似反正的举动

钟会一生的政治经历从追随何晏始，到举兵反司马氏止，恰构成一个回环。他与傅嘏是司马氏的两个主要支持者，夏侯玄拒绝与他交友，却希望与傅嘏结纳；傅嘏拒绝夏侯玄，却"以明智交会"（见《夏侯玄传注》与《傅嘏传注》），这矛盾的情况常令人不解。其实夏侯玄求交傅嘏是在正始以前对方立场未定之际，拒绝钟会是在后者投靠司马氏之后；傅嘏拒绝夏侯玄、结纳钟会的次序也是如此。假如钟会在正始前期求交夏侯玄、傅嘏两人，便会收到相反的效果，即得到夏侯玄的容纳而遭到傅嘏的拒绝。另外，山涛、钟会都依附司马氏，嵇康对山涛稍可容忍，对钟会却视若仇寇，主要原因不在于当时的政治立场，而在于正始之后、嘉平之初钟会对曹氏集团的背叛。钟会曾着意接近夏侯玄，撰《四本论》"甚欲使嵇公一见"（《世说新语·文学篇》），实际上都是在转变立场后希冀得到舆论的谅解。希望破灭后，交友意图遂变为加倍的仇恨，其迫害嵇康等事就是在这种情况下发生的。

### （二）钟会的思想转变和著作先后

钟会父钟繇撰有《周易训》与《老子训》（见《世说新语·言语注》），母张氏也"特好《易》《老子》"（见《魏志·钟会传注》引《张氏传》）。钟会自幼在张氏指导下依次学习《孝经》《论语》《诗经》《尚书》《周易》《左传》《国语》《周礼》《礼记》及钟繇《周易训》（《魏志·钟会传注》引《张氏传》），受到良好的早期教育。成年后，"有才数技艺，而博学精练名理"（《钟会传》），再加勤奋，"以夜续昼"，遂有声誉。《魏志·钟会传》说："会尝论《易》无互体、才性同异。及会死后，于会家得书二十篇，名曰《道论》，而实刑名家也，其文似会。"《经典释文序录》著录钟会《老子注》二卷，说张璠《周易集解》集有钟会《易无互体论》，《隋书·经籍志》著录钟会《老子道德经注》二卷、《周易尽神论》一卷，说梁有钟会《周易无互体论》三卷，亡。两《唐志》著录钟会《周易论》四卷、《老子注》二卷。《隋志》著录《钟会集》九卷，录一卷，两《唐志》并作十卷。在这当中，《周易论》四卷即《周易尽神论》一卷和《无互体论》三卷的合编，唯《道论》不可考。这些著作思想不尽相同，背景亦异，可分三期。

第一期的主要作品是《老子注》，第二期的主要作品是《周易尽神论》和《周易无互体论》。《道藏》所载《道德经取善集》引钟会《老子注》云："除情虑，'致虚极'也；心常寂，'守静笃'也。"即在何晏"圣人无喜怒哀乐"说的基础上主张绝情去欲。而《周易尽神论》的论题取于《周易·系辞上传》："圣人立象以尽意，设卦以尽情伪，系辞焉以尽其言，变而通之以尽利，鼓之舞之以尽神。"钟会既取"尽神"之义，便不能不兼取"设卦以尽情伪"之义，不能不进而注意到《系辞下传》的一句话："圣人之情见乎辞"，而这话的含义与"圣人无情"的意思恰是相反的。当时《系辞传》公认是孔子所作，权威胜过《老子》，钟会定是先取老庄之义，申述"圣人无情"；然后转向《易》学，承认"圣人有情"，而不应是先取《易》义又加以背叛。由此而论，钟会撰《老子注》应在《周易尽神论》及《无互体论》之先。

正始元年钟会仅十六岁，而《钟会传注》引《张氏传》说，钟会十四岁时还处在诵读阶段，十五岁被遣入太学"问四方奇文异训"，可见他的作品不会出于正始以前。正始十年钟会二十五岁，《三国志·荀彧传》说正始年间荀顗曾"难钟会《易无互体》"，可见钟会的《易》学作品及早出的《老子注》都不出于正始以后。《老子注》的观点之一是"圣人无喜怒哀乐"说，而《北堂书钞》卷五八引《傅子》云"王黎为黄门郎，轩轩然乃得志，喧喧然乃自乐，傅子难之曰：'子以圣人无乐，子何乐之甚？'黎曰：'非我乃圣人也。'"王黎"圣人无乐"说乃是何晏、钟会"圣人无喜怒哀乐"说的内容之一，《钟会传注》引何劭《王弼传》说"何晏以为圣人无喜怒哀乐，其论甚精，钟会等述之"，未提王黎，可见何晏"圣人无喜怒哀乐"说的述者以钟会为先，王黎论说"圣人无乐"又在钟会"述之"以后，而王黎在立说之后，才获黄门侍郎一职。我在"何晏生平及其著作"一节指出，何晏议用裴秀为黄门侍郎是在正始八年至九年；何劭《王弼传》指出，何晏在议用裴秀等人之后当即议用王弼，而邓飏已将王黎荐予曹爽，于是黄门侍郎职位为王黎所获，王弼只得屈任尚书郎。将王黎、裴秀出仕时间加以比较，可知王黎任黄门侍郎亦在正始八年至九年，他建言"圣人无乐"应提前，钟会述何晏"圣人无喜怒哀乐"说再提前，那么便可得出结论：钟会撰《老子注》并述何晏说都是正始元年至八年的事。正始八年至十年，改制已毕，人心动摇，何晏有感于时势的变化，多次向人请教包括"时义"在内的《易》九事问题，钟会遂有离心倾向，作《周易尽神论》而向"圣人有情"说转化。《周易无互体论》的卷数超过《尽神》，内容亦较《尽神》复杂，成书似更迟些，应在正始末年。

关于《才性四本论》，《魏志·傅嘏传》说："嘏常论才性同异，钟会集而论之。"注引《傅子》："司隶校尉钟会年甚少，嘏以明智交会。"这里传注的记载表明钟会《四本论》是集传傅嘏学说，并暗示他的集述应是结交傅嘏一事的起因。两人交友时钟会已是司隶校尉，在此以前是黄门侍郎。这情况恰与《世说新语·文学注》引《魏志》的记载相符："侍郎钟会论合"。就是说，钟会撰《四本论》是在黄门侍郎的任期之内①，上限应在魏废帝高贵乡公正元二年司马昭继任大将军之际，下限应在高贵乡公甘露三年平定诸葛诞之际，而在甘露元年的可能性最大。据《魏志·高贵乡公纪注》所引《魏氏春秋》的记载，高贵乡公于甘露元年与群臣"讲述礼典"，遂言"帝王优劣"。荀顗、袁亮等认为殷王少康为"仁者之英"，汉高祖为"智者之俊"，"仁智不同，二帝殊矣"；崔赞、钟毓认为"论德则少康优，课功则高祖多"；高贵乡公断定"仁者必有勇"；"于是侍郎钟会退论次焉"。其中"仁智"之辨、"功德"之辨，都可归结为"才性"之辨，因而钟会"退论次焉"很可能是撰作《才性四本论》。上述钟会《老子注》《周易尽神》《无互体》及《四本》诸论均佚。隋唐史志还著录钟会《刍尧论》五卷，姚振宗《隋书经籍志考证》疑即《道论》。《隋志》说此书已亡，则唐初已不存，而《初学记》《文选注》《白孔六帖》《太平御览》及《意林》却载《刍尧论》文字若干（见《全三国文》）。另外，《文选注》与《艺文类聚》引钟会赋

---

① 古书提到某人物时，常冠以该人的最高职衔。钟会仕至司徒，而此云"侍郎"，可见是就钟会"论合"时的职衔而论。

片断数条,《魏志》与《蜀志》及裴注引钟会所撰书、檄若干,严可均《全三国文》都有辑录。

## 五　王弼生平及其《易》学、《老》学

王弼,字辅嗣,生于魏文帝黄初七年(226),卒于魏废帝齐王芳嘉平元年(249)秋季,享年仅二十四年。他以注释《易》《老》闻名于史,在正始期间的学术地位不及夏侯玄、何晏,对后世的影响却远远过之。在正始时期有关《易》《老》的笺注性玄学作品中,只有他的《道德经注》和《周易注》曾立学官,也只有这两部作品完整地流传下来,这便增加了他在玄学史上的重要性。由于重要,由于材料丰富,故存在的问题、引起的争论也多。我将在下节考证其著作的名称、真伪、同异、存佚及版本等,这里先就他的家世、生平、学术渊源及其著述过程试作研究。上文讲过,玄学就思想实质说应是三玄的结合,就著作形式说则可称为《老》学、《易》学及《庄》学。基于这样的原则,王弼著述如何进行的问题便可说是《老》学和《易》学的先后问题。

### (一) 王弼家世及其政治活动

王弼生前已有令名,死后影响更大,晋人何劭曾为立传,见于《魏志·钟会传注》。还有别传,见于《世说新语·文学篇注》。《世说》、《博物志·人名考》及《晋书》多提到王弼,弥补了何劭《传》和别传的不足。根据这些材料,可以了解王弼的生年、寿数,并且知道他是王宏之弟、王业之子、王凯之孙、王粲从孙。王凯是王粲族兄,王粲卒于建安二十二年,其二子于建安二十四年参与魏讽之乱而被处死,魏文帝以王业过继为王粲嗣子,故王弼又为王粲后人。王粲父为王谦,祖父为王畅,曾祖父为王龚。

这是显赫的家族,其中王龚在《后汉书》有传,世为豪族,在东汉历任司隶校尉、太仆、太常、太尉;王畅在《后汉书》亦有传,为东汉党人名士领袖,与陈蕃、李膺齐名,历任太守、尚书、司空;王谦是汉

末大将军何进长史，官阶不高却位居枢要；王粲在《魏志》有传，是汉魏之际著名文学家，在曹操封魏公时任侍中，是曹魏制度的订立者；王业在正始初年任尚书郎，《魏志·钟会传注》引《博物志》说他"位至谒者仆射"，鉴于"魏置仆射"（《晋书·职官志》），晋武帝"省仆射"（《晋书·职官志》），可见他担任的是魏官；王宏于魏末为尚书郎、给事中，在晋武帝时历任太守、卫尉、河南尹、大司农、司隶校尉，事见《晋书·良吏传》。这样的门第不能说不高，然王畅任南阳太守时曾纠发豪党"有衅秽者"（见《后汉书·王畅传》），使"豪右大震"（见《后汉书·王畅传》），是东汉时限制豪族利益的代表人物之一。我们在肯定王弼出身高门的同时，应注意他祖上有反豪族的传统

据《后汉书·王龚传》和《魏志·王粲传》，王弼祖籍在山阳高平，山阳郡治所在"雒阳东八百一十里"（《后汉书·郡国志》），高平"故城在今山东兖州府邹县西南"（卢弼《三国志集解》）。不过应指出，王粲与王凯在汉献帝初平元年董卓挟汉帝西迁时，随至长安；在初平三年避李傕、郭汜之乱，往荆州襄阳依附刘表，刘表"以女妻凯"（《博物志·人名考》），而生王业。建安十三年，王粲一族随刘琮降曹操，王粲随曹军出征，建安十七年还邺，王凯、王业父子这时大概都在邺城，后在迁都时先后迁往许昌、洛阳。魏文帝黄初七年王弼出生时，已在洛阳。这时离原籍已久，可以推测王弼从未去过山阳高平，甚至他的父亲王业也未去过。

与其父祖比较，王弼的官阶要低得多。何劭《王弼传》说，正始时期黄门侍郎一职常有空缺，当时何晏"既用贾充、裴秀、朱整，又议用弼"。上文指出裴秀实任黄门郎是在正始八年至九年，何晏对他的"用"只是"议用"，应早一些，则"议用"王弼应与裴秀实任的时间大致相同，也应在正始九年。当时曹爽"专朝政"，未理睬何晏的"议用"，而将空缺的黄门侍郎职位给了王黎，仅任王弼为品阶较低的尚书郎。王黎任黄门郎时，"轩轩然乃得志，喧喧然乃自乐"（《北堂书钞》卷五八引《傅子》），王弼则因王黎"夺其黄门郎，于是恨黎"（何劭《王弼传》），并且"不治名高"（何劭《王弼传》），对事功"益不留意"（何劭《王弼

传》），与论友荀融也断绝了友情。这种消极态度不但与王黎的得意形成对照，与王弼自己在正始九年以前的急于求职①、热心交友、驰骋辩才也截然相反。

不过，王弼既是一个不切实际的人，其生活态度便不会全系于个人遭遇。就是说，他由积极变为消极，还应有更深刻的原因。据何劭《王弼传》，王弼初任尚书郎时觐见曹爽，请屏退左右，然后"与论道移时，无所他及"，曹爽却不为所动，抱嗤笑的态度。而据《北堂书钞》卷九八，何晏在曹爽"大集名德"的情况下"论道"，得到与会者的赞叹。同样是"论道"，同样是面对曹爽，何晏成功王弼却失败，颇值得研究。这原因肯定不在辩才方面，因为王弼恰是清谈的主要参与者。这样，可成立的解释便只能在何、王"论道"的内容、时间和背景上了。正始前期，改制尚未实施，当时何晏的"论道"是为改制呐喊，容易得到初任要职的曹爽的欣赏。正始九年，改制已实施多时，因"事不下接"和司马氏的反对，致使人心浮动，王弼在这种情况下"论道"，自然是主张应合时势而纠正偏差，这对执政多年并已"骄奢"的曹爽有冒犯意味，失败简直是必然的。如果说王弼恨王黎与黄门侍郎职位的争夺有关，那么他"不治名高"、不留意于"事功"便是由于政见未得采纳，对改制前景失去信心。

这样，王弼在正始时期的经历便可分为两个阶段，其一自正始初年至八年，这时他热衷清谈，积极为改制提供理论依据，关心政治，求名求官；其二自正始八年到十年，这时他注意为改制纠偏寻找理由，并因政见未得采纳而灰心，为改制前景黯淡而消沉。正始以前他还不满十五岁，不会有重要的政治和著述活动；正始十年正月以后他仅活数月，且处于司马氏政变的恐怖气氛中，也不会有值得注意的政治或著述活动。那么，他在正始期间的上述分期便也可作他一生的分期。这分期与钟会一生的分期有近似之处，由此可解释司马师听到王弼死讯时为何"嗟叹

---

① 王弼觐见曹爽时"请间"，因王黎"夺其黄门郎"而"恨黎"，都是他在正始九年以前热衷于仕途的表现。

者累日"。何劭《王弼传》说："正始十年，曹爽废，以公事免。其秋，遇疠疾亡。"他的免职在当时几为通例，如《晋书》记载，曹爽被诛时，裴秀"以故吏免"，王沈亦然，王浑"随吏免"，卢钦"免官"。王弼之死与情绪受到震动可能有关，而其实司马师对他是有所期望的。当时贾充、裴秀、朱整都像钟会一样倒向司马氏，不能说王弼没有类似的可能。

### （二）王弼的学术渊源

哲学史上越是重要的名家，学术渊源的头绪就越多。在这方面，王弼可说是典型的一例。《易》《老》是王弼注释过的经典，其为王弼哲学的来源自不必多说。王弼未注《庄子》，但《庄子》影响的痕迹在《易》《老》两注中屡屡出现，如《老子》第二十章"绝学无忧"等句下王注云，"夫燕雀有匹，鸠鸽有仇；寒乡之民，必知旃裘。自然已足，益之则忧。故续凫之足，何异截鹤之胫？畏誉而进，何异畏刑？"是引述《庄子·骈拇》的说法。第四十二章"道生一，一生二，二生三"王注云，"已谓之一，岂得无言乎？有言有一，非二如何？有一有二，遂生乎三"，是承袭《庄子·齐物论》的观点。《周易·损卦》王注，"自然之质，各定其分，短者不为不足，长者不为有余，损益将何加焉？非道之常，故必与时偕行也"，亦是引述《庄子·骈拇》篇。《周易略例·明象章》主张："言者所以明象，得象而忘言；象者所以存意，得意而忘象。犹蹄者所以在兔，得兔而忘蹄；筌者所以在鱼，得鱼而忘筌也。"系融合《庄子·外物》"得意忘言"与《周易·系辞传》"立象尽意"两义而成。这里所举《易》《老》原句，都是两书的核心内容，王弼都引《庄子》来解释，可谓以《庄》解《老》，以《庄》解《易》。

《太玄》在王弼学术渊源当中的位置仅次于"三玄"。如《周易》乾、坤两卦王注云："天也者，形之名也，健也者，用形者也。夫形也者，物之累也。有天之形，而能永保无亏，为物之首，统之者岂非至健哉！"又云："地也者，形之名也，坤也者，用地者也。……有地之形，与刚健为耦，而以永保无疆。用之者，不亦至顺乎！"显然是受了《太玄·玄告》"天以不见为玄，地以不形为玄"一说的影响。王弼解《易》讲究义理，而汉魏之际宋衷是《太玄》义理学的代表人物。宋衷之子因参与魏讽谋反而被杀，他本人也受连累而被处死①，王粲二子亦由于相同的原因被诛，以至于他的从子王业变成他的嗣子，从孙王弼变成他的嗣孙。本书第一章已论此事，指出宋衷、王粲同是荆州学的人物，宋、王两家同持荆州士人的立场，并且患难与共。那么王弼注《易》受《太玄》的影响，当是由于宋衷的作用。

《隋书·经籍志》经部《周易篇》和《谶纬篇》都说王弼《易》学属费氏一派，《初学记》卷二一说"郑玄、王弼所传则费氏之学"。而荆州学代表人物刘表、宋衷都曾注《易》。宋衷注《太玄》偏重发挥"文间义说"（陆续《述玄》），注《易》也应是同样路数，承袭费氏。刘表《易》学可能与宋衷接近，又曾师事王畅，可能都承自费氏。王弼祖父王凯是刘表之婿，从祖王粲是王畅之孙。则王弼治费氏学乃是家传。当然，王肃撰定的王朗《易传》在正始六年立于学官（《魏志·齐王芳纪》），不能排除王弼受这官方费氏学影响的可能性。

王弼参与创建玄学，在很大程度上是着眼于政治。他当时有一个与何晏相同的立场："以农黄之化，在乎己身；周孔之业，弃之度外"（《颜氏家训·勉学》），这种立场完全合乎曹魏受禅改制时追踪上古、不法三代一派的主张，亦应符合其从祖王粲的政治理论。王粲卒于汉魏禅代之前，未赶上易祚改制的盛况，然而曹魏作为公国和王国的制度都是他参与订立的，如《魏志·卫觊传》云："魏国既建，拜侍中，与王粲并典制度"；《宋书·礼志序》云："魏初则王粲、卫觊典定众仪，蜀朝则孟光、许慈创理制度"；《魏志·王粲传论》云："粲特处常伯之官，兴一代之制。"王粲创立制度的业绩至少使王弼家学传统染上了"制度之士"②的色彩。王弼羡慕"农黄之化"贬弃"周、孔之业"，恐不能说与他的家学传统毫无关联。

---

① 见《蜀志·尹默传注》及萧常《续后汉书》。
② 见《魏志·刘劭传》引夏侯惠疏。该疏以"制度"和"法理"及"文学"等并列，制度应包括礼仪、官制、选举等广泛内容。

早在汉初，道、法两家已经合流。王弼崇尚虚无是继承道家，而从卦爻内在形势上发挥卦义则应有得于法家和术家。如《周易·革卦》王注，"夫民可与习常，难与适变；可与乐成，难与虑始。故革之为道，即日不孚，已日乃孚也"，是直接搬用商鞅的议论。而在王弼的家族史上，模仿法家的事迹有不少，如王畅做南阳太守时，凭借刑法镇压不称职的"帝乡贵戚"和有衅秽的"豪党"（《后汉书·王畅传》）；王粲曾支持曹操的名法之治，并在"术兼名法"的前提下"校练名理"。王弼在继承法家这一点上，显然也是家学熏陶造成的。

在这里还有必要提一下名家。王弼《老子》第二十五章注云："名以定形，字以称可。"《老子指略例》辑本云："夫不能辩名，则不可与言理；不能定名，则不可与论实也。凡名生于形，未有形生于名者也。故有此名必有此形，有此形必有其分。"似是由形名的研究走向形名的否定，以形名学为出发点而以"无形无名"的形上学为归宿。又《周易略例·明象章》提到"言生于象"，"言者所以明象"，由言、象的辨析走向言、象的两忘，以言象理论为思想方法而以超言绝象的"意"为最终鹄的。过去人们常说王弼这种治学的特点是受了魏明帝时刘劭《人物志》的影响，其实王弼的从祖王粲就是魏初"校练名理"的宗匠，是当时名理学的权威，地位和影响远超过刘劭。《文心雕龙·论说篇》云："傅嘏、王粲，校练名理"，则傅嘏在"名理"问题上的观点可能与王粲接近，王弼"为傅嘏所知"（何劭《王弼传》）的情况可支持这一推测。而据《魏志·傅嘏传》，傅嘏曾对刘劭考课法大肆抨击，致使该法不得施行，可见粲、嘏的"校练名理"与刘劭的形名之学是两回事。"校练名理"是由形名而谈义理，与玄学有明显的相通之处，后来干脆演变成玄学的方法。这样看来，王弼由形名而论"无形无名"、由言象而证"超言绝象"，是用了名理学的方法，是承袭王粲而不是承袭刘劭。

在汉唐时代，形、名、法、术关系密切，几乎合为一个词。"术"就是统治方法，后人常常理解为权术，当人们试图用权术利用形势并左右形势时，术家往往表现为势家和纵横家。现在证实王弼治学牵涉形名与法，可知他对术、势和纵横家的妙处也不会漠视，如《周易略例·明象》云,"夫阴之所求者阳也,阳之所求者阴也。阳苟一焉,五阴何得不同而归之?阴苟只焉,五阳何得不同而从之?故阴爻虽贱,而为一卦之主者,处其至少之地也",是以术家和纵横家的眼光得出"以寡统众"的结论。《明爻通变》云,"投戈散地,则六亲不能相保;同舟而济,则吴越何患乎异心!"这是从势家的立场出发来阐述异性相求、同性相违的道理。又《明卦适变通爻》章云,"虽远而可以动者,得其应也;虽险而可以处者,得其时也。弱而不惧于敌者,得所据也;忧而不惧于乱者,得所附也;柔而不忧于断者,得所御也",这是用政治家的利用形势来说明阴阳两爻的因循卦义和爻义。《卦略》云,"屯难之世,弱者不能自济,必依于强,民思其主之时也。故阴爻皆先求阳,不召自往……初体阳爻,处首居下,应民所求,合其所望,故大得民也",这是用时势造英雄的常识来说明卦主问题。王粲撰有《英雄记》,专记群雄角逐、纵横反复的事,介绍奇策密谋甚多,这在当时《魏略》《魏书》《三国志》《后汉纪》《后汉书》等记述汉魏历史著作都未出世的时候,是极可贵的史料。王弼喜欢由术势纵横的角度释卦,很可能是从《英雄记》学来的。何劭《王弼传》说:"淮南人刘陶善论纵横,为当时所推,每与弼语,常屈弼。"王弼读过《英雄记》,了解当时一般人不大容易了解的群雄史实,谈论纵横当然要胜过刘陶了。

另外,王弼著作只讲"万物之始",不讲"天地之始",与《论衡·道虚篇》"天地不生故不死"观点一致。王弼"排击汉儒,自标新学",也与王充的怀疑精神相投合。东汉名士蔡邕曾将流传不广的《论衡》一书带到中原(见《后汉书·王充传注》引袁山松书),又赠书籍数车予王粲(见《博物志·人名考》),后归属于王弼之父王业,这些书中可能包括《论衡》。王弼的治学特点和某些见解与王充的相合,当是由于读过《论衡》的缘故。

这些情况,有的上文已经谈过,有的下文还要谈到。这里集中做一论述,主要是为说明这一道理:学术思想史上创新最多的,继承的也往往最多。王弼能作出魏晋哲学中最引人注目的学术成就,原因之一是他在最大范围内继承了前人的学术成果。不过他的学术渊源头绪虽多,却可整理出三条主线,就是《易》《老》《庄》。刑名法术从两汉初年就依附于黄老,而在魏时又依附于老庄,如《庄子·天下篇》郭注指出,《天下篇》所载惠施及辩者的名家或形名家学说,在汉末晋初之间常被看作《庄》学的一部分。《太玄》摹《周易》,兼采《老子》,而费氏、王畅、刘表、宋衷等或治《易》学,或治《太玄》学,都不出"三玄"之外。王充有得于古文经学和黄老,亦可说是从《易》《老》到王弼的中间环节。

### (三)王弼《易》《老》两注的先后

王弼主要的著述活动是注释《周易》和《老子》,他的其他著作多是《易》《老》两注的附属品,因而对他一生中的思想变化必须通过《易》《老》两注的比较来了解,对他的思想演变过程亦可通过两注的先后来分期。

试对现存的《易》《老》王注加以比较,可以看出《老子注》文字冗长,《周易注》比较简略。《老子注》八十一章都有注文,首尾完备;《周易注》则缺《系辞》《说卦》《序卦》《杂卦》四传注释,故用韩注补充。历史上的王注传本也是如此,如《南齐书·陆澄传》引澄语:"[王]弼于注经中已举《系辞》,故不复别注。今若专取弼《易》,则《系》、《说》无注。"①《经典释文序录》云:"其《系辞》以下,王不注,相承以韩康伯注续之。"又于"韩伯注"下释云:"王辅嗣止注大经,讲者相承用韩注《系辞》以下续之。"《隋书·经籍志》云:"王弼注六十四卦六卷,韩康伯注《系辞》以下三卷。"可见王弼未注《系》《说》等四传是真实情况。东晋隋唐典籍存有一些王弼佚文,是有关《系辞传》文义的解释,遂有学者断言王弼曾注《系辞》。其实这些佚文不必出于《系辞》的注释,而应出于《周易》经注或《周易大演论》。如陆澄说:"弼于注经中已举《系辞》",就是一证。不过,王弼论《易》多有重复,如对屯、蒙、临、丰等卦已加注文,在《略例》下篇《卦略》又作解

---

① 此"说"指《说卦传》。中华书局1972年本作"《系》说",误。

释，可知他不会因"注经中已举《系辞》"便"不复别注"，其不注当是由于注《易》晚于解《老》，寿命短促，未及完成。

据现存史料，何晏只评论过王弼《老子注》，未评论过他的《周易注》。《魏志·管辂传》及该传注引《辂别传》都说，正始九年十二月二十八日何晏因"不解《易》九事"向管辂请教，并称赞后者的解说"此世无双"，对王弼《易》学未置一词。"九事"之一是"时义"①，恰是王弼《易》学的论题，何晏却一无所知。这事距"高平陵事变"不足一月，距王弼卒时仅半年有余，是王弼《周易注》晚出的证据。又王弼注《易》时曾答书荀融，自比仲尼（见何劭《王弼传》）；刘陶在正始期间声称"仲尼不圣"（《魏志·刘晔传注》引《傅子》），同为狂妄之举。正始十年政变之后，刘陶"乃谢其言之过"（《魏志·刘晔传注》引《傅子》），则王弼注《易》并自比仲尼应在政变之前，约在正始八年至十年。至正始九年十二月成书未久，何晏未及见到，故对"时义"仍说"不解"，而问于管辂。

王弼《周易略例·明象章》讥斥"互体"，颇受唐宋学者的重视，而在魏晋时代人们对此不大注意，倒常提起钟会的《周易无互体论》。如《魏志·钟会传》、《荀彧传注》引《晋阳秋》及《晋书·荀𫖮传》都提到钟会此论，并提到荀𫖮对该论的非难，而未提到王弼对"互体"的讥斥。我们知道，历史上"互体"理论的衰亡主要是由于王弼《易》学的作用，假如王弼《周易注》及《略例》在钟会《周易无互体论》以前产生，荀𫖮为"互体"辩护便不会以钟会为对手，魏晋隋唐史籍也不会只载钟、荀的辩论，而不提王弼的批判。这对上述王弼注《易》在正始八年至十年的结论来说，是很好的旁证，另外，何劭《王弼传》、《世说新语·文学注》引《王弼别传》及《太平御览》三八五引《文士传》都介绍王弼十余岁时的读书爱好，提到《老》《庄》，未提《周易》，其平生趣味变化与其《易》《老》两注的先后顺序恰是一致的。

---

① 《南齐书·张绪传》引张绪云："何平叔所不解《易》中七事，诸卦中所有时义，是其一也。""七事"或即"九事"之讹。

关于王弼《老子注》的成书时间，可由何劭《王弼传》的记载来推断，当时何晏为吏部尚书，负责向曹爽推荐或议用人才。他先评王弼："可与言天人之际乎！"然后"议用"王弼任黄门侍郎。在这"议用"之前曾对裴秀加以"议用"和实任，与上述评语约略同时。裴秀实任黄门侍郎是在正始九年三月①，则何晏议用裴秀和评论王弼是正始八年的事。据《世说新语·文学篇》，该评语是针对王弼《老子注》而发的，则王弼《老子注》成书时间下限应为正始八年。在该注撰成之后，《周易注》撰定之前，隔着两件事，一是求官未能如意，为此怀恨"夺其黄门郎"的王黎；二是司马懿称疾的政局变化以及王弼游说曹爽的失败，为此他对事功不再"留意"。

## 六　王弼著作

历代史志书目著录王弼著作名目很多，除现存的《老子道德经注》《周易注》及《周易略例》外，还有《老子指略例》《道略论》《老子杂论》《老子略论》《道德略归》《周易大演论》《周易穷微》《易辨》《易论》《易传纂图》《论语释疑》及《王弼集》等。一位年仅二十四岁的作者竟如此多产，十分可疑，须加以认真的考察和研究。

### （一）《老子道德经注》

存，何劭《王弼传》提到"弼注《老子》"。《经典释文序录》和《隋书·经籍志》都加以著录，说为二卷。此后历代史志书目都从《隋志》，仅有两个例外：两《唐志》在《道德》名前加"玄言新记"或"新记玄言"四字，系因唐代《道藏》部类所致；《道藏》本为四卷，系因明代《道藏》重新分卷所致。诸目录或称《老子道德经注》，或称《道德经注》，或称《老子注》，都是同名异称。扬雄《蜀王本纪》已提到《道德经》之名，王弼自己也题名为《道德经》。史家著录加字则为

---

① 见《魏志·裴潜传注》及《晋书·裴秀传》，参见上文。

《道德经注》，再加则为《老子道德经注》。现多名《老子注》，可算是简称。

关于这部书的篇章结构，有长期的争议。一部分学者认为这书是现存《老子》最早的注本，不分《道经》与《德经》，不分篇章。另一部分学者同意这书是《老子》最有价值的注本，但认为它分为《道经》和《德经》，分篇分章。后来马王堆帛书《老子》出土，《德篇》在上，《道篇》在下，使《老子》原貌如何的问题有可能从一个新的方向获得解决。然而，《老子》原貌如何是一个问题，王弼注本原貌如何却是另一个问题。王弼注《易》有"乱经"之举，可见他的《老子》注本也不会"近古"。我认为，王弼《老》学的重要创新之一是更动体例，将《道经》与《德经》混而为一。

关于《老子》王弼注本不分《道》与《德》二经的依据，见于晁说之、熊克、董思靖、刘惟永等人为《老子》所作的序跋。北宋晁说之《跋》云："弼题是书曰《道德经》，不析乎《道》《德》而上下之，犹近于古欤！"南宋熊克《跋》云："既又得晁以道先生所题本，不分《道》《德》而上下之，亦无篇目。"董思靖《道德经集解序说》云："王弼合上下为一篇，亦不分章。"程大昌《易老通言》云："书之分卷以为上下，而总其名曰《道德经》者，王弼所传也。"诸人都说王弼所注的《老子》不分《道经》和《德经》，不分篇，只分卷。陆德明"道经音义"题下出"道""德"二字，亦可证实唐代王本原题为《道德经》，而非《道经》。王弼不分上下经或上下篇，仅分上下卷，意义何在呢？古代"篇""卷"的意义接近，如《汉书·艺文志》大多数称篇，少数称卷，篇指竹简之书，卷指缣帛之书。《汉志》著录兵书称篇，图则称卷，即竹帛之别。而从内容的角度来看，篇、卷本无不同。在纸书普及之后，情况有了变化，卷成为计算著作数量的唯一单位，篇则成为关涉思想内容的单位，这就是王弼分卷不分篇的文化背景。王本最流行者，是从明张之象本录出的《四库全书》本，此本分题上篇、下篇，是一件奇怪的事。因为上下篇的体例与宋代关于王本不分上下经的传说不合。究其矛盾的原因，或由张之象本所致。《四库全书总目提要》说：

> （晁说之、熊克）二跋皆称不分《道经》《德经》，而今本《经典释文》实上卷题《道经音义》，下卷题《德经音义》，与此本及跋皆不合。

纪昀为《老子》王本所作的发题也有"与此本及跋皆不合"等语，并且说："仍依弼原本，不题《道经》《德经》字，以存其旧云。"在这当中，有一个细微之处容易遭到忽略，即纪昀只说二跋皆称不分《道经》《德经》，不说张之象本不分《道经》《德经》；纪昀不题《道》《德》，只说是"依弼原本"，不说是依张之象本。纪昀说《释文》与"此本"不合，当是由于张之象本虽未题《道经》《德经》，却分题《道篇》《德篇》。这就是说，张之象本的体例既不合王弼"不分篇"的原貌，也不合乎唐宋《老子》分题《道经》《德经》的习惯，是比较特殊的。[1] 不过，这种体例在古代也不是没有出现过，如马王堆帛书《老子》乙本上篇尾题"德"字，下篇尾题"道"字，而且同在一卷，是区分《道篇》《德篇》的先例。比较之下，应承认王弼注本不题《道》《德》亦不分篇的体例是更为特殊的。在王弼以前，仅马王堆帛书《老子》甲本不题《道》《德》，但《老子》甲本《德篇》在上，《道篇》在下，与王弼《道篇》在上，《德篇》在下的体例也不全一致。王弼不分篇，只分卷，而且先《道》而后《德》，用意在于强调道德一元，道为本，德为末，本末不二，下章将就此作出详细的说明。

在这里还有一个问题应当澄清，即《老子》第二十章王注引第四十八章文字，称其为"下篇"；第二十八章注引第四十章文字，称其为"下章"；过去一些学者曾举此而作为王弼"不分篇章"的反证。今按王弼隔篇称引，或称"篇"，或称"章"，而且未举篇名、章名及章数，可见其所谓"上篇""上章""下章"只是说上面的段落、下面的段落。王弼虽不分篇，却不能不分段，而段落在汉代常称为"章"或"篇"。

---

[1] 中国科学院图书馆藏《老子》王弼注本张之象本之卢氏溪香馆刻本，分篇分章。其分题上篇、下篇，为张氏原题，为纪昀所因袭；其分章且有河上公章名，或为卢氏溪香馆所加。

王弼注文中的"篇""章"字样,绝不能推翻学界关于王本"不分《道》《德》"的成说。

如果说王弼不分《道》《德》有违古本,那么他不分章便可说是沿袭旧例。马王堆出土的《老子》帛书原不分章,而大约出于东汉的《老子》河上公本则有八十一章的区分。据董思靖《道德经集解序说》所言,《老子》分章历代不同,如严遵分七十二章,刘向所定上下篇分别为三十四章和四十七章,均与河本上经三十七、下经四十四的分章不同。今存王本分章而与河本相同,应是由于河上公本在唐代受到重视。唐玄宗沿袭河本八十一章的体例而注《老子》,用于课试,遂使此本及其他各本都有了八十一章的体例。

王弼此注在唐代遭到贬黜,至宋已经"希有"(熊克《道德经跋》),清初藏书家钱曾称其已亡(《读书敏求记》)。乾隆时为编《四库全书》和查毁禁书,搜求书籍,才发现"明万历中华亭张之象实有刻本"(《四库提要》)。后人又注意明正统《道藏·洞神部·玉诀类》收有王弼此书,日本也存有明孙鑛本,遂出现三种明本并存的局面。

国内学者多重视张之象本。乾隆间四库馆臣编《老子》王注,即由此本录出,并以《永乐大典》所存王注残本及《经典释文》参校,从而产生《四库全书》抄本和武英殿聚珍本,由聚珍本又产生各省局本等。日本学者多重视明孙鑛刊本,日本亨保十七年刊行的阜谷东赟本即据孙本。日本桃井白鹿、服部南郭、古屋昔阳等所考订或评论者,均为阜谷本,亦即孙鑛本。后来南总宇惠又用焦竑《考异》订正孙本,黎庶昌综合宇惠本及聚珍本,波多野太郎校正《老子》以宇惠本为底本,楼宇烈《王弼集校释》本以浙江书局本为底本。而以《道藏》本为底本者,迄今尚无一例。

追究《道藏》本遭冷遇的原因,是由于王本分为二卷,各本皆然,唯《道藏》本分四卷,近乎荒谬。今查正统《道藏·洞神部·玉诀类》,收书卷数,大多加倍,如《老子》河上公注本据隋唐史志应为二卷,《道藏》所收为四卷;唐玄宗《御注道德经》据唐宋史志应为二卷,《道藏》所收亦为四卷;杜光庭《道德经广圣义》据《通志》及《宋志》应为三十卷，《道藏》所收为五十卷，宋代司马光、苏辙、吕惠卿、林希逸诸家《老子》论注都为二卷，而《道藏》所收都为四卷。可见《道藏》中王注《老子》分四卷是由于统一改编，重行分卷，非由所据底本的荒谬所致，亦非对王本特加改窜。其分为四卷恰证明原为二卷，由此轻视它是缺乏理由的

另外，三种明本都附晁说之跋，应与晁说之、程大昌、董思靖等人的说法相符。然而据《四库》本及聚珍本纪昀校序及日本阜谷东赟《老子》王本校序，张氏本有《道篇》《德篇》之题，与王本"分卷以为上下"的体例不合；孙鑛本首载河上公篇目，可靠性犹在张氏本之下。唯《道藏》本不分《道经》《德经》，不分篇章，合乎晁说之等说及王本旧貌。再比较三本文字，《道藏》本脱讹较少，堪为上品。《道藏·洞神部·玉诀类》还有《道德经集注》十卷，收河上公、王弼、唐玄宗、王雱注，较上述四卷本亦多不如。比较之下，应肯定这四卷本是王弼《老子道德经注》的最佳版本。

### （二）《周易注》和《周易略例》

存，《经典释文序录》及隋唐宋明史志都有著录，或作七卷，或作十卷。前者包括《周易》上下经注六卷、《周易略例》一卷，后者包括上下经六卷、《略例》一卷及韩康伯注《系》《说》等传三卷。对这一点，《释文序录》《隋书·经籍志》都有说明。南朝宋代王俭《七志》著录王弼《周易注》十卷（见《释文序录》），可见"并王、韩为一书，其来已久"（《四库提要》），也可见王弼经注与《略例》的合编为时更早。《魏志·钟会传注》引何劭《王弼传》提到王弼"注《易》"，未提《周易略例》，从而显示出一种可能：《周易略例》原非独立成书，而是《周易注》的附属部分。试将《略例》与经注比较，《易》有上下经，《略例》则有"上下二篇"（李冶《敬斋古今黈》）；《易》有六十四卦，《略例》则有《明卦适变通爻》章；一卦有六位，《略例》则有《辩位》章；每卦附有《象传》与《象传》，《略例》则有《明象》和《明象》。其内容如此，很像是《周易注》的例言或后叙，附于经后是很合情理的。

现存《周易略例》篇章题目依次为《明彖》《明爻通变》《明卦适变通爻》《明象》《辩位》《略例下》《卦略》等，其中《略例下》是篇题，其余都是章名。既有《略例下》之名，便应当有《略例上》，现存的各种传本无此篇名，当由残佚所致。今查唐代开成石经《周易略例》与今本略同，亦无《略例上》之题，而且《略例下》亦同于今本，文字所存无几，可见《略例》的残佚是很早的事。开成石经刻于唐文宗开成二年（837），远在唐玄宗以后。唐玄宗尊崇老子甚于孔子，王弼《略例下》可能提到羲、文、周、孔为圣人而老子仅为"上贤"，与唐玄宗旨意不能相容，故被删去。删略的时间或为唐玄宗时，或为唐文宗时。开成石经中的《礼记》以唐玄宗所删定的《月令》李林甫注本为首篇，可见经传次序在唐代可随意更改。经传尚且可以更改，何况是王弼的著作！考察唐石经《略例》各章，罕有换行刻写之例，唯《略例下》换行两次。其所以换行，自然是由于不在一章，不能相连。而删节之后，《略例下》各章所存字数不多，故省略标题。唯《卦略》一章字数多一些，故而将标题保存下来。当今学者校勘和研究《周易略例》，多根据明清传本，这恐怕不是很好的办法。研究《周易略例》至迟应依据开成石经本，并应当由此上溯，发掘更早的写本。

自汉代至今，《周易》一直分为经传两部分。经即上下经，亦即六十四卦。传即"十翼"，孔颖达《周易正义卷首》沿袭郑玄一派，说十翼依次为《彖上传》《彖下传》《象上传》《象下传》《系辞上传》《系辞下传》《文言传》《说卦传》《序卦传》《杂卦传》，然而又承认关于"十翼"的划分有"多家"。考虑到《说卦》《杂卦》的出现都在汉武帝以后，如王充说汉宣帝时河内女子发掘出"佚《易》"一篇，补充到《易传》当中；扬雄《法言》有"《易》损其一"的说法，意谓西汉末期《易传》仍不完整，可见十翼的划分及其次序，在历史上是有过几次变化的。在这里所能确定的只是一件事，即在王弼注经之时，郑玄所订立的《周易》篇次已得到朝野学者的赞同，而这种篇次正好是王弼所要改变的。《说卦传》题下孔颖达《疏》云：

> 先儒以孔子十翼之次，乾坤《文言》在二《系》之后、《说卦》之前，以《彖》《象》附上下二经为六卷，则上《系》第七、下《系》第八、《文言》第九、《说卦》第十。辅嗣之《文言》分附乾坤二卦，故《说卦》为第九。

由此可见《文言传》的"附经"，是王弼的创举。另外，《乾卦》孔颖达《疏》指出，王弼"分爻之《象》辞各附其当爻之下"，可见小《象》分附各爻也是出于王弼的创造。至于《彖》和大《象》"附上下二经为六卷"，则是郑玄的创新。《魏志·少帝纪》载高贵乡公问："今《彖》《象》不与经文相连，而注连之，何也？"淳于俊答："郑玄合《彖》《象》于经者，欲使学者寻省易了也。"过去学界多以为这意谓着郑玄未曾"以传附经"，仅以自己的注释与经文"相连"，我在过去也曾沿袭这种说法。现在将淳于俊"郑玄合《彖》《象》于经"一句同孔颖达"先儒……以《彖》《象》附上下二经"一句相对照，可以确认《彖》、《象》附经乃郑玄所为，小《象》附爻、《文言》附卦才是王弼所创。王弼这种创举，乃是费氏《易》学"以传解经"的做法的延伸。

现存王本《周易》有王、韩单注本，有王、韩注与《释文》合刊本，有王、韩注、《释文》与孔疏合刊本。阮元据《左传考文》所引黄唐《礼记跋》，推断"注疏合刻，起于南北宋之间"，而《周易》注疏合刻尤早，"当在北宋之末"（《尚书注疏校勘记序》）。近人向宗鲁又加订正，考定《周易》注疏合刊略早于南宋光宗绍熙三年（见《周易疏校后记》，《中国历史文献研究集刊》第三集），在此以前只有王、韩单注本及其与《释文》合刊本，无注疏本。关于单注本，阮元《周易疏校勘记序》举有岳本、古本和足利本。岳本过去多说为岳珂所刻，张政烺等先生考定为元刻。足利本是日本足利学校印行的活字本，足利学校始建日期相当于元文宗时期。古本或说为唐以前博士所传，《四库提要》称其"无可考信"（《七经孟子考文》提要）。上海涵芬楼影印《周易》王、韩注，后附《略例》，为宋抚州公使库刊递修本，其版心所记刻工姓名多与《礼记》抚州本相同，可能初刊于宋宁宗嘉泰二年。此本于单注本为优，文字脱讹较注疏为少，为阮元所未见，颇值得重视。经注与《释文》合刊者，以日本东京文求堂昭和年间影印的瞿氏所藏北宋本最早。注疏合刊本以阮元刻本最显，然错误较多，阮元本人亦不认为是善本，向宗鲁《周易疏校后记》就此考证颇详，可参考。

### （三）《道略论》和《老子杂论》

关于这两部书，后人常常混淆，甚至说就是《老子指略例》或《道德略归》等，为此有必要加以分辨。

《魏志·钟会传注》引何劭《王弼传》云："弼注《老子》，为之指略，致有理统；著《道略论》，注《易》，往往有高丽言。"其中"指略"与《道略论》分叙，可见《道略论》不是单纯解释《老子》的作品，而是《易》《老》混言。其所谓"道"不纯为老庄之道，而是老庄之道与易道的统一。

《隋书·经籍志》云："梁有……《老子杂论》一卷，何、王等注……亡。"可见《杂论》是何晏、王弼等人作品的合编，与纯为王弼撰的《老子指略例》及《道略论》有所不同；亦可见《杂论》从形式上说是解释《老子》，与《道略论》之《易》《老》混言也有区别。

《道略论》仅见于西晋何劭的记载，《杂论》则"亡"于隋唐之际。然而两晋隋唐正是王弼著作大受推崇的时代，两书名的消失一定不是由于无人问津，而是由于读者太多。读者太多，便会有热心人出现，将这几乎成为教科书的著作增删、改编，以致面目全非，书名湮没。考察两晋隋唐之际的玄学著作，一般以笺注《易》《老》，讲论三玄的形式出现，讲述内容是三玄结合，讲述形式则《易》《老》有别。《道略论》一书《易》《老》混言，不合潮流，改编几乎是不可避免的。再看两晋隋唐时对何晏、王弼的评价，有增高的趋势，两人著作在当时几为经典，趋向于分。《老子杂论》中何、王相混，不能令时人满意，改编也是势在必行的。而《道略论》的结构层次显然由范畴划分，容易提取并插入其他的著作里；《杂论》的篇章结构可能由作者划分，容易割裂以重新组合，这种情况使改编有了便利条件。明白两书不是亡佚而是改编这一点很有意义，由此可使《老子指略例》与《周易大演论》的卷数问题获得解决。

**（四）《老子指略例》和《道德略归》等**

何劭《王弼传》云："弼注《老子》，为之指略，致有理统"，《释文序录》著录《老子指略》一卷，两《唐志》《子略》著录《老子指例略》二卷，《通志·艺文略》著录《老子指略例》二卷。除旧《唐志》外，都著明作者是王弼。过去人们看到《指略》《例略》《略例》三个书名相似，都说是一部书。然而《释文序录》著录《指略》一卷在先，两《唐志》著录《例略》二卷在后，卷数未减，反而加倍，很难说两者同书异名。值得注意的是，著录二卷者以《旧唐书经籍志》为最早，而《旧唐志》恰未著录作者姓名，这情况显示出一种可能：《例略》或《略例》二卷并非全是王弼的作品。

上文指出，何晏、王弼等合撰《老子杂论》一卷在梁代尚存，至隋唐之际亡佚，恰与《例略》二卷出现的时间巧合。陆德明《经典释文》始撰于陈后主至德元年，著录《指略》一卷而隋唐史志不载，与《例略》二卷的出现亦合。《例略》二卷不见于《释文》与《隋志》，却见于两《唐志》，察《旧唐志》著录此书是抄自唐玄宗时毋煚的《古今书录》，可知《例略》二卷是唐初产生的，恰在《杂论》一卷、《指略》一卷消失之后。不难看出，《例略》二卷是《杂论》一卷与《指略》一卷的合编。合编后两个一卷本渐渐消失，故不见于《唐志》；合编二卷本作者非王弼一人，故《旧唐志》未著撰人名氏。

《指略》《例略》和《略例》虽说是同名异称，但有人称《指略》，有人称《例略》，未免混乱。检《文心雕龙·论说篇》云：

> 详观……辅嗣之两例，平叔之二论，并师心独见，锋颖精密，盖人伦之英也。

范文澜注说："两例疑当作略例。"杨明照《校注拾遗》说："两例当指

《易略例》上下二篇言之。"今察刘勰原以"两例""二论"对文，似无错字，若依范说，改为"略例"反失自然。又察"两例"之"例"似指书名，释为"二篇"也有不妥。且刘勰先有"聃周当路与尼父争途"的叹语，则"两例"不应限于《易》学而不涉及《老子》，其原义当指《周易略例》及《老子指略例》两部书。王弼所题原名当为《老子指略例》，何劭《王弼传》说"为之指略"是将"指略"作动词用。《释文序录》作《指略》或是误于何《传》，或是脱字。隋唐时好事者将《指略例》与《杂论》合编，因为前者影响较大，故以为名，讹转而为《指例略》，致使《杂论》之名泯没。

从《指略例》这一书名来看，很像是《老子道德经注》的例言或后叙，应与注合，不应单行。何劭《王弼传》说"弼注《老子》，为之指略"，也显示出《略例》是《老子注》的附属部分。《释文序录》著录《老子》王弼注二卷，注云："又作《老子指略》"，这一卷与二卷很像是编在一起的。后来《指略例》与《杂论》合编，才与《老子注》分为二书。到了宋代，改编古书的风气再度兴起，好事者又将《指略例》二卷分而为二，即《宋史·艺文志》所著录的《老子指例略》一卷和《道德略归》一卷。《宋志》说《指例略》不知作者，是因这一卷本为新出现的辑本。另外《郡斋读书志》《遂初堂书目》《玉海·艺文目》都著录王弼的《老子略论》《读书志》，说为一卷，即《道德略归》。

**（五）《周易穷微》《易辨》及《易传纂图》的讹传**

关于王弼的《易》学著作，宋元史志和私家书目还著录《周易穷微》《易辨》《易论》等，均为一卷。近年刘建国先生在《中国哲学史史料学概要》书中提出一种见解，说王弼还有一部著作，是《易传纂图》三卷，并说《纂图》加上《穷微》《易辨》《周易略例》和《周易大演论》，就是《直斋书录解题》所说的"王辅嗣凡为论五篇"，这一说法颇值得商榷。

刘说王弼撰有《易传纂图》，是根据《明史·艺文志》。然而《明志》对明以前的典籍均不著录，实际上没有，也不可能著录王弼的著作。今检明焦竑《国史经籍志》著录《易传纂图》三卷，题云王弼撰。商务印书馆于1959年出版《明志》，将焦竑《志》收入附编，刘氏定是误读为《明志》了。而焦竑《志》"丛抄旧目，无所考核，不问存亡，率尔滥载"（《四库提要》），著录《纂图》实际上是靠不住的。查隋唐史志并无"纂图"一类书名，至宋代图、书之学兴起，才有各种"纂图"出现，如《经籍访古志》著录《纂图附释音重言重意互注周易》九卷、《略例》一卷，即为王、韩所注，宋人所刻。《文渊阁书目》和《菉竹堂书目》都著录《周易王弼注纂图》三册，与《纂图附释音周易》王本或有关联。从"王弼注纂图"的书名来看，可以断定这是宋代学者为王弼注本增附的图说。也就是说"纂图"是后加的，不是王弼注本原有的。焦竑当是抄录此名而误作《易传纂图》，增题王弼撰。焦竑之后，傅维鳞《明书经籍志》仍著录《周易王弼注纂图》，而未录《易传纂图》之名，即可为证。

王弼既无《纂图》之作，上述"为论五篇"的设想就难以成立了。陈振孙《直斋书录解题》著录王弼《周易穷微》一卷，并说：

> 称王辅嗣凡为论五篇。《馆阁书目》有王弼《易辨》一卷，其论《彖》、论《象》，亦类《略例》，意即此书也。

其以《易辨》论《彖》等内容证明其即《周易穷微》，应对《穷微》的内容先有介绍，而上文仅一句："称王辅嗣凡为论五篇"，其中的"称"字显示出"王辅嗣凡为论五篇"一句乃陈氏引自《穷微》书中的序言之类。可见"五篇"即《穷微》一书的五个篇章，不是五部著作。刘说："其实《周易穷微》与《易辨》为二书，因为《易辨》在《宋志》中有著录，而《周易穷微》则在《三国艺文志》中亦有著录。"[1] 其据清人姚振宗补撰的《三国艺文志》去推翻宋人陈振孙说，已难成立，况且不同书目对《穷微》和《易辨》各录其一，恰可证明两者是同书异名，如何

---

[1] 刘建国：《中国哲学史史料学概要》，吉林人民出版社1983年版，第319页。

能证明其不同呢!

陈振孙说《易辨》和《穷微》都"类《略例》",王应麟《玉海》卷三六引《国史志》说《易论》"大类《略例》",两说相符。上文提到《周易大演论》一卷是后人根据王弼的论文、书信等材料编成的,编撰时间可能要上溯到东晋,而《易辨》"至晋得之,王羲之承诏录藏于秘府"(《直斋书录解题》),两书的问世大致相同。今将历代史志书目关于《周易略例》《周易大演论》《周易穷微》《易辨》等书的著录情况加以对照,可得出结论。

各书目对《大演论》《穷微》《易辨》一般只录其一,无一家同时著录二书名的情况,对《周易略例》又多分别著录,可见《穷微》与《易辨》都是《周易大演论》的别名,并且是与《周易略例》不同的著作。附带指出,《玉海》卷二六引宋代《国史艺文志》著录王弼《易论》一卷,说"大类《略例》",应与《易辨》同书,是《周易大演论》的另一个别名。

## (六)《论语释疑》

《释文序录》和《隋志》都著录王弼《论语释疑》三卷,两《唐志》亦著录,为二卷。此书久佚,梁代皇侃《论语义疏》、北宋邢昺《论语正义》及《经典释文》都引有王弼解释《论语》的文字,历来被认为是王弼这部书的佚文。

综上所述,王弼原著只有《老子道德经注》二卷、《老子指略例》一卷、《周易注》六卷、《周易略例》一卷、《道略论》(卷数不详)、《论语释疑》二卷及若干论述《易》《老》的论文、书信等。《隋志》说梁有《王弼集》五卷,亡。上述书信、论文等大概都收入集中,这些材料被辑出以后,《王弼集》便渐渐佚失了。《老子杂论》《周易大演论》及《道德略归》等,都是后人据《道略论》及王弼论文书信编成的,其文字出于王弼之手,书名、体例则为后人所加。

# 第七章　竹林七贤与两晋玄学

　　自正始末年的"高平陵事变"之日起，司马氏家族控制朝政，杀戮异己，迫害名士，在政界及学界造成恐怖气氛。玄学的开创者夏侯玄、何晏等人都被处死，他们的支持者都受到压制，或改变立场而成为声誉扫地的司马氏党羽，或由种种罪名而罹灭族的祸难。在这种情况下，清言已绝，玄风将坠，进入了思想史上的黑暗时期。推敲玄学在这期间竟未灭绝的缘由，在于当时有一个名士集团，勇敢地保持着抗拒司马氏的态势，这就是名扬千古的竹林七贤。竹林七贤在玄学方面的成就，几可与何晏、王弼媲美；而七贤对晋人的影响，较之何、王亦不逊色。本书"引论"已指出，在西晋一代，有一个为正始玄学家恢复名誉的过程，在其中处于支配地位的，是竹林名士王戎及其影响下的王衍。元康时期以后，郭象注释《庄子》，将玄学推向新的高峰，而郭象的思想创新是在竹林名士向秀的影响下进行的，这种影响如此之大，以致后人常怀疑郭象著作是对向秀著作的剽窃。东晋之初，王导倡言"三理"，而这"三理"是竹林名士嵇康所提出的玄学命题。在本书"引论"末节，已说明玄学的历史可分为五期：正始时期；正始以后、晋惠帝即位以前的时期；晋惠帝元康时期；元康以后、永嘉五年以前的时期；东晋前期。其中除正始时期以外的四个时期可以说是竹林七贤活动的时期以及七贤影响下的时期。下面对这时期的玄学家及其著作，加以简单的讨论。

## 一 竹林七贤的名称问题

正始以后、西晋以前的玄学，是由竹林名士代表的。东晋人袁宏曾作《名士传》，以夏侯玄、何晏、王弼三人为"正始名士"，以阮籍、嵇康等七人为"竹林名士"，于是"正始名士"与"竹林名士"遂成为并列的范畴。这种并列的做法易使人们忽略其中的一个差别，即"正始名士"全由时代而得名，凡活动于曹魏正始年间的名士均可纳入"正始名士"的范围，不必以三人为限；"竹林名士"却由交游场所得名，按通常说法仅限于参与"竹林之游"的嵇康等七人，即便加上吕安，仍可说是一个人数较少的名士团体。既是团体，它的名称便成为后代学者关心的问题。

"竹林七贤"的提法，广泛见于东晋南朝士人的论著。如东晋孙盛《魏氏春秋》说，嵇康、阮籍、山涛、向秀、阮咸、王戎、刘伶"相与友善，游于竹林，号为七贤"（《魏志·王粲传注》）。《圣贤群辅录》说，嵇康等人"共为竹林之游，世号竹林七贤"。《隋书·经籍志》著录有东晋戴逵《竹林七贤论》二卷，又有孟氏所撰《七贤传》五卷。这些记载表明，"竹林七贤"一名在东晋时期已极为流行。然而，一些学者鉴于西晋人罕有提及"竹林七贤"的情况，遂怀疑这一名称是晋人所杜撰，或说"竹林名士"本不包括王戎，或说"竹林"二字也是出自后人的比附。其中最典型者，为陈寅恪先生所说："大概言之，所谓'竹林七贤'者，先有'七贤'，即取《论语》'作者七人'之事数，实与东汉末三君、八厨、八及等名同为标榜之义。迨西晋之末僧徒比附内典外书之'格义'风气盛行，东晋初年乃取天竺'竹林'之名加于'七贤'之上，至东晋中叶以后江左名士孙盛、袁宏、戴逵辈遂著之于书，而河北民间亦以其说附会地方名胜，如《水经注·清水篇》所载，东晋末年人郭缘生撰著之《述征记》中嵇康故居有遗竹之类是也。"（《陶渊明之思想与清谈之关系》）考虑到此种疑论颇有影响，论述"竹林七贤"便不能不以正名为先，澄清此名的由来。

陈寅恪等先生提出怀疑的主要根据，不过是"两晋末"以前的人未提过"竹林七贤"的称号。这根据其实未必能成立，因为《世说新语·伤逝篇》有一项关于王戎（字濬冲）言论的记载：

> 王濬冲为尚书令，著公服，乘轺车，经黄公酒垆下过，顾谓后车客："吾昔与嵇叔夜、阮嗣宗共酣饮于此垆，竹林之游，亦预其末。自嵇生夭、阮公亡以来，便为时所羁绁。今日视此虽近，邈若山河！"

刘注引《竹林七贤论》说："俗传若此。颍川庾爰之尝以问其伯文康，文康云：'中朝所不闻，江左忽有此论，盖好事者为之也。'"余嘉锡先生辨明此说出于东晋裴启《语林》，举《世说新语·轻诋篇》刘注所引《续晋阳秋》的记载为证：

> 晋隆和中，河东裴启撰汉魏以来迄于今时，言语应对之可称者，谓之《语林》。时人多好其事，文遂流行。后说太傅事不实，而有人于谢坐叙其"黄公酒垆"，司徒王珣为之赋，谢公加以与王不平，乃云："君遂复作裴郎学。"自是众咸鄙其事矣。

余氏将这段记载与《竹林七贤论》所载庾文康语互证，却未得出明确的结论。戴明扬《嵇康集校注》附录部分亦考此事，认为《世说》所载王戎之言当为向秀所说，理由是《职官分纪》卷六引臧荣绪《晋书》云：

> 向秀为散骑侍郎，公使乘轺车，经昔与嵇、阮共游酒垆前过，乃叹曰："吾与嵇康、阮籍屡游此垆，自嵇生及阮公没，吾便为时所羁绁。今日视此虽近，邈若山河也。"

如果这一材料可信，则《世说》所载王戎"竹林之游，亦预其末"之语当为向秀所言，向秀为七贤之一，他若提到"竹林"，则"竹林七贤"

的名称问题便迎刃而解，不必再有疑虑。然而《职官分纪》是宋朝人的著作，臧荣绪为南朝齐人，距竹林七贤的时代十分遥远，所记未必确实。裴启专记清谈之事，这种即兴的言论当时无人记录，事后传扬当然会有很多失实之处，如《世说》所记《语林》中谢安之言，即为一例。然而若考察一下裴启家族与王戎的关系，我们对《语林》所记王戎言论的看法或许会有所改变。

在《世说新语·文学篇》"裴郎作《语林》"一节之下，刘注引《裴氏家传》说："裴荣字荣期，河东人。"所说裴启之名有异，暂可不论，值得注意的是裴启见载于《裴氏家传》，并且是河东人，可见他定是出自裴潜、裴秀、裴楷一族，因为裴潜一族的籍贯正在河东，而见载于《隋书·经籍志》的裴松之《裴氏家传》正是关于裴潜一族的传记。裴潜是魏朝大臣，封清阳亭侯。裴潜弟裴徽是正始名士，官至冀州刺史。裴潜嗣子裴秀为西晋开国功臣，裴徽诸子均为名士，其中裴楷名位最显。裴秀嗣子裴頠是西晋著名人物，在政治上和学术上均有卓越的成就，他的《崇有论》即本书的讨论题目。《世说新语·任诞篇》说："裴成公妇，王戎女。……"刘注引《裴氏家传》说：

[裴]頠取[王]戎长女。

裴頠既为王戎女婿，则裴氏秀、頠一支与王戎的关系可以说是至为亲密。至于另一支的裴楷，则与王戎齐名，在朝中与王戎相配合。西晋惠帝以前，司马氏对嵇康的旧恨尚未消解。《世说》称王戎怀念嵇康时为"尚书令"，而王戎在惠帝初年为中书令，次年改任其他职务。在惠帝初年缅怀嵇康，大概只能在私下谈论，并且只能让亲近的人知道，裴頠正是这样的人选，他身为王戎女婿，极有可能是《世说》所谓王戎"后车客"。裴启《语林》记谢安言论可能失实，记王戎言论则取自家族内部的传闻，应是可靠的。至于庾氏说"中朝所不闻"，绝不能成为怀疑的证据，王戎以大臣身份在亲属之间所说的触犯司马氏的话，如何能在朝野传扬呢？

一旦辨明王戎缅怀嵇、阮一事的可信性，便可联想到这事与谢安、袁宏等人的关系。《世说新语·文学篇》说："袁伯彦作《名士传》成，见谢公。公笑曰：'我尝与诸人道江北事，特作狡狯耳，彦伯遂以著书'！"袁宏（字彦伯）《名士传》"以阮嗣宗、嵇叔夜、山巨源、向子期、刘伯伦、阮仲容、王浚冲为竹林名士"，是"竹林七贤"之名的又一凭证，而这记录却是听取谢安"与诸人道江北事"。《世说新语·品藻篇》引谢安说："先辈初不臧贬七贤。"也表明谢安已有"七贤"之说。谢安是如何了解到"江北事"的呢？一定是从王导那里。《晋书》本传说，谢安为谢尚从弟，王导对谢尚"深器之，比之王戎"，并竭力提拔。而对谢安，王导"亦深器之"。王导帮助晋元帝开创东晋王朝，在东晋初期承袭嵇康，以《声无哀乐论》及《养生论》的思想内容当作立论的基础，曾对晋明帝陈述司马氏"创业之始"以及弑高贵乡公的经过，可见他一定乐于向谢氏兄弟介绍东晋以前玄学家及清谈家的事迹。据《晋书·王衍传》等史料，王导乃王戎、王衍一族的晚辈，他进入仕途是受了王衍的提携，王衍则为王戎从弟，关系密切，号称"二王当朝"，则谢氏兄弟了解竹林之事有可能是通过王戎、王导的线路。另外，谢尚之父谢鲲为王衍"四友"之一，竹林之事也可能是由王戎传王衍，王衍传谢鲲，谢鲲传谢尚、谢安。简言之，从王戎到谢安的知识传播有多种渠道，因而《名士传》关于竹林七贤的记载当是可靠的。

　　将《世说》所载王戎缅怀嵇康之事及袁宏作《名士传》的事联系起来，可使我们坚信"竹林七贤"当是魏末出现的名号，用来指称嵇康、阮籍、向秀等人应是适宜的。

## 二　竹林名士寓居山阳的意义

　　嵇康的身份是中散大夫，阮籍在嘉平元年也出任太傅属下的从事中郎。他们为何被称为隐士，一直使史学家困惑不解。有人将七贤的出仕区分为名义上的和实质上的，但这种区分终归有些勉强。中国历史上不乏隐处山林的人，其中的绝大多数不如嵇康、阮籍那般备受称赞，这使七贤的隐者身份更成为问题。我以为，解决问题的最佳途径，在于探索七贤寓居山阳的意义所在。

《圣贤群辅录》记有七贤之名，说他们在"魏嘉平中并居河内山阳，共为竹林之游"；《魏志·王粲传》裴注引《魏氏春秋》说，嵇康"寓居河内之山阳县"；《世说新语·德行篇》引王戎说："与嵇康居二十年"，《晋书·嵇康传》引此句为"与康居山阳二十年"；如此种种，都证明"竹林之游"的时间为嘉平年间，地点为河内郡的山阳邑。其说为"嘉平中"是合理的，因为正始十年正月发生"高平陵事变"，同年四月改元嘉平。嵇康等人以消极抵抗的方式对待司马氏，当然是在嘉平元年以后。关于"竹林之游"的这一时限，学界多有考辨，已不成为问题，成问题的是七贤为何选择山阳为寓居之地。我们知道，七贤原籍都与山阳无关，如嵇康是谯郡人，阮籍和阮咸是陈留人，山涛和向秀是河内怀县人，刘伶是沛国人，王戎是琅邪人，他们从四方会聚到山阳当有特殊的考虑。《魏志·文帝纪》说：

> 黄初元年十一月癸酉，以河内之山阳邑万户奉汉帝为山阳公，行汉正朔，以天子之礼郊祭，上书不称臣，京都有事于太庙，致胙。封公之四子为列侯。

《后汉书·献帝纪》说：

> ［延康元年］冬十月乙卯，皇帝逊位，魏王丕称天子。奉帝为山阳公，邑一万户，位在诸侯王上，奏事不称臣，受诏不拜，以天子车服郊祀天地，宗庙、祖、腊皆如汉制，都山阳之浊鹿城。

就是说，汉献帝禅位于曹丕，受封为山阳公，以河内郡山阳邑为封地，成为国中之国。这山阳公国维持了很长的时间，在魏明帝青龙二年，山阳公一世逝去，其孙刘康继位，为山阳公二世。刘康在位五十一年，到西晋武帝太康六年去世，由刘瑾继位。刘瑾死于太康十年，由刘秋继位。至永嘉元年，刘秋遇害，山阳公国遂与西晋王朝一同覆亡。在魏晋时期，山阳公国虽受监视，但一直有相对的独立性。《太平御览》卷五六〇载魏文帝诏云：

> 朕承符运，受终革命，其敬事山阳公，如舜之宗尧，有始有卒，传之无穷。前群司奏处正朔，欲使一皆从魏制，意所不安。其今山阳公于其国中，正朔、服色、祭祀、礼乐自如汉。

所谓"敬事山阳公，如舜之宗尧"，是沿袭两汉儒者关于禅代的学说。《春秋繁露》有《三代改制质文》一篇，主张每一新王朝创立之始，必改正朔、服色等制度，同时将前代王朝的君主改封为小国君主，在这小国里奉行前代的政治制度。汉昭帝时，董仲舒的再传弟子眭孟建议："汉家尧后，有传国之运。汉帝宜谁差天下，求索贤人，禅以帝位，而退自封百里，如殷、周二王后，以承顺天命。"（见《汉书》本传）眭孟因这建议而被处死，这一说法却传扬开来，成为汉代公论。汉哀帝曾表示"欲法尧禅舜"，但未能实行。王莽实行了这一理论，受禅而创立新朝，封汉帝孺子为定安公，建立了"地方百里"的定安公国，但这禅代之事因王莽的失败而未成为范例。时至东汉，参加白虎观会议的群儒仍申说这种理论，主张新王朝建立以后必须褒封以前两个王朝君主的后裔，指出："王者所以存二王之后，何也？所以尊先王，通天下之三统也。明天下非一家之有，谨敬谦让之至也。故封之百里，使得服其正色，用其礼乐，永事先祖。"（《白虎通·三正》）自汉高祖至献帝，这种禅代的学说流行四百余年，却一直未能成功地实施过，曹丕初次加以履行，如何会草率从事呢？从他的诏文来看，他对魏朝的山阳公国一定是十分尊重的，虽要加以监视，却一定要冒着风险，允许山阳公国有相对的独立性。假若这种独立性遭到破坏，"通三统"的理论便不能成立，以魏朝取代汉朝岂不失去依据了？辨明了这前前后后的情况，七贤隐居山阳的用意才得明白，他们原来是去充作山阳公的子民，取得拒绝臣服司马氏所控制的魏朝的权利！

在司马师废齐王芳、立高贵乡公髦之时，阮籍曾作《首阳山赋》以抒发悲愤之情。这种情绪在"竹林之游"的时期一定已在酝酿了，七贤跑到山阳去做世外之民，显然是仿效伯夷、叔齐隐处首阳，"不食周粟"的先例，但因时代不同，司马氏的控制过于严厉，像夷、齐那样隐处山林难免暴露反抗的意图，唯有置身于山阳国中，才能获取法律的保障。嵇康《难宅无吉凶摄生论》强调："夫危邦不入，所以避乱政之害。"意谓司马氏所控制的魏朝为"危邦"及"乱政"，而一旦隐处山阳，便有了"危邦不入"的意义。七贤自始至终未尝绝对地退隐，嵇康"与魏宗室婚"，为中散大夫；阮籍为司马懿所引，为太傅从事中郎。他们获得隐士的名声，既非凭借全然不仕的倔强姿态，亦非后人所谓的"朝隐"，而是凭借山阳公国子民的身份。

如此归纳，或许令读者有标新立异之感。然而设身处地推想七贤的处境，却舍此别无他途。他们不是战将，没有部属，不具备起兵讨伐司马氏的能力。他们不属于政界的上层，没有机会参与李丰、许允之流的政变阴谋。在司马氏严厉镇压拒绝出仕的名士之时，七贤不大可能与政界断绝关系以作无意义的牺牲。剩下的路只有一条，即到拥有独立权限的山阳公国去寓居、去聚会，象征性地抵制司马氏专权下的朝廷。

## 三 竹林名士共有的性格特征及其出身

竹林名士活动的时期，在玄学史上是较为特殊的。玄学发展到正始以后，受到司马氏的严厉限制，一时不能诉诸清谈这样的自由讨论的形式，亦不能在政治革新或名教改革等方面有所践履或落实，竹林名士遂应运而起，用音乐来代替言谈，用退隐来代替政治革新，用提倡"自生""自为"的学说取代"贵无"的学说。这种思想史上的巨大变化，无疑是由政治环境的变化所造成的，倘若何晏、王弼活到正始以后，恐怕也不能不像嵇康或阮籍一样地生活和思考。不过在这里，应注意有一个性格适应的问题。何晏、王弼颇能适应正始时期的政治文化环境，故能成为当时的强者，而他们在正始以后的适应能力，当在竹林名士之下。嵇康、阮籍和山涛的年龄均超过王弼，他们在正始时期未能像何晏、邓飏那样"声震天下"，在嘉平年间却成为朝野文士注目的焦点，可见他们的性格不大适应正始时期文化领域的热烈气氛，却适于在正始以后的政治文化舞台上表演。由此而论，竹林名士一定有一种共同的性格特征，而成为玄学研究的题目。

人物的性格往往与出身有关，竹林名士的出身是否相仿呢？唐代人高彦休在《唐阙史》中间接地回答了这一问题：

> 时相有言，前辈重族望，轻官职。今则不然，竹林七贤，曰陈留阮籍、沛国刘伶、河间向秀，得以言高士矣。

其说竹林七贤之称高士，与"重族望"的传统相悖，从而显示出七贤出身寒微的事实。引文中特举阮籍、刘伶、向秀三人为例，刘伶、向秀父祖无闻，出身低微已得学界承认。唯阮籍族望可有争议，《世说新语·任诞篇》说阮氏分居道南、道北，道北诸阮"皆富"，"南阮贫"。阮籍、阮咸为"南阮"，故有人说阮籍出身贫寒，又有人说阮籍出身于陈留大族。《任诞篇》刘注引《竹林七贤论》说"诸阮前世皆儒学"，似有利于阮籍出身望族的见解。今按魏末士人出身如何，与贫富及学问并无直接的关联，而主要取决于父祖的社会地位。由于曹魏的政策是信任寒士，抑制高门，故而魏末士人门第的依据往往要上溯到东汉。如《后汉书·杨震列传》赞云："自［杨］震至彪，四世太尉，德业相继，与袁氏俱为东京名族云。"可见汉魏之间必须累世仕宦，位高势重，才算望族。阮籍父阮瑀为建安七子之一，在文学史上与王粲齐名，然而两家族望却是悬殊的，王粲"曾祖父龚、祖父畅，皆为汉三公；父谦，为大将军何进长史"（《魏志·王粲传》），号称"名公之胄"（《魏志·王粲传》），阮瑀却父祖无闻。查《后汉书》阮氏仅有南阳太守阮况一人，未为立传。阮况生活在东汉之初，他是否为阮瑀祖先？如果是，由他到阮瑀的族系是怎样的？这些都已无法查考。那么，我们恐不能不承认《唐阙史》所记唐人的看法是正确的，即包括阮籍在内的竹林七贤多数是出身于寒门。

我们考察一下嵇康和山涛的出身,更可坚信上述结论。据《魏志·王粲传》裴注所引虞预《晋书》及《世说新语》刘注所引王隐《晋书》,嵇康祖籍会稽,其先人避怨迁至上虞,再迁至谯国铚县。原姓奚(溪),迁徙之后改姓嵇。侯外庐《中国思想通史》提出一种可能:嵇氏本为贱姓,"诡称原来姓奚,因避怨才改成嵇的,其实嵇倒是本来的姓"。这推测有一个不可缺少的前提,即"奚"或"溪"必须是汉魏之际的大姓。而这前提却是不存在的,因为《后汉书》竟未提到奚氏或溪氏的家族或人物,不论是由嵇氏改为奚氏,还是由奚(溪)氏改为嵇氏,都不会收到提高家族地位的效果。于是,我们不能不相信晋人的记载,确认嵇康的家族原姓奚(溪),因避怨才改姓嵇。如是大姓,绝不会由避怨而改,可见嵇康的家族地位是低微的。至于山涛的出身,更是低下,他的父亲只做过县令,并且早卒。《后汉书》所提到的山氏人物,只有山冰一人,而且是个宦官,可见山涛的家族绝无光荣的历史。七贤中仅王戎出身名门,嵇、阮、山、向、刘等人都出身寒门,可见《唐阙史》说七贤非出望族绝不是凭空臆断。

在曹魏后期与两晋时期,出身寒微的士人必须有较好的辩才,才能显达。在本书第四章里,已说明玄学的讨论方式以"书不尽言"为前提,重视即兴的口谈胜过文字著述。当时多有善于清谈而拙于文笔的人物,都成为左右学界动向的名士;而一些拙于言辩的文人或著作家,社会地位均在前一类的名士之下。竹林名士是否有这种辩才呢?答案是否定的。

先看阮籍的情况。《魏志·王粲传》裴注引《魏氏春秋》说,在正始年间,兖州刺史王昶与阮籍相见,"终日不得与言"。《晋书》本传说他"傲然独得,任性不羁","或闭户视书,累月不出;或登临山水,经日忘归","当其得意,忽忘形骸。时人多谓之痴"。这样的性格,与何晏、王弼的善于清言,可说是截然相反。古书多说阮籍在正始之际已有高名,然而正始时期何晏、邓飏等"声震天下",王弼以辩才显名,阮籍在正始末年已四十岁,声誉在夏侯玄、何晏、邓飏、丁谧、毕轨、李丰、诸葛诞、王弼等人之下。袁宏《名士传》将阮籍列于竹林名士范围，而未列入正始名士范围，也证明阮籍的"高名"乃成于正始之后。他在正始时期清谈的热烈气氛中未能显达，当是由于缺乏辩才而仅有一流的文笔。嵇康的情况与阮籍类似。《魏志·王粲传注》说，嵇康之兄嵇喜撰有《嵇康传》，称嵇康"善属文论"，不说他善于清言。《晋书·嵇康传》说他"善谈理，又能属文"，然而《世说新语》罕有关于嵇康"谈理"的记录，仅提到嵇康《琴赋》及《声无哀乐论》《养生论》等论文。嵇康《与山巨源绝交书》自称不堪于"宾客盈坐，鸣声聒耳"，是对清谈的嘲讽。《琴赋》叹云："郢人逝矣，谁与尽言！"是偏重《庄子》"得意忘言"之义，与何晏关于"微言尽意"或清言谈理的做法不合。大致上看，嵇康的长处主要在于文笔，他与向秀、张辽叔等人的辩论都采用笔论的形式。细读他的论文、书信，辞难往复，曲折详密，与王弼论著的简约恰成对照。如果嵇康在隐处山阳时曾以清谈形式讨论过"声无哀乐""养生"等问题，恐不会在文笔上多费周折。他的辩才可能胜过阮籍，但绝不能与何晏、王弼相提并论。史书都称赞嵇康"才俊"，这主要是在文笔和琴乐方面，与口才是无关的。

山涛与向秀的口才，又都在嵇康之下。据《世说新语·贤媛篇》所载，山涛问妻，他自己与嵇、阮优劣如何，其妻云："君才致殊不如，正当以识度相友耳。"山涛答："伊辈亦常以我度为胜。"清谈的能力属于"才"的范围，竹林诸贤既公认山涛之才不如嵇、阮，仅"识度"为优，则山涛的口才一定是很平常的了。《世说新语·文学篇》刘注引《向秀别传》说："嵇康傲世不羁，[吕]安放逸迈俗，而秀雅好读书，二子颇以此嗤之。"可见向秀与嵇康相比，仅以"读书"见长，口才是一定不如的。关于刘伶，《晋书》本传已说明是"澹默少言，不妄交游"，并且"容貌甚陋"，绝不具备清谈的能力。

总而言之，竹林七贤仅王戎一人出身高门并"善发谈端"（《晋书》本传），而七贤中王戎居末，前面的六位都出身寒门而且不精于言谈。这六人多在文笔和音乐上有所爱好，这爱好正好是拙于言谈的人士所常有的。此种拙于言谈、精于文笔或音乐的人物，在正始时期的清谈场中不会有成功的机会。七贤中嵇、阮、山三人的年龄均超过王弼，向秀年辈则与王弼接近。这四人在正始时期均无重要事迹值得称述。唯在正始以后的恐怖时期，清谈受到压制，嵇康等人的论著及其音乐活动才开始引人注目。人们早已了解到嵇、阮两人卓有文学成就，《文心雕龙》贬低"何晏之徒"的诗歌"率多浮浅"，称赞嵇、阮之诗"清峻""遥深"。至于嵇康的琴乐演奏及其音乐理论，更非正始名士所能比拟。正始名士所表现出来的参政愿望及其政治才干，在竹林名士的身上很难见到，嵇、阮等人在政治上的消极态度绝非始于"高平陵事变"，而是一贯的。嵇、阮等人的文艺活动也绝非从"高平陵事变"之日才开始，也是在早期生活里积学而成的。正始名士热衷于政治与贵无之学，竹林名士喜好文学艺术及个体的修养及哲理，其对比显示出正始玄学是注重群体的哲学，这种哲学的宗旨在于促成社会政治的总体性的改进；竹林玄学是偏重个体的哲学，这种哲学的宗旨在于实现个人精神境界及生活情趣的提高。其中差别的缘由可能与政治环境有关，但不全系由于环境，亦以性格的培养为关键的要素。假若何晏、王弼生活于竹林时期，可能一无所成，竹林名士的性格、专长更适应正始以后、西晋以前社会政治环境的需要，唯其如此，才会在文化领域有卓越的成就。

## 四　曹魏政局以及竹林名士集团的同步演变

竹林名士结成集团，是对政局变化的反应。而自魏少帝齐王芳嘉平元年至元帝景元元年，司马氏与曹氏残余势力的冲突愈演愈烈，竹林名士的思想及其集团性格也随之波动，大致可分为嘉平时期、高贵乡公时期和景元时期。在嘉平时期，七贤聚集于山阳以作出象征性的不合作的姿态。在高贵乡公时期，阮籍、山涛采用"朝隐"的做法，继续其不合作主义的策略；嵇康则交结吕安等义士，参与了曹氏反对司马氏的阴谋活动。在魏元帝景元时期，曹氏反抗司马氏的一切努力均告失败，竹林名士才真正地分裂，山涛成为司马氏的党羽，嵇康被害，阮籍或因绝望而病死。

## （一）嘉平时期

魏少帝齐王芳正始十年正月，发生"高平陵事变"，司马懿杀曹爽、何晏、邓飏等人，使"名士减半"。同年四月改元嘉平，开始了嘉平时期。可能在嘉平元年，嵇康、阮籍、山涛、向秀等人即聚会于山阳，作出象征性的不合作的姿态。由于司马懿对不掌握实权的名士尚能容纳，竹林名士尚未对司马氏构成威胁，故"竹林之游"呈世外隐者气象。

说司马懿无意干涉"竹林之游"，有两个证据。其一，《世说新语·言语篇》记载，李喜敢于拒绝司马懿的辟举，指出司马懿对隐处的名士能"以礼见待"，故名士亦可"以礼进退"而拒绝合作。其二，据《魏志·夏侯玄传》裴注所引《魏氏春秋》，夏侯玄曾评论司马懿："此人犹能以通家年少遇我"，至于司马师和司马昭，"不吾容也"。两例表明，在嘉平元年至三年的司马懿专权时期，竹林名士的聚集不会受到镇压。当然，这并不是说司马懿对异己势力不够残酷，《晋书·宣帝纪》记司马懿平定公孙渊之时"大行杀戮"，诛曹爽时"支党皆夷及三族，男女无少长，姑姊妹女子之适人者皆杀之"，确为"猜忍"与"狼顾"至极。然而在嘉平前期，曹氏集团的势力尚在，朝中有夏侯玄、李丰等人窥伺其间，外镇有毌丘俭、诸葛诞等人拥兵自重，司马懿无暇顾及七贤及李喜之类，使七贤安然度过了一段惬意的时光。

到魏少帝曹芳嘉平三年四月，发生了一起非常事件。当时司马懿了解到太尉王凌密谋起兵，遂亲率大军东征。五月，王凌自杀，一起内战的阴谋尚未实行便破灭了。王凌的密谋从嘉平元年即已开始，到失败时已有三年之久，但参与密谋的人为数很少，七贤听到风声时，王凌恐已不在人世了。这事对七贤的刺激也不会很大，因为王凌企图罢废少帝曹芳，拥立楚王曹彪为帝，置朝中名士夏侯玄、李丰于不顾。曹芳是正始名士所拥戴的君主，夏侯玄是正始至嘉平时期朝野名士心目中的偶像，他们被政变者抛在一边，绝不是嵇、阮等人所能接受的。可想而知，七贤在王凌自杀的前后，不会受到震动。

在王凌死后两个多月，司马懿病死，由司马师继承他的权力，就任大将军，控制朝政。自嘉平三年至五年，司马师"命百官举贤才，明少长，恤穷独，理废滞"，"朝野肃然"（《晋书·景帝纪》），为保持权力、树立威信、提高声誉进行了一系列的努力。凡初握大权，宜保持局面稳定，不宜多行杀戮，司马师执政的前两年即如此。在这两年里，七贤得以平安度过，渐有了隐士或名士的美誉。

上文已指出，七贤在正始时期的声誉远不及何晏、邓飏、王弼等人，尚未真正成为名士。他们的成名定是在嘉平元年至五年间，这时清谈沉寂，名士的政治活动受到扼制，七贤在山阳的象征性的不合作姿态变得引人注目，声誉渐高。当时士人可能将七贤看成隐者之流，其实嵇、阮两人是有官职的。《世说新语·德行》刘注引《文章序录》说："康以魏长乐亭主婿，迁郎中"，其中的"迁"字显示出嵇康在担任郎中前曾任他职。嵇康在正始三年始"弱冠"，又未以"夙慧"见称，初仕当在正始三年以后，成为郎中可能在正始末期。又《魏志·王粲传》裴注引《魏氏春秋》说："爽诛，太傅及大将军乃以［阮籍］为从事中郎。"《晋书·阮籍传》说："宣帝为太傅，命籍为从事中郎。及帝崩，复为景帝大司马从事中郎。"可见阮籍在嘉平元年至三年担任太傅司马懿属下的从事中郎，在嘉平三年以后担任大将军司马师属下的从事中郎。史书不见有嵇、阮弃官的记载，则嘉平期间嵇、阮两人一直是担任官职的。他们若有隐士的名声，一定是由于在山阳公国聚会的缘故。

### （二）高贵乡公时期

高贵乡公髦为魏帝的时期，司马氏与曹氏残余势力的冲突愈加激烈，爆发了两次内战，杀伐极为残酷。这一时期由一次政变和废立开始，以另一次政变和废立告终，司马氏与曹氏的抗争犹如生死决斗，颇具戏剧性。高贵乡公具有英雄性格，曹氏集团的两次起兵很可能都由他暗中指使，而他本人自杀性的出讨行动标志着这一时期的结束。七贤的政治立场仍倾向于曹氏一方，但激烈的程度有所不同，嵇康结交义士吕安，直接参与了反抗司马氏的活动；阮籍和山涛走上"朝隐"的道路，保持着温和的不合作主义的姿态。学人多以为七贤在这一时期已然分裂，是有些夸张的。阮籍和山涛在这一时期仍有可能到山阳与嵇康等人聚会，他们的基本思想仍是一致的。

这一时期的序幕，是嘉平六年李丰等人的未遂政变。魏少帝齐王芳嘉平六年（254）二月，中书令李丰与皇后父张缉合谋，要发动政变诛司马师，由夏侯玄代为大将军并控制朝政。因消息泄露，李丰先被司马师杀害，夏侯玄、张缉等人下狱，被加以"大逆不道"及"颠危社稷"的罪名，都被处死，"夷三族"。同年九月，司马师废少帝齐王曹芳。十月，立高贵乡公髦为帝，改元为正元元年。在这一连串的事变当中，正始名士的精神领袖夏侯玄终于死去，正始名士所拥戴的皇帝被废黜，造成的震动不亚于"高平陵事变"。竹林名士在此之前可能还对时局抱有希望，到此时则有希望破灭之感。阮籍在此时作了《首阳山赋》，情绪极为低落。在司马师的压力之下，竹林名士的政治态度稍有分歧，开始走向不同的方向。阮籍的办法是继续"朝隐"，他在高贵乡公即帝位后受封为关内侯，官职升为散骑常侍。山涛则由隐处改为出仕，他谒见司马师，应举为秀才，担任郎中。阮、山二人或升迁，或初仕，并非政治上的基本立场有所变化，而是迫于压力，在对付司马氏的策略上作了调整。《世说·言语篇》引李喜说，司马师逼名士出仕，乃"以法见绳"。李喜应召是"畏法而至"，阮籍、山涛也是如此。嵇康为人刚烈，仍是拒不出仕。向秀依附嵇康，两人又结交了义士吕安。① 嵇、向等人为何未遭受迫害呢？显然是由于阮、山两人出仕的缘故。阮、山的出仕掩护了嵇、向的活动，司马氏看到嵇、向二人仍与阮、山两人来往，自然会以为嵇、向寓居山阳是无足轻重之事。附带指出，今人多以为山涛出仕即同于投靠司马师，这恐怕是误会。据《晋书》本传，山涛在景元二年以前历任郎中、骠骑将军王昶从事中郎及赵国相，官职不高，与司马氏的关系亦较之阮籍疏远。如果说阮籍一直未真正与司马氏合作，我们又如何能责备山涛呢？山涛在魏元帝景元二年（261）始为尚书吏部郎，接触司马氏的权力中枢。至景元五年，嵇康、阮籍已去世，曹氏势力均

---

① 王戎、刘伶及阮咸此时如何，无法考证。由于这三人在七贤中处于次要地位，暂可不论。

已不存，山涛才得司马昭重用，去监视邺地的曹氏诸王公。可以肯定，在景元二年以前，山涛与阮籍一样，也是借担任官职以避免迫害，暗中坚持其不与司马氏合作的立场。

高贵乡公正元二年正月，毌丘俭、文钦在淮南起兵，司马师亲率大军征讨，留司马昭镇守洛阳，一场较大规模的内战爆发了。竹林名士在这时如何行动，是一个备受近现代学者注目的问题。《魏志·王粲传注》引《世语》说：

> 毌丘俭反，康有力，且欲起兵应之。以问山涛，涛曰不可。俭亦已败。

东晋孙盛《魏氏春秋》和干宝《晋纪》根据这条记录，都说："正元二年，司马文王［昭］反自乐嘉，杀嵇康、吕安。"《魏志·王粲传》裴松之注力辩其非，指出嵇康、吕安在景元年间尚存，孙盛、干宝"盖缘《世语》云康欲举兵应毌丘俭，故谓破俭便应杀康也"。裴氏将《世语》与孙盛、干宝著作区别对待，仅驳正孙、干之误，未说《世语》有误，这种学术态度是严谨的。遗憾的是，近现代学者对《世语》此项记载多有怀疑，人们不理解嵇康一介书生如何会有起兵的可能。《晋书·嵇康传》载钟会谮辞："康欲助毌丘俭，赖山涛不听。"这更使人怀疑晋人关于嵇康欲应毌丘俭的说法原出自钟会的诬陷。今按《世语》作者为郭颁，《世说新语·方正篇注》说："郭颁，西晋人，时世相近，为《晋魏世语》，事多详核。孙盛之徒皆采以著书"，则《世语》佚文的可信程度当超过孙盛、干宝著作的佚文。另外，尚可举出几条理由支持《世语》关于嵇康欲应毌丘俭的记载。第一，毌丘俭起兵一事与王凌之谋有很大的不同，王凌试图废立、迁都，置魏帝曹芳及夏侯玄等人于不顾，毌丘俭则原"与夏侯玄、李丰等厚善"（《魏志》本传），他的同谋文钦原为"曹爽之邑人"，这次起兵是曹爽、夏侯玄集团残余势力的第一次征讨，应当受到当时名士的普通支持。第二，毌丘俭起兵时向少帝高贵乡公上奏表云：

［司马］懿每叹说齐王自堪人主，君臣之义定。奉事以来十有五载，始欲归政，按行武库，诏问禁兵不得妄出。师自知奸慝，人神所不佑，矫废君主，加之以罪。……陛下践阼，聪明神武，事经圣心，欲崇省约，天下闻之，莫不欢庆。而师不自改悔，修复臣礼，而方征兵募士，毁坏官内，列侯自卫。陛下即阼，初不朝觐。陛下欲临幸师舍以省其疾，复拒不通，……

这道奏章既表示对司马师废黜齐王曹芳一事的谴责，又表示对高贵乡公的拥戴，正合乎正始至嘉平期间名士阶层的立场。毌丘俭定会将他的意图广泛宣扬，竹林名士不会不知，嵇康若有机缘，如何会不予支持呢？第三，毌丘俭起兵很可能受到少帝高贵乡公的暗中支持。据《魏志·本纪》记载，高贵乡公髦"少好学，夙成"，注引《魏氏春秋》说："公神明爽俊，德音宣朗。"钟会对他的评价是："才同陈思，武类太祖。"这样的人物为帝，定会有所作为，没有他的暗中授意，毌丘俭恐不敢贸然从事。况且在毌丘俭失败后，司马师在许昌病死，司马昭赴许昌接替他的权力，高贵乡公命司马昭留镇许昌，命尚书傅嘏率六军还京师洛阳（见《魏志·钟会传》及《晋书·文帝纪》），是剥夺司马氏兵权的巧妙的措施。可惜司马昭违背诏命，率军归洛，使一次重振魏室的努力付之东流。甘露元年，亦即在毌丘俭失败的一年之后，高贵乡公大宴群臣，公然提出新见："自古帝王……未必创业者皆优，绍继者咸劣也。"于是称赞"少康、殷宗中兴之美"，胜过创业的汉高祖。这可以说是一席鼓吹魏室中兴的宣言，而且这宣言竟赢得群臣"悦服"（均见《魏志》本纪裴注所引《魏氏春秋》），使曹氏集团在舆论上获得支持。假若毌丘俭起兵是高贵乡公所掀起的魏室中兴运动的一部分，那么嵇康等人若是不准备配合毌丘俭倒是奇怪的。当然，嵇康手无兵权，似无起兵的能力，然而曹操时期魏讽也没有掌握军队，尚能聚众作乱，嵇康身为名士，为何不能召聚徒众与毌丘俭相呼应呢？召聚徒众而与司马氏的大军对抗，无疑是危险的和不切实际的，但嵇康既以"性烈"著称，偶有冒险精神完全是可能的。这种冒险被山涛阻止，也完全是合乎情理的。

了解到嵇康试图响应毌丘俭有可能是实情，而不论是毌丘俭的军事活动还是嵇康的活动，都可能是高贵乡公"魏室中兴"运动的一部分，那么嵇康为何出现在太学里便可以理解了。《世说新语·言语》刘注引嵇康子嵇绍《赵至叙》说：

> ［赵至］年十四，入太学观。时先君在学，写石经古文，事讫，去，遂随车问先君姓名。先君曰："年少何以问我？"至曰："观君风器非常，故问耳。"先君具告之。……［赵至］年十六，遂亡命，径至洛阳，求索先君不得。至邺，沛国史仲和是魏领军史涣孙也，至便依之，遂名翼，字阳和。先君到邺，至具道太学中事，便逐先君归山阳经年。

文中"先君"是对嵇康的尊称，赵至十四岁时在太学见到嵇康，很值得注意。《晋书》本传说赵至卒于"太康中"，"时年三十七"，刘汝霖由此考证，推断赵至十四岁时为魏少帝高贵乡公甘露二年（257）（见《汉晋学术编年》卷七）。不论这考证是否精确，可大致上肯定赵至初见嵇康是在甘露年间，地点是洛阳太学。高贵乡公正元二年毌丘俭起兵并遭到失败，次年改元为甘露，高贵乡公于甘露元年二月大宴群臣，鼓吹"中兴"；同年四月"幸太学"，非难支持司马氏的王肃经学，与太学群儒展开引人注目的讨论。高贵乡公甘露二年，诸葛诞在淮南之地起兵，司马昭挟持太后及少帝高贵乡公率大军征讨，到甘露三年二月才攻陷寿春，斩诸葛诞，嵇康在这期间往返于洛阳太学与邺之间，邺又是曹氏诸王公聚集之地，可见嵇康对于高贵乡公的"中兴"大业是积极参与的。郭颁《魏晋世语》说："毌丘俭反，康有力，且欲起兵应之"，其中"起兵应之"是嵇康未遂之谋，"有力"则是嵇康实际作出的贡献。

在高贵乡公时期，嵇康参与曹氏"中兴"事业大约都是同向秀、吕安共事。《世说新语·言语篇》刘注引《向秀别传》说："康被诛，秀遂失图，乃应岁举"，这话显示向秀追随嵇康是有所图谋的，这种图谋在诸葛诞失败、高贵乡公被弑以后尚未打消，在高贵乡公时期应更加积极。《魏志·王粲传》裴注引《魏氏春秋》说，吕安"至烈，有济世志力"，则吕安参与反司马氏的活动应较之嵇康更为踊跃。至于阮籍、山涛，则仍取"朝隐"姿态，暗中同情嵇、吕等人的努力，在嵇、吕未铤而走险时予以保护，在嵇、吕将欲挺身入险时予以阻止。《魏晋世语》说："毌丘俭反，康有力，且欲起兵应之。以问山涛，涛曰不可。"山涛未阻止嵇康的一般性的"有力"，仅阻止"起兵"之举这种做法正好反映了山涛与阮籍共同的政治态度。

甘露五年五月，高贵乡公髦见"中兴"的一切努力均告失败，"威权日去"，不愿再做傀儡，遂做出自杀性的举动，仅率数百人出宫讨伐司马氏，在格斗中被司马氏党羽贾充的部下杀死。这种自杀性的举动并非全无意义，其意义即在于使司马氏处于受谴责的境地，有"弑君"之名，在道德上陷入被动。由于有了这件事，司马氏在魏末西晋时期仅提倡孝道，不敢提倡忠义。在西晋武帝时期，庾纯在朝中公然指斥贾充："高贵乡公何在？"使西晋君臣处于尴尬之中。高贵乡公导演的"中兴"戏剧，由他的自杀性举动而致落幕，嵇康、向秀、吕安的密谋活动也就宣告结束了。

### （三）景元时期

高贵乡公死于甘露五年五月，同年六月，司马昭立常道乡公曹奂为帝，改元为景元元年，在景元时期，竹林名士之间终于分裂，坚决抵制司马氏的嵇康、吕安被处死，向秀被迫出仕。这是竹林名士集团的尾声，在这之后，残存的竹林名士阮籍很快病死，山涛效忠于司马氏，王戎竭力提携王衍，试图恢复玄风，向秀则支持任恺而反对贾充，他们在学术思想方面继续发挥巨大的作用，但已不属于竹林时期了。

考定景元时期嵇、吕等人活动的时间表，当以下述文字为重要依据：

案［山］涛《行状》，涛始以景元二年除吏部郎耳。(《魏志·王粲传》)裴松之注）

一旦确定山涛在曹奂景元二年（261）始为尚书吏部郎，便可确定嵇康在《与山巨源绝交书》中所提到的事件的日期，《书》中说：

> 前年从河东还，显宗、阿都说足下议以吾自代，事虽不行，知足下故不知之。（据戴明扬校本）

由此可知，嵇康"从河东还"在作书绝交的前一年，山涛议以嵇康"自代"又较之"从河东还"略早。嵇康死时钟会为司隶校尉，而景元三年冬季钟会已由司隶校尉升为镇西将军。景元二年，山涛始为尚书吏部郎，建议由嵇康担任山氏原来的职务①。在这之后，嵇康由河东还，听到山涛举荐他任职的消息。景元三年正月以后、冬季以前，嵇康作《与山巨源绝交书》，又调解吕安、吕巽兄弟纠纷，因而下狱被处死。嵇康"由河东还"事在景元二年，而《魏志·王粲传注》引《魏氏春秋》说："大将军（司马昭）尝欲辟［嵇］康，康既有绝世之言，又从子不善，避之河东，或云避世。"则嵇康避地河东当是他晚期的重要经历。《世说新语·栖逸》刘注引《文士传》说，嵇康曾访隐士孙登，"从游三年"，刘汝霖《汉晋学术编年》卷七指出嵇康从孙登游即"避之河东"时的事件，这是可以成立的。那么，应推定嵇康避地河东是从甘露四年开始，至景元二年止，历时近三年。甘露四年（259）为诸葛诞起兵失败的次年，是高贵乡公去世的前一年。这正是曹氏残余势力的反抗活动宣告失败而希望彻底破灭的一年，嵇康在此时走上消极避世的道路，完全是合乎情理的。

有一个问题在这里应当加以解决，司马氏逼迫名士出仕的高压政策，从司马师为大将军始，延续了十年左右，嵇康为何仅在甘露四年才开始"避之"呢？今按司马氏不容许名士不合作的政策，在毌丘俭、诸

---

① 吏部郎即吏部尚书属下的郎官，因吏部负责"选举"，为"选曹"，故吏部郎又名选曹郎。《世说·栖逸注》引《嵇康别传》称："山巨源为吏部郎，迁散骑常侍，举康自代"，与《晋书》不合，《晋书》本传说山涛由吏部郎迁为大将军从事中郎，未提散骑常侍。故应从《魏志·王粲传注》引《魏氏春秋》所说："及山涛为选曹郎，举康自代。"

葛诞两次起兵时最为严厉，如《魏志·刘晔传》裴注引干宝《晋纪》提到刘陶之死：

> 毋丘俭之起也，大将军（司马师）以问陶，陶答依违。大将军怒曰："卿平生与吾论天下事，至于今日而更不尽乎？"乃出为平原太守，又追杀之。

刘陶与司马师为友，司马师尚不容许他不合作，何况嵇康等人呢？又《魏志·常林传》裴注引《晋书》说：

> 诸葛诞反，大将军（司马昭）东征，[泰山太守常]皆坐称疾，为司马文王所法。

可见在诸葛诞起兵之际，司马昭对"称疾"不参与镇压的官员一律处死，措施极为严厉。嵇康在这期间未曾"避之"，是由于他往返于邺、洛阳与山阳之间，如《世说新语·言语篇》刘注所引嵇绍《赵至叙》就提到嵇康先后出现在洛阳太学、邺城和山阳，这在效果上如同"避之"。到甘露四年，曹氏集团势力消灭殆尽，司马氏遂将注意力转向嵇康等人。嵇康此时恰已不再奔波，在山阳处于定居状态，故不得不外出避地。

魏元帝景元二年，吕安遭其兄诬陷，嵇康竭力为吕安辩解，司马昭遂在钟会支持下，借机将嵇、吕二人判处死刑。临刑前，曾有太学生三千人为嵇康请命，事见《世说新语·雅量篇》及刘注所引王隐《晋书》佚文。在太学生为之请命时，山涛、阮籍等人已处窘境。嵇、吕二人去世的次年，亦即景元四年，阮籍去世，去世的原因很可能是在精神受到嵇康被害事件的打击。景元五年，钟会举兵反，山涛始得司马昭重用，到邺城去监视曹氏王公。司马昭此举明显在利用竹林名士对钟会的仇恨，山涛真正成为司马氏的臣属，应从此时开始，这也就是说，竹林名士及其玄学的时期至迟应延续到嵇康被害之年。

## 五 嵇康及其著作

关于嵇康其人，上文已有很多论述，不过在这里还应简单提一笔。嵇康，字叔夜，生于魏文帝黄初四年（223），卒于魏元帝景元三年（262）。关于纯粹是魏人的嵇康，唐修《晋书》有详细的传，而《三国志·魏志》仅于《王粲传》之后提了几句："时又有谯郡嵇康，文辞壮丽，好言《老》《庄》，而尚奇任侠。至景元中，坐事诛。"按照史书的体例，这也可以勉强算是《嵇康传》，只是太过简略了。东晋史家王隐、虞预各撰《晋书》，都详载嵇康事迹；东晋孙盛《魏氏春秋》记述嵇康生平经历又详于王隐和虞预。记述嵇康之事的东晋著作还有很多，其中有干宝《晋纪》、习凿齿《汉晋春秋》、邓粲《晋纪》、郭颁《魏晋世语》、裴启《语林》、张骘《文士传》、袁宏《竹林名士传》、戴逵《竹林七贤论》、孟氏《竹林七贤传》、孙绰《嵇中散传》等。这些东晋著作虽佚，但从《三国志》裴注、《世说新语》刘注及唐宋类书中尚可见到大量佚文，提及嵇康事迹。记述嵇康之事最详者，当属流传至今的唐修《晋书·嵇康传》。在这当中，越晚的史书记载越详，即便是嵇喜所撰的《嵇康传》，也撰于西晋，较之东晋孙盛《魏氏春秋》的记载稍嫌简略。其所以出现这种情况，当是由于魏末司马氏实行恐怖政策，记述嵇康事迹的风险很大。西晋时嵇喜、陈寿等人略加记载，但因司马氏对嵇康的旧恨尚未完全消解，而且嵇康事迹尚未得到广泛的传扬，故嵇喜、陈寿的记载仅限于一己的见闻，不能详备。时至东晋，王导宣扬嵇康"三理"，史家才综合嵇喜《传》及王戎、山涛、向秀、袁准等人关于嵇康的各种说法。唐初君臣对司马氏多持贬议，故于《晋书》收录详密的《嵇康传》，以示对司马氏"欺伪以成功""奸回以定业"（《晋书·宣帝纪》附唐太宗制文）的嘲讽。魏人嵇康未详载于《魏志》，却入《晋书》，原因亦在于此。上节已辨明嵇康祖先原姓奚（或溪），原籍会稽，后迁至谯国铚县，改姓嵇。嵇康"与魏宗室婚"，可能与父祖迁居谯地有关。曹氏、夏侯氏均为谯人，而嵇康父嵇昭"督军粮，治书侍御史"

（《魏志·王粲传注》引《嵇氏谱》），为曹操部属。《世说新语·德行》刘注引《文章序录》说："康以魏长乐亭主婿，迁郎中，拜中散大夫。"长乐亭主是曹操子沛穆王曹林的孙女，嵇康即曹林的孙女婿。侯外庐《中国思想通史》指出这一点，进而指出何晏妻金乡公主即曹林母沛王太妃杜夫人的女儿，辨明嵇康与何晏都依托于沛穆王曹林之门。这对我们理解嵇康与曹爽、何晏集团的关系是很有意义的。

嵇康在《与山巨源绝交书》里提到自己早年的经历，称自幼"不涉经学，性复疏懒"，"头面常一月十五日不洗"，"又读《庄》《老》，重增其放"，可见嵇康关于《老》《庄》的爱好是自幼养成的，他"越名教而任自然"是自幼至长的一贯立场。正始元年，嵇康十八岁。正始十年，嵇康二十七岁。在此之前，嵇康没有重要事迹值得称述。正始十年正月，发生"高平陵事变"，何晏被杀，"夷三族"，其妻金乡公主及其幼子藏入曹林的王宫，曹林母沛王太妃亲自向司马懿派来搜查的使者乞求，司马懿"特原不杀"（见《魏志·曹爽传》附《何晏传》裴注）。这事对嵇康的刺激一定很大，他遂在正始十年四月改元嘉平以后，到山阳公国去定居，成为竹林七贤的核心人物。上文已围绕嵇康详论七贤事迹，这里只就嵇康的著作稍加论述。

据《隋书·经籍志》所载，嵇康著作有《养生论》《春秋左氏传音》《圣贤高士传赞》和《嵇康集》四种。嵇康的著作多数收入《嵇康集》里，此《集》卷数在历代目录中略有不同。《隋书·经籍志》著录魏中散大夫《嵇康集》十三卷，指出梁代目录著录有十五卷及录一卷。这表明《嵇康集》在梁代原有十五卷及目录一卷，其中有两卷及目录在梁以后佚失。而《旧唐书·经籍志》和《新唐书·艺文志》都著录《嵇康集》十五卷，为何增加两卷是目录学家颇关心的问题，如陆心源《皕宋楼藏书志》说两《唐志》著录十五卷"疑非其实"。我以为，两《唐志》著录十五卷是将《养生论》中附录的向秀《难养生论》等二卷包括在内了。《隋书·经籍志》道家类有一节小注：

梁有《养生论》三卷，嵇康撰……亡。

这三卷当即嵇康《养生论》一卷、向秀《难养生论》一卷和嵇康《答难养生论》一卷。其中《养生论》一卷定收入梁代流传的《嵇康集》书中，另外两卷则为《集》中所无，这就是梁代目录将《嵇康集》与《养生论》分别著录的原因。《隋志》说《养生论》三卷已亡，当是由于这三卷混入养生类的作品，例如《隋志》著录《养生注》十一卷，无撰人名氏，便有可能包括《养生论》三卷。时至唐代，好事者将向秀《难养生论》和嵇康《答难养生论》补入《嵇康集》，使此《集》由十三卷增为十五卷。

北宋《崇文总目》著录《嵇康集》十卷，南宋晁公武《郡斋读书志》、陈振孙《直斋书录解题》及元代《文献通考·经籍考》著录此集均为十卷，明代《文渊阁书目》与《百川书志》，清代钱曾《述古堂藏书目》及《四库全书总目》等亦著录为十卷。由唐代的十五卷减至北宋的十卷，是由于在唐末五代的战乱时期有所佚失，陈振孙在《直斋书录解题》中指出了这一情况："康所著文论六七万言，今存于世者仅如此。"而在元代战乱中，可能又稍散佚。南宋王楙《野客丛书》说，他得到贺方回家藏《嵇康集》十卷，"有诗六十八首"。明代嘉靖年间黄省曾校刻《嵇康集》十卷，为今存各本来源，《四库全书总目提要》说黄本"凡诗四十七篇"，《四库全书简明目录》说黄本"仅诗四十二首"，孙星衍《平津馆鉴藏记》和洪颐煊《读书丛录》都说黄本有诗六十六首，所说黄本诗篇数目虽有不同，却都少于王楙所见。黄省曾校序说："乃校次瑶编，汇为十卷，刻之斋中"，可见黄氏的工作不仅是"校"，还有"编""次""汇"等，他的刻本是辑本，不能看作宋本的翻刻。明代流传的《嵇康集》还有吴宽丛书堂钞本、程荣校刻本、汪士贤《二十一名家集》本、张溥《汉魏六朝百三名家集》本，内容与黄本大同小异，价值都在黄本之下。不过应当指出，《嵇康集》宋本的主要内容，都已包括在明本之中了。例如王楙《野客丛书》提到嵇康《与山巨源绝交书》《与吕长悌绝交书》《养生论》《难养生论》《答难养生论》《宅无吉凶摄生论》《难宅无吉凶摄生论》《难自然好学论》《管蔡论》《释私论》《明胆论》等，均见于现存明本。鲁迅和戴明扬分别校理明清各本，成就颇大，前者以吴宽本为底本，后者以黄省曾本为底本，均附有关于历代史志书目著录情况及嵇康佚文的考辨。

鲁迅与戴氏校本虽精，犹有未尽，两者都忽略了袁宏《后汉纪》所引嵇康的文字。袁《纪》卷九引嵇康《声无哀乐论》数百字，可校正黄、吴诸本的一些错误，例如黄、吴诸本云：

> 和心足于内，和气见于外，故歌以叙志，舞以宣情。然后文之以采章，照之以风雅，播之以八音，感之以太和；导其神气，养而就之，迎其情性，致而明之，使心与理相顺，和与声相应。合乎会通，以济其美。

而袁《纪》引文云：

> 和心足于内，则美言发于外，故歌以叙志，舞以宣情。然后文之以采章，昭之以风雅，播之以八音，感之以太和；导其神气，养而就之；迎其锐情，致而明之；使心与理相顺，言与声相应。合乎会通，以济其美。

其以"和心"与"美言"对举，一足于内，一发于外，胜过黄、吴诸本之以"和心"与"和气"对举，可见"美言"是原文，诸本作"和气"有误。袁氏引文"心与理相顺，言与声相应"文义通畅，黄、吴诸本作"心与理相顺，和与声相应"则不可解。诸本"照之以风雅"句中的"照"字，张本作"昭"，《北堂书钞》亦引作"昭"，戴明扬校注已指出这一点，而袁氏引文正作"昭之以风雅"。"昭"改为"照"。是晋人避司马昭讳，而嵇康与司马昭相敌对，在嵇康文中避司马昭名讳是不合情理的，故袁氏引文作"昭"合乎嵇康文章原貌。

黄、吴诸本云：

> 古人知情之不可放，故抑其所遁，知欲之不可绝，故因其所

自。为可奉之礼，制可导之乐。口不尽味，乐不极音。

袁《纪》引文则云：

> 古人知情不可放，故抑其所通；知欲不可绝，故因以致杀。故为可奉之礼，制可遵之声也。口不尽味，耳不极音……

袁氏引文"抑其所通"优于诸本"抑其所遁"句，《周易》爻情的交感常被称为"交通"，情之所通亦即情之所感，"抑其所通"即所谓抑制情感，而"抑其所遁"则难以解释。袁氏引文称"口不尽味，耳不极音"，"口""耳"对举，"味""音"对举，极为允恰，而诸本写作"口不尽味，乐不极音"，则嫌晦涩。

《声无哀乐论》采用主客辩论形式，嵇康自称"东野主人"，与他敌对的客方则称"秦客"。这"秦客"是否真有来历，原为何人，是个长期未获解决的问题。今按嵇康之友均非秦人，其中仅王戎幼年在秦地生活过，他的父亲王浑为凉州刺史，封贞陵亭侯。王戎在嘉平元年只有十六岁，他显然是先在凉州成长，后至山阳参与竹林之游。凉州原名雍州，即战国时代秦国所在地，《晋书》本传说王戎为琅邪郡人，是就祖籍而言的，与其出生地全然无关。若着眼于幼年生活地域，王戎便可说是一位"秦客"。王戎自称"与［嵇］康居山阳二十年"，与嵇康议论音乐问题是很有可能的。从嵇、王两人的关系来看，《声无哀乐论》当作于嘉平元年以后。

《嵇康集》收有《明胆论》，先引述"吕子"的见解，然后阐发长篇的驳论。"吕子"即吕安，考虑到嵇、吕交结事在嘉平以后，可以肯定《明胆论》的撰作时间不得早于嘉平末年。根据同样的道理，可以推测嵇康与向秀辩论养生问题的三篇论文也作于嘉平以后，因为嘉平年间嵇康主要是与阮籍、山涛二人交往。

《嵇康集》中议论"宅无吉凶"的论文最为难解。阮侃先作《宅无吉凶摄生论》，嵇康作《难宅无吉凶摄生论》，阮侃又作《释难宅无吉凶摄生论》，嵇康又作《答释难宅无吉凶摄生论》。《嵇康集》中的文章多有辩论的性质，而论辩之循环往复，以"宅无吉凶"之辩最为激烈。阮侃以为"宅无吉凶"，嵇康则力证"宅有吉凶"。居宅有无吉凶的问题在中国古代学术中属数术一类，不甚重要。嵇康既以"性烈"著称，志在抗拒司马氏，本应富于牺牲精神，为何注重于宅之吉凶呢？推敲之下，觉得最合情理的解释，在于将"宅有吉凶"的考虑同七贤隐居山阳一事联系起来。七贤都不是山阳人，他们选择山阳为隐居之地，自然要经过一番斟酌，在这"卜居"的过程中，发生"宅有吉凶"或"宅无吉凶"的争执，不是很自然么？上文已指出七贤所处的山阳公国是汉献帝禅位之后的封地，这封地保留汉代制度，在曹魏一代有相对的独立性。七贤到山阳去做隐士，具有拒绝臣服司马氏所控制的魏朝的意义。而嵇康《难宅无吉凶摄生论》正好指出：

> 夫危邦不入，所以避乱政之害。

这话明白指出司马氏所控制的魏朝是"危邦"，司马氏专权行政是"乱政"，七贤占卜并议论隐居地的吉凶，正是根据"危邦不入"的原则，去做山阳公国的子民。可见关于"宅无吉凶"或"宅有吉凶"的四篇论文，都作于七贤即将会聚于山阳之时。

《嵇康集》所收《管蔡论》，为管叔、蔡叔辩诬，公认是影射毌丘俭起兵失败之事，当作于魏少帝高贵乡公甘露年间。《集》中所收《释私论》以"君子无私"为主题，论证君子"以无措为主"，"无措"即"无措乎是非"，具体言之即"越名教而任自然"。按照这样的标准，司马氏便不得称为"君子"。《释私论》所谓"君子无私"，是"为身而系乎私"的反命题，按照这"无私"的说法，司马氏更不能称为"君子"。可见《释私论》作于嘉平元年以后，是直接抨击司马氏的作品。

《嵇康集》所收《太师箴》，主题是"明帝王之道"[①]。其所谓"帝王

---

[①] 为《晋书·嵇康传》语。

之道"大致是沿袭道家传统思想，说明尧以前的政治"默静无文，大朴未亏"，到后王时"德衰"，"大道沉沦"，主张帝王"唯贤是授，何必亲戚"。而在这些正面的规谏之中，举出"下疾其上，君猜其臣"的反例，抨击臣下"骄盈肆志，阻兵擅权"，指出"刑本惩暴，今以胁贤"，批评的锋芒显然是指向司马氏的。《太师箴》的撰作时间无疑是在嘉平元年以后，很可能是在高贵乡公时期。因为仅在高贵乡公正元、甘露年间，嵇康才变消极避世而为积极救世，才有可能写出这种正面阐述统治理论的文章。

《嵇康集》中的《难自然好学论》当作于嘉平以后，此《论》的辩难对手张辽叔不在七贤之内，可能是嵇康晚期结识的人物。至于《与山巨源绝交书》，上节已指出是作于魏元帝景元三年。《与吕长悌绝交书》亦作于此年。《嵇康集》尚有《琴赋》《卜疑集》《家诫》等，撰作时间不详。嵇康还有一些佚著，如《琴赞》《酒赋》《圣贤高士传赞》《春秋左氏传音》等，戴明扬曾辑其佚文，加以考辨，见《嵇康集校注》的附录部分。

## 六　阮籍著作

阮籍，字嗣宗，陈留郡尉氏（今河南尉氏）人，生于汉献帝建安十五年（210），卒于魏元帝景元四年（263），一生经历建安、魏文帝、明帝、齐王芳、高贵乡公、元帝六个时期，在嘉平元年已四十岁。其父阮瑀为建安七子之一，曾从学于蔡邕，作诗称赞隐士，作赋提倡"止欲"，认为"筝之奇妙"，"冠众乐而为师"，又作《吊伯夷文》，均见于《建安七子集》[①]。阮籍平生喜好《老》《庄》，善以"啸"的形式抒发情感或表达志意，在文学方面有很高的成就。只是在近数十年，学界才注意到他在哲学方面的成就也是很重要的。在七贤当中，他一贯采取"朝隐"的方式，于魏齐王芳正始八年一度为尚书郎，于嘉平元年出仕太傅司马懿

---

① 《建安七子集》，俞绍初辑校，中华书局1989年版。

属下的从事中郎，在司马懿死后担任大将军司马师属下的从事中郎，于高贵乡公正元元年升为散骑常侍，受封为关内侯，于司马昭主政期间一度担任东平相，后主动要求担任步兵校尉。他在仕途虽然显达，却"不与世事"，一直未真正地与司马氏合作。他的卒年与嵇康相比只晚一年，显然是因嵇康被杀而在精神上引起巨大的震动。

　　阮籍著作都收入《阮籍集》之内。《隋书·经籍志》著录《阮籍集》十卷，说梁有十三卷、录一卷。由十四卷到十卷的变化，显然是佚失的结果。两《唐志》都著录《阮籍集》五卷，这时的《阮籍集》已散佚过半了。然而奇怪的是，宋代又有十卷本《阮籍集》流传，如《崇文总目》《郡斋读书志》《直斋书录解题》及《宋史艺文志》著录此《集》，均为十卷。我原以为宋代史志书目之著录十卷是抄录《隋志》，而非实有其书，现在看来情况可能更为复杂。阮籍诗文的文学价值，在魏晋南北朝诗文当中出类拔萃，一定是三国以来的各种诗文总集当中必收的一部分。两《唐志》所著录的诗文总集恰有很多，例如有挚虞所编的《文章流别集》三十卷，杜预所编的《善文》四十九卷，谢沉所编的《名文集》四十卷，孔逭编的《文苑》一百卷，梁昭明太子所编的《文选》三十卷，许敬宗等人所编的《芳林要览》三百卷及《文馆词林》一千卷，庾自直所编的《类文》三百七十七卷，宋明帝主持编纂的《赋集》四十卷，虞绰等人所编的《类集》一百一十三卷，颜竣所编的《诗集》一百卷，郭瑜所编的《古今诗类聚》七十九卷，刘义庆所编的《集林》二百卷，谢混所编的《集苑》六十卷，等等。这些诗文总集所收录的何晏、嵇康的著作，可能不多；是否收录夏侯玄、钟会、王弼等人的著作，可能值得怀疑；然而有一点却可以肯定，即对阮籍诗文一般是大量收录的。北宋的编纂者只要从这些总集辑录阮籍的文字，便可轻易地使《阮籍集》由五卷恢复到十卷。

　　元代《文献通考·经籍考》仍著录《阮籍集》十卷，明代万历年间陈第撰《世善堂书目》，也著录《阮籍集》十卷，当是罕见的珍本，今已不存。现存明本以嘉靖二十二年范钦与陈德文校刻本为最早，辑本，仅有二卷，此后有万历、天启间汪士贤所辑刻的《汉魏诸名家集》

本《阮嗣宗集》二卷，又有天启、崇祯年间张燮所编《七十二家集》本《阮步兵集》六卷，以及明末张溥所辑《汉魏六朝百三名家集》本《阮步兵集》一卷，傅增湘《藏园群书经眼录》还提到明天启三年及朴刊本《阮嗣宗集》四卷。诸本以范钦、陈德文本最优，上海古籍出版社于1978年出版李志钧、季昌华等四人校点的《阮籍集》，即以陈、范刊本为底本，以汪、张诸本参校。1987年，中华书局出版陈伯君《阮籍集校注》，校记与注释远较李志钧等校本为详，所收阮籍诗亦稍多。两部通行的校本收录了阮籍《乐论》《通易论》《通老论》《达庄论》《大人先生传》和《咏怀诗》八十二首，这些是阮籍的主要作品。

《乐论》的撰作契机当上溯到魏明帝时期，据《魏志·高堂隆传》记载，魏明帝青龙年间"大治殿舍，西取长安大钟"。高堂隆说这大钟是亡国之器，违反"圣制"。卞兰表示不解："兴衰在政，乐何为也？"高堂隆说："夫礼乐者，为治之大本也"，"政是以平，刑是以错"，因而关系到"存亡之机"。稍后，刘劭作《乐论》，"以为宜制礼作乐，以移风俗"（《魏志·刘劭传》）；阮籍作《乐论》，以为"律吕协则阴阳和，音声适而万物类"；两部《乐论》均由高堂隆、卞兰的争议而起。刘劭历任曹魏武、文、明、齐王四朝，阮籍初仕是在齐王芳正始三年之后，两人议论朝廷礼制，阮籍不应早于刘劭。据《魏志》本传，刘劭《乐论》撰于"明帝崩"之时，则阮籍《乐论》应撰于齐王芳正始元年以后。上章指出夏侯玄《辨乐论》是为驳斥阮籍《乐论》而作，撰作时间在正始五年以前，由此可肯定阮籍《乐论》撰于正始元年至五年。阮籍此文声称"律吕协则阴阳和"，略有申说天人感应学说的意味，夏侯玄论文则有反对天人感应思想的倾向。从这分歧来看，应承认阮籍在正始前期的思想是较为保守的。

阮籍《通易论》《通老论》的"通"字，正与当时的学风有关。东汉今文经学一派往往是每人平生仅治一经，有"皓首穷经"之称；古文经学家则多能兼通各经，注重通义，人称通人，学称通学，使"通"成为学界术语。例如《魏志》本纪说齐王芳"通《论语》"，"讲《尚书》通"，"讲《礼记》通"，隋唐史志著录两晋南朝著作，有《周易疑通》

《通易象论》等。阮集所收《通易论》与《通老论》合乎汉唐学风，颇为可信。而《世说新语·文学篇》刘注引《晋诸公赞》说阮籍撰有《道德论》，乃是关于《通老论》的泛称，因与夏侯玄著作并提，故仅略云："皆著《道德论》。"《通老论》已佚，今本《阮籍集》中《通老论》文字很少，只是辑自《太平御览》的佚文。其中提到"君臣垂拱，完太素之朴；百姓熙怡，保性命之和"，"道者法自然而为化。侯王能守之，万物将自化"，是沿袭先秦道家思想。《论》中提到"三皇依道，五帝仗德，三王施仁，五霸行义，强国任智"，是重复战国秦汉黄老学派的成说。《论》中提到"《易》谓之太极，《春秋》谓之元，老子谓之道"，是采用东汉桓谭的名言。这些在魏晋时代都是老生常谈，可见《通老论》应是阮籍的早期作品，可能作于正始初期。

《通易论》的创新精神多于《通老论》，因为《通易论》所讲的是一种义理之学，先进的程度介于王肃和王弼之间。请看《通易论》的一节文字：

> 阴阳性生，性故有刚柔。刚柔情生，情故有爱恶。爱恶生得失，得失生悔吝，悔吝著而吉凶见。八卦居方以正性，蓍龟圆通以索情。情性交而利害出，故立仁义以定性，取蓍龟以制情。仁义有偶而祸福分，是故圣人以建天下之位，定尊卑之制，序阴阳之适，别刚柔之节。

此节以义理来解《易》，又以义理与性情相对应，显然受了费氏古文义理之学的影响，较之王肃《易》学更为精致。与王弼《易》学相对照，此种见解未提到性、情之间的本末体用关系，未将"性无善恶"的道家人性论引入《易》学，思想建树稍有不足。但《通易论》如此系统地阐述性情卦爻之义，与王弼《易》学已很接近。《通易论》的另一节更值得玩味：

> 庖牺氏……于是始作八卦。引而伸之，触类而长之，分阴阳，

序刚柔，积山泽，连水火，杂而一之，变而通之，终于未济，六十四卦，尽而不穷。……庖牺氏布演六十四卦之变，后世圣人观而因之，象而用之。禹、汤之经皆在，而上古之文不存。至乎文王，故系其辞。

这段话从表面上看来像是因袭《淮南子·要略》，其实不然。《淮南子·要略》说："伏羲为之六十四变，周室增以六爻"，仍承认六十四卦到周初才产生，与"文王重卦"的旧说大体上一致。而阮籍则说伏羲（庖牺）对八卦"引而伸之"，"终于未济"，而成"六十四卦"。至于周文王的创举，不过是"系其辞"。这种说法认定伏羲为六十四卦的作者，在《淮南子》思想的基础上大大地前进了一步，新义十分突出。然而据《周易正义卷首》，"伏羲既画八卦，即自重为六十四卦"这一新说的发明权属于"王辅嗣等"，以王弼为主，亦有他人参与。阮籍申述这一新义，在"王辅嗣等"中的"等"字外延之内，可见《通易论》的撰作时间与王弼《周易注》接近。《通易论》标榜仁义，赞颂周王，以赞许的语气提到"尊卑之制"，提倡"佐圣扶命，翼教明法"，与正始以后阮籍所表露出来的叛逆精神大异，则《通易论》应撰于正始末期，不可能撰于正始之后。

阮籍在正始以后的主要作品是《达庄论》与《大人先生传》，这两部作品的共同特点，是力图超越礼教，达于自然无为的境地，但这两篇的反抗精神又有强弱的不同。学界目前普遍认为《大人先生传》是阮籍游苏门山受孙登启发而作，《晋书·阮籍传》提到此事，《孙登传》又说晋文帝（司马昭）使阮籍访孙登，"嵇康又从之游三年"。司马昭继任大将军始于高贵乡公正元二年，次年即改元为甘露。嵇康从孙登游，当始于甘露四年，则《大人先生传》的撰作时间是在甘露元年至四年。《传》中因袭《庄子》思想，明确地提出"无君而庶物定，无臣而万事理"的见解，对中古君主专制制度持怀疑甚至否定的态度，这在玄学史上是很可贵的。另外，《世说新语·栖逸篇》刘注引《魏氏春秋》说，阮籍游苏门山，与苏门隐者"谈太古无为之道，论五帝三王之义"，隐者不答。

阮籍长啸，隐者遂"逌尔而笑"，"喟然高啸，有如凤音"。这种"谈太古无为之道"的做法也表现在《达庄论》中，例如《达庄论》讥庄周"犹未闻夫太始之论，玄古之微言"，这证明《达庄论》作于阮籍会见孙登之前，是在魏嘉平、正元年间产生的。

阮籍未像嵇康那样激烈地反抗司马氏集团，而一贯循由"朝隐"的道路，故谨言慎行，避免迫害，如《世说新语·德行篇》刘注引李康《家诫》说，司马昭曾指出："天下之至慎者，其唯阮嗣宗乎！每与之言，言及玄远，而未尝评论时事，臧否人物，可谓至慎乎！"这种谨慎的作风使情感受到压抑，不能不以怪诞的方式来发泄，阮籍过度酗酒，原因即在于此。《世说新语·栖逸篇》刘注引《魏氏春秋》说："阮籍常率意独驾，不由径路，车迹所穷，辄恸哭而反。"正是在这种难以遏止的激愤的心情下，他写下了沉郁的咏怀诗八十二首，并以长啸的形式抒发情志。阮籍在文学艺术方面的造诣远超过他在哲学与政治学方面的才能，他的《通易论》与《达庄论》的理论系统远不如王弼、郭象精致，文采则过之。阮籍在玄学史上的贡献主要是以文学和音乐的形式来烘托一种形上的精神境界，而不是直接以辨名析理的方式来构筑玄学的思想体系。

## 七　向秀著作

向秀，字子期，河内郡怀县（今河南武陟）人，生卒年不详，陈直《对于南京西善桥南朝墓砖刻竹林七贤图的管见》考证"向秀之死当在［晋］武帝之时"[①]。今按《世说新语·任诞篇》列举七贤依年岁排列，向秀在阮咸与王戎之间。王戎在嘉平元年仅十六岁，年寿最高，卒年最晚。阮咸则病卒于晋武帝泰始十年（274）荀勖制律之后，事见《晋书·律历志》及《世说·术解》。向秀以寿终，卒年不得早于晋武帝咸宁元年（275）。又据《世说新语·赏誉篇》刘注所引《竹林七贤论》，

---

① 陈直：《文史考古论丛》，天津古籍出版社1988年版，第493页。

向秀之子一为侍中，一为御史中丞，在永嘉五年洛阳陷没时死于战乱。两子未以"夙慧""早仕"见称，在永嘉五年（311）应在三十岁至四十岁，《世说新语·文学篇》又说向秀死时二子尚幼，则向秀卒年不得迟于咸宁五年（280）。这样，可确定向秀卒于晋武帝咸宁年间（275—280）。

现在所知的向秀事迹，主要是见于《世说新语》刘注所引《向秀别传》等著作以及《晋书》本传。向秀"弱冠"（二十岁）时曾撰《儒道论》，"弃而不录"。其所以如此，可能是由于《儒道论》撰于嘉平元年以前，在"高平陵事变"的震动之下，向秀的思想一定像阮籍一样发生剧变，对他的早期作品自然不屑一顾了。向秀与山涛同郡，先受到山涛的赏识。在嘉平年间，通过山涛结识了嵇康等人。在嘉平以后，向秀与嵇康的友情趋于密切，两人又结识了吕安，进止无不同，营生亦不异，"常与嵇康偶锻于洛邑，与吕安灌园于山阳"，以供酒食之费。三人显示出"拔俗之韵"，因而随嵇康而成名。

《世说新语·文学篇》刘注引《向秀别传》说："秀与嵇康、吕安为友，趣舍不同。嵇康傲世不羁，安放逸迈俗，而秀雅好读书。二子颇以此嗤之。"就是说，嵇康、吕安首先是名士，他们将学术当成次要的事来对待，而向秀才是真正的学者，他最看重的不是政治，而是阐发学理。过去学界着眼于嵇、向两人的不同性格，常注重两人著作中的思想歧异，以为嵇康试图"越名教而任自然"，向秀则在自然与名教之间进行调和。然而有一项材料大家都忽略了，那就是上述《向秀别传》所说的：

> 后［向］秀将注《庄子》，先以告康、安，康、安咸曰："此书讵复须注？徒妨人作乐事耳！"及成，以示二子。康曰："尔故复胜不？"安乃惊曰："庄周不死矣！"

其中嵇康"尔故复胜不"一语颇难解，此句若为向秀所说，文义便可通畅了。而《晋书·向秀传》的记载正好可以支持这一推测，《传》中说：

> 始，秀欲注，嵇康曰："此书讵复须注？正是妨人作乐耳！"及成，示康曰："殊复胜不？"

此处"尔故复胜不"一句写为"殊复胜不"，指明是向秀对嵇康所讲的话，《世说》刘注引书当成嵇康所说，定是有误。然而这错误如何更正呢？若删去"二子"两字，变成"以示康曰：'尔故复胜不？'安乃惊曰：'庄周不死也！'"其中"尔故复胜不"的意思明白了，而向秀质问嵇康，回答的却是吕安，不合古代史书记事的习惯。如果删去"康"字，变成"以示二子"，则嵇康之名竟始终未出现，与《晋书》"示康曰"的记录有很大的抵触。再三斟酌，觉刘注所引《向秀别传》的文字应校改如下：

> 后秀将注《庄子》，先以告康、安，康、安咸曰："此书讵复须注？徒妨人作乐事耳！"及成，以示二子曰："尔故复胜不？"康、安乃惊曰："庄周不死矣！"

仅移动一"康"字，文义即刻畅达，可见原文定是如此。如此校读，可见嵇康、吕安对向秀《庄子注》均持赞赏的态度，嵇康对向注的思想是赞同的。

今存《嵇康集》载嵇康《养生论》、向秀《难养生论》和嵇康《答难养生论》，见解完全相反。这会不会妨碍上述结论的成立呢？我以为不会。《晋书·向秀传》说：

> ［向秀］又与［嵇］康论养生，辞难往复，盖欲发康高致也。

按这说法，向秀撰《难养生论》只是想激发嵇康的灵感，带有游戏的性质，而另一材料可支持这一点，《世说新语·言语篇》刘注引《向秀别传》说："［向秀］弱冠著《儒道论》，弃而不录，好事者或存之。或云是其族人所作，困于不行，乃告秀，欲假其名，秀笑曰：'可复尔耳。'"

这项记载表明向秀对自己的作品未必持认真的态度，他对《儒道论》可以"弃而不录"，对《养生论》自然也可以如此。《世说新语·文学篇》刘注引向秀本传云："秀游讬数贤，萧屑卒岁，都无注述。唯好《庄子》，聊应崔譔所注，以备遗忘云。"文中"讬"即依靠，向秀出身贫寒，缺乏机遇，而悟性颇高，因而凭借深厚的理论素养，与有地位的名士交游，常随机应变地撰写文章，激发对方，以博取赏识，赢得机遇。他与嵇康的关系最初也是这样，作《养生论》来刺激嵇康的"高致"，获得友情。相处既久，又反过来受嵇康的影响。《庄子注》是向秀的晚期作品，真正能代表他的思想并能与嵇康思想沟通的，大概只有这部注释。另外，向秀还曾注《易》，因原作散佚，史料缺乏，无法详考。

关于嵇康、吕安死后向秀的事迹，《世说新语·言语篇》刘注引《向秀别传》说：

> 后康被诛，秀遂失图，乃应岁举，到京师，诣大将军司马文王。文王问曰："闻君有箕山之志，何能自屈？"秀曰："常谓彼人不达尧意，本非所慕也。"一坐皆说。随次转至黄门侍郎、散骑常侍。

"失图"两字，表明向秀与嵇康交友是有所图谋的。而在向秀这种"拔俗"的名士，所图未必限于名利，而应包括上文所说的"魏室中兴"的事业。这事业的失败已成定局，故向秀不得不向司马昭表示屈服。《晋书》本传用下面的几句话概括向秀在这以后的经历：

> 后为散骑侍郎，转黄门侍郎、散骑常侍。在朝不任职，容迹而已。

这是否表明向秀像阮籍一样也走上"朝隐"的道路呢？《晋书·任恺传》说：

> 庾纯、张华、温颙、向秀、和峤之徒皆与恺善，杨珧、王恂、

华廙等[贾]充所亲敬，于是朋党纷然。

对这记载，有人说向秀为"奔竞之徒"，不相信他在晋代只是"容迹"；有人说向秀与任恺忠于晋室，仍属君子之流。今按任恺在晋武帝泰始年间是与贾充对抗的首要人物，贾充助司马氏灭毌丘俭、诸葛诞，弑高贵乡公，是玄学家心目中的祸首。泰始年间何晏、嵇康等人不得恢复名誉，玄学不得复兴，与贾充的阻碍作用有很大关系。党附任恺的庾纯曾当面申斥："贾充！天下凶凶，由尔一人！"贾充反驳："有何罪而天下为之凶凶？"庾纯喝问："高贵乡公何在？"（见《晋书·庾纯传》）庾纯为此免职，显然是曹魏时期名士的后继者。党附任恺的和峤"慕舅夏侯玄之为人"，"为政清简"（《晋书·和峤传》），是正始名士的推崇者。党附任恺的张华曾受阮籍赏识，与王戎、裴楷立场接近，在晋史断限问题上支持"泰始为断"的主张，意在维护正始名士及竹林名士的声誉，也是玄学复兴过程中的有力者。如此种种，表明向秀在晋代仍未放弃原有的思想立场，对贾充之流仍持敌对的态度。他支持任恺，是比"容迹"更为可取的。

向秀著作均佚，从《世说新语》刘注、《列子》张注、《文选》李注、《经典释文》、陶弘景《养性延命录》、罗含《更生论》等书中尚可见到不少向秀《庄子注》佚文。这些佚文中的一些文字与郭象注大致相同，使很多人相信《世说新语·文学篇》的说法，以为郭注是剽窃向注。但向秀佚文的有些议论与郭注意趣不同，而且郭象《庄子注》为三十三篇，向秀注本与崔譔注本一致，只有二十七篇，因而"剽窃"之说尚难成立，不能将郭注一概看成向秀的文字。《庄子注》的问题牵涉向、郭两人，佚文的情况更为复杂，将在"玄学的存在论"一章中作进一步的考辨和论述。

## 八　山涛和王戎

竹林七贤中的山涛和王戎无著作流传，他们在晋朝建立以后位高势重,以开国名臣的身份留名于晋史,在《晋书》有传。他们在思想文化方面的主要业绩,不是参与竹林之游,而是在思想史上起一种连接或传递的作用,使正始玄学和竹林玄学延续到晋代。在西晋,正始玄学重放光芒,代表人物是受到山涛和王戎提携的王衍、乐广;在东晋,嵇康的玄学三理成为清谈家的信条,首倡者是王戎的族弟王导。后代学者对山涛、王戎两人多持贬议,或说他们背叛了嵇康,投靠司马氏;或说他们在西晋只知明哲保身,不忠于司马氏。在这里,争论的标准往往不能一致,山、王两人究竟应否坚持竹林之游的立场呢?他们在晋初究竟应否忠于司马氏呢?对这一问题,我们不能屈从中古专制时代的"忠君"的道德规范,也不能过于拘泥中古隐者的评判标准。嵇康等人不是普通的隐者,而是与司马氏相对抗的人物。他们反抗司马氏的道德依据,不在于司马氏要篡夺曹魏政权,而在于司马氏杀戮名士,压制玄学与清谈,在文化上起了很严重的破坏作用,使中国思想与文化步入一段黑暗的时期。假如山涛和王戎能促成玄学的复兴,便合乎嵇康的愿望中最强烈的一部分,在这前提下山涛和王戎是否同司马氏合作,已可看作小节。当山涛、王戎成为西晋朝臣时,他们是否忠于司马氏也不重要,重要的是他们能否在文化上复兴玄学,并促成国家的昌盛。

山涛,字巨源,河内郡怀县(今河南武陟)人,生于汉献帝建安十年(205),卒于晋武帝太康四年(283)。其父山曜只做过宛句令,在山涛早年去世。王戎,字浚冲,琅邪郡临沂县(今山东临沂)人,生于魏明帝青龙二年(234),卒于晋惠帝永兴二年(305),其父王浑为凉州刺史、贞陵亭侯,其祖父王雄为魏幽州刺史。山涛出身贫寒,王戎出身贵族,但两人在参与竹林之游以后的经历却很相似。后人常以为这两人在嘉平末年即已背弃嵇康,这是个很大的误会。山涛在魏齐王芳正始五年四十岁,始任郡主簿、功曹一类的小官。他在正始八年弃官隐退,在嘉平年间参与竹林之游。在嘉平之末,司马师杀夏侯玄、李丰,废少帝曹芳,立高贵乡公髦为帝,改元为正元。山涛这时五十岁,凭借与司马氏的亲戚关系,谒见司马师,从而再次出仕。上文已指出,司马师逼迫名士出仕的政策十分严厉,山涛这次出仕很难说没有苦衷。据《晋书》本传，山涛这次仅担任郎中一职，低微至极。然后转任骠骑将军王昶属下的从事中郎，地位仍远低于阮籍。王昶一直统兵在外，山涛既从属于王昶，便当远离司马氏的权力中枢。在这之后，山涛又改任赵国相。赵国为王国，始建于魏明帝太和六年（232），以曹干为王。赵国相的地位虽高于从事中郎，也不过介于太守、县令之间，不掌兵权，仍远离司马氏的权力中枢，不能说受到司马氏信任。到魏元帝景元二年（261），山涛迁为尚书吏部郎。景元三年至五年，山涛迁为大将军从事中郎（均见《晋书》本传）。大将军从事中郎正是嘉平年间阮籍所担任的职务，嵇康在嘉平年间未责备阮籍担任此职，如何能在高贵乡公死后责难山涛担任此职呢？看来山涛如果不推举嵇康"自代"，嵇康是不会表示绝交的。至于王戎，《晋书》本传所记颇含混："袭父爵，辟相国掾，历吏部黄门郎、散骑常侍、河东太守、荆州刺史。"其中"吏部黄门郎"应是吏部郎、黄门郎二职的省称，《艺文类聚》卷四八引王隐《晋书》说："王戎名位清贵，二十四为吏部郎。"则王戎担任吏部郎是在魏高贵乡公甘露二年（257）。据《晋书·羊祜传》，晋武帝泰始八年，王戎身处羊祜军中，受其管辖，则王戎此时应为荆州刺史。由此推算，王戎为河东太守也在晋朝建立以后，他在魏元帝景元年间的职位，最高不过是散骑常侍，仍低于阮籍之职。再看史书所载山、王二人的表现，对于司马氏灭毌丘俭、诸葛诞以及弑高贵乡公等事，山、王两人一概没有参与。那么，这两人在嵇康死前绝不是司马氏党羽，他们的做法应与阮籍相似，接近于"朝隐"。

在景元五年（264），山涛与司马氏的关系始有变化。《晋书·山涛传》记载了当时的一件事：

> 钟会作乱于蜀，而文帝（司马昭）将西征。时魏氏诸王公并在邺，帝谓涛曰："西偏吾自了之，后事深以委卿。"[涛]以本官行军司马，给亲兵五百人，镇邺。

这段话其实夸大了司马昭对山涛的信赖程度。钟会谋反时，贾充受司马昭委托，"都督关中，陇右诸军事"（《晋书》本传），王沈"持节都督江北诸军事"（《晋书》本传），石苞"都督扬州诸军事"（《晋书》本传），司马遂"督邺城守诸军事"（《晋书》本传），司马伷"监兖州诸军事"（《晋书》本传），司马骏"都督淮北诸军事"（《晋书》本传），军事控制极为严密。山涛"镇邺"不过统兵五百，邺地军权实际上在"督邺城守诸军事"的司马遂手中。司马昭与其说是依靠山涛镇守后方，不如说是表示信任，笼络其心，考验其忠诚与否。另外，钟会为竹林名士之仇敌，司马昭在钟会谋反时笼络山涛，显然是在利用竹林名士与钟会的矛盾。景元五年之后，山涛才逐渐显达，在两晋时期历任大鸿胪、奉车都尉、侍中、尚书、太子少傅、尚书仆射、光禄大夫等，在晋武帝太康四年为司徒，同年去世。

在西晋武帝时期，正始名士的后继者无法与司马氏计较旧日冲突的长短，便将仇恨转移到贾充身上。贾充是司马氏翦除异己、篡夺帝位的首要帮凶，在西晋前期一直坚持敌视玄学家的立场，被玄学家的敌对势力奉为首领，故庾纯曾当面申斥："贾充！天下凶凶，由尔一人！"（《晋书·庾纯传》）山涛和王戎一直是贾充的政敌，这主要表现在几件事上。任恺、庾纯企图夺取贾充的权力，失败而致免职，山涛则支持任恺，举荐他担任河南尹（见《任恺传》）。《世说新语·政事篇》刘注引《晋诸公赞》说：

> 山涛为左仆射，领选。涛行业即与［贾］充异，自以为世祖（晋武帝）所敬，选用之事，与充咨论，充每不得其所欲。好事者说充："宜授心腹人为吏部尚书，参同选举。……"充以为然，乃启［陆］亮公忠无私。涛以亮将与己异，又恐其协情不允，累启亮可为左丞，非选官才。世祖不许，涛乃辞疾还家。亮在职果不能允，坐事免官。

晋朝用人权力归于吏部，山涛、贾充在吏部选用人才的权力上的争夺，堪为西晋武帝时期内政矛盾的缩影。在这过程中，王戎是山涛的支持者，他竭力称赞山涛："如璞玉浑金，人皆钦其宝，莫知名其器。"(《世说新语·赏誉篇》)王戎在晋武帝时期先后为太守、刺史、侍中、光禄勋、吏部尚书，官职较山涛略低，与晋武帝的关系亦较疏远。晋武帝的去世，标志着一个时代的结束，助司马氏篡魏的一批人在当时均已作古，继位的惠帝及太傅杨骏、汝南王司马亮及张华等人对正始名士已无忌恨。王戎遂支持王衍、乐广，在复兴玄学方面发挥了更大的作用。惠帝元康七年，王戎升为司徒，王衍在这前后为领军将军，乐广为侍中（见《晋书·惠帝纪》及《贾谧传》)，形成"二王当朝"的局面。这一局面的形成，意味着玄学已由中衰转而兴盛。

这学风的变化，与山涛、王戎固有的思想主张当然有密切的联系。考察这两人的思想，似介于正始玄学与嵇康学说之间。《晋书》本传说山涛："性好庄老，每隐身自晦。"《世说新语·赏誉篇》载王衍评论山涛："此人初不肯以谈自居，然不读《老》《庄》，时闻其咏，往往与其旨合。"王戎则兼受阮籍与钟会赏识，阮籍年长二十岁而与之为友，钟会则称赞"王戎简要"。考虑到钟会的思想与王弼接近，可以推测王戎的思想倾向兼与王弼、阮籍相通。《艺文类聚》卷四七引王隐《晋书》说，王戎担任司徒时"委任责成，常得无为"，这与晋惠帝时傅咸称颂何晏的奏疏十分相似。山、王两人在西晋时期位居高位，仍未忘竹林时期的旧情，《世说新语·政事篇》记载山涛曾举荐嵇康之子嵇绍，《赏誉篇》记载山涛举七贤之一阮咸为吏部郎。王戎则缅怀竹林之游的情景，有人曾对他称赞嵇绍的风度，他回答："君未见其父耳！"《晋书·乐广传》说："王戎为荆州刺史，闻广为夏侯玄所赏，乃举为秀才。"可见王戎提拔人才颇受正始玄风的影响。在山涛、王戎位居高位的时代，为正始名士恢复名誉是一件更为紧迫的事，为嵇康申冤则稍次要。晋惠帝时掀起关于晋史起年问题的争论，王戎及王衍等人利用贾谧，挫败了使晋史由正始或嘉平起年的企图，使夏侯玄、何晏等人免除了晋朝乱臣贼子的罪名（见本书"引论"）。下节还将谈到，山涛、王戎对王衍的提携，具有促成玄学复兴的意义。

人们常指责西晋的覆亡是由于王衍高唱贵无之故，这使山涛、王戎常处备受后人谴责的地位。然而有一件事可以说明这种谴责是不能成立的,《晋书·山涛传》说：

> 吴平之后,[武]帝诏天下罢军役,示海内大安,州郡悉去兵,大郡置武吏百人,小郡五十人。……[山涛]因与卢钦论用兵之本,以为不宜去州郡武备,其论甚精。于时咸以涛不学孙、吴,而暗与之合。帝称之曰："天下名言也。"而不能用。及永宁之后,屡有变难,寇贼焱起,郡国皆以无备不能制,天下遂以大乱,如涛言焉。

州郡领兵制度应否废除,是一个复杂的问题。其废除此制的宗旨在于简省军备,减轻百姓的负担,这应当是合理的。不过山涛所重视的是"用兵之本",他所要防止的是上上下下的"忘战",这在两晋是极为可贵的主张。假如他的主张得到采纳,西晋的覆亡或许当真可以避免。至于王戎,是平吴之役的晋军将领之一,他当时担任建威将军,"受诏伐吴",吴将三人"各率众诣戎降"。王戎"督大军临江",在渡江之后"绥慰新附,宣扬威惠","荆土悦服"。(均见《王戎传》)在晋惠帝晚期的战乱中,王戎"在危难之间,亲接锋刃,谈笑自若,未尝有惧容"(《王戎传》),而当时他已七十一岁！我们若以为山涛、王戎是脱离实际、空谈误国的文人,那真是太大的误会了。

## 九　中朝名士

袁宏《名士传》提出"中朝名士"的概念,包括裴楷、乐广、王衍、庾敳、王承、阮瞻、卫玠、谢鲲八人,见《世说新语·文学篇》。其中不包括张华、裴頠、郭象等,而有王承,有失公允。今人议论西晋元康、永嘉玄学家,仅举裴頠、郭象,轻视王衍、乐广,亦稍片面。笔者以为,西晋玄学家在元康之初要解决的问题,是如何冲破司马氏、贾充之流对正始玄学的禁锢,使之重放光辉。从当时学术的全局来看,应肯定王衍是西晋玄学史上最有影响的人物，其次是乐广，然后才是郭象和裴頠。"中朝"包括西晋元康、永嘉之时，今以此为题，一并介绍和论述元康时期的玄学和元康以后、西晋覆亡以前的玄学。

王衍，字夷甫，琅邪郡临沂（今山东临沂）人，生于魏高贵乡公甘露元年（256），卒于晋怀帝永嘉五年（311），为王雄之孙，王乂之子，王戎从弟。王衍进入政界与学界，颇有赖于山涛与王戎的提携。《世说新语·识鉴篇》说，王衍谒见山涛，山涛"甚奇之"，叹道："生儿不当如王夷甫邪？"《晋书·王衍传》说，晋武帝问王戎："夷甫当世谁比？"王戎答："未见其比，当从古人中求之。"这些评论加诸一位推崇何晏、王弼而又善于清谈的人物身上，自然会取得支持玄学复兴的效果。

有一件事使王衍容易受到指责。他原本精通纵横家的学说，这种学说正是军界所需要的，于是有人举荐他去担任辽东太守，使他有可能成为边境地域的大吏。但他拒不就职，并从此不论纵横，不提利害，仅限于"雅咏玄虚"。后人指责这种做法是逃避守边的风险，其实在古代政治中，这种做法是可以理解的。因为在西晋武帝时期，担任守边的太守意味着远离政治中枢，而"论道之士"远离政治中枢便失去了前途。据《晋书·王衍传》的记载，王衍对何晏、王弼的贵无之学"甚重之"，大约在惠帝初即位时已公开加以宣扬，"妙善玄言，唯谈《老》《庄》为事"。他除谈《老》《庄》之外，还谈《周易》，如《晋书·阮籍传》附《阮修传》说："王衍当时谈宗，自以论《易》略尽"，即显示出王衍谈论的情况。《晋书·王衍传》记载，王衍谈论"三玄"颇成功，"声名藉甚，倾动当世"。其成功的条件有四。第一，有身居高位的王戎的支持，以及乐广等人的配合。第二，惠帝元康年间讨论"晋史断限"问题，明确规定夏侯玄、何晏、嵇康所生活的时期不在晋史范围之内，从而正式解除了对玄学的限制。第三，王衍"有盛才美貌，明悟若神"，"妙善玄言"，"义理有所不安，随即改更"，在学识、思考能力、口才及外貌风度等方面均属上乘。第四，王衍在惠帝时历任中领军、尚书令、尚书左仆射、司空，在晋怀帝时先后为司徒和太尉，这就是《晋书·王衍传》所说的"累居显职"。具备这些条件，自然使后进之士纷纷"景慕放（仿）效"，"矜高浮诞，遂成风俗"（《王衍传》）。不过应当指出，王衍以为"圣人忘情"（《王衍传》），在学术上接近何晏，对王弼、嵇康等人的学说的了解或有不足。补充其不足的，当是乐广和郭象。

乐广，字彦辅，南阳淯阳人，《晋书》本传记其寿数，《惠帝纪》说永兴元年（304）"尚书令乐广卒"，而中华书局1974年版《校勘记》指出，《通监考异》引《晋春秋》说乐广在晋惠帝太安二年（303）八月"自裁"。今按各书都说乐广因受长沙王乂猜疑而死，而长沙王乂的卒年恰在太安二年十一月，则乐广不可能死于永兴元年，应是在太安二年八月自杀的。《晋书》本传说夏侯玄为征西将军时乐广八岁，则其生年当在魏明帝青龙四年至魏齐王芳正始元年（236—240）。[①]据其本传，乐广八岁时已得夏侯玄称赞："神姿朗彻，当为名士。"其父早卒，乐广年少孤贫，"性冲约，有远识，寡嗜欲，与物无竞"。他以"善谈论"闻名，而他的谈论不像王衍那般华丽，而是"约言析理"。王衍评论说："与人语甚简至，及见广，便觉己之烦。"卫玠问梦，乐广的解释仅有两个字："是想。"卫玠表示怀疑："神形所不接而梦，岂是想邪？"乐广的解答仍主要是两个字："因也。"卫瓘为尚书令时，曾对乐广作出著名的评价："自昔诸贤既没，常恐微言将绝，而今乃复闻斯言于君矣！"由于这一评语，乐广在西晋玄学的地位几与王衍接近。据《晋书》本传，乐广曾担任侍中、河南尹，"所在为政，无当时功誉，然每去职，遗爱为人所思"。在这之后成为吏部尚书左仆射，仕至尚书令。他和王衍的共同特点是"宅心事外，名重于时"，"故天下言风流者，谓王、乐为称首焉"。当然，乐广并非没有缺点，他"不长于手笔"，奏表还要请人代作，虽有精致的创见，却不容易传到后世。另外，他曾针对王澄、胡毋辅之的放达，作出评论："名教中自有乐地，何为乃尔也！"（《世说·德行》）这评论表明他所循由的是夏侯玄、何晏、王弼的思想线路，试图在玄理和礼教之间调和，而对竹林七贤的学术成就的继承或有不足。大概正是由于王衍、乐广的思想有所不足，郭象之学才应运而生。

---

[①] 唐翼明先生所撰《魏晋清谈》（东大图书公司1992年版）就此做了考辨，见书中第221页。

在谈论郭象之前，有必要先提一下裴頠。裴頠，字逸民，河东郡闻喜县（今山西绛县）人，生于西晋武帝泰始三年（267），卒于西晋惠帝永康元年（300）。其祖父裴潜在魏朝为尚书令，父裴秀为西晋开国元勋，官至司空，封巨鹿郡公。因兄早卒，父爵由裴頠继承。在历史上，裴頠首先是一流的政治家，他在贾后专权的时期，支持张华担任司空，辅佐朝政，自己则为尚书仆射，辅助张华，使朝中一时出现升平气象。《晋书·裴頠传》说他"雅望素隆"，四方士人"惟恐其不居位"。在学术上，裴頠注重政治方面的实用性，他一方面"奏修国学，刻石写经"，"奠祀孔子，饮飨射侯"，从事"郊庙朝享礼乐"方面的建设；另一方面上奏表反对任用外戚，撰《辨才论》研讨与政治密切相关的人才问题。在这种儒学倾向和实用性倾向的支配下，他对王衍、乐广的"贵无"主张持激烈的反对态度。有一次，乐广与他"清言"，试图"以理服之"，不料裴頠"辞论丰博"，乐广只好"笑而不言"。裴頠由此获"言谈之林薮"的美誉，于是更进一步，将批判的锋芒指向何晏、王弼以后的西晋"贵无"之学，撰成有代表性的《崇有论》。《论》中说明"无"不过是"有之所谓遗者也"，"有"不是由无而生，而是"自生"的。人们常说这是唯物论思想，然而《崇有论》明确指出："心非事也，而制事必由于心，然不可以制事以非事，谓心为无也。"这段话表明裴頠所崇的"有"不仅指物，而且可指"心"。其所谓"有"仍稍具思辨性。这篇论文对唐宋哲学未直接产生影响，其效用主要是对郭象有所启迪，为一种新的玄学体系的形成提供了条件。

郭象，字子玄，史书或说为河南人，或说为河内人。第十一章将说明河内是他的原籍。关于他的卒年及寿数，史书未载，本书"引论"末节就此作了论述，指出他的生年远在魏嘉平四年之后，并指出他的《庄子注》问世于西晋永嘉年间，不得视为元康时期的作品。在下面"玄学的存在论"一章，还将考辨郭象《庄子注》与向秀注的关系。《晋书·郭象传》十分简略，只说他"好《老》《庄》，能清言"。王衍在担任太尉时评论说："听象语，如悬河泻水，注而不竭。"王衍为太尉始于晋怀帝永嘉三年（309），而在这些文字的上文，提到郭象"少有才理"，则郭象在永嘉期间的年龄不会很大。他未应州、郡的辟召,初仕为司徒掾,很快改任黄门侍郎,然后成为东海王司马越属下的主簿。名士庾敳原很赏识他,但他在担任太傅主簿时"任职当权,熏灼内外",庾敳于是声称:"我畴昔之意,都已尽矣。"郭象因注释《庄子》,赢得"王弼之亚"的名声。然而到南朝宋代,刘义庆在《世说新语·文学篇》中指责他剽窃了向秀《庄子注》,说《庄子》中只有《秋水》《至乐》二篇是他自注的,《马蹄》一篇是他改易的,其余都是抄录向注,"点定文句而已"。这种指责虽不能完全成立,但事出有因,郭象注文有一些与《列子》张注所引的向秀佚文相同,可见郭象的确是部分地因袭了向注。刘义庆如果未通读《庄子》,将部分因袭误解为全部抄袭,是有可能的。但张湛《列子注》既引向注,又引郭注,有时还向、郭同引,以资比较,这说明向、郭注文不同的部分也是存在的。学界一些人说"物各自造"的学说为郭象所创,是正确的。我在下面"玄学的存在论"一章里将为这一论点补充证据,并就向、郭的另一些思想歧异进行论述。

郭象在永嘉末年去世,而在他去世的前一年,王衍被害,他统率的西晋主力军覆灭,大量名士遇难,西晋的覆亡已成定局。其灭亡的原因,在于西晋后党与诸王不断作乱,经过数次内战,以致无法抵御外族的入侵。这种因内战而导致外族入侵的情况,在中国历史上多次重复,而以西晋为其典型。后代史家多以为王衍等人应为西晋覆亡一事负责,其实王衍的责任远在司马氏八王及贾充、贾后等人之下。我们唯一可为王衍等人遗憾的,是他们的力量太弱,权力太小,拥兵太少,以致无法挽救晋帝、贾后及八王所造成的巨大灾祸。

## 十  东晋玄学家

东晋玄学家所面对的危机,是有亡国灭种的危险。他们一方面竭力维护中原士族的权益,使中原士人的血脉不致断绝;另一方面尽量吸收玄学各派的思想,使中原文化的精华不致失传。出于这样的考虑,东晋玄学家首先注重的不是思想创新,而是广泛地吸收和总结旧有的玄学思想，例如王导以嵇康思想来统贯其他各派学说，殷浩在清谈中承袭了玄学的贵无论、才性论及言意理论，张湛和韩康伯将王弼、郭象等人的思想融汇在一起。由于注重吸收与融合，故少有学派性与排他性，对佛学也加以吸收利用，以致佛学竟能在中国光大。

谈论东晋玄学不能不从王导开始。王导，字茂弘，是琅邪王氏的佼佼者。他的祖父是光禄大夫王览，从祖是西晋开国元勋太保王祥，父为王裁，族兄有王戎、王衍、王澄。在洛阳陷落之前，王导已辅佐琅邪王司马睿，在建康（今南京市）构成了方镇势力。洛阳陷落之后，愍帝即位，王导拒绝洛阳朝廷的委任，而成为司马睿身边的"仲父"。过江人士多至新亭对泣，王导遂激励众人："当共戮力王室，克复神州，何至作楚囚相对泣邪！"于是拥立司马睿为帝，并杜绝王敦的拉拢。晋明帝即位之后，王导为司徒、太保、扬州刺史，曾率领诸军平定王敦势力。晋成帝即位后，苏峻作乱，建康的宗庙宫室成为灰烬，王导又抵制了迁都的主张，维护了东晋的稳定。在东晋抵御北方南侵之时，王导一般要兼任大司马，督率诸军，组织抵抗。《晋书》本传说他去世于东晋成帝咸康五年（339），享年六十四岁，可知他出生于西晋武帝咸宁二年（276）。在他去世的前一年，他所担任的司徒一职一度改称丞相，因而东晋中后期及南朝士人常称他为"王丞相"。

王导若想融合过去玄学的各派思想，必须有一个基点。在西晋时期，何晏、王弼的学说再度兴盛，向秀之学也有人继承并发挥，唯嵇康学说遭到冷遇。所以出现这种局面，可能是由于嵇康的反抗精神太过强烈，与司马氏的敌对倾向太过明显。在晋惠帝以后，郭象指责嵇绍为保护惠帝而死"义不足多"，指出嵇康"死在非罪"（见《太平御览》卷四四五引王隐《晋书》），但已处于西晋即将覆亡之际，不足以代表西晋一代的共识。唯东渡以后，嵇康的事已不再是争论的问题，王导才有可能将嵇康的学说加以发扬，当作统贯玄学各派思想的基点。《世说新语·文学篇》说：

旧云：王丞相过江左，止道"声无哀乐""养生""言尽意"三理而已。然宛转关生，无所不入。

"三理"的前两条"声无哀乐""养生"都是嵇康论文的题目。"三理"的最后一条"言尽意"，恰与嵇康《言不尽意论》的意思相反，这与"三理"的前两个命题不能相容，可见王导所讲的本来是"言不尽意"或"微言尽意"，"言尽意"句可能是脱字而误。王导的"三理"都出自嵇康，可说是嵇康学说在他死后的首次传扬，在玄学史上有巨大的意义。当然，"三理"还不是王导学说的全部，王导看重"三理"是由于玄学各派思想可由"三理"来统贯，或者说，由"三理"出发可"宛转关生，无所不入"。

王导宣扬"三理"，从而开创了玄学和清谈的新局面，使卫玠、殷浩等人有机会成为新的名士。据《世说新语·文学篇》，卫玠渡江之后，曾与谢鲲"达旦微言"；殷浩则参与王导主持的聚会，成为清谈的主角。当时王导取下麈尾，向殷浩挑战："身今日当与君共谈析理！"于是谈至三更，"共相往反"。到"彼我相尽"时，王导作了总结："向来语，乃竟未知理源所归，至于辞喻不相负。正始之音，正当尔耳！"这精彩的结语宣告了玄学在东晋的复兴，成为玄学史上的一句名言。这次的听客较多，包括桓温和谢尚，有这样的名人在场，更显示出意义之大。这些人所谈的是什么，《世说》未载，估计不载的原因在于谈论内容广泛，"无所不入"，以致无从记录。

与王导共谈的殷浩，是玄学史上的重要人物，他字渊源，陈郡长平人，生年不详，卒于东晋穆帝永和十二年（356）。据《晋书》本传，殷浩弱冠时已显出"识度清远"，"尤善玄言"。有一次别人问："将莅官而梦棺，将得财而梦粪，何也？"他说："官本臭腐，故将得官而梦尸；钱本粪土，故将得钱而梦秽。"他的清言大概都是这般精彩而又寓含反抗精神，故为"风流谈论者所宗"。他数次受到举荐和任命，都"称疾不起"，以致名声更高，被时人"拟之管、葛"，王蒙、谢尚两人竟认为他出仕与否关涉"江左兴亡"，叹道："渊源不起，当如苍生何？"后来，受到简文帝的征召，他就任扬州刺史，一度受命为中军将军，率众北伐，未料以失败告终，结果"坐废为庶人"，声誉跌落，在极度孤寂的境遇中度过晚年。《世说新语·文学篇》对殷浩清谈之事多有记载，提到他曾与孙盛辩论"言意"的问题，与支遁辩论"才性"的问题。又说他精通钟会的《四本论》，只要谈到"四本"，他的辩辞"便若汤池铁城，无可攻之势"。他的经历与王衍有些相似，是"清谈误国"一说的主要例证。当然，我们一旦想起王导、谢安也是清谈家，便可晓得"清谈误国"之说是不能成立的。

韩伯是殷浩之甥，深受殷浩"赏爱"。韩伯，字康伯，颍川长社（今河南长葛东）人，官至太常。《晋书》本传未记其卒年，《建康实录》记载晋孝武帝太元五年（380）"太常韩伯卒"，"时年四十九"，则其生年当为晋成帝咸和七年（332）。据《晋书》本传，韩康伯舅为殷浩，称赞他："康伯能自标置，居然是出群之器。"在简文帝即位前，韩康伯为其谈客。当时有人"居丧废礼，崇尚庄老，脱落名教"，韩康伯遂加以非议，使当时的人们感到畏惧。由此可见他的思想倾向不同于嵇康、阮籍，当与王弼接近，以自然为本、名教为末，举本统末而不弃末。当时政界常在"谦"与"公"两种伦常规范的选择问题上进行争议，有人主张"至理无谦"，有人标榜《周易》所谓的"谦尊而光"。韩康伯为此作《辩谦论》，指出"谦之为义，存乎降己者也"，而"有所贵，故有降焉"。可见"谦"德不过是至道之一端，贵谦则"不可以语至足之道"。这篇论文的出发点是融合儒道，反对片面遵循道家所主张的"降其贵"或"降己之道"，思想立场亦与王弼《易》学相近。

在历史上，韩康伯以注释《系辞》《说卦》《序卦》《杂卦》而著名。《隋书·经籍志》著录韩康伯《周易系辞》二卷，"二卷"似为"三卷"之误。南朝隋唐官方《周易》采用弼注，但王弼注本仅有上下经注六卷和《周易略例》一卷，上下经注包括附经的《彖》《象》《文言》的注释，不包括《系》《说》《序》《杂》四传的注释，例如陆澄曾指出有"专取弼《易》，则《系》《说》无注"的缺憾（见《南齐书》本传）。为弥补这一不足，人们用韩康伯注本来补充王弼注本，将韩注三卷附于王注六卷之后，加上《略例》，共有十卷。隋唐史志都著录了这一王、韩注合编本，都说明这一注本共有十卷。《释文序录》说王俭《七志》著录了王弼注《易》十卷，即包括韩注在内，可见南朝宋代已有王、韩注十卷本出现。《释文序录》说："其《系辞》以下，王不注，相承以韩康伯注续之，今亦用韩本。"是对南朝一贯以王、韩注合编的情况的精确概括。韩康伯此注在历史上长期随王注立于学官，影响巨大，而其思想内容则属玄学范围，亦与王注接近。

考察韩注，多与王弼学说相合，如对《系辞》"忧悔吝者存乎介"一句和"大衍之数五十，其用四十有九"两句，韩注都直接引用王弼的文字加以解说。《系辞》"一阴一阳之谓道"句下韩注说"道者何？无之称也，无不通也，无不由也。况之曰道，寂然无体，不可为象"，是直接抄录王弼《论语释疑》的文字（见（论语·述而》邢疏）。韩注此节又说，"在阴为无阴，阴以之生；在阳为无阳，阳以之成"，是沿袭王弼《周易大演论》的学说（见《谷梁传》庄公三年杨疏所引王弼佚文）。韩注说，"圣人虽体无以为用，未能至无以为体"，是参照王弼《论语释疑》"道不可体，故但志慕而已"（见《论语·述而》邢疏）的说法。韩注说，"夫非忘象者，则无以制象"，是承用王弼"得意忘象"之义。韩注说，"夫《象》者，举立象之统，论中爻之义，约以存博，简以兼众，杂物撰德，而一以贯之"，是沿袭王弼《周易略例·明象》一章。然而韩注也承用了郭象之义，如《系辞》"阴阳不测之谓神"句下韩注说，"原夫两仪之运，万物之动，岂有使之然哉？莫不独化于大虚，欻尔而自造矣"，是受了郭象"物各自造"一说的影响。综结韩康伯此注与《辨谦论》的见解，可以看出是以继承王弼为主，兼承向秀、郭象《庄》学，对嵇康、阮籍之学则一概不取。现存韩注的传本均同于王弼本，王弼《周易注》的传本无不与韩注合编。

与韩康伯同时的玄学家，以袁宏较为著名。袁宏，字彦伯，陈郡阳夏（今河南太康）人，生于东晋成帝咸和三年（328），卒于东晋孝武帝太元元年（376）。据《晋书》本传，袁宏曾为安西将军谢尚属下的参军和大司马桓温府的记室及东阳郡守，在当时以"文章绝美"著称，所撰诗赋颇受时人欣赏，公认是"一时文宗"。有一次，他撰《东征赋》，列举东晋初期的名人，唯独不提陶侃以及桓温之父桓彝，竟引起风波。桓温质问："何故不及家君？"陶侃子胡奴抽刀责问："家君勋迹如此，君赋云何相忽？"袁宏著作很多，有《集》二十卷，录一卷；另有《周易谱》一卷、《集议孝经》一卷、《论语注》一卷、《后汉纪》三十卷、《罗浮山记》一卷、《去伐论》一卷、《名士传》三卷。《晋书》本传提到他一些诗、赋、颂、诔、表等，可能都在《集》中。历史上很多学者都将袁宏看作儒者或史学家，楼宇烈先生撰《袁宏与东晋玄学》一文，指出袁宏一身兼有文学家、史学家、玄学家三种身份。我赞同楼说，以为袁宏的玄学家的特征较为明显，理由有三：袁宏是清谈家，《晋书》本传说他与谢尚谈论，"申旦不寐"；袁宏《后汉纪》的史论很多，有一些见解接近于何晏、王弼、嵇康的学说；袁宏《名士传》极力称赞正始名士与竹林名士，是玄学的一部总结性著作。

流传至今的袁宏《后汉纪》中的史论，是玄学史上的重要资料。《纪》卷一一有论云："史谈之言，以道家为统；班固之论，以儒家为高。两家之说，未知所辩。"这种见解反对单纯地尊崇道家或儒家，并非要对儒道双遣，而是导向新的结论："故道明其本，儒言其用，其可知也矣。"这一见解对道家的尊崇和对儒家的贬抑虽不如嵇康激烈，但却超过了何晏、王弼，因为何、王还主张老子为亚圣。这种道本儒末之说与李充、葛洪的命题相同，但李充《学箴》申说"圣教救其末，老庄明其本，"是立足于"刑名之学"（见《晋书·文苑传》）；葛洪申说"道者儒之本也，儒者道之末也"，是为道教张目；袁宏如此申说，却是由玄理出发。他的《后汉纪》史论详析名教与自然的关系，抨击东汉以来政治名教的各种弊病，堪为玄学政治学说方面的重要作品。另外，袁宏在《后汉纪》中还引述嵇康《声无哀乐论》的文字，对竹林玄学也并非弃置不顾。他的《名士传》分正始、竹林、中朝三部分，这种安排显示他有统贯玄学各派学说的意图。

与袁宏约略同时的玄学家，还有张湛。张湛，字处度，高平人，生卒年不详。其父张旷与祖父张嶷的官职都很低，可见张湛出身于寒门。《世说新语·任诞篇》刘注所引《张氏谱》提到张湛官至中书侍郎，好于斋前种松柏，思想风格切近于他所注释的《列子》。现存《列子》的最早、最著名的注释，便是张湛注。张湛注广泛征引夏侯玄、何晏、王弼、向秀、郭象等人的著作，在注释中力图融合这些人的思想。例如，他讲宇宙发生论，承认有一个从"混然未判"到"分而为天地"的过程，是继承了传统道家的学说。他讲贵无论，说"至无者，故能为万变之宗主也"（《天瑞注》），是沿袭何晏、王弼的学说。他讲万物自生，说"故有无之不相生，理既然矣，则有何由而生？忽尔而自生"（《天瑞注》），是沿袭向秀、郭象的命题。对这些原本是相互冲突的命题，他试图加以融通，用《列子》书中"太虚"的理论来加以统贯，然而结果并不理想。统贯的不成功，使他的注释像个大杂烩，人们往往注重他所引述的大量的魏晋著作佚文，对他本人的见解并不认真看待。

从王导、殷浩、韩康伯、袁宏、张湛的情况来看，东晋前期和中期的玄学家首先考虑的不是如何标新立异，而是如何融合前人的学说。这种考虑使他们对外来的佛学未持排斥的态度，而是注入了很高的热情和兴趣。在东晋穆帝永和八年（352），石季龙死，"胡中大乱"，殷浩率军北伐，想趁机收复中原，不料失败，"坐废为庶人"（均见《晋书·殷浩传》）。殷浩在失败之后的孤寂生活中，从佛教典籍里寻求安慰，《世说新语·文学篇》对此种情况有大量的记载（参见"引论"末节）。殷浩本是东晋前期及中期玄学家的领袖人物，他由玄学转向佛学，标志着中国思想史上的巨变。从此以后，玄学虽继续流传，但与佛学并行。那种纯粹的玄学及儒学的流行期，似已结束了。

# 第八章 从东汉哲学到玄学的转变

由东汉哲学到玄学的转变，是中国思想史上重要的转折点。这种转变究竟是如何完成的，是玄学研究的一大课题。玄学是与东汉哲学全无联系而突然出现的吗？恐怕不是。假如我们认定玄学的出现不是外来因素影响的结果，便应承认在东汉哲学与玄学之间有一个自然的转机。在社会政治学说方面，玄学家一改过去的道德二元论，建立了道为本、德为末的学说体系，并由此树立了一种"名教"观念。在自然观方面，玄学家力图实现宇宙论的简化，由此否定了宇宙发生说，在简化宇宙构成论的过程中创立了本体论。下面将说明，这两个方面的转变是中国思想演变过程的重要环节。

## 一 汉代宇宙论的繁琐化

汉代宇宙论在探求宇宙起源和推演宇宙结构方面，有一个繁琐化的趋势。

先秦哲学对宇宙起源的看法比较简单，如"有物混成，先天地生"，即如此。西汉的《淮南子》将宇宙史过程分为许多阶段，东汉的纬学兴盛，遂有太易、太初、太始、太素的系统出现，如《易纬·乾凿度》说"夫有形生于无形，乾坤安从生？故曰有太易，有太初，有太始，有太素也。太易者，未见气也。太初者，气之始也。太始者，形之始也。太素者，质之始也。气、形、质具而未离，故曰浑沦"。这话的意义目前有不同的解释，但在宇宙发生论的复杂程度上应承认它已超过了《淮南子》。应该指出，这种说法绝非《乾凿度》的一家之言，亦非纬书的独特含义，而是西汉后期各家各派的通说，如与谶纬无关的扬雄也提到"太易之始，太初之先"，就是证明。另外，学术界现已普遍注意到，《孝经纬钩命决》有一种特殊的五运说："天地未分之前，有太易，有太初，有太始，有太素，有太极，是为五运。形象未分，谓之太易；元气始萌，谓之太初；气形之端，谓之太始；形变有质，谓之太素；质形已具，谓之太极。五气渐变，谓之五运。"① 这话的文字形式颇为整齐、和谐，从思想内容上看具有系统性，时间要比《乾凿度》晚得多。这话将历来用于后天的"五运"用于先天阶段，将通行本《系辞传》的最高范畴太极排在五运的最后，比《乾凿度》的宇宙发生论要繁琐得多。不论它出于汉代还是汉以后，从中都可看出汉代宇宙发生论日益繁琐的趋势。

在宇宙构成论方面，汉人的说法也日趋复杂，对于北极星这一宇宙构成中心的描述，尤为神秘。如《史记·封禅书》引汉武帝时人奏曰："天神贵者太一，太一佐曰五帝。"在这里，太一或北极星只是笼统地被称为天神，人格色彩尚不浓厚。后来出现了"天皇大帝耀魄宝"的名号，如王莽"称天神曰皇天上帝太一"（《汉书·郊祀志》）；《春秋佐助期》说："紫宫，天皇曜魄宝之所理也"（见《史记索隐》）；郑玄《礼记·月令注》说："皇天，北辰耀魄宝"；这些议论，都使太一或北极星的人格色彩和神秘色彩远胜从前了。

这两种思想发展趋势，都以当时的君主专制体系为基础。专制体系越庞杂，与其适应的宇宙论系统就越繁琐②。社会系统的庞杂可使君主显得尊贵，而宇宙构成系统的繁琐可使它的中心显得神秘。另外，中国素有厚古、复古的思想倾向，从人事上说越古就越有价值，从宇宙构成系统来说越早就越显得合理。汉人将宇宙起源上溯到难以想象的程度，将

---

① 见《鸿书·天文部（三）》安居香山、中村璋八有辑录，见《重修纬书集成》卷五。
② 这里说"繁琐"即指宇宙起源的上溯和宇宙中心的神化，这两点玄学都不具备。玄学家如王弼只讲万物生化而不讲宇宙发生，万物生化与宇宙论的关系详见下文。

宇宙中心神化到荒谬的程度，原因都在于此。然而，宇宙的起源总是原始的，宇宙中心的神化却有着人格的、伦理的色彩，这当中有着不容忽视的差距。汉代哲学中宇宙起源的上溯和宇宙中心的神化，无疑会增加这种差距，使人们，尤其是朝廷或皇帝感到无所适从，从而产生要求简化、贯通的愿望。所谓简化就是减少宇宙论的复杂程度，所谓贯通就是找出一种东西将宇宙论的庞大阵容统一起来。其简化和贯通的结果，就是玄学义理之学的产生。

## 二 何晏的"复用无所有"说

过去有人说玄学是本体论，有人说玄学是宇宙论。其实本体论和宇宙论是哲学当中的不同层次，是可以共处的。正始玄学既有本体论的内容，又有宇宙论的内容，其宇宙论的特点是简化和贯通，而它的贯通又与本体论有着密切联系。确切地说，正始玄学家将宇宙论，尤其是宇宙发生论加以简化，甚至取消，将宇宙构成建立在本体论的基础上，使宇宙中心问题的研究演变为世界统一性问题的探讨。在这方面，何晏的探索具有典型的意义。

《列子·仲尼篇注》引何晏《无名论》云：

> 若夫圣人，名无名，誉无誉，谓无名为道，无誉为大。则夫无名者，可以言有名矣；无誉者，可以言有誉矣。然与夫可誉可名者岂同用哉？此比于无所有，故皆有所有矣。而于有所有之中，当与无所有相从，而与夫有所有者不同。同类无远而［不］相应①，异类无近而不相违。譬如阴中之阳、阳中之阴，各以物类自相求从。夏日为阳，而夕夜远与冬日共为阴；冬日为阴，而朝昼远与夏日同为阳。皆异于近而同于远也。……道者，惟无所有者也。自天地已来皆有所有矣，然犹谓之道者，以其能复用无所有也。故虽处有名之

---

① "不"字各本原缺，今据文义校补。

域，而没其无名之象，由以在阳之远体，而忘其自有阴之远类也。

其中"自天地已来"一语，证明这里的"有所有"及"无所有"同宇宙发生的问题有关。"无所有"是天地形成以前的阶段，应包括《淮南子》所谓的虚霩、宇宙①，或张衡《灵宪》所谓的道根、道干，而《孝经纬钩命决》所讲的太易、太初、太始、太素、太极，都可用何晏讲的"无所有"来概括。这里的"有所有"，包括天地、阴阳、五行、八卦、六十四卦及万事万物等。从"无所有"到"有所有"的过程，就是虚无创世的过程，亦即宇宙发生的过程。在这里，宇宙发生论大大简化了。

不过何晏这话的创造还不只是简化。他未像《淮南子》等书那样用"道"来兼综无、有，而且断言："夫道者，惟无所有者也。"换言之，相当于宇宙起源的那个概念，也就是何晏哲学的最高概念。人们可能会问，何晏既承认"天地以来"都是"有"的世界，"无所有"已成过去，犹如夏日来临、冬日消逝一样，那么如何运用这消逝的"无所有"呢？对这问题，何晏用"同类相应"的道理来解释。我们知道，"同类相应"一般是就空间上的不同事物而论，何晏却加以发挥，将这原则扩大到时间领域，说夏季的夕夜和冬季同类相应，冬季的朝昼与夏季相应。由此联想，"有所有"便应含"无"，犹如夏季之阳含夕夜之阴，冬季之阴含朝昼之阳。天地、阴阳、五行、八卦等都"异于近而同于远"，或者说，异于天地之近，同于虚无之远，而"复用无所有"。何晏、荀粲等人都崇尚"玄远"，其"远"字最初就是"同于虚无之远"的意思。

按何晏所说，"无所有"不但是宇宙的起源，而且是宇宙间一切事物中的决定因素。汉代哲学中宇宙起源和宇宙中心的矛盾，在这里得到了一定程度的调和。何晏这理论的落脚点不再是"法天"，而是"贵无"。不过应指出，何晏只强调"天地以来"人们对"无所有"的复用，而未充分肯定"无所有"在"天地以来"的存在。与王弼哲学比较，何

---

① 《淮南子》讲的宇宙是指空间和时间，"宇宙发生论"讲宇宙是广义的，指天地万物，一是古义，一是今义，不能混淆。

晏对宇宙生成论的简化和贯通还不够彻底。

## 三 王弼的"万物始原"说和"伏羲重卦"说

关于王弼是否讲宇宙论的问题，过去争议颇大。我认为，在讨论这问题时，必须先明确概念，注意宇宙构成论和宇宙发生论两词的不同，并对天地、阴阳、万物等词加以甄别。

宇宙发生论只讲宇宙的起源，而宇宙起源即天地起源或"天地之始"；宇宙构成论只讲宇宙的构成，而宇宙构成，亦即天地结构及阴阳五行等。过去人们以为"万物"即今人讲的"宇宙"或物质世界，其实"万物"和"宇宙"及天地相距甚远。中国古书所讲的"万物"只是天地、阴阳、五行、八卦系列中微不足道的一员，它的外延不能包括天地阴阳五行等，而只不过是动物、植物等的集合概念，几乎不能算是类名。按照汉唐通行的理论，天地所产生的阴阳二气是宇宙间的基本要素，二气分化为四象，亦即少阴、少阳、太阴、太阳，代表四方四时。四象加上中央就是五行、五方，再扩大就是六子，亦即少阴、少阳、中阴、中阳、太阴、太阳，被比附为震、兑、坎、离、艮、巽六卦。六子加上乾坤就是八卦。代表着八节和八方。四象、五行、八卦都是宇宙或天地之间的基本框架和布局，有了这布局之后，"万物之象"才出现在"八卦之中"（《系辞传疏》）。万物不是由阴阳二气直接合成的，而是少阴、少阳、中阴、中阳、太阴、太阳两两交合的产物。这种阴阳、四象、五行、八卦的布局以及万物中少阴、少阳等的结合，都是中国古代宇宙构成论的内容。我们从西汉《淮南子》《春秋繁露》等书中可以看到这种理论，从东汉末期大学者蔡邕的《月令章句》中也可以看到这种理论，甚至到南宋，朱熹还用少阴、少阳、太阴、太阳等词语。直到明清近代，学者还经常作阴阳、四象、五行的划分。在这通行的理论体系中，万物的地位不仅逊于天地，而且在阴阳、四象、五行、八卦以下，如果说"天地之始"是宇宙的起源，那么"万物之始"至多是阴阳六子交合的开始。显然，关于"万物之始"的理论不是宇宙发生论，而是宇宙构成论的一部分。

在这方面有一个典型的例证,即王充《论衡·道虚》篇所云:

> 天地不生,故不死;阴阳不生,故不死。死者,生之效;生者,死之验也。夫有始者必有终。有终者必有死。唯无终始者,乃长生不死。人之生,其犹冰也。水凝而为冰,气积而为人。冰极一冬而释,人竟百岁而死。人可令不死,冰可令不释乎?诸学仙术为不死之方,其必不成,犹不能使冰终不释也。

这话对天地阴阳和人类万物作了区分,前者"不生不死","无终无始",后者却不能避免生死,不能没有终始。也就是说,前者在时间上是无限的。由于无限,因而不存在起源或开始。后者在时间上是有限的。由于有限,因而不能脱离生死终始的限制。这种关于天地阴阳"不生"或"无始"的说法,是对任何形态的宇宙发生论的否定。而关于人类万物生死终始的论述,实际上就是在阴阳二气离合聚散问题上的议论,属于宇宙构成论的范围。这样,根据王充所说的天地无始而万物有始等,可导出一个命题:他只讲宇宙构成论,不讲宇宙发生论。

基于这样的理解,便可用一种新的眼光来看待王弼的"万物之始"说。《老子》第一章:"无名天地之始,有名万物之母。"王弼注云:

> 未形无名之时,则为万物之始。

这里经讲"天地之始"而注讲"万物之始",颇值得注意,马叙伦曾据此断定王弼注本经文"天地之始"四字原是"万物之始"的讹误。后来出土的马王堆帛书甲乙本都作"万物",不作"天地",可说是马说的佐证。然而帛书本出于西汉初期,与王弼的时代相隔甚远。东汉流行的河上公本[①]作"天地",而不作"万物",则王弼讲"万物之始"而不讲"天

---

[①] 河上公章句之出于东汉,王明先生早有考证,见《老子河上公章句考》,原载于《国立北京大学五十周年纪念论文集》1948年版,近收入《道家和道教思想研究》(中国社会科学出版社1984年版)一书中。

地之始"似有深意，不见得全是沿袭经义。查王弼《老子》第一章注云："道以无形无名，始成万物。［万物］以始以成"，"万物始于微而后成，始于无而后生"；第二十一章注云："万物以始以成，而不知其所以然"；第五十一章注云："物之所以生，功之所以成，皆有所由。"诸例或以"始""成"对举，或以"生""成"对举，都有时间上的含义，又都就万物而言。至于"天地之始"或"始生天地"一类说法，在王弼现存著作中绝无一例。因而可以肯定王弼像王充一样，只承认万物有始，不承认天地有始。或者说，只讲阴阳合成万物的宇宙构成论，不讲宇宙发生论。

然而，通行本《周易·系辞上传》云："易有太极，是生两仪，两仪生四象，四象生八卦"，在汉代常被认为是太极产生天地，再产生四象、八卦的宇宙发生说。王弼既注《周易》，对此说不能不予尊重，那么，他如何使否认天地有始的观点与"太极生天地"的说法相调和呢？孔颖达在《周易正义卷首》中为我们提供了一条解决这一问题的线索：

> 重卦之人，诸儒不同，凡有四说。王辅嗣等以为伏羲重卦，郑玄之徒以为神农重卦，孙盛以为夏禹重卦，史迁等以为文王重卦。……今依王辅嗣，以伏羲既画八卦，即自重为六十四卦，为得其实。

所谓"重卦"，就是"经卦"重为"别卦"。"经卦"与"别卦"语出《周礼·太卜》，分别指三画卦和六画卦。司马迁等以为"文王重卦"，是说伏羲先画了八个"经卦"，后来周文王将八卦两两相重，构成六十四个别卦。郑玄之徒以为"神农重卦"，意思与司马迁等相似，只是将重卦的时间上溯到神农。汉代还有一说，即《淮南子·要略》所云："伏羲为之六十四变，周室增以六爻"。伏羲的"六十四变"堪为重卦的先声，不过《淮南子》承认六画的别卦为周室所增，仍与司马迁说基本上一致。孔颖达的提法是"史迁等"，《淮南子》"六十四变"说可能就包括在"等"的范围之内。考察王弼以前的"重卦"诸说，都认为经卦之"画"与别卦之"重"有先有后，从八卦到六十四卦有一个时间过程。而王弼说"伏羲既画八卦即自重为六十四卦"，不但指出"画"与"重"出于伏羲一人之手，还强调伏羲"画""重"两事前后相即，并无时间间隔，用意显然在于说明八经卦的"画"与六十四卦的"重"同时，不分先后。

这新说的意义何在呢？《周易·系辞下传》李鼎祚《集解》引虞翻云：

> 易有太极，是生两仪，两仪生四象，四象生八卦。八卦乃四象所生，非庖牺之所造也。故曰："象者，象此者也。"则大人造爻象以象天卦可知也。而读《易》者咸以为庖牺之时天未有八卦，恐失之矣。"天垂象，示吉凶，圣人象之"，则天已有八卦之象。①

这说法反映了汉魏之际人们关于卦的一种看法：八卦、六十四卦都有客观、主观之分，前者是自然界的客观存在，是阴阳五行系统的扩充；后者是圣人对客观的八卦与六十四卦的模仿，由于圣人无误，这模仿在当时被公认是绝对准确的。按这分法，八卦之重为六十四卦从客观上说，应是"太极生两仪，两仪生四象，四象生八卦"的过程的延续；而从主观上说，是圣人对太极到六十四卦的后一部分的过程的模仿。那么，汉人承认由八卦到六十四卦有一段时间过程，是"太极生天地"的宇宙发生论的附属部分。而王弼认为八卦之"画"与六十四卦之"重"同时，必然也取消太极、两仪（天地）、四象、八卦四者之间的时间间隔，达成对以太极为起源的宇宙发生论的否定。

另外，王弼在《周易》乾、坤两卦注中指出天可"永保无亏"，地可"永保无疆"。按照"不生故不死"的逻辑，天地既可"无亏"并

---

① 王朗为会稽太守时，虞翻是他的属下。虞翻在注《易》前可能已有这种观点，并影响了王朗。王朗《易传》在立学官后，又可能影响了王弼。

"无疆",必然也"不生"或"无始",这与上面的论述完全相合。可以肯定,王弼《易》《老》两注都是只讲宇宙构成论,不讲宇宙发生论,与王充《论衡·道虚》篇的观点有很大的一致性。王充曾直接批判谶纬神学,王弼则以玄学取代了神学,两人都承认天地或宇宙在时间上的无限性,真可谓殊途同归!

## 四 王弼老学的万物生化图式

王充说"天地不生故不死",只是附带一提。王弼却不然,他在否认天地有始的同时,极力强调"道"或"无"对天地以下的万事万物的作用。

如《老子》第一章王注云:

> 凡有皆始于无,故未形无名之时,则为万物之始。及其有形有名之时,则长之,育之,亭之,毒之,为其母也。言道以无形无名,始成万物。以始以成,而不知其所以①,玄之又玄也。

此注除否定天地有始外,还有两点新义。其一,注中"始""成""长""育""亭""毒"都是使动用法,都以"万物"为宾词,意指"道"使万物得始、得成、得长、得育、得亭、得毒。"始""成""长""育""亭""毒"都可作名词用,分别代表万物生长变化的不同阶段。王弼在《老子》第五十一章注中谈到了这些词的涵义:"亭谓品其形,毒谓成其质。"又说:"物生而后畜,畜而后形,形而后成。"又第五十二章注云:"善始之,则善养畜之矣。故天下有始,则可以为天下母矣。"比较诸注,可知"始"是道使万物得以出生;

---

① 陶鸿庆《读老子札记》将此句改为:"万物以始以成,而不知其所以然",其实无版本为据。查《道德指归论》卷一云:"万物所由,性命所以";又:"天地所由,物类所以";则王注亦当作"所以",不必补"然"字。又诸家于"始成万物"之前、"以始以成"之后多无断句,查《老子》各章王注多四字一句,有骈对的特点,故"以始以成"前不必补"万物"两字。

"长""育"即"养畜",指道使万物发育;"亭"即"品形",指道使万物形貌趋于定型,具备品类的特征;"毒"即"成质",指道使万物成熟。所谓"生而后畜,畜而后形,形而后成",是指万物出生、发育、定型、成熟的过程。

这也就是万物由微而著的过程。《老子》第一章王注:"万物始于微而后成,始于无而后生。"其中"微"即几微,语出《周易·系辞下传》:"几者,动之微,吉之先见者也",孔颖达云:"几,微也,是已动之微。动谓心动、事动。……若其已著之后,则心、事显露,不得为几;若未动之前,又寂然顿无,兼亦不得称几也。几是离无入有,在有无之际,故云'动之微'也。"王弼说"微",即如此义,他在《周易注》中说:"几者,事之微也。"(见《文选》卷一三《鹦鹉赋》注)在《老子》第六十四章注说:"无而弗持,则生有焉;微而不散,则生大焉。""虽失无入有,以其微、脆之故,未足以兴大功",都把几微看作有与无、生与成的中间环节。试将王弼关于"微""大"的说法和"长""育""亭""毒"等说法联系起来,可构成一个逻辑性的万物生长的图式。

《老子》第一章王注的第二项新义,是以始、母对举,实即父、母。如《老子》第二十一章注:"众甫,物之始也","甫"当如《颜氏家训·音辞》所云,为"父"的借字。先秦汉魏有一种流行说法,认为天生万物为父,地养万物为母,如《庄子·达生》:"天地者,万物之父母也。"《法言·孝至》:"父母,子之天地与!无天何生,无地何形?"《诸葛亮集·便宜十六策》:"万物之事,非天不生,非地不长,非人不成。"诸说都认为形神二元,形后神先,"精神者所受于天也,而形体者所禀于地也"(《淮南子·精神训》),故天禀精神,为始为生;地禀形体,为养为畜。天地生养,有如父母,故汉人常说"父天母地"(见《后汉书·李固传》),清代人还讲"天父地母"。古书中"物"字乃天地、阴阳、五行、八卦和六十四卦以下的概念,它一般不指山川,因为山川属地;罕指草木,因为草木属五行。其词义的外延往往只限于圣王治下的鸟兽虫鱼和黎庶百姓。如果说人和动物的生养由天地负责,那么教化便由圣王负责。于是在生、养之后又有第三个阶段，即治世之功或教化之成。王弼在《老子》第三十八章注中依次提到天、地、人，正好合乎三才的顺序；在第三十二章注中提到"天地相合"等，是沿袭了天地合气生物的成说；在第十七章注中指出圣人"居无为之事，行不言之教"，于是"功成事遂"，承认了教化之成与治世之功都由圣人而得。那么他以始成对举、生成对举、生养对举、始母对举，实际上是沿袭了汉代流行的宇宙构成论的学说系统。

不过，王弼的理论还不限于这个系统，他多次论述了这系统与"道"的关系，如注《老子》第三十五章云："大象，天象之母也，不炎不寒[1]，不温不凉，故能包统万物，无所犯伤。"注第四十一章云："有形则有分。有分者，不温则凉，不炎则寒，故象而形者，非大象。"文中温、凉、炎、寒即春温、夏炎、秋凉、冬寒，亦即古人常说的"四时之象"。王弼《老子指略例》辑本说，"若温也，则不能凉矣……然则四象不形，则大象无以畅"，即明白指出温凉炎寒就是"四象"。汉唐期间四象一般与五行比附，具体说就是春温为木，位于东方；夏炎为火，位于南方；秋凉为金，位于西方；冬寒为水，位于北方。如果从农业的角度考虑，这种五行或四象的图式正好体现为春生、夏长、秋收、冬藏，与王弼讲的始生、养畜、品形、成质恰相符合，应包括在王弼的万物生化图式当中。而王弼在《老子》第三十五章、第四十一章注文中指出，温、凉、炎、寒不是由它们自身决定的，而是由"不温不凉，不炎不寒"的道来决定的；在第二十五章注中强调，天地对万物的覆载功用须以"法道"为本，"天不违道，乃得全覆"；"地不违天[2]，乃得全载"。这就是说，天地的生养和圣人的治化都只能在"法道"或"体无"的前提下完成，万物的出生、长育、品形、成质终归是在"道"或"无"的权威下实现的，故王弼《老子》第四十章注云，"天下之物，皆以有为生；有之所始，以无为本"，暗示出生养万物的天地和治理万物的圣王都是

---

[1] "不炎"原缺，楼宇烈《王弼集校释》本据《老子指略例》辑本校补，今从之。
[2] "地不违天"即不违天道，天道即天所遵循的"道"。

"有","有"必须以"无"为根本。又第五十一章注云,"物之所以生,功之所以成,皆有所由。有所由焉,则莫不由乎道也",暗指物生由天,功成由圣,所以生、所以成则由"道"。"道"的作用竟是这样全面,以致父母的称号不能不从天地移到"道"或"无"的名下。王弼《老子》第一章注说,"道"既为"万物之始",又为"万物之母";第五十二章注说,"道"既"善始之",又"善养畜之",都是就此而论。于是上述的王弼生化理论图式可扩大如图:

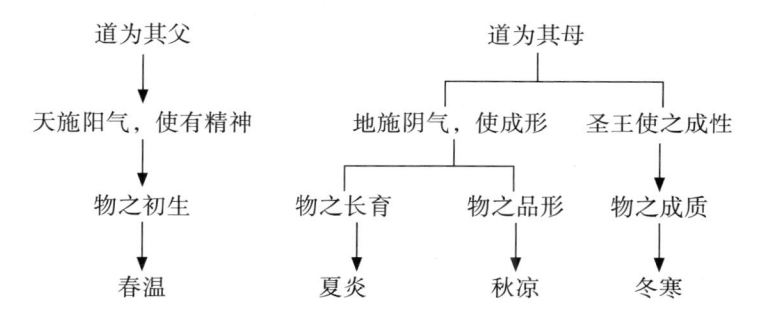

```
       道为其父                        道为其母
          ↓                              ↓
    天施阳气,使有精神      地施阴气,使成形   圣王使之成性
          ↓                   ↓      ↓         ↓
       物之初生            物之长育 物之品形  物之成质
          ↓                   ↓      ↓         ↓
        春温               夏炎    秋凉      冬寒
```

## 五 王弼《易》学中的璇玑和会要

王弼《周易略例·明象》有一段话,涉及天文学问题,这段话是:

> 处璇玑以观大运,则天地之动未足怪也;据会要以观方来,则六合辐辏未足多也。

"璇玑"又作"璿玑",见于《尚书·舜典》,马融、郑玄都说是浑天仪。《文选》卷五三《辨亡论》提到"辐辏",注引张湛云:"如众辐之集毂也。"王弼以浑天仪来解释"天地之动",将六合比作"众辐之集毂",均属浑天说。浑天说认为天体旋转犹如车轮转动,北极、南极为车轮毂轴所在,车毂与车轮由众多的辐连接,毂轴为车轮的中心,位居众辐的冲要或交会之处,这位置就是"会要"。王弼谈论会要、辐辏,意在论证"执一御众"的必要性,毂轴或会要为一,辐辏为多。

在汉魏隋唐时期，浑天说在天文学中已占主导地位。当时赞同浑天说的学者，有费氏《易》学的代表人物马融，有兼综费氏与京氏《易》学的郑玄，有曾赠数车书籍予王氏家族的蔡邕，有"黜郑置王"的颜延之。那么，王弼《易》学采用浑天说，实在不值得大惊小怪，可怪的是他一方面用毂轴此喻太极，另一方面却又以太极为无。如韩康伯《系辞传注》引王弼说，"其用四十有九，则其一不用也。……斯易之太极也"，又论"不用之一"云，"夫无不可以无明，必因于有"，即以太极和无同为"一"。又如《老子》第四十二章王注："一可谓无"，"一"公认是太极，则太极也应是无。这就需要解释一下，天体的毂轴怎么可以象征"无"呢？

这个问题可由《老子》第十一章得到解答："三十辐共一毂，当其无，有车之用"，王弼注云：

> 毂所以能统三十辐者，无也。以其无能受物之故，故能以寡统众也。①

这里"毂"即车毂，《六书故》云："轮之正中为毂，空其中，轴所贯也。辐辏其外。"毂中空，可贯车轴，故王弼称毂为"无"。王弼既用浑天家说，比天体为车毂，则《老子》第十一章注便可作《周易略例·明象》的注脚。正是由于毂心无物，能统三十辐，才可依据璇玑会要，以御六合辐辏。又《周易·中孚卦》王注云："乘木于用舟之虚，则终已无溺也。"是用船体的中空比喻"无"；《老子》第五章注："橐籥之中空洞，无情无为……天地之中，荡然任自然……犹若橐籥也。"是用橐籥的中空比喻"无"。这些此喻同璇玑、会要、辐轴的比喻，含义是相同的。

由于天体的中心是"无"，故王弼的《老子》第三十八章注云："天地虽广，以无为心；圣王虽大，以虚为主。"《周易·复卦注》云："天

---

① "寡"原作实。或说当作"实"，或说当作"寡"，今取后者。

地以本为心者也。……寂然至无，是其本矣。故动息地中，乃天地之心见也。若其以有为心，则异类未获具存矣。"所谓"以无为心"有二义，或是"强为之名"而直接论说本体，或是"假象见义"而作形象描绘。如果"强为之名"，那么"以无为心"就是指精神上的、逻辑上的"无"，亦即无形之理；如果"假象见义"，那么"以无为心"就是指物质上的、现象的"空"，亦即空洞无物。前者是从本体论、心性论、义理学的角度讲的，后者是从宇宙构成论的角度讲的，王弼在否认天地有始、推翻宇宙发生论的同时，将宇宙中心与本性或玄理比附，从而实现了宇宙构成论与本体论的结合。

正始玄学关于宇宙中心和本体的这些理论，与汉代宇宙生成论形成鲜明的对照。汉人几乎将宇宙起源上溯到极点，玄学则先是将这宇宙过程简化，后又将它取消。汉人力图神化宇宙的中心元素，对北极星加以种种富于宗教伦理色彩的称号；玄学则使这中心简化、原始化，称其空洞无物。汉人所谓宇宙中心只是单纯的中心，玄学却认为它是某种义理或本体的外在表现。汉人的宇宙论是宇宙发生论与宇宙构成论的结合，玄学则主要讲宇宙构成论与本体论。从汉代哲学到正始玄学的这种变化，是在思维发展规律的作用下完成的，亦是在社会政治变化的基础上实现的。就思维发展而论，汉魏哲学有寻求世界统一性的趋势，而汉代哲学中宇宙起源和宇宙中心的矛盾违背了这个趋势，故不能不向贯通的方向发展。就社会政治而论，汉代繁琐的宇宙生成论是为当时极度集权的君主专制制度服务的，这理论设想的宇宙起源是宇宙结构和社会结构合理性的依据，它设想的宇宙中心更是皇权的直接依据。汉人为强化君权，不能不尽力追溯宇宙起源并尽力神化宇宙中心。而正始改制的宗旨是建立一种分权的制度，这制度不要求神化君权，反倒关心圣人的人格问题，提高对君主的要求，实际上是对君权加上了条件，甚至为"无君论"打开了大门。这改制的理论要求不是使天人的结构复杂化，而是简化；不是使宇宙中心显得神秘，而是要加之理性色彩。由于权力在一定程度上分散了，政治的统一不全依赖于具体的个人权威，而须依赖于理性的权威，于是在宇宙构成论的基础上，建立起前所未有的本体之学或义理之学。

## 六　道德的含义

"道"的本义指道路、途径，引申义为"方法"，再引申则为历史大全、世界大全，而有"本体"的意义。

"德"字本义有二。发其一指"登"或"升"，如《说文解字》云："悳，升也，从彳，悳声。"其二为"悳"的借字，《说文解字》云："悳，外得于人，内得于己也。从直，从心。"古代哲学中的"德"一般指"得"，如《老子》第三十八章王弼注云："德者，得也。"《论语·为政》皇疏："德者，得也。"这里的"得"，即《说文解字》所谓"外得于人，内得于己"，可知古代哲学中的"德"字当从其第二义，为"悳"的借字。由于古籍都以"德"代替"悳"，"悳"字竟从哲学术语的系列中消失了。

清代文字学家朱骏声论"德"甚详，其中说："外得于人者，恩惠之惠；内得于己者，道悳之悳；经传皆以德为之。"据《管子·心术》、《正》篇、《庄子·缮性》、《左传》、《韩非子·二柄》、《周易·益卦》等，"德"字可指恤民、利民、爱民、庆赏、化育万物等，都是"外得于人"的意思，为"恩惠之惠"。又据《礼记·乐记》《大学》《乡饮酒义》《韩诗外传》《韩非子·解老》《庄子·外物》等书，"德"字可指人性之端、修养之本，亦可指礼体、精妙及天地之无为等，都是"内得于己"的意思，为"道悳之悳"。"德"字的"恩惠"诸义外延只在心外，可包括善行、善政、伦理等；作"道悳之悳"讲时词义外延主要在心内，可指人的本性、品质等。正如《说文系传通论》所说："悳者，得也。……得于己，天之性也；外得于人，人之佐也。"

"德"字的含义如此丰富，几乎包括人类精神文明的多数内容，故道与德的关系可说是宇宙本体与人类文明的关系。

## 七　两汉的《道经》《德经》和道德二元论

两汉期间，《老子》一直是道家主要的经典之一，当时《老》学的特点有二：一是将《老子》书分为《道经》《德经》，一是予"道"、"德"以同等重视。

《老子》书称《道德经》始于西汉，如《太平御览》卷一九一引扬雄《蜀王本纪》云："老子为关尹喜著《道德经》"，是西汉末年《老子》称经之证；马王堆帛书《老子》甲乙本均不称经，甲本不避刘邦讳，乙本避刘邦讳而不避惠帝刘盈讳，是西汉惠帝以前《老子》未称经之证。《广弘明集》卷一引《吴书》载有吴人阚泽的一段话，可大大缩短《老子》称经时间上限至下限的距离："汉景帝以《黄子》《老子》义体尤深，改子为经，始立道学，敕令朝野悉讽诵之。"对这段话很多学者感到疑惑，而我以为可信。《汉书·艺文志》著录《老子邻氏经传》及傅氏、徐氏两家经说，都是经学传注之类的著作，可证《老子》称经不只是书名的更换，阚泽所云："立道学，敕令朝野悉讽诵之"确是西汉有过的事情。两汉尊崇老子，主要在文、景两朝，而景帝时尊崇尤甚，如《史记·儒林列传序》说："孝文帝本好刑名之言，及至孝景，不任儒者，而窦太后又好黄老之术"，就说明西汉尊崇《老子》为经书的，只有景帝一朝。《汉书·外戚传》云："窦太后好黄帝、老子言，景帝及诸窦不得不读《老子》，尊其术"，所谓"读""尊"有类于读经、尊经，似超过偶然的阅读和寻常的尊重。《史记·儒林列传》云：

> 窦太后好《老子》书，召辕固生问《老子》书，固曰："此是家人言耳！"太后怒曰："安得司空城旦书乎？"乃使固入圈刺豕。

称《老子》为"家人言"为何惹太后发怒，是个有趣的问题。唐司马贞《索隐》云："老子《道德篇》近而观之，理国理身而已，故言此家人之言也。"如果这解释成立，那么窦太后之怒未免不近情理。《汉书·儒林传》亦载此事，颜师古注云："家人言僮隶之属"，这更荒唐。汉人公认老子学说为君人南面之术，至少应承认"史官"余绪，怎么会是"僮隶之属！"查《周礼·夏官·序官注》："家，卿大夫采地。"《论语·季氏集解》引孔安国云："家，卿大夫。"《礼记·曲礼注》："大夫称家。"可见辕固生所谓"家"，是与天下、国对待而言，是与帝王区别而论。贬《老子》为"家人言"，就是不承认老学为帝王术，否认它是治理天下或国的方法，只承认它是卿大夫明哲保身的议论。[①] 由此可见，《老子》称经确在西汉景帝时期，辕固生惹窦太后发怒是因为他的评论冒犯了《老子》的"经"的地位。当然，司马贞和颜师古并不知道"家"字可指士大夫之家，他们误生曲解只是由于去汉已远，不了解老学在西汉曾为官学的事实。至于桓谭说"老聃著虚无之言两篇"（《汉书·扬雄传》），可能是由于窦太后死后，《老子》又降为子书的缘故。再说，称经之后称篇并非不可以，如唐代《老子》称经并立于学官，司马贞在当时还称其为"篇"（见《史记·儒林列传索隐》）。

早在《老子》称经之前，即有《德》与《道》分立的体例，如马王堆帛书乙本就是如此，次序是《德》在前，《道》在后。今存严遵《道德指归》出于西汉后期，其《说目》云上经为四十章，下经为三十二章，其中上经章数与《道藏》中《指归》德经部分的章数相合。有人据此证明《指归》也是《德》在上，《道》在下[②]，应是合乎事实的。《老子》河上公注本长期流行，《道经》在上，《德经》在下，王明先生考定出于东汉[③]，并据边韶《老子铭》及《汉书》《后汉书》等材料，证明西汉黄老学为政术，主治国经世；东汉中后期黄老为长生道术，主治身养

---

① 西晋裴頠《崇有论》贬老子，"偏立一家之辞"，与辕固生"家人言"的评语略同。
② 参见许杭生《帛书老子注释与研究》，浙江人民出版社1985年版，第136页。据《汉书·王吉等传序》，严君平在西汉末年导人以忠孝，博览教授，以"德名"著称，与西汉黄老学的宗旨接近，与东汉中后期的长生道术大不相同。
③ 见《老子河上公章句考》，原载《国立北京大学五十周年纪念论文集》1948年单行本，后收入《道家和道教思想研究》，中国社会科学出版社1984年版。

性；都是十分中肯的。①西汉《老》学重在政治，对帝王的"至德"及其"德化"感兴趣，故将《德经》置于《道经》之前；东汉《老》学重在个人的长生道术，故将《道经》移至《德经》之上。然而不论次序如何，《老子》在汉代一直被分为《道》《德》两部经，后来人们引用时或称《道经》，或称《德经》，简直当作两部书看待，都是仿照汉人的先例。甚至正始时期何晏作论还分为《道论》和《德论》，被称为"《道》《德》二论"（《世说新语·文学》）。

与《道经》《德经》的区分同时，有"道"与"德"两范畴的并立。如《史记·老子韩非列传》云："老子乃著书上下篇，言道德之意五千余言而去"；陆贾《新语》云："立事者不离道德"；又《淮南子·齐俗训》云："道德之论，譬犹日月也"；《氾论训》云："国之所以存者，道德也"；《要略》云："夫作为书论者，所以纪纲道德，经纬人事"；严遵《道德指归论·说目》云："昔者老子之作也，变化所由，道德为母"；又卷一《上德不德篇》云："神明因于道德"；扬雄《法言·问道》云："老子之言道德，吾有取焉。"诸书中"道德"并举，是以两者同等重要为依据的。《管子·心术》云："以无为之谓道，舍之之谓德，故道之与德无间，故言之者不别也。"《心术》有道家思想，又与《管子》其他篇的法家思想相通，与汉初黄老学派兼综道德的倾向一致，因而它的"道与德无间"说，有可能得到汉初道家的继承。如《淮南子·原道训》："清静者，德之至也；而柔弱者，道之要也"，"无为为之而合于道，无为言之而通乎德"；《齐俗训》云："率性而行谓之道，得其天性谓之德"；《道德指归论》卷一云："道为之元，德为之始。"其中"道"若为"柔弱"则"德"为"清静"，"道"若为"无为为之"则"德"为"无为言之"，"道"若为"元"，则"德"为"始"，诸说"道"与"德"相似，有着同等的重要性。

根据上述"道为之元，德为之始"等说，可将汉代《道》《德》二

---

① 见《老子河上公章句考》，原载《国立北京大学五十周年纪念论文集》1948年单行本，后收入《道家和道教思想研究》，中国社会科学出版社1984年版。

经分列和"道""德"两词并举的思想基础归结为道德二元论。这种理论长期流行，几可说是一个学派。如果用汉人的话来表述，便是司马谈《六家要旨》所举的"道德家"。

## 八　河上公、王弼《老》学的盛衰

东汉以后，道德二元论仍然流行，如《人物志·八观》："老子以无为德，以虚为道"；何晏注《老》，后改为《道》《德》二论；《北齐书·杜弼传》引杜弼上表，论及"《道德》二经"；《汉书》颜师古注引《老子》语，或称《道经》或称《德经》。诸例都对《道经》与《德经》区别对待，都主张"道德"二元论。至于《老子》的王弼注本，宋明以来或说不分《道》与《德》，或说亦分《道》与《德》。我同意"不分"说，认为这是王弼《老》学的创造之一。为证明这一点，须先考察一下魏晋隋唐之际河上公、王弼两家老学的盛衰。

魏晋隋唐老学以河上公、王弼两家为主，而两家的流传又受玄学与道教势力的影响。玄学家对老子的看法是："不及圣"而为"上贤亚圣"（见陆希声《道德经传序》），这评价较儒家经学对老子的评价高些，较道教对老子的评价低些。道教则将老子抬到"玄圣"的高度（见《抱朴子·微旨》），较儒家经学对老子的评价高得多，较玄学对老子的评价也大大地超过了。这种对老子评价的差异，自然会导致对河、王两注评价的不同。

例如，对于王弼《老》学，何劭《王弼传》说："为之指略，致有理统"，这话是由玄学的立场出发的，故对王弼《老》学"举本统末"、义理畅达的优点表示赞赏；陆希声《道德经传序》则从道教的立场出发，称赞老子一身兼备伏羲、周文王、孔子三圣的长处，对王弼、阮籍之评老子为"上贤亚圣"而"不及圣"加以非议。而河上公章句得到的评价恰相反，如唐张彦远《法书要录》卷二引虞和《论书表》云：

羲之性好鹅，山阴昊酿村有一道士，养好鹅十余，王清旦乘小船故往，意大愿乐，乃告求市易。道士不与，百方譬说不能得。道士乃言："性好道，久欲写河上公《老子》，缣素早办，而无人能书。府君若能自屈书《道德经》各两章，便合群以奉。"

这位久欲写河上公《老子》的人是个道士，书写河上公《老子》的王羲之也与道教有缘。《晋书·王羲之传》说他的家族"世事张氏五斗米道"，他本人也曾"与道士许迈共修服食"。另如道教学者葛洪把河上公当作神仙，载入《神仙传》（见《太平御览》卷六六二）。而唐人刘知几肯定玄学，称河上公"其言鄙陋，其理乖讹"（《唐会要》卷七七）。这些情况证明，河上公章句的爱好者是道教徒而不是玄学家。其所以如此，是由于河上公"以养神为宗"（见《唐会要》卷七七）而疏于哲理，合乎道教旨趣而无玄学价值。

由于玄学与道教在魏晋隋唐时期此起彼伏，河上公、王弼两家《老》学亦互为消长，其变化过程可分为四个时期。魏晋时期，玄学家以《老子》为"玄圣"伏羲的辅翼，如王弼、阮籍都认为老不及圣而为"上贤亚圣"（见陆希声《道德经传序》）。嵇康爱好老庄甚于汤武周孔，是特例，并因此而遭到迫害。西晋裴頠《崇有论》批评老子："偏立一家之辞，岂有以而然哉！"他不喜好《老子》虽与玄学不同，但说《老子》为"家"而不是"经"，却与玄学的评价相去不远。在东晋成帝咸康三年，"立国学，征集生徒，而世尚庄老，莫肯用心儒训"（《宋书·礼志》），可证东晋国学是排斥老庄的，对河、王两注大概都没有加以尊崇。

南朝时期"玄学"已失去活力，但权威却大为增加。当时的统治者看到《公羊》《谷梁》《左传》的作者并非圣人，却能立于学官，于是对位同"上贤亚圣"的老庄也采用同样的办法。如《宋书·何尚之传》及《雷次宗传》都说刘宋文帝时立玄、儒、文、史四学；《南齐书·百官志》提到南齐初年立玄、儒、文、史四科，都是这方面的例证。玄学成为官学意味着《老》《庄》正式成为"玄圣"经典《周易》的辅翼，犹如国学中《公羊传》《左传》与《春秋》的关系。而王弼《易》《老》两注为玄学的代表作，自然也水涨船高，得立学官。南朝道教偶然兴盛，但与玄学相比逊色得多。到了梁代，玄风达到高潮，梁武帝、简文帝都亲自集合群僚学者，讲论"三玄"（见《颜氏家训·勉学》），出现了南朝罕见的盛况。《老》《庄》的官学地位在这时肯定会得到加强，而王弼《老子注》的权威肯定会上升。后来陈代学风沿袭梁代，陆德明在陈后主时始撰《经典释文》，将《老子》附于儒家经传之后，采用王注。南朝宋、齐、梁、陈时期玄学的地位总的看来远远高于道教，王弼《老》学的权威大大地超过河上公。

在南朝皇帝扶植佛教，提倡儒、玄的时候，北朝皇帝却在忙于从事道教活动。魏道武帝天兴年间"立仙坊，煮炼百药"（《魏书·释老志》）。魏太武帝"崇奉天师，显扬新法"（《魏书·释老志》），"宣布天下，道业大行（《魏书·释老志》），"亲备法驾，而受符箓"（《隋志》）。以后"每帝即位，必受符箓，以为故事"（《隋志》）。后来北齐、北周对峙，北齐灭道教，令道士削发为僧；北周则"承魏"（《隋志》），仍"崇奉道法。每帝受箓，如魏之旧"（《隋志》）。周武帝灭齐之后，宣布废佛，使道教取得全面的胜利。"道家之源，出于老子"（《魏书·释老志》），崇奉道教和崇奉老子几为一事。魏道武帝"好老子之言，诵咏不倦"（《魏书·释老志》），"置仙人博士"（《魏书·释老志》）。魏前废帝普泰元年羊深上疏，说当时学术是"先黄老而退六经"（《魏书·羊深传》），足见《老子》其人其书都因道教而盛。不过这时的老子其人已不是玄学家所说的亚圣，而是道教徒崇拜的神仙，这里的《老子》书也不是玄学家喜好的王弼注本，而是重在"养神"的道教传本，很可能是东晋时流行过的河上公章句。

北周末年，道教与佛法"俱灭"（《隋志》），至隋文帝时"又兴"（《隋志》）。隋炀帝时"道士以术进者甚众，其所以讲经，以《老子》为本"（《隋志》），但当时重视佛教又胜过道教。后来李渊建唐，奉老子为祖先，始兼行三教而以道教为第一，使《老子》书的地位空前提高。唐高宗仪凤三年敕云："《道德经》《孝经》并为上经，贡举皆须兼通。"（《唐会要》卷七五）唐人刘肃《大唐新语》卷九云：开元初，左庶子刘子元奏议："《老子》请停河上公注，行王弼注。"《唐会要》卷三六也载此事："开元七年五月，左庶子刘子玄上议：今之所注《老子》，是河上公注……请黜河上公，升辅嗣所注。"反对者则说："《老子》河注，用亦云久"(《册府元龟》卷六〇四)。这些材料表明，唐玄宗开元七年以前《老子》河上公章句列于国学，王弼注受到排斥。

刘知几"请黜河上公"的理由是"王弼所著，义旨为优"(《唐会要》卷七七)。然而这理由在当时的朝廷里实在缺乏说服力。李唐崇奉道教是为借助其宗教影响，崇奉老子是为神化自己的祖先，与义理均无关系。王弼认为"圣人与道合体，老氏未能体道"(《唐会要》卷七七)，贬低了李唐祖先和道教宗主，遭到贬黜是难免的。武周前后，老子评价问题尤为敏感。武则天废老子帝号，封周公为褒德王（见《旧唐书·礼仪志》)，令"贡举人习业停《老子》"（见《唐会要》卷七五)，改用《臣轨》，均意在"革唐命"(《旧唐书·则天皇后纪》)。唐中宗神龙元年，"复国号，依旧为唐。……令贡举人停习《臣轨》，依旧习《老子》"(《旧唐书·中宗纪》)，并恢复老子"太上玄元皇帝"尊号，均意在贬低武氏，抬高李氏。唐玄宗粉碎武周残余势力后，加号老子为"大圣祖大道玄元皇帝"，再加为"大圣高上大道金阙玄元皇帝"，而孔子仅封"文宣王"，始全面确定了孔老关系：政治上孔子为王而老子为帝，学术上孔子为圣而老子为大圣。刘知几在这时请用贬抑老子的王弼注，如何行得通！《新唐书·刘知几传》说："宰相宋璟等不然其论，奏与诸儒质辩，博士司马贞等阿意，共黜其言，请二家兼行，从之。"然而"兼行"的办法并未实施，未过多久唐玄宗便组织撰成新注，至开元二十年十二月便有《御注道德经》和《御制道德经疏》颁行（河北易县唐开元《道德经》幢所刻敕文），用于科举，直到唐末。在这当中，河上公注与唐玄宗注前后衔接，王弼注一直遭到贬黜。

魏晋隋唐时期河、王两注的盛衰大致如此，魏晋时期王弼老学广泛流行而未立学官，河上公注有所流行但不及王弼，这是第一期；南朝官定《老子》主要是王弼注本，北朝官定《老子》为道教用本，可能是河上公注本，这是第二期；隋朝《老子》可能用河上公注，唐初至开元年间肯定用河注，这是第三期；唐开元年间至唐末用唐玄宗注，是第四期。

## 九　道德不分的王弼注本

宋人传说，认为《老子》王弼注本原是不分《道经》与《德经》的。如现存王注《老子》聚珍本、《四库全书》本、《道藏》本等都附北宋晁说之政和五年跋云："弼题是书曰《道德经》，不析乎道、德而上、下之，犹近于古欤？"又附南宋熊克乾道六年跋云："既又得晁以道先生所题本，不分道德而上下之，亦无篇目。克喜其近古，缮写藏之。"这说法引起很大的争议，清人纪昀、周中孚，近人马叙伦及日本波多野太郎等人，都相信晁说；清人钱大昕、武亿、洪亮吉、俞正燮，近人蒋锡昌、余嘉锡等，都反对晁说。其相信的理由多是"不析《道》《德》"的体例"近古"，反对的理由主要是这种体例并不"近古"。前者历举汉唐典籍称引《道经》与《德经》之例，以证王弼注本也是如此。1973年在马王堆汉墓出土的《老子》帛书乙本分为《德》与《道》两部分，似更加强了反对的理由。然而，王弼注本其实是不"近古"的，他注《易》曾以传附经，改变了经传的编次，谁能担保他注《老子》没有"乱经"之举？马王堆帛书本及汉唐本析为《道》与《德》两部分，只能证明古本如此，却不能证明王弼注本也是如此。

宋人董逌《广川藏书志》云："玄宗注成，始改定章句为《道德经》，凡言道者类之上卷，言德者类之下卷。"这话含有一个明显的错误：既然《道》与《德》分见的情况在唐玄宗以前已广泛存在，怎么能说这种体例是唐玄宗的发明呢？清人王昶及近人余嘉锡都注意到了这一点，对董逌的说法进行了反驳。然而董逌与唐玄宗相去不远，何以竟有此误？究其原因，当是由于忽视了唐玄宗注颁行之前河上公注曾立学官的情况。河北易县、邢台县唐开元《道德经幢》及《道藏·洞神部·玉诀类》所收唐玄宗《御注道德经》，都是《道经》在上，《德经》在下，与河上公本相同。《道藏》所收唐玄宗《御制道德经疏》是个例外，该疏撰于开元年间（见《玉海·艺文目》引《集贤注记》）。至天宝元年有诏云："其《道经》为上经，《德经》为下经"，可见唐玄宗最终还是肯定了河上公的体例。到了赵宋时代，学者在《老》学方面多重视义理畅达的王弼注本，轻视"以养神为宗"的河上公章句，后者在唐代曾立学官的事实，在赵宋时代可能被忽略或忘记。另外，南宋学者多从当时的民族利益出发，去解释南北朝的历史，他们视北朝为夷，以南朝为夏，可能只重视南朝王弼《老》学盛行的情况，对北朝《老》学则全不注意。这样，《老子》河上公、王弼、唐玄宗三家注释的流传史，到南宋时期可能会被歪曲为王弼、唐玄宗两家的流传史，如果王弼《老子注》不分《道经》《德经》，那么唐玄宗之区分《道》《德》二经在宋人眼里便是"改定章句"了。考虑宋人的这些误会，可以知道王弼注本不分《道》《德》有可能是真实情况。

还有一种情况值得注意，便是宋明学者都异口同声地赞成晁说之的说法，如程大昌《易老通言》云："书之分卷以为上下，而总其名曰《道德经》者，王弼所传也。"陈振孙《直斋书录解题》云："世所行《老子》，分《道德经》为上下卷。此本《道德经》且无章目，当是古本。"董思靖《道德真经集解序说》："王弼合上下为一篇。"元人刘惟永《道德经集义》卷一云："河上公分《道》《德》为二篇，今从王辅嗣本。"明正统《道藏》所收王弼《道德经注》，不分《道经》《德经》，不分章，与晁说之、熊克等人的说法相合。由于《道藏》本分四卷，与隋唐史志著录的卷数不符，故世人不予重视，其实《道藏·洞神部·玉诀类》收录诸书，卷数都加一倍，所收《老子》王本四卷，恰证明原是"分卷以为上下"。关于《道藏》本，本书第六章有所论述，可与本节相参。从这些情况来看，晁说之说王弼注本"不析乎《道》《德》而上下之"，应是可信的。

考察一下那些区分《道经》《德经》的例子，如何晏的《道德》二论、伪《牟子理惑论》、东晋孙盛《老子疑问反讯》、北周王褒《与周弘让书》、北齐杜弼《上老子表》、唐初贾公彦《周礼疏》、颜师古《汉书注》及李贤《后汉书注》等，其中晚于王弼者多与道教有关，如《牟子理惑论》与《老子疑问反讯》的内容涉及道教，王褒、杜弼是在道教兴盛的北朝，贾公彦、颜师古和李贤都是唐朝人，都处于道教与河上公《老子章句》的影响之下。另外，古代称引王弼《老子注》者亦不乏其人，其中有张湛《列子注》、慧琳《一切经音义》、李善《文选注》等，一般都称《老子》或《老子注》，不标举《道经》或《德经》。这些情况与晁说之的说法也是符合的。

陆德明《经典释文》采用《老子》王弼注本，分题《老子道经音义》和《老子德经音义》，有人据此反驳晁、熊二说，有人据此支持晁、熊二说。检《经典释文》中《周易音义》题下署云："唐国子博士兼太子中允赠齐州刺史吴县开国男陆德明撰"，下文出"周易上经乾传第一，王弼注"等字；《春秋音义》亦署陆德明撰，下出"春秋经传集解第一，杜氏"等字；可见某某"音义"是陆德明或其后学所题，"陆德明"名下文字才是陆德明以前的标题，一准此例。《老子道经音义》和《老子德经音义》都是陆德明或其后学者所加。"陆德明撰"以下出"道""德""徼"等字，而《老子》王本第一章无论经注，"徼"前均无"德"字，可证此"道德"二字是王弼原题。查《老子德经音义》"陆德明撰"以下无"德"字，可证王弼无《德经》之题。

总结上述理由，王弼《老子注》不分《道经》《德经》，当是历史上的真实情况。

## 十　王弼"不分道德"的哲学意义

《老子》书是否分为《道经》与《德经》的问题，与哲学上的道德关系问题是密切相关的。关于这一点，可引汉代道德二元论及《道》《德》二经分列的情况来证明，而隋唐之际人们关于《道经》《德经》的某些议论也都可以证明。

如唐玄宗《御制道德经疏序》云：

> 道者德之体，德者道之用也。而经分上下者，先明道而德次之

也。然体用之名可散也，体用之实不可散也。故经曰"同出而异名，同谓之玄"，语其出则分而为二，咨其同则混而为一。……"上经曰："是谓玄德"，又曰："孔德之容"，又曰："德者同于德"，又曰："常德不离"；下经曰："失道而后德"，又曰："反者道之动"，又曰："道生一"，又曰："大道甚夷"，是知体用互陈，递明精要，不必定名于上下也。

上文提到唐玄宗《御注道德经》及天宝元年诏都将《老子》分为《道经》《德经》两部分，例外的情况只发生过一次，那就是在《御注道德经》之后、天宝元年诏之前颁布的《御制道德经疏》，无《道经》《德经》之题。而恰恰是在这《御制道德经疏序》中，唐玄宗提出了"道者德之体，德者道之用"的说法，认为"体用之实不可散"，故"不必定名于上下"。其不分《道经》与《德经》的体例，显然是"道者德之体，德者道之用"一说的具体表现。

然而这道德体用说并非唐玄宗首创，陆德明《经典释文·老子道经音义》于"德"字下释云，"道之用也"，即"道者德之体，德者道之用"说。陆德明释《老子》依王弼注本，其道德体用说应承袭王弼。如《老子》第五十一章："道生之，德畜之……是以万物莫不尊道而贵德"，汉人多以为"道"是"生"的主词，"德"是"畜"的主词，故以道德并重；王弼却与众不同，另作新解：

> 何以得德？由乎道也。何以尽德？以无为用。（第三十八章注）
> 道者，物之所由也；德者，物之所得也。由之乃得，故不得不尊；失之则害，故不得不贵也。（第五十一章注）

这是利用《老子》词语的含混，将"德"改释为"畜"的宾词，将"道"曲解为"畜"的主词。这样一解释，"德畜之"便有"道畜万物而使得德"的含义。另外，王弼《老子》第三十八章注又说：

> 是以上德之人，唯道是用，不德其德，无执无用，故能有德而无不为。……下德求而得之，为而成之，则立善以治物，故德名有焉。求而得之，必有失焉；为而成之，必有败焉。

这话强调得道者"不德其德"，失道者则"德名有焉"，是将"道与形反"的原则用之于道德关系，道属形上，德归形下。这话指出"不德其德"则可"有德"，"德名有焉"则必失德，是将"反者道之动"的原则用之于道德问题，犹如"不行者使行，不动者制动"（第二十六章注）。究其深意，是以道为本体，德为末用，体用如一，道德不二。王弼《老子注》不分《道》《德》二经，正是以这种道德一元论为依据的。

上文提到王弼《老》学有一种万物生化图式，认为万物由阴阳和合而生，有始生、长育、品型、成质的变化过程。道在这过程中一直起着最根本的决定作用，在始生阶段作"万物之父"，在长成阶段作"万物之母"，前者的作用是使之产生，后者的作用是使之养育成熟。在道德关系问题上，这图式仍然适用。如《老子》第三十八章王注对"得德""尽德"两事区别而论："何以得德？由乎道也"，是说"德"由"道"生，"道"为"德"父，而为其始；"何以尽德？以无为用"，是说"德"由"道"畜，"道"为"德"母，而使之成。"得德""尽德"的过程是"德"产生、成熟的过程。

## 十一　名教与自然之辨

魏晋时期的一些玄学家，常提到"名教"与"自然"，并用两者的关系来标志儒道关系以及礼制与玄理的关系，今人有鉴于此，遂将"名教"与"自然"当作对立的玄学范畴，甚至企图以此种范畴的辨析取代其他的玄学范畴的辨析，视为玄学的主题。我以为，玄学家称儒家礼教为名教，原有贬义。在正始玄学里，玄理和政治制度及伦常规范的关系一般体现为"道"与"德"的关系，何晏作《道》《德》二论，王弼《老子注》申说"由道得德"之义，都是这方面的重要例证。只是在竹林七贤之后,"名教"与"自然"的同异才成为重要的论题。

在玄学形成以前,可能只有《管子·山至数篇》提到过"名教",篇中说:

> 桓公问于管子曰:"昔者周人有天下,诸侯宾服,名教通于天下,而夺于其下,何数也?"

此处所谓周人以"名教"通行于天下,与周公制礼的传说相应合,较之晋代玄学家所谓的"名教",竟无不同。《管子》一书在《汉书·艺文志·诸子略》入于道家类,书中的思想亦多有道家色彩,今人多视之为道家著作。那么这就意味着,在玄学产生以前,只有道家提到过"名教"一词。

《世说新语·德行篇》说:

> 李元礼风格秀整,高自标持,欲以天下名教是非为己任。

其中"天下名教是非"之语不见于范晔《后汉书》与袁宏《后汉纪》,显然不是李膺之言,而是刘义庆的评论,为东晋以后的材料,不足以说明魏晋的名教自然之辨。排除了这条材料,那么首次提到"名教"的玄学家便应当是嵇康。嵇康《释私论》说:

> 矜尚不存乎心,故能越名教而任自然;情不系于所欲,故能审贵贱而通物情。①

所称"名教",寓含贬义,"越名教而任自然"意谓超越于名而依归无形无名的本体,亦即超乎形下而达乎形上。其以"名教"为称,意即儒教属于形名或形下的范围,这在嵇康的崇尚老庄的思想里,显然有轻贬儒

---

① 《嵇康集校注》,戴明扬校注本,人民文学出版社1962年版,第234页。

家礼教的意义。

到西晋时期，竹林名士王戎位至司徒，公然议论名教自然的问题，《晋书·阮籍传》附《阮瞻传》说：

> [阮瞻]见司徒王戎，戎问曰："圣人贵名教，老庄明自然，其旨同异？"瞻曰："将无同？"戎咨嗟良久，即命辟之。时人谓之"三语掾"。太尉王衍亦雅重之。

《世说新语·文学篇》关于"三语掾"的记载与此不同，篇中说：

> 阮宣子有令闻，太尉王夷甫见而问曰："老庄与圣教同异？"对曰："将无同？"太尉善其言，辟之为掾，世谓"三语掾"。

《艺文类聚》卷一九、《北堂书钞》卷六〇、《太平御览》卷二〇九均引《卫玠别传》，记载此事，都作王衍问阮瞻（字千里），而非王衍问阮修（字宣子）。今按阮瞻初仕为司徒掾，阮修初仕为鸿胪丞，则"三语掾"当为阮瞻，不是阮修；问者当为司徒王戎，而非太尉王衍。方北辰《"三语掾"语事考》就此考辨颇详。[①]"三语掾"之事既可确定为王戎问，阮瞻答，则可进一步推断《晋书》记载此事的文字最为可靠，"三语"之前的问句当为："圣人贵名教，老庄明自然，其旨同异？"这一疑问的要点不在于"名教"本身与"自然"的同异，而在于圣人关于"名教"的"贵"或崇尚与"老庄明自然"的宗旨同或不同。辨明这一点，可使人们对"名教与自然之辨"的理解发生较大的改变。

实际上，"名教""自然"的提法本身已寓含着对于两者关系的答案。"名教"中的"名"字已使礼教降到"形下"；"自然"本指"自己如此"或"自由"，引申为自身固有的玄理，位居"形上"。当玄学家使用这一对术语时，他们都以为"名教"必须服从"自然"，必须由"自

---

① 方北辰：《"三语掾"语事考》，《文史》第二十九辑，中华书局1988年版，第140—150页。

然"来决定。"名教"与"自然"的关系,不过是末用与本体的关系,其中的分别仅在于观察评判的角度有所不同。当嵇康强调"越名教而任自然"时,他实际上是主张超越"形下"的领域而奔向"形上"的境界,其所以要超越,是由于当时现实中的"名教"已不合"自然",在这种情况下继续拘泥于名教便犯了"离本饰末"的大忌。当王弼申说"何以得德?由乎道也。何以尽德?以无为用"(《老子注》)时,他实际上是主张根据"自然"之道来调整或改革"名教",使"名教"与"道"相适应。过去人们说王弼、何晏的主张是"名教本于自然"或"名教合于自然",这是可以成立的,但应注意"名教合于自然"一句寓有"名教若不合自然便必须加以改变"的意思。过去人们常说郭象的主张是"名教即自然",这也可以成立,但这话寓有一种常被忽略的含义:"名教"必须是"自然"的,否则便会成为"废弃之物"(《天运注》)。郭象说:"先王典礼,所以适时用也。时过而不弃,即为民妖,所以兴矫效之端也。"(《天运注》)读这段文字时,可以领悟到那种将郭象看作颂扬"名教"的极端保守主义者的见解绝不是没有问题的。

讲到这里,应再回到"三语掾"的诠释问题上,王戎和阮瞻达成了共识:"圣人贵名教"的宗旨,正好是"老庄明自然"的宗旨。为什么呢?因为《老子》说:"万物莫不尊道而贵德","尊道"即"明自然","贵德"在玄学家看来是"贵名教"。王弼注说:

> 道者,物之所由也;德者,物之所得也。由之乃得,故不得不尊;失之则害,故不得不贵也。

王弼主张"崇本举末","末"如果不可贵,为何要"举"?可见王戎和阮瞻的意思是说,圣人因为珍惜名教,所以要让它合乎自然之道,否则就要对名教加以大幅度的改革;老庄因为体悟自然,所以深知不合自然的现实中的名教注定要遭到毁坏或废弃。在这里,老庄和圣人的宗旨不是正好一致么?

东晋人议论名教问题,以袁宏《后汉纪》的史论最为详备,而袁宏在这些史论中恰有"道明其本,儒言其用"的命题。这极好地证明自然与名教的关系即本末关系或形上与形下的关系,亦即流俗所谓的道家与儒家学说的关系。如此种种,表明玄学各派关于名教自然问题的看法十分接近,只是在观察角度和论说的背景上不同而已。

# 第九章　王弼《周易大演论》辑本

　　根据《旧唐书·经籍志》的著录，可以知道有一部题为《周易大演论》的王弼著作在唐代流传。这部著作只有一卷，按现代的标准衡量只能算是一篇论文，而且这篇论文不是直接地完成于王弼本人之手，乃后人根据王弼的书信等材料编辑而成的。但这情况丝毫不妨碍我们将它当作王弼最重要的著作看待，因为这部著作所讲的是"大衍之数""天地之数""太极"及"圣人体无"等问题，在《易》学领域长期处于核心的地位。汤用彤先生在王弼哲学研究方面所取得的重大突破，即以此论的佚文为首要依据。遗憾的是，王弼《周易注》《老子注》《周易略例》《老子指略例》及《论语释疑》等，或有多种版本流传，或有写本，或有辑本，唯《周易大演论》久佚，无辑本传世。十余年前，楼宇烈先生撰作出版《王弼集校释》一书，收录王弼著作颇多，校释颇精，唯《周易大演论》一种，仍付阙如。1987年，拙著《正始玄学》出版，书中就《周易大演论》的一些问题作了初步的论述，将一些《大演论》佚文当作重要史料来使用，惜未整理出《大演论》辑本。今试根据《周易系辞传注》《谷梁传疏》《毛诗疏》《文选注》等书，辑得《周易大演论》佚文十条，分别加以论证，以就正于读者。

　　这些佚文字数虽有限，条理却甚分明，大体上围绕三个重大问题而作申论：其一是"大衍之数"及其与"天地之数"的关系问题；其二是太极与两仪的关系问题；其三是圣人及其与至道的关系问题。在这当中，"大衍之数"与"天地之数"的问题极为重要，这种关于"数"的理论带有系统论意味，是古代宇宙论当中的重要组成部分。我们借助《大演论》佚文了解到王弼在"大衍"等问题上的创见，便可使汉魏之间数论乃至整个宇宙论的演变线索趋于明朗。

## 一 《周易大演论》解题

《周易大演论》之名始见于《旧唐书·经籍志》。在《旧唐志》以前，《经典释文序录》和《隋书·经籍志》均未著录。《释文序录》撰于南朝陈代，《隋书》中《经籍志》为十志之一，十志原为《五代史志》，在唐高宗显庆元年（656）成书并上于朝廷，时为《隋书》纪传成书之后。《释文序录》和《隋志》著录了许多不甚重要的《易》学的作品，例如有李轨、徐邈《易音》、乐肇《周易象论》、杨乂《周易卦序论》、阮浑《周易论》及宋岱《周易论》等，这些著作体裁与王弼《周易大演论》有许多是接近的，重要性又都在《大演论》以下，则《释文序录》与《隋志》之未著录，表明《大演论》在唐初显庆元年尚未为皇家藏书。此书的编纂工作大概是在显庆元年之前不久才完成的，尚未广泛流传而受到皇家的采集。唐初孔颖达作《五经正义》时，人们大概只能从王弼的书信等材料见到他关于"大衍"问题的论述。这些材料的大部分，可能都出自梁代目录所著录的《王弼集》五卷当中。

此处所提到的王弼的书信，是指王弼与荀融、钟会辩论的信件。《魏志·钟会传注》引何劭《王弼传》说："弼注《易》，颍川人荀融难弼'大衍'义，弼答其意，白书以戏之"，由此可见王弼曾以书信形式与荀融讨论"大衍之数"的问题。钟会撰有《周易尽神论》，与"大衍"问题有关，王弼又是钟会的论友，则王弼也可能用书信形式与钟会讨论"大衍"。这些书信可能被收入《王弼集》五卷之内，成为唐初学者编纂《周易大演论》的主要来源。另外，从"弼注《易》，颍川人荀融难弼大衍义"一句话来看，王弼《周易注》可能有论及"大衍"的内容。《周易略例》下篇所存无几，佚失的文字也可能论及"大衍"。这些文字都被摘引出来，与王弼致荀融等人的书信合并。后人为避免重复，或误以为这些文字是掺入《注》《略例》的《大演论》文字，便加删除，以致《注》和《略例》有失完整。当然，《略例》的残缺还有另外一些原因，可参见上文。王弼可能还撰有《道略论》，"道"即太极，即"大衍之数"中的"不用之一"，则《道略论》亦可能为《大演论》的编者所利用。

《周易大演论》在《新唐书·艺文志》写为《大衍论》，"演"即"衍"。其中哪一个是原文，已无从考证。东晋成帝讳"衍"，梁武帝亦讳"衍"，则王弼原文为"衍"而后人避讳改为"演"，是有可能的。然而《系辞》韩注引有王弼"演天地之数"一节，则王弼原文为"演"的可能性也不能排除。这篇论文本为一卷，《新唐志》说为三卷，是由于增入他人的作品。《宋书·隐逸传》说："晋陵顾悦之难王弼《易》义四十余条，［关］康之申王难顾"，《隋志》又著录《周易难王辅嗣义》一卷，顾夷等撰。有人说顾夷即顾悦之，有人说不是，无论如何，这些材料都有可能成为《大衍论》三卷的来源。至于荀融、钟会等人与王弼辩论"大衍"的文字，也可能附入《大演论》一卷，而使其卷数增加。

推敲《大演论》之名，可知道它以解说《系辞》"大衍之数五十，其用四十有九"一节为主要内容。五十当中的"不用之一"即太极，四十九的"分而为二以象两"可代表两仪，因而《大演论》应当讨论太极与两仪的关系问题。"大衍之数"与《系辞》所谓的"天地之数"可能有关联，《系辞》韩注所引王弼佚文也有"演天地之数所赖者五十"之语，则《周易大演论》可能论及"天地之数"的一些问题。"大衍之数"是蓍数，《说卦传》说："昔者圣人之作《易》也，幽赞于神明而生蓍"，可见演数的主体是圣人，论述"大衍"不能不涉及圣人的神智，因而圣人及其与太极本体的关系问题也应当是《大衍论》的论题之一。例如荀融非难王弼"大衍"之义，王弼在答书中自比孔子，谈到圣人不能无情，足见在王弼的时代，议论"大衍之数"往往不能不牵涉圣人的品性与情感。"大衍之数"、"天地之数"、太极、圣人等都是《易传》学说核心的问题，《大演论》以这些问题为中心而展开，其重要性显然是《周易略例》所不能比拟的。

## 二　直接论述"大衍之数"及其与"天地之数"的关系的佚文

《周易大演论》所论《系辞》"大衍之数"一节，提到两种数，其一是"大衍之数五十，其用四十有九"；其二是"天地之数五十有五"，系由"天数二十五"与"地数三十"相加而成，"天数二十五"即天一、天三、天五、天七、天九之和，"地数三十"即地二、地四、地六、地八、地十之和。东汉一些学者以为这种"天地之数"与"大衍之数"一定是有联系的，王弼的见解虽与东汉人不同，所讨论的问题却往往由东汉的《易》学演变而来。由此而论，《周易大演论》在论述"大衍"的同时，很难对"天地之数"回避不谈。下面试举出三节兼论"大衍之数"与"天地之数"及其相互关系的《大演论》佚文，分别出于《系辞上传》韩注、《雅述》上篇和《五行大义》。韩康伯在《系辞上传》"大衍之数五十，其用四十有九"句下注说：

> 王弼曰：演天地之数，所赖者五十也。其用四十有九，则其一不用也。不用而用以之通，非数而数以之成，斯易之太极也。四十有九，数之极也。夫无不可以无明，必因于有，故常于有物之极，而必明其所由之宗也。

孔颖达说这是韩氏"引王弼云，以证成其义"，可见韩注自"王弼曰"以下，均为王弼文字。这段文字沿袭汉代成说，将"大衍之数五十，其用四十有九"中"不用"的"一"，解为"易之太极"；又循以《老》解《易》的思路，将这"易之太极"与老子的"无"等同起来。汉代学者认为这里的五十是星象的数目，五十中的一是太极，亦即北极星，其余的四十九是环绕北极星运转的群星。这样解释的结果，是使太极之一与四十九分为两截，没有显示出太极与四十九之间的体用本末的关系。王弼称一为太极而四十九为"数之极"，使一与四十九的关系产生了变化，两者都是"极"，唯"一"就本体而言，故为"不用"；四十九是就末用而言，故为"用"。就末用而言，四十九为现象界之总和，故为"数之极"；就本体言，一为统摄现象界的终极性的本原，完全包容了四十九，故为"太极"。按王弼《老子指略例》所说，"崇本"才可以"举末"，因而"四十九"的正常运转，有赖于"一"的确立，亦即"不用而用以之通"。一是无，是超越形象的，因而没有数量；四十九是有，是局限于形象世界的，因而必有数量。无存在于有的背后，是有的主宰，即所谓"非数而数以之成"。一既是无，无形无名，故不可形容，不可直接描述，只可通过论列"有"的全体，才可显示无的存在及其价值，此即所谓"无不可以无明，必因于有，故常于有物之极，而必明其所由之宗也"。王弼《大演论》关于"大衍之数"的见解大致如此，这些见解在汤用彤先生《王弼大衍义略释》①一文中已有精确的论述，我不过是作一简单的概括。然而，未解决的问题在这里还是存在的。

这个问题便是对韩注所引王弼佚文中"演天地之数，所赖者五十"一句应如何理解。"大衍之数五十"固然是关于现象界数量全体的标志，但为什么一定要用"五十"来标志呢？王弼说"演天地之数"必须依赖五十，则"天地之数"在王弼文中非指"大衍之数"，而是像《系辞》原义一样是指"天数五"，"地数五"，"天数二十有五，地数三十"以及"天地之数五十有五"。那么"天地之数"与"大衍之数"在王弼文中应当是一种什么关系呢？有趣的是，东汉末期的郑玄已将"天地之数"与"大衍之数"的关系当作构筑宇宙论的出发点，认为五十之数即天地之数五十五减五而形成的。王弼既然循由郑玄所探讨的问题而推翻郑玄的理论，便一定会有关于"天地之数"与"大衍之数"的关系的创见，这创见是怎样的呢？

这个问题的答案保存在明人王廷相所作的《雅述》上篇里，篇中引王弼说：

---

① 参见汤用彤《王弼大衍义略释》，《汤用彤学术论文集》，中华书局1983年版。

> 不先言天地之数五十有五，而先言大衍之数五十者，明大衍包天地之数，而非天地之数生大衍也。

文中"不先言……而先言……"的解经方式，合乎王弼《周易注》的风格，例如《乾卦》王注问道："《文言》首不论乾，而先说元，下乃曰乾，何也？"便是着眼于经传行文的顺序来阐发新义。而这段佚文的意义首先在于说明"大衍之数"是"天地之数"的根本，与韩康伯所引"演天地之数，所赖者五十"的意思相合。其文笔风格及思想内容均与王弼一致，则《雅述》称其为王弼所说，当是可信的。有人可能会怀疑明人能否见到王弼《周易大演论》的文字，然而宋代《中兴馆阁书目》《直斋书录解题》《通志·艺文略》、元人所撰《宋史·艺文志》及明人焦竑所著《国史经籍志》，或著录王弼《周易穷微》一卷，或著录王弼《易辨》一卷，《周易穷微》和《易辨》都是《周易大演论》的别名，可见明人王廷相偶见《大演论》残篇并在《雅述》中引用，绝不是不可能的事情。由《雅述》所引的这段佚文，可以知道王弼的确在《周易大演论》中探讨了"天地之数"与"大衍之数"的关系问题。

王弼既然论说了"天地之数"与"大衍之数"的关系，便应当先对这两种数加以介绍和说明。韩康伯所引王弼佚文，主要是论述"大衍之数"内部一与四十九的本末关系，而对于"天地之数"王弼是如何论述的，是一个思想史上的疑案。值得庆幸的是，隋人萧吉在《五行大义》书中引述了一节王、韩的文字，似有助于上述疑难问题的解决。萧吉在书中说：

> 《易》上《系》曰：天数五，
> 　　王曰：谓一、三、五、七、九也。
> 　　韩曰：五奇也。
> 地数五，
> 　　王曰：谓二、四、六、八、十也。
> 　　韩曰：五偶也。

五位相得，

　　王曰：五位，谓金木水火土也。

而各有合。

　　王曰：谓水在天为一，在地为六，六一合于北；火在天为七，在地为二，二七合于南；金在天为九，在地为四，四九合于西；木在天为三，在地为八，三八合于东；土在天为五，在地为十，五十合于中。故曰："五位相得而各有合。"

　　谢曰：阴阳相应，奇偶相配，各有合也。

　　韩曰：天地之数各有五，五数相配，以合成金木水火土也。

近人沈祖绵说这里的"王氏"文字即王弼《系辞传注》佚文。其说王氏即王弼当是正确的，其说出于王弼《系辞传注》则略有失误，因为南朝齐人陆澄说过："[王]弼于注经中已举《系辞》，故不复别注。今若专取弼《易》，则《系》《说》无注。"可见南朝齐代流传的《周易》王弼注本是不包括《系辞》《说卦》《序卦》和《杂卦》的。隋人萧吉所见的王弼文字当出自《周易大演论》，而非《系辞传注》。这些文字采用笺注体，当是萧吉在引用时加以更改，以与韩注的体裁相适应。我曾撰《〈五行大义〉所引王弼"周易大演论"佚文考释》[①]一文，就此作了考辨。后来在《正始玄学》[②]一书中，又就此作了进一步的论述。然而学界多数人坚信王弼不提象数五行，对萧吉引文普遍持怀疑态度，认为萧吉所称"王氏"不是王弼。这问题牵涉王弼"演天地之数"的意义及其"天地之数"概念的来由，至关重要，不能不就此再作申论。

　　隋人萧吉所称引的"王曰"与"韩曰"，正合乎南北朝隋唐时期《周易》王、韩注本流行的背景，《隋书·经籍志》著录《周易》十卷，注明其中有"魏尚书郎王弼注六十四卦六卷，韩康伯注《系辞》以下三

---

[①] 参见《〈五行大义〉所引王弼"周易大演论"佚文考释》，《哲学研究》1983年第8期。
[②] 参见《正始玄学》，齐鲁书社1987年版。

卷，王弼又撰《易略例》一卷"。而对于《周易》王弼注的单行本，《隋志》未加著录，可见在萧吉所处的隋朝一代，王弼《周易注》的传本一般附有韩康伯所注释的《系辞》与《说卦》等。又据《经典释文序录》，南朝齐代王俭《七志》已著录《周易》王弼注本十卷，与《隋志》的著录相同，可见《周易》王、韩注合编本至迟在南朝齐代已然流行。《经典释文序录》说，"其《系辞》以下，王〔弼〕不注，相承以韩康伯注续之"，亦可见以韩注续王弼注在南朝梁陈两代是普遍的情况。追究这种王韩合编体例的起源，大概是在南朝宋文帝元嘉年间。在元嘉十六年"立玄学"（《建康实录》），《周易》为"三玄"之首，王弼为玄学派《周易》最权威的注家，故"立玄学"意味着《周易》王弼注本立于学官，成为官方学者用来教授弟子的课本。但课本必须完整，王弼注本缺少《系辞》《说卦》《序卦》和《杂卦》，故用东晋韩康伯所注的《系》《说》等四传来补充。齐代先立"四学"，后立国学，完全是宋代学术制度的延续或模仿，因而《周易》官方注释采用王、韩注的情况便由南朝宋代延续下来，历经梁、陈、隋、唐因循不改。这样看来，萧吉所称"王曰""韩曰"，必为"王弼曰"及"韩康伯曰"，绝不会另有"王""韩"。

有人可能会推测萧吉所称"王曰"是指王肃《周易注》。今按在萧吉的时代以前，注《易》的王氏已有很多，除王肃、王弼之外，还有西晋人王济、东晋人王廙及《释文》所称王嗣宗等，萧吉在这种情况下若引王肃，应当举出名字，不应当简称王氏。再说，《经典释文序录》指出，东晋以后"唯郑康成、王辅嗣所注行于世，而王氏为世所重"；《隋志》指出，在梁陈两代"郑玄、王弼二注列于国学"，到隋朝王弼注盛行而"郑学浸微"，几乎无人传授了。郑玄注在隋朝已不很流行，则影响尚在郑注以下的王肃注一定更遭冷落。这一时期的学者显然只有对王弼可简称王氏，对王肃、王廙等人是一定要指出其名的。考察《经典释文序录》《隋书·经籍志》小序、孔颖达《周易正义序》及李鼎祚《周易集解序》所称"王"或"王氏"，几乎都指王弼，那么萧吉所称"王曰"显然也不可能是例外。

萧吉所称引王氏的文字，包含着前面的问题的答案：王弼所提到的

"天地之数"，即天一、地二、天三、地四、天五、地六、天七、地八、天九、地十。王弼所说的"演"即"合"，至少有"合"的意思，《周易集解》引干宝之文即以"合"释"衍"，而"衍""演"可以互换则是公认的。韩氏引王弼所谓"演天地之数"即"合天地之数"，亦即萧吉引王氏所云："六一合""二七合""三八合""四九合""五十合"。《雅述》所引王弼佚文为什么说"大衍包天地之数，而非天地之数生大衍"呢？这是因为"大衍之数"即"大合天地之数"，亦即"五十合于中"。"五十合于中"，在五行即为中土之数，而汉魏学者公认土是五行之主，可以总摄或包容五行，例如《白虎通》说木、火、金、水各主一时，唯土"最尊"，"不名时"，"不自居部职"。更早的《春秋繁露·五行之义篇》说："五行而四时者，土兼之也。"又说："土者，五行之主也。""五十"既为中土之数，按"土兼之"的说法自然意味着"五十"之数可以兼容或包容五行之数。

五行之数即"合天地之数"，那么又可推导出"五十"可包容"天地之数"的结论，因而韩注引王弼说："演天地之数，所赖者五十也。"《雅述》引王弼说："大衍包天地之数，而非天地之数生大衍也。"附带指出，"五十合于中"不是相加，而是相乘，正如《汉书·律历志》所说："以五乘十，大衍之数也，而道据其一"。这正是王弼"大衍"理论的根源。当然，王弼并非一成不变地因袭前人，而是发挥出"大衍包天地之数"的新义。从表面看来，"天地之数五十有五"多于"大衍之数五十"，然而从本体论的意义上说，"大衍之数五十"却是"天地之数五十有五"的根本所在，因而不是"五十有五"包括"五十"，而是"五十"包容"五十有五"。这样，由于参照萧吉引文与《雅述》引文，使王弼"演天地之数，所赖者五十"一语的含义大白于天下了。

我在《"五行大义"所引王弼"周易大演论"佚文考释》的结尾，曾指出韩康伯引文与萧吉引文正好是《周易大演论》的上下文，并将两段佚文连接起来，抄成论文的样式。后来见到《雅述》引文，觉得这正是韩氏引文与萧吉引文的中间环节，应处在韩、萧引文之间。今将三节引文连起来，抄录如下：

> 天数五谓一、三、五、七、九也。［地数五］谓二、四、六、八、十也。五位，谓金、木、水、火、土也。谓水在天为一，在地为六，六一合于北；火在天为七，在地为二，二七合于南；金在天为九，在地为四，四九合于西；木在天为三，在地为八，三八合于东；土在天为五，在地为十，五十于合中。故曰："五位相得而各有合。"(《系辞》)不先言天地之数五十有五，而先言大衍之数五十者，明大衍包天地之数，而非天地之数生大衍也。演天地之数，所赖者五十也。其用四十有九，则其一不用也。不用而用以之通，非数而数以之成，斯易之太极也。四十有九，数之极也。夫无不可以无明，必因于有，故常于有物之极，而必明其所由之宗也。

连读上下，文义层层递进，逻辑思路与思想史的演进顺序正好吻合。文中先说明奇数、偶数分属于天地或阴阳，这可能是中国历史上较为原始的思想。在解说阴阳奇偶之数的基础上，说明水一、火二、木三、金四、土五之数，这正是《尚书·洪范》所举出的五行序数；再说明水六、火七、木八、金九之数，正是《吕氏春秋》《淮南子》等书所说的五行四方之数。这些王弼佚文进而指出一六合水、二七合火、三八合木、四九合金、五十合土的构成法则，此为中国古代宇宙构成论在"数"上面的体现，发端于扬雄《太玄》，在东汉班固《五行志》已有成熟的理论形态，在东汉末期为郑玄所沿袭，王弼在此传统的数的构成理论的基础上，进而论说土数五十可包容天地之数，五十中的"一"又是其余四十九之数的根本，从而由汉代宇宙构成论的数论引出本体论的数论。《周易大演论》的主要部分，即如此。

## 三　论述太极与两仪的佚文

韩康伯所引王弼《周易大演论》佚文公认是可靠的，文中提到"易之太极"，指出太极即五十当中不用的"一"，暗示"四十有九"的"分而为二以象两"(《系辞》语)即象征"两仪"，那么太极与两仪的关系如何，一定是王弼《周易大演论》的论题之一。在这方面，有三节王弼佚文值得注意，三节分别出自《春秋谷梁传疏》与《周易说卦传疏》及《晋书·纪瞻传》。

《晋书·纪瞻传》详细记载了顾荣和纪瞻关于《易》之太极的一席对话。顾荣说：

> 王氏云：太极，天地。

顾荣对王氏此说表示反对："今若谓太极为天地，则是天地自生，无生天地者也。"纪瞻则为王氏辩解："意者直谓太极极尽之称，言其理极，无复外形，外形既极，而生两仪。王氏指向可谓近之。古人举至极以为验，谓二仪生于此，非复谓有父母。若必有父母，非天地其孰在？"从纪瞻"理极"之语来看，他和顾荣所议论的王氏乃王弼，不是王肃，因为王肃只探讨了义理，尚未推演到"理极"；王弼则论证"能尽理极，则无物不统"（见于《论语·里仁篇》皇侃疏）。另外，《文选注》引王肃说："两仪，天地也。"以天地为两仪本是汉魏通义，王弼并不反对，然而王弼不会强调两仪为天地这一点，在《系辞》"是生两仪"句下，追随王弼的韩康伯也没有指出两仪和天地的关系。王肃特别指出两仪即天地，表现出与"太极，天地"命题相反的意向，可见"太极，天地"命题的提出者不是王肃，而是王弼。不过，这一命题在汉魏《易》学史上是很奇特的，需要作一简单的说明。汤用彤先生在《王弼大衍义略释》中，指出王弼书中"天地"二字的用法有两种，其一是就体而言，如说"与天地合其德"，即以天地为"本体之别名"；其二是就用而言，如说天地"以无为本"，即以天地为实物①。这种即体即用的解释，用在"太极"亦可成立。王弼所谓"太极"就其外在表现而言，是"无形无名"，可简称为"无"；就其数量而言，是绝对统一的，故又称"一"；此种无形无名且统一的东西，只能是义理，不会是实物，因而太极又是

---

① 参见汤用彤《汤用彤学术论文集》，中华书局1983年版。

"理之极尽"；唯其"理极"，无形无名，故可包容世界全体，故称"天地"，"天地"即宇宙大全之义。先秦老庄所推崇的"道"即有宇宙大全的意思，王弼沿袭了道家的这种见解，并将这见解与其义象体用的思想结合起来，太极就体而言是某种义理，就用而言是天地的总和。当我们把太极析为体用两个层面时，应注意王弼所谓"太极"的字义是"大极"的意思，"大"与"太"两字古通用，王弼《老子》第三十八章注说："夫大之极也，其唯道乎！"其所谓"大之极"就是"太极"。"大之极"的意思是指大到极点，在王弼哲学里，大到极点的东西只有道（至理或理极）和天地（宇宙全体）两种。

不过，问题还是存在的。王弼关于太极与天地关系的解释，含有将太极与两仪混同的意思，因为他无论如何不能否认两仪即天地的常识。太极是一，两仪是二，则王弼"太极，天地"的命题又有混同一与二的意思。这从逻辑上看似有混乱之感，当如何解释呢？

《春秋谷梁传》"独阴不生，独阳不生"一节之下，杨士勋《疏》引述了一节与此有关的王弼佚文，《疏》中说：

> 《易·系辞》云："一阴一阳之谓道"，王弼云："一阴一阳者，或谓之阴，或谓之阳，不可定名也。夫为阴则不能为阳，为柔则不能为刚。唯不阴不阳，然后为阴阳之宗；不柔不刚，然后为刚柔之主。故无方无体，非阳非阴，始得谓之道，始得谓之神。"

古书中常将韩注误为王注，但此处的王弼文字绝不会是韩注之误，因为《系辞上传》"一阴一阳之谓道"句下韩注说："阴阳虽殊，无一以待之，在阴为无阴，阴以之生；在阳为无阳，阳以之成。故曰一阴一阳也。"其思想实质与《谷梁传疏》引文相近，而文字形式则迥然不同，可见《谷梁传疏》绝没有犯以韩注为王注的错误。《谷梁传疏》这段引文以阴阳为论题之一，与王弼《周易注》及《略例》的论题相合，王注及《略例》主要根据六十四卦阴阳两爻的不同位置关系来判断卦的形式，他关于六十四卦的注文，几乎都是从解释阴阳同性排斥而异性相感着手的。

《晋书·王衍传》说，何晏与王弼立论以为"无也者，开物成务，无往不存者也。阴阳恃以化生"，则王弼原有关于阴阳依赖"无"而化生万物的见解。王弼《老子指略例》说，"五物之母，不炎不寒，不柔不刚"，其中"不炎不寒"是就五行而言的，古人通常以五行配五季，木温，火炎，金凉，水寒，本体为五行的主宰，故可"不温不凉，不炎不寒"（《老子》第四十一章注）；其中"不柔不刚"是就阴阳而言的，阴阳就其实体而论则可说是阴气、阳气、阴物、阳物等，就其性能而论则常被形容为柔弱与刚强，本体为阴阳的宗主，因而"不柔不刚"。《谷梁传疏》所引王弼佚文声称"唯不阴不阳，然后为阴阳之宗；不柔不刚，然后为刚柔之主"，断定"无方无体，非阳非阴，始得谓之道，始得谓之神"，在思想内容和行文风格上都与王弼著作极为相似，其为王弼所作，几乎是无可置疑的。

此节佚文的价值很大，其中之一是澄清了王弼关于太极与两仪的关系的看法。文中"道"即太极，阴阳即两仪，正如《晋书·纪瞻传》所引顾荣说："夫两仪之谓，以体为称，则是天地；以气为名，则名阴阳。"王弼这段佚文指出："夫为阴则不能为阳，为柔则不能为刚。"从而道出一种遗憾的心情，即如果局限于阴或者阳，便永不能实现对阴阳全体的兼而有之。王弼由此得出结论："唯不阴不阳，然后为阴阳之宗"，意谓唯有超越阴阳的形体，才能进入更高的境界：既已为阳，又可为阴，亦即对阴阳可以兼容或兼有。王弼对于太极和两仪的关系也正是这样看的，他认为两仪若是分而言之，各自成形，只能自有，而不能容摄对方。两仪若能合为一体，融摄无间，便可达到"大全"的境地，但这时已不能称其为两仪，而只能称其为太极了。太极不是两仪中的任何一方，因而不能说太极即两仪；太极是两仪的全体，既是此又是彼，或者说既是天又是地，故又可以道出"太极，天地"命题。讲到这里，可以明白王弼《易》学中天地太极理论的矛盾，乃是由于语义的含混，当王弼说太极为天地或两仪的时候，他实际上是在说"太极兼为天地或两仪"；当王弼说太极至道不是天地或两仪的时候，他实际上是在说太极既非天亦非地，既非阳亦非阴，亦是说"太极分别与两仪不同"。

在王弼哲学里，两仪或天地阴阳的总和就是宇宙的总和，或是万物的总和。万物就其门类而论，可分为阴类和阳类，亦可称为阴物和阳物。万物就其群体而论，可称群阴和群阳。考察王弼《周易注》及《略例》，"群阴"与"众阳"屡见，则太极与阴阳的关系可表现为太极与群阴、众阳的关系。孔颖达《说卦传疏》有一节文字与此有关：

> 王氏云：索，求也，以乾坤为父母，而求其子也。得父气者为男，得母气者为女。坤初求得乾气为震，故曰长男；坤二求得乾气为坎，故曰中男；坤三求得乾气为艮，故曰少男。乾初求得坤气为巽，故曰长女；乾二求得坤气为离，故为中女；乾三求得坤气为兑，故曰少女。

此文大意与《说卦》"乾，天也，故称乎父；坤，地也，故称乎母。震一索而得男，故谓之长男……"一节相合，都以为经卦当中乾坤为父母，震、坎、艮、巽、离、兑为子女。震、坎、艮三卦都由两个阴爻和一个阳爻组成，依次为长男、中男和少男，巽、离、兑三卦都由两个阳爻和一个阴爻组成，依次为长女、中女和少女。假若《说卦疏》所引的这段佚文出于王弼之手，当有很高的参考价值，然而马国翰等人认为这是王肃《周易注》的文字，理由是《经典释文·周易说卦音义》出传文"一索"两字，引王肃云："求也。"与《说卦传疏》引文首句相同。这一理由从表面看来似很充足，实际上却难以成立，因为李鼎祚《周易集解》也引述了这段佚文，与《说卦传疏》引文字句全同，唯李氏不称"王氏云"，而称"孔颖达曰"。李鼎祚《集解》撰于唐代宗初期，当时王肃《周易注》尚存，仅传授者罕见。李氏所集录的都是唐代宗以前各家关于《周易》的注释，其中包括王肃、王弼、韩康伯、孔颖达的注本。而对于各家《易》学的非笺注性论著，李氏几乎一概不加引述，显然是未加参阅。他引"索求也"一节而不称"王肃曰"，意味着他在王肃《周易注》中未见到此节文字。李氏称"孔颖达曰"意味着他所引述的这段文字出自孔颖达疏，由于不知孔氏所称"王氏"为何许人，便只好写上颖达姓名以敷衍了事。其实这"王氏"乃王弼。这一节王氏文字是《周易大演论》的一部分，李鼎祚未能参阅各家非笺注性的《易》学论著，自然无法推断出处。有一个证据可以支持这一结论，即在李鼎祚的时代，王弼、韩康伯注本是唯一受官方尊崇的注本，孔颖达又是官方学者，他"奉诏作疏，始专崇王注"（《四库全书总目提要》），大概只对王弼可以简称王氏，对于在当时已失去影响的王肃则是应当举出其名的。

试将《说卦疏》引文与王弼《周易注》及《略例》对照，思想内容完全吻合，例如这段佚文提到"求得乾气"及"求得坤气"，是以天地或乾坤为父母，天地合气产生万物犹如父母感合而生子女，而王弼《周易损卦注》说："天地相应，乃得化醇，男女匹配，乃得化生。阴阳不对，生可得乎？"与孔疏引文一致。孔疏引文分别以震、坎、艮为长男、中男、少男，以巽、离、兑为长女、中女、少女，而王弼《节卦注》说，"坎阳而兑阴也"；《归妹卦注》说，"兑为少阴，震为长阳"；《益卦注》说，"巽，阴也"，也与孔疏引文相合。震、坎、艮、巽、离、兑分为阴阳男女，根据一个原则：凡由两个阳爻和一个阴爻组成的三画卦，均为阴性或女性；凡由两个阴爻和一个阳爻组成的三画卦，均为阳性或男性。这种原则正是王弼《周易略例·明象章》反复申明的："夫少者，多之所贵也；寡者，众之所宗也。一卦五阳而一阴，则一阴为之主矣；五阴而一阳，则一阳为之主矣，夫阴之所求者阳也，阳之所求者阴也。阳苟一焉，五阴何得不同而归之？阴苟只焉，五阳何得不同而从之？"王弼这种确定卦主的方法，显然是从八卦分阴分阳的原则引申出来的。《明象》所谓"阴之所求者阳也，阳之所求者阴也"，与孔疏引文"索，求也"一句亦有关联。按王弼此说，《说卦传》中的"一索""再索""三索"，便是"一求""再求""三求"，因而王肃"索，求也"的训诂，必为王弼所沿袭。

孔疏所引的这段佚文，涉及"少者多之所贵，寡者众之所宗"的原则，而这种少多、众寡的关系即一与多的关系，亦即太极与群阴、群阳的关系。上述顾荣引文和《谷梁传疏》引文分别论述太极与天地、太极与阴阳的关系，当是《周易大演论》的重要部分，而且都与孔疏引文联系密切。由这三节佚文，可以知道《周易大演论》关于太极与两仪有三重规定。第一，太极本身是理之极至，无形无名，因而既不是天，也不是地，既不是阴，也不是阳；或者说，太极不是两仪当中的任何一个。第二，太极由于不是具体的天或地，故可兼为天地两仪或包容天地两仪。由于不是具体的阴或阳，故可兼为阴阳或包容阴阳。第三，太极由于可包容阴阳，故为阴阳的宗主，从"数"的角度说，太极与众多的阴物与阳物的关系，可体现为一与多、寡与众的关系。

## 四 论述圣人性情的佚文

上文指出"大衍之数"与圣人性情问题有关，而现在所能见到的《周易大演论》佚文也确有关于圣人的论述。此类佚文分别见于《文选·魏都赋注》《毛诗·周颂疏》及何劭《王弼传》。

《文选》卷六《魏都赋》："得闻上德之至盛，匪同忧于有圣"，李善注说：

> 王弼《周易注》曰：不与圣人之忧，忧君子之道不长，小人之道不消，黍稷之不茂，荼蓼之蕃殖。至于乾坤，简易是常，无偏于生养，无择于人物，不能委曲与彼圣人同此忧之。

张云璈《选学谬言》卷四提到这段文字，说："今本《周易注》无此文，当是王肃注。"钱锺书先生在《管锥编》中则当作王弼注加以引用。今按此文当出自王弼《周易大演论》，由于文中阐释了《系辞上传》"显诸仁，藏诸用，鼓万物而不与圣人同忧"一节文义，故李善称其为《注》。[①] 此文大意与《老子》第五章王弼注相合，《老子》第五章云：

---

[①] 《系辞》此句在马王堆帛书本写为："圣者仁，壮者勇，鼓万物而不与众人同忧"（见张政烺《马王堆帛书〈周易·系辞〉校读》）。帛本所写当是原文，通行本《系辞》是西汉儒者的改编本。王弼在思想统绪上乃遥继汉代以前的《易》学，但在《系辞》传本方面却不得不以汉儒的改编本为依据。

"天地不仁,以万物为刍狗",魏人周宣说:"刍狗者,祭神之物。"(见《三国志·魏志·周宣传》)《庄子·天运篇》也说刍狗是一种祭品。王弼喜读《庄子》,对于在他之前的周宣的言论也可能了解,可是在《老子注》中却一定要加以曲解:"天地不为兽生刍而兽食刍,不为人生狗而人食狗,无为于万物而万物各适其所用。"这种解释虽不合《老子》原义,却因否定天地产生动物、植物的为人服务的动机,具有反对神学目的论的重要意义。李善所引王弼佚文的意义也在于此,此文申明乾坤不像圣人那样对君子势力不长、小人势力不减、庄稼不茂盛而毒草却繁殖的情况担忧,与王弼《老子注》关于刍狗的解说有异曲同工之妙。至于王肃,则有相反的思想倾向,他说:"乾坤与天地通功"(见《说卦传疏》),"管、蔡犯天诛而汝不欲伐,则亦不知天命之不易也"(见《尚书·大诰疏》)。《诗经·大雅》:"上帝耆之",孔疏引王肃说:"恶桀纣之不德也。"这些说法都承认上天有惩恶扬善的动机和功效,富于神学目的论色彩,与上述《文选注》引文的说法大相径庭。另外,《文选注》引文说圣人对"君子之道不长,小人之道不消"等情况深为忧虑,而王弼在否、临、剥、大壮等卦注释中则屡次表示对"小人道长,君子道消"的非难和对"君子道长,小人道消"的赞许,这都是一致的。《文选注》引文所谓的"圣人之忧"是"情"的一种,而王弼《易》学恰有"圣人有情"的见解,以为圣人"不能无乐""不能无哀"(见何劭《王弼传》)。凡此种种,都有助于证明《文选注》引文不是王肃佚文,而是王弼《周易大演论》的部分文字。

另一节论及圣人的《大演论》佚文见于《诗经·周颂·天作疏》:

> 而[《系辞》]云"贤人之德""贤人之业"者,王弼云:不曰圣人者,圣人体无,不可以人名而名,故易简之主,皆以贤人名之。然则以贤是圣之次,故寄贤以为名。穷易简之理,尽乾坤之奥,必圣人乃能耳。

此文不见于《周易》王韩注本,绝非误以韩注为王注。文中"圣人体无"一语，为王弼所提出的著名命题，则此文很像是王弼的手笔。唯有"圣人不可以人名而名"一说，易使读者有怪诞之感，有必要加以解释。

此种"圣人不可以人名而名"的说法，在魏晋时期其实是很流行的，例如《庄子注》一书多次议论圣人无名的问题，《逍遥游篇注》说："尧舜者，世事之名耳。为名者，非名也。故夫尧舜者岂直尧舜而已哉？必有神人之实焉。令所称尧舜者，徒名其尘垢秕糠耳。"又说："夫尧实冥矣，其迹则尧也。自迹观冥，内外异域，未足怪也。世徒见之为尧，岂识其冥哉！"《应帝王篇注》说："夫有虞氏之与泰氏，皆世事之迹耳，非所以迹者也。所以迹者，无迹也，世孰名之哉！"《在宥篇注》说："夫尧舜帝王之名，皆其迹耳，我寄斯迹而迹非我也，故骇者自世。……故圣人一也，而有尧舜汤武之异。明斯异者，时世之名耳，未足以名圣人之实也。故夫尧舜者，岂直一尧舜而已哉！"诸注大意，是将圣人分为"迹"和"所以迹"两个方面，这两方面的关系可表现为名与实的关系。就圣人的"所以迹"或圣人之实来讲，圣人本是无名的；而就圣人的"迹"来讲，圣人又是有名的。历史上传说的圣人有尧、舜、汤、武等，这些不同的"名"都是圣人之迹的标志，而非圣人之实的标志。郭注这种精彩的议论，可能是沿袭向秀的《庄子隐解》，向秀为魏末竹林七贤之一，生活时代与王弼很接近。诚然，王弼尚未注重"迹"与"所以迹"两个概念的区分，然而他已强调圣人之性与圣人之情的对立，圣人之性可通无，圣人之情则应物。（见何劭《王弼传》）圣人本性既可通无，则无以名状，可称为"无名"；圣人之情既可应物，故随物而变，有形有名，故圣人之名有尧、舜、汤、武、周、孔的差异。王弼曾按这种见解来解释《论语》中"唯天为大，唯尧则之，荡荡乎民无能名焉"的命题："荡荡，无形无名之称也。夫名所名者，生于善有所章而惠有所存。善恶相须，而名分形焉。若夫大爱无私，惠将安在？至美无偏，名将何生？故则天成化，道同自然，不私其子，而君其臣。凶者自罚，善者自功，功成而不立其誉，罚加而不任其刑。百姓日用，而不知所以然，夫又何可名也！"（《论语·泰伯》皇疏所引《论语释疑》佚文）王弼这一席议论均就圣人之性或圣人之实而言，论证"圣人无名"的原则，与向、郭所用的术语虽不同，宗旨却很相近。《毛诗疏》引文所谓"圣人不可以人名而名"，意即如此，孔疏称其为王弼所言，当是可信的。

另外，《毛诗疏》引文所说的"易简之主皆以贤人名之"，与何劭《王弼传》所引王弼答裴徽之言相合，王弼对裴徽说："圣人体无，无又不可以训，故不说也；老子是有者也，故恒言无，所不足也。"意谓圣人虽可穷尽"易简之理"，却不加以解说；贤人没有这种能力，却一定要论道说无，阐发易简的原理，此即《毛诗疏》引文"易简之主皆以贤人名之"一说的来由。此节引文围绕《易》学问题展开，合于王弼学说却不见于现存的王弼著作，除《周易大演论》之外显然不会另有出处。

在这方面，《魏志·钟会传注》所引何劭《王弼传》中的两节文字也许是引人注目的。其中一节是：

> 弼注《易》，颍川人荀融难弼"大衍"义，弼答其意，白书以戏之曰："夫明足以寻极幽微，而不能去自然之性。颜子之量，孔父之所预在。然遇之不能无乐，丧之不能无哀，又常狭斯人，以为未能以情从理者也。而今乃知自然之不可革：足下之量，虽已定乎胸怀之内，然而隔踰旬朔，何其相思之多乎！故知尼父之于颜子，可以无大过矣！"

此文之"戏"，在于以王弼对荀融"相思之多"比拟孔子对颜回的"遇之不能无乐，丧之不能无哀"。为免除王弼自比圣人之嫌，故何劭称其为"戏"。但这戏论的意义很大，其结论为圣人"不能无乐""不能无哀"，实为针对何晏"圣人无喜怒哀乐"一说的有力挑战。此文既是关于"荀融难弼'大衍'义"的答复，当为王弼关于"大衍之数"的议论的重要部分，为后人编辑《周易大演论》的材料之一。何劭生活在《大演论》形成之前，故不得不直接援引王弼《答荀融书》。

在"弼注《易》"一节之前，《王弼传》还有一节文字与"大衍"问题有关：

何晏以为圣人无喜怒哀乐，其论甚精，钟会等述之。弼与不同，以为："圣人茂于人者神明也，同于人者五情也。神明茂，故能体冲和以通无；五情同，故不能无哀乐以应物。然则圣人之情，应物而无累于物者也。今以其无累，便谓不复应物，失之多矣。"

自"弼与不同"以下的王弼文字，大意是说圣人兼有性情，智性可通无，五情则应物。应物之"应"即卦爻之应，应物之"物"即群庶众人，在卦爻当中指卦主以外的群阴众阳。圣人之"应物"即卦主之"无所不应"，例如王弼《周易比卦注》称主爻九五"有应在二"，"所亲者狭"；《大有卦注》称主爻六五"无私于物，上下应之"；《升卦注》说六五之爻"升得尊位，体柔而应，纳而不距，任而不专"；《鼎卦注》说上九之爻"处上"，"应不在一，则靡所不举"。按王弼所说，各卦主爻有应则吉，无应则凶。若能"应不在一"，则统治得法；若能"无所不应"，便达到圣王的水准。在这当中，性为本，情为末；道为本，物为末。若能以情近性，以性统情，则可谓崇本举末，本末兼顾；若摒除情欲，则为"弃末守本"，本末分离。圣人唯在"通无"的同时"应物"，才合乎"崇本举末"的标准；圣人唯有与众物广泛应和，达到"无所不应"的程度，他的"应物"才比贤人群庶的"应物"更高明。由此而论，何劭所引王弼"圣人茂于人者神明也，同于人者五情也"一节，原属王弼《易》学范围，当为后人编辑《周易大演论》的素材，而不可能是《论语释疑》或《老子指略例》等著作的佚文。

《周易大演论》中涉及圣人的这几部分文字，正好讨论了圣人问题的两个方面：一方面，圣人之性可以通"无"或"体无"，与本体发生联系；另一方面，圣人之情可以"应物"，与贤人和贤人以下的凡庶发生沟通。《大演论》关于这两个方面的构想，实际上是将圣人置于形上世界与形下世界之间，亦即在太极与天地万物的联结点上。圣人只可"通无"，本身却不是"无"。与形上的本体相比较，圣人有两点不足。第一，圣人之性的"通无"，不过是精神上的"体无"，不是使自己的肉体化为虚无，正如王弼《论语释疑》所说："道不可体，故但志慕而已。"（见《论语·述而篇》邢疏）第二，圣人有情，而且这情感包括对人类利益与前途的关心，太极与天地却不是如此。王弼说乾坤"无偏于生养，无择于人物"，其所谓乾坤可作两种解释：其一，可理解为乾坤的总体，亦即太极至理，太极至理完全是形上的，自然不会有忧虑一类的情的牵累；其二，乾坤可理解为天地的别名，天地交感运动在王弼看来是以"情"为动机的，但这"情"却是"自然"而"正大"，只是一种交感的冲动，不像圣人之情那样具有善恶的倾向。从这些情况来看，王弼《周易大演论》所谓的圣人绝不是神，而只不过是特殊的人，是一种从精神上与形上本体相沟通的智者。与形下世界的贤人及凡庶相比较，圣人的优越也仅在"性"的方面，不在"命"的方面。圣人之性可通无，贤人之性却属于"有"的层次。圣人从精神上体会到"无"的绝对性，故不加以谈论，避免对"无形无名"的境界造成破坏；贤人了解到"无"的存在，却又不能体会"无"的根本意蕴，便去论道说无，沦落到形下的层次。不过，贤人的论道说无仍是必要的，群庶正是通过聆听或拜读贤人论述，才会产生对神圣的形上世界的向往，这种向往虽不能实现，却有助于社会正常关系的维持，促使人们弃恶从善。从这一意义上说，贤人又是圣人的喉舌，是圣人与凡庶之间的桥梁。《大演论》所论述太极与两仪、一与四十九，正是通过圣人才联结起来的。这种形上学的理论也只有通过关于圣贤的理论，才有落实的可能。

## 五　一些出处不能论定的佚文

以上所举《周易大演论》佚文虽不能全部衔接，内容却比较完整，大体上是由议论"大衍之数"入手，说明形上的太极与形下的天地阴阳等的关系，然后通过议论圣贤性情，使形上世界与形下世界更密切地联系起来。除这些佚文之外，还有一些王弼佚文可能与《大演论》有关，但因史料缺乏，难以论定，仅列举出来，留以待考。

《文选》卷一三《鹦鹉赋》"性辩慧而能言兮，才聪明以识机"，李善注说：

  王弼《周易注》曰："几者，事之微也。"

此节佚文是关于《系辞上传》"夫《易》，圣人之所以极深而研几也"一节的解释。今本王、韩《周易注》无此句，而且此句含义与大衍问题有关，例如《系辞上传》韩注说"极未形之理则曰深，适动微之会则曰几"。则《大演论》所阐述的太极两仪学说必然牵涉"几"的概念，若仅由此而论，此句很像是《周易大演论》佚文。然而可惜的是，此句原出于《论语释疑》的可能性也不能排除，例如《论语·述而篇》皇疏引王弼《释疑》说："《易》以几神为教。颜渊庶几有过而改，然则穷神研几可以无过。"与"几者事之微也"一句的论题及论点是完全一致的。

  《文选》卷五四《辩命论》："虽游、夏之英才，伊、颜之殆庶，焉能抗之哉？其蔽三也"，李善注：

  《易》曰："颜氏之子，其殆庶几乎！"王弼曰："庶几于知几者也。"

此文不见于今本《系辞》"颜氏之子"一节韩注，与王弼《易》说亦无不合，可能为《周易大演论》佚文，然亦不能排除原出于《论语释疑》的可能，因为上述《论语释疑》佚文提到"颜渊庶几有过而改，然则穷神研几可以无过"，与此文之意十分接近。

  《文选》卷五五《广绝交论》有"日月联璧，赞亹亹之弘致"一节，李善注：

  《周易》曰："定天下之吉凶，成天下之亹亹者，莫善于蓍龟"，王弼曰："亹亹，微妙之意也。"

此句不见于《系辞传》韩注、孔疏，若为王弼所说，只能是出于《周易大演论》。然而《大演论》以议论为主，此句却是类似于训诂的注释，尚不能完全排除此句原为韩注佚文而误为王弼文字的可能性。

《文选》卷五九《头陁寺碑文》："亦研几于六位"，李善注：

> 《周易》……又曰："分阴分阳，迭用柔刚，故易六位而成章"，王弼曰："六位，爻之文也。"

此文不见于《周易·说卦传》韩注、孔疏，确为王弼佚文。此文可能原出于《周易大演论》，亦有可能出自《周易略例·辩位章》。

《周易说卦传》："参天两地而倚数"，孔颖达疏云：

> 韩康伯注《系辞》云："大衍之数五十"，用王辅嗣意云："易之所赖者五十，其用四十有九，则其一不用也。不用而用以之通，非数而数以之成，用与不用，本末合数，故五十也。"

此与《系辞》"大衍之数五十，其用四十有九"句下韩注所引佚文，乃抄自《周易大演论》的同一段落。两节引文有很多差异，可能是由于孔颖达乃概括王弼的宗旨，不是忠实抄录原文。但古人引书多为义引，韩康伯引文究竟有无删节，亦是无法确定的事。孔疏此节引文中"用与不用，本末合数，故五十也"一语，不见于韩氏引文，究竟是韩氏有所遗漏，还是孔颖达自述关于王弼文字的理解，是一个限于史料无法论定的问题。

对于本节所列举的佚文，大概只能留以待考了。

## 六　从《周易大演论》佚文看汉魏数论的演变

上述《周易大演论》佚文中有关"大衍之数"和"天地之数"的部分，属于汉魏"数"论的范围。解释这些佚文的新义并解说汉魏数论的变化，可使汉魏宇宙论的转变线索趋于明朗。

对于汉唐哲学中的"数"，过去人们或从毕达哥拉斯哲学去解释，或从数学的角度解释，然而毕达哥拉斯"以数目为第一原理"，汉唐哲学对"数"的评价却未达到这样的高度。数学中的"数"是抽象的,而汉唐哲学中的"数"常附有单位,如太极、两仪、四象、八卦、十二消息、二十四气、七十二候等都是这种,这里确有数学因素,但不能说全是数学。那么,对汉唐哲学中的"数"究竟应该如何理解呢?近年有的学者注意到五行数具有某种系统的性质,于是作出尝试,引用现代系统论来对五行数加以解释,我认为,这些尝试为中国古代哲学中的"数"的研究打开了一条出路,是极有价值的。

对于中国古代哲学与西方哲学的比较,很多学者不以为然。而将古代哲学与现代系统论和控制论扯在一起,大概更容易招致这些学者的反感。然而我们知道,对古代哲学的研究通常是某种解释,这种解释往往是用现代的语言去注释或翻译古代的语言,或用现代的思想去衡量古代的思想。用辩证唯物论来研究古代哲学(从广义上看)是如此,用系统论或是控制论研究古代哲学也是如此。

用西方哲学的眼光来看待中国古代哲学,是某种比较;而用现代哲学来衡量古代哲学,也可说是一种比较。不同的是,前者是横向的,后者是纵向的。称其为比较,有一个原因:古今中外任何一种哲学思想都不可能与另一种哲学思想完全相同,我们不能将某种哲学完全套入另一种哲学,而只能从两者当中抽出共同点,甄别其差异点。由此而论,用系统论和控制论研究中国古代哲学不能不带有比较的性质。当然,比较只能在相同的学科当中进行,用哲学去比附自然科学是荒谬的。这里所引用的系统论和控制论,是现代学者从自然科学系统论中抽象出来的一般系统论和哲学控制论,而不是自然科学中的系统论或控制论。

凑巧的是,对于中国古代的五行、八卦理论,本来就存在称谓的问题。五行和八卦之数的单位不止一个,但又不同于数学的数的单位可有无限个。我们可以列举五方、五时、五色、五音,说这都是五行说的内容,但却不能说五卦、五消息、五候,而只能说八卦、十二消息、七十二候。对这两种学说我们既难简单地称其"五行"与"八卦",也难笼统地称其为"五"和"八"。至于"五行说"及"八卦说"这样的称呼,似与"太极说""元气说"等名称相似，亦不能揭示"五行"和"八卦"的特点。看来唯一合适的名称，就是"五行系统"和"八卦系统"。实际上，很多学者一直在不自觉地使用这两个术语，用系统论来分析五行和八卦不过是对这种自发称谓的确定和扩大而已。

可以肯定的是，汉代哲学与玄学中的"数"都是某种特定系统的标志，上述的"天地五行之数"便是以"数"的形式而构筑的宇宙系统模型。这种系统模型在扬雄《太玄》里已有了较成熟的形态，在《汉书·五行志》所引述的《春秋》左氏学说当中变得更为复杂，而在郑玄的经学体系里几乎趋于定型。《礼记正义》卷一四引郑玄说：

> 天一生水于北，地二生火于南，天三生木于东，地四生金于西，天五生土于中。阳无耦，阴无配，未得相成。地六成水于北，与天一并，天七成火于南，与地二并；地八成木于东，与天三并；天九成金于西，与地四并；地十成土于中，与天五并也。

其中天一、地二、天三、地四、天五为五行生数，地六、天七、地八、天九、地十为五行成数。不同的生数与成数相配，分别合成木、火、土、金、水之数。郑玄及汉代其他学者都对这种天地五行之数与大衍之数的关系作出了机械性的解释，例如西汉时期京房认为"大衍之数五十"是十日、十二辰与二十八宿的总和（见《周易·系辞传》孔疏），《易纬·乾凿度》也这么说，《汉书·律历志》说五十是元始、春秋、三统、四时、五行的总和与乘积，东汉马融认为"五十"是太极、两仪、日月、四时、五行、十二月、二十四气等数之和（见《周易·系辞传》孔疏），荀爽认为"五十"是八卦爻数之和再加乾坤二"用"（《周易·系辞传》孔疏），郑玄认为"五十"由"天地之数五十有五"减五而成，三国董遇及姚信认为蓍数"四十有九"由"天地之数五十有五"减六而成（见《周易·系辞传》孔疏），诸说或以"五十"为若干数之和，或以五十为天地之数减某数之差，均无"以五乘十"的见解，都不承认"五十"为"天地之数"的核心，"五十"的"不用之一"遂与

"天地之数"无关。也就是说,在代表宇宙构成的"数"与代表本体的"数"之间,没有建立起诸如本末体用那样的联系。

王弼《周易大演论》强调"五十合于中",即以天地五行数系统中的土数五十为"大衍之数"。王弼《大衍论》强调"大衍包天地之数",即由汉代中土可总摄五行的流行观念出发,建立中土大衍五十之数可包容天地五行之数,亦即以"大衍之数五十"为本,以"天地之数五十有五"为末,从而用"本末"这种本体论的概念将"天地之数"与"大衍之数"联结起来。王弼又强调"五十"当中"一"是"非数",其余四十九是"数之极","一"可统摄"四十有九",如同本之统末、体之御用,从而使宇宙论范围的天地五行之数与本体之一发生了密切的关联,或者说在宇宙论与本体论之间建立了某种联系。按照中国传统的本末体用的观念,王弼的这种创造导致了思想的进步。

现代系统论有定心系统与非定心系统的划分,定心系统是指系统有一个中心元素,系统内部一切元素的相互关系都由这中心元素而定;非定心系统是指系统没有确定的中心,系统内部各元素的相互关系由非中心的因素而定。须注意这里所谓中心不是仅就位置而论,如太阳在太阳系中处于中心位置,但太阳系各行星的相互关系不全取决于太阳的作用,因而太阳系是非定心系统。今试采用这一分类标准,以鉴别汉代数论与玄学数论,可以看出汉代经学家所设想的天地五行数系统是非定心系统,因为这种系统内部的各种元素未与太一本体发生直接的关联。汉代天地五行系统有天人之分,人间的数的系统因接受天的系统的控制而维持稳定。玄学的以王弼《大演论》为代表的数论系统思想模式则有定心的性质,因为这一系统内部的各种元素都直接以太一或太极为本,其间的联系可用"本末不二"的命题来概括。

定心系统多为自组织系统,就是说,系统内部各元素自发地围绕中心元素凝聚、组织、维持和加强系统的稳定性。当然系统的稳定有利有弊,超稳定常导致系统的僵化和发展停滞。然而社会系统的稳定是中国古代学者追求的共同目标,其区别仅在于:汉人企图以天数系统控制人数系统,将社会系统的稳定建立在对天崇拜的基础上,具有宗教迷信色彩；正始玄学企图把"一"当作系统的核心，将社会系统的稳定建立在唯心主义玄想的基础上，并幻想社会系统各元素会围绕本体自动组织。两种设想都是有缺陷的，但正始玄学关于天地五行数系统模型的设想更进步些，更具有权力下移的倾向。

# 第十章　玄学的本体论

现在哲学中的"本体论"和"形上学"两个词，都有广义和狭义的区分。从狭义上说，柏拉图、亚里士多德以至于康德、黑格尔的哲学都是关于某种实体或本体的学问，如亚里士多德所说的"形式"、康德所说的"自在之物"、黑格尔哲学中的"绝对理念"，都是这样的本体。由于本体都是超乎现象的，因而这种狭义的本体论也就是狭义的形上学。从广义上说，凡是采用思辨方法而不限于感觉分析及语言逻辑分析的哲学都可归入本体论的范围。由于超越了感觉经验与逻辑，自然也超越了现象，因而这种广义的本体论亦可以说是广义的形上学。海德格尔哲学是存在主义而不是本质主义的，但从广义上亦可归入本体论或形上学的范围。我重申这种老生常谈，是针对中国传统哲学研究中的一些误会，例如有人说王弼哲学是本体论，有人说老子哲学、《淮南子》哲学及严遵哲学都是本体论，在其中，狭义的本体论与广义的本体论常常混淆。我所谓"玄学的本体论"，纯是就狭义而言的。从狭义上看，王弼哲学固可说是本体论，郭象哲学则应说是与西方现代存在主义哲学有些相似的存在论。而从广义上看，郭象哲学亦属本体论或形上学之类。事先交代一下术语的系统，很多误会便可避免了。

数十年前，汤用彤先生提出"王弼哲学为本体论，汉代哲学为宇宙论"的创见，令学界为之折服。时至今日，玄学研究已有很多成果，而各大学所用的中国哲学史教科书仍以汤先生的创见为基础，视王弼哲学的诞生为中国哲学史上最重要的转折点。我在1987年撰成出版《正始玄学》一书，亦采用汤先生的见解，只是就两个枝节问题作了发挥。第一，指出"体用"与"本末"的概念有一个演变过程，王弼首次使这些概念有了本体论的意义，但王弼在注释《老子》时，他的本体论尚不成熟，唯至注《易》之际，始含混地提出了相当于后世所谓"体用如一"的思想体系。第二，王弼《老》学与普罗提诺哲学有共同点，前者所谓的"无""一""道"等相当于后者所谓的"太一"；而王弼《易》学则如汤用彤先生所说，类似于亚里士多德关于"本体"或"形式"的学问。多年之后，觉得这两点见解尚可成立，唯未说明王弼《易》学为何"全释人事"，颇为不足。今再罗列证据，从一新的角度，充分利用汤用彤等先生的研究成果，就玄学中王弼及王弼以后的本体论作一论述。

## 一　王弼及钟会《老》学中的本末体用之学

王弼《老》学不像《易》学那样分述六十四卦的义理，而是直接论说万有统一的本体。这本体或称"道"，或称"一"，或称"无"，《老子》一书反复申说"道""一""虚无"之可贵，王弼也是如此。从语感和直观体验来讲，应承认王弼关于"道""一""无"的论说简明扼要，富于逻辑性，与《老》《庄》《文》《列》及《淮南》诸书迥然不同。然而若用考辨或逻辑分析的方式对这一差别进行论证的话，却困难得很。王弼在这方面的议论几乎比汉代学者更为含混，他并未直接说明"无"与"有"的关系是逻辑的关系而非时间上的生化的关系。汤用彤先生关于王弼哲学为本体论的证明，主要是以《周易注》为例，由此亦可显示出孤立地研究王弼《老子注》是一件难事。解决困难的办法，大概只有一个，即由剖析王弼《老》学中的"本""末""体""用"入手，来间接地揭示王弼《老》学贵无论的本体论意义。"本"与"末"对举起源很早，在《汉书》和《后汉书》所载的诏、策、疏、论当中，多有"崇本息末"和"崇本抑末"的命题，"息"即抑止，从字面来看，王弼所讲的"崇本息末"与两汉人所说并无显著的差别。而汉魏之际的一些议论，与王弼所谓"崇本举末"的字面含义相近，由此难以看出王弼所谓"崇本举末"有何新义。王弼《老》学在这方面的特殊之处，当如汤一介先生所说，在于兼讲"崇本息末"和"崇本举末"。这两个命题有何不同呢？稍加分析便可以了解，"崇本"和"息末"的意思是重合的，因为"息末"即"不崇末"，"崇本"亦即"不崇末"。既已做到"崇本"，便直接地意味着"息末"正成为现实。而"崇本"和"举末"的意思却不是重合的，因为本、末从表面看来指两个不同的东西，推崇了这个为何便意味着伸张了那个呢？推敲之余，可以得出一个结论，王弼兼讲"崇本举末"和"崇本息末"的意思，在于隐晦地道出"息末"才能"举末"的哲理。我们可以编造一个命题来标志这一哲理，即"息末以举末"。王弼承袭了道家的辩证法，多次强调"道与形反"的原则，声称"不行者使行，不动者制动"（《老子》第二十六章注），"后其身而身先，外其身而身存"（第四十一章注），那么在如何对待"末"的问题上，也应当是"息末以举末"了。

在这里，有一个角度的问题，假若由一个旁观者去看本、末双方，由这旁观者去"崇本"，去"举末"，尚不足以显示这本末之间有着本体现象那样的关系。假如抛开旁观者，直接判断本的一方可决定末的一方，结果便有所不同了。例如对"不行者使行，不动者制动"的命题作一分析，为何"不行"的一方可以驱使"行"的一方呢？为何"不动"的一方可以制约"动"的一方呢？分析的结果表明，"行者"与"不行者"是同时存在的，"动者"和"不动者"也是并行的，若一方产生时另一方已消失了，便不会有支配的或制约的关系。以此类推，"本"和"末"应当是同时的，"无"和"有"也应当有时间上共处的关系。既然可以是同时的，自然会引致一个结论，在本末、有无之间，处于制约地位的一方是内在的本体，被制约的一方则属于外在的现象界。

王弼《老子注》亦有"体用"对举之一例，今本第三十八章注云：

夫大之极也，甚唯道乎！自此已往，岂足尊哉？故虽德业盛大，富有万物，犹各得其德，而未能自周也。故天不能为载，地不能为覆，人不能为赡。万物虽贵，以无为用，不能舍无以为体也。舍无以为体，则失其为大矣，所谓失道而后德也。（从楼宇烈说，据《道藏》本）

很多学者从逻辑关系上考虑，认为"不能舍无以为体"即"以无为体"。然而王弼《老子注》中"体"字多指形体，例如说："寂寥，无形体也"（第二十五章注），"一体不能自全"（第三十八章注），"各得其庇荫，不伤其体矣"（第五十一章注），"体"即"形体""全身""身体"之义。又如"形虽大，不能累其体"（第四章注），"和光而不污其体"（第四章注），"体"指"本身"，虽说就"道"而言，亦与唐宋"体用"的概念不同。"体用"对举在王弼《老子注》中仅上述一例，而且在王弼以前，《荀子》书中提到"体用"，其含义当如张岱年先生所云："与后世所谓体用，似无若何关联。"[①]至若《周易参同契》提到"内体""外用"，是否早于王弼尚难论定，可见上述王弼《老子注》中"体用"对举可能出于偶然，"不能舍无以为体"如同说"不能舍去无而存在或保存完整"，"体"即本身、全身之义。此处"舍无"，与"舍一"相类似，第三十九章王弼说：

物皆各得此一以居成。既成，而舍一以居成，居成则失其母，故皆裂、发、歇、竭、灭、蹶也。

上述"舍无以为体"与此处"舍一以居成"意思全同，"舍无为体"则"失其为大"，"不能自周"；"舍一以居成"则将"裂""灭"，意思也十分接近。第三十八章注"不能舍无以为体"一节的上文提到统治者若是"殊其己而有其心"，便"一体不能自全"，可见"舍无以为体"便"不能自周"，即"一体不能自全"的意思，这实际上不是"以无为体，

---

[①] 张岱年：《中国哲学大纲》，中国社会科学出版社1982年版。

以有为用",而是"以无为用,以有为体",与后世体用之说正好相反。

王弼《老》学这种"体用"对举的方式与钟会一致,《道德经取善集》引钟会《老子注》说:

> 有无相资,俱不可废,故有之以为利,利在于体;无之以为用,用在于空。故体为外利,资空用以得成;空为内用,藉体利以得就。但利、用相藉,咸不可亡也。

此文由汤用彤先生首先发现,为钟会佚作无疑。文中以"体"为外利,"空"为内用,"用"指本无,"体"指末有,亦与后世"体用"之说相反。钟会与王弼年岁相仿,曾为论友,这种与后世相反的"体用"说可能正是王弼、钟会《老》学特有的主张,堪为中国本体学说初成时期的一个重要的阶段。

用"本末"范畴说明王弼《老》学本体论虽成功,但颇费周析。用王弼《老子注》"体用"对举的情况说明其本体论,结果却适得其反。因而最便利的途径,是从王弼《老》学中的"本用"范畴入手。"本用"之为中国哲学范畴,是由张岱年先生首先提出来的,他指出《论语》及司马谈已将"本用"对举,为"后世体用观念之前引"。[①] 而玩味司马谈《论六家要旨》所谓道家"以虚无为本,以因循为用","本用"的对举已近于哲学范畴。历数王弼以前的"本用"对举之例,多与司马谈相似,如《大戴礼记·礼三本篇》说:"贵本之谓文,亲用之谓理。两者合而成文,以归太一。"其中"本用"两词都是指根本性的一方,"用"与"末"不可混淆。而王弼《老子注》中"本用"对举正是如此,如第四十章注说:"贵以贱为本,有以无为用";第三十八章注强调"唯道是用",又多次说明道即"本";第三十八章注所说"用夫无名""用夫无形"与"崇本息末"的命题也可形成对照。在这当中,"本""用"两者都是就"道"或"无"而言,唯"本"有"无为根本"之义,"用"有

---

① 张岱年:《中国哲学大纲·补遗》,中国社会科学出版社 1982 年版,第 598 页。

"无"之施用义，是两者的差别。比较王弼所谓"本""用"的共同点和差异点，可以看出一个释义的关键，即在"道"或"无"，它的本身和它的施用竟可以是同时的。王弼《老》学之尊崇"道"并非尊崇一种逝去的东西，他所说的从无到有的线路也不仅是时间历程，"无"是根本，它是现成的，是可在现时发挥作用的。理解了这一点，便可以从本体论的角度全面地阐释王弼《老》学的思想体系，而不应仅从时间过程的角度看待王弼所说的"无"和"有"。

## 二  王弼《易》学中的义象理事说

正始年间，何晏不止一次地"自言不解《易》九事"，按南齐人张绪的解释，"九事"之一即"时义"或"卦义"问题。何晏身为极负盛名的学术领袖，在正始后期以谈论《老》《庄》及《易》著称，却声明对《周易》时义或卦义有所不解，可见卦义的阐发是当时玄学讨论中一个关键的题目。王弼《易》学在历史上以义理之学著称，就是由于他成功地构筑了《易》学当中义理的系统，将义与事象的对立看作本体与现象的对立。过去人们常以为宋明理学起源于唐代佛教华严宗的"理事"之说，其实不对。在唐代以前，南朝宋人谢灵运已明确地以"理"与"事"对举（见谢灵运《山居赋序》），而他的这种做法是直接地沿袭王弼。

中国古代哲人一直将时间与空间看作密切结合的统一体，例如五行中木、火、金、水四者既可代表时间中的四季，又可代表空间的四方。爱因斯坦相对论设想空间是四维的，即传统的三维空间加上时间，这种天才的想法在中国古代有很多先例，只是中国古人未能将这种构想发展成科学，而只将它弄成一种直观的哲学。王弼也沿袭了这样的思路，他将五行之统一时空的构想移置到《易》学里，指出《周易》的六十四卦每卦为一时，又为一世，其中"时"指时间序列，"世"指空间序列，因而六十四卦便成为六十四种时空的统一体。汉代学者拘泥于卦象和爻象，认为卦爻之象来源于先圣的创造，几无原理可言。他们一般不去推究卦象背后有何深奥的哲理。王弼却不同，他遥继秦代儒家《易》学传统，有意或无意地发扬了马王堆帛书《要》篇轻视"祝巫卜筮"及"幽赞明数"而"观其德义而已"的人文精神，专门发掘卦中的隐义。

今人所谓的"义理"或"法则"，往往是关于某种社会关系的概括，王弼也是如此。他将卦爻之象分为两类。一类是可以忽略的，如《说卦传》所规定的"乾为马，坤为牛，震为龙，巽为鸡"等，他认为这类卦象可有无数，只有从卦义上才能把握，因而主张"随其事义而取象"（《乾卦文言传注》），声称"义苟在健，何必马乎？类苟在顺，何必牛乎？"（《周易略例·明象》）另一类是带有根本性的象，即六十四卦的三百八十四爻，这些爻分为阴阳两类，相互吸引或排斥，变动无穷。而这些爻的变动受着爻与爻的关系的制约，阐明了群爻之间的关系，便是申明了爻义或卦义。当说起爻与爻的关系，自然就涉及卦，因为一卦六爻，分处六位，爻与爻的关系主要是在某卦之内的关系。一卦六爻关系的总和，便是卦义。

一卦六爻的关系是有限的，不像爻在变动之中显示出来的无穷的爻象那样不易把握。王弼很清醒地认识到了这一点，他指出爻的变动出自"情伪"，"情伪"的冲动与爻的变化极为多样复杂，"巧历不能定其算数，圣明不能为之典要，法制所不能齐，度量所不能均也"（《周易略例·明爻通变》），这些话的意思即在于排除直接追究《易》象的可能性。汉代《易》学家拘泥于象数，热衷于卦象、爻象的研究，真可谓"逐物而不返"了。救治这种弊病的办法，即在于"睽而知其类，异而知其通"（《周易略例·明爻通变》），越过爻变的无穷现象而把握爻的有限的关系法则，唯其如此，才可"明爻"（《周易略例·明爻通变》）。

爻的关系有哪些呢？王弼在《周易略例·明卦适变通爻》里论说了这个问题。他首先提到的是"应"，指出"应者，同志之象也"。在这里，"应"是爻变之象的典型的一种，它反映着爻与爻之间的"同志"的关系。无须证明的是，"应"即爻与爻的感应。由于爻的感应是"形躁好静，质柔爱刚"，因而"应"首先是指阴爻与阳爻的交感。阴阳交感是中国传统思想里最流行的话题，它体现乾坤之德与天地之道，当是最基本的运动样态，体现着基本的运动法则。然而在《易》学里，乾坤天地属"两仪"的范围，"两仪"超乎六十四卦，关于它的探讨具有一般性，与卦义的讨论尚非一事。王弼在《周易略例》里所探讨的是在各种特殊情态及环境当中的阴阳交感，而各种感应在不同环境里是相互不同的，例如，《明卦适变通爻》一章指出，"虽远而可以动者，得其应也"，可见感应同远近有关；又如《明爻通变》一章多方探讨了"应"的样式，指出："投戈散地，则六亲不能相保"，可见阴爻与阳爻不是在任何情况下都能感应，即便是最亲密的阴方与阳方，也有"不能相保"或不能感应的时候；此章又指出："同舟而济，则吴越何患乎异心"，可见阴阳的同性排斥也不是在任何情况下都会发生的，阴与阴、阳与阳也有不相排斥的时候。由此而论，探讨阴阳交感的模式，不能离开卦中阴阳的具体的"同志"关系。任何事物都可由某一阴爻或阳爻代表，任何阴爻或阳爻都要局限于特定的卦，在卦中处于特定的位置，而一卦六爻之间的"同志"关系各不相同，这样一来，关于阴阳感应的无穷现象的考察，便落实到卦中各爻"同志"关系的探讨，这种"同志"关系当是两种或数种爻义的集合，而为"一卦之义"的构成要素，"同志"之义的探讨已与卦义的探讨相当地接近了。

　　卦中阴阳的"同志"关系既与阴阳各爻的地位有关，因而卦中各爻的位置便成为一个重要的讨论题目。王弼在《明卦适变通爻》中指出，"位者，爻所处之象也"，意谓卦中的具体位置是一种"象"，这种"象"所反映的爻的处境当是一种关系，属"义"的范畴。一卦有六位，自下而上，依次为初、二、三、四、五、上。在古代哲学里，素以奇数为阳，偶数为阴，因而六位当中初、三、五多说为阳位，二、四、上多说为阴位，例如汉代学者及明代以后的象数学派，多持这种看法。但这看法有一个缺点，古人不分儒、道，大多以为阳尊阴卑[①]，卦中的阳位必在阴位之上才合理，而按照初、三、五为阳，二、四、上为阴的说法，却

---

[①] 道家《黄帝四经》《文子》《淮南子》等书都有"阳尊阴卑"的思想，可参见拙著《道家阴阳刚柔说与"系辞"作者问题》一文，载于《道家文化研究》第四辑。

将初之阳位置于二之阴位之下，将上之阴位置于五之阳位之上，岂不与阳尊阴卑的原则相冲突了？于是，王弼提出一个技术性的创见，"尊者，阳之所处；卑者，阴之所履也。故以尊为阳位，卑为阴位。去初、上而论位分，则三五各在一卦之上，亦何得不谓之阳位？二四各在一卦之下，亦何得不谓之阴位？初上者，体之终始，事之先后也，故位无常分，事无常所，非可以阴阳定也"（《周易略例·辩位》）。意谓一卦六位当中初上两位不分阴阳，唯二、三、四、五分阴分阳，二、四为阴位，三、五为阳位。这样规定，不但避免了与阳尊阴卑原则的矛盾，而且合乎初始本原不分阴阳的传统思想主张，是王弼《易》学的一个成功之处。爻位的探讨同时也是关于爻的处境的性质的探讨，是与卦义问题联系密切的义理学的讨论。

上面提到爻的尊卑关系必须合乎阳尊阴卑的准则才被认为合理，位的尊卑关系是确定的，因为二四为阴、三五为阳是固定不变的；而爻的尊卑关系却是不确定的，因为阴爻未必处于阴位，阳爻亦未必处于阳位。若阳处阳位，阴处阴位便是"当位"或"正位"，反之则为"不当位"或"位不正"，这是自汉代以来的《易》学通说，王弼也不例外。而阴阳两种的位置关系也涉及伦理问题，假如阴在阳下便是"顺"，阴在阳上便是"逆"，王弼强调指出这一点，"承乘者，逆顺之象也"（《明卦适变通爻章》），其中"逆顺"属义理的范畴，"承乘"指阳爻与阴爻的上下位置，属现象的范围。爻的感应与否，受其位置的影响，而位置的关系又有远近险易的区别，假若两爻的位置相距较远，中间有一些阻隔，这种现象便预示着危险。交感的危险性属性理的范围，亦与卦义有关。毋庸置疑，爻位的"近""易"与"远""险"是对举的，王弼所谓"远近者，险易之象也"（《明卦适变通爻》）即表明了这一点。

爻的关系尚有"出"与"处"，它的具体表现是"内""外"，例如王弼《明卦适变通爻》说，"内外者，出处之象也"，即指此义。一卦就空间关系而论，可有上下、内外之分，下卦称内则上卦称外，在内便是"处"，向外便是"出"。"出""处"本是表示动作的词，然而此种说法常有伸缩性，有时又可着眼于"出"与"处"的趋向，将"出"与

"处"两词看作出处原则的简称。至于《明卦适变通爻》所谓"初上者,始终之象也",上文已有论述,此处只需指出,"初上"是指两个位置,而"始终"却有初始本原之义,将"初上"当作"象",将"始终"当成"义",乃相对而论。

在王弼看来,每卦六爻都是特定的时空序列,有着特殊的"同志""爻所处""逆顺""险易""出处""始终"的关系,这些关系的集合,便构成"一卦之义"。不过,王弼循由一种形上学的思路,他认为"卦义"是较一般的,"同志"与"逆顺"等是较为特殊的,一般义理应从逻辑上决定特殊的义理,而不是相反。于是便形成这样的逻辑线路:一般的卦义在先,"同志"与"逆顺"等特殊义理在后,卦义的确定不能依赖各种特殊义理的界定,而特殊义理的界定却要取决于已确定了的卦义。这样一来,关于卦义的界定便须凭借另外的方法。这个方法是什么呢?王弼《略例下》说:"一卦之体必由一爻为主,则指明一爻之美以统一卦之义,大有之类是也;卦体不由乎一爻,则全以二体之义明之,丰卦之类是也。"就是说:在复、师、谦、豫、比、剥、姤、同人、履、小畜、大有、夬十二卦中,都呈一卦五阳一阴或五阴一阳的格局,根据道家与玄学的"少者多之所贵,寡者众之所宗"的原则,应肯定"一卦五阳而一阴,则一阴为之主矣;五阴而一阳,则一阳为之主矣"(《周易略例·明象》)。既有卦主,便可由卦主推寻卦义,亦即《略例下》所云:"一卦之体必由一爻为主,则指明一爻之美以统一卦之义"。而在上述十二卦之外,都不具备"五阳一阴"或"五阴一阳"的格局,就必须依据重卦的原理,将六十四卦分别看成两个三画卦之重叠,由上下两卦的关系来辨明"一卦之义",这就是"以二体之义明之"①。由此两种办法界定六十四卦之义,便可根据卦义来分析上述"同志"与"逆顺"等关系了。

在《易》学系统中,八卦之上尚有两仪,两仪之上又有太极。两

---

① 这种"以二体明之"的办法,实际上仍循由了"少者多之所贵,寡者众之所宗"的原则,《说卦》孔疏所引"王氏"佚文即可证明这一点。关于此处的"王氏",旧说为王肃,我认为是王弼。本书第九章就此作了考辨,并说明了"以二体明之"的意义。

仪亦有义、象之分，就义而论，两仪即乾坤；就象而言，两仪即天地。《周易略例》提到"义苟在健"及"类苟在顺"，健顺即乾坤，可见乾坤即两仪之义。王弼《周易注》说，"天也者，形之名也"，"地也者，形之名也"，形即象，可见天地即两仪之象。王注称乾为用天形者，坤为用地者，可见在两仪这一层次，象仍受到义的制约，义仍是决定性的。

在王弼《易》学当中，最不好理解的是太极。太极实即大到极点之义，如王弼《老子指略例》说："夫大之极也，其唯道乎"即论说"太极"与"道"的关联。而"太极"又像"两仪"一样，不是单纯地指"无"或至道，而是含混地指称至大之象与至大之义。就其象的方面而言，太极即一切象的总和，可说是六十四卦之象的总和，亦可说是两仪之象亦即天地的总和。《晋书·纪瞻传》中顾荣说：

> 王氏云："太极，天地。"愚谓未当。夫两仪之谓，以体为称，则是天地；以气为名，则名阴阳。今若谓太极为天地，则是天地自生，无生天地者也。

这话证明王弼曾有"太极，天地"的命题，这命题的用意是"谓太极为天地"。在第九章中，已说明这命题出自王弼的《周易大演论》，确为可靠。而王弼"谓太极为天地"，显然仅从象的角度着眼，将太极之象归结为两仪之象的总和。另外，从义的角度看，太极则为两仪之义亦即乾坤的总和，例如《文选·魏都赋注》引王弼说，圣人总是忧国忧民的，而乾坤却没有类似的忧虑；《系辞疏》引王弼说："穷易简之理，尽乾坤之奥"，是只有圣人才能做到的事。本书第九章辨明这两节佚文也出自《周易大演论》，为王弼文字无疑。这两节佚文谈论乾坤如同论说至道一般，显然不是单独论乾或单独论坤，而是将乾坤的总和看作太极之理。而若将太极之理与两仪之象放在一处，便形成了下述的关系：

> 一阴一阳者，或谓之阴，或谓之阳，不可定名也。夫为阴则不能为阳，为柔则不能为刚。唯不阴不阳，然后为阴阳之宗；不柔不

刚，然后为刚柔之主。故无方无体，非阳非阴，始得谓之道，始得谓之神。

这段文字也是王弼《周易大演论》的一部分，参见第九章的考辨和论述。由这段文字可以知道王弼唯在论述太极之理与阴阳或八卦之象时，才会有这种贵无论类型的论辩："无"和"有"的关系同时也是义理和形象的关系。

一种不言自明的情况是，在中国古代思想里，太极、两仪、六十四卦标志着宇宙构成论的不同层次，从形象的角度来讲，两仪是构成六十四卦的素材，而太极又高于两仪。王弼不讲宇宙发生论而讲宇宙构成论，他讲构成论的用意，很可能是试图对义理作出深浅不同层次的划分，使与宇宙构成的层次一一相合。他在《周易略例·明象章》里指出："义虽博，则知可以一名举也。"而他的《论语释疑》也有一句类似的话："理虽博，可以至约穷也。"试将这两节文字相印证，可以得出一明确的结论，王弼注《易》之际的确已认识到义理可有深浅的不同，可分出许多的层次，如果说六十四卦的卦义是博杂的义理或分殊的义理，那么太极之理便是至约的、至极的义理。南宋朱熹理学所讲的"理一分殊"，乃是直接地承袭王弼《易》学。

既然"理一分殊"一说可以溯源于王弼，宋儒的"理无形"说亦可由王弼《易》学找到根源。程颐《易传》说："理无形也，故假象以显义"；朱子《语类》卷九四说："无极而太极，只是说无形而有理。"朱熹沿袭程颐，程颐主张学《易》者先学王弼、胡瑗、王安石三家，其中的传承脉络十分明显。韩康伯《系辞传注》说："极未形之理则曰深"，其论说理之无形几与宋人同样明白。今检王弼《周易姤卦注》云："凡言'义'者，不尽于所见，中有意谓者也。"《解卦象传》有"解之时大矣哉"一句，与《象传》文例不合，按照文例，应说"解之时义大矣哉"才对。为何缺一"义"字呢？王弼注说："体尽于解之名，无有幽隐，故不曰义。"其称义理可以"不尽于所见"，可有所"幽隐"，不正有"理无形"的意味么！

王弼《易》学中义理与事象的关系又可说是"体"与"用"的关系，如《乾卦注》说："天也者，形之名也，健（乾）也者，用形者也。"《坤卦注》说："地也者，形之名也；坤也者，用地者也。"《乾卦文言传注》说："九，刚直之物，唯乾体能用之。"其中每卦的义理为体，形象为用，体用如一。另外，王注多言卦为一时或一事，则事、象同为一类，为义理的末用。这样，贵无论、体用论和义象说、理事说，竟在王弼《易》学之中重合了。从根本上看，王弼《易》学中的义、理、本、体、无等，都是对卦中六爻的关系和结构的概括，或者说是关于某种时势的概括。六爻的时空关系的确有些像政治上的时势，然而若将人事的因素除去，一卦六爻的时空关系便可说是形式。王弼《易》学中义理的不同层次，亦即形式的繁简层次。这可说是一种不折不扣的本体论。

## 三 由卦主和尊位看绝对君权的否定

上文证实，王弼强调"一卦之体必由一爻为主"是为论证"一卦之义"是由至极的义理决定的。这就产生了一个问题：卦义确定后，王弼是否还把那个象征至理的"一爻"看作卦主呢？迄今为止，学术界对这个问题尚未注意，无人研究，然而这牵涉到封建时代至关重要的君权问题，是必须解决的。王弼《周易略例》下篇云：

> 凡《彖》者，统论一卦之体者也；《象》者，各辩一爻之义者也。故履卦六三，为兑之主，以应于乾，成卦之体在斯一爻，故《彖》叙其应，虽危而亨也。《象》则各言六爻之义，明其吉凶之行，去六三成卦之体，而指说一爻之德，故危不获亨，而见咥也。

履卦从整体看，仅六三一爻为阴，余皆为阳。众阳爻以六三之爻为重心，致使履卦得以成立，故六三之爻为"成卦之主"。若从六三之爻在成卦后的情况来看，它虽占据核心位置，却因"以柔乘刚"（《履卦注》)、"不修所履"(《履卦注》)、"陵武于人"(《履卦注》),而"未能免于凶"(《履卦注》)。这"成卦之体"和"一爻之德"的区别,有似创业与守业的区别。创业的卦主,王弼已称其为"成卦之主",守业的卦主可暂称其为"守卦之主"。两种卦主都是有条件的,做"成卦之主"的条件是占据"至少之地",处于核心位置,做"守卦之主"的条件是实行合理的政策。

易卦中还有一个因素与卦主有关,就是"尊位"。汉人将别卦六位比作社会上的六个等级,如《易纬·乾凿度》云:"初为元士,二为大夫,三为三公,四为诸侯,五为天子,上为宗庙。"在这当中,仅"五为天子"与经传有合,如《乾卦》九五"利见大人",《泰卦》六五"帝乙归妹",《临卦》六五为"大君之宜",都以五位为天子之位。检《周易》各卦五爻王注,屡称"尊位"或"盛位",对五为天子之位显然是承认的。对各卦二位,他也重视,常说处二位者为君子、贤人、君佐、宰辅等。他提出"初上无阴阳定位"的创见,对"初为元士""三为三公""四为诸侯""上为宗庙"等规定均未认可,仅承认"五为尊位",这对解释王弼《易》学意义很大。居尊位者从人事上说是天子,抽象的意义上说为卦主,这同卦主问题必生纠葛。

是否一切占尊位的爻都一定是卦主并代表天子呢?王弼认为不一定。在他看来,占有尊位只是有了天子或卦主的名义,能否成为真正的天子或卦主还要看行事、表现如何。如《屯卦》九五"处屯难之时,居尊位之上,不能恢弘博施,无物不与",是"小贞之吉,大贞之凶";《豫卦》六五"不敢与四争权,而又居中处尊,未可得亡",只能"恒不死而已",这些卦主都只是名义上的,不是实质上的。又如《履卦》九五在"履道恶盈"的形势下"处尊",遂不免于"危";《震卦》六五当于"有事之机",虽"得尊位","而惧往来,将丧其事",亦"不免于危"。这些卦主处事不当,连名义上的"尊位"也要失去了。至如《蒙卦》六五"付物以能,不劳聪明",《讼卦》九五"处得尊位","用其中正,以断枉直","刚无所溺,公无所偏",都处事得当,稳稳保住了尊位,做成了实实在在的卦主。大体上说,处尊之爻能否成为真正的卦主，在王弼看来是有条件的，而这条件与上述"成卦之主"能否守业的条件一样，也是看他行事得当与否。

这就出现了一个有趣的问题：假如在五阴一阳、五阳一阴的卦例中，处于"至少之地"的"成卦之主"未得尊位，而它和占据尊位的五爻又都处事得当，岂不会出现一卦二主或一国二主的局面？不错，这情况是有可能出现的。如《师卦》九二是六爻中唯一的阳爻，"为师之主"；六五"柔得尊位"，"不先唱"，"不犯物"，也堪为卦主；《谦卦》唯一的阳爻是九三，为"众阴所宗"，又"劳谦匪解"，故能得吉；六五"居于尊位，用谦与顺"，"所伐皆骄逆"，也"无不利"。对这一卦二主的局面，王弼视其为正常现象，认为只要二主合作，便会导致和谐与稳定，如《蒙卦》九二"能干其任"，"物莫不应"，是具体的执政者；六五"居于尊位，不自任察，而委于二"，是最高的政府首脑，双方协作默契，并无矛盾或危机。

汉末及正始时期，多是皇帝幼弱，权臣当政。王弼认为处得尊位的卦主只有处事得当才能保住权位，承认在一定条件下一卦二主有合理性，显然是受了汉魏政治的影响。不过应指出，他为成卦之主的守业、五爻尊位的保持都设置了条件，是对"君权神授"说和"绝对君权"说的否定，这在封建专制的时代不能不说是一个进步。①

## 四　卦主之因循至理

卦主维持宗主地位的条件，在王弼看来就是"无为"。"无为"即"因循"是历代公认的，如《淮南子·主术训》提倡的"无为"是"因循而任下"，司马谈《论六家要旨》说道家宗旨是"以虚无为本，以因循为用"，王弼《老子》第二十七章注主张"因物自然"而"顺物之性"，第二十九章注主张"因而不为，顺而不施"，都将"无为"与"因

---

① 这里有一个不言而喻的事实，即卦主行事得当，具备卦主应有的才德，便是正始玄学家和晋人常说的"圣王"。若卦中某爻具备卦主应有的才德，但却未处尊位或至少之地，便是"圣人""玄圣"或"素王"。

循"当作一回事,然而关于因循的对象,王弼的说法与前人不同。他讲的"无为"有两种含义,其一是因循至极的义理,可简称为至理;其二是因循分殊的义理,亦即卦义。现在先就第一种含义进行讨论。

关于"至理",本来难用语言说明。王弼本人就多次强调至理是无以名状、不可言说的。幸好何劭《王弼传》中引述了王弼的一段话:"圣人茂于人者神明也,同于人者五情也。神明茂,故能体冲和以通无;五情同,故不能无哀乐以应物。"这话与王弼注《易》时所撰《答荀融书》①观点相符,可与王弼《易》学卦主无为的说法互证。由这话看,王弼是将"通无"和"应物"分属于圣人性情的两端,其性通无,其情应物。所谓通无,是指圣人"神明"对无的体验,亦即圣人神智对至理的认识。这里神明与神智相同,如王弼《老子注》多次以明、智并举并互换②,即可为证。考察《周易》各卦王注标举的卦主,恰有上述的体验和认识,如《大有卦注》称赞卦主六五之爻"无私于物";《无妄卦注》希望卦主"私欲不行";《同人卦注》说"用之偏狭"是"鄙吝之道",唯"心无系吝"才能作一卦的核心;《比卦注》对卦主不能"无私于物"表示遗憾,反复强调只有"心无私吝"才能无咎。这里所说的"无私于物"或"心无私吝",都指卦主神明的"通无"或体验至理。

所谓"应物",指圣人之情对群庶之情的应合,在易卦中则指卦主与群爻的感应。王弼《周易·咸卦注》和《略例·明爻通变》都说阴爻与阳爻互相感应,并说这种感应出自"情"的作用。一卦之中群爻的感应通常是一对一,唯卦主特殊,它必须与卦中其他各爻都相应合,不能有所遗漏。如《屯卦注》说卦主九五"不能恢弘博施,无物不与",仅"系应在二",故有"大贞之凶";《比卦注》赞扬初六"应不在一,心无私吝,则莫不比之",贬责卦主九五"有应在二","所亲者狭","不得乎大人之吉";《同人卦注》主张"包弘上下,通夫大同",反对"物党相分"而"贪于所比",说"成卦之主"六二"应在乎五,唯同于主",

---

① 见何劭《王弼传》。
② 参见《老子》第二十三章、第三十八章、第四十九章、第六十五章王弼注。

"用心偏狭"，故为"鄙吝"；《大有卦注》说明卦主六五"无私于物，上下应之"，故吉；《升卦注》说卦主六五"体柔而应，纳而不距"，"故得升阶而尊"。如此种种，都说明王弼《易》学中卦主的"应物"是无物不应。

在这里，"通无"和"应物"是互为条件的，从知行关系看，"通无"是"心无私吝"等内心体验，"无物不应"是外在的行为表现。唯"心无私吝"才能"无物不应"，唯"无物不应"才证明"心无私吝"。从整体与局部的关系看，"心无私吝"是对局部的否定，"无物不应"是对全体的肯定。唯"心无私吝"而不限于局部，才能"无物不应"而照顾全局。这种"通无"和"应物"的关系很像是传统道家的"无为而无不为"；"无物不应"也很像是《庄子》讲的"大全"，但王弼将传统道家的无为思想用于卦爻，论证一卦主爻必须与群爻皆应，在卦主问题上实现了"通无"和"应物"的统一，这些不能说不是创造。

王弼《易》学无为思想的一项更大的创造，是主张卦主必须因循卦义。《周易略例·明卦适变通爻》章云："夫卦者，时也；爻者，适时之变者也。"意即卦中任何一爻都须"适时"，"适时"即因循时义或卦义的简称。上文讲过卦义即形式，有同志、安危、逆顺、险易、出处、始终等因素，这些因素分别用应、位、承乘、远近、内外、初上等象征手段来表达。《明卦适变通爻》章还说，卦中任何一爻只要适应这些形式（自人事言为时势），便"虽远而可以动"，"虽险而可以处"，"弱而不惧于敌"，"忧而不惧于乱"，"柔而不忧于断"，"虽后而敢为之先"，这里的适应形式即因循卦义。卦若不同，同志、安危、逆顺、险易等形式亦随之不同，故不同卦中爻有不同的运动法则。"比、复好先，乾、壮恶首，明夷务暗，丰尚光大"（《明卦适变通爻》）。群爻对卦义或形式遵之则吉，违之则凶，故云："吉凶有时，不可犯也；动静有适，不可过也。犯时之忌，罪不在大；失其所适，过不在深"；又云："当其列贵贱之时，其位不可犯也，遇其忧悔吝之时，其介不可慢也。"（《明卦适变通爻》）一卦之义对卦中群爻来说，非同小可，不容轻忽。

在适应卦义方面，卦主也不能例外。不论是成卦之主还是守卦之主，违背时义一样会受到命运的惩罚。所不同的是群爻仅须因循卦义，无须因循至理，卦主却必须兼顾。如《否卦》"内阴而外阳"，象征"内小人而外君子，小人道长，君子道消"(《象传》)之义。王弼认为主爻九五须满足两个条件才能安固，一个条件是"施否于小人"，以正确方式因循卦义；另一条件是"心存将危"，亦即遵循"道与形反"的原则，因循至理。而在更多的卦中，主爻对至理和卦义的因循往往融会无间，如《贲卦》之义是"文饰"，主爻却要"施饰丘园"(《贲卦注》)，"施饰"是因循"文饰"的卦义，将文饰的重点放在丘园等"质素之处"(孔疏)，是因循至理，两种因循在这里已融为一体了。又如王弼将《无妄卦》义解为无虚妄、无邪僻，认为"非妄之灾"可以"自复"，无须"药治"。主爻九五"药之则凶"，"勿药有喜"。"勿药"既合"无妄"之义，又合"不造不施"之义。同一"勿药"，对至理和卦义都因循了。

先秦道家的"因循"一般针对现实，《老子》讲的"无为""因任"主要是指对现实不造作、不干涉；《庄子》继承《老子》，并认为个人处世也要因循现实，"安时处顺"；《淮南子·主术训》提到"因循而任下"，指因循百官臣属，《修务训》等还讲"循理"，是指"审分"(《吕氏春秋·审分》)，亦即《主术训》所谓的"循名责实"，实际内容是指按百官名分而责其成功。在三国以前，"因循"的对象多为具体事物，在政治多指因顺民情，而不是因循某种义理。这种因循固然可以表现为对某种政治干涉政策的反抗，亦可表现为对某种造作有为的政治形态的矫正或改革，但终究带有一些消极被动的因素。故魏初改制最初借助于黄老，很快便转向老庄，形成玄学。

王弼将无为因循归结为因循至理卦义，而卦义涉及征伐、刑狱、申令、改制及家庭生活等，几乎无所不包，因而王弼的因循对象也就无所不有。考察《周易》各卦王注，其所称道的卦主无事不作，如《讼卦注》称赞卦主九五"用其中正，以断枉直"，《师卦注》称赞成卦之主九二"任大役重""行师得吉"；《泰卦注》称赞主爻六五"尽夫阴阳交配之宜"，"不失其礼"；《谦卦注》称赞主爻"以谦顺而侵伐"；《噬嗑卦注》称赞主爻六五"能行其戮"，"刑戮得当"；《大畜卦注》说主爻"柔能制健，禁暴抑盛"；《家人卦注》赞主爻"居于尊位而明于家道"，使"父父、子子、兄兄、弟弟、夫夫、妇妇、六亲和睦，交相快乐"；《解卦注》赞扬卦主六五"解难释险"，并说上六"居动之上，为解之极，将解荒悖而除秽乱者也"；《夬卦注》说卦主应该"以刚决柔，以君子除小人"；《巽卦注》称许主爻"秉乎中正以宣其令"。卦义代表时世的性质和形势的特征，时世的性质是什么，王弼便主张卦主做什么。凡形势要求统治者做的，王弼都主张他们去做。这与先秦、汉初道家的因循比较，要积极多了。

从表面上看，王弼主张的因循至理、卦义就是遵循客观规律。其实卦义是人为制定的法则，不是客观的。一卦六爻很像是一个系统模型，卦义是对这系统模型的性质的概括，它与一般的人为制定的法则又有不同。研究王弼的无为思想，必须注意这些特点。

## 五　王弼《易》学的改制理论

《周易》有革、鼎两卦：革是"革故"，鼎是"鼎新"。在这方面，王弼的解释与前人有所不同。

按照《易传》和汉代《易》学家的解释，"革"就是"革命"，"鼎"就是"受命"。如《革卦象传》云，"天地革而四时成，汤武革命，顺乎天而应乎人"，这是以"革命"释《革卦》；《鼎卦象传》云，"木上有火，鼎，君子以正位凝命"，《彖传》云，"圣人亨以享上帝"，这是以"受命"释《鼎卦》。这里"受命"是指王者受命于天，"革命"是革除上天对旧王之命。又东汉郑玄注《革卦》云："革，改也。水火相息，而更用事，犹王者受命，改正朔，易服色，故谓之革也。"也说"革"就是天命的更换。按照这些解释，"革故鼎新"就是改朝换代。

再看王弼《革卦注》的解释：

> 夫民可与习常，难与适变；可与乐成，难与虑始。故革之为道，即日不孚，已日乃孚也。

"已日"原作"巳日",汉人多从十二支解释。王弼改为"已日",成"即日不孚,已日乃孚"之义,遂引入商鞅"民不可与虑始,而可与乐成"①等语。商鞅变法是在不变朝代、不换国君的前提下进行的改革,王弼《革卦注》援引此例,是与汉人"革命"与"受命"理论不同的新说。不过王弼对"革命"与"受命"理论也不排斥,他注《革卦》九四爻辞"有孚改命"句云:"信志改命,不失时愿",也承认《革卦》有改朝换代的意思。而对《象传》"汤武革命"的名句,他却不注。这种新说与旧说的参合、注与不注的分别,与当时的历史背景恰为一致。王弼注《易》的背景是正始改制,正始改制的渊源是魏初的易祚改制。曹魏代汉合乎汉代《革卦》理论中的"改朝换代"说,因而王弼也提到"改命"的事。曹魏的受禅不同于汤武的征伐,因而王弼对"汤武革命"没有注释的兴趣。曹魏的易祚改制已超过正朔、服色等形式的变更,正始改制的意义更深,因而王弼力图将商鞅变法的理论引入《革卦》的理论。

在正始末年,改制效果不佳,于是王弼对改制方略多方陈述。他认为改制之前必须有一个准备阶段。如《节卦注》:"将整离散而立制度者也,故明于通塞,虑于险伪,不出户庭,慎密不失",意即对困难必须有充分的考虑,并作出周密的计划。《革卦注》说,变革必须考虑"时愿",唯待"不合",犹"火欲上而泽欲下",才可以"革";唯待社会现状难以维持,各阶层的旧有平衡关系濒于破坏,才能将旧制革除,否则会招致混乱。改制就是废除旧制和创立新制,前者是革故,后者是鼎新。从逻辑上说,革故在前,鼎新在后,亦即《鼎卦注》所云:"革既变矣,则制器立法以成之焉。"如果是在同一王朝、同一君主的治下改革,革故、鼎新便无所谓先后,只是在颁行废旧制、立新制的法令时须有一定的步骤。如《蛊卦注》说:"物以说随,则待夫作制以定其事也。……甲者,创制之令也。创制不可责之以旧,故先之三日,后之三日,使令洽而后乃诛也。"《巽卦注》说:"申命令谓之庚。夫以正齐物,不可卒也。民迷固久,直不可肆也。故先申三日,令著之后,复申三

---

① 见《史记·商君列传》和《商君书·更法》。

日，然后诛而无咎怨矣。"这是说新法颁布时必须有一个宣传过程，待百姓熟悉之后才能生效，一般来说，改制不会即时见效，王弼认识到了这一点，故云："即日不孚，已日乃孚也。"然而对改制以后的情况必须密切观察。如《观卦注》说："上之化下，犹风之靡草，故观民之俗，以察己道。百姓有罪，在予一人，君子风著，己乃无咎。"这在王弼看来是普遍的政治原则，不限于改制。如果该项原则用于改制一事，就有这样的意思：改制收效不佳绝非民众的过错，而是朝政主持者的过失；民众对新法不遵从不是他们不好，而是新法的内容和施行步骤有漏洞、欠缺等。考虑到正始改制以后"民习于旧，众莫之从"（王广语）的情况，可知王弼关于改制步骤的种种设想都是针对时弊而言的。

王弼所讲的改制、立法，都以时义、卦义为基础，是他的义理之学的组成部分。这与上文对正始玄学与曹魏受禅改制、名法之治及正始改制的关系的论述，是一致的。

## 六　王弼《易》学与西方哲学的比较

关于中国古代哲学的范畴和体系，过去有些学者喜欢用西方哲学来衡量。这种做法引起了争议，有一种观点认为，断言中国古代哲学的某一范畴即西方哲学的某一范畴，是理论轻浮的表现；另一种观点认为，哲学史研究是用现代哲学术语来解释古代哲学的范畴体系，由于现代哲学术语多出自西方，因而用西方哲学的范畴体系衡量中国古代哲学的范畴体系是必不可免的。对这争议，我希望另找一个出路，即把定性和比较试作区分。确定古代哲学范畴相当于我们认为是最正确的哲学的那个范畴，是定性；考察中西哲学范畴的相似点和重要差异点，是比较。这两个方面，在哲学史研究当中是不可或缺的。考虑古今哲学不可能完全相同，便必须排除绝对定性的可能，而应承认定性都是相对的。另外，如果哲学史研究只限于确定古代哲学某范畴相当于现代的哪一范畴，似是将古代哲学与现代哲学划一了，这样做的结果往往只是将现代哲学以不同形式重复一遍，似不能提供新的知识。从这种意义上说，那种相对的、我认为是正确的定性,实际上也应该是某种比较。如果将现在通常说的"比较"解释为中西比较或中外比较,那么哲学史上的定性研究则是某种古今比较。

陈来先生曾指出,魏晋玄学中的"无"与"无名""无形""无象""无声"等不同,前者相当于黑格尔所说的"纯无",亦即"绝对的无"或"无规定的无";后几种相当于黑格尔所说的"相对的无",亦即"有规定的无"。[①]这说法的精辟是不可否认的,不过应当指出,这一结论只能用于王弼《易》学,不能用于王弼及何晏等人的《老》学。所谓"无形""无名""无声""无象"等,主要见于王弼的《老》学著作,请见《老子》王弼注文:

> 凡此诸善,皆是道之所成也。在象则为大象,而大象无形;在音则为大音,而大音希声。

文中"在……在……"的句式,表明"无形""无名""无象""无声"等并非独立的范畴,而是关于"无"范畴的形容或解释。或者说,"无形"及"无声"等词不是指某种独立的理则或实体,而是指被称为"无"的那个本体的各种属性。实际上,王弼注《老子》时并未将本体或"无"分为不同层次,当时他只承认那种最高的"无",亦即黑格尔所谓的"无规定的无"。

如果就王弼《易》学而论,黑格尔讲的"无规定的无""有规定的无"可勉强做一种衡量尺度。王弼《易》学中的太极、一、至理等,确可划入"无规定的无"一类;王弼《易》学有义理无形的观点,其所谓卦义或时义也可划入"有规定的无"一类。然而黑格尔的著作写于十九世纪,他提出的范畴无论从抽象水平还是从精致程度上看,都比公元三世纪的王弼哲学高得多。试将"有规定的无"和王弼讲的义理比较,前者的内涵较窄,外延较宽,无论如何不能同日而语。再说,我们并不是黑格尔主义者,用

---

① 参见陈来《魏晋玄学的"有"、"无"范畴新探》,《哲学研究》1986 年第 9 期。

黑格尔哲学衡量中国古代哲学既不算是定性，也不能说是平行的中西比较，只能说是古今比较、中西比较的混合，这意义也不算很大。

如果作平行的中西比较，选择亚里士多德和普罗提诺也许更合适些。普罗提诺的活动时间约在公元205年至270年，与中国王弼恰为同时。前者的风格是"从特殊的开始，说来说去总是不断地回到同一的根本观念"①，"他并不从对象的特性去了解对象；而是把对象归结到统一上去，同时强调实体，贬抑现象"②；后者则称赞"老子之书其几乎！可一言而蔽之。噫，崇本息末而已矣！观其所由，寻其所归，言不远宗，事不失主。文虽五千，贯之者一"（《老子指略例》辑本），并在注《老子》时加以仿效。前者提出的最高范畴是"太一"，后者的最高范畴是"无"或"一"。请看前者在《九章集》第六集第九章的论述：

> 一切存在的东西，包括第一性的存在，以及任何方式被说成存在的任何东西，其所以存在，都是靠它的统一。因为，一件东西如果不是一件东西，它会是什么呢？把它的统一去掉，它就不再是我们所说的那个东西了。举例来说，一支军队如果不是一个统一体，就不是军队；一个合唱团或一个团体如果不是一个，就不是合唱团或团体了。

而后者在《老子注》中强调说："万物万形，其归一也"（第四十二章注），认为"物皆各得此一以成"（第三十九章注），指出失去"一"，事物便会分裂或毁灭（第三十九章注）。前者又说：

> 人是一回事，统一是另一回事。人是可分的，统一是不可分的。一般的存在因为包括着一切实在的存在，所以它的本性也是多，与统一不同，它是"分有"着统一。（第三十九章注）

---

① ［德］黑格尔：《哲学史讲演录》第三卷，商务印书馆1983年版，第181页。
② ［德］黑格尔：《哲学史讲演录》第三卷，商务印书馆1983年版，第181页。

而后者在《老子注》中也论及分割与统一的关系，认为"有形则有分，有分者不温则凉，不炎则寒，故象而形者非大象"；"有声则有分，有分则不官而商矣。分则不能统众，故有声者非大音也"（第四十一章注），指出任何具体的、有形有象的事物都是可分的，都与"一""统一"有形上、形下的区别。前者又说：

> "太一"不能是一切事物，因为如果它是一切事物，它就不再是"太一"了；它也不能是心智，因为心智是一切事物，如果它是心智，它就是一切事物了。它也不能是存在，因为存在就是一切事物。
>
> 创造万物的"太一"本身并不是万物中的一物。所以它既不是一个东西，也不是性质，也不是数量，也不是心智，也不是灵魂，也不运动，也不静止，也不在空间中，也不在时间中，而是绝对只有一个形式的东西，或者无形式的东西，先于一切形式，先于运动，先于静止。（《九章集》，篇章、出处均同上）

而王弼《老子注》也反复强调"道"或"无"是无形、无名、无声、无动，或者说，不是形象，不是声音，不是概念，不是运动。他有时论述动静关系而重视后者，不过是对本末关系的一种比喻。对那种与动并列或对待的静止，他其实是抱轻视的态度。如《老子》第四章注强调天不法道则"不能保其精"，地不法天则"不能全其宁"，所谓地之"法天"终归是"法道"，地之"宁"即宁静或静止，这静止由"道"而得到保证，"道"自然要超过它，在它之上。总之，普罗提诺讲的太一和王弼讲的"道"或"无"是相似的，前者是"语言文字所不能名状的"（《九章集》第六集第九章），后者是"名之不能当，称之不能既"（《老子指略例》辑本）的。如果不考虑哲学的其他内容，仅就本体概念而论，那么在普罗提诺和王弼《老》学之间恰可进行比较。

关于亚里士多德哲学的本体论与王弼本体论的比较，前人已经作过，这里仅作两点补充。第一，亚里士多德讲的本体是形式，略有两种：一种与形形色色的质料分别对举，可称为分殊的形式；一种不与任何形式及质料对举，为"一切形式的形式"，或称"绝对形式"，可称"第一推动者"。王弼在《老》学中只探讨终极的本、最高的道或最彻底的无，不关心分殊的形式；在《易》学始能兼顾至极的义理和分殊的义理，贯通绝对的形式和特殊的形式。因而亚里士多德的本体论只能与王弼的《周易》义理学比较，不能同他的《老》学贵无论比较。第二，亚里士多德所说的形式是质料构成物质的模式，有构成论意味；王弼讲的形式是《易》学中的卦义及至极的义理，是社会形势与世界结构的概括，有系统论的意味。两者的比较只是就其广义而言，不能就狭义而论。

就其广义而论，王弼《老》学的"贵无论"可与普罗提诺的"太一论"比较，王弼《易》学义理学则与亚里士多德的本体论相似。然而王弼著作是《老》学在先，《易》学在后，西方哲学却是亚里士多德在先，普罗提诺在后，次序恰好相反，这将如何解释呢？我们知道，亚里士多德生活于希腊马其顿时代初期，曾做过马其顿王亚历山大的教师，而普罗提诺已处于罗马帝国时代，先后在戈尔蒂安和伽利安两位皇帝的统治下，当时的政治趋势是从分散的城邦共和国过渡为统一的帝国，宗教发展趋势是由多神教演变为基督教。亚里士多德重在分析那种分殊的形式而普罗提诺则注重于探讨统一、太一，恰是当时政教演变趋势的思想表现。王弼的政治背景却相反，是由统一的汉帝国演变为三国，由集权、专制改革为相对分权的体制，他先治《老》学而研究统一的本体，后治《易》学而兼顾卦义和至理，可说是对当时政治发展过程的反映。这样看来，将王弼《易》学《老》学的贵无论、义理学分别与普罗提诺的太一论、亚里士多德的本体论比较，是合乎情理的。

## 七　王弼《易》学之"全释人事"及其意义

王弼的玄学化的《易》学是东汉《易》学的敌对者，而东汉《易》学是由郑玄集其大成的。王弼对东汉《易》学的反抗，往往表现为对郑学的抨击。郑、王两家《易》学的差别在哪里呢？唐代李鼎祚《周易集解序》就此评论说："郑则多参天象，王乃全释人事"，这一评语在千年以来一直被人传诵，几成定论。从现代的眼光看，应承认李氏此说的确揭示了郑、王《易》学的一个重要的差异点，王弼《易》学确有"全释人事"的倾向。而这倾向的意义，在于实现社会群体的自觉，略有"人的解放"的味道。

东汉《易》学以论说象数著称，其中"象"常落实为天象，"数"常落实为历数。东汉学者以解《易》的形式论说天象和历数，编织成一个严密的关于天的时空系统。他们所讲的天人感应，即指君臣均须接受天的系统的控制。这种学说曾有过限制君权的积极作用，而在东汉后期流于荒诞、繁琐，对人的思想有严重的束缚作用。王弼用"全释人事"的办法推翻天的系统模式，自然是有进步意义的。

王弼《易》学的"全释人事"，主要表现在关于卦义和爻义的解释上。他所归纳的卦义多有人事的色彩。例如，他在《周易注》中说，《蒙卦》之义在于"退则困险，进则阂山，不知所适"，并含有"明莫若圣，昧莫若蒙，蒙以养正"的道理；《同人卦》之义系因"天体在上而火炎上"而定，有"君子小人，各得所同"的规律，若能"心无私吝，通夫大同"则可无咎，若"用心偏狭"则失于"鄙吝"；《大有卦》之义在于卦中主爻"处尊以柔，居中以大，体无二阴以分其应，上下应之，靡所不纳"，在这时应当遵行"不私于物"及"不疑于物"的原则；《临卦》之义在于"大亨以正"，亦即"阳转进长，阴道日消；君子日长，小人日忧"，卦中主爻必须"纳刚以礼，用建其正，不忌刚长，而能任之"；《观卦》之义在于"王道之可观"与"宗庙之可观"，这意味着"不以刑制使物，而以观感化物"，亦即必须"观民之俗，以察己道，百姓有罪，在予一人"；《家人卦》之义在于"各自修一家之道，不能知家外他人之事"，这时必须"以内为本"，"由内以相成"，并以"父父、子子、兄兄、弟弟、夫夫、妇妇，六亲和睦，交相爱乐"为理想境界；《解卦》之义在于"解难而济厄"，在这时"无难则能复其中，有难则能济其厄"。王弼关于卦义的解释大致如此。按照这种学说，世界万物的运动变化都要遵循带有"人事"特点的法则,这当然是片面的。但如果与汉代那种关于一切人事活动都必须取法天意的学说相对照,便不能否认王弼这种学说是进步的。这种学说肯定人类社会的政治活动与家庭生活等遵行何种法则,不取决于天意或天文气象之类,而只取决于人类自身的发展状况及其内在关系,显然有"人的解放"的意义。也就是说,这种"全释人事"的做法表现出一种意向,要求人们在思想上从天意或上帝意志的束缚下解放出来。

有人可能会问:魏晋玄学不是崇尚自然吗?崇尚自然不是要重返到自然的怀抱中去吗?如果说王弼与玄学家要求人们在思想上从天意或上帝意志下解放出来,与玄学"自然主义"的主旨不是矛盾了吗?其实,这种疑问出自一种误解,即误以为魏晋玄学家所谓的"自然"即今人所谓的"自然界"。确切地说,不论是曹魏正始时期何晏、王弼等人所讲的"自然",还是魏末向秀、西晋郭象所说的"自然",都是"自然而然"或"自己而然"的意思。就连东汉王充关于"自然"的论述,也是如此。例如,王充《论衡·自然篇》说:"天动不欲以生物,而物自生,此则自然也。施气不欲为物,而物自为,此则无为也。"王弼《老子》第五章注说:"天地任自然,无为无造,万物自相治理,故不仁也。仁者必造立施化,有恩有为。造立施化则物失其真,有恩有为则物不具存,物不具存则不足以备载。天地不为兽生刍而兽食刍,不为人生狗而人食狗,无为于万物而万物各适其所用,则莫不赡矣。"第二十五章注说:"道不违自然,乃得其性,法自然也。法自然者,在方而法方,在圆而法圆,于自然无所违也"。王弼《周易·坤卦注》说:"任其自然而物自生,不假修营而功自成。"这些话都表明,"自然"即包括人类在内的万物的自生自化。考虑到魏晋时"物"字常指百姓,那么魏晋玄学中的"自然"范畴乃指百姓"自己而然",亦即百姓未来的发展状况应由百姓自己来决定。如果说其中有差别的话,那也只是在"自然"的程度方面,王弼所谓的"自然"是相对于上天与统治者的干涉而言的,是就百姓的总体而论的,他的意思是说,上天和统治者不应对百姓的生活乱加干涉,而应当让百姓自由地发展;而西晋时期郭象所谓的"自然"是相对于各阶层的人们的相互干涉而言的，是就个人而论的，他的意思是说，人们不应当相互干涉，而应当各自独立地发展。这些关于"自然"的学说的共同含义，是要促使人们在思想上从神化的天或神化的自然界的束缚下解脱出来，而不是简单地返回自然界的怀抱。当然，这些崇尚自然的思想家在一定程度上扫去了"天"或自然界的神性，仅从这个意义上说，他们的学说才有一点"返回自然"的味道。

全面地衡量王弼"全释人事"及"自然"学说的意义，可与"群体自觉"的概念相联系。王弼仍承认社会是应当受约束的，只是这约束不是来自神化的上天，而是来自社会的内在依据。这种依据属本体界，高于社会现实并是现实的支配力量，其依据是一种理，它被规定为社会赖以存在和维持的本体。它作为一种决定因素，是统一的，对社会各个组成部分一律发生作用。人们的确是解脱了，但这解脱是群体的而不是个体的。人们的确有所自觉，但这是群体自觉而非个体自觉。中古的专制制度仍须维持，只不过专制的合理性从神化的上帝转移到了终极的理统。专制的条件被列举出许多，君主的至高地位不再是天经地义的，这种地位的维持与否，取决于君主的作为能否与这终极的理统相吻合。明了这些局限是必要的，因为下章将说明，郭象的存在论所要触动的或突破的，正是这些局限的一部分。

## 八　西晋玄学中的"贵无""崇有"之争

西晋时期的玄学，以"贵无"与"崇有"两种思想主张的争论最为引人注目。"贵无"是西晋思想界领袖王衍的主要见解，"崇有"则是裴頠一篇论文的标题。裴、王两人都在惠帝元康年间从事清谈活动，裴頠《崇有论》是正式抨击"贵无论"的论文，论文传出以后又遭到"王衍之徒"的反击，辩论异常激烈，是西晋一代学界讨论的焦点。今人多以为王衍的贵无论是继承王弼的，裴頠的崇有论是反对王弼的，并且将贵无论与王弼本体论归为一类，将崇有论与向、郭《庄》学归为一类，这些看法实际上是不合乎历史的真实情况的。其实王衍、裴頠所讲的都是本体论，并且都是王弼哲学的后继者。王弼本体论的特点之一是对本体和现象兼而存之，就本末而言，则主张"崇本举末"；就体用而言，则主张依体达用；就有无而言，则主张贵无以全有；就义象理事而言，则主张"得意"以"存象"。在其中，立足于本体是手段，而非目的，目的是要使现象界得以很好的维持。时至西晋，王衍、裴頠遂各持一端，王衍只注意王弼对本体的尊崇，只强调"崇本"或"贵无"的一面，认为"贵无"前提下的"全有"或"举末"是自然会有的后果，而不加以申论或强调。这样片面持其一端的影响，是使社会上的士人和官吏纷纷作出姿态，以显示自己合道，形成虚谈废务的风气。裴頠注意到这种弊病，遂产生危机感，竭力扶持另一端，只强调"举末"或"全有"的一方，将"崇本"或"贵无"看成既有的现实而不再多加论证。这种持其另一端的后果是使虚浮的社会风气一时得到有限的纠治，却因给人以"弃本逐末"的错觉而不能获得清谈家的支持。"贵无"和"崇有"在玄学本体论的领域都是不完整的，社会效益都是不理想的。然而这场争论富于理论意义，推动了哲学的发展。

关于王衍哲学的资料，主要见于《晋书·王衍传》：

> 魏正始中，何晏、王弼等祖述《老》《庄》，立论以为："天地万物皆以无为本。无也者，开物成务，无往不存者也。阴阳恃以化生，万物恃以成形，贤者恃以成德，不肖恃以免身。故无之为用，无爵而贵矣。"衍甚重之。惟裴頠以为非，著论以讥之，而衍处之自若。

文中引述何晏、王弼之说较详，关于王衍只说一句"衍甚重之"，这详略的对照显示出此节何晏、王弼文字可能是转引自王衍的著作或引自后人关于王衍清谈的记录。这段何、王文字只提到"无"之可贵，未提到如何使"有"在"贵无"的前提下得以保全，稍嫌片面。《晋书》本传说，王衍在晋武帝泰始八年以后"口不论世事，唯雅咏玄虚而已"，在担任县令时"终日清谈"，在临死前自称："向若不祖尚浮虚，戮力以匡天下，犹可不至今日！"《晋书·殷浩传》引庾翼说，王衍"高谈《庄》

《老》，说空终日，虽云谈道，实长华竞"。如此种种，可证王衍在实际行为方面也是贵无遗有，只注重作出"无为"和"贵无"的姿态，而未能在"无为"的基础上做到"无不为"，这与何晏之热衷改制、王弼之游说曹爽，明显是不同的。王衍受王戎影响，两人在西晋合称"二王"，而王戎在政务方面也是荒忽的，在负责选举时，"未尝进寒素，退虚名，但与时浮沉，户调门选而已"（《晋书》本传）；在愍怀太子被废时"竟无一言匡谏"（《晋书》本传）；王戎这种任职的风格是将"无为"的原则露于表面，而不是以内在的无为支持外在的有为。总而言之，王衍所高唱的贵无论的确是只持"崇本"或"贵无"的一端，忽略"举末"或"全有"的一端。

论证王衍等人仅持"贵无"一端而流于片面，乃轻而易举，因为这是自东晋至现代的一贯的说法，证据很多，反证则罕见。而论证裴頠《崇有论》亦是从本体论的立场出发，不过强调"举末"或"全有"稍多而已，这却容易遭受非议，因为学界或说裴頠所讲的是唯物论，或说裴頠思想与向秀、郭象《庄》学接近，称其为本体论，乃违众之谈。然而推敲《晋书·裴秀传》附《裴頠传》所载《崇有论》的文字，觉得与王弼接近之处颇多，例如《崇有论》说：

> 老子既著五千之文，表摭秽杂之弊，甄举静一之义，有以令人释然自夷，合于《易》之损、谦、艮、节之旨。而静一守本，无虚无之谓也。损、艮之属，盖君子之一道，非《易》之所以为体守本无也。观《老子》之书虽博有所经，而云"有生于无"，以虚为主，偏立一家之辞，岂有以而然哉！……宜其以无为辞，而旨在全有，故其辞曰："以为文不足"。若斯，则是所寄之涂，一方之言也。若谓至理信以无为宗，则偏而害当矣。

在这节从表面上看来是反对《老子》的议论中，可找出一句深得王弼旨意的话，即"宜其以无为辞，而旨在全有"。老子思想本以"无为"当作手段，以"全有"为目的。王弼屡次强调"以无为本"，也是为了"全有"这一深远的目标。裴頠说"无"只是"辞","全有"才是要点所在,这不正合老子与王弼之意么!至于裴頠声称"无虚无之谓","若谓至理信以无为宗,则偏而害当矣",这只是在名号问题上做文章,认为那个"全有"的"至理"不应叫作"无",然而夏侯玄、王弼等人不在乎本体的称号,夏侯玄说对于本体可"徧以天下之名名之"(参见本书第五章),王弼《老子指略例》说本体之名有"道""玄""深""大""微"等,亦合多名之义,则裴頠说至理不是"无",其实不关王弼之学的痛痒。王弼所谓的"本""无"从实质来说是"理之极至",而裴頠恰恰提到"至理""宗极之道"等,其中有什么了不得的差别呢?

如果这论据还嫌不足,那么《崇有论》的另一节文字适可解消读者的疑虑,其中说:

> 心非事也,而制事必由于心,然不可以制事以非事,谓心为无也。匠非器也,而制器必须于匠,然不可以制器以非器,谓匠非有也。

文中"心""事"的对举,恰与两晋南朝学者对王弼《易》学的解释相合,如南朝宋人颜延之《庭诰》说:"然则荀、王得之于心,马、陆取之于物,其无恶迄可知矣。夫象数穷则太极著,人心极而神功彰,若荀、王之言《易》,可谓极人心之数者也。"所谓荀、王即荀粲与王弼。①颜延之在历史上以贬黜郑玄、推举王弼著称,他将王弼哲学中的本体与现象的关系归结为"心"与"物"的关系,与王弼《周易注》所谓"天地以本为心者也"一致,亦与裴頠所谓"心"与"事"相当。裴頠强调"制事必由于心",如同"制器必须于匠",显然是以"心"为本,以"事"为末,这与王弼《易》学不正是一脉相承的么?裴頠说:"心非事也,而制事必由于心",这不正是王弼《老子注》所谓的"不行者

---

① 我原取成说,以为此处"荀"指荀爽。然荀爽与王弼似难并列。今按晋初何劭撰有《王弼传》与《荀粲传》,可知粲、弼并称可能是当时通例。

使行，不动者制动"么？从裴頠"不可谓心为无"的措辞来看，他反对"贵无"并非针对"本体是什么"的问题而发，而是针对"本体应如何称呼"的问题而论。他所说的"不可谓心为无"与王弼所谓的"天地虽广，以无为心"，绝非针锋相对的反命题。《崇有论》的上述引文已明白指出："制事必由于心，然不可以制事以非事，谓心为无也。"其以"心"为"非事"而"制事"，与王弼《老》学所主张的至道不动却可制动，以及王弼《易》学所主张的卦义非事而可以御事，几乎完全吻合。

《崇有论》中有一节文字常被引用：

> 夫至无者无以能生，故始生者自生也。自生而必体有，则有遗而生亏矣。生以有为己分，则虚无是有之所谓遗者也。

人们常认为此节的议论与向秀、郭象的"自生说"关系密切，其实郭象的见解是"万物各自为"而"物各自造"，下章将证明向秀的见解是"物各有性，性各有极"，其中的"各"字表明，向、郭所谓的"自生"是万有个体的"自生"。而裴頠《崇有论》所谓"有""物"均就群体而论，其所云"始生者自生也"，"自生而必体有"，都是从群体的角度谈论的。群体的"自生"本是先秦汉魏道家与玄学的共识，如《庄子·在宥篇》提到"物固自生"；严遵《道德指归·江海篇》说："道德不生万物，而万物自生焉；天地不合群类，而群类自托焉"；王弼《老子注》说："不塞其原，则物自生，何功之有"。裴頠所谓"始生者自生"与其说是沿袭向秀并影响郭象，不如说是宗承王弼。

裴頠说"至无者无以能生""虚无是有之所谓遗者也"，关于"无"的定义与王弼不同，王弼所谓"无"主要从超乎形上这一点而论，裴頠所谓"无"却指什么也没有，是绝对的"零"。王弼所谓"无"乃"理之极至"，裴頠所谓"无"却无理则之义。王弼所谓"无"是"宗极之道"，裴頠则明白指出"无"与"道"截然不同。这定义的差别常受重视，被认为是裴頠、王弼思想的重要歧异。其实这只是个称号的问题，王弼称"宗极之道"为"无"，裴頠则反对这样称谓，两人思想的差异不过如此。从实质上看，分歧是没有的，裴頠的确反对"贵无"，而他所贬低的"无"却不是王弼所讲的"无"。对于王弼的本体论性质的义理之学，裴頠并未提出反对的意见。

我们不能由于裴頠反对"贵无"却未反对王弼而贬低他的理论素养，因为裴頠并不想与王弼相敌对，他的论敌只是王衍。王衍和裴頠，是在王弼哲学的基础上衍生的两个支系，王衍所继承的主要是王弼《老》学及何晏之学，将王、何《老》学当中许多"贵无"的命题放大，而忽略了"贵无"的目的在于"全有"这一点；裴頠所继承的主要是王弼《易》学，王弼《周易注》及《略例》论及"以无为本"的文字很少，仅在《复卦注》等处偶然出现，裴頠很可能忽视了这些文字，只注意发挥王弼《易》学中的义理以及"全有"的要点。西晋玄学贵无论和崇有论的歧异，主要在这里。

## 九 "火不热""指不至"与"声无哀乐"

本书"引论"指出玄学中有"火不热论"，意谓火之自身不热，热只是"近火者"的感觉。这种极其特殊的见解与玄学中"指不至"及"声无哀乐"二论相关，这显示出玄学中曾有一说，与康德"物自体"之说竟有相似之处。

如同"火不热"之出处，"指不至"的命题亦出自《庄子·天下篇》。《天下篇》载辩者命题有"指不至，至不绝"两句，《释文》引司马彪云，"夫指之取物，不能自至，要假物故至也，然假物由指不绝也"，此解平实而缺乏深义。成玄英疏云，"夫以指指物而非指，故指不至也"，所说也缺乏哲学内涵。唯晋初名士乐广就此的解释最为精妙，《世说新语·文学篇》记载：

> 客问乐令"旨不至"者，乐亦不复剖析文句，直以麈尾柄确几曰："至不？"客曰："至。"乐因又举麈尾曰："若至者，那得去？"于是客乃悟服。乐辞约而旨达，皆此类。

"指""旨"两字古通用，乐广所论"旨不至"即《庄》书所云"指不至"。这一命题也是出自公孙龙，《列子·仲尼篇》载公孙龙对魏王说："有心不意，有指不至，有物不尽，有影不移，发引千钧，白马非马"，其原意如何，争论很大，有人说"旨"作意旨或概念讲，有人又说"旨"作手指讲，西晋司马彪和唐初成玄英都从"手指"的意义上解释，司马彪称"指之取物，不能自至，要假物以至也"（见《经典释文》），成玄英《庄子义疏》称"以指指物而非指，故指不至也"，均与玄学无关。而按乐广所说，手指若当真达到某物体，便应当没有距离，但没有距离是不可能的，名家所云"一尺之棰，日取其半，万世不竭"就证明了这一点。假若手指真"至"，手指与那物体便融合无间，成为一体，如何可以离开呢？① 在这里，"指"字解为手指和解为意旨是没有很大的差别的，因为手指的指向往往可比喻概念的指向。乐广关于"指不至"的直接结论是：手指永远不会真正地接触到或达到所指的物体；而他暗含的结论是：意旨或概念永远不会准确地与它所标识的对象相吻合。在这里，乐广的创造在于由感觉印象论上升到概念论，上述"即火非热"之说意谓由感觉而得到的印象永远不能反映对象本身，人们说"火热"不过意味着他们感觉到火是热的，这感觉印象却不能证明火本身是热的；乐广则意识到概念永远不会准确地反映物自身，人们以为概念所反映的就是它所指的对象，其实这不过是一种假定而已。乐广所说与康德"物自体"说显然是为接近了。

读者至此可能会联想到本书第五章关于嵇康《声无哀乐论》的论述。《声无哀乐论》说：

> 夫天地合德，万物资生，寒暑代往，五行以成，章为五色，发为五音。音声之作，其犹臭味在于天地之间，其善与不善，虽遭浊乱，其体自若，而无变也，岂以爱憎易操、哀乐改度哉？……夫喜

---

① 此解乃参考了唐翼明先生的《魏晋清谈》一书，见该书东大图书公司1992年版，第110—112页。

怒哀乐，爱憎渐惧，凡此八者，生民所以接物传情，区别有属，而不可溢者也。夫味以甘苦为称，今以甲贤而心爱，以乙愚而情憎，则爱憎宜属我，而贤愚宜属彼也，可以我爱而谓之爱人，我憎而谓之憎人？所喜则谓之喜味，所怒则谓之怒味哉？由此言之，则外内殊用，彼我异名。声音自当以善恶为主，则无关于哀乐；哀乐自当以情感而后发，则无系于声音。名实俱去，则尽然可见矣。

又说：

夫五色有好丑，五声有善恶，此物之自然也。至于爱与不爱，喜与不喜，人情之变，统物之理，唯止于此。……然和声之感人心，亦犹酒醴之发人情也。酒以甘苦为主，而醉者以喜怒为用。其见欢戚为声发，而谓声有哀乐，犹不可见喜怒为酒使，而谓酒有喜怒之理也。

在这些文字里，嵇康为区分主观鉴赏与艺术作品，将作品及其他客观事物的固有品质与旁观者的主观感受划分为二，音乐的善恶（亦即好坏）、五色的美丑、醴酒的甘苦都算是客观属性，而人由这些事物而引发的喜怒哀乐爱憎都是主观感受或反应。按照上述"近火者热，即火非热"的道理，嵇康本应指出甘苦乃饮酒者的感受，酒本身是无所谓甘苦的；善恶美丑也是鉴赏者的主观感受，声色本身是无所谓善恶美丑的。嵇康没有指出这些，反而肯定善恶美丑甘苦都是声色醴酒自身所固有的，这与上述"近火者热，即火非热"的理论全然不同，与康德"物自体"说相比显然是相距很远的。然而从理论形式来说，嵇康力图区分客观的艺术品与主观的鉴赏或感受，却又与上述"近火者热，即火非热"的见解稍有关联。我们知道，古代哲人之区分物自体与其现象及概念，都是凭借直观的方式，靠着瞬间闪出的灵感的火花，而不是像西方哲人那样去进行严密的逻辑推演。向秀、乐广这些人继承前人的成果而进行发挥时，往往采用联想的方式。例如成玄英对于"火不热"的命题，先用"圣人入火不热"和"食火之兽"之类的奇谈来解说,然后说"亦犹火加体而热发于人","又譬杖加体而痛发于人",后两说与"圣人入火不热"一说截然不同,却同加引用来解释一个命题,其所以如此,即在于疏解的方式以联想多于推理。向秀在竹林交游时期与嵇康为密友,经常讨论问题、交流思想,他一定见过《声无哀乐论》。当他品味《论》中区分客观作品与主观鉴赏的文辞时,自然会受到启发,将酒本身与其甘苦、声色本身与其善恶美丑再作进一步的分离,按这原则去解"火不热"的命题。"即火非热"说及乐广"指不至"说,可能都是这样形成的。

　　玄学本体论中这些区分物自体与其外在现象及概念的学说,缺乏体系性和逻辑的严密性,只是与康德"物自体"说的结论有相似之处,与康德的理论体系相比极为粗糙简单,相距很远。这正是中西思想的不同之处,也正是古代哲学与近代哲学的不同点。玄学家之区分物自体与人对它的感受和概括,只是出自偶然的理论需要,未能就此建立学派,撰写专书,亦未就此展开辩论,几为他们的同时代人及后代学者所忽略。这颇有价值的思想离开了当时学人的兴趣所在,未能成为玄学的主流或重要支系,这是很可惜的。

# 第十一章 玄学的存在论

假如我们用"自然哲学"或"哲学自然观"这样的名称来涵盖汉代元气论及魏晋本体论的话，便应注意到魏晋玄学自然观当中有一部分是与本体论并列的，这就是存在论。我所用的"存在"一词，主要是借用于西方的存在主义哲学。从广义上看，存在主义哲学也可划入本体论的范围；但从狭义上看，存在主义哲学与从柏拉图到黑格尔的本体论有着本质的差别。若取狭义，魏晋玄学的本体论与存在论的关系便可说是并列的、相互对举的。

将中国古代某种哲学与西方现代的存在主义哲学相比类，有一定的冒险性。一般来讲，中西哲学史的比较应当是平行的，断言中国古代竟有类似于西方现代某学派的哲学，极易给人以守旧的、理论轻浮的感觉。然而有两个原因使我不得不采取这种冒险的做法。第一，中国古代哲学有"早熟"的特点，黑格尔等人曾指出过这种特点，中国现代的哲学史家也从未否认过这种特点的存在。既然是早熟的，现代某些哲学思想在中国古代便未必不能出现。第二，哲学的历史往往不是平稳的或渐进的，不能设想思想的演进竟像动物的进化那样，后代定要胜过前代。具体地说，我所谓的玄学存在论是由向秀、郭象代表的，向秀的思想创造早于王衍、乐广一代，郭象则在王衍、乐广之后，而不可思议的是，向、郭两人的思想联系竟比王衍等人与郭象的联系更为密切。这样的例子在中国历史上还有不少，例如我们很难证明西汉后期扬雄的学说被东汉的谶纬之学超过了，我们也很难证明宋代以后的哲学一定比先秦的名家或墨家更为进步。思想史演变不平衡的情况在中国史上如此多见，那么与西方现代某种哲学相类似的思想在中国古代出现的可能性便更难以排除了。

当然，在肯定向、郭学说似于西方现代存在主义哲学的同时，必须承认其局限。这种惊人地早熟的思想一定是粗糙的和不完备的，不可能具有西方现代哲学那样的理论形态。这种早熟的思想在历史上一般不可多得，类似于存在主义哲学的中国古代哲学大概只有向、郭《庄》学，其中向秀的存在论尚未定型，只是在郭象将"独化"概念与"自生""自化""自造""自为"等概念并列起来时，玄学的存在论才趋于定型。这种关于"自为""独化"的学说由于很快被佛教哲学取代，在历史上不过是昙花一现。对宋明理学有巨大影响的玄学家不是向秀或郭象，而是在这两人之前的王弼。确切地说，过分早熟的哲学在历史上往往缺乏生命力或影响力，不能成为某时代思想的主流，墨家哲学如此，扬雄哲学如此，王充哲学如此，向、郭《庄》学也如此。

研究向、郭《庄》学的存在论有一个困难，即两人的《庄子注》混杂在一起，如何加以厘清，是历代学者感到困惑的问题，侯外庐等先生称其为"疑案"，绝不为过。这一疑案引人注目的程度和研究的难度，在玄学的研究和讨论中极为突出。且不说《庄子》三十三篇的注文，即便是三十三篇之前的旧序是否为郭象所作，亦堪为玄学研究中的很大的问题。如何解决这些问题，决定着对向、郭思想应如何解释。而向、郭著作的疑案及其思想解释中的问题又与向、郭生平及其时代背景密切相关，因此，本应在第七章讨论的许多问题，都将在本章加以论述和解决。

## 一 向秀、郭象《庄子注》的疑案及其初步的解决

《庄子注》的著作权应归郭象抑或向秀，是南朝刘宋时期刘义庆所提出的问题。刘义庆在《世说新语·文学篇》里谴责郭象将向秀注"窃

以为己注",唐修《晋书》重复了刘氏的说法,称郭象为"盗"。其后,宋代高似孙《子略》、王应麟《困学纪闻》、明代焦竑《笔乘》、胡应麟《四部正讹》及清代近代一些学者,都认定郭象《庄子注》是剽窃向秀的著作,而清代以来的另一些学者则力图为郭象辩诬,如刘盼遂、冯友兰、汤一介等,均属此类。近现代更多的学者通过详细对照郭象注文与向秀佚文,证明两注有的文字全同,有的不但文字有异,思想也大相径庭,从而使问题显得极为复杂。我在本书"引论"已就"独化"问题论及向、郭思想异同,此处将更明确地说明,郭象《庄子注》是在向秀注的基础上完成的,郭注的许多文字的确是抄自向注,而郭注的思想又的确在向注的基础上有所发展。如果考辨一下向、郭两人的里籍,可以看出竟是同郡,这使郭注部分抄自向注的结论显得确凿无疑。然而我们却不可用现代的"抄袭"罪名去谴责郭象,因为郭象的本意并非剽窃,而是像孔颖达编撰《五经正义》那样,要为《庄子》作一部总结性的、集成性的注释。然而,当时尚未出现义疏的体裁,当郭象大量抄录向秀注文时,他不可能以"注疏"的形式来区分旧注和新注。由于是个人独著,并且是在两晋末期的动乱之中,他也不可能像何晏《论语集解》那样,随文举出旧注的作者。那么,唯一可行的方式,便是模仿司马迁和班固,大量抄录前人的注文,并在后序里说明抄录的原委。日本高山寺本《庄子》所附郭象后序有失完整,缺少的部分很可能提到抄录向注的事。这部分没有出现,可能是在西晋覆亡时残佚,或是在南朝佚失,也有可能是由于在西晋末期洛阳陷没,郭象未及完成。

为说明其中曲折,有必要从刘义庆《世说新语·文学篇》的议论讲起。篇中说:

> 初,注《庄子》者数十家,莫能究其旨要。向秀于旧注外为解义,妙析奇致,大畅玄风。唯《秋水》《至乐》二篇未竟而秀卒。秀子幼,义遂零落,然犹有别本。郭象者,为人薄行,有俊才,见秀义不传于世,遂窃以为己注。乃自注《秋水》《至乐》二篇,又易《马蹄》一篇。其余众篇,或定点文句而已。后秀义别本出,故

今有向、郭二《庄》，其义一也。

唐修《晋书·郭象传》抄录了这段话，《向秀传》提到郭象对向注"述而广之"，其中的"述"字表明郭注文字肯定有许多地方与向注相同。清代及近现代学者注意到古书引有《秋水》向秀注文，遂怀疑《晋书》所称"《秋水》《至乐》二篇未竟而秀卒"虚妄不实。今按"未竟"乃未完成之意，《秋水篇》"与道大蹇"，《释文》云："蹇，向纪辇反。"《秋水篇》"证乡今故"，《释文》云："向、郭云：明也。"其中所引的向秀文字，属音训一类，并非出自向秀《庄子注》，而是出自向秀《庄子音》。《释文序录》称向秀在注释二十七篇之外尚"为《音》三卷"，这三卷中很可能有《秋水篇》文字音义的注释。向秀佚文与郭注同者颇多，近人在这方面有详尽的考证，此处不再一一赘举，而仅列出典型的一例，《庄子·应帝王篇》："萌乎不震不正"句下郭象注说：

> 萌然不动，亦不自止（正），与枯木同其不华，湿灰均于寂魄，此乃至人无感之时也。夫至人其动也天，其静也地，其行也水流，其止也渊默。渊默之与水流，天行之与地止，其于不为而自尔，一也。今季咸见其尸居而坐忘，即谓之将死；睹其神动而天随，因谓之有生。诚能应不以心而理自玄符，与变化升降而以世为量，然后足为物主而顺时无极，故非相者所测耳。此应帝王之大意也。

而《列子·黄帝篇》张湛注引向秀说：

> 萌然不动，亦不自止，与枯木同其不华，死灰均其寂魄，此至人无感之时也。夫至人其动也天，其静也地，其行也水流，其湛也渊嘿。渊嘿之与水流，天行之与地止，其于不为而自然，一也。今季咸见其尸居而坐忘，即谓之将死；见其神动而天随，便"谓"（为）之有生。苟无心而应感，则与变升降，以世为量，然后足为物主，而顺时无极耳，岂相者之所觉哉！

古人引书多不严格，往往义引，上面两段仅有数字不同，这出入当是传本的差异或转引者的抄录所致，可说是微不足道。今人常说古人注书多抄录前人著作，但那是文字训诂之类，训诂讲究渊源有自，若与前人不同，反成缺陷。此处向、郭两节详细的、意思完整的哲学议论竟字句全同，若说不是抄录，便太降低了学术质量要求的水准。巴尔扎克曾在一篇小说里鞭笞一种抄袭行为，而他所说的抄袭不过是指一位画家在构图形式和光线色调上模仿了前人，画中的情节内容其实完全不同。如若按照西方的这种标准衡量，那么中国的抄袭实在太多，创造实在太少，上述郭注之同于向注，便可说是抄中之抄了。

然而近人多注意到，向、郭注文的差异点也有很多，例如《庄子·应帝王篇》"一以是终"句下郭注说，"使物各自终"。《列子·黄帝篇》张注引向秀说："遂得道也。"此处向、郭两注不仅文字不同，意趣亦异。《胠箧》"圣人已死，则大盗不起"句下，郭注说：

竭川非以虚谷而谷虚，夷丘非以实渊而渊实，绝圣非以止盗而盗止。故止盗在去欲，不在彰圣知。

《释文》引向秀注此两句说：

事业日新，新者为生，故者为死，故曰圣人已死也。乘天地之正，御日新之变，得实而损其名，归真而忘其途，则大盗息矣。

这两节的文字与思想内容也全然不同。再看《胠箧篇》"圣人不死，大盗不止"等句下郭注云：

将重圣人以治天下，而桀跖之徒亦资其法。所资者重，故所利不得轻也。

《释文》引向秀注云：

> 圣人不死，言守故而不日新，牵名而不造实也。大盗不止，不亦宜乎！

此处向、郭两注的意思几乎相反，向秀对圣人的肯定显然多些，他只反对过时的圣人、不反对当时的圣人，因而用"守故而不日新"来诠释"圣人不死"的名句；郭象所发挥出来的见解却更近《庄子》，认为圣人从根本来说更利于桀、跖，因为越"重圣人"便越使桀、跖受益。这种思想分歧显然可引出与上文相反的结论，郭注的思想既与向注有很大的差异，如何能说郭象抄袭向注呢？

全面衡量上面的比较结果，似有利于这样的观点：郭象对于向秀《庄子注》有所因袭，亦有创新。现在学界多赞成创新的一面，不愿正视因袭的一面，其实这因袭是很突出的。若是考察一下向、郭的里籍，还可了解到郭象有因袭向秀的便利条件。很多古书都说向秀是河内郡怀县人，如《文选注》引臧荣绪《晋书》及《世说新语·言语篇》刘注引《向秀别传》及《晋书》等都这么记载，唯《魏志·王粲传注》引《魏氏春秋》提到"河内山涛、河南向秀"。然而《世说》刘注所引《向秀别传》指明向秀与山涛"同郡"，山涛为河内人乃无可置疑，故向秀原籍可断定是河内郡。关于郭象的籍贯，《世说新语注》引《文士传》说为"河南人"，南朝梁代皇侃在《论语义疏》里说郭象为颍川人，《经典释文序录》则称其为"河内人"。《晋书·郭象传》未提他的籍贯，显然是存疑的做法，至于《庾敳传》提到"豫州牧长史河南郭象"，可能有误，因为本传明说郭象"州郡辟召，不就"，怎么会是某州的长史呢？南朝宋代裴松之曾在《魏志·王粲传注》里指斥张骘《文士传》有"假伪之辞"，进而断言："凡骘虚伪妄作，不可覆疏，如此类者，不可胜记！"可见《文士传》重在记述名士清谈著述一类的事件，对人物里籍、战事等欠于考据，则《文士传》称郭象为河南人是靠不住的。如果说古书记郭象里籍为河南有误，那么错误的缘由很可能是误记河内为河南了。陆德明《经典释文序录》是一部十分严谨的目录学著作，其中说郭象为"河内人"，定有充分的理由，则郭象原籍当定为河内。向、郭都是河内人，这使郭象大量抄录向注一事显得更加合乎历史的逻辑性。向、郭应当是相识的，向秀之子与郭象可能也是相识的。在西晋的文化领域里，书籍都是手抄本，郭象若不是凭借与向氏的亲密关系，恐不会有机会阅读并大量抄录向秀的著作，试问根据现存史料，除了郭象，东晋以前还有哪一位文人引述或抄录过向秀的《庄子注》呢？

讲到这里，读者一定已注意到"抄袭"和"因袭"是不同的概念，我所用的"抄"及"抄录"等词也和现代意义上的"抄袭"略有差别。"抄袭"是有意识的剽窃行为，"抄录"则未必有剽窃的性质。我以为，郭象只是抄录向注，不是抄袭向注。其抄录的动机不是要将向秀的著作权据为己有，而是要集《庄子》旧注之大成，将向注的成果融汇到自己的总结性的注释之中。假若他生活在东晋以后，这件事便比较容易处理。东晋以后，由于佛学兴盛之故，"义疏"的体裁出现，梁代武帝、简文帝、皇侃等人纷纷为《易》《老》《庄》及《论语》撰作"义疏"和"讲疏"。这些义疏见载于隋唐史志，往往多达数十卷，现存的皇侃《论语义疏》仅十卷，在梁代义疏类作品是卷帙较少的，而这部义疏在《论语》每一句或每一节之后，先列出何晏等人的《集解》，然后是皇侃本人的"疏"，疏里详引魏晋诸家关于《论语》的解说，撰人名氏一一举出，泾渭分明。唐代孔颖达等人所编撰的《五经正义》，在体裁上与皇侃义疏大同小异。而在东晋以前，注疏的体裁尚未出现，若在一部笺注性作品里集录前人旧说，便无成例可循。曹魏正始年间有《论语集解》问世，为何晏、郑冲、孙邕、曹羲、荀𫖮等人共撰，书中引述前人解说，如包氏、周氏、马融、郑玄、王肃等，一概标出姓氏或姓名；而何晏等五人的诠释则不举名氏，仅在序中题有何晏等五人姓名，至于书中哪些注释是何晏所写，哪些是郑冲所加，便不得而知了。《论语集解》由朝臣数人共撰，上于朝廷，是代表当时官方思想的权威著作，并且很可能是少帝曹芳所用的教科书。这样重要的著作，在体裁上尚且存有缺陷，何况是私人著述呢？

郭象的注文以及他所抄录向秀的注文，往往在详细的程度上远超过《论语集解》。向、郭某些注文按汉晋的标准来看几乎不像注释，而像论文。郭象在这种情况下若模仿《史》《汉》的先例，当是合乎情理的。司马迁的《史记》包括大量的司马谈的文字，而司马谈之名却很少出现，书中哪些是司马谈的旧文，要经过后人的考证才能分辨。班固《汉书》则大量因袭前人的作品，被因袭的有刘向《说苑》《新序》，刘歆《钟律书》《七略》《三统历谱》及冯商、扬雄、史岑、梁审、肆仁、段肃、金丹、冯衍、韦融等人的著作。班固因袭这些人的著作，有时在篇中序文里稍加说明，更多的情况是完全不加说明，径直加以抄录。我们只要对照一下《新序》《说苑》与《汉书》，可以看出共有的文字是很多的。在子书当中，《淮南子》《文子》《吕氏春秋》等书有许多共同的段落和章节，这些书不论先后如何，抄录的现象总是存在的。当然，在中国书籍的历史上，著作权问题越到后来便越受重视。在郭象的时代，若像班固那样大量抄录旧文而不加说明，难免抄袭或剽窃之嫌。然而郭象对抄录向注这件事很可能是作了说明的，他的说明可能就在高山寺本《庄子》所附的郭象后序里。

日本高山寺所藏郭注《庄子》为南朝写本，虽多数残缺，但书尾保存较好，在全书郭注末句之后，有一节不见于其余各本的文字：

> 夫学者尚以成性易知为德，不以能政（攻）异端为贵也。然庄子闳才命世，诚多英文伟词，正言若反，故一曲之士，不能畅其弘旨，而妄窜奇说。若《阏亦（奕）》《意循》之首，《尾言》《游易》《子胥》之篇，凡诸巧杂，若此之类，十分有三。或牵之令近，或迂之令诞，或似《山海经》，或似《[占]梦书》，或出《淮南》，或辩形名，而参之高韵，龙蛇并御，且辞气鄙背，竟无深澳，而徒难知，以因（困）后蒙，令沈滞失乎流，岂所求庄子之意哉？故皆略而不存，今唯哉（裁）取其长达致全乎大体者，为卅三篇者。太史公曰：庄子者，名周，守（宋）蒙县人也。曾为漆园吏，与魏惠、齐王、楚威王同时者也。

这完全是后序的体裁，序中自称将若干篇"略而不存"，"为三十三篇者"，与郭象始编三十三篇本的情况相合，为郭象所作后序无疑。考察这篇序文的内容，明显是不完整的，例如末尾引述太史公数语，而无结论，不合中古序论通例。又如序中仅论述《庄子》书的内容并提到篇目的改变，未提到《庄子》历代注释的问题，这在一篇笺注性著作的序文里也是不容否认的缺陷。那么，可以肯定，这篇后序的下文定会说明向秀注文的优劣及其抄录、因袭向注的原委。问题只在于，这些说明为何没有出现呢？或者说，后序为何有失完整呢？

人们首先会想到的是残佚，意即后序的下半截佚失了。不过，这绝不是高山寺本《庄子》本身的残佚，因为在这篇序文末句之后，尚空一行零五格无字，在空格之后，写有："庄子杂篇天下第卅三"九字，这显示出高山寺本本身的末尾并未残佚，有可能残佚的是高山寺本的祖本。高山寺本已是南朝写本，此本所依据的底本可能是东晋写本或郭象原本。由于在刘宋以前郭本后序已不完整，故而刘宋时期的刘义庆未见到郭象关于抄录向注的说明，遂作出针对郭象的谴责，开启郭窃向注的讼案。

还有一种可能，是郭象《庄子注》本未完成。读者只要稍加浏览便会注意到，郭注三十三篇前面较详，后面简略，外篇简于内篇，杂篇又简于外篇。《天下篇》是庄书后序，故注释较杂篇为详。向秀未及注释《秋水》与《至乐》二篇，却先注释书尾的《天下篇》，也显示出《天下篇》是特殊的。郭注先详后简，自然有可能没有作完。当时发生了什么事，竟使他处于匆忙或草率的状态呢？在本书首章末节，已说明郭象《庄子注》撰于晋怀帝永嘉年间，在第七章也就此作了补充的论证。而《晋书》本传说郭象"永嘉末病卒"，寥寥五字，蕴含着惊人的内情。"永嘉末"即永嘉六年，而在永嘉五年三月，担任太傅的东海王司马越去世，这使身为太傅主簿而"任事专势"的郭象骤然失去依凭。一个月之后，西晋主力军队覆灭，重要大臣王衍等人同时遇害。再过两个月，异族的大军攻陷首都洛阳，皇帝被俘，宫、庙被焚，后妃被辱，朝臣多数遇难。再过两月，长安又陷落，形成"中原倾覆"的局面。假若郭象《庄子注》在永嘉五年之初尚未完成，他便不会再有完成的机会。

郭象因袭了向秀《庄子注》，却又超越了向秀的思想，有所创造。郭象在后序中可能想说明抄录向注的原委，甚至可能已作了说明，但这说明却未能让东晋以后的学者了解。向、郭的关系大致如此。

## 二　郭象《庄子注》的改编

在为郭象洗清剽窃的罪名之后，问题并没有彻底解决，因为向秀《庄子注》早已佚失了，迄今所知的向秀佚文为数很少，他的学说全貌如何，仍是悬案。向秀为竹林七贤之一，在东晋南朝的声誉胜过郭象，若是仅为郭象恢复名誉而未澄清向秀有何思想建树，欣赏竹林七贤的人们便仍有理由表示不满。尤为值得注意的是，唐代学者利用整理皇家藏书的机会，将郭本《庄子》由三十三篇三十卷改编为四篇十卷，并根据向秀《庄子注》对郭注作了改订和补充。这意味着在现存的郭注十卷本当中，不但有很多郭象本人抄自向注的文字，还掺有许多唐代学者补入的向秀注文。唐代补入的这一部分也许更为重要，因为郭象所抄录的向秀注文可代表向、郭两人的共同思想，而唐代补入的向秀注文却可显示向秀独有的、与郭象不同的思想。将唐代补入的向注分离出来并与郭注相对照，当有利于揭示向、郭思想的歧异。

首先，让我们看一看郭象《庄子注》的卷数是何时改变的。据高山寺本《庄子》书尾的郭象后序以及《经典释文序录》，可知《庄子》原为五十二篇，郭象始编定为三十三篇。[①] 梁代阮孝绪《七录》著录郭本《庄子》三十三卷（见《隋志》），作于陈末的《释义序录》著录亦同。日本高山寺藏唐代以前的郭本残卷共七篇，一篇为一卷。这些都证明三十三卷三十三篇为郭本原貌，直到隋朝以前还保持完整。到了唐代，《隋书·经籍志》著录郭注《庄子》三十卷，较之原本减少了三卷。考察《宋天圣二年隋书刊本跋》及《史通》《史略》等书，可以知道《隋

---

① 有人据高诱《淮南子·修务训注》，说东汉已有《庄子》三十三篇本。今按《吕氏春秋·孝行览》高诱注说庄子"著书五十二篇"，与《汉志》相合，则《淮南子注》作三十三篇当为传写之误。

书》中的纪传与"十志"原是不同的著作,"十志"即《五代史志》,在唐高宗显庆元年被献上于朝廷,后与《隋书》纪传合编在一起。《隋书·经籍志》为"十志"之一,它著录古书均以当时"见存"的皇家藏书为依据(见《隋志序》),这就是说,《志》中所著录的郭本三十卷,是在显庆(656)以前流传的郭本的卷数。沿袭郭注的成疏也是三十卷[①],成玄英在贞观年间号称西华法师,在唐高宗永徽年间(651—655)遭到流放,他的《庄子疏》三十卷正好完成于显庆元年以前。郭本由隋以前的三十三卷减至显庆元年的三十卷,原因只有一个,即在隋末战乱中有所佚失。

对于郭本来说,减少三卷实在是微不足道,因为《旧唐书经籍志》和《新唐书艺文志》所著录郭注《庄子》仅有十卷。两《唐志》著录古书,均以毋煚《古今书录》为蓝本,而《古今书录》又是由元行冲《群书四部录》删略而成的。《群书四部录》完成于唐玄宗开元九年(721),这意味着开元九年以后的郭本《庄子》已只有十卷了。在显庆元年至开元九年,长安等地仅有政治动乱,而无战乱,那么,郭本减至十卷这件事便绝非亡佚所致,而应是改编合并的结果。

我们知道,《隋志》与元行冲《群书四部录》都是关于当时皇家藏书整理工作的总结,例如元行冲本人是唐玄宗开元五年至九年的皇家藏书整理工作的主持者之一。《旧唐书经籍志序》说,毋煚对元行冲《四部录》作过评论:"所用书序,咸取魏文贞;所分书类,皆据《隋经籍志》",这话反映出元行冲等人的整理工作缺乏创造性,他们几乎是最大限度地承袭了魏征(谥文贞)等人的工作成果。在唐太宗贞观二年,魏征奏请召学者整理皇家藏书,并成为这一整理工作的主持者。他离任后,由虞世南等人接任。这一整理工作到唐高宗即位时仍在继续,大约到高宗去世时(弘道元年)才暂告结束。其工作成果之一,是为皇家藏书撰写了序录,由于这项工作是由声誉极高的魏征发起的,因而各书序录可能都署有魏征之名,这就是元行冲所谓"所用书序,咸取

---

[①] 历代书目著录成疏卷数不一,今据成疏自序,可知此疏原为三十卷。

魏文贞"一说的由来。据《旧唐书》和《唐会要》的记载，这一长达三十余年的图书整理活动有一个曲折的过程，由贞观二年至显庆年间（628—660）为第一阶段，当时"置仇校二十人，书手一百人"；由显庆年间至乾封元年（666）为第二阶段，当时"罢仇校及书手，令工书人缮写，计直酬佣，择散官随番仇校"；由乾封元年至高宗末年亦即弘道元年（666—683）为第三阶段，当时"集儒学之士刊正，然后缮写"，"置详正之士以校理之"。鉴于郭本《庄子》三十卷本在显庆元年已著录于《隋志》，而显庆至乾封的校书工作重在"缮写"，"仇校"似在"缮写"之后，那么郭本卷数的改变一定是发生在唐高宗乾封元年至弘道元年（666—683），这一时期的工作重在"刊正"，安排了专职的"详正学士"来进行"校理"，这些专职的学士显然容易有标新立异以炫耀才能的倾向，于是郭注三十卷本就被改编成了十卷本。

日本学者岛田翰曾由雕版印刷术的应用来解释郭本卷数的变化，较合情理，然而在唐代，这种古书由三卷并为一卷的情况并不多见。再说，唐高宗以后的郭注传本不但在卷数上有所变化，而且篇题也显得颇为特殊，例如元康《肇论疏》多次引述《庄子》及郭注，所提到的篇章名有《庄子逍遥游篇》《庄子内篇养生章》《内篇大宗师章》《外篇骈拇章》《外篇天道章》及《杂篇徐无鬼章》等。郭本三十三篇除首篇外，在元康所见的传本中竟都变成了章！内外杂篇原指各篇的类别，在这里竟变成了具体的篇名！元康所见的郭本显然只有四篇，即《逍遥游篇》[①]、《内篇》、《外篇》和《杂篇》。推敲这变化的原因，大概在于唐代学者对篇和章往往要严格区分，例如孔颖达等人为五经作疏，就明确指出哪些是篇，哪些是章。郭本《庄子》既有三十三篇之分，又有内外杂篇之分，这在唐代学者眼里一定混乱得令人难以容忍，于是三十三篇就被合并为四篇，其中的三篇共有三十二章。假如我们再将汉唐史志目录对照一下，便可看出唐代书籍常以篇来划分思想内容，以卷来划分文字

---

① 《逍遥游》篇名未变的原因，当如《抱朴子·应嘲篇》所说："伯阳以道德为首，庄周以《逍遥》冠篇"，这话反映出中古学者的共识，即《逍遥游篇》在《庄子》书中占有特殊的地位。

数量，较长的篇有时可分为上中下三卷。在元康所见郭本当中，内外杂三篇都很长，如果各分三卷，正合唐代书籍编排的通例。由此可以推测，郭本的十卷可能是《逍遥游篇》一卷与内外杂三篇九卷之和。现存郭本十卷包括内篇三卷、外篇四卷与杂篇三卷，三十三篇仍然称篇，不称章，当是再次改编的结果。敦煌所出郭注《庄子》残卷是唐玄宗天宝元年（742）以后的写本①，其中有五篇的卷首部分保存完整，篇题分别写作《天运品》《刻意品》《达生品》《田子方品》及《知北游品》，各篇仿照佛经，一律称"品"，显示出唐高宗以后郭注《庄子》又曾遭到改纂。

　　元康《肇论疏》所提到的郭注《庄子》既是十卷改编本，那么便必须证明，这部疏的撰作时间是在唐高宗以后，因为上文已将郭注十卷改编本的出现时间上限定于唐高宗末期。《宋高僧传》说，元康曾在贞观年间"游学京邑"，说他得到皇帝的赏识，受诏"入安国寺"讲解三论。很多学者根据这些话，推测元康"入安国寺"并撰《肇论疏》等事件都在"贞观中游学京邑"之时，然而这一点在《宋高僧传》中并未得到确切的说明。根据宋敏求《长安志》的记载，安国寺在唐睿宗景云元年（710）才得以兴立，元康"入安国寺"肯定在武周以后。另外，日本遣唐学问僧道慈于日本文武天皇大宝二年（武周长安二年）入唐，一度随元康研习三论，于日本元正天皇养老二年（唐玄宗开元六年）返国，这情况也说明，元康在武周以后仍在世并从事学术活动。《肇论中吴集解》卷末《题辞》说："兴善元康，幽栖慧灯，此二尊者尝述疏钞以广之。"这话显示出元康作《肇论疏》时的身份不是安国寺僧人，而是兴善寺僧人。按照《宋高僧传》所说，元康受诏入安国寺，是由于在辩论中表现出惊人的智力与活力，可见他生命不会在进入安国寺之后便很快地终止，他很可能是先在安国寺讲解"三论"，后在兴善寺为《肇论》作疏。《宋高僧传》的作者不了解他离开安国寺以后的事迹，因此

---

① 敦煌本篇名均有"南华真经"字样，而《唐会要》等书说，唐玄宗在天宝元年始规定《庄子》改称《南华真经》。另外，成疏自序说庄周"受号南华仙人"，又说"子是书名"，可见天宝元年以前，庄子其人其书名号不同，其人已称"南华"，其书则又称"子"，不称"真经"。

未提他为《肇论》作疏一事,只为他加上安国寺僧人的头衔,并且说:"不测其终。"这样看来,元康《肇论疏》乃是景云元年(710)以后的作品,上距贞观至少有六十一年,上距高宗去世时也至少有二十七年。

如此详细地探讨元康的身世,显然不是多余的,因为这种探讨有力地支持了上面的结论,即郭象《庄子注》由三十三卷本改编为十卷本,最终完成于唐高宗乾封元年至弘道元年(666—683)。

## 三 关于唐代郭本《庄子》掺入向秀注文的证明

在唐代学者眼里,郭注虽是《庄子》的最佳注释,却不能算是尽善尽美的,因为郭象的时代毕竟比唐代早出三个世纪。当唐代学者改编郭本之时,对郭注进行修订和补充的时机便已来临。他们进行订补的依据,便是被当时人们看作郭注来源的向秀注本。

有一件事,可支持这一论断,即在唐高宗以后的一段时间里,人们还了解当时流传的郭象《庄子注》已不再是纯粹的郭象注本。例如,权德舆《张隐居庄子指要序》指出:

> 今之畸人有隐居张氏者,治《庄子》内外杂篇,以向、郭旧注本未尽采其旨,乃为之训释。犹惧学者之荡于一端,泥于一说,又作三十三篇《指要》以明之。

权德舆是唐代贞元、元和之间的人,他称张氏为"今之畸人",显示出张氏《庄子指要》撰于贞元、元和之间(785—820),远在郭象《庄子注》改编以后。权《序》说张氏参考过"向郭旧注",又说张氏"治内外杂篇","作三十三篇《指要》",这是有些矛盾的,因为向秀注本仅有二十七篇,无《杂篇》。三十三篇本为郭象所创,分离出《杂篇》也是郭象的创举,这些都与向秀无关。张氏在三十三篇的《庄子》书中见到向秀"旧注",岂不是一件怪事吗?尤为值得注意的是,在唐代贞元、元和之间,向秀注本实际上已佚失了。崔致远《法藏和尚传》说:

> 新经《音义》不见东流,唯有弟子慧苑《音义》二卷,或者向秀之注《南华》,后传郭象之名乎?

汤一介先生在《郭象与魏晋玄学》书中据此断定崔致远时向秀注本已佚①是完全正确的。据《旧唐书经籍志序》,唐代书籍的大量亡佚主要是在两个时期,一是安史之乱,一是黄巢、李克用相继攻入长安之际。崔致远在唐僖宗乾符元年(874)已为进士,时为黄巢攻克长安一役的七年以前,那么崔氏未见过向秀《庄子注》这件事,适可表明向秀注本不是在黄巢战争期间亡佚的,而是在安史之乱期间佚失的。隐居的张氏在安史之乱以后研究《庄子》,其实只见过郭注,未见过向注,权德舆《序》说他所参考的《庄子》有"向郭旧注",当是由于权、张两人都明白当时的郭注有大量的向注掺杂在内,而且这些向注与郭注思想不同,不是郭注原本所包括的。

唐末杜光庭《道德经广圣义》说:

> 河南郭象,字子玄,向秀弟子,魏晋时人。

称郭象为"向秀弟子",是更为怪异的说法,因为魏晋南北朝典籍均未提到向、郭之间有何师承关系。这一说明容易使人想起唐初孔颖达《周易系辞传疏》里的一句话:"韩氏(康伯)亲受业于王弼,承王弼之旨",这话将王弼死时尚未出生的韩康伯说成王弼亲传的弟子②,无非是为《周易》王注与韩注的合编制造理由。由此类推,自然可以得出结论:唐末杜光庭称郭象为向秀弟子,是以向、郭两部《庄子注》的合编为背景的。

晁公武《郡斋读书志》说:

---

① 参见汤一介《郭象与魏晋玄学》,湖北人民出版社1983年版。
② 韩康伯卒于晋孝武帝太元五年(380),享年四十九岁,见《建康实录》。王弼卒于魏嘉平元年(249),在他死后八十余年,韩康伯才出生。

《汉书·艺文志》本（著录《庄子》）五十二篇，晋向秀、郭象合为三十三篇，内篇七，外篇十五，杂篇十一。

这也是一种奇怪的说法，因为向秀《庄子注》仅有二十七篇，三十三篇是郭本篇数，这是《经典释文序录》所明白指出的，以博学著称的晁公武不会不了解，他却一定要含混地声称"向秀、郭象合为三十三篇"，不是很值得玩味么？又察元代马端临在《文献通考·经籍考》中引述晁氏此语，可证上述引文无误。那么，唯一合理的解释，即晁氏所谓"向秀、郭象合为三十三篇"意谓唐以后的《庄子注》三十三篇为向、郭两注之"合"。

如此种种，更可支持前面的推断，即在唐高宗时期，官方学者将郭本《庄子》改编为十卷，同时根据向秀注文对郭注进行了修改和补充。也就是说，在现存郭本当中，有许多不合郭象原意的向秀佚文掺杂在内。

## 四　向秀《庄子注》佚文的发掘及其与郭注的比较

过去人们搜寻向秀《庄子注》的佚文，多是根据张湛《列子注》及陆德明《经典释文》，必待张、陆指出是"向秀曰"或"向云"，人们才敢相信这是向秀注的佚文。现在辨明唐代学者曾往郭象注本里补入许多向秀《庄子注》的文字，而且这些文字的内容与郭象思想多少会有些抵触，那么从现存郭注当中便有望发掘出前所未闻的向秀佚文。

在这里，有一点是不言自明的，即向秀注文只能掺杂在向、郭注本都包括的篇章里，而不大可能掺入那些仅见于郭本却不见于向本的篇章。《经典释文序录》说向秀注本为二十六篇，"一作二十七篇，一作二十八篇"，又说崔譔注本仅有"内篇七，外篇二十"，向秀注本"亦无杂篇"。《世说新语·文学篇注》引《向秀别传》说：向注是"聊应崔譔所注"，那么向本篇目应与崔本相同，均为二十七篇，只分内篇、外篇两部分。考察《释文》提到"向本"并称引向秀《注》《音》的情况，可将向本二十七篇的篇名确定如下：

逍遥游　齐物论　养生主　人间世　德充符　大宗师　应帝王
骈拇　马蹄　胠箧　在宥　天地　天运　缮性
秋水　至乐　达生　山木　知北游　庚桑楚　徐无鬼
则阳　外物　盗跖　渔父　列御寇　天下

未出现于向本而为郭本所包括的，共有《天道》《刻意》《田子方》《寓言》《让王》《说剑》六篇。又据《世说新语·文学篇》，向秀注本包括《秋水》《至乐》二篇，而缺注文。日本高山寺所藏郭象《庄子注》残卷，共有《庚桑楚》《外物》《寓言》《让王》《说剑》《渔父》《天下》七篇，注文内容与今本大致相合，可见今本中的这七篇仍在基本上保持着唐代改编以前的原貌。总结这些情况，可知今本至少有十二篇不会掺有向秀文字，这十二篇是《天道》《刻意》《秋水》《至乐》《田子方》《庚桑楚》《外物》《寓言》《让王》《说剑》《渔父》及《天下》。我们从今本郭注中发掘向秀佚文，只能从其余的二十一篇当中去寻找。

发掘向注佚文的方法之一，是由上文关于郭本改编时间不得早于唐高宗乾封元年（666）这一论断出发，将乾封元年以前的文献所引述的郭注文字与今本郭注相对照，假若有明显的、较大的差别，而且这些注文都限于今本中可能掺有向注的二十一篇之内，那么今本中相应的注文便有可能是向秀文字。李善在唐高宗显庆三年（658）所上的《文选注》，就是这样的文献。《文选》卷五《吴都赋》提到"帝之悬解"，李善注引郭象《庄子注》说："生曰悬，死曰解。"今按"悬解"命题在郭本《庄子》书中凡两见。其一见于《养生主篇》，注文说："以有系者为悬①，则无系者悬解也。悬解而性命之情得矣，此养生之要也。"其二见于《大宗师篇》，注文说："一不能自解，则众物共结之矣。故能解则无所不解，不解则无所而解也。"两注内容均与李善所引郭注大相径庭，

---

① 《庄子》及郭注一概作"县"，"县"与"悬"通。今为方便读者，一律写作"悬"。

显然不是一人所作。考察《养生主篇》"悬解"句下成疏云:

> 为生死所系者为悬,则无死无生者悬解也。……且老君大圣,冥一死生,岂复逃遁天刑,驰骛忧乐?子玄此注,失之远矣。若然者,何谓安时处顺,帝之悬解乎?

成疏所驳斥的郭象见解,恰为李善所引郭注"生曰悬,死曰解"之意,与今本郭注大为不同,那么可以肯定,成玄英和李善所见的郭象原注,当为"生曰悬,死曰解",今本"无系者悬解也"一类的注释,均非郭注原文。《释文》出《大宗师篇》中"悬解"二字,并引向秀说:"悬解,无所系也",与今本注文"无系者悬解"的意思完全一致,可见今本注文中"无系者悬解也"一类文字,都是掺入郭注的向秀佚文。

在现存郭本各篇中间,《齐物论》与《秋水》两篇论题接近,可资比较。郭本《齐物论》有一节注文说:

> 若各据其性分,物冥其极,则形大未为有余,形小不为不足。……若以性足为大,则天下之足未有过于秋毫也;若性足者非大,则虽大山亦可称小矣。故曰天下莫大于秋毫之末而大山为小。"

纯为郭象所作的《秋水篇注》则说:

> 夫世之所患者不夷也,故体大者快然谓小者为无余,质小者块然谓大者为至足……所谓大者至足也,故秋毫无以累乎天地矣;所谓小者无余也,故天地无以过乎秋毫矣。

两注大意相同,所用术语却不同,《齐物论注》以"有余"与"不足"对举,《秋水注》则"至足"与"无余"对举。《齐物论注》所谓"形大未为有余,形小不为不足",是由《庄子·骈拇篇》"长者不为有余,短者不为不足"的命题演变而来,值得注意的是,在向秀之前,王弼《周易损卦注》也沿袭了《骈拇篇》的这一命题。如果说"有余"及"不足"的说法合乎先秦汉魏的文化传统，那么《秋水注》"至足"及"无余"的说法则可说是晋人的创造。中国哲学术语演变历史上的最大的转折点，正是在两晋时期，当时佛学开始兴盛，学术著作的措辞用语与汉魏著作普遍不同。这样看来，《齐物论注》中提到"有余"及"不足"的文字可能是向注佚文。另外，与《齐物论》"形大未为有余，形小不为不足"一节注文相应的成疏，提到"以性足为大，天下莫大于毫末；无余为小，天下莫小于大山"，可见成玄英所见的郭注原以"至足""无余"对举，今本注文中"有余""不足"相对举的文字不是郭注原文，而是掺入郭注的向注文字。

"形影"关系以及"声响"关系问题，是魏晋玄学家所十分关注的。《列子·天瑞篇》有"形动不生形而生影，声动不生声而生响"的命题，张湛注说：

> 夫有形必有影，有声必有响，此自然而并生，俱出而俱没，岂有相资前后之差哉？郭象注《庄子》论之详矣。而世之谈者，以形动而影随，声出而响应，圣人则之以为喻①，明物动则失本，静则归根，不复曲通影响之义也。

张湛在这里所提到的郭象议论，可能与《齐物论》"罔两问景"一节下的郭注有关，这段郭注声称"形景俱生，虽复玄合，而非待也"，又说："景非形之所使，形非无之所化也。"其中所谓的"形景"，即张湛所说的"形影"，"景"与"影"两字通用。然而这节郭注只提到形与景，未提到声与响。在现存郭本《庄子》书中，兼论形影与声响的文字见于《在宥篇》："大人之教，若形之于影，声之于响"，句下注说："百姓之心，形声也；大人之教，影响也。大人之于天下何心哉？犹影响之随形声耳。"郭本《德充符篇》有一条注文也说："顾自然之理，行则影从，

---

① 应注意"圣人则之以为喻"也是"世之谈者"的议论内容。

言则响随。……故名者影响也,影响者形声之桎梏也。"两注的意思与《齐物论》"罔两问景"一节下的郭注不合,亦与张湛所介绍的郭象学说相抵触,不会是张湛所见的郭本的文字。张湛为东晋人,他所见到的肯定是郭注原本,那么现存郭本《德充符篇》与《在宥篇》的两节注文应是掺入的向秀佚文。

《齐物论》"罔两问景"一节下的郭注十分重要,因为这节注释还有下述的文字内容:

> 请问:夫造物者有耶?无耶?无也,则胡能造物哉?有也,则不足以物众形。故明众形之自物而后始可与言造物耳。是以涉有物之域,虽复罔两,未有不独化于玄冥者也。故造物者无主,而物各自造,物各自造而无所待焉,此天地之正也。故彼我相因,形景俱生,虽复玄合,而非待也。明斯理也,将使万物各反所宗于体中,而不待乎外,外无所谢而内无所矜,是以诱然皆生而不知所以生,同焉皆得而不知所以得也。

这里所说的"自造",与《秋水》郭注所说的"自为"是同等层次的范畴。推敲这段注文的意思,是说万物的生存变化原来都是"无待"的,都是绝对独立地进行的。至人的使命不过是申明这种道理,对万物不加干涉,使万物反本于内,"不待乎外"。上文已据《列子·天瑞篇》张湛注,指出上述这段注文与张湛所见郭注相合,是改编以前的郭注文字。今按这段注释的下文提到"丧主于内",《释文》说:"丧,息浪反。"可见陆德明所见郭本也有这段注文。然而,有趣的是,在郭本《逍遥游》"彼且恶乎待哉"句下,又有一节与这段注文意思相反的注释:

> 故乘天地之正者,即是顺万物之性也;御六气之辩者,即是游变化之途也。如斯以往,则何往而有穷哉!所遇斯乘,又将恶乎待哉!此乃至德之人玄同彼我者之逍遥也。苟有待焉,则虽列子之轻妙,犹不能以无风而行,故必得其所待,然后逍遥耳,而况大鹏

乎！夫唯与物冥而循大变者，为能无待而常通，岂独自通而已哉！又顺有待者，使不失其所待，所待不失，则同于大通矣。故有待无待，吾所不能齐也；至于各安其性，天机自张，受而不知，则吾所不能殊也。夫无待犹不足以殊有待，况有待者之巨细乎！

这与《齐物论注》关于万物无待的说法相反，旨在说明人类万物的生存变化都是"有待"的，唯有至人或圣人才是无待的。至人的使命是"顺有待者"，使万物"不失其所待"。值得注意的是，陆德明《释文》未解释这段文字的音义，成疏也与这段文字的意思不同。敦煌本《逍遥游品》残卷有这段注文，然而上文已指出，敦煌本《庄子》是天宝元年（742）以后的写本，时为郭本改编之后[①]。另外，上述《齐物论篇》郭注说："物各自造而无所待焉"，"未有不独化于玄冥者也"，显示出郭象"万物自造独化"说是以"万物无待"说为依据的，而南朝梁人刘孝标在《世说新语注》中只引述了郭象关于"无不能生有"的说法，未提到向秀有同类的说法。这些情况表明，《逍遥游注》论述"万物有待"的上述文字与郭注文义不同，当是掺入郭注的向秀文字。

向、郭关于"有待"与"无待"问题的这种思想歧异，也反映在刘孝标引文与郭象《逍遥游》解题注释之间。在《世说新语·文学篇》"《庄子·逍遥篇》旧是难处"一节下，刘孝标注说：

向子期、郭子玄逍遥义曰："夫大鹏之上九万，尺鷃之起榆枋，小大虽差，各任其性，苟当其分，逍遥一也。然物之芸芸，同资有待，得其所待，然后逍遥耳。唯圣人与物冥而循大变，为能无待而常通，岂独自通而已？又从有待者，'使'不失其所待[②]，不失则同

---

[①] 敦煌本《逍遥游品》残卷有"世"字，不缺笔。然而敦煌本各篇避讳并不严格，其中《天运》《达生》《田子方》三篇或见"世"字，或见"民"字，或缺笔，或不缺笔，篇题均有"南华真经"字样，其中《天运品》避唐玄宗讳，可见这三篇是天宝元年《庄子》称经以后的写本。《逍遥游品》残卷的书写格式及字体与《天运》等三篇相似，也应写于天宝元年以后。

[②] "使"字，据上下文义及《逍遥游》"彼且恶乎待哉"句下注文校补。

于大通矣。"

而今本《逍遥游》篇题之下郭注则说：

> 夫小大虽殊，而放于自得之场，则物任其性，事称其能，各当其分，逍遥一也，岂容胜负于其间哉！

刘注所谓的"逍遥义"，即向、郭两家关于《逍遥游》篇题的注释，《逍遥游》这一篇名有时又称《逍遥》或《逍遥篇》[1]，而《释文序录》所著录的各家《易义》在《隋书·经籍志》里多称《易注》，即可证明"逍遥义"与"逍遥游注"的意思是相同的。此节"逍遥义"的前半部分与今本《逍遥游》题下郭注相合[2]，而自"物之芸芸，同资有待"一句开始的下半部分却不见于《逍遥游》题下郭注，可见"物之芸芸，同资有待"一节是刘孝标由向秀注文抄来的。这段文字的意思与今本《逍遥游》"彼且恶乎待哉"句下注文相合，可支持上面的结论，即"彼且恶乎待哉"句下注文是出于向秀的手笔。

将上述向秀注文与郭象佚文比较，可对向、郭思想的主要差别作一初步的概括：向秀承认"物之芸芸，同资有待"，一旦"失其所待"，便不逍遥；唯有"得其所待"，才得逍遥。"所待"得失的关键，在于"统以无待之人"，这种至人可"顺有待者"，使后者"所待不失"。"统以无待之人"一句出于《逍遥游篇》"小年不及大年"句下注释，这一节注释的思想与"彼且恶乎待哉"句下注文相合，也应当原出自向秀《庄子注》。郭象的思想与此不同，他断定万物原是"无待"的，至人的作用不过是使万物不失本性，"不待乎外"。

---

[1] 《逍遥游篇》篇名去掉"游"字的情况，见于《世说新语·文学篇》中"《庄子·逍遥篇》旧是难处"一句。又元康疏，《庄子·养生主篇》又称《养生篇》，而《庚桑楚篇》高山寺本写为《庚桑篇》，可为旁证。

[2] 成疏自序提到："内篇理深，故每于文外别立篇目，郭象仍于题下即注解之，《逍遥》、《齐物》之类是也。"可证《逍遥游》今本篇题注释确为郭象所作。

## 五　向秀思想——从本体论到存在论的过渡

向秀思想是由本体论到存在论的中间环节。过去人们常觉得对向秀思想不易把握，有人以为他的思想与郭象完全一致，另有人以为他的思想乃是沿袭王弼。其所以有种种不同的解释，是由于向秀思想本身就是矛盾的，是不统一的，其中既有本体论的成分，也有存在论的成分。他初次提出了"独化"之说，但未能将这学说推演到极至。

关于向秀思想当中本体论的成分，以下面的一段话最为典型：

> 夫实由文显，道以事彰，有道而无事，犹有雌无雄耳。今吾与汝虽深浅不同，然俱在实位，则无文相发矣，故未尽我道之实也。此言至人之唱，必有感而后和者也。（《列子·黄帝》篇张注所引向秀注文）

向秀强调"道"与"事"的对举，似与《易》学有关。向秀曾注释《周易》，而王弼《易》学明确地阐发义象理事之说，认为六十四卦各有事象，亦各有义理，义理为本，事象为末，主张忘象求义，得意（义）存象。其中意、义、理三者与"道"相通，构成后人所谓"理一分殊"的关系。向秀强调"道以事彰"，否认"有道无事"的可能性，显然是以"体用如一，本末不二"的原则来看待"道"与"事"的对立，与王弼《易》学可以说是一脉相承的。王弼哲学中"道"和"自然"有时可以互换，而向秀也是如此，他指出：

> 同是形色之物耳，未足以相先也。以相先者，唯自然也。（《列子·黄帝篇》张湛注）

在这里，"自然"不论从时间上看，还是从逻辑上看，都先于"形色之物"，这与王弼《老子注》中的"自然"十分接近。如果说向秀深受王弼本体论的影响，那是不会错的。

提起向秀受王弼影响一事，今人多举下面的佚文为主要证据：

> 吾之生也，非吾之所生，则生自生耳。生生者岂有物哉？故不生也。吾之化也，非物之所化，则化自化耳。化化者岂有物哉？无物也，故不化焉。若使生物者亦生，化物者亦化，则与物俱化，亦奚异于物？明夫不生不化者，然后能为生化之本也。（《列子·天瑞篇》"生物者不生，化物者不化"句下张注所引向秀《庄子注》佚文）

此节佚文可能是《庄子·大宗师篇》"杀生者不死，生生者不生"一节的注释。郭象未因袭这段注文，可见这段注文的见解不是郭象所赞同的。文中指出有一个"生化之本"存在，它是"生物者""化物者"，本身则"不生""不化"，这的确有些像王弼哲学中的本体，因为王弼曾多次强调本体无形无名，不是具体事物，可永恒地支配现象世界的运转。然而此节向秀注文所讲的"自生""自化"，又似不同于王弼的主张。假如不追究此处"自生""自化"概念的具体含义，便完全可以将这概念的来源上溯到先秦道家，《庄子》等书已就"万物自生"的问题作了含混的论述，王充《论衡·自然篇》已提出"天地合气，万物自主"的命题。王弼也有类似的议论，他在《老子》第十章注中指出："所谓道常无为，侯王若能守，则万物自化。"又说："不塞其原，则物自生，何功之有？不禁其性，则物自济，何为之恃？"比较之下，不论是道家元气自然论的"自生"与"自化"说，还是玄学本体论的"自生"与"自化"说，都有反对干涉的思想倾向。在这一点上面，向秀所谓的"自生""自化"与前人旧说没有明显的差异。然而若推敲"自生"与"自化"的主体，问题便出现了，向秀以前的各种"自生"与"自化"说都是就万物而言的，未注重物与物之间的独立性，这种"万物自生自化"的见解仍着眼于万物共同的本质而论，未注意个体的独立和自由，当是"本质主义"的，不是"存在主义"的。再看向秀所谓的"生自生""化自化",主语是什么,十分含混。而向秀所谓的"吾之生也""吾之化也","吾"当何指亦不明白。因此,由上述这段佚文尚不能得出向秀思想完全承袭王弼或何晏的结论。

在这种情况下,上节所发掘的向秀佚文便有了突出的价值。《庄子·逍遥游篇》"小知不及大知,小年不及大年"句下注云:

> 物各有性,性各有极,皆如年知,岂跂尚之所及哉!自此已下至于列子,历举年知之大小,各信其一方,未有足以相倾者也。然后统以无待之人,遗彼忘我,冥此群异,异方同得而我无功名。是故统小大者,无小无大者也;苟有乎大小,则虽大鹏之与斥鷃,宰官之与御风,同为累物耳。齐死生者,无死无生者也;苟有乎死生,则虽大椿之与蟪蛄,彭祖之与朝菌,均于短折耳。故游于无小无大者,无穷者也;冥乎不死不生者,无极者也。若夫逍遥而系于有方,则虽放之使游,而有所穷矣,未能无待也。

文中"统以无待之人"的说法与郭象思想不合,上节已说明郭象的见解是"物各自造而无所待焉",既然都是"无待"的,至人的优越之处便不在"有待"抑或"无待"方面。向秀的见解是"物之芸芸,同资有待",唯至人"无待而常通",至人的优越性正在"无待"这一点上,那么"小年不及大年"句下注文便应是掺入郭注的向秀《庄子注》佚文。这段佚文中"物各有性,性各有极"的命题颇引人注目,过去人们常以为这一命题为郭象所独有,现在证实这本是向秀的创新,便使玄学史研究的线路有了转机。我称其为创新,是由于这一命题将物与物相区别的特殊之处提到了"性"的高度。在向秀之前,儒道两家论人性或着眼于善恶,或着眼于动静,都是就人类共性而言。即便是性三品说,也认为人之大类有三,对三类当中的每一类不再作进一步的区分。王弼继承《庄子·骈拇篇》的见解,指出"自然之质,各定其分,短者不为不足,长者不为有余"(《周易·损卦注》),然而仍承认道家所谓的"性静情动,性无善恶",只是在性情关系上引用本末体用的观念作出了新的解说。在中国思想史上，强调"物各有性，性各有极"并加以系统阐述的思想家，向秀应是第一人。

如果将"物各有性"的命题与上述"自生自化"的命题联系起来，便可看出向秀所谓"自生"与"自化"是指个体的自生、个体的自化，而他所谓的"物各有性"也是指个体的"自性"。谈起"自性"和"自生"便涉及人与天地的关系。儒家历来认为上天是人类的主宰，道家有"天法道"一说，认为天地化生人类万物是循由着"道"的法则，而未否认天地在人类万物生化过程中的重要机制。王弼认为天地人类万物同以"无"为本体，将天地化生万物的过程看作由本体决定的现象，但他毕竟没有完全否认天地合气化生人类万物的旧义。明白了古代天地生化学说的来龙去脉，便可体会到向秀的下述命题实为当时的惊人之语，《弘明集》卷五罗含《更生论》引向秀说：

> 天也者万物之总名，人也者天中之一物。

郭象《齐物论注》所谓"天也者，万物之总名也"，原来也是因袭向秀《庄子注》的命题。当然，天之"先物"，向、郭还是承认的，如《庄子·知北游篇》郭注说："吾以阴阳为先物，而阴阳者即所谓物耳"，这一说法可能也是沿袭向秀。向秀与郭象既以阴阳为物，便意味着阴阳是天的一部分，阴阳合气生物的构成论虽影影绰绰地闪现在他们的学说里，但阴阳及天地都失去了任何的神圣意义。对向秀来说，人类万物的"自生"或许同阴阳之气略有关联，而人类万物各自的"自化"却是不受天地阴阳的影响的，无数个体的"自性"应是独立于天地阴阳的权力之外的。

西方存在主义哲学所谓的"存在"，意味着"成为"和"选择"，在这一点上，向秀的思想与存在主义哲学略有相似之处。向秀所主张的个体的"自生"与"自化"，不能说没有"成为"和"选择"的意味。然而西方存在主义哲学所谓的选择主要是指"选择其本质"，这却与向秀哲学有所不同，因为向秀所说的"自生"与"自化"，都是在"性分"

的范围之内，"性分"是有极限的，亦即向秀所讲的"性各有极"。向秀认为人类万物的个体都受这"极"的限制，而在这有限的范围之内，个体的"自生"与"自化"能否顺利，能否逍遥，都是有条件的，或者说都是"有待"的。现存郭本《庄子·逍遥游》"彼且恶乎待哉"句下注文说：

> 故乘天地之正者，即是顺万物之性也；御六气之辩者，即是游变化之途也；如斯以往，则何往而有穷哉！所遇斯乘，又将恶乎待哉！此乃至德之人玄同彼我者之逍遥也。苟有待焉，则虽列子之轻妙，犹不能以无风而行，故必得其所待，然后逍遥耳，而况大鹏乎！夫唯与物冥而循大变者，为能无待而常通，岂独自通而已哉！又顺有待者，使不失其所待，所待不失，则同于大通矣。故有待、无待，吾所不能齐也；至于各安其性，天机自张，受而不知，则吾所不能殊也。夫无待犹不足以殊有待，况有待者之巨细乎！

上节已指出此节注文以为至人以外的人类万物均为"有待"，唯至人"无待"，与郭象"物各自造而无所待焉"的命题有重大的歧异，当为向秀所作，被唐代学者补入郭本之中。根据这段文字，可以知道向秀所谓的"自生""自化"的确有两重限制。第一，个体的"自生"与"自化"是"各安其性，天机自张，受而不知"，也就是说，他们不但受性分的局限，而且是自发的，不是自觉的。第二，个体的"自生"与"自化"能否不被破坏，是有条件的，因而都是"有待者"。个体所待的条件未必能具备，只有在"无待而常通"的至人的作用下，才能"所待不失"。从向秀的这些意见来看，他关于"自生"与"自化"的理论与西方存在主义关于"选择"和"自由"的理论尚有很大的差别。他所说的自化亦即"独化"，而群庶个体的独化却是有待的。

不过，向秀毕竟创造了一种注重个体的哲学，他毕竟将至人的作用缩小到不可思议的程度。《列子·黄帝篇》张湛注颇有关于向秀"至人"之说的记载，这些记载往往使读者迷惑，大家不明白向秀所谓的至人究竟是人还是神，究竟是救世主还是随波逐流者，其实向秀这些佚文的真意，在于减少至人的"为"，最大限度地缩小至人的作用。请看张湛注所引向秀的几节注文：

> 萌然不动，亦不自止，与枯木同其不华，死灰均其寂魄，此至人无感之时也。夫至人其动也天，其静也地，其行也水流，其湛也渊嘿。渊嘿之与水流，天行之与地止，其于不为而自然，一也。今季咸见其尸居而坐忘，即谓之将死；见其神动而天随，便谓之有生。苟无心而应感，则与变升降，以世为量，然后足为物主，而顺时无极耳，岂相者之所觉哉！（见《黄帝篇》"罪乎不谇不止"张注）
>
> 变化颓靡，世事波流，无往不因，则为之非我，我虽不为，而与群俯仰。夫至人一也，然应世变而时动，故相者无所用其心，自失而走者也。（见《黄帝篇》"故逃也"句下张注）
>
> 居太冲之极，皓然泊心，玄同万方，莫见其迹。（见《黄帝篇》"向吾示之以太冲莫眹"句下张注）
>
> 虽进退同群，而常深根宁极也。（见《黄帝篇》"向吾示之以未始出吾宗"张注）

按照向秀这些文字的描述，至人初看起来几类于鬼神，他"进退同群"，"与群俯仰"，在无感之时像枯木一样无华，像死灰一般沉寂，在沉默的时候像死水，在有所表现的时候像流水，行动起来犹如天体的运转，静止时犹如地体的安固不动，这不是俗话所谓的"变化如神"么？然而再作推敲，这些变化不过是至人主观态度和行为态势的变化，并不是说至人像传说中的神灵那样变化无方，无所不能。我们一旦认识到这些变化乃局限于主观神态、行为态势的领域，便可看出至人不但不是"无所不能"，而是"一无所能"。至人其实任何创造性的行为都没有，他只是一个混世的人，在何种人物面前，便是何种模样。当然，《庄子》所讲的"至人"原本如此，但《庄子》表现出先秦时代才能有的反抗精神，而向秀在他的生活时代却不敢全面地模拟庄生。早期道家主张"因任自然"，王弼也主张"圣人无为"，但这"无为"和"因任"往往限于特殊的政治意义，绝没有落实到每一种具体的神态和动作上。比较之下，可以看出向秀所谓的"至德之人"几乎是化为乌有的人物，他已变成像虚幻的哲理一般，隐伏在人类万物之中。这种至人当然没有尼采所谓"超人"的那种积极进取的性格，他的圆滑、随和已到了极度庸俗的程度。然而若注意到向秀认为"至人"乃是天生的，在社会上极为罕见，只有统治者里的杰出者可有"至"或"圣"的称号，向秀本人以及多数名士都不敢存有此想，那么便可庆幸这种"至人"的存在了，因为"至人"越无所作为，无数个体的自主权力便越增加。"至人"的"与群俯仰"或"进退同群"，使个体的"自生"与"自化"只受到很小的限制。而当郭象提出个体"无待乎外"时，一种接近于存在主义哲学的玄学存在论岂不就形成了？

以上的论述表明，向秀哲学是从玄学本体论到玄学存在论过渡的中间环节。

## 六 "迹"与"所以迹"及其兼忘
### ——向秀、郭象哲学的分歧点之一

上文提到向秀承认有一个"生化之本"，为"生物者"及"化物者"，并指出这一本原与王弼所谓的"本""无"接近。在这里应当进一步指出，向秀所讲的"生化之本"与王弼所说的"无"只是接近，并不完全相同，例如《经典释文》说："玄冥……向、郭云：所以名无而非无也。"向、郭两人都对"玄冥之境"极度推崇，向秀称"玄冥"一词"所以名无"，表明他所重视的本原近似于"无"，向秀又称玄冥"非无"，表明他所重视的本原从实质上说并不是"无"。不是"无"，是什么呢？我以为即"所以迹"。在现存《庄子注》书中，"迹"与"所以迹"常是相互对举的，但书中关于两者的说法有时是矛盾的，我们可以从中找到以"所以迹"为本原的议论，又可找到对"迹"与"所以迹"两非或双遣的说法。对这矛盾，学界过去一直未能予以圆满的解释，而现在一旦辨明唐人曾将大量的向注补入郭注，郭注原有很多抄自向注的文字也是公认的事实，便可以作出论断：现存《庄子注》中凡极度推崇"所以迹"的文字可能都是向秀注文，这些注文出现于今本郭注当中或是由于唐人的增补，或是郭象大量抄录向注时未加仔细推敲。《庄子注》中凡对"迹"与"所以迹"兼忘或双遣的议论，都肯定是出自郭象，而与向秀无关。在"迹"与"所以迹"问题上说法不同，是向、郭两家哲学最重要的分歧点，值得就此作一认真的探讨。

让我们先考察一下《庄子注》的两种迹论。《应帝王篇》："有虞氏不及泰氏。"注云：

> 夫有虞氏之与泰氏，皆世事之迹耳，非所以迹者也。所以迹者，无迹也，世孰名之哉！未之尝名，何胜负之有耶！然无迹者，乘群变，履万世，世有夷险，故迹有不及也。

此处"迹"乃"形""名"的总和。王弼曾说尧舜等圣人"无名"，此处却将虞舜与泰氏都归入"迹"的范畴，指出"迹"之上尚有"所以迹"，"所以迹"即"无迹"，可"乘群变，履万世"，显然是处于至高无上的地位了。然而《大宗师篇》"此谓坐忘"句下注又说：

> 夫坐忘者，奚所不忘哉？既忘其迹，又忘其所以迹者，内不觉其一身，外不识有天地，然后旷然与变化为体，而无不通也。

向、郭都不注重炼气修养之类，我们很难将"既忘其迹，又忘其所以迹"的双遣主张看成单纯的修养方法。况且此处是就《庄子》书中颜回的坐忘而论，颜回在魏晋时代被公认为"上贤"，地位在虞舜等圣人之下。上面的注文已说虞舜与优于舜的泰氏都不过是"世事之迹"，他们若能把握住"所以迹"便很不容易了,此处为何又说颜回"既忘其迹,又忘其所以迹"呢?对照之下,可肯定这两节注文不是一人的作品。

两节注文当中,"既忘……又忘"一节比较合乎郭象的风格,因为这种"兼忘"的智力游戏正是郭象所擅长的。《世说新语》已指出向秀未及注释《秋水》与《至乐》二篇,西晋以后流行的《秋水》与《至乐》二篇纯为郭注,我在上文也指出《世说》此说的可靠性,因而《秋水》等篇的郭注应是纯粹的。今察《秋水》篇中"言之所不能论,意之所不能察致者,不期精粗焉"一节之下,郭象注云:"夫言意者有也,所言所意者无也,故求之于言意之表,而入乎无言无意之域,而后至焉。"《庄子》所称"言"与"意"均就功能而论,"意"乃"意会",而郭象所谓"言"与"意"却是独立的哲学概念,是魏晋言意之辨的辨析对象。注文所谓"表"是"外"的意思,魏晋人指称"外",常用"表"字代替。此注所谓"求之于言意之表","入乎无言无意之域",明显是要超越言意之辨,达成对"言"与"意"的两非或兼忘。另外,《齐物论》"类与不类,相与为类,则与彼无以异也"句下注云:"既遣是非,又遣其遣。遣之又遣以至于无遣,然后无遣无不遣,而是非自去矣。"成疏部分地重复了这些话,可证这些文字出现在成玄英所见的郭象原本里。由这些话,也可看出郭象热衷于双遣、两非或兼忘一类的游戏。上述《大宗师》注文所谓"既忘其迹,又忘其所以迹"既属兼忘、双遣之类,当然是郭象所注。

从逻辑上看,必须先有以"所以迹"为根本、以"迹"为末用的见解,然后才能产生对"迹"与"所以迹"兼忘的见解。向秀在先,郭象在后,仅根据这一点,已可肯定"既忘其迹,又忘其所以迹"一节为郭象注文,而推崇"所以迹"和"无迹"的一节原是向秀的手笔。不过,迄今所知的向秀佚文未提"所以迹"一词,若推断向秀论及"所以迹",尚须作些说明。当今研究玄学的人士多注重郭注之中"迹"与"所以迹"的概念,其实此对概念已见于《庄子·天运篇》:"夫六经,先王之陈迹也,岂其所以迹哉!"其中关于"迹"与"所以迹"的提法竟与注文全同。而向秀又确以论"迹"著称,例如《列子·黄帝篇》"向吾示之以太冲莫胜"句下,张注引向秀说:"居太冲之极,浩然泊心,玄同万方，莫见其迹。"此注不但提到了"迹"，而且在"迹"的基础上提到了"无迹"。"迹"在《庄子》书中既是与"所以迹"相对举的，怎么能设想向秀仅知"迹"与"无迹"，却不重视"所以迹"呢？《晋书》本传说向秀"在朝不任职，容迹而已"，此种"容迹"之说在《晋书》中颇为罕见，疑是《晋书》作者从向秀文中提取出来的。《晋书》记载魏晋名士著述事迹数不胜数，唯向秀以"容迹"著称，可见"迹论"应是向秀学说中的重要的部分，这一部分的核心内容，便是立足于"所以迹"或"无迹"，驾驭"世事之迹"。

"所以迹"指什么？《庄子·天运篇》"岂其所以迹哉"句下注说："所以迹者，真性也。"这句话有可能代表向、郭两人的共同意见。上述向秀《庄子注》佚文说："物各有性，性各有极"，又说："乘天地之正者，即是顺万物之性也"，因循"万物之性"即循由"所以迹"，万物不失"所以迹"就是保持住了"真性"，将向秀所重视的"所以迹"解为"万物之性"或"真性"，看来是顺理成章的。而关于向秀所谓的"物各有性"，上文已说明是"自性"，而非共性，那么"所以迹"在向秀哲学里仍与个体的"自生"与"自化"相联系，与王弼所讲的万物共有的本体有所不同。上节所举向秀佚文提到有一个"生化之本"，这个"本"即"所以迹"。"迹"与"物"在玄学里是同等层次的范畴，"生化之本"是"生物者"及"化物者"，"所以迹"则是"迹"的内在的决定者，如果说向秀哲学里有本质主义和决定论的因素，那么这本质主义和决定论的因素则是微乎其微的，因为这个因素既不是万物之上的"天"，也不是万物形上的"道"，亦非万物所共同依恃的"无"，而是无数个体的相互不同的"自性"，亦可说是千差万别的"真性"。存在主义哲学强调只有在具备选择自由时才可能有真正的存在，而选择的对象是存有者的本质。假若向秀哲学完全是存在论，他应当声明个体的真性或所以迹是不应当约束人的行为的，相反地，无数的个体应当有这样一种权利，他们可以超越现时的"所以迹"或"真性"，而选择其未来的"所以迹"或"真性"。而向秀没有作出这样的声明，他的见解恰是认为人们应当接受"所以迹"的约束，在"真性"或"性分"的限定之下活动，即便是至人也必须随顺万物之性，按照"所以迹"的要求"与群俯仰"。因此，可以肯定向秀哲学只是接近于那种比较彻底的存在的哲学，尚不能称其为存在论。

讲到这里，已可明了郭象主张"既忘其迹，又忘其所以迹"一说的重要意义。这种对"迹"与"所以迹"双遣或兼忘的做法，岂不是连世界上最后那一点本质性的因素也否定了？郭注已指明"所以迹"即"真性"，他的兼忘的思想主张是对"真性"的超越，亦即对任何个体的"性分"的超越。尽管郭注有不少关于"性分"，"所以迹"的带有肯定性的论述，然而他的"遣之又遣"说以及"兼忘"说提醒我们，对郭象的这些论述是不必在意的，因为他对"真性"和"所以迹"终归要"忘"，终究是要"遣"的。"物各自造"与"独化"的说辞或由向秀提出，但主要是郭象的创新。他为什么一定要用这"造"字？显然由于"造"的对象已不限于"迹"或"形名"，而超出于"迹"外。他为何在申说万物"自化"与"自为"的同时还要强调"独化"？是由于他已认定个体的变化和选择是应当绝对自由的，不但不受上天、至道或虚无本体的制约，而且不受原有的"真性"的约束。他屡次说"独化于玄冥之境"，而拒绝承认"独化于性分之内"，原因也在这里。这无疑是中国哲学史上的一次极大的变革，在中国史上前无古人、后无来者的玄学存在论，就这样形成了。

## 七　圣人之"冥"——向秀、郭象圣人本体论的意义

在现存《庄子注》里，有许多关于圣人的"迹"与"所以迹"的论述。这些论述可能原出于向秀，但亦为郭象所接受并发挥。郭象之所以接受这种理论，是由于这理论有一妙用：使圣人由实有的状态化而为虚幻的状态，这虚幻的状态即"冥"。论证圣人之"冥"，对郭象构筑一个绝对地抵制干涉的理论体系的愿望来说，当是有益的。

《庄子·逍遥游篇》提到尧的一些事迹，说："尧治天下之民，平海内之政，往见四子藐姑射之山，汾水之阳，窅然丧其天下焉。"郭本注云：

四子者盖寄言，以明尧之不一于尧耳。夫尧实冥矣，其迹则尧也。自迹观冥，内外异域，未足怪也。世徒见尧之为尧，岂识其冥哉！故将求四子于海外而据尧于所见，因谓与物同波者，失其所以逍遥也。然未知至远之所顺者更近，而至高之所会者反下也。若乃历然以独高为至而不夷乎俗累，斯山谷之士，非无待者也，奚足以语至极而游无穷哉！（据《庄子集释》王孝鱼点校本）

这里提到"独高"的"山谷之士"不是"无待者"，对"有待者""无待者"的区分十分严格，将至人以下的社会绝大多数的人都划入"有待"之列，与郭象"物各自造而无所待焉"的见解大相径庭，有可能掺入了向秀注文。文中"至远之所顺者更近，而至高之所会者反下"的措辞与外杂篇注释文笔风格有异，这一点也可支持此注原出自向秀的论断。①注文中明确指出尧这类圣人的各种行为表现都是"迹"，或者说，人们所了解的关于历史上圣人的一切都属于"陈迹"的范围。例如，当人们提到"尧"这个名称时，已陷入"有名"的局限之中了，这不是"迹"是什么呢？而在圣人之"迹"的背后，还有"所以迹"，这就是"冥"。"迹"是在外者，"冥"是在内者。圣人所以成圣，是由于"冥"，不是由于"迹"，因而真正值得重视的是圣人之"冥"，不是圣人之"迹"。注文中"四子者盖寄言，以明尧之不一于尧耳"两句道出了一个奇特的见解，假如用"尧"这个词来指称历史上的那位圣人，那么尧便不止一位，而可以有四位或五位，甚至更多。因为"尧"所指称的不过是圣人之"迹"，"迹"当然可以是很多的。"迹"由于多，故有存有亡，有生有死。《庄子·胠箧篇》提到"圣人已死"，《释文》引向秀说："事业日新，新者为生，故者为死，故曰圣人已死也。乘天地之正，御日新之变，得实而损其名，归真而忘其途，则大盗息矣。"向秀以新旧解释圣人的生死，显然是就圣人之迹而言的。他主张"得实以损其名"，所谓

---

① 此注之后成疏提道："故郭注云：四子者盖寄言，明尧之不一于尧耳，世徒见尧之迹，岂识其冥哉！"并以此为疏文的结语。疑郭象原注只到"岂识其冥哉"为止，而此郭注亦自向注抄来。此句以下的注文有可能是唐代学者补入的向秀注文。

"实"即"圣人之实",亦即圣人的"所以迹"。凑巧的是,郭本注释中恰有"神人之实"的概念,《逍遥游》有注云:

> 尧舜者,世事之名耳。为名者,非名也。故夫尧舜者,岂直尧舜而已哉?必有神人之实焉。今所称尧舜者,徒名其尘垢秕糠耳。

其中"神人之实"是在内者,"圣人之迹"是在外者。"神人之实"为体,圣迹为用。这样,便形成了一种关于圣人的本体论。上述向秀的论说处处与这圣人本体论相吻合,故可推断这圣人本体论的创始者是向秀。在向秀哲学里,"所以迹"与"迹"的对举,性分与名迹的对举,都可以用本末或体用的观念来解释,因而向秀关于"所以迹"和性分的学说也都可以说是本体论。关于圣人的本体论,只是向秀本体论的一部分。不过应当指出,向秀本体论是关于个体殊相的本体论,与王弼那种阐述万物共相的本体大为不同。由于是个体的本体,与个体存在的问题便十分接近了。

今本《庄子》的《外物》及《让王》两篇注文无唐代学者所补向秀文字,保持着郭本原貌;《秋水》《马蹄》两篇注文则集中代表郭象的思想,前者为郭象自注,后者为郭象改注。这四篇注释均有关于上述圣人本体论的阐发,《秋水篇》说:"昔者尧舜让而帝,之哙让而绝,汤武争而王,白公争而灭。"郭注云:"夫顺天应人而受天下者,其迹则争让之迹也。寻其迹者,失其所以迹矣,故绝灭也。"注文中"迹"与"所以迹",与向秀所说全同,改写为"迹"字,或与郭象自注《秋水》有关。又《外物篇》提到"圣人"和"神人",郭注云:"神人即圣人也,圣言其外,神言其内。"则郭象类似于向秀,也认为圣人有一种内在的"神人之实",为其"所以迹"。《马蹄篇》"及至圣人"四字以下抨击圣人提倡仁义礼乐致使天下"疑""分",郭象遂曲为之说:"圣人者,民得性之迹耳,非所以迹也。此云'及至圣人',犹云'及至其迹'也。"《骈拇篇》批评"圣人身殉天下",郭象却说:"与世常冥,唯变所适,其迹则殉世之迹也。"最典型的是《在宥篇》"施及三王而天下大骇"句下的郭注：

> 夫尧舜帝王之名，皆其迹耳，我寄斯迹而迹非我也，故骇者自世。世弥骇，其迹愈粗，粗之与妙，自途之夷险耳，游者岂常改其足哉？故圣人一也，而有尧舜汤武之异。明斯异者，时世之名耳，未足以名圣人之实也。故夫尧舜者，岂直一尧舜而已哉！是以虽有矜愁之貌，仁义之迹，而所以迹者故全也。

上述向秀思想里的"迹"与"所以迹"及"圣人之实"等，在这里都出现了。注文中还明确指出，圣人只有一个，即内在的"神人之实"或"圣人之实"，尧、舜、汤、武等圣人都不过是这"圣人之实"的外在表现。在这些注文里，尚未显示出郭象的"迹"论与向秀有何差别。

如果说向、郭在这方面有思想分歧的话，这分歧主要在于如何看待圣人本体论的本末两方。关于末的一方，亦即圣人之"迹"，向秀的态度较为温和，例如《逍遥游》注文力证尧较之许由为优，与向秀思想相合，向秀被迫应举时对司马昭说："巢、许狷介之士，未达尧心，岂足多慕！"即认为许由不如唐尧。而郭象注文却屡屡揭露圣人的弊病，如《天地篇》注文云：

> 夫禹时三圣相承，治成德备，功美渐去，故史籍无所载，仲尼不能间，是以虽有天下而不与焉，斯乃有而无之也。故考其时而禹为最优，计其人则虽三圣，故一尧耳。时无圣人，故天下之心俄然归启。夫至公而居当者，付天下于百姓，取与之非己，故失之不求，得之不辞，忽然而往，倘然而来，是以受非毁于廉节之士而名列于三王，未足怪也。庄子因斯以明尧之弊，弊起于尧而衅成于禹，况后世之无圣乎！……故当遗其所寄，而录其绝圣弃智之意焉。

注下成玄英疏提到"郭注云弊起于尧而衅成于禹者"，可见成玄英所见郭本已有上面这一节注文，其为郭象手笔，当是可靠的。这段注文从圣人之迹的角度，议论尧、舜、禹三圣之弊，较之向秀的议论似严厉一些。而这段注文的结论未落实到圣人的"所以迹"上，却强调"绝圣弃智"的原则，更强烈地显示出对圣人之迹的敌意。再看"本"或"所以迹"的一方。向秀对于"圣人之实"或圣人之所以"迹"，是极为重视的，这从上节所举的向秀佚文便可以看出来。实际上，向秀所谓的"生化之本"，最终要归结为圣人的"所以迹"，这在向秀哲学里可说是最高范畴了。而郭象则不同，他不但指出对"迹"与"所以迹"要兼忘，而且揭示出"所以迹"和"独化"的关系。《大宗师》"而况其卓乎"句下郭注说：

> 卓者，独化之谓也。夫相因之功，莫若独化之至也。故人之所因者，天也；天之所生者，独化也。人皆以天为父，故昼夜之变，寒暑之节，犹不敢恶，随天安之。况乎卓尔独化，至于玄冥之境，又安得而不任之哉！既任之，则死生变化，惟命之从也。

成疏也有"卓者，独化之谓也"一句，则成氏所见郭象原本已有这段注文。这段注文笼统地论述"相因之功"，认为最彻底的因循即任凭个体"独化"，从而将"圣人所以迹"的理论落实到"独化"的命题上。根据上面许多的举证，可以肯定郭象眼里的"圣人之实"或"冥冥所以迹"，是"游外冥内"。而不论是"游外"抑或"冥内"，都要"与群俯仰"或"与时推移"，简言之即道家历来主张的因循。①向秀所讲的圣人已是因循任何独特的事物或过程，接近于存在论；郭象则明确指出因循即任凭个体"独化"，而"独化"即无数个体绝对独立的变化，从而构成了存在论。

大致上看，向秀的圣人本体论是他的学说的重要内容，这种本体

---

① 司马谈《论六家要旨》说道家"以因循为用"，而《文子》及《淮南子》多有关于"因循"的论述。王弼屡言"因""任"，亦即"因循"之意。在中国历史上，凡道家或有道家倾向的学派和著作都讲"因循"，只是在"因循"的对象方面说法不同。

论由于不像王弼那样注重万物共相而注重个体殊性，因而是极其接近于存在论的本体论。郭象在名义上也重申这种本体论的命题，但却将这圣人本体论的要点落实到个体的独化上，以致这种圣人本体论在郭象哲学里只是一种借口或论证方式，是建立彻底的"独化"论的基石。郭象较之向秀更重视"独化"，他的哲学的核心内容是独化论，因而应承认存在论的建构是他在哲学上的主要贡献。

## 八 "独化于玄冥之境"与《致命由己》

郭象屡次申说存有的个体"独化于玄冥之境"，例如在《庄子·齐物论注》《大宗师注》《徐无鬼注》都有这种说法。若是将这种说法与郭象所讲的"物各自造而无所待焉"及其《致命由己》论联系起来，可以看出这的确是一种与西方存在主义哲学十分近似的存在论。

首先要澄清的是，"独化论"与圣人论在郭象哲学究竟有着怎样的关系？假若郭象极力描述一种高于个体独化的圣人境界，我们便不能过分肯定郭象独化论的意义，因为这独化论是从属于圣人论的。然而事实绝非如此，在郭象哲学里，圣人论是独化论的一部分，圣人精神境界不过是独化的境界的一种。请看郭象关于圣人境界的议论：

> 夫尧实冥矣，其迹则尧也。自迹观冥，内外异域，未足怪也。世徒见尧之为尧，岂识其冥哉！① (《逍遥游注》)
> 
> 神人无用于物……与物冥而无迹，故免人间之害，处常美之实，此支离其德者也。(《人间世注》)
> 
> 圣人常游外以冥内，无心以顺有，故虽终日见形而神气无变，俯仰万机而淡然自若。……宜忘其所寄以寻述作之大意，则夫游外冥内之道坦然自明，而《庄子》之书，故是涉俗盖世之谈矣。(《大

---

① 上文已指出，成疏所引郭注文字包括此节的后两句话，可见此节为郭象原本的注释。此注很长，后面的部分论及"山谷之士非无待者也"，可能是唐代学者补入的向秀注文。

宗师注》）

> 夫圣人者，诚能绝圣弃知而反冥物极，物极各冥，则其迹利物之迹也。（《胠箧注》）①

郭象议论圣人，处处不离"冥"字。注中偶言"冥冥"，乃与"昭昭"意思相反，可见"冥"即隐微不显之意。郭象沿袭向秀，称"玄冥"为"所以名无而非无"，亦与"隐微不显"意思相合。所谓"圣人游外以冥内"或"与物冥而无迹"，都是说圣人在任何情况下都要因循外物而不造作，像大道一样隐藏在人类万物中间。有趣的是，在郭象学说里，"玄冥"却不仅属于圣人，而且也与个体有密切的关联。郭象论说无数个体的"独化"，一盖附加"玄冥"两字，例如《齐物论注》说：

> 是以涉有物之域，虽复罔两，未有不独化于玄冥者也。

这话的意思如此明确，意即任何存有的个体都是"独化"的，而任何个体的独化都是在玄冥之境进行的。郭象否认造物主和虚无本体的存在，在他的理论体系中，圣人也是"物"，也是"有"，因而也是个体之一，也要"独化于玄冥之境"。又按《胠箧注》提到圣人可"反冥物极，物极各冥"，从而再次昭示出或令读者困惑却又不能不相信其原意如此的一种思想主张：圣人的境界和群有的境界在本质上竟是相同的，都处于玄冥的境界之中。如果说圣人与群有尚有差别，那么这差别是非本质性的，圣人的长处不过在于能因顺万有的独化，万有则只限于独化。

万有各自的独化是否局限于性分之内呢？郭象没有直截了当地回答这个问题。其所以态度暧昧，可能是由于那种超越性分的思想在中古时期显得过于怪异，有惊世骇俗的危险。也正是出于这种考虑，他只提到应对"迹"和"所以迹"实现兼忘，却未明白指出应在名迹和性分之间实行"两非"。

---

① 以上引文均据（清）郭庆藩《庄子集释》中华书局1961年版。

然而郭象毕竟不甘于沉默,他在注《庄》之余,撰写了《致命由己论》①,《文选·辨命论》说,关于命运问题,"萧远论其本,而不畅其流;子玄语其流,而未详其本",李善注说:"李萧远作《运命论》,言治乱在天,故曰'论其本';郭子玄作《致命由己论》,言吉凶由己,故曰'语其流'。"今按"治乱在天"乃中古文人的流行说法,几可说是老生常谈;而"吉凶由己"却是一种积极的新鲜见解,在中古思想史上应有突出的价值。刘孝标和李善所谓"本"与"流",是文人俗见,实不足取。再说,郭象所谓"致命由己"是个复杂的命题,恐不是刘孝标、李善等文人所能理解的。《庄子·秋水》郭注云:"命非己制,故无所用其心也。"既言"致命由己",又言"命非己制",其中的妙处在于如何理解"命"。假如"命"指生命,那么郭象的主张便是"命非己制",他说:"突然自生,制不由我,我不能禁。"(《则阳注》)又说:"忽然自死,吾不能违。"(《则阳注》)这不是"命非己制"是什么?现代存在主义者常对自己降生和死亡的偶然性感到惊奇、神秘莫测和惶恐,而这种感受在郭象著作里已有所表露了。当然。郭象主张"生时安生,死时安死",这种消极态度与存在主义哲学有所不同,但是不要忘记,郭象在强调"命非己制"的同时,还提出了"致命由己"的命题。

按照李善的介绍,"致命由己"的"命"是生死之外的吉凶等,他明白指出"致命由己"和"吉凶由己"两个命题可以互换。然而李善是文人,他能否理解一流哲人的感受,总是需要证实的。《庄子·德充符》说:"死生存亡,穷达贫富,贤与不肖毁誉,饥渴寒暑,是事之变,命之行也,日夜相代乎前,而知不能规乎其始者也。"在这一席悲观的议论之下,郭象做了三节注释,他说:

> 其理固当,不可逃也。故人之生也,非误生也;生之所有,非妄有也。天地虽大,万物虽多,然吾之所遇适在于是,则虽天地神明,国家圣贤,绝力至知而弗能违也。故凡所不遇,弗能遇也;其所遇,弗能不遇也;凡所不为,弗能为也;其所为,弗能不为也;

---

① 注《庄》应是长时间的著述活动,《致命由己论》应撰于《庄》注撰写期间。

故付之而自当矣。("命之行也"句下注）夫命行事变，不舍昼夜，推之不去，留之不停。故才全者，随所遇而任之。("日夜相代乎前"注）夫始非知之所规，而故非情之所留。是以知命之必行，事之必变者，岂于终规始，在新恋故哉？虽有至知而弗能规也。逝者之往，吾奈之何哉！("而知不能规乎其始者也"注）

在这里，郭象承认对穷达贫富一类的遭遇"凡所不遇，弗能遇也；其所遇，弗能不遇也"，与"致命由己"或"吉凶由己"的意思似乎相反。然而郭象继承了道家的辩证法，他在《德充符注》中指出，人们想做，离朱和师旷却做不到，离朱、师旷不想成为离、旷，却有了离、旷的聪、明；他在许多篇的注释里反复指出，圣人不想治天下，天下反倒治理好了；圣人不想博得百姓支持，百姓却拥戴他了；人们的脚未曾有意识地走路，却走得很好；人们越想求知，所知越少，而不着意于求知，所知越多。如此种种，使我们可受到一种启发，在命运问题上，越希望趋吉避凶，越不可得；而无意于趋吉避凶，反可得吉。郭象《致命由己论》的旨要，肯定在这里。

在古代各家哲学里，"性""命"从来都是并列在一起的。郭象既然认为命运可用"无为""无欲""无情""无意"等方式来控制，为何认识不到性分可以改变呢？请看他关于性分的议论：

> 天性所受，各有本分，不可逃，亦不可知。（《养生主注》）
> 性各有分，故知者守知以待终，而愚者抱愚以至死，岂有能中易其性者也。（《齐物论注》）

这些话的确是说性分不可改变，然而若引用道家的辩证法，采用无为的办法来对待性分，结果将如何呢？考虑到"天命之谓性"是先秦以来著名的命题，《庄》书尤以性命并举，郭象既以道家辩证为由，倡言"致命由己"，自然暗含着"致性由己"的意思。只是改变性分有拒绝安分守己的趋向，郭象不便在当时的社会里如此宣扬罢了。向秀、郭象都出身寒门,若不使性、命有所改易,如何会有出头之日呢?

我说郭象主张以"无心"及"无为"等方式改易性命,含有推测的成分。然而一旦将这推测与郭象关于"物各自造"的议论联系起来,便可增加其可信性。在《齐物论》"罔两问景"一节之下,郭象注云:

> 世或谓罔两待景,景待形,形待造物者。请问:夫造物者有耶无耶?无也,则胡能造物哉?有也,则不足以物众形。故明众形之自物,而后始可与言造物耳。是以涉有物之域。虽复罔两,未有不独化于玄冥者也。故造物者无主,而物各自造,物各自造而无所待焉,此天地之正也。故彼我相因,形景俱生,虽复玄合,而非待也。明斯理也,将使万物各反所宗于体中而不待乎外,外无所谢而内无所矜,是以诱然皆生而不知所以生,同焉皆得而不知所以得也。今罔两之因景,犹云俱生而非待也,则万物虽聚而共成乎天,而皆历然莫不独见矣。故罔两非景之所制,而景非形之所使,形非无之所化也。则化与不化,然与不然,从人之与由己,莫不自尔,吾安识其所以哉!故任而不助,则本末内外,畅然俱得,泯然无迹。若乃责此近因而忘其自尔,宗物于外,丧主于内,而爱尚生矣。虽欲推而齐之,然其所尚已存乎胸中,何夷之得有哉?

文中提到"彼我相因"或"罔两之因景",可见郭象并非不懂得万有之间存在着千丝万缕的联系。他一定要说明万有之间"无所待焉",意在说明有的实质主要是由自己决定的。由自己决定,也可说是取决于内因,因而注文主张"使万物各反宗于体中而不待乎外"。不过这内因却未必是性分,而是行使"无为""因循"法则的个体的主体意识,性分不过是"因循"的对象而已。过去人们常注重此注反对"造物者"的意义,其实这种反对造物者的思想在曹魏正始时期便已产生了,当时王弼否定了传统的宇宙发生论,认识到了宇宙在时间上的无限性。王弼所谓的"无"不过是万有共同的"理极",是万有共同的逻辑依据,而不具备造物的功能。郭象的创造不在于否定了这个造物者,而在于肯定了万有个体的"自造","物各自造而无所待焉",这惊人之语极为坚决地肯定了万有个体自己决定自己、自己创造自己的权利。"自造"是造什么？当然不仅限于"迹"，因为"迹"取决于"所以迹"，并非"无待者"。另外，"迹"是外在表现，"自造"若仅限于"造迹"便不合乎"反宗于体中而不待乎外"的原则，若不限于"迹"，便涉及"所以迹"，"所以迹"即万有个体的"性分"，"自造所以迹"与"自造性分"是同义语。正由于"所以迹"可以是"自造"的对象，郭象才主张对"迹"与"所以迹"实行兼忘或双遣。性命是不可分离的，"致命由己"与"性分由己"应是并列的，一个人若不能决定自己的性分，如何能支配命运呢？这样，一个惊人的结论便摆到了读者的眼前，在郭象哲学里，性分的地位竟低于个体存在的自由意志，郭象竟像现代存在主义哲学家那样，认为我们可以选择和决定自己的本质！

存在主义者认为"存在"必须是"成为"和"选择"，有自由意志，因而"存在是人的特权"。郭象哲学也完全是关于人的哲学，当他说"物各自造"时，他实际上是指"人各自造"。在魏晋哲学术语当中，"物"是被统治者或群庶的别名，有时兼指"众人"。例如《魏志·荀彧传注》引何劭《王弼传》说，王弼立论以为圣人之情"应物而无累于物者也"，其中"物"字是指圣人以下的众人。《王弼传》又说，王弼为人"浅而不识物情"，"物情"即人情。何劭是西晋武帝时的人，略早于郭象，而在郭象之后，"物"字指人仍很普遍，如《南齐书·焦度传》载宋孝武帝称赞焦度："真健物也！""健物"即"健人"。郭象《庄子注》中常举动物、植物，以"物"相称，但这不过是模仿庄子，以自然界的各种事物关系来比喻人事。玄学主要是人学，如王弼《周易注》开启"全释人事"的先例，即其一证。郭象注重阐发"自造"与"独化"的精神，人学的色彩在玄学中是最为浓厚的。

## 九　向秀、郭象存在论的政治思想及其社会意义

关于向、郭存在论在社会政治方面的意义，涉及名教与自然问题，

十分复杂。自然与名教问题当另行论述，此处只讨论一下向、郭的一般性的政治主张，分析这种主张与其存在论的关联。

首先应当指出，向、郭虽有"在朝不任职"和积极参政的差别，他们的时代背景却十分接近。向秀《庄子注》作于魏末司马氏专权的恐怖时期，当时司马氏杀戮异己，不但不容许名士反抗，而且不容许名士退隐，向秀不得不依附于嵇康，采用一种隐蔽的、含蓄的抗拒形式。郭象《庄子注》作于永嘉年间，处于"八王之乱"末期，当时接连不断地发生篡弑、政变、内战和朝中的仇杀，郭象不得不依附以东海王司马越为首的显贵，将反抗情绪注入著述之中。向、郭两人所处时代的政治都是黑暗的，气氛都是恐怖的，遭遇都是残酷的，如果说稍有不同的话，那就是郭象所处的时代环境更为黑暗、更为恐怖。具体来说，向秀只目睹了一次灾难，即司马氏发动政变，消灭曹爽、何晏集团。在"高平陵事变"之后的历次变故，如司马氏杀夏侯玄、平灭王凌、毌丘俭、诸葛诞等，都是"高平陵事变"的余波。在高平陵事变之前，嵇、阮、向等人或充满希望，期待着何晏等人改制的成功，羡慕何晏等人倡导下的文化繁荣。"高平陵事变"之后，希望虽一时破灭，仍怀着对未来的憧憬，立志要扭转颓势，力挽狂澜，嵇康、向秀、吕安都是这种类型的志士。嵇康被杀之后，向秀遂"失图"，"失图"两字最允恰地显示出向秀在撰写《庄子注》期间曾有难以遏止的政治抱负。而郭象在永嘉元年前后，目睹了赵王司马伦杀戮张华、裴頠及贾谧党羽数十人的惨剧，见到了司马伦篡夺帝位的一幕，看到了诸王讨伐司马伦的战争，经历了司马乂杀司马伦以及司马乂、齐王冏等先后被诛的祸事，窥见了在河间王司马颙、成都王司马颖及东海王司马越之间的一连串战争，到司马越应运成为朝廷的控制者的时候，郭象始参与机要，但他一定会思索，在连年不断的战争当中，哪一次战争是正义的？在不断更换的统治者当中，哪一位是圣王或命世大贤？在八王之乱以前，朝政好吗？在司马越成功之后，政治有望么？对这无数疑问，答案都是否定的。不论过去、现在和未来，都是一片黑暗。试问一位思想家在这种心境之中能做什么呢？假若他想反抗的话，他将采用何种形式？假若他要把著作留给后人，他想留下的是怎样的历史教训呢？

由于遭遇和心境的相异，造成了向秀、郭象政治理想的分歧，向秀尚承认社会需要一位至人来治理，庶民百姓需要处在"无待之人"的统御下才能"所待不失"，而郭象连这种"无待"和"有待"的差别也不承认，他所设想的至人是什么也不需要做的，唯一需要他完成的事，是要使社会的各个阶层不受干涉。当然，向、郭思想的基点都是要使被统治者避免被干涉，但郭象在这一点是更为彻底的。

人们常说郭象的社会政治思想可用"名教即自然"的命题来概括，理由是郭象说过这样的话："臣妾之才而不安臣妾之任，则失矣。故知君臣上下，手足外内，乃天理自然，岂真人之所为哉！"（《齐物论注》）他还说过："夫时之所贤者为君，才不应世者为臣。若天之自高，地之自卑，首自在上，足自居下，岂有递哉？虽无错于当而必自当也。"（《齐物论注》）然而这里所提到的只是社会上尊卑的等级，并未提到儒家所维护的名教。所谓"名教"是关于某种等级秩序的名分的规定，以及与名分有关的伦理观念，如仁义孝慈等。这种理论的建树与现实中的秩序尚非一事，因为两者可以是相合的，也可能是不合的。在我们所设想的理想社会到来之前，文明社会总要有尊卑的差别，各种差别总要构成某种等级秩序。假若设想历史上有过不分尊卑的情况，那只是在原始社会，我们不论对这社会加以何种美名，它毕竟不属于人类史的文明阶段。而人们所向往的理想社会又十分遥远，现代的尊卑秩序恐还要无限期地延续下去。在这种情况下，我们不能要求中古的思想家否定或拒斥任何的等级秩序，而应分析他们所主张的等级秩序属于何种形态。一旦明确了这一点，便可看出郭象所肯定的不过是君臣之类的差别，这种差别在中古时期是最为普遍的，从郭象肯定君臣之分的言论来看，尚不能论断他的政治主张进步与否。更何况郭象对仁义孝慈等名教的批评其实很严厉，用"名教即自然"一句话去概括郭象的思想，无论如何都是不贴切的。

在这里，我不想过多地讨论名教、自然问题，因为这个问题是要在其他章节里论述的。我只想指出的是，既然郭象所肯定的等级秩序是很平常的，我们便可以将这题目放在一边，而回到议论的起点：郭象如此迫切地反对干涉，强调万有"自造"及"独化"的权利，在政治上意味着什么呢？下面的一节郭象注文可能会给我们一些启发：

> 法律者，众之所为，圣人就用之耳，故无不当，而［圣人］未之尝言，未之尝为也。（《寓言》"言而当法"注）

此处"法律"二字指《庄子》书中关于孔子"鸣而当律，言而当法"的评论，成疏就此指出："尼父圣人，与阴阳合德，故风韵中于钟律，言教考于模范也哉！"可见郭注"法律"二字是就广义而论的，而不像史书中"法律"仅就狭义而言。就狭义而言，"法律"仅指刑法，而与礼制相对举；就广义而言，"法律"当兼容刑法与礼制，比现代"法律"一词的外延还要宽泛。那么，郭象强调这种"法律"是"众之所为"，不是圣人帝王所为，是否有民主的意味呢？战国秦汉儒道两家都承认圣王有"制作"的特权，圣人制法虽要因循人情，但制定法律的权力毕竟集中于一人之手。即便当时有人强调法律必须合乎传统，这传统也要溯源于某位圣人。郭象所谓"法律者，众之所为，圣人就用之耳"，显然是主张将制法权力下移，其民主意向是很难否认的。

辨明这一点，对理解下面的郭象注又很有帮助：

> 己与天下，相因而成者也。今以一己而专制天下，则天下塞矣，己岂通哉？（《在宥》"一不成而万有余丧矣"注）

这段反对"专制"的文字，初看起来与现代的"专制"概念似不能等同。然而我们试分析一下古代史书中的"专制"及"专政"之语，多指大臣专权，带有贬义。有时"专制"指君主亲政，政令由己而出，这时"专制"在史家笔下又略有褒义。假若对君主或大臣的"专制"都反对，便涉及政体的问题了。与"专制"不同的古代政体，有寡头政治，是由三人或多人共同掌握最高权力；有贵族民主制，即贵族参与决策过程，平民则排除在外；有共和制，平民亦分享最高权力，但奴隶除外。推敲郭象反对"专制"的意向，与这几种政体的原则都有不同，他出身寒门，不会赞同"权归右姓"；他成名较晚，在名士当中远逊于王衍、乐广等，也不大可能同意由少数的几位名士领袖总揽一切权力。看来他所说的"专制"是与"天下"对立的，而"天下"主要是指"士"的阶层。这样看来，郭象反对"专制"的说法，竟有主张在士阶层的范围实行民主的意思了。事实是如此吗？

若回顾上述郭象的"独化说"或"物各自造说"及"致命由己说"，便可相信郭象确有较强烈的"士阶层民主"的意识。中国古代哲学素有"天人合一"的思想倾向，这一思想倾向往往成为哲人的思考方法和议论方式。当古代哲人议论天地、阴阳、五行、寒暑、物候、鸟兽之时，他们往往是在变相地议论政治问题。在古代哲学里，纯自然哲学的议论是不多的，自然哲学的讨论与政治学的议论往往是合为一体的。郭象即如此。我们很难将他的注文分类，澄清哪些议论属自然观范围，哪些议论属政治思想范围。其实他所讲的"独化"或"物各自造"及"致命由己"等，均有政治意义藏于其中。参照郭象关于"法律"和"专制"的论说，可以肯定他所讲的"独化""物各自造"和"致命由己"，极端地反对自上而下的政治干涉，强烈地反对将政治权力集中于一两个人手中。赵王伦、齐王冏、河间王颙、长沙王乂、成都王颖、东海王越等人不是都想成为宰制万民的统治者吗？郭象很想说，这些人的统治、宰制、干涉都是百姓不需要的，因而这些人的争权、争战都是毫无意义的闹剧。然而在东海王越的宰制之下，他怎么敢将这念头和盘托出呢？于是哲学的方式有了用场，他强调万有都是"自造"或"独化"及"致命由己"的，因而"专制"是不需要的。

郭象所讲的君臣等级，犹如"首自在上"，"足自在下"，这些表面看来是很庸俗地维护现状，然而若推敲一下其中的"自"字，便可知道此处大有研究的余地。"自"是"自然"，在不同情况下可体现为"自生""自为""自造"等。郭象"首自在上"而"足自在下"的意思，是反对由某种外在的力量（例如贤圣）改变社会关系的现状，但这并不意味着现状不可改变，因为还有"自主""自为""自造"一类内在的决定因素存在。而社会等级关系，在郭象存在论中属于"相为"的范畴。郭象在《庄子·秋水篇》的注文中极精致地论说了"自为"和"相为"的关系：

> 天下莫不相与为彼我，而彼我皆欲自为，斯东西之相反也。然彼我相与为唇齿，唇齿者未尝相为，而唇亡则齿寒。故彼之自为，济我之功弘矣，斯相反而不可以相无者也。故因其自为而无其功，则天下之功莫不皆无矣；因其不可相无而有其功，则天下之功莫不皆有矣。若乃忘其自为之功，而思夫相为之惠，惠之愈勤而伪薄滋甚，天下失业而情性澜漫矣，故其功分无时可定也。

所谓等级关系的"首自在上"而"足自在下"，是指处于自然或自决状态的"自为"的个体的相互关系。过去人们常说郭象否认了万有之间的联系，这真是冤枉了郭象，因为他不但未否认这些联系，而且未否认这些联系的内在决定因素，他只否认这些联系的外在决定因素的合理性。在郭象看来，无数个体的"自为"，交错构成宇宙的系统，如果任一个体的"自为"因受干涉而遭到破坏，原有的系统便不能维持，例如，他在《大宗师》的注文中指出：

> 故天地万物，凡所有者，不可一日而相无也。一物不具，则生者无由得生；一理不至，则天年无缘得终。然身之所有者，知或不知也；理之所存者，为或不为也：故知之所知者寡而身之所有者众，为之所为者少而理之所存者博，在上者莫能器之而求其备焉。人之所知不必同而所为不敢异，异则伪成矣，伪成而真不丧者，未之有也。

素为统治者所轻视的贱姓小民，没有一个是可以缺少的。缺少了任一个体的"自为",竟可使整个秩序趋于崩溃。这种理论为权力来源于下层的思想提供了依据,为个体的自决权力提供了理由,并昭示出个体"自为"对社会系统的影响。"自为"的缺少可使全体不存,"自为"的变化当然也可使全体的系统性随之而变。郭象显然毫无维护社会关系现状之意,相反,他意识到整个社会关系因"自为"的变化而无时不变。郭象赞成这种变化,主张因循这种变化,而"因循变化"不是守旧,而是改革或创新。请看郭象对于政治革新的论述:

夫先王典礼,所以适时用也。时过而不弃,即为民妖,所以兴矫效之端也。(《天运注》)

时移世异,礼亦宜变,故因物而无所系焉,斯不劳而有功也。(《天运注》)

夫礼义,当其时而用之则西施也,时过而不弃,则丑人也。(《天运注》)

这些言论表明郭象在政治上绝非守旧派,而是革新派,他不承认任何社会秩序有千古不变的可能,他对社会制度的任何方面都抱持一种改革家的态度。在他所赞同的改革中,既有刑法的改变,亦有礼制的变更,考虑到礼制即名教的主要内容,可以知道现今学人以为郭象主张维护名教并申说"名教即自然"之义,是歪曲事实到何种程度!郭象所主张的恰好不是维护名教,而是改革名教;他的名教思想绝不同于"名教即自然",认为名教必须与自然相合,若不合就要实行革新。附带指出,在主张名教必须合乎自然这一点上,郭象与王弼有些相似,所不同的是王弼主张的"自然"是群体的自然,郭象所主张的却是个体的自然,是无数个体的"自造""独化""自为"等。可以看出,郭象对名教的合理性的衡量标准,比王弼更为严格。

我从郭象学说里找出如此多的进步因素,竟包括限制集权专制、士阶层民主、政治革新及名教改革等,绝没有使郭象学说现代化的意思。郭象学说在这些方面只是稍露端倪,并未加以全面的、系统的论证。而这些思想又过于早熟，未能在东晋南朝及唐宋社会造成深刻的影响。郭象在严酷的环境里，在这些方面的论述故意弄得含混，将思路铺得十分曲折，这可能是郭象的不足之处，同时也可能是郭象最值得注意并值得深究的地方。

# 第十二章 玄学人性论与人才论

在玄学的术语当中，有两个意思含混而又互相纠葛，引起的争论较多，其一是《论语》中子贡所说的"性与天道"，其二是何晏称赞王弼时所说的"天人之际"。由"性与天道"的名言出发，玄学家将"性"与"道"连用或对举；由"天人之际"的命题出发，玄学家以一种全新的方式探讨天人的关系。玄学是内向的，谈玄的人们不关心汉代学者所常议论的那种外在的天人感应，只注重天人在义理或逻辑上的内在联系，他们所讲的"天人"，即天道与人性，简称就是"性道"。由于拒绝向外追求，玄学家往往将天道的解释落实在性情及人才的学说上，如王弼《周易注》"全释人事"，即表露出这种注重主体的意味。从这意义上说，玄学本身就是人学，就是围绕人的问题的心性之学。玄学史上的性情之辨和才性之辨，实在是玄学研究当中不能回避的课题。本书"引论"已论其概要，说明了何晏才性论与王弼性情论之分流及其关联。今再着眼于更具体的问题，仅从人性论和人才论的角度，就"性情之辨"和"才性之辨"的概念命题稍加探讨，而且将讨论范围限制在汉魏时期，以说明玄学人性论和人才论是如何形成的。

## 一 玄学人性论之形成

汉魏两晋人性论的分歧点，在于汉代人性论将性情二端与阴阳、善恶和动静相比附，玄学人性论则超乎形上，视性情关系为体用关系。不过在这里，有一个渐进的过程。

### （一）汉代的性情学说

汉代人性论无疑是以儒家的学说为主流，但道家人性论在当时也曾流传过。

道家论性，一贯牵涉"动静"，并依托于太一和虚无。汉代道家即如此，例如《淮南子·俶真训》说："人性本静而嗜欲乱之"；《齐俗训》说性为"人之斗极"，意味人性与太一相通，本于虚无。《道德指归》说："禀受性命乎太虚之域、玄冥之中"，是直接论证"人性虚静"，与"人性纯一"的道家学说可以互相补充。今将这种人性论以下图表示：

$$人性\begin{cases}性——受之于太一虚无，属静\\情——禀之于形下之物，属动\end{cases}$$

汉初道家人性论大致如此。这种人性论上溯虚无、太一，不很重视阴阳五行①，在儒家看来似有"往而不返"之嫌。到汉武帝尊崇儒术的时候，儒家普遍由阴阳五行论性，道家人性论便衰微了。

自西汉中叶至东汉末年，儒家学说在人性思想中一直占有正统的地位。这时儒家人性论有两个特点，其一是在天人合一思想的基础上，将自然哲学范畴与人性论范畴沟通；其二是在性三品说的基础上，将道家动静说与阴阳善恶等说融合。在战国末期和西汉初期，人们已就宇宙生成问题达成了一致的认识：即人和万物是由天地合气而成的，是由阴阳结合而生的。不论人们在宇宙起源问题上有何种分歧，在这一点上均无异议。这种共同的认识显然肯定了天地阴阳是人和万物生成的原因。②那么，自然观范畴与人性论范畴的沟通在这时便体现为天地阴阳与人物

---

① 应注意这里只能说不重视，不能说全无牵涉。
② 应注意太一与阴阳万物的关系：第一，从时间上说，虚无、太一分化出天地阴阳在先，天地阴阳合成人类万物在后；第二，从逻辑上说无、一是天地阴阳的根本，后者又是人、物的根本。

性情的比附。另外,《论语·雍也》云:"中人以上可以语上也,中人以下不可以语上也。"《阳货》云:"惟上智与下愚不移。"汉人根据这两段话,将人性分为三等,并将道家的动静说与儒家的善恶说都纳入三等之中。由于这两个特点,汉代各派儒者的人性论都表现为阴阳、性情、动静、善恶四种因素的比附,各派的不同仅在于比附方式的差异上。

根据现存的史料,这种人性论的主要创始者是董仲舒。他说:

> 天之大经,一阴一阳。人之大经,一情一性。性生于阳,情生于阴。阴气鄙,阳气仁。曰性善者,是见其阳也。谓恶者,是见其阴者也。(《论衡·本性》)

寥寥数语,已用比附的方式将宇宙、气、人性、生命等沟通起来了。其沟通的原理是:在宇宙有天地两仪,在气有阴阳二元,在人性有性情二端,在生命则有形神相合,在伦理则有善恶相对。其沟通的根据是形神构成论,如《礼记·郊特牲》说,人死后"魂气归于天,形魄归于地";《淮南子·精神训》说,人之"精神者所受于天也,而形体者所禀于地也",意即阴阳二气由天地而发,人体由阴阳而成,阳气化为精神,阴气凝为肉体。又《吕氏春秋·情欲》:"耳之欲五声,目之欲五色,口之欲五味,情也。"可见情是肉体方面的需求,性是精神方面的特征。由此而论,故云:"性生于阳,情生于阴。"精神境界一般为善,肉体情欲常导致恶,故云:"阴气鄙,阳气仁。"将这些话加以概括,便是"性阳情阴","性善情恶"。董仲舒是西汉人,属今文经学一派。东汉时以今文为主的《白虎通》仍这样说:"性者阳之施,情者阴之化也"(《情性》),与董说一致,则"性阳情阴"及"性善情恶"当为两汉今文经学通说,今以下图表示:

人性 { 性—受之于天,属阳—属精神—善
      情—禀之于地,属阴—属形魄—恶

两汉之交,学界因政治变化和古文经学的兴起,出现了很大的波动。在

这种背景下，刘向、扬雄、王充等人先后著书立说，力图实现全面的学术革新。当时人性论的发展趋势，是要将道家的性静情动说重新引入。然而汉人公认阴静阳动，董仲舒的性阳情阴说在这前提下与性静情动说发生抵触，于是人们纷纷对董说加以调整。首先进行调整的大概是刘向，他提出这样的见解：

> 性，生而然者也，在于身而不发；情，接于物而然者也，出形于外。形外则谓之阳，不发者则谓之阴。（见《论衡·本性》）
>
> 性情相应，性不独善，情不独恶。曰："问其理？"曰：性善则无四凶；性恶则无三仁；人无善恶，文王之教一也，则无周公、管、蔡；性善情恶，是桀纣无性而尧舜无情也；性善恶皆浑，是上智怀恶而下愚挟善也。理也未究也。（见《申鉴》卷五）

其主要办法是将董仲舒的"性阳情阴"说颠倒过来，变为"性阴情阳"，遂与性静情动、阴静阳动两说相合了。然而这时又出现了新的问题：阴主形骸、阳主精神已是当时公认的，形骸牵涉物欲，常说为恶，若性为阴，则"性善说"在这里不再适用了；精神牵涉伦理，常说为善，若情为阳，则"情恶说"也发生动摇了。刘向在解决问题时不敢采用法家"性恶"及道家"浑沌"两说，遂用了一种含混的说法："性不独善，情不独恶"。所谓"不独善"与"不独恶"都应是"有善有恶"的意思。今以下图表示：

$$\text{人性}\begin{cases}\text{性—静—属阴}\begin{cases}\text{善}\\\text{恶}\end{cases}\\\text{情—动—属阳}\begin{cases}\text{恶}\\\text{善}\end{cases}\end{cases}$$

这图中性阴情阳与性静情动相符，与阳主精神、阴主形骸的二元论却不相融合，于是王充在这基础上再加调整：

> 实者，人性有善有恶，犹人才有高有下也。……余固以孟轲言人性善者，中人以上者也；孙卿言人性恶者，中人以下者也；扬雄言人性善恶混者，中人也。(《论衡·本性》)

其所谓人性有善有恶，即圣人性善，下愚性恶，中人性善恶浑。他又说：

> 夫人情性同生于阴阳。其生于阴阳，有渥有泊；玉生于石，有纯有驳。情性"生"于阴阳，安能纯善？(《论衡·本性》)

意即性有阴阳，情亦有阴阳，于是导出这样的图式：

$$人性\begin{cases}性—静—\begin{cases}阴\\阳\end{cases}\begin{cases}善\\恶\end{cases}\\情—动—\begin{cases}阴\\阳\end{cases}\begin{cases}恶\\善\end{cases}\end{cases}$$

性情若分属于阴阳，或与性静情动说不合，或与形神二元论不合，难免偏执。王充倡言性情同生于阴阳、同有善恶，对道家性静情动说与儒家阴阳善恶说的结合较为贴切，是两汉期间人性论的集大成者。

考察自董仲舒到王充的人性论史，可看出一种阴阳兼顾的趋势。而由阴阳兼顾到阴阳双遣、由两仪分立到太一中和的距离，已经不远了。如果沿着刘向至王充的路线走下去，势必在较高的、更为抽象的水准上实现儒道两家人性论的融合。

## （二）刘劭人性论的"阴阳中和"说

魏明帝年间，刘劭为解决选举、考课中出现的人才问题撰写《人物志》，提出了一种新的人性论："凡有血气者，莫不含元一以为质，禀阴阳而立性，体五行而著形。"所谓"含元一以为质"就是道家的人性纯一说，"禀阴阳""体五行"是儒家人性论的阴阳五行说。刘劭将这些说法纳入同一人性论体系中，表现出比王充更强烈的综合儒道的倾向。

不过应当指出，刘劭人性论中元一和阴阳五行的融合只体现在圣人身上，而不见于贤人和一般"中人"。所谓"元一"就是"中和"，"中和"是两极之中、阴阳之和。按照《人物志·九征》的说法，"中和"的表现是"平淡"，阴阳的表现是"聪明"，唯"平淡"才能超乎五材又"调成五材"，唯"中和"才能超越阴阳又调和阴阳。"能兼二美"、既聪且明的，只有圣人，"自非圣人，莫能两遂"。就是说，元一中和与阴阳五行在圣人呈本末关系，而在贤人和贤人以下则没有这种关系。

再看《九征》中关于贤人之性的论述：

> 圣人淳耀，能兼二美。……自非圣人，莫能两逐。故明白之士，达动之机，而暗于玄虑；玄虑之人，识静之原，而困于速捷。犹火日外照，不能内见；金水内映，不能外光。二者之义，盖阴阳之别也。

意即圣人以下的贤者有聪、明两种，分属阴静、阳动两端。聪即"玄虑"，可"识静之原"，属阴；明即"明白"，可"达动之机"，属阳。贤者或偏于阴，或偏于阳，不能兼顾，失于中和，于是中和与阴阳在贤人身上脱节了，本末断开了。然而聪、明两者仅次于圣，还不是最糟糕的。两者之下还有五种更为"偏至"，即五行之性：

> 若量其材质，稽诸五物，五物之征，亦各著于厥体矣。其在体也，木骨、金筋、火气、土肌、水血，五物之象也。五物之实，各有所济，是故骨植而柔者，谓之弘毅，弘毅也者，仁之质也；气清而朗者，谓之文理，文理也者，礼之本也；体端而实者，谓之贞固，贞固也者，信之基也；筋劲而精者，谓之勇敢，勇敢也者，义之决也；色平而畅者，谓之通微，通微也者，智之原也。五质恒性，故谓之五常矣。(《人物志·九征》)

就是说，人体的骨、筋、气、肌、血为"五物之象"；分别有弘毅、文理、贞固、勇敢、通微之性，称为"五质"；由五质而有仁、礼、信、义、智，即所谓"五常"。按《九征》所说，唯圣人可以"五常既备，包以淡味，五质内充，五精外章"，其余多是"偏至之材"，"胜体为质"，在五质、五常仅有其一。另外，《九征》篇提出"九质"与"九征"的概念，其一是"平陂之质在于神"，意即由"神"知其是否平淡中和；其二是"明暗之实在于精"，意即由"精"知其是否明白、玄虑；以下五者在于筋、骨、气、色、仪，与"五物之象"相近；最后加上"容"与"言"，便凑足九征之数。唯圣人"九征皆至"，为"纯粹之德""兼德"及"中庸"等。其余则依次为"兼材"：在五常当中可得其一德，故称"德行"；"偏材"：在九征当中仅能"一至"，又称"小雅"；"依似"：在九征当中似有一征，其实未"至"；"间杂"：在九征当中"一至一违"，谓之"无恒"。这些品级都有所失，轻者失于中和，甚者失于阴阳，再甚者失于五常、五质，最下者失于九征。中和与阴阳五行的本末关系，在这些品级都是不具备的。

考察这些情况，可看出刘劭的人性论是精致的，同时也是粗糙的。他将"元一"与"中和"的概念纳入人性论中，与阴阳、五行相杂，表现出融合儒道人性论的愿望，这是他的精致之处。他在解释圣人以下的人性时，将中和、元一抛开，甚至承认有阴无阳、有木无火等情况存在，这些则是他的粗糙之处。可以这样讲，他总结先秦两汉人性论是用加法而不是乘法，是松散的凑集而不是密切的融合。他对哲学上的本末关系已有所认识，但未达到玄学那样抽象的程度。

### （三）何晏的"性静情动""性善情恶"说

何晏所看重的是才性论而非性情论，本不关注性情之对待。然而在论才性之时，却又不能不涉及人性与情的问题。关于何晏人性论的史料，以《魏志·钟会传注》引何劭《王弼传》的记载最引人注目："何晏以为圣人无喜怒哀乐，其论甚精，钟会等述之。"所谓"圣人无喜怒哀乐"，常常简称为"圣人无情"，可由"性静情动"说推演而致，亦可由"性善情恶"说阐发而成。现在就从这两方面加以考察。

先秦两汉道家都主张摒除情欲,认为性静情动。何晏既"好老庄言",不能不受性静情动说的影响。《论语·先进》何晏解云:"其于庶几每能虚中者,唯回怀道深远。不虚心,不能知道。"又《公冶长》解云:"性者,人之所受以生也;天道者,元亨日新之道。深微,故不可得而闻也。"其说人性为"虚中"而"深微",与道家人性虚静说完全一致。另外,钟会曾述何晏"圣人无情"说,注《老子》第十六章云:"除情虑,至虚极也。心长寂,守静笃也。"(见《道德经取善集》)这性静情动的说法应是沿袭何晏学说。

汉代凡说性静情动者,多不主张"性善情恶"。在这一点上,何晏有些与众不同,他在正始八年上疏云:

善为国者必先治其身,治其身者慎其所习。所习正则其身正,其身正则不令而行;所习不正则其身不正,其身不正则虽令不从。是故为人君者,所与游必择正人,所观览必察正象,放郑声而弗听,远佞人而弗近,然后邪心不生而正道可弘也。(见《魏志·少帝齐王芳纪》)

这篇对皇帝提出的要求,也就是对明君的要求。如《论语·述而》篇提到"圣人",何晏解作"明君"。这疏主张明君应该"习正""身正""择正人""察正象""弘正道",其所谓"正"在当时一般指仁孝及礼、智、信等。[①]《论语·述而》何晏解云:"仁者功施于人,故可倚之也。"《文选》卷一一何晏《景福殿赋》云:"故将立德,必先近仁。"主张"倚仁"或"近仁",与"习正"及"身正"等说法一致。

这就出现了一个问题:何晏祖述老庄,是著名的贵无论者和无为论者,而老庄学派有一个著名的口号,就是"绝仁弃义"[②]。何晏如何使

---

① 按汉唐通行的性三品说,仅圣人、下愚之性纯为先天之性,中人之性在后天可以改变,无先天、后天的划分。此云诸"正",即涉及中人之性的问题。

② 见《老子》第十九章及《庄子·骈拇》《胠箧》《在宥》等篇。

"身正"、仁孝等与无为思想调和呢?

对这问题,何晏用了直截了当的办法。《论语·雍也》"仁者乐山"何晏解云:

> 仁者乐如山之安固,自然不动,而万物生焉。

原来,他认为"仁"就是"自然不动",就是"无为"。又《论语·学而》:"孝弟也者,其为仁之本与!"何晏解云:

> 先能事父兄,然后仁道可大成。

又解《学而》上句"本立而道生"云:"本,基也。基立而后可大成。"他一方面主张行政"以无为本",另一方面又承认仁政以孝悌为本,那么孝悌在他看来也应与"无为"相同。由于仁孝即无为,故上述何晏奏疏云:"其身正则不令而行。"仁孝是汉魏学者所谓善性的主要内容,何晏既对仁孝和"无为"并重,对"性静"说和"性善"说也应等量齐观。至于他主张"圣人无情",一定是由于"情恶"的缘故。至此,可以肯定何晏人性论是性静情动说与性善情恶说的结合,今以下图表示:

人性 { 性—静—善—得之于道、无等
       情—动—恶—得之于形器事物

这种结合从表面看来似很陈腐,其实是没有先例的。董仲舒和刘向都以性情分属阴阳,都承认阴静阳动。性静情动、性善情恶两说在他们看来是互相矛盾的说明,绝不会同时得到他们的采纳。唯在王充提出性情同有阴阳的创见之后,将性静情动、性善情恶两说融合起来才有可能。王充《论衡》一书在东汉末年由蔡邕、王朗带到中原,经过若干年的传播,至正始时期始有融合性静情动、性善情恶两说的情况出现,这先后的次序不能说不是巧合,与我关于何晏人性论的看法恰可互证。另外,何晏的学术活动与夏侯玄约略同时，袁宏《三国名臣序赞》提到夏侯玄的思想倾向："君亲自然，匪由名教。爱敬既同，情礼兼到。"① 所谓"君亲自然"即指忠孝是自然而然的，不是出于名教的规定。换言之，忠孝仁义都是人性的内容，无待于名教的规定和限制。这与何晏的性静情动、性善情恶说完全一致。

在这里，应对仁孝与名教的关系澄清一下。所谓名教是君君、臣臣、父父、子子一类的名分规定，属政治、教育等范围。所谓仁孝礼义是一些伦理方面的准则，这些准则得到名教的认可，但却不限于名教的规定范围。如有些人孝敬君父是发自天然，在何晏及阮籍等人看来与名教无关。《论语·学而》皇疏引王弼云："自然亲爱为孝，推爱及物为仁"，就不承认仁孝受名教的限制。现在人们常说，何晏、王弼的见解是"名教出于自然"，并说这种见解就是仁孝出于自然。我以为，何、王确有"名教出于自然"的见解，不过"出于自然"是指原出自然或必须合乎自然，有限制名教、改革名教的意味。何晏也确有仁孝出于自然的见解，不过意思是指仁孝发自天性，恰有取消限制、反对干涉的意味。名教与仁孝的关系，在何晏看来犹如阴阳与虚无的关系。他在王充提出"情性同生于阴阳"后，倡言"性静"及"性善"，遂使"静"与"善"超乎阴阳之上，达到虚无的高度，这与名教规范比附天地阴阳秩序的情况相比，有着明显的差别。

**（四）钟会、王弼《老》学的"性静情动"与"性无善恶"说**

根据何劭《王弼传》"何晏以为圣人无喜怒哀乐……钟会等述之。弼与不同"一段话，似应得出钟会人性论与何晏相同、王弼人性论与钟会不同的结论，其实未必尽然。正始是学术创新的时代，当时人们或注经典，或述师说，往往是为了发挥新义。正始又是崇尚玄虚的时代，当时人们或论人性，或论政务，往往"以无为本"而殊途同归。有鉴于此，可知钟会虽述何晏"圣人无情"说，在人性、善恶问题上

---

① 见《文选》卷四七及《晋书·袁宏传》等。

却未必与何晏全同；王弼虽反对"圣人无情"，在人性、善恶等问题上却未必与钟会全异。何况王弼先注《老子》，后注《周易》，有一个思想发展的过程，"圣人有情"可能是他在某一时期的见解，未必是他的一贯主张。

查《老子》第十六章，"致虚极，守静笃"，王弼注云，"致虚，物之极笃；守静，物之真正也"。又云："归根则静。故曰静。静则复命，故曰复命也。复命则得性命之常，故曰常也。"而钟会注云："致，至也。除情虑，'至虚极'也。心常寂；'守静笃'也。"（见《道德经取善集》卷三）可证王弼、钟会两家老学都持"性静情动"说。又检《老子》第十八章："六亲不和，有孝慈；国家昏乱，有忠臣。"王弼注云："甚美之名，生于大恶，所谓美恶同门。六亲，父子、兄弟、夫妇也。若六亲自和，国家自治，则孝慈、忠臣不知其所在矣。"钟会注云："若九族皆睦，则爱敬无施；六亲不和，则孝慈斯著。"（《道德经取善集》卷三）《老子》第十九章："绝圣弃智，民利百倍；绝仁弃义，民复孝慈；……"，王弼注云："圣智，才之善也；仁义，行之善也；巧利，用之善也，而直云绝。……故令人有所属，属之于素朴寡欲。"钟会注云："绝制作之圣，弃谋虑之智，人当反朴还淳，故其利百倍……法出奸生，令下诈起，民失性命之真，日趋枭竞之域。若绝弃法令，则民反常复朴，其利岂止百倍而已。"（见《道德经取善集》卷三）王、钟两注都说人性为本真纯朴，以为圣人提倡仁孝礼义恰有"民失性命之真"的恶果。这种观点反映在人性论上，应是性无善恶说。

有人可能会问，钟会不是曾经陷害嵇康吗？陷害嵇康的人不就是"礼法之士"吗？一个"礼法之士"怎么会有"性无善恶"的思想呢？其实钟会陷害嵇康的出发点只是法，与礼无关。他"撰《四本论》始毕，甚欲使嵇公一见"（《世说新语·文学篇》），就没有考虑礼的问题。《魏志·钟会传》说他"精练名理"，何劭《王弼传》说他"以校练为家"，其精练、校练即本于这样的背景："魏之初霸，术兼名法。傅嘏、王粲，校练名理"（《文心雕龙·论说篇》），这种情况可证明钟会对刑名法术十分精通。他助司马氏灭诸葛诞等，构陷嵇康、邓艾，所凭借的都是术家的手段。《世说新语·雅量注》引《文士传》钟会论嵇康云：

> 今皇道开明，四海风靡，边鄙无诡随之民，街巷无异口之议。而康上不臣天子，下不事王侯，轻时傲世，不为物用，无益于今，有败于俗。

这诉讼的依据是法家的君权至上主义，而不是儒家的名教。早在战国时期，道、法两家就相通了，钟会校练名理而又注释《老子》，完全合乎先秦以来的学术传统。再考虑钟会早年曾是何晏的追随者，至正始十年"高平陵事变"时才改变立场。① 那么他在人性问题上追随老庄，采用"性静情动""性无善恶"说，当是自然的事。

与钟会相比较，王弼道家色彩要浓厚得多。如《老子》第十章王注云，"任自然之气，致至柔之和，能若婴儿之无所欲乎，则物全而性得矣"，是以物性、人性为原始混沌。第二十一章注云，"物反窈冥，则真精之极得，万物之性定"，是以窈冥玄默为性命之本。第二十七章注云："顺物之性，不别不析"，魏晋时"物"字有群庶之义，物性不别不析即人性无善无恶。第二十八章注云，"朴，真也。真散，则百行出，殊类生，若器也。圣人因其分散，故为之立官长，以善为师，不善为资"，是说真性纯朴，本无善恶，真性散失后才有善恶对举，而为圣人所因循。从这些议论来看，王弼老学主张性静情动，性无善恶，是绝无问题的。

在这里，还有必要提一下王弼《易》学对性的看法。其《周易·复卦注》云："复者，反本之谓也。天地以本为心者也。凡动息则静，静非对动者也；语息则默，默非对语者也……故动息地中，乃天地之心见也。"这里的反本、复归就物理而论，是复归于无；就心性而论是复归于静，应是性静情动说。又《周易·乾卦注》云："不性其情，何能久行其正？"皇侃《论语·阳货义疏》引述此句，又释"性相近"云："无

---

① 参见第六章中"钟会生平及其著作"一节。

善无恶则同也，有浓有薄则异也，虽异而未相远，故曰近也。"[1]其"性无善恶"说应与王弼"性其情"说相合。可以肯定，性静情动、性无善恶，是王弼"易""老"两注的通说。

试将何晏、钟会、王弼三说加以比较，何说"性善情恶"，钟说"性无善恶"，与"圣人无情"说都可相容，故钟会对何说可以"述之"。钟、王都说"性无善恶"，而"性无善恶"与"圣人无情"及"有情"均可相通，故王弼对何、钟"圣人无情"说可表"不同"。如果不考虑情与善恶的关系问题，那么钟会、王弼两家的人性论是一致的。

### （五）王弼《易》《老》两注论情欲的歧异

王弼《易》《老》两注为笺注之作，不能不受《易》《老》原书及其他儒道经典的影响。而儒道两家经典在情欲问题上的说明颇不相同，如《老子》第五章："圣人不仁，以百姓为刍狗。"《庄子·德充符》："人故无情乎？庄子曰：然！"稷下道家以"情欲寡浅为内"（《庄子·天下》），《淮南子·精神训》说喜怒哀乐是"道之过"或"德之邪"。诸例表明，摒除情欲是先秦两汉道家的共同主张。又如《周易·系辞上传》："圣人立象以尽意，设卦以尽情伪"；《下传》："圣人之情见乎辞"，表明调节情欲是先秦两汉儒家的旨趣。何晏"好老庄言"，作《道德论》，在老学方面为一大家；又自言不解《易》九事，在《易》学方面未成体系；故从老庄旧义，申述"圣人无情"，对《易传》"圣人之情"等语弃置不论。钟会、王弼先注《老子》，后论《周易》，在人性问题上难免有思想变化。上述钟会"圣人无情"说只见于他的《老子注》佚文，其《易》学著作如何看待这个问题尚不得而知。王弼"圣人有情"说应只见于他的《周易注》，其《老子注》对这问题的看法应与钟会相似。今举王弼两注论情欲数例。

《老子》第五章王注云："圣人与天地合其德"，"橐籥之中空洞，无情无为，故虚而不得穷屈，动而不可竭尽也"。意即天地圣人之无为，

---

[1] 参见下文"王弼易学的性静情动、情有善恶说"。

犹若橐籥之中空，橐籥无情，则天地圣人亦然。而王弼《周易·大壮卦注》的说法则相反："天地之情，正大而已矣。"又《周易略例·明爻通变》："夫爻者何也？言乎变者也。变者何也？情伪之所为也。"《明象》："［圣人］重画以尽情，而画可忘也。"类似的议论又见于《周易·损卦注》《咸卦注》及《略例·明象》等章，大意是说天地阴阳是在"情"的支配下交感运动，圣人是在情的动机下画卦重卦。由此而论，王弼《老》学应持"圣人无情"说，其《易》学应持"圣人有情"说。

古人或以情、欲并举，或说欲是七情之一。王弼《易》《老》两注论情既异，论欲也难保持一致①。今举《老子》王注论欲文字如下：

徼，归终也。凡有之为利，必以无为用，欲之所本，适道而后济。故常有欲，可以观其终物之徼也。（第一章注）
能若婴儿之无所欲乎？则物全而性得矣。（第十章注）
令人有所属，属之于素朴寡欲。（第十九章注）
赤子无求无欲，不犯众物，故毒虫之物无犯于人也。（第五十五章注）
无争欲之心，故终日出声而不嗄也。（第五十五章注）
我之所欲唯无欲，而民亦无欲而自朴也。（第五十七章注）
民之难治，以其多智也。当务塞兑闭门，令无知无欲。（第六十五章注）

第一章注所谓"欲之所本"，"欲"是助动词，不是名词概念；"常有欲，可以观其终物之徼"，是有欲则"其身必少"的意思，"欲"是情欲，"徼"是因欲而致的"归终"或灭亡。除第一章注外，诸注关于"无欲"的主张都很明显，大意是说凡庶"无不有怀有志，盈溢胸心"

---

① 王弼究竟是以"欲"为五情或七情之一，还是像稷下道家那样将"情""欲"并重，因史料缺乏尚难论定。但他论情、论欲有密切联系是可以肯定的。

（第二十章注），故有"止欲"的必要；圣人"独廓然无为无欲"（第二十章注），故有引导凡庶"止欲"的使命。引导的办法见于《老子》第三章王注："唯能是任，尚也曷为？唯用是施，贵之何为？尚贤显名，荣过其任，下奔而竞，效能相射①。贵货过用，贪者竞趣；穿窬探箧，没命而盗。故可欲不见，则心无所乱也。"意即贤、名、荣、货都是"可欲"的，圣人对这些东西不尚、不贵，使"可欲不见"，凡庶便可止欲了。可以肯定，圣人无欲，凡庶止欲是王弼《老》学的见解，而且是重要的见解。

再看王弼《周易·艮卦注》关于物欲的议论：

> 艮者，止而不相交通之卦也。各止而不相与，何得无咎？唯不相见乃可也。施止于背，不隔物欲，得其所止也。背者，无见之物也。无见则自然静止，静止而无见，则"不获其身"矣。相背者，虽近而不相见，故"行其庭，不见其人"也。夫施止不于无见，令物自然而止，而强止之，则奸邪并兴。

文中交、通等说，又见于《否卦注》与《泰卦注》。按王弼《易》学的看法，一卦六爻，爻分阴阳，互相交感，代表着阴阳二气的感应和夫妇男女的交配。交感又称"交通"或"通"，《泰卦》为"阴阳交通之时"，《否卦》为阴阳不通之时，艮为"止而不相交通之卦"。关于交通、交感的动机，王弼认为是情欲，他在《周易略例·明象》中说："阴之所求者阳也，阳之所求者阴也。"在《明爻通变》中说："形躁好静，质柔爱刚。"意即阴阳互为"可欲"之物，故有交感之事。否、艮同为阴阳不通之卦，而《否卦》"不利君子贞"，《艮卦》却"无咎"，原因在于《否卦》是"对面不相通"，《艮卦》是"相背"不"相通"。"对面不相通"是强行止欲，"强止之，则奸邪并兴"；"相背"是"施止于背，不隔物欲"，使可欲之物"无见"，于是"自然静止"，而得"无咎"。从表面看

---

① "下奔而竞，效"，原作"为而常校"，据《道藏》中《道德经集注》本改。

来，这种止欲方法与《老子》第三章王注所说的"可欲不见"全同，然而王弼《艮卦注》还有一句话值得注意：

> 止道不可常用，必施于不可以行，适于其时，道乃光明也。

意即"止欲"是有条件的，情欲及其支配的交感是无条件的。王弼在《周易·损卦注》中谈到交感的重要："阴阳不对，生可得乎？"在《咸卦注》谈到交感和情欲关系："二气相与，乃化生也"，"天地万物之情，见于所感也"。在《恒卦注》谈到交感和情欲的永恒性："长阳长阴，合而相与，可久之道也"，"天地万物之情，见于所恒也"。大概由于这缘故，王弼认为《艮卦》的"止欲"仅得免咎，《泰卦》《萃卦》的"交通"才是大吉大利的事。这样，赞同情欲，反对经常性的止欲，应是王弼《易》学的观点，而且是基本的观点。

从《魏志·钟会传注》引何劭《王弼传》中，可以找出王弼情欲观念转变的线索：

> 弼注《易》，颍川人荀融难弼大衍义，弼答其意，白书以戏之曰："夫明足以寻极幽微，而不能去自然之性。颜子之量，孔父之所预在，然遇之不能无乐，丧之不能无哀。又常狭斯人，以为未能以情从理者也，而今乃知自然之不可革。足下之量，虽已定乎胸怀之内，然而隔逾旬朔，何其相思之多乎！故知尼父之于颜子，可以无大过矣！"

荀、王辩论"大衍"，都在"弼注《易》"之后。他未注《易》时，颇以孔子"不能无乐"及"不能无哀"为憾，注《易》时才领悟到哀乐并无"大过"，这情况清楚地表明，王弼是先注《老子》，认为圣人无情无欲，主张凡庶止欲；后注《周易》，转而赞同圣人有情，承认情欲在自然界与社会中的重要性。

### （六）王弼《易》学的"情有善恶"说

北宋王安石以提倡"情有善恶"著名："有情然后善恶形焉，而性不可以善恶言也。"（《临川集》卷六八《原性》）在他之前，北齐颜之推也含糊地提到，"四海悠悠，皆慕名者，盖因其情而致其善耳。"（《颜氏家训·名实》）由此而论，"情有善恶"是南北朝以至于宋朝人性论的重要命题。追究这命题的起源，至少可上溯到王弼。①

为辨明王弼《易》学中善恶与情的关系，须考察一下他关于"正位"及"正情"的议论。《周易·鼎卦》王注云："正位者，明尊卑之序也。"所谓"正位"就是阳爻处阳位，阴爻处阴位；所谓"尊卑之序"就是阳位在上，阴位在下。《周易略例·辨位》全面阐述了阴位、阳位的关系："夫位者，列贵贱之地，待才用之宅也。爻者，守位分之任，应贵贱之序者也。位有尊卑，爻有阴阳，尊者阳之所处，卑者阴之所履也。故以尊为阳位，卑为阴位。去初上而论位分，则三、五各在一卦之上，亦何得不谓之阳位？二、四各在一卦之下，亦何得不谓之阴位？"就是说阳爻处于卦中三、五的位置，阴爻处于卦中二、四的位置，都算"正位"；如果阳爻处于二、四，阴爻处于三、五，都算"非位"或"不当位"。按照《咸卦》王注的说法，阴阳两爻"始感而不以之于正，则至于害"；按照《萃卦》王注的说法，阴阳两爻的聚合"不正"则有患，正则"得全"；而《家人卦注》论及"父父、子子、兄兄、弟弟、夫夫、妇妇"，称为家道之正，暗示"君君，臣臣"是天下之正。这些说法都将阴阳涂上伦理的色彩，将阴阳的"正位"解作社会上的尊卑秩序，并将这种秩序规范扩大为普遍的自然法则。②

而"正位"的前提是"正情"。如《周易·乾卦注》云："不性其情，何能久行其正？"是说以性统情，情则得正；性不统情，情则邪僻。《大壮卦注》云："天地之情，正大而已矣。"是说天为纯阳，恒处于上；

---

① 刘向主张"性不独善，情不独恶"，与此性无善恶、情有善恶不同。"不独恶"有可能指善恶集于一人之情，亦可能是有人情善，有人情恶。而"情有善恶"仅指后者。

② 应注意正位是就爻而论，非就位而论，位本身无所谓正邪。

地为纯阴，常安于下；由其位正，可知其情正。又查《乾卦彖传》："乾道变化，各正性命"，王注云："静专动直，不失大和，岂非正性命之情者邪？"特将"正性命"解作"正性命之情"，显然是将正邪属之于情，而非属之于性。试将这种正情、正位的说明加以综结，可看出一种由内向外扩充的体系：阴阳正情则正位，父子、兄弟、夫妇正情则正家，家正则君臣亦正，于是"天下定矣"。

若就位分而论，"正"好理解，"正位"就是不偏不倚恰好处在那个位置上；但若就情欲而论，"正"这个词就有些含混。考察王弼《周易注》关于"正"的各种说法，如《萃卦》九五注："修仁守正，久必悔消"，这"正"有"仁"的意思；《家人卦注》以父父、子子、兄兄、弟弟、夫夫、妇妇为正，所谓"正"有孝、慈、悌、顺、节、义的意思；《略例·明爻通变》提到"形躁好静，质柔爱刚"，称其爱、好为"情"；而《论语·学而》皇疏引王弼云："自然亲爱为孝，推爱及物为仁"，又以仁、孝为"爱"，可见"情"有仁孝的意思。大致上说，对"正情"或"情正"可当作一个概念看待，它的外延包括仁孝礼义悌顺等，它的内涵即仁孝礼义悌顺的通性，对这通性，大概只能用"善"这个词来表示了。善恶相对，正邪相对，王弼《周易注》常常指斥"佞邪之道"，所谓"邪"就事而论为邪事，就情而论为邪情，意指不仁不孝等，如果换一个词表示，那就是"恶"。

从这些情况来看，历史上"情有善恶"说的创立，确应归功于王弼。

**（七）王弼《易》学中"性无善恶""情有善恶"等说的结合**

历史上融合性无善恶、情有善恶两说者，以王安石较为著名。他说："夫太极者五行之所由生，而五行非太极也。性者，五常之太极也，而五常不可以谓之性。"（《临川集》卷六八《原性》）这段话明确指出性与五常有别，"不可以善恶言"（《临川集》卷六八《原性》）。他又说"性者情之本，情者性之用，故吾曰：'性情一也。'（《临川集》卷六七《性情》）意即无善无恶的性为本体，有善有恶的情为末用，本末如一，体用不二。由于他说过性若"四大",无性若"如来藏",他的"性无善恶,情有善恶"说可能会被误认为沿袭佛学,其实这一学说的起源就在中国,创始人就是王弼。

《论语·阳货》:"性相近也,习相远也。"皇侃《义疏》云:

> 情性之义,说者不同,且依一家。旧释云:性者,生也;情者,成也。性是生而有之,故曰生也;情是起欲动彰事,故曰成也。然性无善恶,而有浓薄;情是有欲之心,而有邪正。……情有邪正者,情既是事,若逐欲流迁,其事则邪;若欲当于理,其事则正;故情不得不有邪有正也。故《易》曰:"利贞者,性情也。"王弼曰:"不性其情,焉能久行其正?"此是情之正也。若心好流荡失真,此是情之邪也。若以情近性,故云:"性其情。"情近性者,何妨是有欲!若逐欲迁,故云远也;若欲而不迁,故曰近。但近性者正,而即性非正。虽即性非正,而能使之正。譬如近火者热,而即火非热。虽即火非热,而能使之热。能使之热者何?气也,热也。能使之正者何?仪也,静也。又知其有浓薄者,孔子曰:"性相近也",若全同也,相近之辞不生;若全异也,相近之辞亦不得立。今云近者,有同有异,取其共是。无善无恶则同也,有浓有薄则异也。虽异而未相远,故曰近也。

今人多以为文中"王弼曰"以下尽为王弼佚文,如楼宇烈先生辑王弼《论语释疑》,即将"不性其情"至"故曰近也"全部收录。我在上面的"引论"中已就此略小考,以为引文自"王弼曰"以下或全为王弼所作,或部分出于王弼,部分出于王弼《易》学之后继者,总之此文可大致上代表王弼的意见。按此见解,"以情近性"犹如人之"近火",火本身没有热感,却可使"近火者热";性本身无所谓正邪,却可使"近性者正"。用后人的话来表示,就是以静制动,以性御情,便可导致"情之正";如果静不制动,性不御情,将导致"情之邪"。在皇疏当中,这"近性"理论与"一家旧释"相呼应,与王弼"性其情"说相发明,三者应是一致的。王弼《易》学的性情理论与"一家旧释"之"近性"理论相合，大致便以"性无善恶"为本，"情有善恶"为末，举本统末，以性御情。

在王弼《易》学中，这种性情关系恰与理事或义象关系形成对照。王弼认为一卦形式为义，为理，六爻交感为事，为象。而六爻因循义理即可说是适性，卦义统御六爻即可说是统情。情是六爻交感的动机，"以情近性""以性御情"则是六爻交感顺利与否的先决条件。这里的人性论、义理学有着相同的逻辑结构，几乎完全重合了。今列图表示如下：

$$人性\begin{cases}性\begin{cases}阴\\阳\end{cases}静—无善无恶—义理—本体\\情\begin{cases}阴\\阳\end{cases}动—有善有恶—事象—末用\end{cases}$$

王弼《易》学这种人性论涉及儒家人性论阴阳善恶等说，又超越阴阳善恶之上；吸收了道家人性虚静说，又不限于虚静，未流于空洞；从而在较高的水准上实现了儒道人性论的融合。汉魏人性论的发展从汉初道家性静情动、性无善恶说开始，经过儒家各派以阴阳论性的尝试，渐有阴阳兼顾、善恶兼容的趋势，如刘劭曾松散地融合了人性论中的元一说、阴阳说及五行说，何晏简洁地融合了虚静说与善恶说，至王弼注《易》，始恢复汉初道家的性静情动、性无善恶说，提出情有善恶说，并将阴阳理论纳入情的范围，人性论的发展完成了一个圆圈，但这个圆圈是螺旋式的，是上升的。从人性论与自然观的联系来讲，汉初道家人性论是建立在虚无、太一的宇宙发生论的基础上的，汉代儒家人性论是建立在阴阳五行的宇宙构成论的基础上的，而王弼《易》学人性论与无、一、阴阳、五行都有联系，大致以无、一为本，阴阳五行为用，用这种本末体用关系来解释性情关系。从汉初至王弼《易》学心性论的发展过程，与当时自然哲学的发展过程恰好适应，如果用一句话概括这两种过程的关系，就是"天人合一"。

## 二　才性之辨

《世说新语·文学篇》提到钟会撰《四本论》的事，刘孝标注云："四本者，言才性同、才性异、才性合、才性离也。尚书傅嘏论同，中书令李丰论异，侍郎钟会论合，屯骑校尉王广论离。"由上述记载可知曹魏学术有所谓"才性之辨"，与"言意之辨"及"有无之辨"并行；亦可知"才性之辨"有同、异、离、合四派，犹如"言意之辨"之有"尽意"及"不尽意"，或如"有无之辨"之有"贵无"及"崇有"。傅嘏、李丰等四人关于同、异、离、合的论著都佚失了，现存有关才性的史料少得可怜。这些史料未提本末有无等，人们遂将"才性之辨"摒于玄学范围之外。其实玄学主题是"性与天道"，道与形器事物对，性与情欲才能对，"才性之辨"本应在玄学论题范围之内。本书"引论"已说明何晏因担任吏部尚书，故关注才性问题而引发了讨论热潮。今再从抽象的层面，阐发玄学才性论的形上学意义。

### （一）才性——材料和性质

关于"才性之辨"，过去多认为是才能与操行的辨析。从一定程度上说，这种看法是正确的，如《魏志·刘劭传注》引《何氏家传》载何祯语："[胡]康虽有才，性质不端，必有负败"；《宋书·文五王传》引泰始五年诏："公受性不仁，才非治用"，其中才性都指才能与操行。然而考察魏晋时人们关于才能与操行的议论，一般不称"才性"，而称才行、才德、行能、智行等。如《魏志·武帝纪注》引《魏书》载曹操建安八年令云："治平尚德行，有事赏功能"，是以功、德对举，行、能对举；徐干《中论·智行》云："荀有才智而行不善，则可取乎？"是以才、行对举，智、行对举。"四本"论者不言才行、才德、行能、智行，唯以"才性"为题，可见才、性两字内涵应较才、德、行、能为窄，外延应较后者为宽。

首先，让我们看一看"才"字的含义是什么。《说文解字》云：

"才，草木之初也，从丨，上贯一，将生枝叶也。一，地也。"徐灏笺云：

> 《六书故》曰："李阳冰说在地为木，伐倒为才，象其枝根斩伐之余。凡木，阴阳、刚柔、长短、小大、曲直，其才不同，而用各有宜，谓之才。其不中用者，谓之不才。引之，则凡人物之才质，皆谓之才。"灏按：阳冰解字多穿凿，此说独优。才、材古今字，因才为才能所专，故又加木作材也。

此解是否全合"才"字的本义，尚待别论，其符合汉魏隋唐士人对"才"的理解，则是无可置疑的。汉唐典籍中"才"与"材"两字的用法，确可相通。如《淮南子·主术训》将"贤主之用人"与"巧工之制木"做类比，用木材的大小比喻人才的修短，木材大者可作"舟航柱梁"，犹人才之有"大略"；木材小者、短者可作"楫楔"或"朱儒枅栌"，犹人才之有"捷巧"。刘向《说苑·尊贤》也以贤才和木材类比，说"持社稷、立功名"犹如"大匠之为宫室"。班固《拟联珠》有这样对举的两句："臣闻良匠度见材而成大厦，明主器其士而建功业。"（《艺文类聚》卷五七）汉末魏朗也这样类比："录人一善，则无弃人；采材一用，则无弃材。"魏嵇康在《与山巨源绝交书》中申述自己不愿做官的理由，说是"直木必不可以为轮，曲者不可以为桷"。刘廙《政论·备政》论述政体和官制，说"譬犹工匠之造屋"。晋初傅玄有《傅子·授职》篇，以"大匠构屋"比喻贤君治国，以"大材为栋梁"比喻"大者为宰相"。傅咸上疏论"官人"问题，用材木的"洪纤枉直"说明"才非一流"，用材木的"各有攸施"说明"职有不同"。魏晋时《庄子》为"三玄"之一，极度流行，其《人间世》篇云："此果不材之木也，以至于此其大也。嗟乎神人，以此不材！"是说人们在社会动荡、刑罚繁重、政治黑暗的情况下，显露才能恰足以招致祸患，唯无才者可以免祸，得享天年，犹如树木唯不材方可免遭斩伐，得为大树。成玄英云："通体不材，可谓全生之大材"，是将庄子之意发挥为"不材御材"或

"无能御能"。诸说都将人才、才能比作材木、材料，则"才"指材料应是汉魏两晋通义，后世仍然沿用。

《艺文类聚》卷二一引有西晋袁准《才性论》部分文字，其中说：

> 凡万物生于天地之间，有美有恶。物何故美？清气之所生也；物何故恶？浊气之所施也。……曲直者，木之性也；曲者中钩，直者中绳，轮楠之材也。贤、不肖者，人之性也；贤者为师，不肖者为资，师资之材也。然则性言其质，才名其用，明矣。

袁准曾与嵇康、阮籍交往，他作《才性论》与钟会作《四本论》约略同时。其论以曲、直为木性，比喻人性；以中钩、中绳为木之材用，比喻人才。可证正始时谈论"才性"，本义指材料和性质，引申为才能与操行。而性质与材料的关系即形上、形下的关系或本体与末用的关系，即如袁准所云："性言其质，才名其用。"在正始玄学乃至整个魏晋玄学中，本末体用就自然观而言是指道与物，就认识论而言是指义与象，就政治而言是指理与事，就人性论而言是性情，就人才论而言是才性。

### （二）五行系统中的两种土德说

汉唐期间人们关于善性的议论多以五行说为骨架，因而才性问题便牵涉五行的问题。如《左传》昭公二十五年"用其五行"，孔颖达疏云："五物世所行用，故谓之五行；五者各有材能，传又谓之五材"，这是以五行为五种材料和才能；又《庄子·天运》"天有六极五常"，成玄英疏云："五常，谓五行，金木水火土，人伦之常性也"，这是以五行为五种德性或人性。按照性善论者的观点，才性就是五材和五性，而五性就是五常或五德。①

上文已提到五行配五常有三种模式：其一见于《春秋繁露·五行相

---

① 这里的"五德"不是指"五德终始"的五德，而是指五种德行，如《诗经·秦风·小戎》郑注云："玉有五德"，孔疏释为仁、义、礼、智、信。

生》篇，是木仁、火智、土信、金义、水礼；其二见于《汉书·律历志》及《白虎通》等书，是木仁、火礼、土信、金义、水智；其三见于《易纬·乾凿度》和《礼记·中庸》郑注，是木仁、火礼、土智、金义、水信。

其中木仁、金义是三种模式公共的，木象征春季草木的滋生，代表天地对万物万类的恩德与圣王对臣庶百姓的仁慈；金象征西风或秋风的肃杀，代表刑狱、征伐所据的正义；两者都是古代公认的。水火之德则有争议，《春秋繁露》以火智、水礼，是由于火为战火，象征动乱；水为静水，象征文明；战争依靠智略，文明依恃礼节，故以火为智，水为礼。第二种模式以火为礼、以水为智，乃依据经典，《周易》中《离卦》为火，象征文明，故火不得不为礼；《论语·雍也》说"智者乐水"，故水不得不为智。推究由火智水礼到水智火礼的变化原因，大概由于《周易》及《论语》在董仲舒之后才受到普遍的重视。不过，对土信水智到土智水信的变化，却不能如此解释。

请看汉代典籍关于土德的论述：

> 土居中央，为之天润。土者，天之股肱也，其德茂美，不可名以一时之事，故五行而四时者，土兼之也。金木水火虽各职，不因土方不立，若酸、咸、辛、苦之不因甘肥不能成味也。甘者，五味之本也；土者，五行之主也。……是故圣人之行，莫贵于忠，土德之谓也。(《春秋繁露·五行之义》)

> 土所以不名时者，地，土之别名也，比于五行最尊，故不自居部职也。《元命苞》曰："土无位而道在，故太一不与化，人主不任部职。"(《白虎通·五行》)

至魏王肃注释《孔子家语》，仍这样说：

> 土者，四时之主，王于四季。(《家语·五帝篇注》)

可见汉魏公认土是五行之中，四时之主，可统摄五行，包容五行；土德是五常总和、五行通性，可兼综仁义，兼容礼节。当时对五行的理解，一般落实为对土的解释；而人们关于善性、五常的争议，也往往集中在土德的问题上。王肃在《孔子家语注》中力排众议，提出一种新说："其序则五正不及五帝，五帝不及天地。而不知者以祭社为祭地，不亦失之远矣！且土与水火俱为五行，是地之子也。以子为母，不亦颠倒，失尊卑之序！"就是说，土、地两者直至王肃著书时才被区分开来，在王肃之前一直是被混同看待的，如《白虎通·五行》就明确说过："地，土之别名也。"在王肃之前，木、火、金、水都是就君臣父子关系而言，唯土德是就天地关系、天人关系而言，如《春秋繁露·五行之义》说火的职责是养木，水的职责是藏金，唯土的职责是"事天"。然而对于天人关系可有两种理解，一是受命，一是革命①。董仲舒作《春秋繁露》是在两汉的鼎盛阶段，班固作《汉书》和《白虎通》是在东汉的升平时期，两者立论的动机都是维持现状，为当时的君权提供理论根据，故对天人关系都从受命的角度解释，规定土德为信。《易纬》出于西汉哀、平之际方士儒者之手，当时政治腐败，这些方士和儒者对汉王朝的前途失去信心，希望用不流血的禅让形式来改朝换代，遂造作纬书，对天人关系作革命性的解释，规定土德为智。如果说"信"是维持现状时所需要的一种伦理规范，那么"智"就是改朝换代时所需要的一种能力或禀赋。后来郑玄在汉末动乱的情况下注释《礼记·中庸》，故追随《易纬》，断言"水神则信，土神则知"；刘劭在曹魏鼎盛时期论述人才问题，故追随《汉志》，称土之贞固为"信之基"，水之通微为"智之原"（《人物志·九征》）。②

正始是改制的时期，"四本"人物中李丰、王广是曹爽、何晏改制集团的盟友或外围分子，钟会在正始期间曾是何晏的追随者，即使是与何晏等人敌对的傅嘏，也希望"改定官制，依古正本"（见《魏志·傅

---

① 这里"革命"一词取自《周易·革卦》经传，指革除旧命。
② 这里只就唐以前的多数情况而论，并不是说在改朝换代与土德尚智之间有绝对的因果关系。因而允许有例外，如晋代尚什么就很难说。

毁传》)。另外，正始改制对曹操名法之治有所继承，曹操于建安二十二年令举"不仁不孝而有治国用兵之术"者（见《魏志·武帝纪注》引《魏书》)，徐干在曹操治下撰《中论·智行》篇，提到"君子仁以博爱，义以除恶，信以立情，礼以自节"，而"智"最重要。再加正始前后人们常以"才识"对文，"才智"对举，那么可以推测，正始期间盛行的应该是土德智说，而不是土德信说，当时人们心目中的善性应是以智为主，而不是以信为主。下文关于正始前后才智之辨、智行之辨的分析，将证明这一推测是合乎史实的。

### （三）才性与才智

上述的土德智说主张五常以智为主，从一定程度上附合了法家术家崇尚智术的倾向，它从本质上看应是一种智性说。如果这样理解，那么正始时期"才性之辨"就应是"才智之辨"了。事实是不是这样呢？

首先，必须证明"才智之辨"在逻辑上的可能性。现在人们一般认为才、智相同，才能就是智力，其实中国古代哲学中"智"的概念完全是另一回事。如《春秋繁露·必仁且智》云：

> 莫近于仁，莫急于智。不仁而有勇力材能，则狂而操利兵也；不智而辨慧狷给，则迷而乘良马也。故不仁不智而有材能，将以其材能以辅其邪狂之心，而赞其僻违之行，适足以大其非而甚其恶耳。

这里的"智"显然不是单纯的智力或智能，而是一种含有道德意味的远见。正是由于这个缘故，"智"可以纳入"四端"或"五常"而成为善性之一，"上智"可以在重视仁孝的情况下成为圣人的标志。至于"性无善恶"论者，多重视一种"不用其智"的"大智"，亦不同于一般的智力或智能。考虑这种情况，将"才性"归结为"才智"，从逻辑上说是可能的。

与"才智"相关，魏晋士人常以"才"与"识"对举，如《魏志·王粲传注》引《魏氏春秋》云：

> [嵇康]见隐者孙登。……康曰："先生竟无言乎？"登乃曰："子才多识寡，难乎免于今之世。"

又引《嵇康别传》云：

> 孙登谓康曰："君性烈而才俊，其能免乎？"

《晋书·嵇康传》所引孙登语同于《别传》，而《孙登传》所引孙语则略同于《魏氏春秋》，可证"性烈"即"识寡"、"性"即"识"。又《魏志·荀彧传注》载《荀粲传》云：

> [荀粲]常谓顗、玄曰："子等在世途间，功名必胜我，但识劣我耳。"顗难曰："能盛功名者，识也。天下孰有本不足而末有余者邪？"粲曰："功名者，志局之所奖也：'然则志局自一物耳，固非识之所独济也。我以能使子等为贵，然未必齐子等所为也。'"

荀粲大意是对识、志进行甄别，识即智识，志即情志。所谓"我以能使子等为贵"，是说荀粲之识可统御玄、顗之志，荀粲之性可驾驭玄、顗之情。识、志关系犹如性、情关系，这是识性同义的又一证据。《后汉书·马融传注》云，"识，性也"，即从此义。至于识、智相同，更为明显，如《老子》第三十八章提到仁、义、礼、识，历代注家公认是仁、义、礼、智；沈约《宋书·荀伯子传论》云："才有余而智未足"，与孙登所云"才多识寡"恰成对照。这些情况表明"才性之辨"可归结为"才识之辨"，与上述"才性"可指"才智"的推测可以互证。

"四本"的代表人物傅嘏、李丰、王广、钟会是否将"才性"与"才智"混同看待，现存史料未见记载。然而李丰、王广与曹爽、夏侯玄、何晏关系密切，对道家"性无善恶"的理论可能有好感，而"性无善恶"与"智性"说是可以通融的。《魏志·傅嘏传评》说嘏"用才达显",《傅嘏传注》引《傅子》说"嘏以明智交会",可见"明智"是傅嘏的长处。钟会一生更以智术闻名,"时人谓之子房"(《钟会传》),他指责嵇康"上不臣天子,下不事王侯,轻时傲世,不为物用"①,这罪名与其说是不仁不孝,毋宁说是不智。如果将傅、李、王、钟所谓的"才性"归结为"才智",应是不会错的。

### (四)"仁孝之辨""智行之辨"与"才性之辨"

"才性之辨"不是凭空产生的,将它的渊源上溯到魏初,就是"智行之辨";再上溯到汉末,就是"仁孝之辨"。

所谓"仁孝之辨",完全是在土为信说的基础上产生的。上文已说明董仲舒、班固等人都认为土是五行之主,土德是五常的总和。木火金水之德代表君臣父子间的道德义务,唯土德代表人君对上天的道德义务。人君与上天的关系有两层,一是君臣关系,一是父子关系。人君对上天尽臣属之责,便是"信";人君对上天尽长子之责,便是"孝"。"信"又是"忠"、"信孝"又称"忠孝",都由土德表示,故《春秋繁露·五行之义》云:"忠臣之义,孝子之行,取之土。"意即土德为信和土德为孝是同时并存的。那么,信、忠、孝是否即为五常中最重要的规范呢?这不一定。因为五常中还有一个备受重视的规范,就是孔子所提倡的"仁"。董仲舒和东汉学者都遵从五行相生的顺序,依次为木、火、土、金、水,仁是木德,孝是土德。而"木,五行之始也","土,五行之中也"(《春秋繁露·五行之义》),这就产生了一个问题,即作为"五行之始"的仁重要,还是作为"五行之中"的孝重要?由此产生的辩论和辨析,就是著名的"仁孝之辨"。

汉末延笃《仁孝论》云:

> 孝在事亲,仁施品物。施物则功济于时,事亲则德归于己。于

---

① 见本章上文中《钟会、王弼老学的性静情动、性无善恶说》一节。

己则事寡，济时则功多，推此以言，仁则远矣。然物有出微而著，事有由隐而章。……夫仁人之有孝，犹四体之有心腹，枝叶之有本根也。……如必对其优劣，则仁以枝叶扶疏为大，孝以心体本根为先，无可讼也。（见《后汉书·延笃传》）

该论所谓"孝"完全是个伦理规范，而"仁"却含有事功或才能的涵义。若从人才的角度考虑，"仁孝之辨"颇有才能与操行何者重要的意味。当然，"五行之中"既可总括五行全部，无论如何较"五行之始"重要些，于是汉代统治者便"以孝治天下"了。

至汉末建安时代，曹操实行"唯才是举"的用人政策，使学术界出现了一种看重才能、不重操行的思潮。由于仁作为"五行之始"无论如何争不过孝的"五行之中"，"仁孝"这一论题对看重才能的一派不利，于是出现一个新题目，就是"智行"。如徐干《中论》专设《智行》一篇，指出"曾参之孝，有虞不能易"，"然不得与游、夏列在四行之科，以其才不如也"；针对"苟有才智而行不善"是否可取的问题，强调"圣人贵才智之特能立功立事，益于世矣"。考察《智行》篇首将"明哲穷理"与"志行纯笃"对举，前者为智，后者为行，可见其所谓"智"不是一般的才智，而是圣智。《智行》篇又说："圣人之可及，非徒空行也，智也。伏羲作八卦，文王增其辞，斯皆穷神知化，岂徒行善而已乎！"也证明其所谓"智"是圣人的特长，是"穷神知化"或"穷理尽性"的能力，是一种最高的、神秘的智慧。徐干活动于汉魏禅代前夕，政治背景与《易纬》相同，他一定是采用了《易纬》的土德为智说，将智放到至高无上的位置上，使之成为五常之主；又采用《易纬》的水德为信说，将信、孝放到"五行之终"（《春秋繁露·五行之义》）的位置上，使之成为操行的代名词。这样安排的结果，自然是子贡、子夏的智胜过曾参的孝，依附于智的"才"胜过依附于孝的"行"。

土德为智说或智性说的流行，至少应到正始十年改制失败为止。这时不论是主持改制的政治家，还是议论改制的学者，都自比上贤，准备建功立业，他们绝不会将智性说放弃的。然而这时的争论焦点已不在于智、孝、才、行何者重要的问题上，而是转移到对智、孝、才、性如何认识的问题上了。如《魏志·夏侯玄传》载夏侯玄书，认为孝行、仁恕、义断的鉴别"取于中正"，而考功校能则"各有官长"，这是从选举制度全局上考虑才行鉴识的原则。孙登说嵇康"才多识寡"，是才行鉴识在私人之间的具体实践。魏明帝时卢毓着眼于才行优劣，在选举中"先举性行，而后言才"，未引起李丰的争议（《魏志·卢毓传》）。而魏明帝时选用人才的权力集中于尚书台，在野人士对人才鉴识没有发言权，却引起傅嘏的争议（见《傅嘏传》），即可见"四本"论者不在乎性行、才能的先后，只关心如何鉴识、由谁鉴识的问题。这问题涉及形上、形下的关系、材料与性质的关系，于是辩论题目由"智行"转为"才性"；鉴识方法问题又涉及才、行、智、孝等的同异分合，故"才性之辨"有同、异、离、合四派。

由"仁孝之辨"到"才性之辨"的发展，大致如此。其中"仁孝之辨"属名教范围，"才性之辨"属玄学范围，"智行之辨"是两者的中间环节。不过应指出，"才性之辨"产生以后，礼法之士仍囿于名教而议论仁孝，如《晋书·荀顗传》说正始年间荀顗曾与扶风王司马骏"论仁孝孰先"，就是一例。

### （五）"四本"先后

考察《世说新语·文学注》引《魏志》所说的"四本"顺序，就命题而言则依次为才性同、才性异、才性合、才性离，就人物而言则依次为傅嘏、李丰、钟会、王广。其实这只是《魏志》作者设想的一种逻辑顺序，与史实的顺序并不一致。如钟会著作题为《四本论》，是关于同、异、离、合四说的总结，应在"王广论离"之后，而《魏志》却将"王广论离"排在"钟会论合"之后。其所以如此，大概是由于尊崇傅、钟，贬抑李、王，遂先同后异，先合后离，将真实的离合顺序弃置不顾了。

再看离、同的先后。《世说新语·贤媛注》引《魏氏春秋》云："王广字公渊，王凌子也，有风量才学，名重当世。与傅嘏等论才性同异，行于世。"所谓"与傅嘏等论……"是魏晋隋唐时期的惯用句法，如《晋书·荀𫖮传》云："[𫖮]难钟会易无互体，又与扶风王骏论仁孝孰先"，其中第二句即属"与某人论某问题"的句式，意思是说荀𫖮曾与扶风王司马骏辩论仁孝何者重要。那么，王广"与傅嘏等论才性同异"，也是指王广与傅嘏辩论才性相同与否。换言之，"王广论离"与"傅嘏论同"曾直接交锋，两者应是接近的。魏明帝景初年间诏使刘劭作考课法，傅嘏曾上疏反对，认为选举是本而考课是末，主张在考课之前先建立选举制度，解决人才问题。由此事看来，他论"才性"应早于王广。再说，"才性离"的理论深度超过"才性同"，也证明"傅嘏论同"应在"王广论离"之先。

剩下的只有李丰了。检《魏志·夏侯玄传注》引《魏略》云："丰字安国，故卫尉李义子也。黄初中，以父任召随军。始为白衣时，年十七八，在邺下名为清白，识别人物，海内翕然，莫不注意。"所谓"识别人物"就是关于人物才性的鉴别。李丰在文帝黄初年间即以鉴别人物才性而闻名于世，他论"才性"一定最早。"四本"当中，"离"与"异"近，"合"与"同"近，现已证实"离"先于"合"，那么"异"先于"同"的结论应是合乎逻辑的。

关于"四本"的具体时间，很难确定，唯《世说新语·文学篇注》引《魏略》提到"四本"人物的职位，提供了一条线索。其中说："中书令李丰"，"尚书傅嘏"，"屯骑校尉王广"，"侍郎钟会"，前三者都就生前最高职位而言，唯钟会于例不合。我在第六章中"钟会生平及其著作"一节已据此说明钟会撰《四本论》是在担任黄门侍郎期间，上限在魏高贵乡公正元二年，下限在高贵乡公甘露三年，并且很可能是在甘露元年高贵乡公与群臣论"帝王优劣"稍后。另外，《世说新语·文学篇》云："钟会撰《四本论》始毕，甚欲使嵇公一见。……于户外遥掷，便回急走"，而《魏志·王粲传注》引《魏氏春秋》云："钟会为大将军所昵，闻康名而造之"，"大将军"指司马昭，则钟会初访嵇康不得早于正元二年司马昭继任大将军之时。《魏氏春秋》说当时钟会为"名公子"，似在钟会任司隶校尉之前。这与上述《四本论》成书时间的上限、下限都是一致的。

在钟会著论时,"论离"的王广已不在人世。据《魏志·王凌传》及裴注,正始十年正月发生高平陵事变,四月改元嘉平,同年九月王凌反司马氏的活动已在进行之中。王凌为王广之父,谋反之前曾与王广商议。嘉平三年谋反失败,凌、广父子被杀,较钟会著论的上限已早出四年。而王广自正始十年至去世时一直处于政变、屠杀、恐怖、阴谋和迫害的危机之中,恐无暇议论与政变无关的才性问题。他死时四十余岁,在正始元年约三十岁左右。考虑他的特点是"志尚学行"而不是聪颖早熟,可推测他论"才性离"是在正始年间。

### (六)由"言意之辨"释"才性四本"

魏晋期间"才性"论者往往也是"言意"论者,如傅嘏、钟会之言才性,都引"言不尽意"说来作证据(见欧阳建《言尽意论》);又如东晋殷浩以精于"四本"闻名,又是孙盛《易象妙于见形论》的辩论对手(见《晋书·孙盛传》)。"言意之辨"有象、意两个因素,"才性之辨"有才、性两个因素,意可通性,象可称材,正好一致。象意关系有二,一是"象尽意",一是"象不尽意";而"才性四本"亦可分为两端,一端是合、同,一端是离、异,如南齐顾欢《三名论》[①]评"四本"云:"中理唯一,岂容有二?"就是证明。这些巧合显示出,由"言意之辨"解释"才性之辨"是可行的。

在这方面,上文"才性与才智"一节所引何劭《荀粲传》,为我们提供了一条线索。从那些话里可以看到,傅嘏、荀粲对识功关系的看法正好相反,傅嘏以识为本,功为末,认为天下不存在"本不足而末有余"的情况,意即识优则功盛,犹如性优则才优,乃是"四本"中的"才性同"说。荀粲认为识、志不同,对功名都起着决定作用,承认识寡而志局可大,智劣而功名可胜,犹如才能性情之有"性劣才优"的情况一样,这种见解可归结为"四本"中的"才性异"说。而在言、象、意的关系

---

① 该论部分文字见于《南史·顾欢传》。

问题上，荀粲断言"理之微者，非物象之所举也"（见何劭《荀粲传》），是"象不尽意"说的代表人物，其"识寡功多"及"性劣才优"的见解显然是"象不尽意"说在才性问题上的体现。傅嘏校练名理而不尚玄远，治学与荀粲有异，对"象不尽意"说恐怕不会首肯。他在论证"才性同"时，一定曾引述《系辞上传》"言不尽意"而"立象尽意"一段文字，欧阳建《言尽意论》说"言不尽意"是傅嘏论才性的"谈证"，应即就此而言。另外，钟会善书，有"妙象尽意"的倾向，与《系辞》"立象尽意"的说法接近，他的"才性合"也是以某种象意理论为基础的。

"才性异"的意思有两层，一层是说才能本性不一致，一层是说材料与性质不一致，后者同"道与形反"的原则恰相适应。"李丰论异"与荀粲、何晏实属一派，这一派的共同见解是道与形反，有与无反，本与末反，意与象反，故才性亦异，亦反。何晏弃情论性，倡言"圣人无喜怒哀乐"；荀粲弃象论意，断定易象不能尽"理之微者"；李丰区别才性，意指材料与形质有别；三者如出一辙，仅论说角度稍有不同而已。在他们看来，由性辨才是不可能的，由才见性更是幻想，因而对才性两者只能分别考察，于是"才性离"说产生了。所谓"离"，就是才性的分别和才性鉴识方法的分离。这种分离表现在选举上，就是夏侯玄所说中正、官长的分权，中正负责观察性行，官长负责考功校能（见《魏志·夏侯玄传》）。

可想而知，这种分权的办法不会得到"才性同"与"才性合"论者的支持。傅嘏"才性同"的意思是说才性一致，材料和性质一致，便导致了鉴识方式的混合与选举权力的合一，用人才论的语言表达就是钟会所说的"才性合"。其实，傅嘏"才性同"命题原已暗含着"才性合"的意思，钟会"才性合"的命题也明显有"才性同"的意思。大概由于这个缘故，"钟会论合"才被说成关于"傅嘏论同"的"集而论之"。在选举上，傅嘏主张恢复"六乡之举"（见《魏志·傅嘏传》），实现"乡老献贤能于王"的制度，意在加强中正的权力，使对"行具"之贤与"道修"之能的选举归中正负责，将才性两者的鉴识方式与选举权力混合为一。这种主张与其说是"才性同"说，不如说是"才性合"说。

这样，"四本"的分野便由"言意之辨"而得到澄清了。附带指出，何晏等人将性静情动说与性善情恶说融合，将传统的"性行"说继承了下来。这说法以性、行混同，认为行是性的直接表现。其实，按玄学的观点来看，性、行应有形上、形下的区分。行即事，与才能、材料同属形下之类。何晏、夏侯玄等笼统地提到"性行"及"孝行"，在玄远的思想道路上不够彻底。如果王弼参与"才性"的辩论，可能会有不寻常的理论创造，可惜他逝世过早，注《易》尚未完成，对"才性之辨"未加注意。这对玄学的发展来说，不能不说是一种损失。

### （七）由"名理之辨"释"才性四本"

上文已说明魏晋时期"名理之辨"与"言意之辨"相符，所谓"理"即客观的义理，所谓"意"即圣人对义理的准确无误的体会，那么"才性四本"与"言意之辨"的关系，亦可归结为"才性四本"与"名理之辨"的关系。傅嘏、钟会都是著名的"名理"学家，又都是重要的"才性"论者，这种双重身份昭示出由"名理之辨"解释"才性四本"的可能性。"名理之辨"有逻辑学的意味，东晋阮裕读《四本论》后"构辞数百言"，以支持傅嘏学说（事见《晋书·阮裕传》）；又为谢安讲述《白马论》，叹曰："正索解人亦不可得。"（见《世说新语·文学》）这种情况显示出由逻辑学解释"才性之辨"亦属可能。

试以"才性四本"与先秦名辩学说相比较，"才性同"与"才性合"有似于惠施的"合同异"，"才性异"与"才性离"有似于公孙龙的"离坚白"[①]。《公孙龙子·坚白论》云：

> 视不得其所坚而得其所白者，无坚也。拊不得其所白而得其所坚者，无白也。

---

① 这里说"似"，只是表面形式的类似，有比喻的意味。但因"才性之辨"的材料几乎全部佚失，这种比喻便成为必要了。

又《白马论》云：

> 马者所以命形也，白者所以命色也。命色者非命形也，故曰：白马非马。

这都是对感觉经验加以分析，对不同的经验、不同的现象加以甄别。石之坚与马之形只可触摸，石之白、马之白只可目视，故坚与白异，马与白异。人手可触觉石之坚、马之形，却不可视见石之白、马之白；人目可视见石之白、马之白，却不可触觉石之坚、马之形，故坚与白离，马与白离。在这里，"命形者非命色"，可作"才性异"的理论前提，视之无坚、拊之无白的"离坚白"说则是"才性离"的理论根据。

在"才性异"论者看来，才指形下的材料、才能，性指形上的性质、性德，对前者可以用考核、比较、分析的方法来认识，对后者却只能靠直观体验来认识，这差别简直比"命形"与"命色"的区别还大，用"离坚白"说明"才性异"，只是一种象征。当然，在远古时代，这象征是必不可少的，它无可争议地有着理论根据的意义和价值。[①] 在"才性离"论者看来，材料、才能无法用直观体验的方法来鉴别，"穷理尽性"的认识活动对它是无效的；性质、性德无法用考核、比较、分析的方法来体验，校实定名、循名责实的活动对它是无效的；那么结论只能是材料与性质的分离、才能与性德的分离。反过来说，考核分析的方法只能鉴别形下的材料和才能，无法洞察形上的性质与性德；直观体验的方法只能洞察形上的性质、性德，无法鉴别形下的材料、才能，那么结果只能是考核分析与直观体验两种认识方法的分离。这两种分离较视之无坚、拊之无白的分别也要超过了，用"离坚白"来说明"才性离"，是一种比喻。这比喻在注重返古的时代自然不可少，它在才性论辩过程

---

[①] 用作比喻或象征的理论本不宜作根据，但古人往往采用直观的方式，将理论建立在象征、比喻甚至比附的基础上。如玄学以《易》为据，即属此类。

中享有无可置疑的理论根据的地位。①

"才性异"与"才性离"两说在选举上的表现，就是上文讲过的夏侯玄建议："官长则各以其属能否献之台阁，台阁则据官长能否之第，参以乡闾德行之次，拟其伦比，勿使偏颇。中正则唯考其行迹，别其高下，审定辈类，勿使升降。"亦如杜恕《笃论》所说："考实性行，莫过于乡闾；校才选能，莫善于对策。"（见《意林》）就是说，对应选人物的才能须由考核比较分析来鉴别，由各级官吏来负责，乡闾中对政府职分与应选人物任职情况难以掌握，如果干预考功校能的事务，则有可能引起混乱。对应选人物的性行须由直观体验来了解，这种直观体验一般来说必须是长期的，因而必须由乡闾中正来承担。能够通过即时体验来了解人性的，只有"穷理尽性"的圣人，这是极为罕见的。政府官员难以做到长期体验，如果干预中正的事务，势必产生贿赂、请托等弊病。这种中正、官长分权的选举办法，就是"才性异"与"才性离"两说的现实意义之所在。用先秦名家"命形非命色"、视之无坚、拊之无白的理论为这办法提供辩护，真是再妙不过了。

关于傅嘏如何利用"合同异"说来支持"才性同"说的问题，由于史料缺乏，这里很难作具体的说明。不过从魏明帝时选举与考课的纷争，可以得到一点线索。据《魏志·卢毓传》，魏明帝深疾名士，下诏云："选举莫取有名"，对于这种政策，卢毓提出不同意见："常士畏教慕善，然后有名，非所当疾也。"主张建立考绩之法，循名责实，来鉴别名士的"虚实"和"真伪"。于是明帝表示支持，将选举权力统归吏部，由卢毓这位吏部尚书全盘负责，并诏使刘劭作考课法。卢毓的人才理论是承认才性有同有异，"大才成大善，小才成小善"是同者，"有才而不能为善"是异者。他"先举性行，而后言才"是出于价值方面的考虑，不是出于才性同异的客观判断，故未引起李丰的争议。然而他毕竟以一人之身，兼行中正与各级官吏的职责，用"循名责实"这同一种方

---

① 此所谓根据亦同于上注所说，犹如玄学以《易》为据，其实与《易》大不相同；亦如汉初政治理论以《老子》为据，其实与《老子》有很大区别。

法，对才能与性行同时加以考核，在本质上有"才性同"与"才性合"的倾向。

然而这一倾向却遭到了"才性同"论者傅嘏的反对：

> 夫建官均职，清理民物，所以立本也；循名考实，纠励成规，所以治末也。本纲未举而造制未呈，国略不崇而考课是先，惧不足以料贤愚之分、精幽明之理也。（见《魏志·傅嘏传》）

他的宗旨是一方面将"循名考实"的方法摒于选举事务之外，另一方面将乡间间日常观察的方法抬到"本纲"的高度。或者说，一方面对"专任吏部"（见《傅嘏传》）和依赖官长的选举方式予以全盘的否定，另一方面对"乡老献贤能"或"六乡之举"的选举体制予以空前提高。如果说卢毓的选举是在"专任吏部"的前提下进行的，那么傅嘏就是走向另一个极端，主张把选举权力全部下放到"乡老"，对"行具"之贤与"道修"之能的鉴识选拔统归"乡老"负责。从表面上看，卢毓的选举方式是自上而下的，傅嘏的选举方案是自下而上的；前者肯定是集权的，后者则貌似分权。然而在实际上，傅嘏的办法必须以"土断"为基础，当时的现实是士人流徙，土断无法实行，因而他的"乡老"选举方案只能产生加强中正权力、维护九品制度的作用，从而促进士庶等级制度的形成，变相地走向选举的集权化和专制化。他和卢毓分别代表两个极端，又都走向专制集权而殊途同归。从人材鉴识上看，卢毓鉴别性行优劣与才能高下仅用"循名考实"的方法，直观体验的方法完全被抛弃了；傅嘏主张鉴识性行与才能全凭乡间间日常体验的方法，"循名考实"的方法完全被排除了。卢毓在名义上承认才性有同有异，在实际上完全按照"才性同"的原则行事；傅嘏在学术上鲜明地倡导"才性同"说，在政治上隐晦地贯彻"才性同"的主张，两者的立场大致相同。正是出于这种立场，两人后来都成为司马氏的追随者，都对正始改制起了扼制作用。可以看出，这种立场是受了名家"合异以为同"说的启发，特点是强调才性的一致之处及才性鉴识方法的共同点。这种注重才性合同的思想倾向与集权的政治倾向，有着明显的相通之处。

综上所述，可知"才性之辨"是正始及正始以后玄学的组成部分，可通过与"言意之辨"与"名理之辨"的比较来说明。它在哲学上是指形上之性与形下之材的辨析，在政治上是指才能与性德的辨别。从哲学上看，"四本"所争论的是形上之性与形下之材是否一致的问题；异、离论者对这问题的答案是道与形反，材与性反，故主张对材、性两者实行不同的认识方法，即所谓异、离；同、合论者对这问题的回答是道、物一致，材、性一致，故主张对材、性两者实行相同的认识方法，即所谓同、合。从政治上看，离、异论者将才能与性行分属人材论的不同层次，辨别才能靠考核分析，由朝廷官吏负责；辨别性行靠长期的直观体验，由乡间中正负责；这就是离、异两说的政治意义。同、合论者将才能与性行归属人才学的同一层次，倾向用相同的方法对两者进行认识，这是同、合两说的政治意义。四本的顺序是异、同、离、合，其中异、离两说在先，崇尚玄远但又不够彻底，故对后代的影响不及同、合两说。东晋大清谈家殷浩专注于才性问题，大概就是为了弥补这一不足。

# 余　论

## 一　玄学家所受到的诬陷

　　玄学家是在历史上受诬陷最多的一种人，正始时期的夏侯玄、何晏，竹林时期的嵇康，西晋的王衍，东晋的郭象，都曾在不同程度上受到过同时代人或后人的诽谤。在这当中，以正始玄学家所受的诬陷最多，堪为典型。诚然，对于曹氏与司马氏的是非曲直，不能根据古代的伦理标准加以简单的判断，对司马氏代魏之举也不能全盘予以否定，然而对于司马氏加于何晏等人的诸多罪状，却是有必要澄清的。

　　司马懿在正始十年正月发动政变时，曾罗致罪状以劾奏曹爽。魏末正元年间，王沈"典著作"，与荀𫖮等共撰《魏书》，"多为时讳"，对司马氏诬加的许多罪状不敢纠正。当时鱼豢私撰《魏略》，载何晏恶事颇多，大部分是出自司马氏一党的编造和宣传。《三国志》作者原是蜀人，大概只佩服与诸葛亮对峙多年的司马懿，对"高平陵事变"的内幕及正始玄风不甚了解，故将上述许多诬辞加以收录。再说，《三国志》作于晋武帝年间，想不记录这些诬辞也是不大可能的。晋惠帝时放宽了限制，然而政局动荡，诸王接连作乱，争战迭起，时人无暇治史，仅《三国志》等书传至后代，于是曹爽、何晏等人便只能以丑恶面目出现于史册之中了。

这些罪状载于《魏志·曹爽传》及《晋书·宣帝纪》两书所引司马懿正始十年奏文，有"尽据禁兵"，"群官要职皆置所亲"，"阴谋反逆"，"图谋神器"等，或出于改制和党争的需要，或纯属捏造。《魏志·曹爽传》称爽"私取先帝才人七八人，及将吏、师工、鼓吹、良家子女三十三人，皆以为伎乐"；"作窟室，绮疏四周，数与晏等会其中，饮酒作乐"，这与东汉宦官指斥窦武、陈蕃的罪状相同："多取掖庭宫人，作乐饮宴"（见《后汉书·陈蕃传》）。《后汉书·窦武传》说武"礼赂不通，妻子衣食裁充足而已"，宦官的指责定是小题大做。由此类推，司马氏指责曹爽等人"作乐"等事也应有诬加的成分。何晏受诬尤甚，他"面至白，魏明帝疑其傅粉。正夏月，与热汤饼。既啖，大汗出，以朱衣自拭，色转皎然"（《世说新语·容止》），而《魏志·何晏传》注引《魏略》却说他"动静粉白不去手"。据《魏志·何晏传》裴注，何晏母姓尹，妻金乡公主母姓杜，而《何晏传注》引魏末《传》却说"晏妇金乡公主即晏同母妹"。何晏主持选举，被傅咸誉为"内外之众职各得其才，粲然之美于斯可观"（《何晏传注》引魏末《传》），傅咸父傅玄为何晏政敌，几为何晏等所害（事见《晋书·列女传》），其赞美何晏绝非谀辞，而《何晏传注》引《魏略》却说"其宿与之（指何晏）有旧者多被拔擢"。何晏选举有弊端是可能的，但说全是拔擢"宿与之有旧者"，未免过甚其词。大致来说，自魏末至晋武帝时期史家和社会舆论都遵照司马氏意旨，对正始名士尽诽谤之能事，中肯的评价是罕见的。

晋惠帝时，官方承认何晏等人是魏臣，于是舆论有所改变。当时傅咸公然上疏赞美何晏的政绩，竟得到朝野的默认。王衍声称要继承和贯彻何晏的学说主张，竟得到朝野的响应（见《晋书·王衍传》）。东晋南朝士人对正始名士仰慕更甚，如习凿齿撰《汉晋春秋》，主张晋承汉统，贬低曹魏，对正始名士却刮目相看，断言"何邓二尚书独步于魏朝"（《世说新语·言语注》）。与此相反，司马懿在正始十年的政变和诛戮名士却渐受谴责，如《晋书·宣帝纪》后载唐太宗制云："[司马懿]受遗二主，佐命三朝，既承忍死之托，曾无殉生之报。天子在外，内起甲兵，陵土未干，遽相诛戮。……故晋明掩面，耻欺伪以成功；石勒肆言，笑奸回以定业。"可见东晋南北朝时人们对司马懿的政变普遍持否定态度。其中"晋明掩面"一事最有代表性，《晋书·宣帝纪》说：

> ［晋］明帝时，王导侍坐。帝问前世所以得天下，导乃陈帝（司马懿）创业之始，及文帝（司马昭）末高贵乡公事。明帝以面覆床曰："若如公言，晋祚复安得长远！"

由此事可得出两个结论。第一，东晋时不仅一般人对司马懿的政变不以为然，甚至连司马氏也为他们的高祖宣帝感到羞愧。第二，晋明帝"有文武才略"，"雅好文辞"，即位前后不可能没有读过《魏略》《魏书》《魏志》等，他听王导介绍司马懿"创业之始"竟"以面覆床"，可见王导的介绍有许多今人无从了解的内容。

以上种种，都表明夏侯玄、何晏等人的善事定多于史家的记载，而史书上的贬词和所记恶事多是诬加的。

## 二　玄学著作立学官的问题

讨论古代学者对后代的影响，首先要看他的著作在历史上可曾立于学官，何时立于学官。因为一旦成为官方著作，便成为教育必备的教材，其影响力绝非普通著作所能比拟。

### （一）王弼《周易注》始立学官的时间

关于《周易》王注立学官的时间，或说在唐初，或说在东晋。定于东晋的理由，见于《晋书·荀崧传》："时（晋元帝初年）方修学校，简省博士，置《周易》王氏……凡九人。"余嘉锡《四库提要辩证》等名家以为这《周易》王氏即王弼。其实这王氏是因袭西晋武帝所置的《周易》王氏，应溯源于魏正始年间《易传》，并非王弼。不过这里牵涉到王肃《周易注》及其与王朗《易传》的关系，情况比较复杂。为判定王弼《周易注》何时立于学官，必须对魏晋时期郑玄、王朗、王肃及王弼诸家《易》学的兴替作一全面的考察。

魏晋时期《周易》博士的设立，始于魏文帝黄初五年。当时，"立太学，制五经课试之法（《魏志·文帝纪》），将以前未立学官的《谷梁传》设置博士（《魏志·文帝纪》），则五经中《周易》更应有博士的设立。后来魏明帝太和二年诏云："尊儒贵学，王教之本也。……其高选博士才任侍中常侍者。申敕郡国，贡士以经学为先。"太和四年又诏云："兵乱以来，经学废绝，后生进趣，不由典谟。……其郎吏学通一经，才任牧民，博士课试，擢其高第者亟用。"当时《周易》博士是哪一家呢？据《魏志·齐王芳纪》，王朗《易传》于正始六年始立学官。如此则文、明两朝的《周易》博士不会是王朗或王肃。又据《晋书·荀崧传》，晋元帝时《周易》郑注被"简省"，在简省之前当是在学官的。其博士的设置可上溯到晋武帝时期，又可由晋武帝时期上溯到曹魏时期。《魏志·少帝高贵乡公纪》说，少帝高贵乡公于甘露元年幸太学，问诸儒曰："孔子作《彖》《象》，郑玄作注，虽圣贤不同，其所释经义一也。今《彖》《象》不与经文相连，而注连之，何也？"使《易》博士淳于俊等非常窘迫。请注意问话地点是太学，问话的人是皇帝，被问的是太学中的《周易》博士，问的内容是《周易》经、注的关系，指明经出于圣而注出于贤，并说出这"贤"就是郑玄，他作《易注》而为圣人的辅翼。这种情况显示出当时太学的《周易》注解是郑玄一家，而不会是其他门派。不过，《魏志·少帝高贵乡公纪》未提到设立博士的事，《齐王芳纪》也只提到王朗《易传》而未提郑注的设置，则高贵乡公时太学《周易》一经采用郑注应上溯到魏文帝、明帝两朝，上限在文帝黄初五年，下限在明帝太和四年。魏文帝曾称赞说："北海郑玄，学之渊府"（见《北堂书钞》卷九七），就是这论断的旁证。

《魏志》自《少帝齐王芳纪》以下，只提到王朗《易传》被用于课试，未提到其他各家《易》学是否立学官的问题。到西晋初年，又出现兴立太学的盛况，如荀崧说：

> 世祖武皇帝应运登禅，崇儒兴学。……台省有宗庙太府金墉

故事，太学有石经古文先儒典训。贾、马、郑、杜、服、孔、王、何、颜、尹之徒，章句传注众家之学，置博士十九人。（见《晋书·荀崧传》及《宋书·礼志》）

晋武帝所置博士十九人中有王氏，即《周易》王氏。至东晋初年，元帝在这十九名博士的基础上加以"简省"：

时方修学校，简省博士，置《周易》王氏、《尚书》郑氏、《古文尚书》孔氏、《毛诗》郑氏、《周官》、《礼记》郑氏，《春秋左传》杜氏服氏、《论语》、《孝经》郑氏博士各一人，凡九人。其《礼仪》、《公羊》、《谷梁》及郑《易》皆省不置。（见《晋书·荀崧传》）

这就是荀崧所谓的"博士旧置十九人，今五经合九人"（《宋书·礼志》）。其所谓《周易》王氏，今人多认为是王弼。其实这次设置博士九人只是"简省"，并无增加或更换。所置《周易》王氏应该就是晋武帝所置博士十九人中的王氏，亦即在魏末与郑《易》并立学官的王朗《易传》。这《易传》由王朗子王肃撰定，肃为司马氏姻戚，其《易》学断无得立于魏却见废于晋的道理。由于这次被"简省"的博士中有郑《易》，遭到荀崧的反对，于是晋元帝太兴四年又"置《周易》《仪礼》《公羊》博士"（《晋书·元帝纪》），即采纳荀崧的建议而将郑玄《周易注》重立学官。后来陆澄谈到这件事："晋太兴四年，太常荀崧请置《周易》郑玄注博士，行乎前代。于时政由王、庾，皆俊神清识，能言玄远，舍辅嗣而用康成，岂其妄然！"（见《南齐书·陆澄传》）余嘉锡先生认为这里"辅嗣"即晋元帝所立的《周易》王氏，说："言舍者甚其辞耳，非竟废除王氏《易》也。"（《四库提要辨证》）其实陆澄以"舍"与"用"对举，"舍"即不用，如果王弼《易》学已立学官，又不废弃，无论如何不能称"舍"。当时真实情况是晋元帝先立王朗《易》，未立郑玄、王弼两家，后又补置郑《易》博士，故云"舍辅嗣而用康成"。

王国维曾说晋武帝、元帝所立的《周易》王氏是王肃（见《观堂集林》卷四），对这说法，我不取。不取的原因有二：第一，在魏立于学官的是王朗《易传》，晋立《周易》王氏不过是这种情况的延续；第二，魏晋时《周易》博士的设置还有一次：

> 太元立王肃《易》，当以在［郑］玄、［王］弼之间。（《南齐书·陆澄传》引澄与王俭书）

太元是东晋孝武帝年号，《宋书·礼志》说晋孝武帝太元九年采纳谢石"兴复国学"的建议，大概就是"立王肃《易》"的时候。可以设想，如果西晋武帝、东晋元帝设立《周易》王氏为王肃，便不应再有"立王肃《易》"的举动。那么唯一的解释便是：晋初立的是王朗《易传》，晋末立的是王肃《易注》。过去很多人认为肃《注》、朗《传》全同，证据是《魏志·王肃传》等提到王肃"撰定父朗所作《易传》，皆列于学官"，未详载王肃注《易》的事。《释文序录》及《隋志》等只著录肃《注》，未著录朗《传》，似也为两者的相同提供了证据。然而王朗《易传》见于《魏志》，曾立学官，晋人不会不知道，隋唐史志作者不会不了解，何以竟改称肃作？如果认为名为朗撰，实为肃作，何以连书名也换掉？再说，南朝官学有《尚书》伪孔传，私学有《周易》荀爽传，王氏称《传》也算不上僭越。为尊崇王肃却贬弃他的父亲，在讲究孝道的时代更是不合情理。那么，我们只能做这样的理解：《易传》原为王朗所作，但这书在东晋被改编了。从事改编的人是王肃众多的后学者，改编的动机是与郑玄《易》学相对抗，并与《易》学玄学化的潮流相适应。《宋书·百官志》说晋元帝末置博士十一人，"后又增为十六人，不复分掌五经"，这十六博士可能就是在晋孝武帝太元年间设置的。汉末古文经学反对各专一经，提倡各经兼通，正始玄学在一定程度上可说是"贵通"的产物，而"不复分掌五经"，则是"贵通"倾向在国学中的极度发展。这种发展的结果自然是玄学渗入国学，迫使王肃的后学者改编王朗《易传》，产生了署名王肃的《周易注》。

不过，经改编产生的王肃《周易注》，毕竟不如纯属玄学的王弼《周易注》。这里说的"不如"，是就晋宋之际的学术潮流而论的，于是在南朝宋文帝时出现了下述情况：

> 元嘉建学之始，玄、弼两立。逮颜延之为祭酒，黜郑置王，意在贵玄，事成败儒。（《南齐书·陆澄传》引澄书）

这里"元嘉建学之始"是指玄、儒、文、史"四学并建"之始，"颜延之为祭酒"是在国子学兴立之后。据《宋书·雷次宗传》"时国子学未立"一段和《南齐书·百官志》"总明观祭酒"一条，可知宋齐两代都是先有"四学"，后有国子学。宋代"四学"中玄学最初由何尚之主持（见《雷次宗传》），《建康实录》卷一二说何尚之"置玄学"是在南朝宋文帝元嘉十六年，这就是玄、儒、文、史"四学"创立的时间。《宋书·何承天传》说："[元嘉]十九年，立国子学"，这是国子学取代"四学"的时间。"四学"并建时，玄、儒分科，《周易》为"玄学"经典之一，自然以纯属玄学的王弼为代表，而不会采用传统儒家色彩浓厚的王肃注；《周易》又为"儒学"经典之一，自然以传统儒家色彩最浓的郑玄为代表，也不采用有异端倾向的王肃注；于是郑玄、王弼"两立"，王肃《易》学在玄、儒斗争中被淘汰了。至宋文帝元嘉十九年国子学建立后，不再有玄、儒之分，"玄学"遂吃掉"儒学"，出现"黜郑置王"的局面。这样看来，王弼《周易注》之立学官应始于宋文帝元嘉十六年。

晋宋官方《易》学大致是郑玄在先，王肃在中，王弼在后，这一顺序在北朝《易》学中也有反映。如《魏书·儒林传序》云："[郑]玄《易》《书》《诗》《礼》《论语》《孝经》，[服]虔《左氏春秋》，[何]休《公羊传》，大行于河北。王肃《易》亦间行焉。"而《北齐书·儒林传序》云："凡是经学诸生，多出自魏末大儒徐遵明门下。河北讲郑康成所注《周易》。……河南及青齐之间，儒生多讲王辅嗣所注《周易》，师训盖寡。"可见北朝魏、齐官方《易》学都有主次之分，北魏以郑玄为主，王肃为次；北齐以郑玄为主，王弼为次。这次序与晋宋《易》学的发展顺序吻合，仅时间较晚而已。另外，王肃《易》学在北魏只是"间行"，王弼《易》学在北齐却已全据河南及青齐等广大地区，北朝《周易》义理学，尤其是王弼《易》学显然有高涨的趋势。如果北朝兼并南朝推迟若干时间，王弼《易》学有可能在南北分裂的条件下蔓延到河北，从而结束郑玄《易》学在北朝的统治地位。隋灭陈后不重北学而重南学，就是这种可能性的证明。

请看东晋以后的《易》学发展过程：

> 梁、陈郑玄、王弼二注列于国学。齐代唯传郑义。至隋，王注盛行，郑学浸微，今殆绝矣。（《隋书·经籍志》）

文中"齐"指北齐，非指南齐。如《隋志》说《论语》："梁、陈之时，唯郑玄、何晏立于国学，而郑氏甚微。周、齐，郑学独立。至隋，何、郑并行"，即可为证。据《南齐书·百官志》及《陆澄传》，南齐官学《周易》一经在建元至永明年间呈现郑玄、王弼两注"并立"的局面，在永明三年建置国子学时一度废弃郑注，经陆澄建议后复又"两立"。"二注列于国学"的情况不仅出现于梁陈，在宋齐就开始了。不过，自东晋至齐，"国学时或开置，而劝课未博，建之不能十年"（《南史·儒林传序》），王弼《易》学虽立学官，只是徒具形式。至梁陈之际，学术繁荣，国学兴盛，郑玄、王弼二注长期并立学官，使《易》学中的儒、玄之争达到高潮。陈末陆德明始撰《经典释文》，所释《周易》"以王为主"，反映当时王注已取得绝对优势。隋灭陈后，"郑学浸微"。唐初孔颖达奉诏作疏，在《易》学方面专崇王弼，遂使郑、王两注的长期争议以后者的胜利告终。

简而言之，王弼《周易注》在东晋末期向国学渗透，在南朝宋文帝元嘉十六年始立学官，以后和郑玄《易》学长期竞争，互为消长，至唐初始定于一尊，从一定程度上说，这一过程可看成是两晋隋唐时期玄学发展过程的缩影。

### （二）王弼《老子道德经注》的官学地位

玄学即《易》《老》《庄》"三玄"之学，王弼等玄学家对"三玄"相互关系的看法见于陆希声《道德经传序》："王弼以为圣人与道合体，老氏未能体道，故阮籍谓之上贤亚圣之人，盖同于辅嗣。"意即《周易》的作者伏羲、周文王和孔子都是圣人，老子非圣而为"上贤亚圣"。《庄子》的地位类似《老子》，这在本书"引论"第七节已有论述。"上贤亚圣"是圣人辅翼，则《老》《庄》应为《周易》的辅翼，犹如《公羊传》及《左传》之辅《春秋》。那么，当玄学思想在朝野均居统治地位时，《老》《庄》必然要立于学官，与《周易》成"三玄"的关系，犹如《春秋》与三传的关系。而当宋文帝"立玄学"的时候，这样的机会便来了。

据《宋书·何尚之传》与《雷次宗传》及《建康实录》，宋文帝元嘉十六年玄、儒、文、史"四学并建"；又据《南齐书·百官志》，宋明帝太始六年置玄、儒、文、史"四科"，齐高帝建元年间和齐武帝永明前期都维持"四科"的建置。如果这时所立的"玄学"只有《周易》一书，便与传统的儒家经学没有不同，因为自西汉立五经博士起，《周易》就以"经"的名义立于学官了。宋齐以玄学、儒学分立，则玄学必然包括儒家经学原来没有的《老子》和《庄子》，使之以"上贤亚圣"著作或"传"的名义辅佐《周易》。王弼《老子注》在他生前即已成为权威注释，宋齐玄学若有《老子》，所用的注释非王弼莫属。这种设想，可由南齐王僧虔《诫子书》而得到证明，《南齐书·王僧虔传》引该书云：

> 见诸玄，志为之逸，肠为之抽，专一书，转诵数十家注，自少至老，手不释卷，尚未敢轻言。汝开《老子》卷头五尺许，未知辅嗣何所道，平叔何所说，马、郑何所异，《指例》何所明，而便盛于麈尾，自呼谈士，此最险事。设令袁令命汝言《易》，谢中书挑

汝言《庄》，张吴兴叩汝言《老》，端可复言未尝看邪？

书中"诸玄"即下文说的《易》《老》《庄》，恰为"三玄"。然而当时《易》《老》《庄》之称为"玄"，显然不是由于"三玄"之名，而是由于三书是当时官方所立的玄学的经典，《诫子书》认为读《老子》而"未知辅嗣何所道"，便不可"自呼谈士"，可见当时官方玄学《老子》所用的注释是王弼注。

到梁陈两代，玄学更盛。当时儒家经典的博士都由精通"三玄"的学者担任，如《南史·儒林传》记载，宋齐之际伏曼容"善《老》《易》"，曾受诏"执经"；曼容子伏暅"幼传父业，能言玄理"，在梁武帝时"兼五经博士"；严植之"少善《庄》《老》，能玄言"，在梁武帝时亦"兼五经博士"：太史叔明"少善《庄》《老》"，"尤精三玄"，为国子助教；顾越"特善《庄》《老》"，历任五经博士、国子博士等职。这种兼讲五经的形式，颇有利于《老》《庄》的引入和玄理的发挥。另外，梁代《老》《庄》虽可能不具备经学的名义，却往往具有官学的性质，如《颜氏家训·勉学》云：梁武帝、简文帝对《易》《老》《庄》常常"躬自讲论"；又据《南史》、《梁书》、两《唐志》等，梁武帝父子都为《老子》作《讲疏》，卷帙甚繁。陈代的情况与梁代相似，陆德明在陈末始撰《经典释文》，所释《经典》包括《老子》，采用王注，即当时王弼《老子注》立于学官的证明。

### （三）《论语集解》立学官的时间

《释文序录》和《晋书·郑冲传》都提到何晏等五人的《论语集解》成书后上奏一事，而对该书在当时是否立于学官这件更大的事却未说明。《魏志·少帝齐王芳纪》记载当时太学博士的增置，只提到王朗《易传》，未提及《集解》。那么可以推测，《集解》在正始年间未立于学官。《魏志·王肃传》说："[肃]为《尚书》《诗》《论语》、三《礼》、《左氏》解，及撰定父朗所作《易传》，皆列于学官。"王肃《论语注》是何晏《集解》所采集的一家，其成书和立学官都在《集解》之前。须知当时公认《论语》非孔子自著而为其弟子所追录,在国学中一般排在《春秋》三传及《孝经》之后,地位不高。① 如果官方注释已有王肃一家,那么《集解》跻入国学的希望便不大了。何况当时立学官的,可能还有郑玄的《论语注》。

时至两晋,《集解》未立学官的情况仍无变化。东晋初年荀崧上疏追述西晋武帝时兴立太学的盛况:"贾、马、郑、杜、伏、孔、王、何、颜、尹之徒,章句传注众家之学,置博十九人。"(见《晋书·荀崧传》)晋元帝时"简省博士",唯置"《周易》王氏、《尚书》郑氏、《古文尚书》孔氏、《毛诗》郑氏、《周官》《礼记》郑氏、《春秋左传》杜氏、伏氏,《论语》《孝经》郑氏博士各一人"(《晋书·荀崧传》),"《仪礼》《公羊》《谷梁》及郑《易》皆省不置"(《晋书·荀崧传》),其中《公羊》即何休所解,亦即西晋十九博士中的"何"氏。不论是西晋博士还是东晋博士,何晏《集解》均未列入。《集解》立学官一事,见于《隋书·经籍志》中《论语》篇后序:"古《论》先无师说,梁陈之时,唯郑玄、何晏立于国学,而郑氏甚微。周、齐,郑学独立。至隋,何、郑并行,郑氏盛于人间。"梁代郑、何并立而何氏甚盛,则何氏《集解》始立国学应早于梁代,可能在宋齐之际。不过这只是推测,限于史料已无法详考了。

## 三　论"浮华"

玄学在历代引起的争议很多,攻击玄学的人所加的罪名主要是"浮华",而为玄学辩解的人则力图将玄学从"浮华"的罪名之下解脱出来。我在《正始玄学》一书中,试图推敲什么才是真正的"浮华",实际上仍是将"浮华"看作贬义词,将"玄学不浮华"的命题的论证当成了为玄学辩解的唯一途径。然而,事隔多年,目睹中国民族性的种种表现,

---

① 在儒家尊崇的圣人当中,孔子最晚,且不曾为王,只是勉强为"素王",地位在尧舜至周公之下。六经出于孔子之前,相传是出于孔子的书,除史书外均称传。《论语》在孔子后,为传之一。

不断追溯中国人反对"浮华"的历史，不禁产生了疑问："浮华"当真是贬义词么？学界追究"浮华"一词的来源，一般要上溯到魏明帝时期的"浮华案"和东汉末期太学里的"浮华"风气，认为"浮华"是当时儒者对不合五经文义并脱离儒家传统的思想行为的蔑称，以为"浮华"即虚浮不实之义。我在过去也曾这样讲过，然而一见到下面的材料，不禁受到震动，《后汉书·文苑列传》引郦炎诗云：

> 文质道所贵，遭时用有嘉。绛灌临衡宰，谓谊崇浮华。贤才抑不用，远投荆南沙。抱玉乘龙骥，不逢乐与和。安得孔仲尼，为世陈四科！

所讲"绛灌临衡宰，谓谊崇浮华"，是指《史记·屈原贾生列传》所说，贾谊主张"悉更秦之法"，而绛侯周勃及灌婴、冯敬等人主张继续承袭秦制，批评贾谊"年少初学"，"纷乱诸事"，于是文帝"不用其议"。按郦炎所说，贾谊改革秦制的主张曾被攻击是"浮华"，而承袭秦制则是"不浮华"，则"浮华"的贬义是否合理，不是成问题了么？当然，郦炎死于汉灵帝熹平六年，享年二十八岁，是东汉末期的人，东汉末期宦官集团称党人名士为"浮华"，郦炎说周勃等人"谓谊崇浮华"是否出于编造，是否以影射时政为鹄的，尚可争议。但若见到《韩非子·五蠹篇》的下述文字，或许会稍有所悟。篇中说：

> 故破国亡主以听言谈者之浮说，此其故何也？

其所谓"言谈者"是指儒墨等学派，而儒墨言谈被贬为"浮说"，这与周勃等人贬低贾谊为"浮华"的意思十分接近。韩子贬抑儒墨是本自法家的立场，周勃等人贬低贾谊是为了因循秦制，这立场也是一致的。比较之下，可以得出一个结论，"浮华"原是法家加诸儒墨等学派的罪名，秦始皇下焚书令，颁布挟书律，动机之一便是反对"浮华"。东汉魏晋时代，儒家为了维护其官方学术地位，竟从法家那里学来"反对浮华"

的手段，几近于卑鄙了。何况曹操的反对"浮华交会"本来就是循由法家的原则，魏明帝镇压"浮华"恰是由法家的立场转向儒家的立场。辨明这反对"浮华"的历史，可以看出完全是限制学术争论、扼制思想创新并抵制任何改革的黑暗的历史。

"浮"的字面含义有虚浮之义，指言行离开了立足的基点。立足的基点是什么呢？法家所主张的基点是君权至上主义以及加强刑法的作用，儒家所立足的基点是礼教。尽管立足点不全一致，从中仍可找出共同之处，那就是现实中的功利。法家尚功，汉魏儒者也注重现实的功利。一旦看到有不现实的、与功利无关的思想主张，处于统治地位的法家或儒家便要加以斥责，因为这种虚浮的趋向容易导致现状的破坏。而"浮华"的倾向不论体现于早期儒家，还是体现于魏晋玄学，都有一种理想主义味道，这种理想主义一旦落实到哲学上，便要脱离形下的世界而奔向形上的世界，实现思想上的某种超越。这就是说，玄学所固有的超越精神决定着它的"浮华"的外观，玄学一定是"浮华"的，否则便不成其为玄学。

近现代西方政治家和学者对中国的民族性有许多评价，其中最突出的一点便是太过实际，太注重一时的功利。这种看法的准确性当然不是绝对的，如果将古代的中西民族性加以比较，究竟哪一方更讲求实际尚难作定论。然而一旦将目光集中到近代，结论便会变得明确。中国近代哲学如何能与康德、休谟、洛克、笛卡尔、黑格尔这些人的哲学相比，而中国近代自然科学的成就在牛顿体系的巨影之下又显得多么可怜，近代西方拉丁民族与日耳曼民族的特点，首先在于善作抽象的思考，对那些与现实利害相距遥远的、抽象的哲学或科学问题灌注了极大的兴趣和热忱。而中国近代的民族性又怎样呢？即便是在二十世纪的中国，不仍然注重营利性的行业而拒绝在教育科研领域投入足够的资金吗？各大学的课程安排、专业构成及科研项目，不是大多数仍集中在涉及经济效益的某些技术领域吗？多数纯知识性的专业，不是仍受冷落吗？撇开其他方面的弊病不说，仅拒绝在纯知识性的、远离"实际"的领域投入力量这一点，已注定在很长的时间里，我们民族的精神文明要落后于西方。

当少数的有识之士力图扭转这一颓势的时候，忽然了解到中国古代曾有过一个时期，士大夫纷纷超出现实利害的限制，在抽象的思想领域流连忘返，表现出"玄远"的倾向和"浮华"的作风，岂可不为之振奋，为之倾倒！

一个民族要想维持其凝聚力并增强其整体的竞争力，一定要建构一个思想的系统，这一系统必须显得合理、美好，得到全民族的信服，使社会有公德和信念。也就是说，这一系统必须超越在上并绚丽多彩，因而有时不能不给人以"浮华"的感觉。进一步说，玄学家其所以玄远而到"浮华"的地步，是为了解救社会的危机。在魏明帝时期，名教显得陈旧，社会的精神生活过于贫乏，再加上政治出现许多弊病，于是玄学家力图革新政治制度，修正润色名教系统。司马氏夺取权力并建立晋朝，造成一种文化上的自相矛盾的局面，一方面，他们为维持权力，不能不继续采用专制主义形式和宗法制度形式，宣扬专制主义的和宗法性的道德观念；另一方面却由于自身有赤裸裸的篡弑行为和残酷屠杀的经历，使其自身所提倡的道德法则和价值观念显得十分丑恶，王衍和乐广等人便不得不恢复正始玄风，重建一精神文明的系统。西晋终因诸王内乱而致外族侵入，失去中原，中原大族遂纷纷东渡，建立东晋王朝。玄学家在这时最感忧虑的是有亡国灭种的危险，民族文化亦有灭绝的可能，于是维护世族权益以致形成士族制度，兼容玄学各派旧说，甚至容忍佛学的渗透，导致佛学的兴盛。东晋南朝一方面是政治、军事的没落期，另一方面又是文化与哲学的繁荣期，在政治军事的危机状态下竟取得了文化方面丰硕的成果，使民族文化得以保存和发展，这在一定程度上实应归功于玄学家。

## 四　玄学与唐代重玄学

在隋唐时期，一些道教学者倡言"重玄"，构成一种与佛教中观学说相似的理论系统。此种学说之思路，是将《老子》之"损之又损"，改为"遣之又遣"，并将"遣之又遣"解释为两度"双遣"。其中第一次双遣，是对玄学中的"有无"或"本迹"，加以双重的否定，达成"无有无无"或"无本无迹"的结论，此一结论亦可表述为"非有非无"或"非本非迹"。第二次双遣，是对"非有非无"或"非本非迹"加以双重的否定，达成"非非有"与"非非无"或"非非本"与"非非迹"的结论，此一结论亦可概括为"非'非有非无'"，或称"非'非本非迹'"。其中第一次双遣，即《老子》所谓"玄之"。第二次双遣，即《老子》所谓"又玄"。两度双遣相连接，正好是《老子》所谓的"玄之又玄"。隋唐道教学者如此解说"玄之又玄"，从表面看来似较之王弼、郭象更加玄虚，其实却是重新肯定现实的理论游戏。具体而言，"非非有"即"有"，"非非无"即"无"，因而貌似虚幻的"非'非有非无'"，即"亦有亦无"或"即有即无"，而"非'非本非迹'"，即"亦本亦迹"，王弼和郭象当然未曾做过此种两度"双遣"的游戏，然而王弼主张"崇本举末"，以为本末不二，体用如一，他的这种意见其实也可用"亦本亦迹"来表述。郭象则主张对"言"与"意"双遣，其结论也是"亦本亦迹"或"亦有亦无"。隋唐之"重玄说"与魏晋之玄学，在此处竟达成相同的结论，颇值得玩味。究其缘由，在于玄学之"非本非迹"，本与"亦本亦迹"同义，盖"非本"就是"迹"，"非迹"就是"本"。玄学家若在魏晋时代见到"非'非本非迹'"之说辞，可能会觉得笨拙或造作。而南朝隋唐的道教学说则不同，道教徒喜欢使神名、本体名变得复杂，如对老子其人，唐朝尊称为"大圣高上大道金阙玄元皇帝"，又编造出"玄元皇帝父""玄元皇帝母"及"玄元皇帝妻"，各有尊号。道教之《九天生神章经》所崇奉的三洞尊神，名称之繁琐均如同老子。老子在唐代不仅为至上神，而且是宇宙之本根，如杜光庭《道德经广圣义》称老子为"万道之先""元气之祖""万化之父母""自然之极尊"，又说："［老子］在天为万天之主，在圣为万圣之君，在仙为万仙之总，在真为万真之先，在星为天皇大帝，在教为太上老君。或垂千二百号，或显百八十名，或号无为父，或号万物母。"又描述老子创造天地万物之过程，称老子"起于无始之前"，依次造出阴阳、乾坤、天地、日月、五行。老子又"运玄元始三气"，又使"清之气"各生三气，"合生九气，为九天",九天又"各生三气","合二十七天","通此九天,为三十六天"。基于此种追求繁琐的趋向,道教徒遂将"亦有亦无"之说改造为"非'非有非无'之说",将"亦本亦迹"之说改造为"非'非本非迹'"之说,理路似更繁杂而结论之实质却无根本性的改变。今将玄学与道教之"亦本亦迹"思想之异同,归结如下:

玄学:非本非迹 = 亦本亦迹
道教:非"非本非迹" = 亦本亦迹

关于"非'非本非迹'"之说的起源,很多学者溯之于东晋的孙登。我以为,此说由向秀和郭象发其端,其渊源甚至可上溯到王弼。一旦如此解释"重玄"说的起源,便可用一种新的眼光来看待唐朝的"三教合一"。过去,学人都知道李唐奉老子为祖先,尊崇道教,兼行儒佛,呈"三教合一"之局。而今应当注意此种格局的背后,有一种"三玄"的框架。唐代官学中的《周易》用王弼、韩康伯注,《庄子》用郭象注,《老子》先后用河上公注和唐玄宗注。唐玄宗注和《老子河上公章句》之成玄英疏都讲"重玄",宗旨与王弼、郭象却无实质性的差异,因之对于唐朝官方的"易老庄"或"三玄"的系统,竟可视为魏晋三玄之学的翻版。玄学是儒道两家学说之融合体,唐代"重玄"之说也是如此。在繁荣的唐代文化的背后,竟有玄学的框架支撑着。或者说,玄学在中国文化的繁荣期,竟仍流行并有支配性的作用。有鉴于此,我们不能不放弃"清谈误国"或"玄学误国"的成见,而对玄学作出正面的、积极的评价。

### (一)孙登之重玄学及其与郭象的关系

今人议论"重玄",都根据唐代道教学者的说法,将这种学问的渊源上溯到东晋的年轻学者孙登。其实孙登在《老》学方面的建树主要是汇集并综合前人的成果,被他引述的前代名家可能包括何晏、王弼、阮籍、钟会、郭象等,这些人的著作一定或多或少地影响了孙登,而郭象在其中的作用尤为重要。

让我们先来斟酌一下唐初成玄英的说法。敦煌本成玄英《老子道德经开题序诀义疏》议论《老子》各家注释的宗旨，说：

> 夫释义解经，宜识其宗致。然古今注疏，玄情各别。而严君平《指归》以玄虚为宗，顾征君《堂诰》以无为为宗，孟智周、臧玄静以道德为宗，梁武帝以非有非无为宗，晋世孙登云"托重玄以寄宗"。虽复众家不同，今以孙氏为正。

唐末杜光庭撰《道德经广圣义》。申述成玄英此说而略有增改：

> 河上公、严君平皆明理国之道，松灵仙人、魏代孙登、梁朝陶隐居、南齐顾欢皆明理身之道……又诸家禀学，立宗不同：严君平以虚玄为宗，顾欢以无为为宗，孟智周、臧玄静以道德为宗，梁武帝以非有非无为宗，孙登以重玄为宗。宗旨之中，孙氏为妙矣。

成、杜两人虽都推许孙登的"重玄"，但对孙登的时代却说法不一。杜光庭所称"魏代孙登"即魏末嵇康和阮籍所见苏门山隐士，成玄英所称"晋世孙登"则颇含混，今人多以为是东晋的官吏。《晋书》为之立传的孙登也有两位，其一是魏末苏门山隐者，其二是东晋孙统之子。很多学者注意到，苏门隐者孙登罕有言论，不大可能有《老子注》流传；东晋孙登却与王弼相似，他也担任尚书郎，也是年命短促，也"善名理"，也"注《老子》行于世"。对于他的《老子》注本，《隋书·经籍志》、新旧《唐志》及《释文序录》都有著录，《释文序录》还指出这一注本的名称是"老子集注"。关于《老子》的集解性的注释，《释文序录》只提到程韶与东晋孙登两家，《隋志》称梁有程韶《集解》，指出已亡，则隋唐流行的集成性质的魏晋南北朝《老》学著作，仅孙登《老子集注》一种。可见成玄英所说的"晋世孙登"，一定是东晋的这部《老子集注》的作者。

读者可能会问，杜光庭在唐末已是道门的领袖，他为何发生误会，将晋世孙登说为魏末的隐者呢？这是由于黄巢攻克长安的缘故。杜氏的《道德经广圣义》撰成于唐昭宗天复元年（901），黄巢攻入长安是在唐僖宗广明元年（880），则杜氏撰书之始，已在长安战乱之后了。《旧唐书·经籍志序》指出，安史之乱以后，皇家藏书"亡散殆尽"。后经唐肃宗、代宗"屡诏购募"，到唐文宗时又收书五万余卷。后来黄巢攻克两京，"宫庙寺署，焚荡殆尽，曩时遗籍，尺简无存"。此序声明："今录开元盛时四部诸书，以表艺文之盛。"则旧《唐志》之著录孙登《老子集注》，并不能证明这部书在杜光庭著《广圣义》时仍存在。新《唐志》著录此书是抄袭旧《唐志》，而宋代史志目录对这部书均不记载，可见杜光庭不知"晋世孙登"为何许人，是由于他已无从得见孙登的著作。

东晋孙登既然年命短促，他"以重玄为宗"便应当有学术来源。据一些学者的研究，孙登为名士孙绰从子，孙绰曾以七僧比拟竹林七贤，与七僧当中的支道林交往尤多。支道林《大小品对比要钞序》已提及"重玄"，指出"尽无则忘玄，忘玄故无心"，应是孙登"重玄"之说的重要的思想渊源。不过应当注意的是，支道林与孙绰等人都不是《老》学名家，历代文献没有记载他们在《老》学方面有何著述。而《释文序录》已指出孙登的注释是《集注》，为《集注》所收的前代《老》学著作，才可以算是孙登"重玄"思想的直接来源。一旦辨明这一点，就可以了解到郭象原来是与孙登有关的。

杜光庭《道德经广圣义序》列举了当时流行的《老》学著作，其作者包括张道陵、河上公、严君平、王弼、何晏、郭象等。唐代李霖《道德经取善集》引有两节郭象解《老》的文字，其一是诠解"湛兮似或存"，其二是诠解"谷得一以盈"，可见郭象在注《庄》之余，也曾以文字形式解释《老子》。《释文序录》和两《唐志》没有著录郭象这方面的著作，大概由于郭象所作的是"论"而不是"注"。《世说新语·文学》刘注引《晋诸公赞》说：

> 自魏太常夏侯玄、步兵校尉阮籍等，皆著《道德论》。

此处的"等"字，可包括何晏的著名的《老子道德论》，也可包括郭象的《道德论》。《道德经广圣义序》列举《老子》学者，以何晏、郭象相连，而何晏不注《老子》而作《道德论》又是《世说新语》载明的史实，那么郭象撰有《道德论》并见载于《广圣义》及《取善集》这一点，便应当是无可置疑的了。《隋志》和两《唐志》未著录这部《道德论》，是因这部论文是《郭象集》的一部分，而《郭象集》则见载于隋唐史志的集部。另如阮籍《易论》及《通老论》见于《阮籍集》，嵇康《养生论》及《管蔡论》等见于《嵇康集》，堪为《郭象集》包括《道德论》的旁证。杜光庭没有见到孙登《集注》却见过郭象的《道德论》，可见郭象此论的重要性绝不亚于孙登的《集注》。进一步说，在杜光庭所举前人著作当中，郭象列于王弼、何晏之后，而何、王之与"重玄"距离较远又是学界公认的，则对于孙登"重玄"思想除了溯源于郭象之外，几乎别无可能。凑巧的是，郭象的《庄子注》受到重玄学主要代表人物成玄英的尊崇，成氏《庄子疏》即为疏解郭注而作，那么对孙登思想之来源于郭象这一点就更可坚信不疑了。考虑到成玄英有一种特殊的措辞，如对于严遵、顾欢、孟智周、臧玄静、梁武帝的学说，都用"以……为宗"的句式来概括，唯对孙登却介绍说：晋世孙登云："托重玄以寄宗。"成氏为何不直截了当地说"孙登以重玄为宗"呢？究其缘由，或在"托重玄以寄宗"乃孙登所引郭象之语。上面已说明孙登的注为《集注》，而古代《集注》或《集解》性质的著作多数更具资料价值，缺少突出的思想价值。孙登引述郭象之语并表示赞同，成玄英在不注重著作权或发明权的情况下自然可称引为"孙登云"，而不称"郭象云"。

当然，议论至此，还只是推测，因为郭象究竟是否提出过"重玄"之说，还必须由郭象本人的著作来证实。

### （二）郭象与成玄英重玄学的关系

郭象的《老》学著作今已不存，我们探讨他的著作有没有类似于

"重玄"的思想，只能以他的《庄子注》为主要的例证。凑巧的是，重玄学首要的代表人物成玄英，竟是郭象《庄子注》的支持者与诠释者。成氏的《庄子疏》是郭注的附属性作品，《疏》屡引郭注的文字，逐句解说，只是在极其偶然的情况下，才指摘郭注的失误。成氏的《庄子疏序》明确说："依子玄所注三十篇，辄为疏解，总三十卷。"在这情况下，郭象《庄子注》可说是重玄学的直接的思想来源。

关于郭注、成疏在"重玄"方面的思想联系，《庄子·齐物论》中存有最为有力的证据，篇中经文"类与不类，相与为类，则与彼无以异也"句下，郭象注云：

然则将大不类，莫若无心，既遣是非，又遣其遣。遣之又遣之，以至于无遣，然后无遣无不遣，而是非自去矣。

前面已说明，这种"遣之又遣"的方法即"重玄"的方法，在玄学中，"遣之又遣"与"玄之又玄"的字面含义也是一致的。成玄英在这段注文之下疏解说："既而遣之又遣，方至重玄也。"在这里，注、疏的关联是何等密切！由这关联可看出成玄英的"重玄"思想竟是直接地由郭注引申而出！另外，成疏重复注文，表明这些文字为郭象原本所有，不可能是掺入的向秀文字。

在郭象看来，对是非可以"遣之又遣"，对言意也可以双遣，例如在《庄子·秋水篇》"言之所不能论，意之所不能察致者，不期精粗焉"句下，郭象注说：

夫言意者有也，而所言所意者无也，故求之于言意之表，而入乎无言无意之域，而后至焉。

《世说新语》说向秀未注《秋水》与《至乐》二篇，《释文》引有向秀注释《秋水》的文字，都是注音，应出自向秀《庄子音》而非《庄子注》。则《秋水》郭注"无言无意"一节当原出于郭象注本而与向秀无关。在玄学中，"意"可理解为圣人之意，在圣人体无的前提下又可代表本无。王弼的主张不过是"忘象以求意"，"得意而忘象"，停留在"意"的层次，未进入"无言无意"的层次。郭象主张"入乎无言无意之域"，已实现了关于言意的双遣或兼忘，这在重玄学当中属于"玄之"的阶段，与"玄之又玄"已相距不远了。

郭象的境界当然不止于此。《庄子·大宗师》"此谓坐忘"句下，郭象注说：

> 夫"坐忘"者，奚所不忘哉！既忘其迹，又忘其所以迹者，内不觉其一身，外不识有天地，然后旷然与变化为体，而无不通也。

在玄学中，形和名可统称为"迹"，形名背后的决定因素便是"所以迹"。《庄子·应帝王》郭注明确规定："所以迹者，无迹也，世孰名之哉！"可见"所以迹"就是何晏、王弼所重视的"无"，亦即"无形无名"。郭象主张对"迹"和"所以迹"实行兼忘，已达到"玄之"或"一玄"的层次。兼忘之后，是否绝对地离开现实了呢？郭象的回答是否定的，他的主张是"与变化为体，而无不通"，这一观点在历史上往往与"亦有亦无"相联系，不以"非有非无"为局限。这就是说，郭象虽未明确道出对于"迹"和"所以迹"的第二次否定，却直接地契合了第二次否定的结论。郭象的思想十分积极，例如主张"致命由己"，强调改革的必要，指出："时移世异，礼亦宜变，故因物而无所系焉，斯不劳而有功也。"（《庄子·天运注》）又说："礼义，当其时而用之则西施也，时过而不弃则丑人也。"对于礼乐制度，郭象并未坚持绝对虚无主义的态度，而主张适时而用，时过则改。郭象又说："法律者，众之所为，圣人就用之耳，故无不当，而［圣人］未之尝言，未之尝为也。"（《庄子·寓言注》）对于刑法制度，郭象也未坚持道家传统的虚无主义立场，而主张根据社会的需要而适度推行。郭象的政治主张的积极之处还不止于此，他还声称："己与天下相因而成者也。今以一己而专制天下，则天下塞矣，己岂通哉？"（《庄子·在宥注》）这反对"专制"的思想，与孟子的民贵君轻说及墨家的尚贤说如出一辙，但在逻辑结构上更为精致，可看成"亦有亦无"思想在政治上的落实。而郭象的最为显露锋芒的议论，见于《庄子·让王》结尾处的注释：

> 曰：夷、许之弊安在？曰：许由之弊，使人饰让以求进，遂至乎之哙也；伯夷之风，使暴虐之君得肆其毒而莫之敢亢也；伊吕之弊，使天下贪冒之雄敢行篡逆。唯圣人无迹，故无弊也。

郭象思想的负累，竟比墨家还要沉重，他既要反抗暴君，又要杜绝篡臣，既要揭露浮华，又要防范虚伪。而诸多重任只有"无迹"的圣人才能负担，则此处的"无迹"自然不是绝对的空无，而是"亦有亦无"。综观郭象的这些议论，可以将他所说的"遣之又遣"理解为一种思路：

有→无→非有非无→亦有亦无

迹→所以迹→兼忘迹与所以迹→亦本亦迹

图中"非有非无"即"亦有亦无"，"兼忘迹与所以迹"即非本非迹，亦即"亦本亦迹"。魏齐王芳正始时期王弼等人所申述的玄学，宗旨是以无为本体，以有为末用，本体、有无相即，本末不二，体用如一。郭象的上述结论与王弼其实是一致的，只是在语言表达上与王弼有出入，例如郭象所谓的"迹"与"所以迹"，语出《庄子》，是未注《庄子》的王弼所不讲的。

讲到这里，可能会引发读者的疑问：王弼与郭象的结论假如都是"亦有亦无"或"即体即用"，岂不与重玄学的结论相同了么？对这问题，答案应是肯定的。上文已指出重玄学的最重要的代表人物是成玄英，而成玄英对"玄之又玄"的解释也确实富有条理。在《道德经义疏》卷一，他说明"玄之又玄"的"玄之"意即"不滞"，指出：

> 玄者，深远之义，亦是不滞之名。有无二心，微妙两观，源乎一道，同出异名。异名一道，谓之深远。深远之玄，理归无滞。既

不滞有,亦不滞无,二俱不滞,故谓之玄也。

对"玄之又玄"的"又玄"一层,他解说为"不滞于不滞",指出:

> 有欲之人,唯滞于有;无欲之士,又滞于无。故说一玄,以遣双执。又恐学者滞于此玄,今说"又玄",更祛后病。既而非但不滞于滞,亦乃不滞于不滞。此则遣之又遣,故曰玄之又玄。(《道德经开题义疏》卷一)

他这样将"玄之又玄"分为两层,解说的确十分明白。而在他的一部更重要的著作《庄子义疏》当中,他对"重玄"或"玄之又玄"的学说作了更精确的归纳,如《逍遥游》称尧"往见四子藐姑射之山、汾水之阳,窅然丧其天下焉",成玄英《疏》云:

> 而四子者,四德也:一,本;二,迹;三,非本非迹;四,非非本非迹也。……斯盖即本即迹,即体即用,空有双照,动寂一时。

又如《齐物论》"未知有无之果孰有孰无"句下,成玄英《疏》云:

> 前从有无之迹,入非"非有[非]无"之本。今从非"非有非无"之体,出有无之用。而言"俄"者,明即体即用,俄尔之间,盖非赊远也。

唐代李荣所述"重玄"之义,与此略同。今将此种"重玄"的理论归纳为下面的图式:

有→非有非无→非非有非无 = 即有即无
无　　　玄　　　　又玄

如果将"有无"换为"本迹",则上述图式又可改写为下面的样子:

$$本 \to 非本非迹 \to 非非本非迹 = 亦本亦迹$$
$$迹 \quad\quad 玄 \quad\quad 又玄$$

这图式的落脚点是"即有即无",或"亦本亦迹"。成玄英反复强调"即体即用",指出"即体即用"也就是"即本即迹",都证明"即有即无","亦本亦迹"是重玄学说的最后的结论。有的学者用黑格尔哲学的术语,将上述有、无、非有非无、即有即无四个阶段,概括为正、反、合、离,其中"合离"似颠倒了古人原有的次序,正确的次序应是正、反、离、合。今将这一术语的系统纳入上述图式,将上述图式综合改进为下式:

$$迹 \to 本 \to 非本非迹 \to 非非本非迹 = 亦本亦迹$$
$$有 \to 无 \to 非有非无 \to 非非有非无 = 亦有亦无$$
$$正 \quad \to \quad 反 \quad \to \quad 离 \quad \to \quad 合$$

这一图式的中间部分,较之王弼、郭象的学说显然要复杂得多。而图式的结论部分,却未显示出与王弼、郭象的学说有何重要的差别。何劭《王弼传》引王弼说:"圣人体无,无又不可以训,故不说也。"《世说新语·文学》引王弼说:"圣人体无,无又不可以训,故言必及有。"其说圣人体无言有,岂不正是亦有亦无、即体即用的意思?汤用彤先生倡言王弼哲学为本体论,即将王弼学说的结论归结为"亦有亦无"或"体用相即"。当然,王弼的语言表达似偏重于无,与重玄学的表达方式大为不同,但是郭象的语言却与重玄学接近,成玄英的一些术语都是从郭象著作借用来的。上面的郭象"遣之又遣"的图式,包含着正、反、合三个层次,今再列图如下:

$$有 \to 无 \to 非有非无 = 亦有亦无$$
$$迹 \to 本 \to 本迹兼忘 = 亦本亦迹$$
$$正 \quad\quad 反 \quad\quad 合$$

郭象图式较之成玄英图式只省略了一个环节，即"非非有非无"或"非非本非迹"。郭象认为"非有非无"已有"亦有亦无"的意思，成玄英却认为必须经历"非非有非无"的阶段，才能达成"亦有亦无"的结论。成玄英为何定要增设这样一个环节呢？这是由于历史背景不同的缘故。第一，王弼、郭象虽主张"亦有亦无"或"即体即用"，但东晋人士及南朝学者普遍误解王弼、郭象的初衷，极度地崇尚玄虚，荒废具体的事务，故而重玄学者强调对"非有非无"也要"遣之"，引导士人回到"亦有亦无"的思想道路上来。第二，佛教中观学说当时盛行，成玄英等人遂借用中观的理论形式，在郭象的正反合的思路当中加设一环，成为"正反离合"。从"正反合"到"正反离合"，可谓一脉相承，其中的变异较小，前后承继的关联至为明显。至此更可以坚信，郭象的学说已具"重玄"之学的雏形，是唐代重玄学的主要思想来源。

谈到唐代的文化，常可遇到一个难题。人们都说李唐奉老子为祖先，尊道教为三教之首，在崇道的基础上推行三教合一的文化政策。然而我们若注意一下新旧《唐书》和《唐会要》关于唐代官方学术的记载，却不免困惑，因为唐朝尊崇《老子》《列子》《文子》《庄子》等书，将这些书尊崇为"真经"，与道教的经典系统并不吻合。当然，《老子》被尊崇是由于皇家的姓氏，而《文子》《列子》和《庄子》的作者并不具备这样的条件，道教的三洞真经又与先秦子书距离很远，唐室为何定要提升这些子书的地位呢？现在辨明唐代重玄学和魏晋玄学大同小异，就可以明白唐朝的政策除了尊崇道教及儒佛之外，还有崇尚"三玄"之学这一项。唐代官方的经学以《易》学居首，《易》用王弼注；唐代的道学以《老子》为首，《庄子》次之，《老子》注释依归于重玄之义，《庄子》的郭注则是玄学的代表作。在这里，"易老庄"仍是最重要的经典系统，"易老庄"的学问兼有玄学和与玄学接近的重玄学，与南朝的"三玄"之学实际上很相似。这就是说，玄学的历史较之以往学人的估计更为长久，这段历史不但应当包括南朝时期，还应包括中国人引以为傲的繁荣的唐代。唐朝官方的基本思想，大致上介于玄学与重玄学之间，可用"三玄之学"一词来涵盖。唐朝官方之兼行三教，并不是用道教的仙学来充当核心思想,而是用玄学或重玄学的哲理及政治理论来充当灵魂。三教合一的文化层次是表面的,更深层次的文化融合是玄学或重玄学的儒道合一。在战国以前,儒道本同源而生,在东汉以后融合于玄学的旗帜下,在唐代又促成更大规模的三教融合,使中国文化进到历史上的繁荣的顶点。对这辉煌的思想史,我们不能不予高度的评价,也不能不加以更多的注意并加以更深入的研究。

玄学对理学的深刻影响很值得注意,两宋理学的重要范畴及命题多见于魏晋时的玄学著作或当时支持玄学的著作,如至理、理极、天理、"理无形"、"性即理"、情性、才性等,都是魏晋玄学家提到过的。当然,宋人所谓至理为纯善,玄学中的至理则无善无恶,但从理论形式上讲,理学与玄学则很接近。假如我们希望改进理学以便用之于当代,那么在改进之时便可参照玄学。

# 参考文献[①]

　　这部书的写作断断续续，竟延至数十年。故书中所述冗杂，牵涉颇多，参考过的今人论著几难计量，受益巨大。然疫情期间多有不便，如难赴图书馆核对版次等，亦有篇幅之限，只好将"参考文献"删减，仅记古籍，而且仅据家中的影印本及点校本。聊分四部，每部分类次第则略有变更。或有不当之处，还望读者指正。

——王葆玹

## 一　经部

（汉）董仲舒撰，（清）苏舆义证：《春秋繁露义证》，钟哲点校，中华书局1992年版。

（汉）伏生撰，王闿运补注：《尚书大传补注》，中华书局1991年排印版。

（汉）韩婴撰，屈守元笺疏：《韩诗外传笺疏》，巴蜀书社1996年版。

（汉）何休解诂，（唐）徐彦疏：《春秋公羊传注疏》，据阮元校刻《十三经注疏》本，中华书局1980年影印版。

（汉）孔安固传，孔颖达疏：《尚书正义》，黄怀信整理，上海古籍出版社2007年点校版。

---

[①] 参考文献分为经部、史部、子部、集部，每一部类先按朝代先后排序，相同朝代按照作者姓拼音首字母排序，现代作者和外国作者所点校相关典籍置于每一部类最后，不再单列。
　　——编者注

（汉）孔安国传，（唐）孔颖达疏（正义）:《影印南宋官版尚书正义》，据南宋两浙东路茶盐司刻八行本（或称越州本），北京大学出版社2015年影印版。又国家图书馆出版社2017年影印版，题《守版尚书正义》。

（汉）孔安国传，孔颖达疏:《尚书注疏汇校》，杜泽逊等汇校，中华书局2018年版。

（汉）刘熙撰，（清）毕沅疏证:《释名疏证补》，王先谦补，祝敏彻等点校，中华书局2008年版。

（汉）许慎撰，（清）陈寿祺疏证:《五经异义疏证》，曹建墩点校，上海古籍出版社2012年版。

（汉）郑玄笺，（唐）孔颖达疏:《毛诗注疏》，朱杰人等整理，上海古籍出版村2013年版。

（汉）郑玄注，（唐）贾公彦疏:《周礼疏》，据南宋两浙东路茶盐司刻宋元明递修本（或称越州本），国家图书馆出版社2019年影印版。

（汉）郑玄注，（唐）贾公彦疏:《周礼注疏》，彭林整理，上海古籍出版社2010年版。

（汉）郑玄注，（唐）孔颖达疏:《礼记正义》，吕友仁整理，上海古籍出版社2008年版。

（汉）郑玄注，（唐）孔颖达疏:《影印南守越刊八行本礼记正义》，据南宋绍熙三年两浙东路茶盐司刻本，北京大学2014年影印版。此书兼收日本足利学校所藏越州八行本之影印版。

（汉）郑玄注，王素编著:《唐写本论语郑氏注及其研究》，文物出版社1991年版。

（后汉）郑玄注，（宋）王应麟辑:《周易》，郑振峰等点校，中华书局2012年版。

（三国魏）何晏集解，（南朝梁）皇侃文疏:《论语义疏》，高尚矩点校，中华书局2013年版。

（三国魏）何晏集解，（南朝梁）皇侃义疏:《论语义疏》，陈苏镇、李畅然、李中华、张学智、王博、吴荣曾点校，列入《儒藏·精华编》，北京大学出版社 2005 年排印版。

（三国魏）何晏集解，（南朝梁）皇侃义疏：《论语义疏》，据日本大正十二年 (1923) 怀德堂纪念会铅字排印本 ( 武内义雄整理 )，广西师范大学出版社 2018 年影印版。

（三国魏）何晏集解，（南朝梁）皇侃义疏：《论语义疏》，据日本根本逊志宽延三年 (1750) 校本，北京大学出版社 2019 年影印版。

（三国魏）何晏集解，附陆德明释文：《宋刊论语》，据宋刘氏天香书院刻本 ( 杨守敬跋本 )，原题"监本纂图重言重意互注论语"，福建人民出版社 2008 年影印版。

（三国魏）何晏集解，无陆德明释文：《论语集解》，日本青莲院本、林泰辅旧藏本、三十郎盛政抄本，北京大学出版社 2013 年影印版，题"影印日本《论语》古钞本三种"。

（三国魏）何晏集解：《敦煌论语集解校正》，李方录校，江苏古籍出版社 1999 年版。

（三国魏）何晏集解：《论语集解》，据日本南朝正平十九年（1364）刻本（单跋本），黎庶昌《古逸丛书》影印本，广陵书社 2013 年影印版。

（三国魏）何晏集解：《论语集解》，日本南朝正平刻本 ( 双跋本 )，孙钦善点校，收入《儒藏·精华编》，北京大学出版社 2005 年排印版。

（三国魏）王弼、（晋）韩康伯注，（唐）孔颖达疏：《宋本周易注疏》，据南宋两浙东路茶盐司刻宋元递修本，中华书局 1988 年影印版。

（三国魏）王弼、（晋）韩康伯注，（唐）孔颖达疏：《周易注疏》，据日本足利学校藏南宋初两浙东路茶盐司刻陆子遹题识本，上海古籍出版社 2014 年影印版，题《南宋初刻本周易注疏》。

（三国魏）王弼、（晋）韩康伯注，（唐）陆德明释文：《周易》，（三国魏）王弼撰，邢璹注：《周易略例》，据南宋初建阳坊刻本，国家图书馆出版社 2017 年影印版。

（三国魏）王弼、（晋）韩康伯注：《周易》，（三国魏）王弼撰，（唐）邢璹注：《周易略例》，据南宋淳熙间抚州公使刻递修本，上海商务印书馆 1936 年《四部丛刊》缩印本。

（三国魏）王弼注：《周易注》，附《周易略例》，王弼撰，附《系辞》《说卦》等四传，（晋）韩康伯注，楼宇烈校释，中华书局 2011 年版。

（三国魏）王弼撰：《周易略例》，据唐《开成石经》拓本，中华书局 1997 年影印版。

（三国魏）张揖撰，（清）钱大昭撰：《广雅疏义》，黄建中、李发舜点校，中华书局 2016 年版。

（三国魏）张揖撰，徐复主编：《广雅诂林》，江苏古籍出版社 1992 年版。

（晋）杜预注，（唐）孔颖达疏：《春秋左传正义》，据阮元校刻《十三经注疏》本，中华书局 1980 年影印版。

（晋）范宁集解，（唐）杨士勋疏：《春秋穀梁传注疏》，据阮元校刻《十三经注疏》本，中华书局 1980 年影印版。

（南朝梁）顾野王撰：《大广益会玉篇》，据清康熙四十三年张士俊刻泽存堂本，中华书局 1987 年影印版。

（隋）刘炫述义，（清）陈熙晋辑佚论释：《春秋左氏传述义拾遗》，据清光绪十七年广雅书局本，上海古籍出版社 2013 年影印版。

（唐）孔颖达疏（单疏本）：《周易正义》，据南宋初翻刻北宋国子监本，收入《中华再造善本》丛书，北京图书馆出版社 2003 年影印版。

（唐）李鼎祚集解，（清）李道平纂疏：《周易集解纂疏》，潘雨廷点校，中华书局 1994 年版。

（唐）陆德明编撰：《经典释文》，据宋刻宋元递修本，上海古籍出版社 2013 年影印版。

（唐）陆德明撰：《经典释文》，张一弓点校，上海古籍出版社 2012 年版。

（唐）陆德明撰：《经典释文汇校》，黄焯汇校，黄延祖整理，中华书局 2006 年版。

（宋）程颐传：《周易程氏传》，王孝鱼点校，中华书局 2011 年版。又收入《二程集》，王孝鱼点校，中华书局 1981 年版。

（宋）玉宗传撰：《重溪易传》，张天杰点校，上海古籍出版社 2017 年版。

（宋）朱熹本义：《周易本义》，据南宋咸淳元年吴革刻本，福建人民出版社 2008 年版，题《宋刊周易本义》。

（宋）朱熹集注，（清至民国）简朝亮撰：《论语集注补正述疏》，赵友林、唐明贵校注，华东师范大学出版社 2013 年版。

（宋）朱熹撰，（清）李光地注：《易学启蒙》，收入《河图洛书解析》，学苑出版社 1990 年版。

（宋）朱熹撰：《四书章句集注》，中华书局 1983 年版。

（明）黄宗羲撰：《易学象数论》，郑万耕点校，中华书局 2010 年版。

（清）黄以周撰：《礼书通故》，王文锦点校，中华书局 2007 年版。

（清）惠栋撰：《周易述》，附《易汉学》《易例》，郑万耕点校，中华书局 2007 年版。

（清）李光地纂辑，刘大钧整理：《周易折中》，巴蜀书社 1998 年版。

（清）刘宝楠撰：《论语正义》，中华书局 1990 年版。

（清）刘文淇撰：《春秋左氏传旧注疏证》，科学出版社 1959 年版。

（清）皮锡瑞撰：《经学历史》，周予同注释，中华书局 1959 年点校版。

（清）王念孙疏证：《广雅疏证》，江苏古籍出版社 1984 年版。

（清）王引之撰：《经义述闻》，据清道光七年（1827）本，江苏古籍出版社 2000 年影印版。

（清）赵在翰辑：《七纬》，钟肇鹏、萧文郁点校，中华书局 2012 年版。

陈立疏证：《白虎通疏证》，吴则虞点校，中华书局 1994 年版。

程树德集释：《论语集释》，程俊英、蒋见元点校，中华书局 1990 年版。

黄庆萱撰：《魏晋南北朝易学书考佚》，华东师范大学出版社 2012 年版。

河北省文物研究所定州汉墓竹简整理小组作释文：《定州汉墓竹简论语》，文物出版社 1997 年版。

《讲周易疏论家义记》残卷书影，南朝佚名者疏论义记，附于黄华珍《日本奈良兴福寺藏两种古钞本研究》，中华书局 2011 年版。

《南宋刊单疏本毛诗正义》，据日本杏雨书屋藏南宋绍兴九年（1139）绍兴府刻本，人民文学出版社 2012 年影印版。

[日] 山井鼎考文，[日] 物观补遗：《七经孟子考文补遗》，据日本享保十六年（1731）东都书林刻本，国家图书馆出版社 2016 年影印版。

## 二　史部

（汉）班固撰:《汉书地理志汇释》,周振鹤汇释,安徽教育出版社 2006 年版。

（汉）刘珍撰:《东观汉记校注》,吴树平校注,中华书局 2008 年版。

（三国吴）谢承,（晋）薛莹、司马彪、华峤、谢沈、张莹、袁山松、张璠分撰:《八家后汉书辑注》,周天游辑注,上海古籍出版社 1986 年版。

（晋）常璩撰:《华阳国志校注》,刘琳校注,巴蜀书社 1984 年版。

（晋）陈寿撰,（南朝宋）裴松之注:《三国志》,中华书局 1959 年点校版。

（晋）陈寿撰,（南朝宋）裴松之注:《三国志集解》,卢弼集解,中华书局 1982 年影印版。

（晋）陈寿撰,（南朝宗）裴松之注:《三国志》,据南宗绍熙间建阳坊刻本,国家图书馆出版社 2018 年影印版。

（晋）司马彪撰,（南朝梁）刘昭注:《续汉书郡国志汇释》,钱林书汇释,安徽教育出版社 2007 年版。

（晋）王隐、虞预,（南朝宋）何法盛,（南朝齐）臧荣绪等九人分撰,（清）汤球辑:《九家旧晋书辑本》,杨朝明校补,中州古籍出版社 1991 年标点排印版。

（晋）习凿齿、孙盛、干宝、邓粲、徐广,（南朝宋）刘谦之、裴松之等分撰,（清）汤球、黄奭辑:《众家编年体晋史》,乔治忠校注,天津古籍出版社 1989 年版。

（晋）习凿齿撰,（清）汤球、黄奭辑:《汉晋春秋通释》,柯美成汇校通释,人民出版社 2005 年版。

（晋）袁宏撰,张烈点校:《后汉纪》,与荀悦《汉纪》合为一书,题"两汉纪",中华书局 2002 年版。

（晋）袁宏撰,周天游校注:《后汉纪校注》,天津古籍出版社 1987 年版。

（后晋）刘昫等撰,（清）罗士琳、刘文淇、刘毓崧、陈立校记:《旧唐书经籍志校勘记》,墨林整理,清华大学出版社 2020 年版。

（北齐）魏收撰:《魏书》，唐长孺点校，魏连科整理，中华书局 1974 年版。

（南朝宋）范晔撰，（唐）李贤注:《后汉书》，书中八志，（晋）司马彪撰，（南朝梁）刘昭注，宋云彬点校，中华书局 1965 年版。

（南朝宋）范晔撰，（唐）李贤注:《后汉书》，书中八志，（晋）司马彪撰，（南朝梁）刘昭注，据南宋绍兴江南东路转运司刻宋元递修本，国家图书馆出版社 2017 年影印版。

（南朝梁）阮孝绪撰:《七录辑证》，任莉莉辑证，上海古籍出版社 2011 年版。

（南朝梁）沈约撰:《宋书》，王仲荦点校，傅璇琮整理，中华书局 1974 年版。

（南朝梁）沈约撰:《宋书州郡志汇释》，胡阿祥汇释，安徽教育出版社 2006 年版。

（南朝梁）萧子显撰:《南齐书》，王仲荦点校，宋云彬整理，中华书局 1972 年版。

（北朝魏）郦道元注:《水经注疏》，杨守敬、熊会贞疏，段熙仲点校，陈桥驿复校，江苏古籍出版社 1989 年版。

（北朝魏）郦道元注:《水经注校证》，陈桥驿校证，中华书局 2007 年版。

（北朝魏）杨炫之撰:《洛阳伽蓝记校注》，范祥雍校注，上海古籍出版社 1978 年版。

（唐）杜佑撰:《通典》，王文锦等点校，中华书局 1988 年版。

（唐）房玄龄等撰:《晋书》，中华书局 1974 年点校版。

（唐）李百药撰:《北齐书》，唐长孺点校，王文锦等整理，中华书局 1972 年版。

（唐）李吉甫撰:《元和郡县图志》，中华书局 1983 年版。

（唐）李林甫撰:《唐六典》，陈仲夫点校，中华书局 1992 年版。

（唐）李泰等撰:《括地志辑校》，贺次君辑校，中华书局 1980 年版。

（唐）李延寿撰:《北史》，陈仲安点校，中华书局 1974 年版。

（唐）李延寿撰:《南史》，卢振华点校，赵守俨等整理，中华书局 1975

年版。

（唐）令狐德棻等撰：《周书》，唐长孺点校，王文锦整理，中华书局 1971 年版。

（唐）刘知几撰，（清）浦起龙释：《史通通释》，王煦华点校，上海古精出版社 1978 年版。

（唐）陆德明撰：《经典释文序录疏证》，吴承仕疏证，张力伟点校，中华书局 2007 年版。

（唐）魏征等撰：《隋书》，汪绍楹点校，阴法鲁改定，邓经元整理，中华书局 1973 年版。

（唐）魏征等撰：《隋书地理志汇释》，华林甫等汇释，安徽教育出版社 2019 年版。

（唐）许嵩撰：《建康实录》，张忱石点校，中华书局 1986 年版。

（唐）姚思廉撰：《陈书》，张维华点校，中华书局 1972 年版。

（唐）姚思廉撰：《梁书》，卢振华点校，赵守俨整理，中华书局 1973 年版。

（唐）姚思廉撰：《梁书》，熊清元校注，收入《今注本二十四史》，巴蜀书社 2013 年版。

（宋）晁公武撰：《郡斋读书志校证》，孙猛校证，上海古籍出版社 1990 年版。

（宋）陈振孙撰：《直斋书录解题》，徐小蛮等点校，上海古籍出版社 1987 年版。

（宋）高似孙撰：《史略》，王群栗点校，收入《高似孙集》，浙江古籍出版社 2017 年版。

（宋）高似孙撰：《子略校释》，司马朝军校释，山东人民出版社 2018 年版。

（宋）乐史撰：《太平寰宇记》，王文楚等点校，中华书局 2007 年版。

（宋）欧阳修、宋祁撰，佚名注：《新唐书艺文志注》，朱新林等整理，清华大学出版社 2012 年版。

（宋）欧阳修、宋祁撰：《新唐书》，中华书局 1975 年版。

（宋）宋敏求撰：《长安志》，辛德勇、郎洁点校，三秦出版社2013年版。

（宋）王溥撰：《唐会要》，上海古籍出版社2006年版。

（宋）王应麟撰：《玉海艺文校证》，武秀成、赵庶洋校证，凤凰出版社2013年版。

（宋）熊方等补：《后汉书三国志补表三十种》，刘祜仁点校，中华书局1984年版。

（宋）徐天麟撰：《东汉会要》，上海古籍出版社1978年版。

（元）马端临撰：《文献通考》，中华书局2011年版。

（清）梁章钜旁证，杨耀坤校订：《三国志旁证》，福建人民出版社2000年版。

（清）钱曾原著：《藏园批注读书敏求记校证》，管庭芬、章钰校证，傅增湘批注，冯惠民整理，中华书局2012年版。

（清）钱大昕撰：《廿二史考异》，方诗鸣、周殿杰点校，上海古籍出版社2004年版。

（清）邵懿辰撰：《增订四库简明目录标注》，邵章续录，中华书局1959年点校版。

（清）沈初等撰：《浙江采集遗书总录》，杜泽逊、何燦点校，上海古籍出版社2010年版。

（清）四库馆臣编撰：《四库全书初次进呈存目校证》，赵望泰等校证，陕西师范大学出版社2016年版。

（清）唐晏编撰：《两汉三国学案》，吴东民点校，中华书局1986年版。

（清）王鸣盛撰：《十七史商榷》，黄曙辉点校，上海古籍出版社2013年版。

（清）王先谦集解：《后汉书集解》，中华书局1984年影印版。

（清）文廷式纂辑：《补晋书艺文志》，朱新林整理，与丁国钧《补晋书艺文志》合为一书，清华大学出版社2012年版。

（清）徐松辑：《宋会要辑稿》，刘琳等点校，上海古籍出版社2014年版。

（清）姚振宗考证：《隋书经籍志考证》，刘克东等整理，清华大学出版社2014年版。

（清）姚振宗条理:《汉书·艺文志条理》,项永琴整理,清华大学出版社 2011 年版。

（清）姚振宗纂辑:《后汉艺文志》,马小方整理,清华大学出版社 2011 年版。

（清）姚振宗纂辑:《三国艺文志》,朱莉莉整理,清华大学出版社 2012 年版。

（清）永瑢等撰:《四库全书总目》,浙江杭州本,中华书局 1965 年影印版。

（清）于敏中等:《天禄琳琅书目》,（清）彭元瑞等著,徐德明标点:《天禄琳琅书目后编》,上海古籍出版 2007 年版。

（清）赵一清注补:《稿本三国志注补》,据其稿本,书目文献出版社 1991 年影印版。

（清）赵翼:《廿二史札记》,王树民校证,中华书局 1984 年版。

曹金华撰:《后汉书稽疑》,中华书局 2014 年版。

戴蕃豫疏记:《稿本后汉书疏记》,书目文献出版社 1995 年版。

丁福林校议:《南齐书校议》,中华书局 2010 年版。

丁福林校议:《宋书校议》,上海古籍出版社 2002 年版。

孔祥军校注:《晋书地理志校注》,新世界出版社 2012 年版。

李兴和集校:《袁宏后汉纪集校》,云南大学出版社 2008 年版。

刘蔷:《天禄琳琅知见书录》,北京大学出版社 2017 年版。

吴金华校诂:《三国志校诂》,江苏古籍出版社 1990 年版。

徐蜀编:《魏晋南北朝正史订补文献汇编》,北京图书馆出版社 2004 年版。

杨耀坤、揭克伦校注:《三国志》,收入《今注本二十四史》,巴蜀书社 2013 年版。

余嘉锡撰:《四库提要辨证》,中华书局 1980 年版。

严绍璗编撰:《日藏汉籍善本书录》,中华书局 2007 年版。

张元济校记:《南齐书、梁书、陈书校勘记》,商务印书馆 2001 年版。

张元济校记:《宋书校勘记》,商务印书馆 2001 年版。

赵幼大等校笺:《三国志校笺》,巴蜀书社 2001 年版。

朱季海校议:《南齐书校议》,中华书局 2013 年版。

《二十五史补编》,中华书局 1955 年版。

《汉唐方志辑佚》,刘纬毅辑校,北京图书馆出版社 1997 年版。

《汉魏六朝杂传集》,熊明辑校,中华书局 2017 年版。

《后汉书》,百衲本,国家图书馆出版社 2014 年影印版。

《南史校正》,马宗霍校正,戴维点校,湖南教育出版社 2008 年版。

《三国志》,百衲本,国家图书馆出版社 2014 年影印版。

《三国志集解》,卢弼集解,钱剑夫整理,上海古籍出版社 2009 年点校本。

《四库全书总目汇订》,魏小虎汇订,上海古籍出版社 2012 年版。

《四库全书总目提要补正》,胡玉缙补正,王欣夫辑,上海书店出版社 1962 年版。

《影旧钞卷子本日本国见在书目》,黎庶昌影印并校刻,收于《古逸丛书》,广陵书社 2013 年影印版。

[日]岛田翰撰:《古文旧书考》,杜泽逊等点校,上海古籍出版社 2014 年版。

[日]藤原佐世撰:《日本国见在书目录详考》,孙猛详考,上海古籍出版社 2015 年版。

[日]滋江全善、森立之等撰:《经籍访古志》,杜泽逊等点校,上海古籍出版社 2014 年版。

## 三 子部

(汉)蔡邕撰:《独断》,载(明)程荣《汉魏丛书》,吉林大学出版社 1992 年影印明万历程氏刊本。

(汉)崔寔撰:《政论校注》,(汉)仲长统撰,孙启治校注:《昌言校注》,中华书局 2012 年版。

(汉)桓谭撰:《新辑本桓谭新论》,朱谦之校辑,中华书局 2009 年版。

(汉)京房等撰,(吴)陆绩注,(明)程荣校:《京氏易传》,载于《汉魏丛书》,明万历间程氏刊本,吉林大学出版社 1992 年影印版。

（汉）王充撰：《论衡校笺》，杨宝忠校笺，河北教育出版社1999年版。

（汉）王充撰：《论衡校释》，黄晖校释，中华书局1990年版。

（汉）王充撰：《宋本论衡》，据宋乾道三年（1167）绍兴府刻宋元递修本，国家图书馆出版社2017年版。

（汉）王符撰，（清）汪继培笺：《潜夫论笺》，彭铎校正，中华书局1979年版。

（汉）严遵撰：《老子指归校笺》，樊波成校笺，上海古籍出版社2013年版。

（汉）扬雄撰，（宋）司马光集注：《太玄集注》，刘韶军点校，中华书局1998年版。

（汉）扬雄撰：《法言义疏》，（清至民国），汪荣宝义疏，陈仲夫点校，中华书局1987年版。

（汉）应劭撰：《风俗通义校注》，王利器校注，中华书局1981年版。

（汉）支娄迦谶译：《道行般若经注》，张幼军注，湖南师范大学出版社2016年点校版。

（三国魏）杜恕撰：《体论》，载于日本天明七年（1787）刻本，国家图书馆出版社2019年版。

（三国魏）桓范撰：《政要论》，据日本天明七年（1787）刻本，国家图书馆出版社2019年版。

（三国魏）蒋济撰：《蒋子万机论》，载于《群书治要》。据日本天明七年（1787）刻本，国家图书馆出版社2019年影印版。

（三国魏）刘劭撰，（凉）刘昞注，（明）程荣校：《人物志》，据程荣《汉魏丛书》明万历间程氏刊本，吉林大学出版社1992年影印版。

（三国魏）刘劭撰：《人物志校笺》，李崇智枝笺，巴蜀书社2001年版。

（三国魏）刘廙撰：《刘廙政论》，载于《群书治要》。据日本天明七年（1787）刻本，国家图书馆出版社2019年影印版。

（三国魏）王弼注：《道德经注》，载于《道藏·洞神部·玉诀类》。据明正统刻本，上海涵芬楼1924年影印版，又文物出版社、上海书店、天津古籍出版社1994年影印版。

（三国魏）王弼注：《老子道德经注》，以明代张之象本为底本，文渊阁《四库全书》本，台湾商务印书馆1986年影印版。

（三国魏）王弼注：《老子道德经注校释》，楼宇烈校释，中华书局2008年版。

（三国魏）王弼注：《老子王注校正》，[日]波多野太郎校正，载于[日]波多野太郎《老子道德经研究》，国书刊行会昭和五十四年（1979）版。

（三国魏）徐干撰：《中论解诂》，孙启治解诂，中华书局2014年版。

（晋）傅玄撰：《傅子评注》，刘治立评注，天津古籍出版社2010年版。

（晋）葛洪撰：《抱朴子外篇校笺》，杨明照校笺，中华书局1991年版。

（晋）郭象注，（唐）成玄英疏：《南华真经注疏》，曹础基等据《古逸丛书》本点校，中华书局1998年版。

（晋）郭象注，（唐）成玄英疏：《南华真经注疏》，日本新见氏赐臣文库旧藏本之影印本，收入《古逸丛书》，广陵书社2013年影印版。

（晋）僧肇撰，（宋）秘思集解，（宋）净源撰：《肇论集解令模钞校释》，[日]伊滕隆寿、林鸣宇校释，上海古籍出版社2008年版。

（晋）僧肇撰：《肇论校释》，张春波校释，中华书局2010年版。

（晋）王嘉撰，（梁）萧绮录：《拾遗记校注》，齐治平校注，中华书局1981年版。

（晋）袁准撰：《袁子正书》，载于日本天明七年（1787）刻本，国家图书馆出版社2019年版。

（晋）张华撰：《博物志校证》，范宁校证，中华书局1980年版。

（北齐）颜之推撰：《颜氏家训集解》，王利器集解，中华书局1993年版。

（南齐）顾欢编撰：《道德真经注疏》，凤凰出版社2016年点校版。

（南朝宋）刘义庆撰：《世说新语》，刘孝标注，据宋绍兴八年（1138）广川董棻刻晏殊校定本及日本藏唐写本残卷，中华书局1999年影印版。

（南朝梁）释慧皎撰：《高僧传》，汤用彤校注，汤一介整理，中华书局1992年版。

（南朝梁）释僧祐编撰:《弘明集校笺》,李小荣校笺,上海古籍出版社2013年版。

（南朝梁）萧绎撰:《金楼子校笺》,许逸民校笺,中华书局2011年版。

（隋）吉藏撰:《三论玄义校释》,韩廷杰校释,中华书局1987年版。

（隋）萧吉撰:《五行大义》,钱杭点校,上海书店出版社2001年版。

（唐）杜光庭述:《道德真经广圣义》,巩日国点校,凤凰出版社2017年版。

（唐）封演撰:《封氏闻见记》,中华书局2005年版。

（唐）林宝撰:《元和姓纂》,岑仲勉校记,中华书局1994年版。

（唐）马总纂辑:《意林校释》,王天海等校释,中华书局2014年版。

（唐）欧阳询编撰:《宋本艺文类聚》,据南宋绍兴间刻本,上海古籍出版社2013年影印版。

（唐）欧阳询编撰:《艺文类聚》,汪绍楹校,上海古籍出版社1982年版。

（唐）瞿昙悉达编:《开元占经》,李克和点校,岳麓书社1994年版。

（唐）释道世撰:《法苑珠林校注》,周叔迦、苏晋仁校注,中华书局2003年版。

（唐）释道宣编撰:《集古今佛道论衡校注》,刘林魁校注,中华书局2018年版。

（唐）释道宣编撰:《宋思溪藏本广弘明集》,据南宋绍兴二年（1132）王永从刻安吉州思溪法宝资福寺大藏本,国家图书馆出版社2018年影印版。

（唐）释道宣撰:《续高僧传》,郭绍林点校,中华书局2014年版。

（唐）释慧琳撰:《正续一切经音义》,上海古籍出版社1986年据日本狮谷白莲社刻本之影印版。

（唐）魏征等辑:《群书治要》,据日本天明七年（1787）刻本,国家图书馆出版社2019年影印版。

（唐）徐坚等编撰:《初学记》,中华书局1962年版。

（唐）虞世南编纂:《北堂书钞》,学苑出版社1998年影印版。

（唐）张彦远编撰:《历代名画记》,秦仲文、黄苗子点校,人民美术出版社 1963 年版。

（唐）张彦远纂辑：《法书要录》，范祥雍点校，启功、黄苗子参校，人民美术出版社 1984 年版。

（宋）陈思编撰：《书苑菁华校注》，崔尔平校注，上海辞书出版社 2013 年版。

（宋）褚伯秀纂辑：《庄子义海纂微》，张京华点校，华东师范大学出版社 2014 年版。

（宋）董逌撰：《广川书跋》，何立民点校，浙江人民美术出版社 2016 年版。

（宋）李昉等编：《太平广记》，中华书局 1961 年版。

（宋）李昉等编撰：《太平御览》，中华书局 1960 年缩印宋本。

（宋）李霖纂集：《道德真经取善集》，载于《道藏·洞神部·玉诀类》，文物出版社、上海书店、天津古籍出版社 1994 年影印版。

（宋）王楙撰：《野客丛书》，王文锦点校，中华书局 1987 年版。

（宋）王钦若等编：《册府元龟》，据明刻初印本，中华书局 1960 年影印版。

（宋）章如愚编撰：《山堂考索》，据明正德间刘洪慎独斋本，中华书局 1992 年影印版。

（宋）赵明诚撰：《金石录校证》，金文明校证，广西师范大学出版社 2005 年版。

（宋）赵彦卫撰：《云麓漫钞》，中华书局 1996 年版。

（宋）周密撰：《齐东野语》，华东师范大学出版社 1987 年版。

（宋）朱熹：《朱子语类》，（宋）黎靖德编，王星贤点校，中华书局 1986 年版。

（元）李治撰：《敬斋古今黈》，刘德权点校，中华书局 1995 年版。

（清）冯云鹏等辑：《金石索》，书目文献出版社 1996 年影印版。

（清）郭庆藩：《庄子集释》，中华书局 1961 年版。

（清）王昶辑：《金石萃编》，据 1921 年扫叶山房本，中国书店出版社 1985 年影印版。

《道德真经集注》，集唐玄宗、河上公、王弼、王雱四家注，载于《道藏·洞神部·玉诀类》，文物出版社、上海书店、天津古籍出版社1994年影印版。

龚斌校释:《世说新语校释》，上海古籍出版社2011年版。

李小荣校笺:《弘明集校笺》，上海古籍出版社2013年版。

王卡点校:《老子道德经河上公章句》，中华书局1993年版。

吴金华考释:《世说新语考释》，安徽教育出版社1994年版。

徐震堮校笺:《世说新语校笺》，中华书局1984年版。

扬雄撰:《太玄校释》，郑万耕校释，北京师范大学出版社1989年版。

杨伯峻集释:《列子集释》，中华书局1979年版。

杨勇校笺:《世说新语校笺》，中华书局2006年版。

余嘉锡笺疏:《世说新语笺疏》，中华书局1983年版。

朱铸禹汇校集注:《世说新语汇校集注》，上海古籍出版社2002年版。

### 四　集部

（汉）蔡邕撰:《蔡中郎集》，文渊阁《四库全书》本，台湾商务印书馆1986年影印版。

（汉）扬雄撰:《扬雄集校注》，张震泽校注，上海古籍出版社1993年版。

（汉）张衡撰:《张衡诗文集校注》，张震泽校注，上海古籍出版社2009年版。

（三国）诸葛亮撰:《诸葛亮集》，段熙仲等编校，中华书局1960年版。

（三国魏）曹操撰:《曹操集》，中华书局1975年版。

（三国魏）曹丕撰:《曹丕集校注》，魏宏灿校注，安徽大学出版社2009年版。

（三国魏）曹植撰:《曹植集校注》，赵幼文校注，人民文学出版社1984年版。

（三国魏）嵇康撰:《嵇康集》，鲁迅校，收入《鲁迅辑录古籍丛编》，人民文学出版社1999年版。

（三国魏）嵇康撰:《嵇康集校注》，戴明扬校注，中华书局2014年全式标点版。

（三国魏）阮籍、嵇康、山涛、向秀、刘伶、阮咸、王戎分撰：《竹林七贤集辑校》，卫绍生辑校，中州古籍出版社2018年版。

（三国魏）阮籍撰：《阮籍集校注》，陈伯君校注，中华书局1987年版。

（三国魏）王弼撰：《王弼集校释》，楼宇烈：《王弼集校释》，中华书局1980年版。

（晋）陆机撰：《陆士衡文集校注》，刘运好校注整理，凤凰出版社2007年版。

（晋）陆机撰：《文赋集释》，张少康集释，人民文学出版社2002年版。

（晋）陆云撰：《陆士龙文集校注》，刘运好校注整理，凤凰出版社2010年版。

（晋）潘岳撰：《潘岳集校注》，董志广校注，天津古籍出版社2005年版。

（晋）支遁撰：《支遁集校注》，张富春校注，巴蜀书社2014年版。

（南朝宋）谢灵运撰：《谢灵运集校注》，顾绍柏校注，中州古籍出版社1987年版。

（南朝宋）颜延之撰：《颜延之诗文选注》，李佳校注，黄山书社2012年版。

（南朝梁）刘峻撰：《刘孝标集校注》，罗国威校注，上海古籍出版社1988年版。

（南朝梁）刘勰撰，（清）黄叔琳注，李详补注：《增订文心雕龙校注》，杨明照校注拾遗，中华书局2000年版。

（南朝梁）刘勰撰：《文心雕龙义证》，詹锳义证，上海古籍出版社1989年版。

（南朝梁）刘勰撰：《文心雕龙注》，范文澜注，人民文学出版社1958年版。

（南朝梁）刘勰撰：《文心雕龙注释》，周振甫注，人民文学出版社1981年版。

（南朝梁）刘勰撰：《增订文心雕龙集校合编》，林其锬、陈凤金集校，华东师范大学出版社2011年版。

（南朝梁）沈约撰：《沈约集校笺》，陈庆元校笺，浙江古籍出版社1995

年版。

（南朝梁）萧纲撰：《梁简文帝集校注》，肖占鹏、董志广校注，南开大学出版社 2015 年版。

（南朝梁）萧统选编，（唐）李善与五臣注：《六臣注文选》，据商务印书馆《四部丛刊》所影印涵芬楼藏宋本，中华书局 2012 年影印版。

（南朝梁）萧统选编，（唐）五臣与李善注：《日本足利学校藏宋刊明州本六臣注文选》，据日本足利学校旧藏南宋绍兴二十八年（1158）明州刻本，人民文学出版社 2008 年影印版。

（南朝梁）萧统选编：《宋尤袤刻本文选》，李善注，据南宋淳熙八年（1181）尤袤池阳郡斋刊本，国家图书馆出版社 2017 年影印版。

（南朝梁）萧统选编：《新校订六家注文选》，李善注，俞绍初、刘群栋、王翠红点校，郑州大学出版社 2013 年版。

（南朝梁）昭明太子萧统选编：《唐钞文选集注汇存》，佚名者集注，周勋初汇纂编辑，据日本金泽文库旧藏唐抄本，上海古籍出版社 2000 年版。

（南朝梁）钟嵘撰：《诗品集注》，曹旭集注，上海古籍出版社 2011 年版。

（唐）许敬宗选编：《文馆词林校证》，据日本古典研究会 1969 年所影印日藏弘仁钞本，罗国威整理，中华书局 2001 年版。

（宋）李昉等编：《文苑英华》，据北京图书馆所藏宋刊残本、明刊本及商务印书馆缩印本，中华书局 1966 年影印版。

（清）严可均辑校：《全上古三代秦汉三国六朝文》，中华书局 1958 年影印版。

韩格平主编：《魏晋全书》，吉林文史出版社 2006 年至 2008 年版。

金少华辑校：《敦煌吐鲁番本〈文选〉辑校》，浙江大学出版社 2017 年版。

《建安七子集》，俞绍初辑校，中华书局 1989 年版。

《三曹七子之外建安作家诗文合集校注》，夏传才主编，张兰花、程晓菡校注，河北教育出版社 2013 年版。